紀事錄箋證

〔明〕俞本　撰　李新峰　箋證

中華書局

圖書在版編目(CIP)數據

紀事録箋證/(明)俞本撰;李新峰箋證. —北京:中華書局,2015.7(2025.1 重印)
ISBN 978-7-101-10982-5

Ⅰ.紀… Ⅱ.①俞…②李… Ⅲ.中國歷史-史料-明代 Ⅳ.K248.06

中國版本圖書館 CIP 數據核字(2015)第 156360 號

封面題簽：徐　俊
責任編輯：李　勉
封面設計：周　玉
責任印製：陳麗娜

紀事録箋證
〔明〕俞　本撰
李新峰 箋證
*
中華書局出版發行
(北京市豐臺區太平橋西里 38 號　100073)
http://www.zhbc.com.cn
E-mail:zhbc@zhbc.com.cn
北京建宏印刷有限公司印刷
*
850×1168 毫米 1/32 · 19 印張 · 2 插頁 · 524 千字
2015 年 7 月第 1 版　2025 年 1 月第 5 次印刷
印數:4501-5000 册　定價:76.00 元

ISBN 978-7-101-10982-5

目録

紀事録卷之下

整理前言

明末清初，錢謙益和潘檉章都對明朝建國前後的史事做了前所未有的細緻考訂。他們都重視明初俞本所著紀事録，用作揭露明太祖實録中的曲筆、闕漏與訛誤的重要證據。清初以後，紀事録即不見流傳，錢、潘二氏著述皆成清朝禁書，致清代讀者罕有知俞本及其紀事録者。近人根據錢氏國初群雄事略、太祖實録辨證，以及潘氏國史考異摘録的部分紀事録文句①，始略知其蹤影。其實，此書尚以明興野記爲名，留存於臺北「國家圖書館」。二十世紀七十年代初，John Dardess 把明興野記推介給明史學界，提及它的重要地位②。Edward Dreyer 較爲詳細地考察了這本已鑒定爲紀事録的著

① 錢謙益國初群雄事略，張校本（參見適園叢書本，第一～一六〇頁）；錢謙益太祖實録辨證，第二〇九八～二一五二頁；潘檉章國史考異，第一～一一四頁。

② Dardess, *Review of An Introduction to the Sources of Ming History by Wolfgang Franke*, p. 688.（達第斯傅吾康明代史籍彙考書評，第六八八頁）

作，將它與明太祖實録進行初步比較，確認了它能够增補實録不足的地位①。九十年代，陳學霖系統研究題爲明興野記的紀事録②，辨析作者生平、成書過程、内容真僞詳略以及版本流傳，高度評價其史料價值，先將全書上半部分點校發表，後又全文點校出版③。

據書中記載和書後俞本的自述，俞本字從道，高郵人，元末兵興不久即加入濠州紅軍，曾任侍衛朱元璋的帳前黄旗先鋒，洪武初年隸屬鳳翔衛，此後以「騎士」身份駐守河州，深得都指揮使甯正信用，曾接近過韓國公李善長、衛國公鄧愈。洪武末年，年邁的俞本據回憶和相關資料寫成紀事録，建文和永樂初年又有所增訂④。在元明之際的史籍作者中，這樣一位見證了明朝建國歷程、洪武年間久戍西北邊陲的老兵，其身份經

① Dreyer, *The Chi-shih lu of Yü Pen: A Note on the Sources of the Founding of the Ming Dynasty*, pp. 901～904.（德雷爾俞本紀事録：對一份明朝建國史料的注釋，第九〇一～九〇四頁）
② 俞本明興野記張大同序。
③ 俞本紀事録與元末史料，第一五四～一七二頁；修訂稿，第二〇四～二二八頁；全文點校稿作俞本明興野記（紀事録），第四〇六～四六〇頁。
④ 參見陳學霖俞本紀事録與元末史料，修訂稿，第二〇九頁。

歷，恐屬獨一無二。

記録明朝建國前後歷史的史料，以明太祖實録的内容最詳。明太祖實録以朱元璋的個人生平爲綫索，將明朝的建立過程貫穿起來，記録大事系統完整，但於細節着墨不多，更兼出於洪武、建文、永樂三朝的官方考慮，多抑揚、增删甚至竄改事實。相比之下，紀事録逐年逐月逐日記録元末至正十一年（公元一三五一年）至明初建文四年（公元一四〇二年）的大章小節，内容涵蓋戰争、制度以至秘聞謡傳、世情百態，語無顧忌，可以補實録之闕，糾實録之誤，辨實録之僞。書中除了詳細記録明朝建國的軍事歷程和洪武朝政治要聞，也記録了一個士兵在建國前歷經戰陣和洪武時期戍守邊疆的經歷見聞，以至君主、將領、軍隊生動細緻的言行。這些不爲官方和士大夫着墨的生動内容，展示了與明太祖實録以及其他野史頗多不同的政治軍事歷程，並勾勒出一個暴虐冷酷、視人命如草芥的時代。書中獨特記載的絶大多數，可與其他史料對照，使得許多原本湮没或模糊的重要史實重見天日，足以增進對元末明初歷史面貌的認識。

陳學霖推介整理題爲明興野記的紀事録，受到元明史學界的高度重視①。可是總的看來，元明史學界對紀事録的採信比較有限，遠未達到能對明太祖實録進行重要補充的地步。究其原因，紀事録的獨特内容真僞難辨，其可信度尚需進一步辨析。此書成於明初而刊刻於明末，現存文本有可能保持或接近原貌嗎？與出自官方的單調乏味、爲尊者諱的記載相比，野史可以廣收博採、秉筆直書，但往往難免傳聞失實、摻雜私意的誣妄之病。俞本記録親歷時聞之事，究竟能在多大程度上保證其記載準確無誤？其下筆無忌憚、不爲尊者諱，但所述事實是否一定客觀嚴謹？以下即從紀事録的版本、優點、缺點三個方面，審視它的史料價值。

一

現存明天啓刻本明興野記，藏前身爲「國立中央圖書館」的臺北「國家圖書館」。全書分上下二卷，裝爲二册，高二十點三釐米，寬十三點三釐米，九行二十一字，白口單魚

① 楊訥於細微處見功夫——讀明代人物與傳説，第三〇頁；杜婉言讀明代人物與史料，第三一頁；鄧慶平尋找通向過去的橋樑——陳學霖教授明代人物與史料讀後，第七一頁。

尾。全書首尾均殘缺。書首僅餘刊刻者序言的結尾：「駁之。噫！本生於當時，耳目多真，後世覽者，聞所未聞，雖野史，亦信史也。特命名不雅，替易曰明興野記云。天啓丙寅冬日張大同識。」書尾所餘，爲作者後記的開頭：「予自冠年從事行伍，衛禦大駕，今逾耳順矣。自元之辛卯，至大明之丁丑，四十七年之間，歷觀興□成敗，如一夢耳。凡將相陞黜、華夷順逆本末，頗記萬〔一〕。」書中之「卷下」即第二册，首題「明興野記卷之下，甓湖愚人俞本從道甫編次，潁水漁父張大同同甫删定」①。

黄虞稷千頃堂書目：「俞本紀事録，二卷。」②錢謙益國初群雄事略、太祖實録辨證，則引作「俞本皇明紀事録」、「俞本皇明記事録」，偶不書「俞本」，多省「皇明」，其中「記」字遠多於「紀」字③。匯總錢謙益藏書的絳雲樓書目，未著録此書。潘檉章國史考異轉

① 卷上，葉一b；卷下，葉四四b、一a。

② 卷五別史類，適園叢書本，第一八六頁。按，上海古籍本係據適園叢書後出增訂本與其他材料整理點校，作「俞本記事録二卷」（第一二五頁），然未出校記，未知係訛誤還是另有所據。千頃堂書目稿本原作紀事録（卷五清抄本，第四一四頁）。今從稿本與適園叢書本。

③ 例見卷一宋小明王，第六、七、八、一五頁；「一」、「五」，第二一〇八、二一五一頁。

引此書，亦多省「皇明」，皆作「記」字①。錢謙益在絳雲樓火灾後復吴江潘力田書提及此書，又簡稱「俞本紀録」②。錢謙益、潘檉章在徵引、注釋提及此書時，「記」多於「紀」，但此書實爲編年體，黄虞稷和錢謙益在其他場合提及此書，皆作「紀」，故宜以「紀」爲正，以「記」爲通假。總之，此書原名應爲皇明紀事録，而通常多作紀事録。

據作者後記，記事當止於「大明之丁丑」（公元一三九七年），即朱元璋去世前一年。原書在丁丑年後殘缺一葉，此後簡述朱元璋生平、建文帝即位，又接「洪武三十二年，正月，改元建文元年。至建文四年六月，自焚，永樂即位矣。」接着又介紹明朝寶璽和具體用法，以下爲後記③。朱元璋生平與建文帝即位，顯然屬殘缺之葉的「洪武三十一年戊寅」（公元一三九八年）④。「永樂即位矣」稱「永樂」而不稱「今上」，或係後人羼入。寶璽一段來歷可疑，或係刊刻者張大同對「玉寶」之事感興趣而作增補⑤。但俞本文辭不

① 例見卷一「四」，第五、六頁。
② 載氏著牧齋有學集卷三九，第一三五三頁。
③ 卷下，葉四四 a～b。
④ 陳學霖點校本將此二條附於洪武三十年，後注缺洪武三十一年（俞本明興野記（紀事録），第四六〇頁），誤。
⑤ 本書洪武三十二年第二條注一。

通，不倫不類的寫法也不無可能，何况簡述朱元璋生平一段，又符合全書的行文、録文風格。所以，在别無確證的情况下，以上仍應視爲俞本原文。

Dreyer 根據俞本在洪武三十年（公元一三九七年）自稱「今逾耳順」，將俞本生年上推至公元一三三八年①。若然，則俞本「冠年」入伍，晚至紅軍渡江後的公元一三五七年，這顯然是不可能的。陳學霖認爲，俞本來自元末河南省淮東高郵府一帶，正當最早興兵之地，本書記録起始的辛卯年（公元一三五一年）就是俞本「冠年」入伍之年。故俞本生年爲一三三一年，「今逾耳順」，應指逾越六十至六十九歲這一階段，即全書最後定稿的永樂元年（公元一四〇三年）時，俞本七十二歲②。此説尚待斟酌。

俞本在全書開始的兩年中，記録了亂兵紛起時元朝在淮東的各項措置，其中最晚的一條「招壯丁」③，據元史知係至正十三年（公元一三五三年）六月之事。由此可知，辛卯年兵興之後，俞本仍在淮東高郵民間，直到至正十三年即癸巳年（公元一三五三

① *The Chi-shih lu of Yü Pen : A Note on the Sources of the Founding of the Ming Dynasty* , p. 902 .
② 俞本紀事録與元末史料，修訂稿，第二一〇頁。
③ 卷上，辛卯年「是年」，葉一b。

年），才加入紅軍，故生年當在公元一三三四年左右。「逾耳順」應解爲六十多歲，至洪武三十年，爲六十四歲左右，即「今逾耳順」。至永樂元年，爲七十歲左右，則已古稀之年了。

雖然叙事之始與「從事行伍」之年有所參差，但「大明之丁丑」，應既爲叙事之終，也指「今」即成文之年。由此，紀事録初稿是在洪武末年寫成的，後來在叙事正文與後記之間，增補了關於建文、永樂的簡述。後記文字保留「今逾耳順」，未改成「今已古稀」之類，正文中也未述及朱允炆、朱棣的皇位之争，説明俞本未對紀事録大加增删，基本保留了洪武末年的原貌。當然，必要的調整在所難免，文中呼朱元璋爲「上」，但首次提及朱元璋時稱「我太祖高皇帝，姓朱，諱元璋」①，則必係朱元璋去世後所改定。

陳學霖俞本紀事録與元末史料據明史地理志和民國太和縣志載太和縣有潁水，推測張大同係太和人②。其實，關於張大同的生平記載，尚留存於世。

劉體仁張孝子詩叙：「張大同，字子正，一字同甫，大司馬元平家子。雅好讀書，於

① 卷上，壬辰年三月初二日，葉二b。
② 修訂稿，第二〇九頁。

華胄習百無一嗜。一歲中强半居郊園，與緇黄俱。美鬚髯，對客寡言笑，鼻息欬欬，意態殊蕭遠。工八法，或一字規摹累日，署書尤雄强藴藉，襪才姥扇，揮應無忤。詩有匏子等集，觸手拈弄，不自推擇。大梁張林宗民表稱之曰：『同父篤於行誼，澹於榮利。居則讀古人書，琴几香爐，酒鐺茗椀，以藥倦也。出則尋林水，策蹇馮奚，掛瓢戴笠，以濟勝也。薄澣我衣，不華紈綺，脱粟果腹，已厭肥甘。盡以任子官讓諸弟，下帷攻書，蕭然自喜，真如野鶴雙虚、山僧寂坐耳。』斯言蓋不妄者。當大司馬取義時，先生弗肯匿，死大司馬側。臺臣以狀請卹，稱：『古來張許二烈，尚非一家；即如真杲兩顔，未聞有子。』朝野悲而壯之。」①劉體仁是潁州人，父劉廷傳，崇禎八年在潁州抗敵死難，時與上引「大司馬」張鶴鳴議守城，竟至衝突②。可知劉體仁所言張大同高潔壯烈之舉，必屬事實。

乾隆潁州府志：「張鶴鳴，字元平，號風皋，潁州人。萬曆丙戌捷南宫，以贈公病，馳歸……擢兵部右侍郎……熹宗即位，晋本部尚書……懷宗登極，予告回籍，尋鐫宫秩。乙亥正月，流寇攻潁，鶴鳴捐金募士守城。城陷，被執，駡不絶聲，備極楚毒而死，

① 氏著七頌堂文集卷四汝潁集詩序，第五四四頁。
② 汪琬汪琬全集箋校鈍翁前後類稿卷三四文稿傳劉公惟中傳，第七一五～七一六頁。

年八十有五……長子大同見父遇害，伏屍悲號憤駡。賊怒，炙手足，焚鬚眉，備受諸慘以死……大同，字同甫，詩文清真澹遠，不愧古人，書法尤超群，著有匏子集。」又，「張大同，以父鶴鳴蔭官生。」①

道光阜陽縣志：「字同甫，號瑶席。風裁峻整，自少屏絶紛華，盡以任子官讓之諸弟，於學無所不窺……性孤介特立，每與時俗相齟齬，端居潛心性理，惟以内行修飭爲兢兢。父鶴鳴功成身退，春秋已高，大同跬步弗離，色養備至。流寇陷潁，亟誡諸弟他匿，獨坐中堂，爲賊所執。」②

萬曆丙戌爲萬曆十四年，即公元一五八六年，崇禎乙亥爲崇禎八年，即公元一六三五年。萬曆開封府志：萬曆「丙子科……張鶴鳴潁川衛人。」③此書刻於萬曆十三年，丙子爲萬曆四年，本年中舉的張鶴鳴名下，未注中進士，應即上引萬曆十四年會試中式者。由此可知，「潁水漁父」張大同，字子正，又字同甫，潁水之濱的潁州人，潁川衛籍，兵

① 乾隆潁州府志卷八人物志明、卷六選舉表恩蔭，第一五三三～一五三六、一四四九～一四五一頁。
② 道光阜陽縣志卷一二人物志忠節明，第九二四頁。
③ 萬曆開封府志卷一二科目，第六〇一頁。按，明代潁川衛治潁州，位於南直隸境内，而隸屬河南都司。故潁川衛人士赴河南開封府鄉試。

部尚書張鶴鳴長子。工詩文書法①，爲人正派、孤傲而剛烈，長居鄉里，崇禎八年被流寇虐殺。其觀念、性格，與刊刻者張大同在明興野記中留下的正統嚴刻的評語，完全吻合。張大同的序言殘餘部分，未介紹所據版本。陳學霖認爲，紀事録之名，既爲錢謙益徵引，復見千頃堂書目，而潘氏所引「若干文字並不見錢書，足徵另有來源」，故可能另有刻本或抄本流傳②。此説亦容斟酌。

第一，陳氏所指「並不見錢書」的内容，指不見於國初群雄事略。但錢氏於天啓年間同時撰述開國功臣事略與國初群雄事略，崇禎末年成書的太祖實録辨證即據二書改訂、節抄。後來，兩種事略很可能歸潘檉章所有③。兩種事略主題不同，所引紀事録也必各有側重，惜今開國功臣事略不存。潘氏所引紀事録之不見於國初群雄事略者，皆見太祖實録辨證中誅殺勛貴諸條。由此可知，潘氏所引或是開國功臣事略，或是太祖實録辨證，全係錢氏所引。錢謙益在向潘氏借書、賣書時曾明言：「俞本紀録，作絳雲

① 張大同尚有書法作品殘幅傳世（杜選凌阜南人物歷史傳，第二七八頁）。
② 俞本紀事録與元末史料，修訂稿，第二〇五～二〇六頁。
③ 朱鴻林錢謙益國初群雄事略撰作經過與成書年代推考，第七～一一、一三～一四頁。

灰燼。」①可知潘檉章未見錢氏所藏紀事録，也未見紀事録的任何版本。

第二，錢謙益所藏紀事録毁於火灾後，此書即不見流傳。錢氏從未提及明興野記之名，在絳雲樓火灾後對潘檉章提及紀事録時，也未提及原書内容仍存。這説明，錢謙益在天啓以後的二十多年間，並不知道有題爲明興野記的紀事録傳世。錢謙益所藏既非明興野記，也並非一個普遍流通的刻本，而是抄本甚或稿本。

第三，張大同擅自改易書名，在刻本中羼入對叙事的判斷和評論，儼然以發現弘揚者自居，所據應非刻本，而是抄本甚或原稿本。由此可知，潘檉章、錢謙益、張大同皆未見到「其他刻本」，當時應無其他刻本流傳。

今存國初群雄事略，編寫始於萬曆後期，成書則在天啓七年（公元一六二七年）②，與明興野記刊刻的天啓丙寅年（公元一六二六年）冬約略同時。張大同之父張鶴鳴，在兵部尚書任上敵視熊廷弼，獨重王化貞，天啓五年（公元一六二五年）廣寧失陷後去官。

---

① 氏著牧齋有學集卷三九復吴江潘力田書，第一三五三頁。

② 朱鴻林錢謙益國初群雄事略撰作經過與成書年代推考，第二～七、二七～三六頁。

天啓六年（公元一六二六年）初，張鶴鳴得魏忠賢提拔再起，遂與東林交惡①。崇禎長編：崇禎元年（公元一六二八年）九月，「貴州總督張鶴鳴，以科臣瞿式耜、萬鵬疏糾，具辨云：『諸臣誣詆之言，横加之臣者，大概謂臣爲魏忠賢黨也，謂臣不當參奸細也，謂臣當與經、撫同罪也，謂臣子張大同輦金入京也。臣謹據前上先帝辨明疏，再陳于皇上之前。』」②此時，張鳴鶴與錢謙益的得意門生瞿式耜勢同水火，且張大同被牽連其中。明興野記付梓的「天啓丙寅冬」前後，有投靠魏忠賢之嫌的張鳴鶴之子、長居鄉里而性格孤僻的張大同，與東林領袖錢謙益之間，不可能有借書觀藏之類的交往。張大同所據本，當與錢謙益藏本無直接傳承關係。

但是，錢氏所引紀事録，不但文句、内容與明興野記吻合，甚至在點讀方面出現了同樣的嚴重錯誤。如張大同刻本以「○」分段，載：「亳都陞上爲丞相同僉○邵榮總大軍攻杭州，不克。」③錢謙益、潘檉章俱接受朱元璋陞任「丞相同僉」的説法，進而推測朱

① 查繼佐罪惟録傳卷二五張鶴鳴，第二四九二～二四九三頁。
② 卷一三，崇禎元年九月癸亥，第七一六頁。
③ 卷上，己亥年十二月，葉一四b。

元璋的職務名號①。其實，「丞相同僉」不通，應讀爲：「亳都陞上爲丞相。同僉邵榮總大軍攻杭州，不克。」如果錢氏看到的不是已經點讀錯誤的文本，以其文史素養，是不會犯這類低級錯誤的。則張大同所據與錢氏所藏，又似源出同一底本。

張大同在本書評語中，曾推舉王惟儉的著述②。錢謙益列朝詩集：「惟儉，字損仲，祥符人。萬曆乙未進士，除濰縣知縣，升兵部主事，削籍爲民。光宗即位，起光禄寺丞。天啓初，三遷爲大理少卿，以僉都御史出撫山東，入爲工部右侍郎。罷歸，卒。損仲敏而好學，通籍六載，御批罷官，終神宗之世二十年不起，以其間(尺)〔盡〕讀經史百家之書，修辭汲古，於斯世泊如也。好古書畫器物，不惜典衣舉息。家藏饕餮周鼎、夔龍夏彝，皆一時名寶。客至，焚香瀹茗，商略經史，賞玩古物，竟日獻酬，無一凡俗語。爲人疏通軒豁，口多微詞，評騭藝文，排擊道學，機鋒側出，人不能堪，亦坐是爲仕路側目。與之游易，直無它腸，久而不替也。」③王惟儉品行高潔、性格率直，久居河南省會，與潁

---

① 國初群雄事略卷一宋小明王、卷二追封滁陽王、卷七周張士誠，適園叢書本，第一七、二八、九六頁；國史考異卷一「五」，第七頁。
② 本書洪武二十一年第三條張大同評語，葉三七b。
③ 丁集第十六王侍郎惟儉，第五九三七頁。

州相去不遠，宜與張大同聲氣相投。

張大同又曾得到張民表的高度贊譽。周亮工大梁張林宗先生傳略：「先生諱民表，字法幢，一字林宗，一字塞菴，大梁之中牟人，世居晶澤里，爲太保震峰公之中子……性嗜古文詞，落筆即抗古人，家藏書數萬卷，皆手自點定。喜飲及草書，飲少許，即頹然揮灑如雲煙，醒視之，自謂有神助。生平著述甚富，彙帙近百卷，秘不以示人。友人請以行世，先生笑謝之……太保公家固貧，先生又好施與，家遂中落……惟愛賓客，與人接，竟日無惰容……晚季書法益進，詩益工，與尉氏阮太冲、汝南秦京相友善，自稱旃然漁隱，又號蕊淵道人……以應酬頗煩，時避客中牟。中牟郭外有水泓然，蒲津二十四之一也。先生刳小舟蕩漾其中，有訪者，即拉與俱，無日無客，無客不醉……嘗頂高冠、飄二帶，帶上繡髯蘇『半升僅漉淵明酒，三寸纔容子夏冠』之句，乘敗車無頂幔，一老特牽之，朗吟車中。老幼環視，如温公在雒上時。春日，每造郭外老杏下，飲輒大醉，門人子弟扶掖而歸。頽然自放，世無由測其淺深。性好汲引後進，孜孜若不逮……壬午，寇圍大梁……暫却，人有諷先生以去者，先生曰：『死則死耳，奈何以身爲衆倡。』……水灌城，先生急取所著詩文若干卷，自負之……結木筏登之……援久不至，水益大，號泣求登筏者益多，先生皆移筏救之。筏重且沉，乃移筏就和氏屋……久之而水益至，遂没。」①張民表與張大同的家世、愛好、特長和倔强性格，皆頗契合，居地亦相近，很可能有密切交往。

錢謙益雖與張大同無往還，但與王、張二人過從甚密。錢氏稱，王惟儉「與余定交長安，過從甚數……嘗以近詩數百篇示余，余爲繩削，存什之二三。損仲喜持以告人曰：『知我者，虞山也！』……今損仲家圖籍，盡沈於汴京之水……林宗與祥符王損仲、尉氏阮太沖、汝南秦京相友善。余之交于林宗，以損仲也。宗尉西亭多藏書，余屬林宗購其書目。天啓中，余以奄禍里居，客從大梁來，林宗繕寫，間關寓余，酒間片語，皎如信誓。林宗之生平爲可知矣。」②宗尉西亭指周王後裔、鎮國中尉朱睦㮮，藏書富甲海内③。

王惟儉與張民表，皆好學而富藏書。張大同和錢謙益，都有可能從他們那裏觀覽、轉録紀事録這樣的秘本。張刻本與錢藏本的底本，或即來自王、張所藏的抄本甚至稿

① 載張民表原圃集卷首，第九～一一頁。
② 列朝詩集丁集第十六王侍郎惟儉、張舉人民表，第五九三八、五九四二頁。
③ 張一桂漱秇堂文集卷一一西亭公神道碑，葉一一b、一三b、一五b。

本。二氏的珍貴藏書，均毁於明末開封大水，錢謙益遂以爲自己的藏本毁於火災後，紀事録失傳，殊不知已由張大同改名付梓。儘管天啓丙寅年上距俞本爲紀事録定稿，已經過了二百多年，張大同刻本仍應是紀事録的初刻本。

明代中後期，明太宗朱棣以後的皇帝，多因殘虐、昏庸或變態，在民間聲名狼藉，洪武時期屠戮功臣、濫殺無辜、窮榨民力的真相也被披露。但是，朱元璋作爲比肩漢唐之大明王朝締造者的崇高地位，在人們心目中却未受撼動，議論和指摘洪武朝政的著述甚爲罕見。紀事録這樣記載「太祖高皇帝」諸多劣迹醜行、經常對其行爲政策提出否定性意見的著作，更是聞所未聞。陳學霖俞本紀事録與元末史料指出，張大同是朱元璋的忠實崇拜者，「不顧事實皂白以各種理由申釋，保全開國君主之盛名與完美形象，而於俞本之記事或評論及聖主者則處處貶損詆毁」①。不僅如此，張大同對俞本表達隱隱的不以爲然之情，都十分敏感而横加斥責。如張昶諫止朱元璋濫殺陳寧，俞本淡淡地介紹了一句：「張昶乃元之游説士，至則任以參政。」張大同就非常敏感，不依不饒地

① 修訂稿，第二二八頁。

指責説：「陳寧罪在不赦，豈張昶所能争？觀本譏昶之意，何異測蠡。」①按説，張大同對俞本的著作，大可視爲悖謬狂亂，而任其湮没，或者按當時風氣，在「删定」之時痛加删削篡改。但是，他居然盛贊「雖野史，亦信史也」，只是對涉及朱元璋劣迹的記録，逐條作了欲蓋彌彰的申辯，對俞本的觀點做了一些批判。由此可知，張大同對於俞本所記朱元璋的諸多醜行，也是深信不疑的，可是並不擔心這對朱元璋的形象産生負面效果，反而照樣刊刻。所以，張大同刻本與明代後期大量隨意篡改原文的濫刻不同，應當是忠實於原著的。

可是，明興野記的校勘水平頗低，對難解之處不加整理，也無説明，産生了許多無法訂正的文字謎團。有一些錯誤，屬顯而易見的錯字，如「池州、宗陽」之「宗」字，顯係俞本不知應爲「樅」字。有一些屬俞本不誤而刊刻誤者，如開國功臣陸聚錯爲「陞聚」，華高錯爲「畢高」②。另有許多地名、人名等專有名詞顯然有誤，却無從判斷是俞本原意如此，還是原文錯誤，或是刊刻致誤，就很難訂正了。例如全書第一條：「濮州遂安

① 卷上，壬寅年正月，葉二二b～二三a。
② 卷上，丁酉年十一月、丙午年四月、丙申年四月，葉一二a、三一a、七b。

童謡云：『掯了石佛眼，當時木子反。』」①此「遂安」則不可解。又如濠州紅軍起兵之初：「壬辰年……三月初二日，克曹縣。」②據元史載元代政區設置和至正十二年戰事③，疑俞本將徐州紅軍的戰果誤記入濠州紅軍的戰史，但也可能是刊刻錯誤，已難以進一步判定。大量貌似正確的地名、人名，也完全有可能是書寫、刊刻錯誤的結果，只是今天上距「天啓丙寅」已近四百年，訂誤的可能性越來越小了。

另外，刻本明興野記每一年的内容之中，每遇新日期，則以圓圈「○」分爲若干段落。但同一日期内有數事，有時亦分爲數段。這一類錯誤雖可訂正，却已無法判斷是來自俞本還是張大同。

除了改名明興野記的這個天啓刻本，此書内容尚見前述錢謙益和潘檉章的三種著作。錢、潘徵引的文字内容，與天啓刻本係出同源，可資校勘。但是錢、潘摘抄者，篇幅多不全，對原文有所删併。錢、潘二氏的著作在清朝長期遭禁，太祖實録辨證、國史考

① 卷上，辛卯年，葉一b。
② 卷上，壬辰年三月，葉二a～b。
③ 元史卷五八地理志、卷四二順帝紀，第一三六八～一三六九、八九六頁。

異二書現存初刻本，國初群雄事略則僅存文網弛禁後的再刻本，致使現代對它們的文本整理工作，在版本取捨、文句解讀方面不能完全令人滿意。陳學霖在點校此書上半部分時，與張德信等點校的國初群雄事略做了對校，可資訂正者寥寥①。俞本文句粗鄙，叙事前後矛盾、條列錯亂者甚多，亦不宜進行系統的本校。

書前鈐有「國立中央圖書館收藏」朱文長方印，上卷連續數頁天頭處，有相伴的朱文陽文圓印「歌起之印」與朱文陰文圓印「毛賡」。王晫今世説：「繆，名彤，字歌起，江南吴縣人。丁未狀元及第，授官修撰。」②丁未年爲康熙六年（公元一六六七年）。同治蘇州府志引郭琇作繆彤墓誌：「陞侍講……家居二十年，杜門不與世事，唯率鄉之後進講學課文……卒年七十一。」③浙江忠義録：「毛雝，字西堂，亦名庚，錢塘人，諸生。年十三，能作大字……以工書名……咸豐……十一年冬，杭州再陷，雝自縊殉難。」④高望曾歲暮感逝毛西堂廣文：「庚……少以書名，尤工刻石。城陷被戕。粵人有慕君書名

① 陳學霖俞本紀事録與元末史料，載元史論叢第七輯，第一六〇～一七一頁。
② 卷四雅量，第五〇九頁。
③ 卷八二人物吴縣國朝，第一九九一頁。
④ 卷七李念孫傳附毛雝傳，第四九七～四九八頁。

者，願以千金贖于賊，而廣文已死。」①庚、賡同義，「毛賡」印工，遠勝「歌起之印」，或即毛庚之印。此書由天啓時張大同，至康熙時繆彤，再至咸豐時毛庚，終歸「國立中央圖書館」，可略見流傳脉絡。

書中有大量朱墨筆圈點批校。體其文意，多指斥暴君酷吏惡行，贊美愛民惜兵之舉，似皆清代以後所批。辨其字迹，似來自三人。第一人主要以紅自來水筆、間以黑自來水筆，於全書多處點逗、劃雙行專名綫，偶以黑筆於天頭書批語。第二人以黑毛筆濃墨，主要於上卷、間於下卷多處點逗、劃單行專名綫，與水筆點劃基本不重複，於天頭書大量批語。第三人以黑毛筆淡墨，於天頭偶書批語，書法似異於第二人。第二人於陳寧在蘇松嘉湖地區以酷法催督錢糧之事②，劃專名綫，有覆蓋紅色水筆專名綫處，可知第二人批閲在第一人後。而文句旁有批語曰「鰲羔子」，書法似異於上述三人，體例亦與書於天頭者有别，似另有其人。惜難以判斷批注者與繆彤、毛庚是否相關。

① 茶夢盦劫後詩稿卷三，第六〇三頁。
② 本書洪武四年第一條，葉一八a。

二

紀事録文辭粗鄙，時有病句，可知俞本文化水平不高。這種稚拙的文字叙述，固然可能導致記録錯誤與理解歧義，但也避免了一般史籍以文辭修飾損害史實原貌的缺點，可謂本書的魅力所在。

全書採用編年體而不太嚴格，有時隨意倒叙、插叙甚至預述，總的時序則無重大錯亂，體現了一定的編年史寫作能力。俞本並未以政權或君主爲主角，也没有站在總攬全局的客觀層面上，而是以自己的經歷爲出發點。他將大量關乎將領、軍隊、戰鬥的經歷見聞①，列入明朝建國的編年史，使全書兼有士兵日記與政權本紀的獨特色彩。

俞本每每以略嫌突兀的倒叙、插叙甚至預述等方式，系統介紹事件的來龍去脈和典章制度。體例雖不甚嚴整，内容却因此更加充實。如述及朱文正遭誅事，追述朱文正的履歷、戰功、罪行等，集中勾勒出朱文正事迹本末。又如記辛丑年（公元一三六一年）設大都督府事，預述至甲辰年（公元一三六四年）開始的衛所制度和設置名目，以至

① Dreyer，*The Chi-shih lu of Yü Pen：A Note on the Sources of the Founding of the Ming Dynasty*，p.902.

防範兵將的措施，概述了明初兵制①。

陳學霖認爲，紀事録是「研究元末明初，特别是朱元璋建國創業獨有之原手史料……以當事人記述當時事，爲獨一無二之著述」，洪武十一年（公元一三七八年）以後，「所記聞見逐漸簡略，似多采自傳聞，史料價值亦較遜色」②。紀事録的内容前詳後略，但以親歷與傳聞貫穿全書，却不以洪武十一年爲界。俞本記事重視親歷，而不以事件大小爲意，大事略者僅數字，小事詳者字亦數千，可以具體到對話和動作，時間則可記到某月某日，絶大多數繫於某月，僅有少數附於年末。這些記載，有些是時政要聞或詳細戰報，也有很多是不會形諸官方文字的個人叙事，應主要來自作者早年的現場記録和晚年回憶，所以都是不折不扣的陳氏所謂「原手史料」。

俞本所記爲親身經歷或直接見聞，其史料之原始程度，爲綜攬前人著述或單純搜羅傳説軼聞者所不及。俞本紅軍時期首批入選三百六十人的朱元璋警衛部隊。建國後，得到名將韋正的賞識，還曾與衛國公鄧愈有過私密的交談，又曾作爲兩名「朕跟前小廝」

---

① 卷上，辛丑年十一月、丙午年七月，葉二〇a～二一b、三一a～三二a。
② 俞本紀事録與元末史料，修訂稿，第二〇八、二一八頁。

之一，充當韓國公李善長的隨從①。雖爲一名馬軍，他的經歷却十分「上層」，得以留心人事變動和傳聞秘事，瞭解許多官方蓄意掩飾的内幕。例如記濠州紅軍大將邵榮被殺之大事，着意於「令平章廖永忠、都護康鐸邀飲，擒之」②。當時，廖、康二人分别爲「渡江舊人」中非濠州紅軍出身者和渡江後之來降者的最高將領，即代表軍中濠州紅軍舊部之外的兩大系統。派他們二位誘捕邵榮，體現了朱元璋的老謀深算，俞本所記絶非漫筆。

明朝建國後，俞本遠離京師，所記大事多屬官方傳布和民間流傳者。這些傳聞至少再現了時人對國政的認識，特别是官方宣傳口徑之外的觀念和事實，價值並不在「原手史料」之下。例如記元末大軍閥李思齊的結局：「至洪武七年，上遣賫制，往諭沙漠河南王擴闊帖木兒。至則待之以禮，留數日，遣歸，令騎士送至界上。騎士辭思齊，曰：『總兵有旨，請留物以作遺念。』思齊曰：『我爲公差遠來，無以留贈。』騎士曰：『請留一臂。』思齊知不可免，斷一臂與之，還京而死。」③結合宋濂平章李公權厝誌、明太

---

① 卷上，丁酉年正月十七日，葉九 a；卷下，洪武三年十月、七年八月、十二月，葉一六 b、二七 b、二八 a。
② 卷上，壬寅年八月初七日，葉二三 b。
③ 卷下，洪武二年四月十二(月)〔日〕，葉一〇 a。

祖實録、朱元璋李世昌誥、祭平章李思齊文中語焉不詳的異常記述，可知俞本所記屬實。

陳學霖俞本紀事録與元末史料稱贊俞本「不拘成見，不爲賢者諱」①。俞本有撰述史籍的基本能力和願望，對一些政事進行了認真努力的評論。他配合官方輿論的政治覺悟不高，但在記録事實這方面的史學覺悟不低。這超越了一般士大夫的爲尊者諱的觀念，並不僅僅出自一個普通軍人的樸素認識。俞本必自知，以其身份之低下、所述内容之無忌，此書在當時絕無刊印之可能。既然書稿只能藏之名山，他完全可能以秉筆直書爲原則。明王朝白手起家、恢復中華，其强大的合法性和對社會的全面管制，使得當時的觀念言論普遍地與官方有意無意地保持一致，無形的壓力已然規範了官私撰述。應該説，在短暫的建文時期，言論環境比較寬鬆，但所修明太祖實録已有明顯的粉飾與避諱②。永樂初期，即使國初事迹那樣非官方口徑的負面叙事，也儘量不涉及具

① 修訂稿，第二二八頁。

② 如明太祖實録記常遇春的言行事迹，無論篇幅還是形象，都超過地位更高、功勛更著的徐達。常遇春是建文帝之父懿文太子的岳父，徐達是永樂帝的岳父。這種拔高常遇春的記載，顯然不會是永樂年間篡改明太祖實録所致，而是建文時期初修所留下的。

體的負面言行。俞本作爲一個對明朝建國有功的老軍人，本應認可明王朝的行爲措施，但他的紀事録並未站在官方立場上叙事和評論，不受言論限制和官方觀念的制約。這在有明一代的所有撰著中，都顯得卓爾不群。

俞本經常用一種貌似心平氣和、見怪不怪甚至麻木不仁的態度，記録朱元璋及其政府、軍隊的劣迹暴行。曝光秘聞、誇張細節，誠屬野史的常態。但俞本的這類記録，絶大多數能與其他史料相印證，其目的似非聳人聽聞，而是如實記録冰冷的歷史。例如，明軍北伐途中的東昌路之役，明太祖實録所記無甚特別，俞本則特地記載：東昌「堅拒數日。大軍四面登梯，克之，遂屠戮，縱軍擄掠，焚其房舍而去」①。此與朱權通鑒博論列舉明軍北伐戰果時以東昌爲特例相對照，則知俞本所記可信。

紀事録中有的歷史細節是其他書中所絶無的，例如：「故元帥韋德成妻美，上令移居後庭，通而生子，名曰『朱生』。或諫曰：『故將之妻不可納。』遂以本婦配總管胡汝名，朱生隨母往焉。」②以此與陳璉南海衛指揮使韋公墓碑銘載韋德成遺腹子所受的異

① 卷下，戊申年二月，葉二b。
② 卷上，丁酉年三月，葉一〇a。

常待遇，以及明太祖實録與劉辰國初事迹記此胡總管遭叛而逃歸時所用的異常筆法聯繫起來，則有蛛絲馬迹可尋，頗可玩味。

有的故事與其他記載大同小異，若相互印證，内情可一目瞭然。例如：「上聞相國部下宣使熊義妹色美，欲納爲宫人，令都事張來釋爲媒，通言於熊義母。允，納聘財訖，擇日歸内。來釋啓曰：『熊氏女許參政楊希武弟楊希聖久矣。』上怒曰：『汝既爲媒，令臣民知吾之過！』立命將士提於内橋，衆刀砍爲泥，示衆。追回財禮等物，仍令與楊希聖爲婚，希聖終不敢娶。」① 劉辰國初事迹的記載側重不同，兩者合讀，既可瞭解朱元璋對張來釋之屠戮、對楊希聖之刑辱、對熊氏之處置的全過程，又能看清朱元璋的行爲既非俞本筆下的守禮，亦非劉辰筆下的執法，而是無法得逞後進行凶殘卑劣的報復。

三

俞本的一些不合常見語法的行文，會在關鍵之處導致歧義或誤解。例如記龍鳳紅

① 卷上，乙巳年八月，葉三〇 a。

軍瀕臨絶境：「小明王在城中號安陽奕劉太保等饑饉無措。」①文意很難索解，致使有的文本作「小明王在城中號泣，安陽奕劉太保等饑饉無措」。由明太祖實録可知，「安陽奕」是小明王和劉福通所部的名號，此句應讀作「小明王在城中，號安陽奕。劉太保等饑饉無措」。「號安陽奕」，係俞本插叙小明王所部名號。按正常的閲讀習慣，此句無論如何都難明所以。

俞本對明興之初新創的制度，既有身在其中的經歷，又存在一些明顯的誤解和妄解。例如記甲辰年初設衛所：「隨駕壯士設内八衛……俱名親軍指揮使司，各處聽調軍士設外八衛……止名指揮使司。」②這是關於衛所制初始狀態的獨家珍貴記録。但爲强調内外之别，俞本記外八衛「止名指揮使司」，則誤，其實内、外八衛都是「親軍指揮使司」。

俞本職位低微、見聞有限，所記政事多係個人視野所及，詳於戰争、軍隊組織、軍官陞降，對制度變遷和錯綜複雜的高層人事關係則缺乏瞭解，對許多重要人物與重大歷

① 卷上，甲辰年七月，葉二九 a。
② 卷上，辛丑年十一月，葉二一 a。

史事件或略或缺。例如，俞本多次詳述楊憲、陳寧等文臣的事迹，却從未記述劉基的業績，僅在封爵序列中提到「誠意伯劉伯温」；述及明初最關鍵的洪武五年北伐之役，僅簡述其個人所見的西路軍之進退，對更加重要的中路、東路，居然不置一詞①。

俞本晚年著史，多憑記憶。即使是來自真切回憶或現場記録的史料記載，如果在寫作整理時缺乏其他材料的輔助修正，也難免出現錯亂，晚年回憶者尤甚②。胡小鵬等指出：「明興野記最大的問題是繫事年月與實録頗有出入，對研究者造成不小的困擾，也影響了其利用價值。」③Dreyer 根據俞本連朱元璋稱吴王的時間都前置一年的嚴重錯誤，認爲俞本其他日期記載也不可徵信，只能作爲實録繫年的補充④。按，俞本記事的日期錯誤，乃是資料堆砌混亂所致，與明太祖實録之有意篡改事實，性質不同。所

① 卷下，洪武四年十二月、五年五月、十二月，葉二一b、二二a～b。

② 例如朱元璋極端自信，寫作回憶時無需作僞，但在無人修正或無資料輔助時，就會産生嚴重訛誤。他親自爲徐達撰寫御製中山武寧王神道碑，一直是徐達生平的最權威文本，居然把徐達在公元一三六一年和一三六三年與陳友諒的兩次戰争中的事迹混爲一談（載皇明名臣琬琰録前集卷一，第一册第一七～二五頁），難以卒讀。

③ 明興野記與明初河州史事考論，第六三頁。

④ *The Chi-shih lu of Yü Pen : A Note on the Sources of the Founding of the Ming Dynasty*, pp. 903～904.

以，俞本所記可與實録互證、互補、互糾，而非僅僅補充後者。倘二者所記不一致，未可輕易視紀事録所記爲錯訛。例如朱元璋封吴國公的日期，是瞭解江南紅軍政權性質的關鍵，所有官方史料皆記在丙申年（公元一三五六年），唯俞本所記之日期在辛丑年（公元一三六一年）。錢謙益與潘檉章皆指出，俞本所記日期與時人對朱元璋的稱謂相符①，官方記載爲故意諱飾。二氏雖誤以封爵號爲稱號，但俞本所記日期，的確與政治形勢吻合無誤，遂解讀史之大惑。

至於日期錯誤而事非杜撰，僅屬編排有誤者，情況又各異：

書中多有日期錯誤而事實無誤者。例如記紅軍將領桑世傑陣亡：「丁酉年……八月十七日，攻馬馱沙，桑院判陷。」②以明太祖實録與張德勝、徐達等將領的履歷對照，可知紅軍曾兩次攻馬馱沙。俞本所記正是實録漏載却見於諸將碑傳的第一次戰鬥，但把第二次戰鬥中桑世傑陷没之事，錯繫於第一次戰鬥了。

書中叙事，有不少月日無誤，而年份錯置一年甚至數年者。例如：「庚子年……

① 錢謙益太祖實録辨證「二」，第二二〇八頁；潘檉章國史考異卷一「五」，第七頁。
② 卷上，丁酉年八月，葉一二a。

五月初一日，上親領水、陸二寨將士，駕海船及風斗快船，於采石江上教習。至未時，忽然雲暗蔽日，周天星現，官軍彼此不相識。上懼甚，鳴金集船。至酉時方復明。」①由「初一日」、「周天星現」可知，所記實爲日全食。可是在庚子年（公元一三六〇年），本地區並無日全食，而是一三六一年的五月五日即四月辛巳朔，西安至杭州一帶發生日全食，采石正在全食界内。俞本憶此兩年皆發生與陳友諒的戰争，誤前置一年。

書中叙事也多有年份正確而月日錯誤者。例如記鄱陽湖大戰，俞本載七月二十一日開戰，至二十四日決戰②。其實據明太祖實録，決戰之日已經是一個月後的八月二十四日。

如果所述之事月日難辨，俞本一般會置於年底。若年份難辨，就難免憑己意剪裁，造成差誤。例如：「丁酉年……十一月初三日，院判趙子中并帳前黑先鋒攻池州、宗陽，不克，俱陷。」③比對明太祖實録、劉辰國初事迹可知，因朱元璋軍曾在「池州、宗陽」

① 卷上，庚子年五月，葉一六 a～b。
② 卷上，癸卯年七月，葉二六 b。
③ 卷上，丁酉年十一月，葉一二 a。

反復争戰、折損甚多，俞本無法辨析各條原始記録的日期，遂將克池州、攻樅陽失敗、失池州等三事合爲一事了。

對於分屬不同年份的同一事件，俞本的編排經常出現嚴重錯亂。例如記洪武初年在今青海、甘肅對抗明軍的朵只巴事迹，俞本分繫於洪武三年至六年的六處①。其中，在洪武四年十二月記朵只巴遣侄子朵失結來降，在年末「是年」條記朵只巴後來到甘肅紅樓子、毁約、遁歸青海，實皆洪武五年之事。記洪武五年十二月馮勝棄地、虐軍，附述由此導致的一系列事件：馮勝遭貶、後來復職、後來誣陷濮英致濮降職、後來濮英被派與韋正窮追朵只巴，時已晚至洪武九年。記洪武六年十二月襲擊朵只巴，實洪武五年十一月之事，附述朵只巴再次約降毁約殺明朝官員，則屬洪武九年六月之事。究其原因：第一，數次戰役的統軍將領、打擊對象、征剿地區，多有類似和相同處，導致俞本記憶編排錯亂。第二，俞本習慣在記事前倒叙背景事件，或在記事後附述一系列後續事件，而於背景、後續日期不加説明、辨析。或此倒叙、附述，本來就是因爲記不清時間而

① 卷下，洪武三年十月、四年正月、十二月、「是年」、五年十二月、六年十二月，葉一七 a、一八 a、一九 b、二一 a、二三 a～b、二四 b～二五 a。

含糊帶過。第三，俞本爲將某一錯誤日期、時序合理化，將其他事件的日期改訂編排，導致錯上加錯。

俞本對一些重要人物的記述評價，摻雜了强烈的個人好惡因素，有損秉筆直書的原則。如對他景仰的名將廖永忠、傅友德，對他的恩主上司韋正，常常不吝溢美之詞。對來自朱元璋嫡系親信系統的寵將馮勝、朱元璋的妃子之兄郭子興、濠州勛貴子弟耿忠等人，則表示了極端的鄙視，不惜濃墨重彩記録他們的惡行。這可能在相當程度上反映了基層老兵所知曉的内幕和軍中的看法，但也不排除摻雜私人恩怨、派系因素，導致抑揚偏頗以至歪曲事實。

俞本長期追隨韋正，記録韋正的戰功政績履歷頗詳。例如：洪武十一年「六月，歸德州西番土人汝奴叛遁亦咂地方。宋國公馮勝遣人於韋正處索馬，正不與。勝憾之，於上前譖曰：『韋正不以國法爲重，不善治西番，致有叛。』敕遣中書舍人徐光祖賫御劄諭正，赦其死，降爲歸德州守禦千户。以陝西都指揮葉昇代鎮河州，昇貪婪無耻，至則盡更正令。十一月，刺哥站土官刺哥率合族酋長，以牛羊馬匹、羊毛至河州易糧。昇見頭畜無數，欲盡得之，詭文密奏西番侵河州。上允其奏，悉收誅之，昇拘番貨、牛羊馬匹盡入私家。其餘六站番民聞之，皆遁去。朵甘思、烏思藏之路自此亦梗，不復通往來矣」①。但根據不久之後朱元璋命中書勞西番指揮何鎖南，以及明太祖實録載此後甯正（按，即韋正）稍得復官、葉昇陞職，可知朱元璋根據韋正同僚鎖南的證詞，減輕了對韋正的責罰。此必因葉昇實有功績，而甯正功不掩過，俞本所記揚甯抑葉。由此，俞本記録的韋正其他正面事迹，遂難盡信。

俞本記録了大將馮勝的種種劣迹，其中最引人矚目的，莫過於洪武五年畏敵棄甘肅之事：「十二月，馮勝懼回鶻之兵，將甘州所葺城池、營房、倉庫、轉運米麥料豆二十餘萬石及軍需盡焚之，棄城歸，并寧夏、西凉、莊浪三城之地亦棄。僅以牛羊馬駝令軍人趕歸，途中倒死者，軍雖飢不敢食，仍負荷歸，軍人餓死載道，一無所問。上知之，追奪馮勝券誥爵禄，宥其罪，貶爲庶人，録其家財。」②據朱元璋洪武二十三年詔書録陳德罪狀，和明太祖實録載陳德時任馮勝副將，可知俞本所記事實有據。但本年明軍三路北征，中、東路主力完敗，馮勝統率的西路軍雖獲勝，亦無補大局，放棄甘肅乃勢所必

① 卷下，洪武十一年六月、十一月，葉三〇b～三一a。
② 卷下，洪武五年十二月，葉二三a。

然，並非馮勝個人怯懦所致。俞本所記馮勝因虐軍貶爲庶人，亦不免誇大其詞①。究其原因，或與馮勝曾陷害韋正有關。由此，俞本對馮勝的另外各種貶詞，如記其貪功中計、損兵折將、陷害下屬等，也不能遽以爲真實了。

俞本所記另一大將郭子興無能、殺降、謀財害命等事，顯然有誇大的嫌疑。例如記洪武二年底，「鞏昌土官汪靈真保率軍民以城降，達令都督郭子興鎮之。子興乃郭妃兄，酒色貪婪，鄙人也，無戰伐之功，因椒房之戚，故至此職……鞏昌守禦都督郭子興日以妓樂歌舞自娱，十八族土番院使包鎖南率部下番族首目，賫所授元朝宣命、印信、牌面來降。子興怒無金寶、馬匹，俱令剥皮梟示。」②據明太祖實録，郭子興本有封公大勛，後來遭斥，但罪名中並無殺降之事。據朱元璋諭曹國公李文忠西平侯沐英等敕又，包鎖南等部直到洪武十一年尚未歸降明朝。俞本記郭子興殺降或有據，但説包鎖南來降被殺，已有編造事實之嫌。

俞本記洪武三年王保保在除夕夜突襲蘭州，明軍創造守城奇迹，以守城將領張温

① 參見趙現海明初甘肅地緣政治與明朝西北疆界政策，第八二頁。
② 卷下，洪武二年十二月，葉一一b～一二a。

和被俘將領于光做了鮮明對比：「俞光乃撫州民，因亂聚衆，陳氏任爲左丞，大軍至城而降，上授光爲蘭州衛指揮僉事。至是，領兵出哨，遂被擒。縛至城下，令呼守將韓温以城降。温引弓射，曰：『光不就死，尚在耶？汝是陳氏之臣，降天朝，上授汝爲指揮之職。與我共守邊城，不幸被擒，又來與我相見。我以死戰報國，旦夕大軍至，王保保亦被誅戮。汝不羞慚，尚自求生？』元兵遂斬光於城下。」①當時，俞本戍守蘭州附近的臨洮，在正月初三日即得知蘭州被圍消息，所記本應真實，而竟謬誤百出。據宋濂同知鷹揚衛親軍指揮使司事于君墓誌銘和明太祖實録所載于光事迹，可知俞本所述于光的履歷嚴重不確。又據劉三吾、黄金和明太祖實録載郭子興、張温、韋正的履歷，知于光是郭子興的得力部屬，韋正與張温有同僚之誼。俞本向來敵視郭子興而贊譽韋正，故其記于光、張温的言行，雖具體却令人生疑：若于光配合元軍勸降，必不致遭元軍當場殺戮，更不會如宋濂與明太祖實録所記之受到明朝的隆重悼念。所以，俞本所記于光勸降之醜態、張温斥責之豪言，應屬蓄意編造。爲了詆毁郭子興，不惜顛倒黑白以抹黑其部將，已經嚴重違背了史德。

① 卷下，洪武三年正月初三日，葉一二 a～b。

現存改名爲明興野記的天啓刻本紀事録，很可能是初刻且忠於原文。但首尾殘缺、文字錯訛較多，缺乏可資對勘的版本。

四

作爲一位親歷元末戰亂和明初拓邊長達四五十年的老兵，俞本用心記録、搜集當代史料，晚年撰寫成一部編年史，以一種粗樸的方式展示歷史原貌，實屬珍貴。但俞本的社會地位不高，寫作能力和史學水平較低，致其見聞不廣、見解有誤，晚年記憶又有錯亂，以致在記録、理解、回憶史實時，出現諸多錯誤和盲區，嚴重損害了記載的準確程度。俞本不爲尊者諱，所記劣迹暴行、殘忍行徑大多具體而生動，在明初史料中獨樹一幟。可俞本記録言行，往往摻雜着過多强烈的個人感情，甚至編造、顛倒事實，大大降低了書中一切褒貶之詞和獨特記事的可信度。所以，俞本「親歷其事」之真切，「不爲賢者諱」之鮮明，在官私史籍作者中誠屬鳳毛麟角，仍難免野史誣妄之通病。

本次整理，除多以他校和理校探究紀事録的文本原貌，主要工作是，根據相關史料判斷每條記載的準確性，證真辨僞。證真的工作，可按俞本記載的獨特程度，分爲三類。第一類，與其他記載吻合、可被直接驗證者。對此，擇取最可信的一兩種記載加以對照。

第二類，與其他記載不合者。這種情況佔據了原書大部分篇幅。若其他記載有真有僞，量取有代表性的真、僞記載，參以相關背景材料。若其他記載皆僞，則引用較多間接材料，證俞本所記之真，並皆略及其他記載致誤之因。未知孰是孰非者，量列各種記載。俞本的這類記載，使明初的戰争、風氣、秘聞等大量史實得以重新認識，許多間接零散的材料被串聯起來得以重估價值。所以，本書在辨析這類記載時，多比較各條重要記載，以進一步考訂相關史實。

第三類，獨家記載。俞本往往叙述某些事件、制度、經歷的細節，是爲原書最珍貴的一部分内容。對此，引用較多相關背景材料。其中，俞本叙述戰争進程時，往往提及峰石湖溪、鄉村鋪站之名。將這些地名核以現代地圖，大有助於判斷俞本所記真僞，並還原歷史細節。所以，本書以較大篇幅，選擇以地形圖爲底圖、展示山川形勢與地貌詳情的現代地圖，一一核對地名所在。

辨僞的工作，則分爲兩個層次。第一個層次，量取其他記載和相關背景資料，證俞本記載之誤。

第二個層次，探討致誤之因。俞本之誤，多數在日期、時序、人名、地名，少數在事件細節，或出於記憶模糊、材料錯亂、誤解制度，或出於以訛傳訛、私意褒貶。對此，本書據其身份、經歷、能力，量加推測，以現紀事録的文本形成過程。

總之，在證真辨僞的基礎上，進一步考訂史實、核對古今地物、探討文本形成背景，是本書的目標。元末明初史事史料頭緒繁多，各種記載的歧異層出不窮。本書歷經多次糾誤，而新的錯誤仍連綿不斷地涌現，可知全書乖謬錯訛，仍比比皆是，惟祈讀者發蹤指示、痛正嚴糾。

凡例

版本與校勘

一、明初俞本撰紀事録，今僅存臺北「國家圖書館」藏明天啓七年張大同改名明興野記之刻本（簡稱「張刻本」）。現以張刻本爲底本點校，將書首、卷次中的書名徑改爲紀事録。

二、張刻本有陳學霖點校本（俞本紀事録與元末史料附俞本明興野記（紀事録），簡稱「陳校本」）。若陳校本與張刻本不同，且張刻本確需校訂者，無論是否採信陳校本，皆出校記。

三、錢謙益國初群雄事略（適園叢書本）大量徵引紀事録文字，多係節引，多有增删改動，關鍵文字有與張刻本不同者（國初群雄事略中的引文，簡稱爲「事略錢引本」）。現以之爲主要對勘本，若事略錢引本與張刻本關鍵文字不同，出校記。

四、楊訥、陳高華等以適園叢書本爲底本，在元代農民戰爭史料叢編中大量採録并標點了國初群雄事略所徵引的紀事録内容（簡稱「楊陳録本」）。張德信等以國初群雄事略沈韻齋抄本爲底本，以適園叢書本等對勘，有點校本（簡稱「張校本」）。若楊陳録本或張校本與張刻本關鍵文字不同，皆出校記。

五、錢謙益太祖實録辨證（氏著錢仲聯標校牧齋初學集卷一〇一至一〇五點校本），徵引了部分紀事録内容（簡稱「辨證錢引本」），與國初群雄事略所引内容有同有異，而成書在後①。若辨證錢引本與張刻本關鍵文字不同，出校記。

六、張刻本按年月日紀事，每年另起一段，先述年份，後接紀事，以干支紀年，元末附以元順帝至正紀年，明初冠以明太祖洪武紀年。現以每年另起一頁，以紀年内容頂格爲標題，在紀年後括號「（　）」内注公元紀年，以下紀事另起一段作正文。

七、張刻本紀事，每年之中以「〇」分條目，有的條目追溯、附述篇幅長達數百字，有的一條之内記各不相關數事，有的前後數條記相關之事或同一事，有些條目之間日期、

① 潘檉章國史考異徵引了少許紀事録文字，係轉引事略錢引本、辨證錢引本，文字與錢氏二書無異，故不再作爲校勘底本。又，錢謙益列朝詩集引用紀事録一則（甲集第十一夏博士煜，第一三八八頁），文字與太祖實録辨證所引無異，而成書在後，亦不用於校勘。

文字有錯亂。現將每個條目另起一段，首行低二格，加標「1」、「2」等號碼，藉以保存條目劃分原貌。

八、張刻本有大量錯别字，或因作者不諳專有名詞的正確用字，或因作者以及抄寫刊刻者筆誤。前者儘量保持原貌，出校記；後者若有關史實辨析，或各本有區别者，出校記，否則徑改。異體字、刊刻誤字，除見於專有名詞外，一律徑改。爲了便利讀者，在正文中用方圓括號顯示對張刻本文字的改動：圓括號表示删字，排小字；方括號表示增字，排大字。注釋及校勘記引文原本有誤者亦用方圓括號改字，不分大小。

九、張刻本原文漫漶不清或未刻者，以「□」標示。若可據他書增補者，同樣以方圓括號表示改動，并以校記説明。

十、張刻本夾有作者俞本評語，另起一行，低一格，下接正文另起一行，頂格。現作正文處理，保留原貌。

十一、張刻本夾有刊刻者張大同評語，格式與俞本評語同。張大同評語與史實無關，但亦有裨瞭解刊刻者的背景，且篇幅不大，故予以保留。

注釋

一、注釋標誌在正文中緊隨所注詞句之後，注釋内容附每條之下，以〔一〕、〔二〕等排序。

二、引文導以作者、書名，在引文後括號内注明出處。古籍出處注明卷數、篇目、頁碼「某頁」（例一），若無全書統一頁碼，用卷内頁碼「葉某」；若無卷數，徑列篇目（例二）；若無篇目，徑列序號或日期，不作篇目處理（例三）。今人著作出處，注明頁碼（例四）。引文導以篇名者，在出處注明書名（例五）。若所引篇爲碑銘傳狀，傳主頭銜簡省爲生前主要職官或封爵，或身後主要名分（例六）。若篇目作者非書名責任人，在出處注明「載」某人某書（例七）。若無作者名，引文直接導以書名或篇名（例八）。出版信息統見於參考文獻。

例一，陳建皇明通紀：「……。」（皇明啓運録卷一，辛卯元順帝至正十一年，第一～二頁）

例二，諸司職掌：「……。」（兵部司馬部銓選武官資格，第一八八七頁）

例三，朱元璋太祖皇帝欽録：「……。」（洪武三十年六月二十六日，第一〇三

頁）

例四，阿爾丁夫關於亦都護高昌王世勳碑所記高昌回鶻方位問題：「……。」（第六七～六九頁）

例五，貝瓊送諸德剛序：「……。」（清江貝先生集文集卷二九，葉二a）

例六，宋濂大明敕賜銀青光禄大夫上柱國中書平章軍國重事兼太子少保鄂國常公贈翊運推誠宣德靖遠功臣開府儀同三司上柱國太保中書右丞相追封開平王謚忠武神道碑銘，省作宋濂鄂國常公神道碑銘。

例七，釋來復西天善世禪師班的達公塔銘：「……。」（載北京圖書館藏中國歷代石刻拓本彙編第五一册，第一七頁）

例八，大越史記全書：「……。」（本紀卷八陳紀廢帝紀，癸亥七年（明洪武十六年）夏六月，第二五〇頁）

三、引文使用同一種書的不同版本，若書名不同，徑用書名，若書名相同，在書名前後簡注版本，在參考文獻中分列詳注。

四、校勘記引文格式，同注釋。

五、常見的省路府州縣名、名山大川（如天目山、洮河）、著名地點（如潼關）不注。

元代宣慰使司、肅政廉訪司、元末明初暫設的省院府翼，作地名時易生歧義，故酌情出注。地理泛稱若有實指（如荆襄），亦量加注釋。縣以下地名、小山川名或名山大川需辨析（如黄河各段）時，儘量出注，并標出在現代測繪地圖中的位置。現代居民點，酌其規模，稱以鎮或村，如三汊河鎮，以别於山川湖沼。縣城位置是判斷地點方位的關鍵因素，若古今縣城位置有别，可參考譚其驤主編中國歷史地圖集等，一般不再出注。若需考辨俞本未提及的地名，儘量簡單處理，不注今地。外國地名，多係俞本風聞，如王舍城，無關明初史事，不再核對今地。

六、職官、機構若非與元明通行制度有異（如指揮副使），人物若非關乎需辨析的史實（如商暠），不注。出注時，儘量只引與原文内容直接相關者，不注制度詳情或人物生平。

七、原文所記史實與所徵引史料有參差者，量加辨析。契合者，只列相關史料記載，不加説明。真僞存疑者，量加推測，或注「未詳」。無史可證者，不加説明。

八、引用同一條史料，儘量只在最需列舉處徵引。他處徵引時，儘量只在圓括號内注明首要徵引處（如「（本書丙申年第二條注一引）」）。

紀事録卷之上

〔甓湖〔一〕愚人俞本從道甫編次〕
〔潁水〔二〕漁父張大同同甫删定〕①

〔一〕陳學霖俞本紀事録與元末史料根據讀史方輿紀要和明史地理志載高郵有甓社湖，判斷俞本爲元末高郵府人（修訂稿，第二〇九頁）。按，大明一統志：「甓社湖在高郵州西三十里。」（卷一二揚州府山川，第一九六頁）嘉靖惟揚志：高郵城西諸湖偏中央處爲甓社湖（卷一今高郵州圖，葉一四b～一五a）。隆慶高郵州志：「甓社湖……通鵝兒白湖……石臼湖在州治西北五十里，通甓社湖……七里湖在州治北十七里，東抵運河，西通鵝兒白湖。鵝兒白湖在州治西二十里……塘下湖在州治西四十里，通甓社湖。」（卷二山川湖，第八五～八七頁）可知甓社湖約在今高郵湖西南部（江蘇省地圖集，一九七八年，第四四頁）。

〔二〕陳學霖俞本紀事録與元末史料據明史地理志和民國太和縣志載太和縣有潁水，推測張大同係太和人（修訂稿，第二〇九頁）。按，潁水可泛指潁河，時貫穿禹州、陳州、潁州（譚其驤主編中國歷史地圖集第七册，第五七～五八頁），不一定指太和縣境内的潁水。據明末潁州人劉體仁張孝子詩序、萬曆開封府志、乾隆潁州府志、道光阜陽縣志，可知這位「潁水漁父」張大同，實潁河之畔的潁州境内潁川衛人（本書整理前言）。

校勘記

①原書卷首首葉殘缺，據本書下卷卷首補。張刻本擅改書名，「替易曰明興野記」，今從本名紀事録（本書整理前言）。

……駁之。噫！本生於當時，耳目多真，後世覽者聞所未聞，雖野史亦信史也，特命名不雅，替易曰明興野記云。天啓丙寅冬日張大同識。①

校勘記

①原書卷首殘缺，現存文字以「駁之」始，應系刊刻者張大同作序殘餘部分。

辛卯　元順帝　至正十一年（公元一三五一年）

1 濮州遂安童謡云：「指①了石佛眼，當時木子反。」〔一〕

〔一〕葉子奇草木子：「徐州盗韓山童叛……賈魯……勸脱相求夏禹故道，開使北流……瀕河起集丁夫二十六萬餘人……韓山童等因挾詐，陰鑿石人，止開一眼，鐫其背曰：『莫道石人一隻眼，此物一出天下反』，預當開河道埋之。掘者得之，遂相爲驚詫而謀亂。」（卷三上克謹篇，第五〇～五一頁）元史：「歲庚寅，河南、北童謡云：『石人一隻眼，挑動黄河天下反。』及魯治河，果於黄陵岡得石人，一眼，而汝、潁之妖寇乘時而起。」（卷六六河渠志，第一六五四頁）按，此新開黄河「故道」與黄陵岡均在濮州以南不遠（譚其驤主編中國歷史地圖集第七册，第九～一〇、一五～一六頁），可知俞本所述係濮州一帶童謡，乃以「木子」呼應下文「芝麻李」。唯濮州一帶無遂安縣，江浙行省有遂安縣，紅軍兵興之地汝寧府有遂平縣，但皆與濮州相去遼遠，此「遂安」或非縣名，未詳。

2 **是年，芝麻李稱王，聚衆據徐州。元命中書左丞相脱脱總番漢兵數十萬平之，改爲武安州**〔一〕。

〔一〕元史：「至正十一年八月，『蕭縣李二及老彭、趙君用攻陷徐州。李二號芝麻李，與其黨亦以燒香聚衆而反。』十二年七月，『脱脱爲行樞密院使，提調二十萬户。』八月，脱脱『以答剌罕、太傅、中書右丞相分省於外，督制諸處軍馬，討徐州。』九月中旬，『脱脱復徐州，屠其城，芝麻李等遁走。』十三年四月，『降徐州路爲武安州。』（卷四三順帝紀，第八九二、九〇一、九〇二、九〇九頁）此係俞本綜述芝麻李義軍始末，概繫於起事之時。按，本年河南紅軍蜂起，芝麻李既非最早、亦非主流。俞本乃高郵人（陳學霖俞本紀事録與元末史料，修訂稿，第二〇九頁），在紅軍起事諸地中，徐州與高郵獨近，芝麻李殘部後來逃奔濠州，俞本或因此熟知徐州義軍，遂以爲元末紅軍的先驅。

3　是年，詔淮東農家富厚丁多者抽一丁，於中原注水地習種稻，號曰「農師」〔一〕。

〔一〕元史：至正十三年初，元朝「於江浙、淮東等處，召募能種水田及修築圍堰之人各一千名爲『農師』，教民播種。」（卷四三順帝紀，第九〇八頁）按，元朝的河南江北行省東部設淮東道宣慰使司，轄揚州路、淮安路、高郵府（元史卷五九地理志，第一四一四頁），俞本的家鄉高郵府屬淮東。本條所記應爲至正十三年事。

4　行中統鈔〔一〕。

〔一〕至正十年，元朝更鈔法，行新中統交鈔，當舊中統鈔十倍，印稱「至正印造元寶交鈔」（元史卷四二順帝紀，第八八九頁；李逸友元代末年鈔法制度的敗壞，第八一之五頁）。元史載，至正十二年初、十三年初，各「印造中統元寶交鈔一百九十萬錠、至元鈔十萬錠」。未載十年、十一年造鈔事宜（卷四二、四三順帝紀，第八九四、九〇七頁）。孔齊静齋至正直記：「至正壬辰，天下大亂，鈔法頗艱。」（卷一楮幣之患，第五〇頁）葉子奇草木子：至正十二年「兵亂，國用不足，多印鈔以賈兵」（卷三下雜制篇，第六五頁）。皆以至正十二年爲變鈔之始。則元朝雖於至正十年更鈔，但本條所記，似爲至正十二年大行新中統鈔事。

5　招壯丁〔一〕。

〔一〕紅軍初起，元朝雖得察罕帖木兒等義軍助戰，並未從民間廣募壯丁。張士誠起兵後，元朝方於至正十三年六月命「淮南行省平章政事達世帖睦邇，於淮南、淮北等處召募壯丁，并總領漢軍、蒙古守禦淮安。」（元史卷四三順帝紀，第九一〇頁）本條所記應爲至正十三年事。

6 拘天下官吏馬匹〔一〕。

〔一〕元史：至正十二年初，「拘刷河南、陝西、遼陽三省及上都、大都、腹裏等處漢人馬。」（卷四二順帝紀，第八九五頁）俞本的家鄉高郵屬河南行省，本條所記應爲至正十二年事。按，俞本於至正十一年諸條獨述偏在東隅的芝麻李起兵，附述元朝多項民間措施，而將同年諸雄起兵統統繫於次年，與濠州紅軍年初起兵同時，此後唯詳述濠州紅軍，不談元朝措置。其實，各地紅軍在至正十一年已經起事，俞本所述元朝措置皆爲至正十二、十三年事，可知直到至正十三年六月「招壯丁」，俞本尚爲高郵的元朝順民，此後參加紅軍，遂不再記元朝在淮東一帶的措置。俞本或欲淡化投紅軍較晚的事實，故將元朝措置置前，將各地紅軍起事置後。

校勘記

① 「揞」，事略錢引本作「挖」（卷一宋小明王，第四頁）。

壬辰　元　至正十二年（公元一三五二年）

1 **韓哥哥韓山童等聚衆燒夜香，據亳州、潁州、光州**〔一〕。

〔一〕元史：至正十一年五月，「潁州妖人劉福通爲亂，以紅巾爲號，陷潁州。初，欒城人韓山童祖父，以白蓮會燒香惑衆，謫徙廣平永年縣。至山童，倡言天下大亂，彌勒佛下生，河南及江淮愚民皆翕然信之。福通與杜遵道、羅文素、盛文郁、王顯忠、韓咬兒復鼓妖言，謂山童實宋徽宗八世孫，當爲中國主。福通等殺白馬、黑牛，誓告天地，欲同起兵爲亂，事覺，縣官捕之急，福通遂反。山童就擒，其妻楊氏、其子韓林兒，逃之武安」。九月，「劉福通陷汝寧府及息州、光州」（卷四二順帝紀，第八九一、八九二頁）。按，劉福通等起兵潁州（邱樹森韓山童劉福通首義潁州考，第一五〇～一五二頁），西攻汝寧府、光州一帶。亳州既非紅軍首克之地，亦非主要據點（參見王逢至正十一年大小死節臣屬序，梧溪集卷一，第四三七頁）。俞本或因至正十五年劉福通擁立韓林兒建都亳州（元史卷四四順帝紀，第九二二頁），遂以爲韓氏初起於亳州。

2 **彭祖師惑荆襄民，徐真一①據蘄州稱帝**〔一〕。

〔一〕元史：至正十一年八月，「蘄州羅田縣人徐貞一，名壽輝，與黄州麻城人鄒普勝等，以妖術陰謀聚衆，遂舉兵爲亂，以紅巾爲號」。十月，「徐壽輝據蘄水爲都，國號天完，僭稱皇帝」（卷四二順帝紀，第八

九二、八九三頁）。權衡庚申外史：「蘄、黄者宗彭瑩玉和尚，又推徐真逸爲首。」（庚申外史箋證卷上，第五九頁）葉子奇草木子：「蘄州盗徐貞一叛。先是，瀏陽有彭和尚能爲偈頌，勸人念彌勒佛號，遇夜燃大炬名香，念偈拜禮，愚民信之，其徒遂衆。」（卷三上克謹篇，第五一頁）按，荆襄可泛指長江中游地區，也可實指荆湖北道宣慰使司和襄陽路一帶，彭祖師傳教的蘄、黄與瀏陽地區均在荆襄以東。至正十二年初，徐壽輝所部連克荆襄地區的漢陽、興國、武昌、安陸、中興（元史卷四二順帝紀，第八九四頁），俞本或因此以爲彭祖師主要在荆襄活動。

3 **徽、饒郡民②率衆掠江浙**〔一〕。

〔一〕元史：至正十二年三月，「徐壽輝僞將項普略陷饒州路，遂陷徽州、信州。」七月，「饒、徽賊犯昱嶺關，陷杭州路。」又：十二年，「徽、饒賊已陷杭州。」（卷四二順帝紀、卷一八八董摶霄傳，第八九六、九〇〇、四三〇二頁）

4 **李扒頭據無爲州。**

5 **雙刀趙據含山，聚衆結③水寨，俱稱「彭祖家」**〔一〕。

〔一〕明本紀：「巢湖内操舟水雄雙刀趙、李扒頭。」（明本紀校注，第四〇頁）王崇武明本紀校注據明太祖實録（卷三，乙未年五月丁丑，第三〇頁）證爲李普勝、趙普勝綽號（第四一頁）。按，「普」在天完紅軍將領姓名中常見（楊訥元代白蓮教研究，第一四二～一四四頁），二者確應「俱稱『彭祖家』」。

6 老左起兵多寶寺，稱「多寶家」〔一〕。

〔一〕黄金皇明開國功臣録：「元季壬辰，群雄倡亂，君弼黨於彭祖，聚衆數千。未幾，彭祖敗，君弼獨據廬州。」（卷三二左君弼傳，第二册第八一八～八一九頁）可知左君弼即老左，爲彭祖家疏屬，或與諸「普」有别。吴師道巢湖神母廟碑：元代巢湖之濱有多寶寺（敬鄉録卷一〇，第二五八頁）。萬曆廬州府志：合肥北鄉有多寶寺（卷一一寺廟郡寺，第二〇九頁）。萬曆合肥縣志：「多寶，建于元。」（卷上秩祀志寺，第三一五頁）疑巢湖或合肥某處多寶寺即老左所據。

7 楊六總④據辰、沅等州〔一〕。

〔一〕元史：從至正六年開始，湖廣行省西南部的辰、沅、武、靖一帶陷入戰亂，起兵瑶族首領爲吴天保（卷四一順帝紀，第八七六～八八三頁）。大明一統志：元至正年間，湖廣將領楊嘉貞「討平楊留總之叛」（卷七二播州宣慰使司人物，第一一三一頁）。康熙寶慶府志：「六年，苗寇吴天保、楊留總等嘯聚醜兇……行省平章苟兒公統掌兵事。越九年，方率諸將于零溪深偪賊巢，三月七日生擒賊首楊留總。」（卷二一武備志征伐，第五二七頁）可知楊留總爲瑶兵重要將領。此後横行東南的苗軍首領楊完者，家鄉爲湖廣「武岡綏寧之赤水」（陶宗儀南村輟耕録卷八志苗，第一〇〇頁），毗鄰辰、沅，其部衆大量來自辰、沅，後降朱元璋（本書丙申年第五條、壬寅年第四條）。疑俞本由降衆處得聞瑶民興兵事，遂誤以楊六總爲辰、沅瑶軍首領。

8 楊孟據大同〔一〕。

〔一〕至正十八年十月，紅軍陷大同，此後從至正十九年二月到二十五年四月，大同一直是元將孛羅帖木兒的巢穴（元史卷四五、四六順帝紀，第九四五、九四六、九六七、九六九頁）。孛羅帖木兒曾「過代州，收山東潰將孟本周諸軍」，後又戰勝了盤踞蔚州、阻遏大同與大都交通的楊誠（元史卷二〇七逆臣傳，第四六〇一頁；李繼本一山文集卷六劉則禮傳，第七五一頁）。但此所謂楊孟，似非孟本周與楊誠二人可當，未詳。

9 野豬兒據隴蜀〔一〕。

〔一〕楊學可明氏實録：明玉珍於丁酉年克重慶，任「隴蜀省右丞」，至正二十年自稱「隴蜀王」（第六、七頁）。大夏太祖欽文昭武皇帝玄宫碑：明玉珍入川之初，「拜隴蜀四川行省參政」，後陞「隴蜀行省左丞相」（載重慶市博物館重慶明玉珍墓（睿陵）發掘報告，第一二頁）。則知「隴蜀」爲天完和夏政權在四川所設行省名，此「據隴蜀」者必指明玉珍，唯「野豬兒」則其他記載所不見。

10 （甄）〔歐〕道人⑤據袁州〔一〕。

〔一〕葉子奇草木子：「江西有歐道人。」（卷三上克謹篇，第五三頁）元史：至正十二年二月，「徐壽輝偽將歐普祥陷袁州。」（卷四二順帝紀，第八九六頁）明太祖實録：元末歐普祥據袁州，人稱歐道人（卷一五，甲辰年六月丁巳歐普祥傳，第一九七頁)。

11 **陳友定據福建**〔一〕。

〔一〕按，陳友定長期立足福建，但從未反元，至正二十六年始據有福建全境(弘治八閩通志卷八七拾遺興化府元引吳源至正近記，第一〇三四～一〇三九頁；郭造卿海嶽山房存稿文集卷七元平章陳有定傳，葉一二a～一三b)。

12 **方國珍據温、台等州，造海船，掠海道**〔一〕。

〔一〕方國珍在至正八年即已起兵台州，此後横行海上，降叛無常，至正十四、十五年占據温、台一帶(元史卷四一順帝紀，第八八三頁；錢謙益國初群雄事略卷八方谷真，適園叢書本，第一一四～一一七頁)。按，上述群雄多自至正十一年五月後起兵，也有早於至正十一年和晚於至正十二年者，俞本綜述元末群雄起事，概繫於濠州紅軍起事的至正十二年。

13 **是年正月朔日，定遠縣富民郭姓者燒香聚衆，稱亳州制節元帥**〔一〕。

〔一〕權衡庚申外史稱劉福通、郭子興部乃至江南紅軍爲「香軍」(庚申外史箋證卷下，第八三、八四頁)。明太祖實録：「壬辰春二月乙亥朔，定遠人郭子興、孫德崖及俞某、魯某、潘某等起兵，自稱元帥，攻拔濠州，據其城守之。」(卷一，壬辰年二月乙亥朔，第四頁)張羽敕賜滁陽王廟碑録朱元璋文稿：「元末，民間有造言者，王誤中其説，信之甚篤，忽不事業而妄散家財，陰結賓客。至正壬辰，汝、潁兵起，王識天下當變，乃招所結賓客子弟，拔濠梁據之。」（第一九五頁）按，亳州此時非汝潁紅軍主要據點（本書壬辰年第一條注一），濠州紅軍與盤踞汝、潁、光、固的劉福通所部並無明確的直接統屬關係，郭子興似不可能稱「亳州制節元帥」。至正十五年龍鳳政權建都亳州，濠州紅軍方才聽命（明本紀校注，第三九～四〇頁）。疑俞本將後來的統屬關係，套用到濠州紅軍起事之初。

14 **十一〔月〕〔日〕⑥，起定遠縣**〔一〕。

〔一〕朱元璋祭滁陽王文：郭子興「奮臂定遠」（明太祖御製文集卷二〇，第五七四頁）。

15 **二月二十六日，克濠州**〔一〕。

〔一〕朱元璋紀夢：「二月二十七日，陷濠城而拒守之。」（明太祖御製文集卷一六，第四四八頁）朱元璋棲居鍾離縣皇覺寺，與濠州城近在咫尺，二十七日或係得知濠州陷落的日期。

16 **三月初二日，克曹縣**〔一〕。

〔一〕元代有曹州，附郭縣爲濟陰縣，無曹縣（元史卷五八地理志，第一三六八～一三六九頁）。元史：「至正十二年二月，『賊侵滑、濬』（卷四二順帝紀，第八九六頁）。按，滑、濬與曹州接近，此「賊」必係徐州芝麻李所部，濠州紅軍當時絶無可能進攻遥遠的曹州。疑俞本將徐州紅軍的戰果，誤記入濠州紅軍的戰史。

17 **是時，我太祖高皇帝，姓朱，諱元璋，字國瑞〔一〕，贅於郭元帥義女馬氏，授爲鎮撫〔二〕，領兵攻五河〔三〕。**

〔一〕明太祖實録：「高皇帝姓朱氏，諱元璋，字國瑞。」（卷一，第一頁）

〔二〕元朝諸路萬户府下設鎮撫司，鎮撫品級與副千户相當（元史卷九一百官志，第二三一一頁）。宋濂淮安侯華君神道碑銘：華雲龍「由千户進鎮撫，陞萬夫長」（宋濂全集翰苑續集卷六，第八八七頁）。濠州紅軍的鎮撫，名目當仿元制，但級別高於千户。

〔三〕朱元璋紀夢：「閏三月初一日至城門……被收爲步卒。入伍幾兩月餘，爲親兵，終歲如之。」（明太祖御製文集卷一六，第四五〇頁）張羽敕賜滁陽王廟碑録朱元璋文稿：「取爲親兵，居數月……遂以女妻之，孝慈皇后是也。」（第一九五～一九六頁）明本紀：朱元璋入伍後「幾月，拔長九夫……收爲家人，親待同子弟，以孝慈皇后馬氏妻之。」癸巳年六月，「歸鄉里，收元義兵民人七百餘以獻王，王喜，命爲鎮撫」（明本紀校注，第六、一一頁）。按，此乃俞本綜述朱元璋入伍後數年經歷，概繫於入伍之時。又，「領兵攻五河」及下文「上攻懷遠」等，實係朱元璋以「九夫」之長即親兵子弟從郭子興征戰。

18 **初六日⑦，復取定遠縣，攻南宿、大店、固鎮〔一〕。**

〔一〕朱元璋紀夢：紅軍據濠州後，「不兩月，越境犯他邑」（明太祖御製文集卷一六，第四四八頁）。

則此「初六日」不但不是二月，而且不是俞本所記三月，應爲閏三月初六日。元史：至元四年五月，「詔：『……南京路，除邳州、南宿州外。』」（卷九八兵志兵制，第二五一三頁）南宿州應即徐州之南的宿州，「徐」、「宿」方言讀音同，故冠南、北以別之。寰宇通衢：「王莊驛，五十五里至固鎮驛，四十五里至大店驛，四十五里至睢陽驛。」（京城至直隸各府州至徐州，第一四〇頁）寰宇通志：「大店驛在宿州東五十里……固鎮驛在靈璧縣西南七十里。」（卷九鳳陽府館驛，第五二〇九頁）大店應即今宿縣東境大店鎮，固鎮應即今固鎮縣城（安徽省地圖，第三一、三六頁）。時濠州紅軍四出攻略，南攻定遠，北越淮河攻宿州、五河一帶。

19 十六日，至濠州，元帥章賈魯⑧兵圍之，至九月退〔一〕。

〔一〕元史：賈魯「拜中書左丞，從脱脱平徐州。脱脱既旋師，命魯追餘黨，分攻濠州，同總兵官平章月可察兒督戰。魯誓師曰：『吾奉旨統八衛漢軍，頓兵於濠七日矣。爾諸將同心協力，必以今日巳、午時取城池，然後食。』魯上馬麾進，抵城下，忽頭眩下馬……竟卒於軍中，年五十七，十三年五月壬午也」（卷一八七賈魯傳，第四二九二頁）。脱脱平徐州在至正十二年九月（本書辛卯年第二條注一引），賈魯追餘黨、進圍濠州當在此後。錢謙益國初群雄事略以元史「頓兵於濠七日」爲「七月」之誤，認爲此係本年九月以後至次年五月事，而俞本所記之本年二月至九月賈魯圍濠州「誤也。或別將之兵，非賈魯耳」（卷二追封滁陽王，適園叢書本，第二六頁）。按，朱元璋紀夢：「胡帥至，乃徹里不花，率騎三千，會棄城州主，謀營城南三十里，聲攻城而逡巡不進，惟是四掠良民……是有呼親唤舊，相繼入城，合勢共守以相拒，以守則穩如太山。」（明太祖御製文集卷一六，第四四八頁）則知確有前後兩次圍城，第一次圍城確非賈魯。錢氏所謂九月到次年五月，不止七個月，「七月」應係十月至次年五月（本書壬辰年第二二條注一）。

20 **是月初九日，上攻懷遠縣及安豐**〔一〕。

〔一〕九月中旬，徐州紅軍潰敗（本書辛卯年第二條注一）。明本紀：「徐州亂雄敗，其殘雄趨濠梁，合勢共守……時上出淮北。」（明本紀校注，第九頁）或即攻懷遠及安豐之事。

21 **十月，破元平章月乞察兒⑨營，克焦山陳章營，攻塔崗，招安壯丁**〔一〕。

〔一〕元史：至正十二年正月，「濟寧兵馬指揮使實童統領右威都衛軍，從知樞密院事月闊察兒討徐州」（卷四二順帝紀，第八九五頁）。本年九月元兵解圍，可能是參與攻徐州去了，此後徐州紅軍殘部南下與濠州紅軍合兵，賈魯尚未追及，濠州形勢可能出現短暫的好轉。寰宇通志：「鳳陽府……鳳陽縣，附郭，本臨淮縣地……臨淮縣，在府城東北二十里，本舊鍾離縣。」（卷九鳳陽府建置沿革，第五二〇五頁）意即明代新建的鳳陽縣城，在元代濠州倚郭縣鍾離縣城西南二十里。成化中都志：「鳳陽縣……焦山在縣西南九里……塔山在縣西北十里……臨淮縣……塔山在縣東三十里，上有石浮屠，故名。」又：臨淮縣有「塔山鋪」（卷二山川、卷四鋪舍臨淮縣，第一三二～一三四、二一五頁）。則焦山在濠州西南三十里，塔山在濠州西三十里或東三十里。焦山應即今鳳陽縣與蚌埠市交界處焦家、焦莊一帶的蘆山。塔崗應即塔山，或爲蚌埠市東境的錐子山、老山一帶（安徽省地圖，第五、三七頁），或爲鳳陽市東境大溪河鎮西北的踏山

（安徽省地圖集，第二二四～二二五頁）。

22 十二月，章賈魯⑩復圍濠州〔二〕。

〔二〕明本紀：「冬，元將賈魯圍城。」（明本紀校注，第一一頁）明太祖實録：「是冬，元將賈魯與月哥察兒圍濠城，城中極力拒守。」（卷一，壬辰年「是冬」，第八頁）黄金皇明開國功臣録：「癸巳十月，楊州薛左丞并賈魯等侵圍濠州。」（卷二〇胡泉傳，第二册第二四九～二五〇頁）癸巳爲壬辰之誤。按，元軍本年九月克徐州，賈魯迅即南下（本書壬辰年第一九條注一引），不應晚至十二月方圍濠州，應以十月爲準。

校勘記

① 「徐真一」，事略錢引本作「徐貞一」（卷三天完徐壽輝，第三四頁），他書多作「徐貞一」（本書壬辰年第二條注一引），但朱元璋太祖皇帝欽録也曾寫作「徐真一」（洪武三十年六月二十六日，第一〇三頁）。

② 「徽饒郡民」，事略錢引本作「徽饒郡民」（卷三天完徐壽輝，第三四頁）。元史多有「徽饒賊」之謂（本書壬辰年第三條注一引），似應作「徽饒」。但是，此掠江浙者確爲徐壽輝所部（陶宗儀南村輟耕録卷二八刑賞失儀，第三五五頁），且「徽饒郡民」非諸雄名目，則作「徽饒郡民」併入上一段亦通。

③ 「結」，事略錢引本作「劫」或「結」（卷二追封滁陽王、卷三天完徐壽輝，第三一、四〇頁）。按，李、趙所統皆爲水軍（本書壬辰年第五條注一），「結」是。

④「楊六總」，他書作「楊留總」（本書壬辰年第七條注一引）。

⑤「甄道人」，事略錢引本作「歐道人」（卷三天完徐壽輝，第三六頁），「甄」係「歐」刊刻之誤。

⑥「十一月」，事略錢引本作「十一日」（卷一宋小明王、卷二追封滁陽王，第六、二五頁）。按，「起定遠縣」爲起兵標誌，故日期當爲上文「正月」與下文「二月」之間的正月「十一日」。

⑦「初六日」，事略錢引本作「二月初六日」（卷二追封滁陽王，第二六頁）。

⑧「章賈魯」，事略錢引本作「賈魯」（卷二追封滁陽王，第二六頁）。「章賈魯」亦見本書壬辰年第二二條、癸巳年第三條，但本書癸巳年第四條又作「賈魯」，元史作「賈魯」（本書壬辰年第一九條注一引）。元史：至正十一年十月，「命知樞密院事老章以兵同也先帖木兒討河南妖寇」（卷四二順帝紀，第八九二頁）。老章可能就是至正十四年被濠州紅軍攻破的元將知院老張（本書甲午年第三條注三引）。濠州紅軍或因困濠州者有老章、賈魯，訛爲「章賈魯」。

⑨「月乞察兒」，他書作「月闊察兒」、「月可察兒」、「月哥察兒」（元史卷四二順帝紀、一八七賈魯傳，第八九五、四二九二頁；明太祖實録卷一，壬辰年冬，第八頁）。

⑩「章賈魯」，事略錢引本作「賈魯」（卷二追封滁陽王，第二八頁）。

癸巳　至正十三年（公元一三五三年）

1　三月，上克凱里、蕭家寨①〔一〕。

〔一〕黄金皇明開國功臣録：「李廣，定遠人，歲甲午附，隨耿鎮撫攻凱里、蕭家等砦。」（卷三一李廣傳，第二册第七八〇頁）則此條應爲甲午年事（參見本書癸巳年第二條注一、第四條注二）。

2 **四月，攻宋山寨，克金山縣②，攻半塘③營，克靈璧縣、虹縣**〔一〕。

〔一〕此時賈魯圍困濠州，紅軍當無力外出略地，更無可能攻克懷遠、靈璧、虹縣等淮河以北的城市。俞本記賈魯圍解後事，自癸巳年七月至甲午年五月皆空白，此頗可疑。朱元璋紀夢：癸巳年夏濠州解圍，冬季徐州殘部於濠州稱王（明太祖御製文集卷一六，第四五〇、四五一頁）。此後濠州軍威大盛，次年當有能力四出略地。所以，本書癸巳年第一、二條所記五月前外出征戰，實應位於甲午年第一條「五月」之前。濠州經歷了元軍兩次圍城，解圍後紅軍曾兩次出擊。俞本所記，或混淆二事。

3 **五月，大敗章賈魯④，士卒潰亂**〔一〕。

〔一〕元史：賈魯於五月壬午死於軍中（本書壬辰年第一九條注一引）。明本紀：「癸巳春，賈魯死。夏五月，元兵解去。」（明本紀校注，第一一頁）明太祖實録：「癸巳春，元將賈魯死。夏五月壬午，元兵解圍去。」（卷一，癸巳年，第八頁）黄雲眉據明太祖實録推測元史「誤以解圍之日爲魯死之日。」（明史考證第一册，第四頁）按，元史成書在明本紀、明太祖實録之前，明太祖實録係以元史所記之「壬午」，充實明本紀之「夏五月」，故不足爲憑，事實應爲賈魯五月壬午去世，導致元軍「士卒潰亂」。

4 **六月，海子口搭浮橋，攻賈魯，於藕塘**〔一〕**下營**〔二〕。

〔一〕成化中都志：「定遠縣……藕塘鎮在縣東六十里……紹興六年楊沂中敗劉猊處也。」（卷四坊市定遠縣，第一九二頁）應即今定遠縣東南境池河以東的藕塘鎮（安徽省地圖，第四三頁）。「搭浮橋」處應在池河上。

〔二〕錢謙益國初群雄事略：此時賈魯已卒，所攻或爲賈魯殘兵（卷二追封滁陽王，適園叢書本，第二八頁）。黄金皇明開國功臣録：「甲午六月，泉隨大軍殺退賈魯等軍，追至五河，獲船二艘。」又：「俞輔，定遠積善鄉人，歲甲午歸附，從克滁州、藕塘、三汊河等砦。」又：劉聚「歲甲午……歸太祖，從征伐，克藕塘、滁州、和州、版門寨。」（卷二〇胡泉傳、二五俞輔傳、二九劉聚傳，第二册第二五〇、四三九、六三九頁）記攻賈魯獲船、克藕塘，皆在甲午年。紅軍於癸巳年七月方再克定遠，次年夏尚困居定遠不敢南下（本書癸巳年第五條、甲午年第三條）。藕塘位於定遠東南通往滁州的要道上，應非癸巳年六月所可「下營」，此戰應發生在甲午年六月朱元璋招降張寨之後、東入滁州之前。則本條亦如本年第一、二條，應位於甲午年。

5　七月，再克定遠縣〔一〕。

〔一〕黄金皇明開國功臣録：「耿忠……癸巳，從克定遠。」（卷一七耿忠傳，第二册第一三〇頁）按，郭子興部紅軍於定遠起事，僅據濠州孤城，此時解圍南下，遂稱再克定遠。

校勘記

①「凱里蕭家寨」，事略錢引本作「凱里蕭縣寨」（卷二追封滁陽王，第二八頁）。按，義兵營寨應結於鄉里、深山、要

衝，「蕭縣寨」之名不通。此時的濠州紅軍，也不可能略地至徐州附近的蕭縣。故應作「凱里、蕭家寨」，指凱里寨和蕭家寨。

②「金山縣」，事略錢引本作「含山縣」（卷二追封滁陽王，第二八頁）。按，此時以至此後一年内，濠州紅軍絶對無力攻取遠在南方、被雙刀趙占據的含山縣，而濠州附近的懷遠縣城在宋、金曾爲荆山鎮、荆山縣（元豐九域志卷五淮南路宿州蘄縣，第一九四頁；金史卷二五地理志，第五九八頁；元史卷五九地理志，第一四一三頁）。汪廣洋有詩荆山，題下自注：「即懷遠縣。」（鳳池吟稿卷八，葉四b）可知當時懷遠縣城尚沿宋、金餘習稱荆山縣，荆、金音近，致俞本訛爲金山縣。

③「半塘」，事略錢引本作「平塘」（卷二追封滁陽王，第二八頁）。按，明代定遠縣有平塘保（成化中都志卷四坊市定遠縣，第一九二頁），疑應作「平塘」。

④「章賈魯」，事略錢引本作「賈魯」（卷二追封滁陽王，第二八頁）。

甲午　至正十四年（公元一三五四年）

1　五月，陞上爲總管〔一〕，克全椒縣〔二〕。

〔一〕元朝諸路設總管府和萬户府，總管與萬户品級大略相當（元史卷九一百官志，第二三一〇～二三一一、二三一六頁）。濠州紅軍中的總管仿元制而來，級别僅次於元帥而高於萬户（李新峰朱元璋任職考，第一四四～一四五頁）。按，此前朱元璋並無大功，甲午年夏正處潦倒境地，招降張寨義兵後才可能超越萬户陞總管，故此「五月」略指五月底（參見本書甲午年第三條注三）。

〔二〕宋濂東丘郡侯花公墓碑：花雲「進攻全椒，拔之……取滁州」，又僉江南等處行樞密院事趙公神道碑銘：趙德勝到滁州投奔朱元璋，「從上……克全椒、後河、六丈、大樹諸寨」（宋濂全集芝園續集卷三、鑾坡後集卷一，第一五二三、五七〇頁）。按，宋濂記明興諸將履歷，事詳而可信，時序則多混淆不確。全椒遠在滁州以南，必係攻取滁州後所得。疑俞本因朱元璋陞總管後南進滁州（本書甲午年第三條注三），而附記克全椒於此。

2 六月，招安城口①〔一〕張寨，克泗州、盱眙〔二〕。

〔一〕黄金皇明開國功臣録：「耿瑞……甲午，拔城口張家營、嘉山繆把頭砦。」（卷二耿瑞傳，第二册第六四六頁）明本紀：「南行入定遠，及至復病，三日而起。未痊速行，又六十里抵大橋，前病復作，亦三日而痊。即日又南行，又五十里，望見他壘勒兵布陣。」（明本紀校注，第一二頁）朱元璋在大橋得病，必歸定遠城養病，三天後「又行五十里」，仍係從定遠出發，則「勒兵布陣」的城口離大橋不遠。成化中都志：「大橋湖，在縣東南五十里。」又：「廢東城，在縣東南五十里。」（卷二山川定遠縣、卷三古迹定遠縣，第一三七、一六一頁）「大橋湖」應離池河不遠，東城故址在今定遠縣南境大橋鎮、大橋村（安徽省地圖集，第二二二～二二三頁），位於池河上游谷地的中心（安徽省地圖，第四三頁）。明初大批中低級將領屬「城口歸附」，黄金皇明開國功臣録：「周成……歲甲午，東城歸附，克繆家寨、鐵佛岡寨。」繆家寨即繆大亨所屬横澗山老張營寨（卷二九周成傳、一五繆大亨傳，第二册第六四一、七頁），亦即繆把頭砦。可知「東城歸附」

在紅軍破老張之前（本書甲午年第三條注三引），即「城口歸附」。秦漢的東城舊址，必即張氏義兵聚居的城口。

〔二〕元史：「至正十四年六月，「盱眙縣陷……陷泗州，官軍潰。」（卷四三順帝紀，第九一五頁）錢謙益國初群雄事略：濠州紅軍招降張氏義兵後，分兵出擊，大部於六月下旬攻克泗州、盱眙，朱元璋等則南下（卷二追封滁陽王，適園叢書本，第二九頁）。按，招降張氏義兵在五月底六月初（本書甲午年第三條注三），濠州紅軍因招降張氏義兵而連下名城，故俞本將招降之事繫於六月克泗州、盱眙條內。

3 是時，郭元帥之兵雖據定遠縣，前有義丁城口張寨，不能進，後有元軍，不能退，乃集將士問曰：「城口張寨深爲吾患，爾等能招來降，即領寨兵。」上請往，郭曰：「汝未能。」次日又問，上請往，云令必來。郭曰：「往需何物？用幾人？」上曰：「唯執旗，單騎耳。」次日單騎至門〔一〕，寨主領馬步兵百餘出，問曰：「汝爲誰？來此云何？」上曰：「郭元帥部下朱總管，有密報。」即邀入寨。上詭②曰：「今夜達軍劫寨，奉元帥命來報，須謹備。」張曰：「汝何由知？」上曰：「哨獲達軍，詢知其謀。」上因以天道人事說之，張喜。是夜四鼓，達軍果來劫寨。已有備，達軍人馬擄獲太半〔二〕。張語上曰：「郭元帥，好人也，其何以報？非汝，幾敗我事，偕汝往見之。」上曰：「不宜遲，元帥見汝當重賞，必令汝守此寨。」張即具本寨軍馬錢糧數目，隨上至〔三〕。元帥納其降，大（捞）〔勞〕③之，授以名爵，令上齊榜安本寨軍民。遂領④其精鋭者，從元帥攻和州、新塘〔四〕、三汊河〔五〕、湯泉保住達魯花赤營⑤〔六〕，克徐倉官寨〔七〕。

〔一〕朱元璋紀夢：「彭、趙僭稱，部下者多凌辱人。予識彼非道，棄數百人，内率二十四名鋭者南遊定遠。」（明太祖御製文集卷一六，第四五一頁）明本紀：「讓他人統之，惟拔大將軍徐達等二十人有奇，帥而南略定遠。上中途染病而歸，甚危殆，半月乃醒……於是扶病詣王寢室，王曰：『汝來何爲？』答曰：『聞他方有欲歸者，未定行人，我欲扶病親往。』王曰：『汝病方痊，未可行。』上知王意，决行不辭，王許之。明日，南行入定遠，及至復病，三日而起，未痊速行，又六十里抵大橋，前病復作，亦三日而痊，即日又南行，又五十里，望見他壘勒兵布陣。」（明本紀校注，第一二頁）明太祖實録所載地理狀況更詳：「左右告曰：『定遠張家堡有民兵號驢牌寨者』……至定遠界，上病暑，再越六日，至寶公河，隔水望其營。」（卷一，癸巳年六月丙申朔，第九頁）二書皆認爲朱元璋從濠州出發，到定遠境内招撫張寨，與俞本所記從定遠城出發到「城口」不同。按，從濠州遠赴數百里外招降義兵，頗不合情理，郭子興所部遭同城軍帥「凌辱」，恐無機會招降遠方大衆，而且明本紀載朱元璋離敵營等待三日、借兵三百（見本條下注引），均非遠自濠州可致。又，劉三吾長興侯耿炳文追封三代神道碑銘：耿炳文於甲午年「四月，領軍隨上取滁州」（坦齋先生文集卷二，第四三頁）。曹循朱元璋崛起的軌迹：朱元璋此時恐無獨統七百人的實力（第四～五頁）。「讓他人統之」，顯然是被「凌辱」遭奪兵。「内帥二十四名鋭者南略定遠」，貌似離開郭子興獨立行動，實則朱元璋僅剩二十餘衆，已於四月份隨郭子興南還定遠。所以，實情應如俞本所記，朱元璋從定遠縣城出發，招降了附近的義兵。

〔二〕明本紀：「帥首逆之曰：『何爲而來？』答曰：『彼此無食，但吾主兵者郭氏與爾故友，知汝壘在是，亦知他敵欲來相攻，恐汝無救，特遣吾報。肯相從，從之，否則移兵避之。』帥首既聽，應聲願降……後三日，費聚清晨而至，告曰：『事不諧矣，彼欲他往。』上借兵三百，詣帥所在，謂彼曰：『……特助三百人，與讎試較勝負，不亦可乎？』其帥首大悦，然而心已自疑，進趨之間，刀器不離左右，已防閑矣……後於叢人中縛之，令壯士五十人密簇而行，攜離營所，去將八里，遣人報彼壘中：『爾首帥往觀營地矣，眷屬當移營就之。』即時焚營廢壘，竭營而行，收壯士三千人。」（明本紀校注，第一三～一四頁）按，朱元璋假如提供真實情報且得驗證，則「詭」字無從談起，俞本或知此功乃「詭」言所致，所記過程則不若明本紀可信。

〔三〕明本紀：「收壯士三千人。七日後，帥此三千東破元將老張知院營。黎明襲入之，老張棄軍而遁，漢軍盡爲我有，精壯二萬。練未及旬，帥而南入滁陽。」（明本紀校注，第一四頁）朱元璋紀夢：「忽有義旅來歸者三千，率練之。六月，取橫澗山，破義兵營，得軍二萬餘。」（明太祖御製文集卷一六，第四五一頁）二書均未明載收降「三千」的日期。劉三吾長興侯耿炳文追封三代神道碑銘：耿炳文於甲午年「六月，取城口張營寨」（坦齋先生文集卷二，第四三頁）。黄金皇明開國功臣録：丁德興爲「濠州定遠人……甲午歲城口歸附，上偉其材貌，以『黑丁』呼之，授萬户。是年六月，取洪山寨。」（卷二丁德興傳，第一册第二四二～二四三頁）意指城口歸附在六月之前。按，只有在得到「精壯二萬」的情況下，紅軍才可能南北分兵，攻擊此前未曾染指的泗州、滁州等大城。紅軍南破梁縣在六月十三日（本書甲午年第四條），則破橫澗山老張當在六月初，則誘降義軍、超陞總管應在此前「七日」，即朱元璋言及「六月」前的五月底六月初。

〔四〕明本紀：乙未年紅軍攻克和州後遭圍攻，「夏，元兵解去……分屯新塘、高望、青山及雞籠山，梗塞道路，上親帥師以討之。抵所在，克其羽翼，根本未下……未幾，彼衆皆走渡江」（明本紀校注，第三一～三二頁）。則新塘爲乙未年夏所得。正統和州志：「長壽鄉在州西二里，十都，十一都，東十二都，西十二都……遵教鄉在州東北四十里，南一都，北一都……烏江鎮在州東北四十五里遵教鄉南一都。」又：「南新塘在遵教鄉北一都，周圍四里……新塘東圩在長壽鄉十二都，新塘西圩在長壽鄉十二都。」（卷一鄉都、卷二塘圩閘壩，第三四～三六、一四五～一四七頁）萬曆和州志：「遵教鄉統……南新塘……北新塘。」（卷二田賦志水利，第一九九頁。按，原書卷一與卷二的葉二五倒置，此頁爲原書卷二葉二六 a，内容上承原書卷一葉二五 b 即第六二頁）長壽鄉距離和州城太近，新塘不可能在此，遵教鄉約當今江岸的烏江鎮以北地區，宜爲元兵所踞。然今和縣西南境有新塘街村，扼裕溪河經牛屯河入江要隘（安徽省地圖，第四五頁；安徽省地圖集，第二六八～二六九頁），亦或元末新塘所在。

〔五〕宋濂僉江南等處行樞密院事趙公神道碑銘：趙德勝於甲午年七月赴滁州投奔朱元璋，「已而從上取鐵佛岡，攻三汊河口」（宋濂全集鑾坡後集卷一，第五七〇頁）。劉三吾宋國公馮勝追封三代神道碑：馮勝甲午年「伏謁今上於妙山，從克滁州、三叉河」（坦齋先生文集卷二，第四五頁）。則三汊河爲甲午年秋攻克滁州後所克。正統和州志：「三叉河在含山縣西南六十里，北通銅城閘，東南通大江，西通廬州、巢湖。」（卷一山川，第五五頁）應即今含山縣南、和縣與無爲交界處、銅城閘以南的三汊河鎮（安徽省地圖，第四五頁），則三汊河似屬和州「西南民寨」（本書乙未年第三條注一引）。但萬曆滁陽志：滁州來安縣自宋至明均有三汊河渡（卷三封域河渡，第一二九～一三二頁），在今全椒縣東南境、襄河入滁河處（安徽省地圖，第四二頁）。前者在和州境内，後者與今江浦縣湯泉（本書甲午年第三條注六）同一方向，未詳何指。

〔六〕劉三吾安陸侯吴公神道碑銘：吴復於甲午年「自梁縣仗劍伏謁今上於淮右，上察其底裏無他，俾領前驅，克滁州，下湯泉、六合等寨」（坦齋先生文集卷二，第三七頁）。萬曆江浦縣志：「甲午八月，我太祖遣吴復下湯泉、六合等寨。」又：「湯泉在治西南三十五里。」（卷一縣紀、卷四輿地志山川，第三八一、五二五～五二六頁）則湯泉爲甲午年秋攻克滁州後所克，應即今全椒縣三汊河東北方、今江浦縣西境的湯泉鎮（江蘇省地圖集，一九七八年，第二〇頁）。但正統和州志：「香淋湯泉，一名平痾泉，在州北三十五里政理鄉九都。」（卷一山川泉，第五七頁）應即今和縣北境有温泉出露的香泉鎮（安徽省地圖，第四五頁）。前者與全椒縣三叉河（本書甲午年第三條注五）同一方向，後者在和州境内，未詳俞本所記三汊河何指。

〔七〕明本紀：朱元璋在攻破老張後即獨力南下滁州，克滁州「未逾月，永義、魯淮二王遣人促兵以駐盱、泗。上知非人，弗從……彼時滁陽王尚受制於盱眙，幾爲相吞，而卒幸免焉。上遣一介往説永義，縱滁陽王南行……逾兩月……四方征討、總兵之權，王不令上與……冬十月，元將脱脱圍六合……上往告滁陽王……出師東之六合，與脱脱戰，微失利歸……乙未春正月戊寅，上率師取和州」（明本紀校注，第一七～二四頁）。按，此永義、魯淮二王乃徐州紅軍殘部首領，滁陽王指郭子興。楊士奇西寧侯宋公神道碑銘：宋朝用「從張天佑克五河、泗州、盱眙」（東里文集卷一二，第一七一頁）。張天祐乃郭子興主要部將（本書乙未年第一條），必與郭子興同行。由此可知，攻破老張後，郭子興率大部從徐州紅軍殘部東攻盱眙、泗州，八月赴滁州奪朱元璋兵權，十月方允朱元璋東援六合，下一年初命攻和州。上述堡寨是紅軍攻克滁州後陸續攻克，並非招降張寨後「從元帥」攻克者。俞本將紅軍攻克滁州後的部分戰績，誤前置數月。

4 **是月十三日，克梁縣，至大橋廟〔一〕。**

〔一〕按，梁縣縣城在今肥東縣梁園鎮（安徽省地圖集，第一〇二～一一二頁）。「是月十三日」後，紅軍主力東克泗州、盱眙，南下梁縣應屬短暫劫掠。

5 **七月初二日，克張家堡、閭牌駱二寨⑥〔一〕，克把頭寨。**

〔一〕黄金皇明開國功臣録：吴玉「從取滁州……分兵破張家堡、驢牌等寨」。霍輝「歲甲午，横山歸附，克張家堡、驢牌、滁州、三汊河等砦」。（卷二八吴玉傳、霍輝傳，第二册第六〇六～六〇七、六二三頁）宋濂僉江南等處行樞密院事趙公神道碑銘：趙德勝赴滁州投奔朱元璋後，「從上……破張家寨」（宋濂全集鑾坡後集卷一，第五七〇頁）。明初的中低級將領中，有一大批屬甲午年定遠「横山歸附」，即從横澗山老張陣營歸附（本書甲午年第三條注三）。可知紅軍七月克滁州前後克張家堡等兩寨，晚於五、六月招降張氏義兵和破老張。明本紀未明載朱元璋招降張寨的日期，只是繫於癸巳年六月授鎮撫後、攻破老張之前七日，此後出現年份日期已晚在甲午年十月（本書壬辰年第一七條注三、甲午年第三條注七引）。明太祖實録載朱元璋於癸巳年六月陞鎮撫，以此後招降「定遠張家堡有民兵號驢牌寨者」直到克滁州皆爲癸巳年事（卷一，癸巳年六月，第八～九頁）。按，張羽敕賜滁陽王廟碑録朱元璋文稿：癸巳年夏，「上還故里，收元卒七百獻王，王就令將之。又明年夏，上染病未痊」（第一九六頁）。解縉天潢玉牒：「甲午夏，雜處兵間，染疾未痊。」（第三頁）可知招降堡寨、攻破老張，在「癸巳冬」以後的「甲午夏」，而明太祖實録承明本紀記載含糊，將甲午年事前置於癸巳年，所謂「定遠張家堡有民兵號驢牌寨者」，是將甲午年克張家堡、驢牌寨與以爲發生在癸巳年的招降張寨混爲一談了。總之，招降張氏義兵、破老張、克張家堡等各爲一事，而此三「張」極易混淆。

6 十八日，克滁州〔一〕。

〔一〕黄金皇明開國功臣録：「謝德清……甲午七月，克滁州。」（卷三〇謝德清傳，第二册第六八五頁）朱元璋太祖皇帝御製栢子潭神龍效應碑回憶：「昔元末帝紀至正十有四年歲次甲午秋七月，朕率兵駐滁陽，正禾苗暢茂之時……洪武十八年冬十有二月十一日。」（載萬曆滁陽志卷一三藝文志聖製，第八五〇～八五四頁）

7 八月，克六合縣〔一〕。

〔一〕劉三吾安陸侯吴公神道碑銘：吴復於甲午年「克滁州，下湯泉、六合等寨。」（坦齋先生文集卷二，第三七頁）明本紀：「甲午冬十月，元將脱脱圍六合，被圍者請救，來使乃上之友也……王與六合之雄舊有仇嫌……不允……上……東之六合，與脱脱戰，微失利歸。」（明本紀校注，第二〇～二一頁）可見八月統兵克六合者並非朱元璋，乃與郭子興有隙的徐州紅軍殘部或其他幾位濠州紅軍將領所部。疑俞本泛採濠州紅軍事迹，不限於朱元璋或郭子興所部。

8 **泰州鹽綱張士誠兄弟據高郵、泰州及三十六場，淮南省平章答失帖木兒⑦領兵攻圍高郵，不克**〔一〕。

〔一〕陶宗儀南村輟耕録：「泰州地濱海，海上鹽場三十有六，隸兩淮運鹽使司。士誠與弟士義、士德、士信，並駕運鹽綱船。」（卷二九紀隆平，第三五六頁）葉子奇草木子：「張爲鹽場綱司牙儈。」（卷三上克謹篇，第五二頁）元史：至正十二年閏三月，「立淮南江北等處行中書省，治揚州，轄揚州、高郵、淮安、滁州、和州、廬州、安豐、安慶、蘄州、黄州。」十三年五月，「泰州白駒場亭民張士誠及其弟士德、士信爲亂，陷泰州及興化縣，遂陷高郵據之，僭國號大周，自稱誠王，建元天祐。」十四年六月，「淮南行省平章政事」「達世帖睦邇以兵討張士誠，敗績，諸軍皆潰」（卷四二、四三順帝紀，第八九七、九〇九、九一〇、九一五頁）。匡裕徹關於張士誠的出身據南村輟耕録與草木子指出，張士誠兄弟「並駕運鹽綱船」，非元史所記製鹽的「亭民」，而是「公鹽的運銷者或經紀人」（第一二、一三頁）。則俞本所記「鹽綱」準確，唯俞本或因下條記九月脱脱征高郵事，在八月後追述張士誠起兵事迹。

9 **元命太師、中書右丞相脱脱總番漢兵五十萬衆，號百萬，列營百餘里，掃蕩江淮。旌旗耀日，金鼓震地，賞賜宣敕用金銀牌，糧船絡繹千里，陞降文武悉聽便宜行事**〔一〕。**旋以脱脱慢功，詔貶之，其略曰：「答剌罕、太師、中書右丞相脱脱，往年徂征徐**

〔十〕〔十一〕⑧，僅復一城，不日而旋⑨。兹者薦總大兵，再期掃蕩，師老費財，已逾三月。徒懷眷戀之思，曾無尺寸之效，坐視寇玩，日減精鋭，虚費國家之錢糧，誑誘朝廷之名爵。皇子愛猷失里答剌⑩俯從大宥⑪，可削去兵柄，安置淮安路，弟御史大夫也先帖木兒安置寧夏路。脱脱有意外旅拒等事，各以大義效忠從事。」〔二〕宣讀畢，脱脱匹馬北歸〔三〕，將士潰亂，元兵不復振矣。

〔一〕元史：至正十四年九月，「脱脱以太師、中書右丞相，總制諸王各愛馬、諸省各翼軍馬，董督總兵領兵大小官將，出征高郵」（卷四三順帝紀，第九一六頁）。

〔二〕元史：至正十四年十二月，「監察御史袁賽因不花等劾奏：『脱脱出師三月，略無寸功，傾國家之財以爲己用，半朝廷之官以爲自隨。』……詔以脱脱老師費財，已逾三月，坐視寇盜，恬不爲意，削脱脱官爵，安置淮安路，弟御史大夫也先帖木兒安置寧夏路。」（卷四三順帝紀，第九一七頁）按，俞本所記此詔書原文未見其他記載。葉子奇草木子：脱脱貶後，「兵遂大潰，大率皆歸紅巾」（卷四上談藪篇，第七二頁）。或降衆有攜來録文者，被俞本採録。

〔三〕權衡庚申外史：「脱脱在淮安一月，詔復使西行，鴆死於吐蕃境上。」（庚申外史箋證卷上，第七七頁）元史：脱脱被安置淮安路，旋改安置亦集乃路（卷一三八脱脱傳，第三三四八頁）。

校勘記

①「城口」，事略錢引本作「武口」，下文又作「城口」（卷二追封滁陽王，第二九頁），張校本據國初群雄事略沈抄本作「城口」（卷二滁陽王，第五三頁）。「城口」是。

②「詭」，事略錢引本作「跪」（卷二追封滁陽王，第二九頁），張校本據國初群雄事略沈抄本作「詭」（卷二滁陽王，第五三頁）。按，朱元璋身爲使者，不應跪，「詭」是。

③「撈」，事略錢引本作「勞」（卷二追封滁陽王，第二九頁）。「撈」應係刊刻之誤。

④「領」，事略錢引本作「令」（卷二追封滁陽王，第二九頁）。朱元璋皇陵碑：「予脱旅隊，馭馬控韁。出游南土，氣舒而光。倡農夫以入伍，事業是匡。不逾月而衆集，赤幟蔽野而盈岡。率度清流，戍守滁陽。」又閲江樓記：「匹馬單戈，日行百里，有兵三千效順於我，於是乎帥而南征。」又御製平西蜀文：「吾承人後，偶獲多兵，訓練爲我調用。」（明太祖御製文集卷一六，第四三六～四三七、四四一頁；載劉厲輯大明功臣誠意伯翊運録，第九二〇頁）按，與濠州主帥東克泗州、盱眙（本書甲午年第二條注二）同時，朱元璋獨下滁州，今非昔比，或如郭子興許諾，從張寨義兵和老張元兵中分得大量兵力，故應作「領」。

⑤「攻和州新塘三汊河湯泉」，事略錢引本作「攻河州新塘，克三汊河陽泉」（卷二追封滁陽王，第二九頁），應作「和州」、「湯泉」（本書甲午年第三條注四、六）。

⑥「張家堡閭牌駱」，事略錢引本作「張保閭牌駱」，認爲克「張保」即實録所載招降張寨後攻破元將老張（卷二追封滁陽王，第二九頁），張校本據國初群雄事略沈抄本作「張堡驢牌駱」（卷二滁陽王，第五四頁）。按，招降張寨、攻

破元將老張、克張家堡本爲三事，明太祖實録把克張家堡誤繫於招降張寨（本書甲午年第五條注一）。錢氏或欲糾謬，故將克張家堡釋爲招降張寨後攻破元將老張，亦誤，疑「張保」係錢謙益解爲元將姓名。國初群雄事略沈抄本之「張堡」近實，「驢牌駱」則似受明太祖實録「驢牌寨」影響。

⑦「答失帖木兒」，他書作「塔失帖木兒」或「達世帖睦邇」（劉辰國初事迹，第七四頁；本書辛卯年第五條注一引）。

⑧「徐士」，事略錢引本作「徐土」（卷七周張士誠，第七八頁）。「土」當係刊刻之誤。

⑨「旋」，事略錢引本作「旋失」（卷七周張士誠，第七八頁）。按，元軍克徐州後未曾失守（本書辛卯年第二條及注一），疑「失」字係錢氏擅補。

⑩「愛猷失里答剌」，事略錢引本作「愛猷識里答剌」（卷七周張士誠，第七八頁），他書作「愛猷識理達臘」（元史卷四三順帝紀，第九一〇頁）。

⑪「俯從大宥」，事略錢引本同（卷七周張士誠，第七八頁），張校本據國初群雄事略沈抄本作「俯請大宥」（卷六周張士誠，第一四三頁）。「俯請」文意似較通。

乙未　至正十五年（公元一三五五年）

1 乃明王①〔一〕龍鳳元年，稱帝於亳，後遷都安豐〔二〕，號宋徽宗九世嫡孫〔三〕，臣民稱爲主公，實韓哥哥之子也，小名林兒，太保劉福通等扶以爲主〔四〕。於時上受節制。

是年，郭元帥殤，衆奉其長子郭天叙爲都帥〔五〕，張天佑②次之，上次之〔六〕。

〔二〕權衡庚申外史：「紅軍劉福通自稱太保，入據之，迎其主小明王於亳州。」（庚申外史箋證卷下，第八八頁）元史：「立爲皇帝，又號小明王。」（卷四四順帝紀，第九二二頁）劉辰國初事迹：「立以爲帝，號小明王。」（第九六頁）到明代中期，記載中出現了「明王」，黄瑜雙槐歲鈔：「中原大亂，韓山童自稱宋裔，燒香煽妖言『孔雀明王出世』。既敗死，至正十五年二月，劉福通等迎其子林兒，稱宋帝于亳縣。其地舊有明王臺，因以爲壇，遂號小明王，改元龍鳳。」（卷一宋復元讎，第一五頁）陳建皇明通紀：「欒城人韓山童，自祖父以白蓮會燒香惑衆，至山童，倡言『天下大亂，彌勒佛下生，明王出世』。河南、江淮之人翕然信之。」（皇明啓運録卷一，辛卯元順帝至正十一年，第一～二頁）按，上引皇明通紀明顯來自元史（本書壬辰年第一條注一引），但加入了「明王出世」四字，爲高岱鴻猷録（卷二宋事始末，第二八頁）及後來的研究者信用，實不可徑信。不過，成化中都志：「亳州……明王臺在城外西北一里……韓林兒爲小明王，立爲皇帝……此臺蓋其即位之壇也。」（卷三古迹亳州，第一七九頁）顯與黄瑜的記載相呼應。則「明王出世」或確係明代前期遭官方避忌但在民間流傳的説法或歷史記憶，「明王」有可能是元末確實流行的專稱。又，吴晗明教與大明帝國根據「小明王」推測韓林兒爲明教徒，「小明王」很可能與明教經典大小明王出世經有關（第二三六頁）。楊訥元代白蓮教研究指出，吴晗推測韓林兒爲明教徒並無證據，大小明王出世經是佛教異端經典而非明教經典，又根據韓山童宗白蓮教，判斷「明王」來自白蓮教經典大阿彌陀經的「諸佛光明之王」（第一六一～一六三、一七六～一八〇頁）。按，元末汝潁紅軍與天完紅軍是敵非友，天完紅軍是「正宗」白蓮教徒，但汝潁紅軍的信仰與天完不一定同源。「明王」詞義本指智慧之王，即使在明初的官方叙述中也可以堂皇出現（例見朱權通鑒博論卷首進通鑒博論表，第六二頁），恐非「諸佛光明之王」的簡稱。屬於佛教系統的白蓮教徒「小明王」可以簡稱「明王」，且大小明王出世經又是佛教系統的經典，則應「明王出世」之讖的「小明王」來自大小明王出世經之「大小明王」的可能性，甚至來自佛教「孔雀明王」的可能性，大於「光明之王」。

〔二〕元史：至正十五年十二月，「答失八都魯大敗劉福通等於太康，遂圍亳州，僞宋主遁於安豐」。十八年五月，「劉福通攻汴梁……遂入城，乃自安豐迎其僞主居之以爲都」。十九年八月，「察罕帖木兒……攻破汴梁城，劉福通奉其僞主遁，退據安豐」（卷四四、四五順帝紀，第九二八、九四三、九四八頁）。此後直到至正二十三年，龍鳳政權一直定都安豐（明太祖實録卷一二，癸卯年三月辛丑朔，第一四九～一五〇頁）。

〔三〕元史：韓山童稱宋徽宗八世孫（本書壬辰年第一條引）。葉子奇草木子：「韓山童詐稱徽宗九世孫。」（卷三上克謹篇，第五一頁）按，葉子奇提到韓林兒僅泛稱「韓山童男」，可知其不諳詳情，當以俞本與元史所載爲準。

〔四〕元史：韓林兒係韓山童之子，至正十五年二月，「劉福通等自碭山夾河迎韓林兒至，立爲皇帝，又號小明王，建都亳州，國號宋，改元龍鳳……福通遂爲丞相，後稱太保。」（本書壬辰年第一條注一引；卷四四順帝紀，第九二二頁）

〔五〕元朝的宣慰使司，品級在總管府、萬户府之上，遇有兵事，可兼都元帥府或稍低的元帥府（元史卷九一百官志，第二三〇八頁）。早期紅軍仿此制度，以都元帥爲元帥之上的官職。

〔六〕明本紀：乙未年夏，「滁陽王……卒於和陽。未幾，潁汝倡亂者杜遵道、劉福通立韓林爲君，都於亳。時群雄是其門弟子，皆從者……張天祐……自亳歸，齎亳州杜遵道文憑，授滁陽王子爲都元帥，張爲右副，上爲左副。」（明本紀校注，第三八～四〇頁）錢謙益國初群雄事略：其事在三、四月（卷二追封滁陽王，適園叢書本，第三二頁）。

2　正月二十一日，克和州、李扒頭（賽）〔寨〕③〔一〕，克大山④〔二〕同知及韓把頭（賽）〔寨〕⑤并雞籠山〔三〕，攻彭祖水寨、含山縣〔四〕。

〔一〕明太祖實録：乙未年「正月戊午朔，滁師乏糧……『惟和陽可圖』……戊寅……日暮……遂據其城」（卷二，乙未年正月，第一九～二〇頁）。戊寅日爲二十一日，則本日主要戰果在和州城，非和州境内的堡寨。明本紀：紅軍前隊穿青衣冒充元義兵，後隊穿紅衣，偷襲和州，「青者度陡陽關，和陽守備者知。報廬州路義兵至，耆宿以牛酒迎之。其前帥青衣者異其道而飲食，帥絳衣者少謀怠智，循正道而抵和陽，元首帥出師以逆之，衣絳之士敗走。」（明本紀校注，第二五頁）則知滁州紅軍奔襲和州途中，只遭遇過元兵，而李扒頭是彭祖家紅軍（本書壬辰年第四、五條），其寨必不在和州城附近，應係正月二十一日後所克。

〔二〕成化中都志：「定遠縣……大山在縣東七十里，山高大故名。」定遠縣有大山鋪（卷二山川定遠縣、卷四鋪舍定遠縣，第一三六、二一五頁），應即今定遠縣東境的岱山、岱山鋪（安徽省地圖，第四三頁）。又，正統和州志：「青山在州東北四十五里懷德鄉十都……北大山在州東北七十里懷德鄉九都。」（卷一山川山，第四二～四三頁）二山必相鄰，應即今和縣與江浦縣界上的大山（江蘇省地圖集，一九七八年，第二〇頁）。定遠的大山爲紅軍東攻滁州所必經（嘉靖定遠縣志卷首縣境圖，第六一九頁），和縣的大山則爲元軍包圍和州的據點（明本紀校注，第三二頁）。俞本此所記或爲和州一帶戰績，或屬定遠、滁州一帶戰績。

〔三〕正統和州志：「雞籠山在州西北四十里順天鄉十三、四都。」（卷一山川，第三八頁）應即今和縣西北境雞籠山林場一帶（安徽省地圖，第四五頁）。宋濂僉江南等處行樞密院事趙公神道碑銘：趙德勝於「閏正月，剗雞籠山群盜，與僞將韓溥酣戰，直搗烏江，下和州」（宋濂全集鑾坡後集卷一，第五七〇頁）。劉三吾僉都督沈仁追封二代神道碑銘：沈仁「正月克和州，二月擊雞籠山、版門寺寨」（載成化中都志卷一〇碑銘，第四四五頁）。按，紅軍由滁州奔襲和州，不會經過雞籠山或烏江縣城，這些戰鬥必發生在正月二十一日克和州後，即「閏正月」或二月。明本紀：乙未年正月「辛巳，元將以兵十萬來擊和陽，上惟以萬人守，連兵三月，元兵數敗而死者多。達夏，元兵解去……分屯親塘、高望、青山及雞籠山……克其羽翼，根本未下……未幾，彼衆皆走渡江」（明本紀校注，第三一～三二頁）。可見紅軍到夏季才收取諸據點。俞本在攻取和州條下綜述了此後數月的戰績。

〔四〕蘇伯衡金華衛指揮副使王公墓碑：王玉「蹂黄墩，蕩湖口，剗彭祖寨，取滁和兩州」（蘇平仲文集卷一二，葉三b）。宋濂僉江南等處行樞密院事趙公神道碑銘：趙德勝「下和州，而含山次第平。」（宋濂全集鑾坡後集卷一，第五七〇頁）按，彭祖水寨、含山縣本係李扒頭、雙刀趙所據（本書壬辰年第五、六條），至此遭濠州紅軍攻擊。明本紀：「時巢湖内操舟水雄雙刀趙、李扒頭者，讎於廬州左君弼，其李力不及，被窘於巢湖，因無依倚，遣人來訴，欲以舟師歸我。」（明本紀校注，第四〇頁）而濠州紅軍與左君弼乃盟友（本書洪武六年第八條）由此可知，日後成爲朱元璋所部重要力量的巢湖水軍，是受到左君弼和濠州紅軍的夾擊後窮蹙來降的。

3　**四月，取板門寨〔一〕，克裕溪⑥〔二〕中丞蠻海牙⑦水寨〔三〕。**

〔一〕宋濂僉江南等處行樞密院事趙公神道碑銘：趙德勝於「夏四月庚申，拔板門寨」（宋濂全集鑾坡後集卷一，第五七〇頁）。劉三吾僉都督沈仁追封二代神道碑銘：沈仁「正月克和州，二月擊雞籠山、版門寺寨」（載成化中都志卷一〇碑銘，第四四五頁）。明本紀：朱元璋在張天祐赴亳州向龍鳳政權輸誠期間，「發兵及親率將和陽（征）〔正〕西南民寨，節次削平」（明本紀校注，第三九～四〇頁）。板門寨應即諸民寨之一。

〔二〕正統和州志：「裕溪河在州南九十里東梁鄉三十二都……入于江，今河口有巡檢司。」（卷一山川河，第五四頁）應即今蕪湖市長江北岸裕溪口（安徽省地圖，第八頁）。

〔三〕明太祖實録：乙未年五月，「銅城閘、馬場河等隘口皆爲元中丞蠻子海牙水寨所扼……上帥舟師攻蠻子海牙於峪溪口，敵舟高大，不利進退，永安等操舟如飛，左右奮擊，大敗其衆」（卷三，乙未年五月丁亥、壬寅，第三〇～三一頁）。

4　**六月初二日，上親領將士萬餘，乘風斗快船〔一〕渡江，無船者以葦荻作筏而濟。兵精將勇，無不以一當百，雄猛之勢，遠近回應。江東士民值太平日久，聞者無不股栗，**

拱手待命。遂克采石〔二〕及太平府〔三〕、蕪湖縣〔四〕。

〔一〕朱元璋軍進攻江州時，出動海船達二百五十艘，風斗船五十艘，另有輕便快船，出哨可一次出動三百隻（本書辛丑年第四、七條）。李默孤樹裒談引草木子餘録：「自辛卯盗起……江船、海船、風快船、多槳船、匾淺船、遞運船，亦無年不造。」（卷二太祖中，第六〇一頁）黄金皇明開國功臣録：俞通海「乙未……十月，於灌渡橋河口獲快船，擒賊帥屠子花等二十餘人……戊戌……十月，克太湖、宜興等處，戰敗張寇水寨，獲風快船三艘，鋭首四十餘人……己亥……七月，攻安慶，獲黄旗斗船。十月，與趙賊戰，敗之，獲其帥孫四海船。庚子閏五月……追戰慈湖，縱火焚其舟，賊衆大潰，獲僞帥喻國興、李智高等樓船數艘及甘、張、方、王、陳五帥海舟，俘賊人八十餘名」（卷二俞通海傳，第一册第二三〇～二三六頁）。又，紅軍的「風斗船」既可哨探也可參加戰鬥（本書辛丑年第四條注二引）。則「風斗快船」或係「風快船」、「黄旗斗船」之屬，又或係風斗船、快船合稱，規格介於龐大的樓船、海船，與輕便的快船、多槳船之間。

〔二〕寰宇通志：「太平府……采石山在府城北三十里……下有采石磯。」（卷一〇太平府山川，第五二二〇頁）應即今馬鞍山市采石鎮（安徽省地圖，第七頁）。

〔三〕明太祖實録：乙未年六月，「改太平路爲太平府。」（卷三，乙未年六月丁巳，第三三頁）按，紅軍每克一路，必改路爲府。俞本雜用地名的新稱舊號，又常省以簡稱，後文若非易生歧義者，本書不再注明。

〔四〕明本紀：乙未年「六月一日，發舟渡江……止於是方，弗移。明日天將明，軍分兩道，右由西南，左由東北，俱會牛渚磯上……不逾時，抵江東北……舟抵岸，其備者持矛來應，上令軍士應之，彼不敢當，備磯者潰，備鎮者亦潰，遂下采石及沿江諸壘……上謂諸軍曰：『前有州曰太平，子女玉帛無所不有』……帥往太平城下。時元平章完者不花守其城，我軍奮擊良久，遂拔之……父老出城迎上」（明本紀校注，第四二～四三頁）。明太祖實録：乙未年八月「丁丑，遣裨將習伯容攻蕪湖縣，克之」（卷三，乙未年八月丁丑，第三七頁）。

5 **是時，三帥雖共⑧府置事，運籌决策皆自上裁。將士樂戰，軍民傾向，權歸於上矣**〔一〕。

〔一〕張羽敕賜滁陽王廟碑録朱元璋文稿：郭子興「歸滁陽，時王兵共四萬，其麾下僅萬人，皇上所部三萬有奇」（第一九六頁）。明太祖實録：乙未年六月，「改太平路爲太平府，以李習知府事。置太平興國翼元帥府，諸將奉上爲大元帥」（卷三，乙未年六月丁巳，第三三～三四頁）。按，占領某路後設管軍的翼元帥府和管民的府，乃龍鳳政權的統一規制（邱樹森元末紅巾軍的政權建設，第九九頁；元末農民政權幾方銅印的初步研究，第七一五～七一九頁）。翼本用於稱呼某些萬户府下屬千户所（元史卷八六百官志，第二一六六頁），級别不高。紅軍的翼元帥府應爲都元帥府的下級機構，與管民之府並列。此時，朱元璋當以左副都元帥兼任太平興國翼元帥，守禦太平府，雖非全軍首領，實力已凌駕主帥之上，故俞本稱「權歸於上」。

6 七月，克溧水〔一〕。

〔一〕宋濂僉江南等處行樞密院事趙公神道碑銘：趙德勝於乙未年「秋七月辛卯，克溧水」（宋濂全集鑾坡後集卷一，第五七〇頁）。明本紀：乙未年六月「甲子，克溧水」（明本紀校注，第四六頁）。按，甲子爲六月十日。明本紀將克溧水之事，置於六月克太平後「不逾數日」、「將及十日」的擊敗陳也先之後。但徐達參與了擊敗陳也先、克溧水之戰（本書乙未年第八條注三引）；朱元璋御製中山武寧王神道碑，載皇明名臣琬琰録前集卷一，第一册第一七頁），兩戰不可能同時進行，克溧水之期當以七月爲準。

7 八月，克溧陽〔一〕。

〔一〕明太祖實録：乙未年八月「庚申……克溧陽縣」（卷三，乙未年八月庚申，第三五～三六頁）。黄金皇明開國功臣録：「七月，營于溧水。八月，取溧陽。」（卷三一韓榮傳，第二册第七九一頁）

8 九月，元義兵元帥陳也先⑨領兵侵太平府，士卒登城，上親率死士拒之，城中危急。是時，上娶孫伯英妹爲次妃〔一〕，妃言於上曰：「府中有金銀若干，何不盡給將士，使之奮身禦敵？倘有不虞，積金何益？」〔二〕次日敵再至，上盡置金銀於城上，分給將士，遂大敗敵兵，生擒也先〔三〕。是時，上方延攬英雄，釋也先之縛，賜坐與語。也先許以全軍歸附，上允之，結爲昆季，宰烏牛白馬以祀天地，歃血爲（擔）〔誓〕⑩。約共攻建康府，即令還營整兵，以待並進〔四〕。建康府〔五〕者，元之江南〔六〕也，諸道行御史臺大夫福壽守之〔七〕。

〔一〕宋濂成穆貴妃壙誌：「成穆貴妃孫氏……年十三，隨次兄範避兵揚州。遇青軍陷城，一時離散，範不知所在，元帥馬世熊妻遂育妃爲義女。年十八，未聘，上聞其有容德，詔納宫中……侍上十有五年……洪武七年秋九月癸未，妃得疾，至庚寅薨，年三十有二。」（宋濂全集翰苑續集卷八，第九三〇頁）按，洪武七年前的十四五年，即孫貴妃十八歲時，爲己亥、庚子年，晚於乙未年。劉辰國初事迹：「太祖差人往揚州，招到青軍元帥單居仁、馬某等軍馬過江……青軍馬元帥過房得常州孫府判女爲女，太祖納之，有寵，爲妃。後訪得妃兄孫伯英在衢州。」（第六九、七四頁）伯英應爲孫蕃之字。黄金皇明開國功臣録：馬世熊「移軍維揚，衆至數萬。歲丁酉，太祖駐師金陵，遣使招之，世熊驩然率所部來歸」（卷二四馬世熊傳，第二册第四〇五頁）。則孫氏歸朱元璋在丁酉年後。俞本或以庚子年陳友諒兵臨建康城下時的故事，誤置於此。

〔二〕明太祖實録：洪武七年，孫貴妃卒，「謚成穆，册曰：『……當國家開創之初，備警戒相成之道，德實冠於嬪御，功有助於中闈。』」（卷九二，洪武七年九月庚寅，第一六二五頁）

〔三〕明本紀：乙未年六月，「義兵元帥陳也先率兵數萬來寇城下，上……遣徐達、鄧愈、湯和出姑孰之東，轉戰城之北。不逾時，彼兵潰敗，也先被擒」（明本紀校注，第四五頁）。方孝孺信國公神道碑銘：「也先與其將康將軍，水陸分道寇城。王擊其水軍……中山王徐公達、寧河王鄧公愈帥師由東門轉戰城

北，破其步軍，遂生擒也先以獻。」（遜志齋集卷二二，第七一九頁）

〔四〕陳基南臺御史大夫西夏永年公勛德詩序：「我師失利，也先陷賊。賊質其妻、子，使爲先鋒，務必取集慶。也先素服公威信，輸密款，願擒首賊以自效。」（夷白齋稿卷二〇，葉四a）明本紀：「故生之。其人奸詐多端，忽謂上曰：『生我爲何？』……『軍之首目，皆骨肉親戚爲之，今欲來降，甚爲易哉。』書行，明日來降首目盡至……七月壬辰，以也先留太平，令部下來會我大軍，命元帥張天祐者合兵取建業。初攻弗克，軍回。不逾月，再征……血牛馬與彼立誓，立誓之後，寧可生縱以歸。」（明本紀校注，第四五～四八頁）可知陳也先獲釋後，於九月初約朱元璋「臨其軍受俘」（明太祖實録卷三，乙未年九月癸未朔，第三七頁）。俞本於「以待並進」處追述數月間事。

〔五〕元史：元文宗天曆二年，「改建康路爲集慶路」（卷六二地理志，第一五〇一頁）。明太祖實録：紅軍克集慶路後，「改集慶路爲應天府」（卷四，丙申年三月辛卯，第四三頁）。其實最初很可能改稱建康府（本書丙申年第五條注七），俞本此稱「建康」，或非漫稱。

〔六〕元史：元朝集慶路置「江南諸道行御史臺，設官品秩同内臺」，領東南三省十道監察事務（卷八六百官志，第二一七九頁），威權甚重。

〔七〕陳基南臺御史大夫西夏永年公勛德詩序：「今江南等處行御史大夫西夏永年公，由淮南行中書省平章簡在上衷，特膺是命。時至正十五年夏四月也。」（夷白齋稿卷二〇，葉三b～四a）元史：至正十五年，福壽「遷江南行臺御史大夫。」（卷一四四福壽傳，第三四四一頁）

9 十月，郭、張二元帥督兵，由官塘〔一〕經同山⑪〔二〕，進攻建康之東門；陳也先自板橋〔三〕直抵建康，攻南門。自寅至午，城中堅守。也先邀郭元帥飲，殺之，擒張元帥，獻於福壽，亦殺之。也先會元兵夾攻，大軍遂潰，部下總管趙繼祖躍馬遁〔四〕。也先單騎追逐。也先被雁門孟萬户溺殺之⑫〔五〕。

〔一〕至正金陵新志：「溧水有官塘。」（卷五山川志池塘，第二五二頁）萬曆溧水縣志：溧水縣城東二十五里有官塘山和官塘堰（卷四山類官塘山、卷五圩塘官塘，第八三、九二頁）。應即今溧水縣東南官塘村一帶（中華人民共和國地圖集（甲種本），第五一頁），新名高塘（江蘇省地圖集，一九七八年，第二七頁）。

〔二〕至正金陵新志：「銅山在城東南七十里。」（卷五山川志山阜，第二三一頁）與「建康府之東門」方位吻合，應即今江寧縣南境的銅山（江蘇省地圖集，一九七八年，第二〇頁）。

〔三〕陳基南臺御史大夫西夏永年公勛德詩序：陳野先部自淮西渡江後，「屯集慶城南之板橋。」（夷白齋稿卷二〇，葉四a）至正金陵新志：「板橋在城西南三十里。」（卷四疆域志橋梁，第二一六頁）應即今南京市西南的板橋鎮（江蘇省地圖集，一九七八年，第二〇頁）。

〔四〕陳基南臺御史大夫西夏永年公勛德詩序：福壽「下令，俾官軍與也先表裏合攻，遂生擒僞元帥郭、張二人及其餘僞官甚衆，殺死者無算」（夷白齋稿卷二〇，葉四a）。明本紀：朱元璋兩次占卜均不利，拒絶陳也先約請。乙未年九月「戊戌，也先謀叛，誘殺郭元帥等數人。時三軍復攻建業，也先背盟棄誓，陰合元帥敗我軍於秦淮之水，殺溺二萬餘」（明本紀校注，第四八～四九頁）。明太祖實録：朱元璋於九月初識破陳也先謀，「姑許之，不往……戊戌，命元帥張天祐率所部軍攻集慶。己亥，天祐等至方山，攻破左答納識里營，走之。陳野先遂叛，與元福壽合兵來拒，戰於秦淮水上，我師失利，天祐、郭元帥皆戰死」（卷三，乙未年九月癸未朔、戊戌，第三七頁）。按，方山與板橋東西呼應，爲集慶城南兩大門户（本書洪武十三年第一〇條注一引），如明太祖實録所述，似郭天叙、張天祐從太平府出發進占方山，與板橋陳也先軍呼應出發，共攻集慶路。實則郭天叙、張天祐在七月已離開太平府，活動於集慶路東南的溧陽、句容一帶（李新峰邵榮事迹鈎沉，第八五頁），俞本此所記官塘、同山行軍路綫，正在集慶路東南溧陽、溧水一帶，兩者吻合。由此可知，郭、張從東南方長途襲來，遠離板橋，没有機會與陳也先直接接洽，則九月與陳也先合擊集慶路之約，必係朱元璋所訂。郭、張守約進軍，對陳也先毫無防備，朱元璋既已識破陳也先險惡用心，却不與郭、張通氣，而自己止軍不前，恐難脱陷害郭、張之嫌。

〔五〕陳基南臺御史大夫西夏永年公勛德詩序：「因乘勝逐北，鼓行趣太平，且旦暮克復，而也先爲鄉兵誤殺。舉軍痛惜之。」（夷白齋稿卷二〇，葉四a）又，陳基、明本紀、明太祖實録皆繫戰事於九月，陳也先死於九月二十七日（本書乙未年第九條校勘記引）。疑俞本聞訊已在十月，故將本末皆繫於十月。

10 **十一月，上獨任元帥府事。調總管廖永安、俞通海領舟師，攻胡同知水寨〔一〕，遂克。**

〔一〕黄金皇明開國功臣録：紅軍乙未年克太平後，「時陳義陸寨江陵鎮，胡同知水寨蕪湖，胡良成據溧水，中丞蠻子海牙守采石。四境窮蹙」（卷三一吴昇傳，第二册第七三二頁）。

校勘記

①「明王」，事略錢引本作「小明王」（卷一宋小明王，第八頁）。

②「張天佑」，事略錢引本作「張天祐」（卷二追封滁陽王，第三一頁），他書作「張天祐」（明本紀校注，第三九頁）。

③「李扒頭賽」，據事略錢引本「李扒頭寨」（卷二追封滁陽王，第三一頁）改。

④「大山」，事略錢引本作「太山」（卷二追封滁陽王，第三一頁），應作「大山」（本書乙未年第二條注二）。

⑤「韓把頭賽」，據事略錢引本「韓把頭寨」（卷二追封滁陽王，第三一頁）改。

⑥「裕溪」，他書或同，或作「峪溪」（本書乙未年第三條注二引，明本紀校注，第四二頁）。

⑦「蠻海牙」，事略錢引本作「蠻子海崖」（卷二追封滁陽王，第三一頁），他書多作「蠻子海牙」（明本紀校注，第四〇頁）。元人常以「蠻子」命名，「蠻海牙」脱「子」字。

⑧「共」，事略錢引本作「并」（卷二追封滁陽王，第三二頁），張校本據國初群雄事略沈抄本作「共」（卷二滁陽王，第五八頁）。

⑨「陳也先」，事略錢引本同（卷二追封滁陽王，第三二頁）。他書多作「陳埜先」（明太祖實録卷三，乙未年六月辛酉，第三四頁），亦有作「也先」者（明本紀校注，第三一頁）。按，也先、埜先皆爲蒙古語 esen 音譯，意爲平安，故可通用。

⑩「擔」，事略錢引本作「誓」（卷二追封滁陽王，第三二頁），是。俞本多稱盟誓爲「有擔」（例見洪武六年第八條），「擔」爲「誓」俗寫之訛。

⑪「同山」，他書作「銅山」（本書乙未年第九條注二引）。

⑫「溺殺之」，事略錢引本同（卷二追封滁陽王，第三二頁），張校本據國初群雄事略沈抄本作「刺殺之」（卷二滁陽王，第五九頁）。明本紀：「也先因進迫我軍，爲義兵所殺，身瘡千竅。」（明本紀校注，第四九頁）明太祖實録：九月「己酉，陳埜先追襲我軍於溧陽，經葛仙鄉，鄉兵民寨百户盧德茂……攢槊刺之。」（卷三，乙未年九月己酉，第三八頁）「刺殺之」似近實。

丙申　至正十六年（公元一三五六年）

1 正月，泰州鹽綱張士誠渡江，據蘇州、常州、江陰州。後附元，加吴王，與浙江省丞相答失帖木兒〔一〕共守浙西〔二〕之地〔三〕。

〔一〕元史：乙未年八月，「以中書平章政事達識帖睦邇爲江浙行省左丞相」（卷四四順帝紀，第九二六頁）。

〔二〕元朝在江浙行省下設江南浙西道肅政廉訪司，轄境包括江浙行省直轄的不屬諸宣慰使司諸路（卷六二地理志，第一四九一～一四九六頁）。

〔三〕陶宗儀南村輟耕録：張士誠「先遣士德率高郵賊衆擊横坍，渡福山，十六年正月朔，攻破常熟州」（卷二九紀隆平，第三五七頁）。元史：至正十六年二月，「張士誠陷平江路，據之，改平江路爲隆平府，遂陷湖州、松江、常州」。十七年八月，「張士誠俾前江南行臺御史中丞蠻子海牙爲書請降……詔以士誠爲太尉」。二十三年九月，「張士誠自稱吴王」（卷四四、四五、四六順帝紀，第九三〇、九三八、九六五頁）。

2　二月二十五日，上命總管廖永安等率水寨，制砲架於兵船，以攻三山〔一〕中丞水寨，遂克〔二〕。

〔一〕至正金陵新志：「三山，在城西南五十七里，周迴四里，高二十九丈。」（卷五山川志山阜，第二三〇頁）三山，自古爲城防要衝（顧祖禹讀史方輿紀要卷二〇應天府三山，第九四七頁），應即今江寧縣境長江東岸、板橋鎮西的三山營一帶（江蘇省地圖集，一九七八年，第二〇頁）。此時蠻子海牙的任務是「自蕪湖至鎮江南岸守禦」（元史卷四四順帝紀，第九二七頁），正針對過江的濠州紅軍。紅軍新敗，蠻子海牙必不至龜縮三山一帶，而是「悉驅戰艦，結寨采石」（黄金皇明開國功臣録卷二俞通海傳，第一册第二三二頁），西絶和州、南窺太平，爲紅軍「肘掖之患」（朱元璋御製中山武寧王神道碑，載皇明名臣琬琰録前集卷一，第一册第一七頁）。故紅軍欲攻集慶路，必先破采石，而俞本誤爲三山（參見本書丙申年第三條注一）。

〔二〕嘉靖重修太平府志：吴昇於「丙申春二月二十六日，用䑸船二艘，積薪草灌油，置砲其中，乘猛風舉火，破蠻子海牙、康茂才于采石」（卷六人物志勇略吴昇傳，第九〇二頁）。明本紀：「時蠻子海牙以舟師泊於采石江，密邇姑孰，彼以兵襲之，不時直造城下。於是命工造巨礮，以舟載之。至正丙申春二月，上率諸軍親攻采石，自辰抵午，擊破之。」（明本紀校注，第五〇～五一頁）明太祖實録：丙申年二月「丙子，上率常遇春等擊蠻子海牙於采石。時敵舟聯絡江上，勢甚盛，乃命遇春設疑兵以分敵勢，而以大兵薄之。及戰，遇春率舟師衝其中，敵舟分爲二，我師左右縱擊，飛礮中敵舟，輒糜碎。自辰至午，戰益急，敵大敗」（卷四，丙申年二月丙子，第四一頁）。丙子日爲二十五日。此時常遇春初投紅軍，尚未嶄露頭角，而廖永安率巢湖水軍投降後，初戰即鋒芒畢露（本書乙未年第三條注三引），此戰「通海與廖永安率先戰敗之，獲其將卒戰船甚衆」（明太祖實録卷二三，吴元年四月乙卯俞通海傳，第三三〇頁）。按，此次采石之戰乃朱元璋獨統全軍後的首次勝利，在明朝建國歷程中具有里程碑的意義（王紳擬大明鐃歌鼓吹曲十二首，繼志齋集卷上，第三〇九頁）。明太祖實録所記，顯然淡化了巢湖水軍的作用，而誇飾後來成爲懿文太子岳父的常遇春之功。俞本多記巢湖水軍的功績，應較明本紀和明太祖實録近實。

3 **三月初三日，上親統大軍克板橋營〔一〕，擒陳也先侄陳勝，兵不血刃〔二〕。仍令勝領其衆。**

〔一〕明太祖實録：丙申年三月「辛巳朔，上率諸軍取集慶，自太平水陸並進。癸未，至江寧鎮，先攻陳兆先營，大破之，進拔其栅，擒兆先，盡降其衆，得兵三萬六千人」（卷四，丙申年三月辛巳朔，第四一頁）。癸未日爲三日。至正金陵新志：「江寧鎮，在江寧縣西南六十里。」「板橋，在城西南三十里。」（卷四疆域志鎮市、疆域志橋梁，第二〇一、二一六頁）應即今江寧縣西南境的江寧鎮、板橋鎮（江蘇省地圖集，一九七八年，第二〇頁）。板橋爲陳氏巢穴，時采石已破，集慶危殆，陳兆先必不敢棄板橋而前出江寧鎮。蠻子海牙水軍兵敗采石後，必不能棄城外陳兆先部而龜縮城内，三山瀕臨板橋，蠻子海牙只有結寨於三山，才能與陳兆先互爲依托。黄金皇明開國功臣録：「丙申三月三日，破中丞水砦。八日，剗也先營。」（卷三〇謝德清傳，第二册第六八五頁）紅軍水陸並進，此戰應係廖永安克三山（參見本書丙申年第二條），本條係同日朱元璋以江寧鎮爲基地克板橋。俞本所記，混淆了采石、三山兩次前後相隨的水戰。

〔二〕明本紀：「不逾二刻，營壘皆破，也先佺陳七盡以其軍降。」（明本紀校注，第五一頁）劉辰國初事迹：「太祖招之就降。」（第六八頁）蘇伯衡繆美傳：繆美「察陳也先所爲後必敗，以丙申春三月率所部千餘人、馬三百餘匹，自歸上於陰巷。」（蘇平仲文集卷三，葉一三b）可見陳軍一心投降，並無「大破」之舉。

4　初十日，上親克建康。元守臣大夫福壽刎死〔一〕，上令棺殮焚瘞之，命工繪像，附於晋忠臣卞壼廟〔二〕，歲致祭焉〔三〕。是月，亳都〔四〕陞上爲樞密院〔五〕同僉〔六〕，以帥府都事李士元爲經歷〔七〕。尋陞上爲江南①等處行中書省平章〔八〕，以故元帥郭天叙弟天佑②爲右丞，以經歷李士元改名善長爲左右司郎中〔九〕，以下諸將俱陞元帥〔一〇〕。

〔一〕明太祖實録：丙申年三月「庚寅，上進兵集慶……遂克之。福壽……督戰不已，遂死於兵」（卷四，丙申年三月庚寅，第四一～四二頁）。庚寅日爲十日。元史：「亂兵四集，福壽遂遇害，不知所在。」（卷一四四福壽傳，第三四四二頁）宋訥敕建元衛國忠肅公祠記：「城破之日，公據胡床，坐伏龜樓前，指麾左

右……兵至，竟死其地。」（西隱文稿卷五，第二〇三頁）

〔二〕晉書：卞壼爲東晉尚書令，於蘇峻之亂中陣亡，時稱「破家爲國，守死勤事」，謚「忠貞」（卷七〇卞壼傳，第一八七二～一八七三頁）。至正金陵新志：「忠烈廟，即卞將軍廟，在永壽宮西。」（卷一一祠祀志祠廟，第三四八頁）洪武京城圖志：「卞壼廟即卞將軍廟，舊在朝天宮西冶城……國朝建置雞鳴山南。」（大典本，葉一九a）但在地圖上仍標在朝天宮西（洪武京城圖志，清抄本，第六頁）。可知此時卞壼廟在今南京市區朝天宮以西舊址，應即今朝天宮大成殿西的卞壼墓（江寧府城圖；中國文物地圖集江蘇分册，上册第一四六～一四七、下册第五頁）一帶。

〔三〕明太祖實録：洪武四年四月，「詔立祠，祀元御史大夫福壽……令有司歲時致祭。」（卷六四，洪武四年四月「是月」，第一二二三～一二二四頁）寰宇通志：「衛國忠肅公廟，在雞鳴山之陽。舊在府治北，洪武二十年改建于此。」（卷八應天府祠廟，第五二〇〇頁）明初的應天府治和「舊府」均位於城西南隅（洪武京城圖志官署圖，清抄本，第七頁），「府治北」正合卞壼廟位置。

〔四〕此時龍鳳政權已由亳州遁居安豐，後一度北據汴梁，再未以亳州爲都（本書乙未年第一條注二引）。

〔五〕明太祖實録：丙申年六月，「置行樞密院於太平，以總管花雲爲院判」（卷四，乙未年六月辛未，第四四頁）。是爲明太祖實録載諸將陞院判首例。宋濂東丘郡侯花公墓碑：花雲「丙申，上破集慶，公得兵千人，陞總管，徇鎮江、丹陽、丹徒、金壇諸縣……授前部先鋒，攻常州，拔其城，駐守牛唐營。夏六月，立行樞密院於太平，遂拜公院判，階安遠大將軍。丁酉春正月，克常熟州，獲卒萬餘，命公將之。秋七月，以兵三千之寧國……還命守太平」（宋濂全集芝園續集卷三，第一五二四頁）。查紅軍戰績，丁酉年三月克常州，四月攻寧國，七月攻常熟（本書丁酉年第五條注一、第一〇條注一、第一四條注一、戊戌年第八條注一），宋濂此所載時序錯亂。而花雲爲紅軍中級將領，斷無丙申年六月陞院判之理，行樞密院設在太平亦不合理。此「夏六月立行樞密院於太平」，必丁酉年後陞各翼元帥府爲分樞密院時事。江南行樞密院之設，則應在克集慶路後不久，明太祖實録或因避諱與龍鳳政權之關係，漫以宋濂設院授官之詞應付。

〔六〕元朝的樞密院高官，依次爲知院、同知、副樞、僉院、同僉、院判，其中同僉僅爲正四品（元史卷八六百官志，第二一五五頁）。由多位將領的陞遷履歷可知，紅軍承襲了同知、僉院、同僉、院判的序列，院判高於翼元帥。不過，黄金皇明開國功臣録：廖永安「爲昭武大將軍、統軍元帥」。又：徐達「陞奉國上將軍、同知密院」（卷二廖永安傳、一徐達傳，第一册第二二二、四六～四七頁）。宋濂東丘郡侯花公墓碑：花雲陞「院判，階安遠大將軍。」又鄂國常公神道碑銘：常遇春「轉鎮國上將軍、同僉書江南等處行樞密院事」（宋濂全集芝園續集卷三、鑾坡前集卷二，第一五二四、三四九頁）。元史：昭武大將軍乃元正三品加授散官，安遠大將軍乃元從三品加授散官，鎮國上將軍乃元從二品初授散官，奉國上將軍乃元從二品加授散官（卷九一百官志，第二三二一頁）。若按元制，元帥反高於院判，而同知、僉院、同僉均從二品。但是，僉院鄧愈後來轉任從二品參政，同知徐達轉任正二品右丞（朱夢炎衛國鄧公神道碑，載皇明名臣琬琰録前集卷二，第一册第六〇頁；黄金皇明開國功臣録卷一徐達傳，第一册第四七頁）。顯然，紅軍政權調整了樞密院官職的品級和對應散官，院判應當是正三品官而位列元帥之前，同僉應該是從二品官而位列僉院之後，同知則爲正二品官。元代的宣慰使司都元帥爲從二品（元史卷九一百官志，第二三〇八頁），紅軍的都元帥高於翼元帥，很有可能像翼元帥位列院判之後那樣，位列同僉之後。朱元璋此前爲左副都元帥、翼元帥，現超越都元帥而陞爲同僉。

〔七〕元史：「樞密院……經歷二員，從五品，都事四員，正七品……宣慰使司……經歷一員，從六品；都事一員，從七品。」（卷八六、九一百官志，第二一五五、二三〇八頁）紅軍經歷、都事品級或與元朝不同，但都事陞經歷事屬合理。

〔八〕元史：元朝行省平章從一品，右丞正二品（卷九一百官志，第二三〇五～二三〇六頁）。明太祖實録：丙申年七月，「諸將奉上爲吴國公……置江南行中書省，上兼總省事」（卷四，丙申年七月乙卯朔，第四五頁）。按，「奉上爲吴國公」係明太祖實録曲筆（本書辛丑年第一條注一）。朱升行樞密院判官鄧公勳德頌於丁酉年提到朱元璋，稱「江南行省平章朱公」（朱楓林集卷七，第一〇八頁）。

〔九〕明太祖實録：丙申年七月建省之初，「以李善長、宋思顔爲參議，李夢庚、郭景祥爲左右司郎中」（卷四，丙申年七月乙卯朔，第四五頁）。元史：中書省參議正四品，郎中正五品，無經歷，樞密院參議正五品，經歷從五品，行中書省無參議，行省郎中從五品（卷八五、八六、九一百官志，第二一二二～二一二三、二一五五、二三〇五頁）。此時，從六品經歷李善長無由遽陞正四品參議，遑論宋思顔，俞本所記當實。

〔一〇〕明太祖實録：丙申年三月克集慶路次日，廖永安即陞翼元帥，後克鎮江、廣德諸路，鎮守將領亦任翼元帥（卷四，丙申年三月辛卯、己亥、六月乙卯，第四三、四四頁），但數量不多。七月建省後，大將多陞樞密院官（本書丙申第八條注二、一〇條及注二、五），大量中級將領陞元帥（明太祖實録卷四，丙申年七月己卯朔，第四六頁）。

5 十六日，調元帥廖永安總舟師順流東下，招襲中丞潰兵〔一〕。自龍江〔二〕及瓜州③〔三〕至朱金沙〔四〕，中丞之兵連家屬數十萬口，大小船隻旌旗蔽天，俱係辰沅、荆襄等處苗蠻〔五〕，無敢敵者，悉隨元帥康鐸降〔六〕。上以建康府改爲應天府〔七〕，以元之御史王稷爲知府〔八〕。

〔一〕明太祖實録：集慶失陷，「蠻子海牙走投張士誠」（卷四，丙申年三月庚寅，第四二頁）。明本紀：丙申年三月「丙申，遣徐達率湯和、張德麟、廖永安等舟師取鎮江。丁酉，克之」（明本紀校注，第五四頁）。丙申日爲本條所載十六日，丁酉日爲本書丙申年第八條載克鎮江的十七日。俞本區别廖永安水軍與徐達陸軍，彰顯廖永安收容江上大衆的戰績，應爲史實。此時廖永安地位高於徐達，明本紀顛倒，而明太祖實録巧爲抑揚。

〔二〕庚子年，紅軍「自龍江至聚寶門，挑疏河道」（本書庚子年第七條）。可知龍江在秦淮河入江口一帶。元末秦淮河自東南向西北流，江中汊流自南向北流入秦淮河，匯成向北的水道流入長江（李新峰元末龍灣之戰與南京水道，第八九～九〇頁）。明代龍江船廠位於應天府城西北墻外與秦淮河北流段之間，北近儀鳳門（李昭祥龍江船廠志卷四建置，第九七頁；南京市博物館寶船廠遺址——南京明寶船廠六作塘考古報告，第二頁），而明中期儀鳳門外有龍江關（大明一統志卷六應天府關梁，第一一七頁），爲「水之關」（嘉靖南畿志卷四應天府城社，第八五頁），必在秦淮河北流段上。由此可以判定，俞本所記龍江指長江汊流匯入秦淮河後的北流水道，應即今三汊河以北的惠民河一帶（江蘇省地圖集，一九七八年，第一九頁）。

〔三〕王恕重修江海潮神祠記：「瓜洲鎮……南臨大江，北距揚州府治四十五里，隸江都縣……舊有上中下三碼頭，皆可津渡。」（王端毅公文集卷一，第一七三頁）瓜洲時爲大運河入江口（譚其驤主編中國歷史地圖集第七册，第一五～一六頁），即今揚州市以南江岸的瓜洲鎮（江蘇省地圖集，一九七八年，第四〇頁）。

〔四〕宋濂同知大都督府事康公神道碑銘：元將康茂才兵敗采石後，「猶收合潰散，堅寨於天寧洲。明年二月，上命諸將以襄陽大砲破其寨，公奔行臺……甫逾月，上亦克金陵，又奔京口」（宋濂全集鑾坡前集卷二，第三五六頁）。文天祥真州雜賦：「我作朱金沙上游，諸君冠蓋渡瓜洲。」（文山先生文集別集卷一指南録，第三五一頁）隆慶儀真縣志：宋代真州城南江中有珠金沙，元代城南江中則爲天寧洲和新洲，「珠金沙，在珠金里……文天祥詩『我作珠金沙上游』是也……新洲在縣東南五里江中……天寧洲在縣南十里江中」（卷一宋疆域圖第二、元疆域圖第三，卷二山川考，葉八b、九a）。按，二月大砲破寨應即采石之戰，宋濂所撰碑文記事順序多錯亂，「堅寨於天寧洲」應在「奔京口」之後。至於江中諸洲，則多變徙，宋代朱金沙至明代後期已成陸地，元末或仍沿舊名，應在天寧洲以北一帶，即今江寧縣東境（江蘇省地圖集，一九七八年，第二〇、四一頁）。

〔五〕明太祖實録：丙申年三月克集慶路，「水寨元帥康茂才、苗軍元帥尋朝佐、許成、劉哈剌不花、海軍元帥葉撒及阿魯灰部將完都等各率衆降，凡得軍民五十餘萬」（卷四，丙申年三月庚寅，第四二頁）。

黄金皇明開國功臣録：俞通海於三月「克臺城，功右諸將。遂領兵歷沙港、焦門，克阿魯灰、者林苗軍水寨」（卷二俞通海傳，第一册第二三三頁）。陶宗儀南村輟耕録：此時「辰沅」苗軍正散處揚州南北（卷八志苗，第一〇〇頁）。宋濂同知大都督府事康公神道碑銘：康茂才來自蘄州，長期轉戰於長江中游（宋濂全集鑾坡前集卷二，第三五六頁）。可證康茂才部下，確不乏「辰沅」、「荆襄」之輩。

〔六〕黄金皇明開國功臣録：廖永安的副將俞通海「十七日，逼鎮江城西……遂拔鎮江。十八日，撫定藤料沙、竺家等寨，追康元帥至第二港，降之」（卷二俞通海傳，第一册第二三三頁）。宋濂同知大都督府事康公神道碑銘：康茂才本爲元朝淮西宣慰使司都元帥，此時甫陞淮南行省參政，後於洪武二年病卒（宋濂全集鑾坡前集卷二，第三五六～三五八頁）。按，康鐸爲康茂才之子，洪武三年以父功封侯（明太祖實録卷五八，洪武三年十一月丙申，第一一三二頁）。俞本於洪武三年記録封爵事極詳（本書洪武四年第一二至四五條），疑俞本誤以康鐸爲宿將康茂才，故全書提及康茂才皆作康鐸。

〔七〕應天之名，似非江南行省可有。紅軍改元之諸路爲府，又設太平興國、天興建康、淮興鎮江等翼元帥府，其中興國、天興、淮興均爲翼元帥府名，而太平、建康、鎮江則似府名。紅軍所改新名歷經變化，不過最初一般都改稱宋代舊名。明太祖實録提及明朝的府名異於元朝者，特别是婺州、龍興等行省治所，均嚴格地呼以時名，於應天府却長期只稱建康。由此，紅軍很可能初改集慶路爲建康府，後又改爲頗有僭越意味的應天府（李新峰明朝建國前的應天府與建康，第二五頁）。

〔八〕明太祖實録：丙申年三月克城，「獲其御史王稷」（卷四，丙申年三月庚寅，第四二頁）。

6　昔，元之梁王僭於建康〔一〕，後登極，以所居地創建大龍翔集慶禪寺〔二〕。大軍克城，改爲天界寺，上親書門額曰「天下第一禪林」，於法堂前建一亭，扁曰「閱禪」〔三〕。以萬壽宫爲永壽宫〔四〕。

〔一〕元文宗登極前，曾封懷王，居建康（元史卷三三文宗紀，第七〇四頁）。俞本此處誤爲梁王，梁王實係文宗之死敵。

〔二〕虞集大龍翔集慶寺碑銘：「大文孝皇帝自金陵入正大統，建元天曆，以金陵爲集慶……命以潛龍之舊，作龍翔集慶寺。」（雍虞先生道園類稿卷三六，葉九a）元史：天曆二年三月，「命改集慶潛邸，建大龍翔集慶寺」（卷三三文宗紀，第七三二頁）。至正金陵新志：「大龍翔集慶寺在城正北隅閃駕橋北。」（卷一一祠祀志寺院，第三六四頁）洪武京城圖志：會同橋在内橋與太平橋之間，「元龍翔寺，在會同橋北……會同橋，在大市橋南，舊名閃駕橋……跨運瀆水」（清抄本，第八、一五、二二頁）。丁國範關於元大龍翔集慶寺的舊址問題根據集慶寺與其他橋河街寺的相對位置，判斷集慶寺西界在今南京市區木料市、大香爐一綫，東界在今張府園東首，南界在今建鄴路，北界在今富民坊一綫（第三四九～三五二頁），應即今南京市區運瀆東源鴿子橋北洋市橋一帶（江寧府城圖）。

〔三〕宋濂覺原禪師遺衣塔銘：「丁酉，賜改龍翔爲大天界寺……且親御翰墨，書『天下第一禪林』六大字，懸於三門。」（宋濂全集翰苑續集卷五，第八五九頁）

〔四〕元史：至順二年四月，「以集慶路玄妙觀爲大元興崇壽宫」（卷三五文宗紀，第七八二頁）。至正金陵新志：至順二年，「詔改玄妙觀爲大元興永壽宮」。又：「在城西門内崇道橋北。」（卷二下金陵世年表元、卷一一祠祀志宮觀，第一九〇、三五七頁）洪武京城圖志：朝天宮在城西南，又：「元改永壽宮，今名朝天宮」（清抄本，第六、一六頁）。即今南京市區水西門東北、道濟橋西北的朝天宮（江寧府城圖）。萬壽宮是宋元道觀常見之名，元代與明初大都、龍虎山主要道觀，均稱萬壽宮（黄溍金華黄先生文集卷二九弘文裕德崇仁真人薛公碑，葉八a；朱元璋御製命朝天宮道士楊宗玄住持萬壽宮，載葛寅亮金陵玄觀志卷一，第五頁；虞集雍虞先生道園類稿卷三六河圖仙壇碑應制，第二四頁；宋濂宋濂全集鑾坡後集卷五太上清正一萬壽宮住持提點張公碑銘，第六五六頁），俞本或將元代改玄妙觀爲永壽宮，誤以爲紅軍改萬壽宮爲永壽宮。又，朱元璋申明佛教榜册：「天下兵争之日，朕居金陵……將諸寺院庵觀一概屏除之，僧不分禪、講、瑜伽，盡入天界寺；道不分正一、全真，俱入朝天宮。」（載葛寅亮金陵梵刹志卷二欽録集，洪武二十四年辛未，第六二頁）明朝建國前，朝天宮爲城内道教唯一合法場所，俞本或與改永壽宮爲朝天宮之事混淆。

7　授康鐸爲帳前親兵副指揮〔一〕，陞總管徐達爲元帥〔二〕，馬步軍萬衆。

〔一〕明太祖實録：丙申年七月，「置帳前總制親兵都指揮使司」。丁酉年七月，「康茂才爲秦淮翼水軍元帥」。戊戌年二月，「遷元帥康茂才爲營田使兼帳前總制親軍左副都指揮」（卷四、五、六，丙申年七月己卯朔、丁酉年七月壬午、戊戌年二月乙亥，第四六、五六、六三頁）。

〔二〕明太祖實録：丙申年三月克鎮江後，「命徐達、湯和爲統軍元帥」（卷四，丙申年三月己亥，第四四頁）。

8 十七日，克鎮江府。元守臣平章定定戰死於鶴林門〔一〕，徐達遣人瘞而祭之，偕元帥湯和、張德林④守其城。上陞徐達、湯和爲同僉〔二〕。

〔一〕明太祖實録：丙申年三月「丁酉，克之……守將段武、平章定定戰死，達等自仁和門入」（卷四，丙申年三月丙申，第四四頁）。丁酉日爲十七日。至順鎮江志：「門……今所存者仍有十二……南曰南水、通吴、仁和、中土，四門並去府治八里……西南曰鶴林、放鶴，二門並去府治七里。」（卷二地理城池丹徒縣，第八頁）正德丹徒縣志：「鶴林寺，在黄鵠山下。」（卷四寺觀，第一〇一四頁）鶴林門應在今鎮江市區南黄鶴山東北的鶴林寺大殿、鶴林村一帶（中國文物地圖集江蘇分册，上册第一六四～一六五、下册第一六八頁）。

〔二〕方孝孺信國公神道碑銘：湯和於丙申年三月攻克鎮江後陞元帥，七月陞同僉（遜志齋集卷二二，第七一九～七二〇頁）。黄金皇明開國功臣録：徐達克鎮江「未幾，轉江南等處行樞密院同僉，將數萬人攻圍毗陵」（卷一徐達傳，第一册第四六頁）。按，徐、湯陞職應在七月初建省朱元璋由同僉陞平章後，疑俞本附述於此。

9 是月，有兩日相蕩〔一〕。

〔一〕姚桐壽樂郊私語：「至正丙申三月，日晡時，天忽昏黄，若有霾霧。市中喧言：『天有兩日。』予立庭中視之，初以老眼不能正視，眩然若有數日。久之，果見兩日交而復開，開而復合者，凡數千百遍。

回視竅隙壁竇，皆成兩圓影，若重黄卵，亦復開合不常。此數十年來目所未覩之異也。發書占之，李淳風曰：『日不可有二。風霾，日無光，占爲上刑急，人不樂生。』又：『日變色，有軍急，其君無德，其臣亂國。』嗟！嗟！今豈其時乎。」（葉三b～四a）元史：至正十六年三月，「是月，有兩日相盪」（卷四四順帝紀，第九三一頁）。按，天色昏黄、地物有不穩定的重影，必屬局部地區的大氣現象。姚桐壽時居海鹽，距建康甚遠，俞本或未親見。疑其漫記爲從此後江南兵事之徵。

10 **四月，克丹陽、金壇〔一〕。陞邵肆、邵榮、廖永安爲同僉〔二〕，以俞通海、黑張〔三〕、鄧愈、（畢）〔華〕高⑤、張德林、趙繼祖、趙子中〔四〕、趙伯中⑥等爲院判，其餘將帥陞各有差〔五〕。**

〔一〕蘇伯衡繆美傳：「乘勝下鎮江、丹陽。」（蘇平仲文集卷三，葉一四a）黄金皇明開國功臣録：俞通海於丙申年「四月，取丹陽、金壇」（卷二俞通海傳，第一册第二三三頁）。明太祖實録：丙申年四月，「克金壇縣」（卷四，丙申年四月乙丑，第四四頁）。未提及丹陽。按，明本紀：朱元璋寫信給張士誠：「春三月取鎮江，兵抵奔牛壘。」（明本紀校注，第五六頁）丹陽縣是由鎮江至金壇縣或奔牛鎮的必經之所（江蘇省地圖集，一九七八年，第二三頁），紅軍克金壇前必克丹陽。

〔二〕邵肆於丙申年七月陣亡（本書丙申年第一五條），若陞同僉，必在七月初建省之時。嘉靖重修太平府志：吴昇於乙未年「秋七月，同邵四東下溧陽」（卷六人物志勇略吴昇傳，第九〇二頁）。黄金皇明開國功臣録：張旭於丙申年「從邵四元帥攻圍常州」（卷二五張旭傳，第二册第四二八頁）。則邵肆即邵四。青州左衛選簿指揮查陞：定遠人查勝「甲午年征（加）〔嘉〕山徐家寨，攻六合、滁州，充邵四總管下百户」（中國明朝檔案總匯，第五五册第二七頁）。歸有光崇明沙守禦千户所正百户晁君墓誌銘：晁相「其先廬州合肥人……高祖諱通海……國初以從軍功，始授鎮海衛崇明沙守禦千户所正百户者也。通海至于君，凡五世，世其職。予視晁氏之黄，其初起跟隨邵六元帥。以是功，子孫世世不絶。而邵六元帥者，今不可考其人矣」。周本淳注釋此句：「邵六元帥，即邵榮也，後以謀叛誅。」但未提供證據（震川先生集卷一八，第四五五、四五六頁）。按，邵四早在甲午年已爲僅低於元帥郭子興的總管，與新陞總管的朱元璋相當。在俞本的記載中，邵肆、邵榮常同出，邵榮應即排行「邵四」之後的邵六，可見邵肆地位之高。邵榮在己亥年初已爲平章（明太祖實録卷七，己亥年二月癸酉，第八一頁），爲軍中第三號人物（李新峰邵榮事迹鈎沉，第八七頁），陞同僉亦應早在七月建省時。黄金皇明開國功臣録：廖永安於丁酉三月「常州平，以功陞同僉江南等處行樞密院事」（卷二廖永安傳，第一册第二二三頁）。

〔三〕據本書庚子年第七條及注二四，黑張即張德勝（參見黄金皇明開國功臣録卷二張德勝傳，第一册第二四八～二五四頁）。

〔四〕吴沈浙東嚴元帥功迹記：嚴德「爲小校，事院判趙公子中……龍鳳元年……仍隸趙公麾下，守太平城北門」（瀫川集卷七，第四九八頁）。趙子中後來兩攻池州、宗陽而失陷（本書丙申年第一六條、丁酉年第二三條）。明太祖實録：丙申年三月，「命趙忠爲興國翼元帥，以守太平。」戊戌年四月，院判趙忠失池州被擒（卷四，丙申年三月辛卯，第四三頁；本書丁酉年第二三條注一引）。按，池州密邇太平，攻池州失陷的院判趙子中，應即先守太平、後失池州被擒的院判趙忠，「子中」或趙忠字。

〔五〕黄金皇明開國功臣録：俞通海、張德勝皆於丁酉年三月紅軍克常州後陞院判（卷二俞通海傳、張德勝傳，第一册第二三三、二五一頁）。朱夢炎衛國鄧公神道碑：鄧愈「丁酉三月，轉行樞密院判」（載皇明名臣琬琰録前集卷二，第一册第五八頁）。宋濂廣德侯華公神道碑銘：華高爲江北來降的老資格水軍將領，後仕至行省平章，洪武三年封侯（宋濂全集鑾坡前集卷三，第三七五～三七七頁）。則華高陞院判應較早。張德林攻鎮江時與徐達、廖永安並列，但晚至丁酉年十一月尚爲元帥（明太祖實録卷四、五，丙申年三月丙申、丁酉年十一月甲申，第四四、五八頁）。趙繼祖乙未年已爲總管，丁酉年六月已爲院判（本書乙未年第九條；明太祖實録卷五，丁酉年六月己未，第五四頁）。趙子中繼朱元璋爲太平興國翼元帥（本書丙申年第一〇條校勘記引），地位很高，陞院判或在六月前。趙伯中爲巢湖水軍大將趙庸之兄，丁酉年八月前爲院判（劉辰國初事迹，第九四頁；本書丁酉年第二二條）。總之，本書丙申年第四、七、八、一〇條所載諸將陞遷，乃略述三月克集慶路至次年三月克常州路期間者，而以七月建省時的陞遷爲主。又，明太祖實録詳載徐達、湯和、鄧愈乃至級别更低的常遇春陞職，於廖永安、俞通海、張德勝僅在傳記中稍加詳列，於地位相等甚至更高的邵肆、邵榮、趙繼祖、趙子中、趙伯中則幾乎不置一詞。俞本所記，體現了丙申年江南紅軍當中，以徐達、湯和爲首的朱元璋嫡系、以廖永安、俞通海爲首的巢湖水軍和以邵肆、邵榮爲首的郭子興濠州舊部（本書壬寅年第九條注四）等三股勢力並駕齊驅的形勢（參見曹循朱元璋崛起的軌迹，第九～一一頁）。

11 **廖永安、俞通海領水寨，破徐山寨、當江沙〔一〕。克江陰州，達令總管吴禎、吴良**

守之，陞元帥，尋陞院判〔二〕。

〔一〕至順鎮江志：「丹徒縣……當家沙去城七十里。」（卷七山水沙，第一册第二七三頁）萬曆丹徒縣志：「當江沙在縣東七十里江岸。」（卷一鄉都沙鎮附，第五六四頁）應即今揚中縣境（江蘇省地圖集，一九七八年，第二三頁）。

〔二〕明太祖實録：丁酉年六月，「命長春樞密分院判官趙繼祖、元帥郭天禄、鎮撫吴良取江陰……翌日，進攻州之西門，克其城，命良守之」（卷五，丁酉年六月己未，第五四～五五頁）。孫景江陰衛指揮使吴公勳德碑：「龍鳳丁酉六月夏，王師既克江陰……定遠吴公國興……移其兵鎮焉……明年春，公之弟閫帥國寶復奉檄協治兹郡……捷聞，拜樞密判官，錫之銀章，行分院事。」（載嘉靖江陰縣志卷二一遺文，葉二一a～b）。汪廣洋有詩江陰老人謡贈吴指揮：「去年自逢吴總兵，與民爲主民獲生。」（鳳池吟稿卷二，葉二〇b）黄金皇明開國功臣録：吴良「歷陞鎮撫……上念江陰爲重，特陞良爲指揮使」（卷四吴良傳，第一册第三二二頁）。其鎮撫、指揮之職或非虚言，應係行中書省都鎮撫司鎮撫、帳前都司副都指揮使等。劉崧靖海侯吴公神道碑銘：吴禎「由帳前都先鋒爲總管，陞建興翼院判，轉分院元帥，尋爲天興右翼副元帥，與良同守江陰。」（槎翁文集卷一八，第五九八頁）

12 破石牌〔一〕朱州判海船〔二〕。

〔一〕成化重修毗陵志：「江陰……石牌港在縣東二十里。」（卷一八山川港江陰，第一〇〇二頁）嘉靖江陰縣志：「江陰東北沿江有石牌山、石牌港，「石牌港在石牌山東，分横河北入江」（卷首山川圖；卷三提封記下山川，葉八a）。應即今江陰縣城東北江岸的石牌鎮（江蘇省地圖集，一九七八年，第三一頁），時當爲長江門户（參見譚其驤主編中國歷史地圖集第七册，第二九頁）。

〔三〕明太祖實録：戊戌年正月，「張士誠元帥欒瑞降。初，江陰石牌民朱定者……元授江陰判官，尋復爲盜……遣人導士誠兵由通州渡江，入常熟，陷平江，士誠署定爲參政，遣元帥欒瑞爲戍石牌」（卷六，戊戌年正月庚戌，第六一頁）。按，此戰或在丙申年七月（本書丙申年第一六條注三），或在丁酉年六月（本書丙申年第一一條注二），即本書丁酉年第一五、二〇條事，俞本附述於克江陰事下。

13 元致仕右丞秦元之老居鎮江府，上徵之爲三老，禮遇甚厚〔一〕。

〔一〕黄金皇明開國功臣録：秦從龍「字元之……仕元爲校官，累官至和林行省左丞，改江南行臺侍御史。會兵亂，從龍以老，避居鎮江」（卷二一秦從龍傳，第二册第二九一頁）。劉辰國初事迹：「訪得秦原之、周良卿、立某三人，素有德行，以禮延納，詢以政事，號曰『三老』，敬之甚厚。」（第八二頁）

14 六月十六日，邵肆、邵榮、趙繼祖、鄧愈、華高領兵克廣德府，就命守之〔一〕。

〔一〕明太祖實録：丙申年六月「乙卯，元帥鄧愈、邵成、總管湯昌率兵攻廣德路，克之，改爲廣興府，置廣興翼行軍元帥府，以鄧愈、邵成爲元帥，湯昌爲行軍總管」（卷四，丙申年六月乙卯，第四四頁）。乙卯日爲十六日。嘉靖廣德州志：「皇明丙申，高皇帝至，廣德首倡歸附。命元帥趙繼祖、邵榮城守之。」（卷一郡縣表，第二六頁）按，羅汝敬御製祠山詩碑：「我太祖高皇帝……歲丙申之六月，渡江東，駐蹕山下。」王玘立碑奏章：「昔調兵征宣州，駕幸本山昭德宫……宣州已降。即位之初首，敕邵平章以埋藏故事，報祭於神。」（皆載祠山事要指掌集首編）朱元璋親自攻宣州，事在丁酉年（丁酉年第一〇條及注一），而非丙申年。紅軍時期以至明初，可當邵平章者，唯邵榮一人。所謂「丙申之六月」「駐蹕山下」，實係本月紅軍克廣德，所謂「即位之初首」「邵平章」行禮，實亦丙申年克廣德之初邵榮等祭拜。由此，俞本所記邵榮等克廣德可信，鄧愈等三人僅係戰後守城者，明太祖實録或諱言邵榮而闕略了三位主將。

15 **七月，韋德成、邵肆領兵攻宣州〔一〕，不克，韋德成溺死，邵肆陣亡，大軍回廣德〔二〕。塑德成及肆像，於卞壼廟祀之。上以俞中、郭士信〔三〕、欒秉德〔四〕爲參謀，從容問曰：「魏徵可復見乎？」中對曰：「若有唐太宗，魏徵見矣。」上曰：「善。」**

〔一〕明太祖實録：紅軍於丁酉年「克寧國路」，辛丑年「改寧國府爲宣城府」，丙午年改宣州府，吴元年復改爲寧國府（卷五、九、一九、二三，丁酉年四月丁卯、辛丑年四月「是月」、丙午年正月「是月」、吴元年四月壬申，第五二、一一三、二六〇、三三六頁）。王直寧國府重修府治記：「歸附之初，改寧安府，後改宣城府。」（西昌王抑菴集卷一四，葉九a）嘉靖寧國府志：「至正丁酉夏四月……改路爲府，稱寧安。」（卷二制置紀，葉四a～b）范言名宦題名記：「初改爲寧安府，設知府，尋又改爲寧國焉。」（載徐乃昌安徽通志金石古物考稿卷六石刻碑志明，葉二一b）俞本此處只稱宣州而不稱寧國、寧安，意在與其下轄的寧國縣相區别。

〔二〕舒頔暮霞張氏譜序：張希顔「迤邐之宣，惟長槍是依……丙申，大軍進宣。五月……未幾，濠、泗兵戰遁去」（貞素齋集卷二，葉一二b～一三a）。明太祖實録：韋德成「進兵擊宣州……戰歿」（卷二四五，洪武二十九年四月「是月」甯正傳，第三五六三頁）。陳璉南海衛指揮使韋公墓碑銘：韋德成「歲丙申，以功陞右副元帥，征宣州，殁於陣。」（琴軒集卷二四，第一五五一頁）黄金皇明開國功臣録：陳聞於丙申年「五月，從陳、邵二元帥、小常同僉征宣州」（卷二五陳聞傳，第二册第四六二頁）。朱元璋永嘉侯朱亮祖壙誌：紅軍渡江後，義兵首領朱亮祖來降，「是後數月，仍叛入元，與大軍戰。大軍不利，被其俘囚而亡者四千餘衆。未幾，復戰寧國之北，亦爲所敗，俘二千餘。諸將弗克亮祖，時朕急欲拔建業，未暇，姑置之。明年，下建業」（明太祖御製文集卷一八，第五二三～五二四頁）。按，朱元璋回憶舊事，細節甚備，而年份往往混淆不清，此處記朱亮祖在乙未年兩敗紅軍，實其一應即丙申年七月之戰。又，邵肆爲同僉，必爲此役主將，俞本列韋德成於邵肆之前，或因韋德成乃俞本上司韋正（本書洪武三年第五條）之父。黄金皇明開國功臣録：吴昇於丙申年「秋七月，同邵雄、小趙元帥討廣德。時張士誠僞將李司徒來侵，九月，戰于水澤，不克」（卷三一吴昇傳，第二册第七三三頁）。「邵雄」，一作「郡雄」（嘉靖重修太平府志卷六人物志勇略吴昇傳，第九〇二頁），皆應「邵肆」之訛。其「七月」、「水澤」，頗與俞本所記吻合。

〔三〕劉辰國初事迹：「戊戌年四月，太祖批示：帳前親兵都指揮使司首領官郭彦仁，令充本司都事職役，自龍鳳三年調汝專掌行兵文案。」（第七〇頁）按，龍鳳三年爲丁酉年，體士信意，或爲郭彦仁之字。

〔四〕欒秉德後爲諸暨知州，死於叛亂（本書己亥年第二條）。明太祖實録：癸卯年四月，欒鳳爲諸暨知州，遭叛被殺（本書己亥年第二條注一引）。汪廣洋有詩夜直與架閣欒秉德期孫伯融不至、與欒鳳同使廣陵馬上偶占二首（鳳池吟稿卷一，葉一八a、一九a～b）。秉德應爲鑾鳳之字。

16 **張士誠部將呂同僉〔一〕者率兵侵鎮江，哨至瓜埠⑦〔二〕。上親領舟師追至江陰，大獲士卒船隻以歸〔三〕。趙子中攻池州、宗陽⑧〔四〕，不克〔五〕，守城乃雙刀趙之意。**

〔一〕陶宗儀南村輟耕録：「行樞密同僉呂珍等，皆先魁淮旅而降順者。」（卷八志苗，第一〇一頁）呂同僉即張士誠麾下名將呂珍。

〔二〕寰宇通志：「瓜步山在儀真縣西七十里。」（卷一九揚州府山川，第五三〇一頁）隆慶儀真縣志：「瓜步山在縣西南六十里瓜步鎮南，狀如瓜，臨江峭絶。」（卷二山川考，葉四b）時爲建康城長江對岸扼滁水入江口的要衝（譚其驤主編中國歷史地圖集第七册，第一五～一六頁），應即今六合縣城南偏東的瓜埠山、瓜埠鎮（江蘇省地圖集，一九七八年，第二一頁）。

〔三〕明太祖實録：丙申年七月，「張士誠誘我斥候，以舟師攻鎮江，統軍元帥徐達等禦之，敗其軍於龍潭」（卷四，丙申年七月辛巳，第四六頁）。黄金皇明開國功臣録：丙申年「七月，張士誠兵寇瓜埠，永安乘夜趣至鎮江，擊敗之」（卷二廖永安傳，第二二二～二二三頁）。劉辰國初事迹：「張士誠遣兵來圍鎮江……太祖親率戰船既至，直追黄石（永）〔水〕沙，不及而回。」（第一〇六頁）蘇伯衡王銘傳：裨將王銘「追奔至江陰石牌而還」。（蘇平仲文集卷三，葉二三b）江陰要衝有黄田港、石頭港、石牌港等（顧祖禹讀史方輿紀要卷二五常州府江陰縣，第一二四一～一二四二頁；參見正德江陰縣志卷一四離合圖譜今志全境圖，下册第三九二～三九三頁），應即黄石水沙、江陰石牌等。

〔四〕正德安慶府志：桐城縣有二鎮，其一爲「樅陽，縣東南百二十里，臨江」（卷七地里志鎮，第三三〇頁）。在池州西北的江北岸，時爲安慶門户（譚其驤主編中國歷史地圖集第七册，第一五～一六頁），應即今樅陽縣城（安徽省地圖，第七八頁）。

〔五〕按，此時寧國、青陽未下，趙子中的太平府守軍絶對無力進攻池州、樅陽。況且直到丁酉年春，在池州與雙刀趙争戰的仍是元軍（劉崧孫先生傳，槎翁文集卷二，第四〇六頁）。此戰應在丁酉年五月克青陽（明太祖實録卷五，丁酉年五月壬午、丙申，第五三～五四頁）之後。

17 **八月，同僉達攻常州，不克**〔一〕。

〔一〕明太祖實録：丙申年六月，「降人陳保二叛降於張士誠，誘執詹、李二將以去。保二，常州奔牛壩人，初聚衆以黄帕首，號黄包頭軍」。七月，徐達「率師攻常州，進薄其壘，且遣使來告賊已窘迫，請益師以破之。上復遣兵三萬往助之」。八月，「上以陳保二之叛由諸將不戢士卒，虐取保二貲致怨而叛，及攻常州，又久不下，命自元帥徐達以下皆降一官，以書責達等」。十一月，「常州久不下，上復益達精兵二萬人圍之。士誠守將誘我長興新附義兵元帥鄭僉院以兵七千叛去」（卷四，丙申年六月壬申、七月辛巳、八月庚午、十一月壬午，第四五、四六、四七、四九～五〇頁）。

18 **十月，揚州青軍張鑒⑨以城降**〔一〕。**上陞侄朱文正爲同僉，與達、和共總大軍，攻常州**〔二〕。

〔一〕元史:至正十七年八月,「大明兵取揚州路」(卷四五順帝紀,第九三八頁)。明太祖實録:丁酉年十月,「命元帥繆大亨率師取揚州,克之,青軍元帥張明鑒以其衆降……號名青軍……其黨張監驍勇善用槍,又號長槍軍」(卷五,丁酉年十月甲申,第五七頁)。蘇伯衡武德傳:武德「從元帥張鑒渡江,轉戰寧國、太平之地……張鑒善其言,乃以丙申三月,相率自歸今上。九月,從鄂國常公攻毗陵」(蘇平仲文集卷三,葉一六a~b)。周是修廣東都指揮使狄公碑銘:「丙申春,於揚州渡江。」(芻蕘集卷四,葉一五b)可知丙申年春夏,即有張鑒部下青軍來降。劉辰國初事迹:「太祖差人往楊州,招到青軍元帥單居仁、馬某等軍馬過江,令守常州。居仁男單大舍,糾同吕城黄包頭元帥陳保二,執頭目叛降張士誠。」(第六九頁)按,「守常州」顯係「攻常州」之誤,但陳保二六月叛變,紅軍七月才攻常州(本書丙申年第一七條注一引),則單大舍非隨陳保二,乃十一月隨鄭僉院叛變。宋濂鳳陽單氏先塋碑銘:「單公安仁……丙申冬……乃率部曲而歸之。」(宋濂全集翰苑别集卷九,第一一一五~一一一六頁)黄金皇明開國功臣録:「單安仁,一名居仁。」(卷二四單安仁傳,第二册第三九五頁)則單氏青軍於十一月前來降。朱元璋回憶説:「楊州事變,濟乃來歸,爲我攻常州。豈意楊州二張浮言摇撼,彼此猜疑,遂使鄭同僉棄妻子,率濟走常州。」按,揚州事變指丙申年三月張明鑒迫逐元鎮南王(明太祖實録卷一八、五,乙巳年十一月乙未、丁酉年十月甲申,第二五三、五七~五八頁),則李濟青軍於丙申年三月到十一月間來降。俞本繫克揚州於丙申年十月,或因丙申年有大量青軍來降,遂與丁酉年十月收編揚州張鑒青軍混淆。

〔二〕朱元璋於丙申年八月責罰前綫諸將,十一月增兵兩萬(本書丙申年第一七條注一引),確實可能派最信任的侄子朱文正前往。

19 **初八日，宣州長鎗元帥謝璽⑩調兵侵廣德，大敗而回〔一〕。**

〔一〕劉辰國初事迹：謝國璽、朱亮祖所部爲來自淮西的長槍軍（第七三、八六頁）。朱夢炎衛國鄧公神道碑：丙申年，鄧愈「陞元帥，出守廣德。冬十有二月，長槍謝元帥率衆來寇，王出城奮擊，俘其總管武世榮及軍士一千餘人」（載皇明名臣琬琰録前集卷二，第一册第五八頁）。明太祖實録：丙申年十二月，「寧國路長槍元帥謝國璽寇廣興府，元帥鄧愈擊敗之，擒其總管武世榮，獲兵千餘人」（卷四，丙申年十二月丙午朔，第五〇頁）。

20 **浙江丞相答失帖木兒遣都事馬木舌〔一〕至上前通好。語不遜，上怒，羈之。越數日，斬於聚寶門〔二〕。**

〔一〕錢謙益國初群雄事略：馬木舌即元朝壬寅年勸降團中的郎中馬合謀（卷一宋小明王，適園叢書本，第二〇頁）。按，元朝壬寅年勸降團繞道浙東沿海、福建、江西前來（劉辰國初事迹，第七六頁），與江浙行省之答失帖木兒無涉，且都事與郎中官職不合，應非俞本所記馬木舌事。

〔二〕至正金陵新志：「宋開寶以來，城皆因舊，凡八門……由鎮淮橋南出，曰南門。」（卷一地理圖考舊建康府城形勢圖，第一四頁）洪武時期，城之南門名聚寶門（洪武京城圖志，清抄本，第八頁），應即今南京市區明代南京城南門（江寧府城圖）。

21 **置渾天儀於大夫脱歡〔一〕祠堂内〔二〕，尋改爲祠山張大帝廟〔三〕。**

〔一〕元史：「相威，國王渾速察之子也……至元……十四年，召拜江南諸道行臺御史大夫……子阿老瓦丁，南行臺御史大夫。孫脱歡，集賢大學士。」又：「御史大夫脱歡罷爲集賢大學士。」（卷一二八相威傳，第三一二九～三一三一頁；卷二七英宗紀，延祐七年二月，第五九八頁）相威祖孫三代官南臺御史大夫（參見本書戊申年第三條注五引），脱歡祠堂或即其家祠堂。

〔二〕劉辰國初事迹：「太祖立富樂院於乾道橋……夜半，忽遺漏火，延燒脱歡大夫衙，係寄收一應贓物在内。」（第八四頁）「大夫脱歡祠堂」當即紅軍貯物之「脱歡大夫衙」。至正金陵新志：「乾道南、北二橋，在古運瀆上，今斗門橋北。」（卷四疆域志橋梁，第二一四頁）洪武京城圖志：乾道橋在應天府舊城西部，「即古運瀆水道」（清抄本，第八、一二頁）。按，橋分南、北，説明水道爲南北向，則乾道二橋應即今南京市區陡門橋以北、運瀆正河上的草橋、虹土橋（江寧府城圖；參見朱偰金陵古迹圖考，第三八頁）。

〔三〕吴曾能改齋漫録：「廣德軍祠山廣德王，名渤，姓張，本前漢吴興郡烏程縣横山人……歷漢、五代至本朝，水旱災沴，禱之無不應。」（卷一八神仙鬼怪廣德王開河爲豬形，第五一一頁）自南朝以來，張渤是民間信仰體系中經久不衰的水神，民間多稱張大帝（楊琳張大帝信仰的源起與流變，第二九～三四、三六～三七頁）。朱元璋曾於丁酉年進攻宣州途中，親赴廣德祠山拜祭（太祖高皇帝御製詩、王玘立碑奏章，載祠山事要指掌集首編；參見本書丁酉年第一〇條及注一）。紅軍於火災後在橋邊改建張大帝廟，殆利其水神身份。宋訥敕建祠山廣惠祠記：「洪武二十一年夏……以欽天山巋在西隅……命合京都在祭法宜祀之廟凡十，環建於兹山之陽……明年己巳夏五月，尚書臣秦逵奏功成……祠山其一也。」（西隱文稿卷五，第一八四～一八五頁）此祠山廟應由偏南的「脱歡祠堂」（本書丙申年第二一條注二）遷來。

校勘記

①「江南」，事略錢引本作「江西」（卷二追封滁陽王，第三三頁），張校本據國初群雄事略沈抄本作「江南」（卷二滁陽王，第六〇頁）。

②「天佑」，事略錢引本作「天爵」，認爲即本書戊戌年第九條「右丞郭天爵謀叛，誅之」的郭天爵（卷一宋小明王，第三三頁），張校本以國初群雄事略沈抄本之「天祐」爲訛，改爲「天爵」（卷二滁陽王，第六〇、六三頁）。張羽敕賜滁陽王廟碑録朱元璋文稿：郭子興共三子，「長戰殁，次爲降人所陷，幼與群小陰謀，伏罪」（第一九六頁）。按，次子顯然爲陳也先誘殺的都元帥郭天叙，幼子必即「郭天叙弟」右丞郭天爵。疑俞本將「天爵」誤爲名位次於郭天叙的張天祐（本書乙未年第一條）之「天佑」。

③「瓜州」，他書作「瓜洲」（本書丙申年第五條注三引）。

④「張德林」，本書丙申年第一〇條同，他書或同（嘉靖惟揚志卷三歷代志，葉二三a），或作「張德麟」（明本紀校注，第五四頁），或兩者互見（明太祖實録卷四、五，丙申年三月丙申、丁酉年十一月甲申，第四四、五八頁）。

⑤「畢高」，本書丙申年第一四條、洪武四年第三三條作「華高」，他書作「華高」（宋濂廣德侯華公神道碑銘，宋濂全集鑾坡前集卷三，第三七五頁）。曹循朱元璋崛起的軌迹疑畢高係華高之誤（第九頁），是「畢」應係「華」刊刻之誤。

⑥「趙伯中」，他書作「趙伯仲」（劉辰國初事迹，第九四頁）。

⑦「瓜埠」，他書作「瓜步」（本書丙申年第一六條注二引）。

⑧「池州宗陽」，事略錢引本作「池州、樅陽」（卷三天完徐壽輝，第四〇頁），張校本據國初群雄事略沈抄本作「池州青

山」（卷三天完徐壽輝，第七七頁），他書偶見「安慶、宗陽」（嘉靖重修太平府志卷六人物志勇略吴昇傳，第九〇二頁）。後雙刀趙據其樅陽水寨攻克池州（明太祖實録卷六、七，戊戌年四月己巳朔、己亥年四月癸酉，第六五、八三頁），「樅陽」是，俞本等以音訛爲「宗陽」。

⑨「張鑒」，他書多作「張明鑒」，與部下張鑒合稱「揚州二張」（本書丙申年第一八條注一引）。

⑩「謝璽」，他書作「謝國璽」（本書丙申年第一九條注一引）。

丁酉　至正十七年（公元一三五七年）

1　正月十七日，上於應天府北門外雞籠山〔一〕閲兵，列山、陸二寨①軍於山下，衆數十萬。上命帳前親兵都指揮使馮國興②〔二〕選年壯、英勇、多歷戰陣者，令親管總管、萬户舉之，得三百六十名。賜衣甲，懸象牙牌，於上御書押字，背云「守禦士」，刻名姓於其側，以衛出入，用黄絹尺幅印以朱字，號曰「帳前黄旗先鋒」〔三〕。時俞本亦在選中。又選曾充元之花鎗少壯者四百人，名曰「大號先鋒」〔四〕。及於揚州來降青軍、長鎗二色軍内，又選四百名，號曰「鐵甲士」〔五〕，令都先鋒陳德元③等管〔六〕。又選善騎射、多歷交鋒之人一千餘名，各給馬匹、鞍轡、衣甲、弓劍鎗等，令青軍王老哥掌管，名曰「驍騎士」〔七〕。上陞都先鋒〔八〕常遇春爲都督馬步水軍都大元帥〔九〕，領衆數萬，用濮齊齋爲軍正〔一〇〕，仿古兵法，以軍士五人爲伍，十人爲旗，五十人爲隊〔十一〕，設旅、鎮以領之〔十二〕。

〔一〕至正金陵新志：「雞籠山，在城西北六七里。」（卷五山川志山阜，第二二七頁）洪武京城圖志：雞鳴山在城、湖之間，「舊名雞籠山，在覆舟山西，周迴十餘里，高三十丈」（清抄本，第五、一一頁）。應即今南京市區玄武湖西南、北門橋東北的雞籠山（江寧府城圖）。時城區尚沿宋元規模，雞籠山在北墻外正北方，故稱北門外。

〔二〕明太祖實録：丙申年七月，「置帳前總制親兵都指揮使司，以馮國用爲都指揮使」（卷四，丙申年七月己卯朔，第四六頁）。

〔三〕吴沈浙東嚴元帥功迹記：嚴德於龍鳳元年「陞都先鋒，領黄旗軍」（瀫川集卷七，第四九八頁）。周是修廣東都指揮使狄公碑銘：狄崇己亥年「以决戰功，爲右部都先鋒……庚子……以功，爲帳前都先鋒」（芻蕘集卷四，葉一五b）。黄金皇明開國功臣録：周顯「率所部黄旗先鋒擊敗陳保兒……陞前部先鋒……己亥……九月……陞帳前都先鋒」（卷一六周顯傳，第二册第八三頁）。明太祖實録：丙申年七月建省時，「置帳前總制親兵都指揮使司……置左、右等翼元帥府……置五部都先鋒，以陶文興、陳德等爲之」（卷四，丙申年七月己巳朔，第四六頁）。由「黄旗」、「帳前」、「部都先鋒」的密切關係，可知五部都先鋒上屬帳前都司，下轄黄旗先鋒等。俞本後來被視爲「曾跟朕小廝」（本書洪武七年第七條），可知帳前五部都先鋒爲朱元璋親隨部隊。

〔四〕陶宗儀南村輟耕録：張士誠據湖州後，「湖之長興、武康，與廣德相界，花槍軍出没之地。雖互有勝負，然亦不勝其苦」（卷二九紀隆平，第三五八～三五九頁）。可見花槍軍在廣德一帶活動，戰鬥力頗强。時紅軍已克廣德，準備東下長興，應收納若干花槍軍。明太祖實録：裨將潘進於紅軍渡江後「來附，用爲花槍先鋒」（卷一七三，洪武十八年五月己丑潘進傳，第二六三八頁）。黄金皇明開國功臣録：胡海於戊戌年「陞都先鋒……癸卯……授花槍上千户」。又：癸卯年鄱陽湖大戰中，姜潤任「驍騎衛管軍上千户」，王鳳顯任「驍騎衛管軍千户」，王德任「驍騎衛管軍上千户」，朱鼎任「長槍千户所管軍上千户」，常德勝任「大號千户所管軍右副千户」（卷一三胡海傳、一九康山忠臣廟，第一册第七七二～七七三頁、第二册第二〇一～二〇四頁）。按，此時衛、所尚未正式建立，「驍騎」、「長槍」、「大號」等名，與俞本下文所記絲絲入扣，應屬五部都先鋒。

〔五〕揚州張鑒所率稱青軍，張明鑒所率稱長槍軍，自丙申年陸續來降（本書丙申年第一八條注一）。劉辰國初事迹：「長槍等過江，撥與李文忠等管領，守嚴州」（第六九頁），而李文忠時任帳前「左副都指揮」（明太祖實録卷六，戊戌年二月乙亥，第六二～六三頁），可見「長槍」與「帳前」的密切關係。金善後軍都督府同知陳公神道碑銘：陳亨「元季爲揚州萬户……丁酉遂仗策叩軍門……選爲鐵甲長……壬寅春……擢鐵甲百户」（金文靖公集卷九，第七四一～七四二頁）。可見「鐵甲」與揚州青軍、長槍軍的密切關係。

〔六〕周是修廣東都指揮使狄公碑銘：狄崇於壬寅年由帳前都先鋒陞任千户（芻蕘集卷四，葉一六a）。可知都先鋒官位甚低，每部管領數百人而已。

〔七〕徐勉之保越録：王老哥向稱「軍中勇將」（葉一六b）。明太祖實録：吴廣「授帳前銀牌先鋒……自左先鋒府鎮撫遷管軍百户。」（卷一七六，洪武十八年十月壬寅吴廣傳，第二六六七頁）黄金皇明開國功臣録：楊國興「爲帳前先鋒……陞銀牌都先鋒。」李茂「陞千户，充銀牌前部前鋒……己亥陞右府都先鋒，尋陞黄旗管軍千户」（卷一六楊國興傳，二二李茂傳，第二册第六五、三六四頁）。「銀牌」應爲一種都先鋒。由此可知，五部都先鋒除對應五翼元帥府分左、右、中、前、後五部，又按職能、兵種，至少分爲黄旗、銀牌、大號（即花槍）、鐵甲（即長槍）、驍騎等五種名號。

〔八〕宋濂鄂國常公神道碑銘：常遇春於丙申年四月「授承信校尉、領軍先鋒……冬十有一月，除統軍大元帥。丁酉春三月，遂克常州，遷中翼大元帥……戊戌春，擢江南行中書省都督馬步水軍大元帥」（宋濂全集鑾坡前集卷二，第三四九頁）。明太祖實録：丙申年十月，「爲管軍總管，尋陞爲統軍大元帥」（卷四，丙申年十月丁未朔，第四八頁）。揆其級別，常遇春當在丙申年四月到十月間任「都先鋒」。

〔九〕黄金皇明開國功臣録：「丙申七月……置左、右、前、後、中五翼元帥府。」（卷二八張彪傳，第二册第六二〇頁）吴樸龍飛紀略：「置江南行中書省……置前、後、左、右、中翼元帥府。」（卷一，丙申年七月，第四三八頁）明太祖實録：庚子年龍灣之戰中，「馮國勝、常遇春率帳前五翼軍三萬人」（卷八，庚子年閏五月庚申，第一〇三頁），每翼規模與後來由翼元帥府演化來的衛相當，必即建省時所設的「左、右等翼元帥府」（本書丁酉年第一條注三引）。常遇春資歷較淺，升職後仍在帳前五翼軍中作戰，位居帳前都司都指揮使馮國勝之下，後陞從二品同僉。可知此「行省都督大元帥」位次在同僉之後，或相當於從二品都元帥之類，地位高於五翼元帥，但並非五翼軍主將。時紅軍分爲兩大部分：駐守外地者屬各地樞密分院和翼元帥府；駐守建康者乃全軍「精兵」（朱元璋閲江樓記，明太祖御製文集卷一六，第四四三頁），屬帳前都司五翼。吳沈浙東嚴元帥功迹記：嚴德於龍鳳八年初進軍南昌，「陞帳前元帥，守禦江西……九年……命浙東行省設置五奕元帥府……爲中翼統軍元帥」（瀫川集卷七，第四九八～四九九頁）。江西行省配屬「帳前」元帥，浙東行省配屬包括中翼在內的「五奕元帥府」，可知紅軍政權中的行中書省，例配屬「帳前」「五翼」，常遇春的名號看似特異，實或帳前五翼軍將領的常態。

〔一〇〕黄金皇明開國功臣録：顧成「丁酉三月，常州平。四月，克宣州，選充旅正。六月，克江陰」（卷二二，第二册第三三〇頁）。「旅正」應即俞本所記「旅、鎮」、「軍正」之屬。周禮：「凡制軍，萬有二千五百人爲軍……二千有五百人爲師……五百人爲旅……百人爲卒……二十五人爲兩……五人爲伍。」（周禮注疏卷二八夏司馬第四，第七四三頁）軍正、旅正，或係仿此「古法」。

〔一一〕尉繚子：「軍中之制。五人爲伍，伍相保也。十人爲什，什相保也。五十人爲屬，屬相保也。」（卷三第十四伍制令，葉四a）俞本所記五、十、五十人的聯比方式，與元、明皆不同，或係仿此「古法」。

〔一二〕朱元璋思開平下毗陵詩：「憶昔雄師罷戰灰，開平猶有教軍臺。自從南向北征去，直到如今永不來。」（載全明詩卷四朱元璋，引高皇帝御製文集明嘉靖十四年刻本，第一册第二六頁）按，紅軍於丁酉年三月「下毗陵」即克常州（本書丁酉年第五條及注一），後來追封開平王的常遇春此時陞職「教軍」，當在丁酉年初。不過，吳沈浙東嚴元帥功迹記：嚴德於龍鳳三年十二月後「陞中書省管軍總管、廣威將軍」（瀫川集卷七，第四九八頁）。總管位列元帥、同知元帥、副元帥之下，而廣威將軍爲正四品加授散官，級別高於大多數總管。常遇春陞都督大元帥，亦在戊戌年初，則丁酉、戊戌之際，一度存在「行中書省」武職，職名相同而級別稍高，似與整編練兵有關。俞本所列四種精兵中，兩種與青軍、長槍軍有關，而青軍、長槍全軍來降，在丁酉年底（本書丙申年第一八條注一）。則閲兵仿古之事，又或在戊戌年正月。

2　征天目山，攻湖州，不克〔一〕。

〔一〕按，此時長興、安吉未克，紅軍不可能兵及湖州城。黄金皇明開國功臣録：胡海「戊戌三月，困湖州，墮其東南門月城……摧天目山寨」。周顯「戊戌三月，隨邵平章征湖州，首登月城」。劉真「戊戌，征湖州、天目山」。楊春於「戊戌，隨平章邵榮攻湖州」（卷一三胡海傳、一六周顯傳、一七劉真傳、卷三一楊春傳，第一册第七七二頁、第二册第八三、一四一、七九六頁）。劉崧孫先生傳：何文輝「戊戌……三月，從攻湖州，不下」（槎翁文集卷二，第四〇七頁）。由此可知，俞本所記爲戊戌年事。明太祖實録：丁酉年二月，「耿炳文、劉成自廣德取長興……克長興」（卷四，丁酉年二月丙午朔、戊申，第五一頁）。耿炳文等由廣德向東翻越天目山至長興，係紅軍首次進入湖州路境。疑俞本將戊戌年征湖州、天目山事與此戰混淆。

3　二月，乏糧，上勸恤應天、鎮江、太平等三府富民預借米麥豆，以供軍需，數十萬之費一月而就〔一〕。鑄銀錢，自一兩以至一錢，文云「應天通寶」，或鑄「大通中寶」④〔二〕。凡銀錢一兩，米五斗，令民通行，與歷代銀錢相兼使。以銅錢二百二十文折米一斗〔三〕。

〔一〕劉辰國初事迹：紅軍在敵境搶糧稱「稍糧」，徵糧稱「寨糧」，在已占之地如婺州則許諸「『加倍借糧，候克浙江，乃依舊科徵』。後擒張士誠，以加倍糧免之，惟僧道不免」（第七一、八二頁）。可見「借」乃加倍徵收，俞本所謂「預借」於「富民」，亦必加徵之舉。

〔二〕劉辰國初事迹：「太祖曰：『歷代銅錢與金銀相兼行使。』」（第九八頁）指銀錢、銅錢兼鑄，與歷代銅錢和龍鳳錢並用。明太祖實録：辛丑年二月，「先是……每米一石，官直錢千，而民間私易，加至三千……置寶源局於應天府，鑄大中通寶錢，使與歷代錢兼行。以四百爲一貫，四十爲一兩，四文爲一錢。其貨價值，一從民便」（卷九，辛丑年二月己亥，一一一～一一二頁）。黄阿明明代貨幣與貨幣流通據俞本所記認爲，「應天通寶」指丁酉年鑄造的銀錢（第一四～一五頁）。按，「應天」之名或非紅軍初下集慶路時所有（本書丙申年第五條注七），銀錢與銅錢似更可能同時鑄造於明太祖實録所載改制革新的辛丑年。疑俞本因述本月紅軍財政措施，而附述後來鑄錢之事。

〔三〕劉辰國初事迹：朱元璋規定：「俗以十二文爲米一升，一百二十文爲米一斗，一千二百文爲米一石，凡估贓俱以錢數定罪」（第九八頁）。按，俞本所記「二百二十文折米一斗」並非米價，應即折贓規格。但若一兩銀錢當米五斗、二百二十文銅錢當米一斗，則一兩銀錢可折銅錢一千一百文，若按一百二十文米一斗，則一兩銀錢僅折銅錢六百文。紅軍新鑄銅錢，價值不應過輕，劉辰所記「一百二十文」確。

4 徐達攻堰口楊寨，克之〔一〕。

〔一〕黄金皇明開國功臣録：楊國興於「戊戌秋，從攻宜興……克之……宜興堰口居民楊氏，聚衆結三十六寨，大肆劫奪。國興麾兵破之，誅其首惡，餘悉弗問，一方以平。上命總督十元帥兵，鎮禦其地」

（卷一六楊國興傳，第二册第六六～六七頁）。按，此時徐達正圍攻常州，不可能南下宜興。紅軍於丁酉年七月克宜興，旋遭叛亂，戊戌年十月復克宜興（本書丁酉年第一六條及注一）。俞本或因丁酉、戊戌年兩攻宜興，誤以宜興堰口之戰繫於丁酉年。嘉靖重修太平府志：吴昇於丙申年「夏四月八日，同邵四攻宜興，不克。五月，退保燕口，爲賊所截，力戰而還」（卷六人物志勇略吴昇傳，第九〇二頁）。此燕口應即堰口，本爲紅軍據點。

5 三月初八日⑤，達克常州〔一〕。生擒張、鮑二將〔二〕，載以檻車，送詣應天府。上以善言撫之，不屈，拘於東錦繡坊〔三〕。數日，斬於市。

〔一〕明太祖實録：丁酉年三月「壬午，克常州」（卷五，丁酉年三月壬午，第五一頁）。壬午日爲八日。

〔二〕錢謙益國初群雄事略：俞本記克城擒將與明太祖實録載上年七月擒二將不合（卷七周張士誠，適園叢書本，第八六頁）。按，明太祖實録：丙申年圍常州時，朱元璋復張士誠書信：「生禽張、湯二將，尚以禮待」（卷四，丙申年十月戊申，第四九頁）。則二將成擒當在上一年。此乃俞本述克常州時，追述生擒二將之事。

〔三〕至正金陵新志：「國子監巷，今鎮淮橋北御街東……又呼草巷。」又：「東錦繡坊在御街左，西錦繡坊在御街右。」（卷四疆域志街巷、疆域志坊里，第二〇三、二〇四頁）洪武京城圖志：「聚實門内東北有織錦一坊、二坊、三坊，一坊在南，二、三坊在北，二坊在鎮淮橋北舊國子監街。」（清抄本，第八、二六頁）東錦繡坊應即織錦二坊。萬曆應天府志：「府治，洪武初自集慶路徙古大軍庫西錦繡坊，地在内橋西南。」又：「今府治前街，即西錦繡坊也。」（卷一六建置志、建置志上元，第四九三、四九五頁）東錦繡坊應在今南京市區夫子廟以西、南門大街以東的學院署北一帶（江寧府城圖）。

6 陞湯和爲同僉，守其城〔一〕。

〔一〕明太祖實録：丁酉年三月，「置毗陵翼，以湯和爲樞密院同僉、總管張赫爲元帥守之」（卷五，丁酉年三月丁亥，第五二頁）。按，湯和在丙申年七月陞同僉，俞本誤記於三月（本書丙申年第八條及注二），又復記於此時，蓋因湯和攻常州期間曾降職（本書丙申年第一七條注一引），至此復陞同僉。

7 故元帥韋德成妻美，上令移居後庭，通而生子，名曰朱生。或諫曰：「故將之妻不可納。」遂以本婦配總管胡汝名⑥，朱生隨母往焉〔一〕。**以德成義子韋正襲爲元帥，仍領其衆**〔二〕。

張大同曰：三代而下，創業之君靖亂安民，功被天下，即有小德出入者，何損大德。我太祖才匹漢高，德邁文皇，湯武以後，一人而已。俞本載韋德成妻之事，何足爲聖德累。蓋本隸韋正部下，受恩頗深，正乃德成義子，本直書不諱，雖曰非私謗，吾不信也。

〔一〕陳璉南海衛指揮使韋公墓碑銘：韋德成戰殁後，兒子韋善「在遺腹。及誕，命育于内府」（琴軒集卷二四，第一五五一頁）。待遇異常。劉辰國初事迹：癸卯年謝再興在諸暨叛變，「惟總管吴德明棄妻子，隻身先回。太祖以其忠義，賜以小于元帥妻」（第七五頁）。明太祖實録：「總管胡汝明棄妻子，單騎走還。」（卷一二，癸卯年四月乙丑，第一五二頁）黄金皇明開國功臣録：「吴汝明……授總管……己亥春正月，克諸暨，留守禦……汝明棄妻子走回。上嘉其忠義，遇之甚厚，爲娶妻焉。」（卷三一吴汝明傳，第二册第七四三頁）胡汝明或吴汝明必即吴德明。明太祖實録一反常態記「棄妻子」，劉辰不厭其煩記「棄妻子」、「賜以小于元帥妻」等等，頗堪玩味而難明其裏，唯俞本所記無所諱飾。

〔二〕明太祖實録：韋正「少爲里中韋德成養子……德成戰殁，詔贈昭勇大將軍、中翼元帥府副元帥、京兆郡侯。以正襲職，代領其衆，從徐達克常州，進階懷遠將軍」（卷二四五，洪武二十九年四月「是月」甯正傳，第三五六二～三五六三頁）。陳學霖明初都督甯正父子傳記輯補認爲韋正官職不高，恐非襲爲元帥（第三八頁）。按，元史：昭勇大將軍爲正三品陞授散官，郡侯爲三品封贈爵級，懷遠大將軍爲從三品初授散官（卷九一百官志，第二三一九、二三二一頁）。韋德成應原任從三品副元帥，得贈正三品散官，韋正「進階」而無陞職，應指得授從三品散官，則其所襲確爲從三品副元帥之職。

8 其年，饑。上以豆瓣、麥仁、粳米和以炊飯，以給帳下將士，日賜一饍，或月增支豆麥一石，以贍其家。上於西苑〔一〕内獨坐，命帳下士卒各以兩手置前，視其無繭者，命以東南二面城之外、排栅之内空地分於各軍，令夏種瓜茄、冬種菜，聽自收食。諭之曰：「汝等手有繭者，勤勞人也；無繭者，懶人也。汝等不見江北人乎？茹菜可濟一時之饑，殆冬，果成圃矣。」又令各城守將植桑棗，及督民男耕女織。又諭曰：「江北劉太保〔二〕之衆，知食而不知耕種〔三〕，所以有饑饉，而不能支敵兵〔四〕。汝等知之乎？」

〔一〕至正金陵新志：「古上林苑，宮苑記云：雞籠山東歸善寺後……宋……孝武立，名西苑，梁改名上林。」（卷一二古迹志城闕官署，第四〇四頁）葛寅亮金陵梵刹志：「西苑，在雞籠山東，歸善寺後。」（卷一七雞籠山雞鳴寺，第三三三頁）應即今南京市區雞籠山以東、玄武湖南岸中段一帶（江寧府城圖）。

〔二〕權衡庚申外史：「紅軍劉福通自稱太保。」（庚申外史箋證卷下，第八八頁）朱元璋洪武二十三年詔書：「汝南侯梅思祖……從劉太保，棄劉太保而從張九四。」（載祝允明野記，第五〇三頁）

〔三〕吴志淳兒牧牛詩：「牛不耕田廪無粟，淮上三年食人肉。」（吴主一集，葉一b）葉子奇草木子：「劉太保者，每陷一城，以人爲糧食。人既盡，復陷一處，故其所過赤地千里。」（卷三上克謹篇，第五一頁）宋濂僉提刑按察司事王府君墓誌銘：王謙「走潁、亳……至工部尚書，非其所好也。當是時，盜稱名字者皆烏合之衆，散漫無統。所經之處，唯務焚掠，千里爲荒墟」（宋濂全集翰苑別集卷二，第九九一頁）。

〔四〕元史：至正十五年底，答失八都魯破紅軍於太康，進圍亳州，小明王遁走安豐路。至正十六年底，答失八都魯大破劉福通於夾河，元朝遂於至正十七年二月大赦天下（卷四四、四五順帝紀、卷一四二答失八都魯傳，第九二八、九三五、三三九七頁）。

9 院判趙子中攻江元帥寨，達攻楊四娘寨〔一〕。

〔一〕明太祖實録：丁酉年四月，「克寧國路。先是，上命徐達、常遇春率兵取寧國」（卷五，丁酉年四月丁卯，第五二頁）。按，紅軍三月克常州後迅即轉攻寧國，俞本所記乃徐達由東、太平守將趙子中由北，兩路合進寧國路。

10 四月，上親領兵克寧國。宣州元守將謝璽棄城走江浙，其餘將士受降，秋毫無犯，城之内外安堵如故〔一〕。在城長鎗數千衆〔二〕，上委義子朱文輝同老宋元帥領守其城〔三〕。以都先鋒陳德元陞爲元帥，守寧國府〔四〕。上問指揮段興曰：「三代之治，何以如此享國久長？」興對曰：「彼時有伊尹、周公輔政，所爲以仁義爲先。」上曰：「段興武將，所言正合吾意。」賜以名馬。陞郎中李善長爲參議〔五〕。善長忌興之才，委守南陵縣。雙刀趙聞興之名，不敢侵⑦。

〔一〕明太祖實録：丁酉年四月，「克寧國路。先是，上命徐達、常遇春率兵取寧國，長槍元帥謝國璽棄城走，守臣别不華、楊仲英等閉城據守。城小而堅，攻之久不下。遇春中流矢，裹創與戰。上乃親往督師，既至，登高望曰：『如斗之城，敢抗吾師！』……擒其元帥朱亮祖，并得其軍士十餘萬，馬二千餘匹，於是屬縣太平、旌德、南陵、涇縣相繼皆下」（卷五，丁酉年四月丁卯，第五二～五三頁）。朱元璋御製中山武寧王神道碑：「征寧國……旬日，城降，宣城亦附。」又永嘉侯朱亮祖壙誌：「命大將軍徐達、開平王等爲前隊，慎行伍，進晝夜，圍亮祖於寧國縣。開平王被傷而歸，國公某亦被傷還。朕來日至……已，城下……朕憐其志壯，捶三鐵簡而生之。」（載皇明名臣琬琰録前集卷一，第一册第一九頁；明太祖御製文集卷一八，第五二四頁）黄金皇明開國功臣録：「四月……寧國既下，宣州亦附。」（卷二五陳聞傳，第二册第四六二頁）可見，寧國路，即宣州或宣城，係守將謝國璽逃跑後不戰而下的，所以「秋毫無犯」、「安堵如故」。紅軍在寧國路下轄的寧國縣遭到朱亮祖的頑强抵抗，明太祖實録所載攻寧國路城受挫、朱元璋親臨前綫、擒獲朱亮祖，皆指寧國縣之戰，而非寧國路之戰。明太祖實録載寧國路諸屬縣，遺漏了寧國縣。俞本則以寧國指縣，宣州指寧國路，甚確。

〔二〕舒頔感時歌：「淮南自號長槍軍，據宣窺隙争紛紛。」（貞素齋家藏集卷三，葉四a～b）

〔三〕黄金皇明開國功臣録：「何文輝，滁州人，元帥世隆孫也。幼岐嶷，年甫十三，太祖取之鞠養，賜姓朱。」（卷一五何文輝傳，第二册第八頁）明太祖實録：「王師取滁州，得文輝，年始十四。上愛之，撫育教訓如諸子。既長，以材命爲總制，遷天寧翼元帥。」（卷一〇六，洪武九年六月壬辰何文輝傳，第一七七一頁）朱文輝任總制之地，即天寧翼所在的宣州（本書戊戌年第一二條）。楊士奇西寧侯宋公神道碑銘：「宋朝用丁酉年任『天寧翼元帥』，以老留建康」。己亥年，宋朝用之子宋晟「襲天寧翼元帥」（東里文集卷一二，第一七一頁）。「老宋元帥」必即宋朝用。

〔四〕黄金皇明開國功臣録引陳德封侯誥文：「繼得寧國、宣城，與陞帥職。」（卷八陳德傳，第一册第五二一頁）寧國府即宣州，已由老宋元帥和朱文輝守禦，則陳德所守應爲寧國縣。

〔五〕明太祖實録記李善長丙申年七月陞參議，俞本則記當時陞左右司郎中（本書丙申年第四條及注七引），記此時李善長陞參議，或更近實。但南陵縣在紅軍克寧國後投降（本書丁酉年第一〇條注一引），或段興於此時受李善長之命，故俞本此處或僅追述李善長升參議之事。

11 **廖永安等領水寨征太湖馬迹山、洞庭山〔一〕，永安陷〔二〕。**

〔一〕寰宇通志：常州府「馬迹山在府城東南八十里太湖中」（卷一五常州府山川，第五二六八頁）。成化重修毗陵志：「武進……馬迹山在縣東南迎春鄉太湖中西南二十里。」（卷一七山川山，第九一八頁）洪武蘇州府志：「吴縣……包山……在縣西一百二十里太湖中，即洞庭山。」（卷二山吴縣，第一册第一二八頁）應即今無錫市西南太湖中的馬迹山和蘇州市西太湖中的西洞庭山、東洞庭山（江蘇省地圖集，一九七八年，第三〇頁）。

〔二〕明太祖實録：丁酉年五月，俞通海等「以舟師略太湖馬迹山，降張士誠部將鈕津等，遂徑東洞庭山。士誠將吕珍率兵暴至，諸將倉卒欲退，俞通海曰：『不可……』於是身先士卒，矢中右目下，通海不爲動，徐令從者披己甲立船上督戰。吕珍不得利，乃引去」。戊戌年十月，廖永安「復率舟師擊士誠衆於太湖，乘勝深入，與戰不利，遂爲所獲」（卷五、六，丁酉年五月丙申、戊戌年十月甲戌，第五四、六八頁）。俞本此記，或因兩戰的地點、敵將及戰況相似而混淆。

12 **五月，元帥耿炳文克長興，陞爲院判，守之〔一〕。士誠兵侵城，炳文率將士力戰，敗之。生擒一千餘人，解應天府，斬之〔二〕。**

〔一〕明太祖實録：丁酉年二月，「耿炳文克長興……三月……改長興州爲長安州，立永興翼元帥府，以耿炳文爲總兵都元帥……守之」（卷五，丁酉年二月戊申、三月乙亥朔，第五〇～五一頁）。

〔二〕明太祖實録：丁酉年五月，「張士誠遣其左丞潘原明、元帥嚴再興寇長興，屯上新橋。守將耿炳文出師擊敗之，生擒數百人，斬首甚衆」（卷五，丁酉年五月乙亥朔，第五三頁）。

13 **元帥費聚克安吉，陞爲判，守之〔一〕。**

〔一〕永樂大典引吳興續志：紅軍克長興後，「總兵元帥一員，耿炳文，副元帥三員，費聚、劉成、李景原，所屬，管軍總管府」。又：丁酉年，安吉縣「置安吉奕總管府」（卷二二八三湖湖州府官制長興縣、安吉縣，葉一五a、一七b）。黄金皇明開國功臣録：「丁酉二月，克長興，立永興翼元帥府，以聚爲副元帥，從耿炳文守禦……庚子，自長興召回，管領黄旗軍。辛丑……李伯昇寇長興……上命聚率廣德、安吉兵往援。」（卷八費聚傳，第一册第五二八～五二九頁）長興是紅軍在太湖以南威脅張士誠部的主要據點，費聚當以耿炳文副將的身份，分守長興外圍的安吉等地。

14 **六月，徐達征甘露〔一〕。軍士犯令者，即以甑蒸之。**

〔一〕周是修廣東都指揮使狄公碑銘：「六月，取江陰、甘露」（芻蕘集卷四，葉一五b）。黄金皇明開國功臣録：周顯於丁酉年「六月，〔收〕〔攻〕江陰，營於甘露。」（卷一六周顯傳，第二册第八三頁）劉辰國初事迹：「太祖命徐達攻常州，於甘露下營。」（第七〇頁）此常州爲常熟之誤（本書戊戌年第八條注一）。至正無錫志：「甘露鎮……屬延祥鄉。」（卷一邑里鄉坊總村，頁二五b）永樂常州府志引洪武毗陵續志：「無錫，元設巡檢司四處，甘露巡檢司在延祥鄉……洪武初在設三處……甘露巡檢司在延祥鄉。」（卷七公署，葉二〇b～二一a）弘治無錫縣志：「甘露市在縣東七十里延祥鄉。」（卷一地理市，第六〇頁）應即今無錫、常熟交界處的甘露鎮（江蘇省地圖集，一九七八年，第三一頁）。紅軍越過張士誠部固守的無錫攻常熟，必先據甘露，故「征甘露」當在七月克常熟（本書戊戌年第八條注一）前的六月。

15 二十二日，俞通海率水軍克石牌⑧。

16 七月，克宜興〔一〕。以總管瘦朱同周智良俱陞元帥，守之〔二〕。

〔一〕萬曆宜興縣志：「至正十六年，張士誠遣將唐本初據之。十八年，歸附國朝。」（卷一輿地志沿革，第一六七九頁）明本紀：「丙申……明年，復破其兵於宜興、湖橋，擒其弟張九六。」（明本紀校注，第五四～五七頁）張九六乃張士德，錢謙益國初群雄事略以此證張士德於丁酉年七月在常熟被擒，因湖橋在常熟境内，遂以「宜興」乃「傳寫之訛」（卷七周張士誠，適園叢書本，第八九頁），即認爲丁酉年紅軍未克宜興。按，明太祖實録：丁酉年七月，「徐達兵徇宜興，取常熟」。又：戊戌年十月，「徐達、邵榮克宜興」（卷五、六，丁酉年七月丁丑、戊戌年十月甲戌，第五五、六八頁）。似紅軍直到戊戌年即至正十八年方克宜興。但黄金皇明開國功臣録：廖永安「戊戌正月庚子，與俞通海、桑世傑攻江陰石牌海寇，大獲僞州判朱定等船，回奪馬馱沙，降其帥欒瑞，并取爛泥洪、黄山、欒家沙等寨，及横□、三寸港、太湖大浦口、宜興、無錫等處，生擒朱元帥，陞同知樞密院事……八月，總兵征蘇州，值宜興復叛，十月十三日，與徐達、邵榮復宜興」（卷二廖永安傳，第一册第二二四頁）。宋濂僉江南等處行樞密院事趙公神道碑銘：趙德勝「戊戌春二月……已而宜興叛，秋七月，公復取之」（宋濂全集鑾坡後集卷一，第五七一頁）。周是修廣東都指揮使狄公碑銘：戊戌年「冬十月，收宜興」（芻蕘集卷四，葉一五b）。其中宋濂所記七月當係十月之誤，紅軍此時復克宜興，而非如明太祖實録所記初克宜興。廖永安陞同知樞密院事，確在戊戌年正月（明太祖實録卷六，戊戌年正月甲寅，六二頁），則初克宜興似在戊戌年正月以後。但是，蘇伯衡王銘傳：俞通海部下王銘於「丁酉三月，從攻下宜興」（蘇平仲文集卷三，葉二三b）。黄金皇明開國功臣録：俞通海於「丁酉三月，常州平……尋克江陰州、宜興、劉家河。四月，克宣城、寧國……五月，克大浦口，遂以舟師入太湖馬迹山……降張士誠守帥王貴、鈕津，盡獲其衆。經東洞廷山，蟻舟施口」。又：張德勝「丁酉……四月，從克宣州，攻長槍諸將。五月下太湖，舟入馬迹山，招降張士誠僞帥王貴等，遂攻宜興。八月，攻馬馱沙」（卷二俞通海傳、張德勝傳，第一册第二三三～二三四、二五一頁）。按，紅軍丁酉年三月克常州後，主力迅速西下宣州，其間必無克江陰、宜興之事。紅軍克宣州後回師向東，六月克江陰、七月克常熟（本書丙申年第一一條注二、丁酉第一四條注一引）。大浦口是宜興退往太湖的鎖鑰（本書丁酉年第二二條注一引），俞通海「尋克江陰州、宜興」，必在「五月克大浦口」之後，又在張德勝「八月攻馬馱沙」之前，應即明太祖實録載七月「兵徇宜興，取常熟」之時。黄金皇明開國功臣録所記廖永安「回奪馬馱沙……並取……宜興、無錫等處」，係將丁酉年八月第一次攻馬馱沙之前的「取宜興」，誤繫於戊戌年正月第二次攻馬馱沙之役（本書丁酉年第二一條注二）。總之，紅軍確曾於丁酉年七月克常熟前後克宜興，戊戌年八月宜興叛變，十月復克宜興，俞本所記屬實。

〔二〕吴元年朱元璋軍克蘇州，搜捕歷年叛歸張氏將領，朱元璋首先問：「瘦朱兄弟及江上殺死我軍逃去的沈十，見在何處營内？」（載王世貞弇山堂别集卷八六詔令雜考與魏國公書，第一六三九頁）此瘦朱應即叛去的宜興守將。

17 初七日，克徽州。院判鄧愈守之〔一〕。

〔一〕明太祖實録：丁酉年七月「庚辰，元帥胡大海等進兵徽州……拔其城……壬午，以元帥鄧愈爲行樞密院判官……乙酉，改徽州路爲興安府，立雄峰翼元帥府，命鄧愈守之」（卷五，丁酉年七月庚辰、壬午、乙酉，第五五～五六頁）。庚辰日爲八日。

18 克太平縣，遣元帥王掌卿守之〔一〕。

〔一〕紅軍於本年四月克宣州，此後太平縣投降（本書丁酉年第一〇條注一引）。黄金皇明開國功臣録：劉友仁「丁酉……從攻池州。上奇其功，擢友仁中軍左元帥府右副元帥，總制仁安翼，守禦太平縣。戊戌四月……戰殁於陣」（卷一八劉友仁傳，第二册第一六〇～一六一頁）。俞本所記王掌卿，或戊戌後守太平縣者。

19 八月初七日，克望亭、新安〔一〕。

〔一〕黄金皇明開國功臣録：周顯「征常熟，與張士誠戰於望亭」。陳聞「八月，營於甘露，克新安、望亭」（卷一六周顯傳、二五陳聞傳，第二册第八三、四六二頁）。至正無錫志：「巡檢司四處，甘露……新安。站二處，新安……通平江驛道上。」又：「望亭……新安城……三十二都，並屬新安鄉。」（卷一邑里公署、邑里鄉坊總村，葉一六a、二四b）成化重修毗陵志：「無錫……望亭市在縣南新安鄉。」又：「新安鄉在縣南五十里。」又：「望亭舊名御亭，在縣南四十五里與蘇州分界。」（卷二地理坊市無錫、卷三地理鄉都無錫、卷三一古迹無錫，第二六〇、二八八、一四三一頁）按，望亭、新安均在無錫東南大運河上，爲蘇州西北要衝（譚其驤主編中國歷史地圖集第七册，第二九頁），應即今無錫市東南的新安村和蘇州市西北的望亭村（江蘇省地圖集，一九七八年，第三一頁）。

20 十四日，盡獲朱州判海船〔一〕。

〔一〕蘇伯衡王銘傳：王銘「八月，從攻朱州判軍於石牌」（蘇平仲文集卷三，葉二三b～二四a）。

21 十七日，攻馬馱沙〔一〕，桑院判陷〔二〕。

〔一〕永樂常州府志引洪武毗陵續志：「江陰，元設巡檢司四處……馬馱沙巡檢司在江北沙……洪武初設五處……馬馱沙巡檢司在江北沙。」（卷七公署，葉二一a）成化重修毗陵志：「靖江縣本揚子江中一洲，舊爲江陰縣馬馱沙地……地方二百餘里，居民五十五里……至正末僞吴將朱定、徐泰二據其地。」（卷一地理建置沿革，第二二四～二二五頁）正德江陰縣志：「元設馬馱沙巡檢司于江北沙，國朝吴元年開建于馬馱西沙，歲久潮沙衝坍，永樂四年移置新港北，舊屬（宋）〔本〕縣，成化七年改屬靖江縣。」（卷五制治兵衛國朝，上册第三九九～四〇〇頁）應即今靖江縣境（江蘇省地圖集，一九七八年，第四二頁）。

〔三〕宋濂鄂國常公神道碑銘：常遇春於丁酉年八月克馬馱沙，又大天界寺住持孚中禪師信公塔銘：「丁酉秋八月二十四日……前一日，上統兵駐江陰沙州。」（宋濂全集鑾坡前集卷二、五，第三四九、四四〇～四四一頁）沙州應指馬馱沙。黄金皇明開國功臣録：張德勝於丁酉年「八月，攻馬馱沙。戊戌正月，同廖永安、俞通海討江陰石牌海寇，擊敗之，盡獲僞州判朱鋌等船。回奪馬馱沙，降其帥」（卷二張德勝傳，第一册第二五一～二五二頁）。明太祖實録：戊戌年正月，「江陰石牌……上命樞密院同僉廖永安、判官俞通海、桑世傑出師攻之……世傑戰死」（卷六，戊戌年正月庚戌，第六一頁）。可知紅軍於丁酉年八月、戊戌年正月兩次攻馬馱沙，明太祖實録漏載了第一次，俞本則將第二次戰役桑世傑陣亡繫於第一次戰役。

22 院判趙伯中領水寨守大浦口〔一〕。

〔一〕明太祖實録：丁酉年五月太湖激戰之前，命通海「克大浦口，降張士誠守帥王貴、鈕津，經東洞廷山」（本書丁酉年第一一條注二引）。東洞廷山在太湖（本書丁酉年第一一條注一）。成化重修毗陵志：「宜興……大浦在縣東南三十六里太湖濱。」（卷一九山川浦宜興，第一〇一五頁）即胥溪河入太湖處的今大浦村（江蘇省地圖集，一九七八年，第二六頁），扼宜興通太湖之咽喉。

23 十一月初三日，院判趙子中并帳前黑先鋒攻池州、宗陽⑨，不克，俱陷⑩〔一〕。

〔一〕明太祖實録：丁酉年十月，「克池州」。戊戌年四月，「趙普勝自樅陽寇池州，陷之，樞密分院院判趙忠被執。」（卷五、六，丁酉年十月壬申、戊戌年四月己巳朔，第五七、六五頁）宗陽即樅陽，趙子中即原太平府守將院判趙忠（本書丙申年第一〇條注四、第一六條注四及校勘記）。劉辰國初事迹：「安慶乃長江上流之要地也，雙刀趙普勝據守。太祖發兵攻之，不利。後調黑先鋒領兵水陸並進，船至樅陽，普勝先於水中暗以鐵索横截，柁着索不行，黑先鋒及所部將士盡皆被擒，陸路軍馬亦潰散。」（第九四頁）按，池州、樅陽、安慶由近而遠，此時安慶爲元臣余闕所據，紅軍所攻實乃樅陽，應即丁酉年十月克池州後乘勝而發，即俞本所記之十一月。但趙忠乃於戊戌年失池州時被俘，與黑先鋒被俘並非同時。俞本或因朱元璋軍在「池州、宗陽」反復争戰，折損甚多，遂混淆克池州、攻樅陽、失池州三事，繫於攻樅陽失利一事。

校勘記

① 「山陸二寨」，本書庚子年第六條有『水、陸二寨』，疑「山」爲「水」刊刻之誤。數十萬衆列於山下，應臨雞籠山北的玄武湖（本書丁酉年第一條注一引）。

② 「馮國興」，他書作「馮國用」（黄金皇明開國功臣録卷二馮國用傳，第一册第一九四頁）。

③ 「陳德元」，本書他處同（丁酉年第一〇條、洪武四年第二四條），他書作「陳德」（黄金皇明開國功臣録卷八陳德傳，

第一册第五一六頁）。朱升有天策衛指揮副使陳德誥（朱楓林集卷一，第九頁），黄金皇明開國功臣録：陳德於甲辰年設置衛所後「副天策衛事」、「陞天策衛親軍指揮使」（卷八陳德傳，第一册第五二一、五一七～五一八頁），則最晚在甲辰、乙巳年已稱「陳德」。但當時，俞本的上司韋正任天策衛千户（本書洪武三年第一條注四引），俞本所記「陳德元」當有據，疑避「元」字而改名陳德。

④「大通中寶」，應作「大中通寶」（本書丁酉年第三條注二引），俞本誤讀以順時針序。

⑤「初八日」，事略錢引本作「初四日」（卷七周張士誠，第八六頁）。

⑥「胡汝名」，他書作「胡汝明」、「吴汝明」（本書丁酉年第七條注一引）。

⑦「陞郎中李善長爲參議善長忌興之才委守南陵縣雙刀趙聞興之名不敢侵」，事略錢引本作「郎中趙興守南陵。雙刀趙聞興元名，不敢侵」（卷三天完徐壽輝，第四〇頁），張校本據國初群雄事略沈抄本作「郎中段興守銅陵。雙刀趙聞興威名，不敢侵」（卷三天完徐壽輝，第七七頁）。「趙興」，本書己亥年第四條作「段興」，事略錢引本同（卷三天完徐壽輝，第四二頁）。錢氏此段多係節引轉述，疑其誤記爲「趙興」，誤「陞郎中李善長」爲段興「陞郎中」，誤「興之名」爲「興元名」。

⑧「石牌」，事略錢引本作「石碑」（卷七周張士誠，第九一頁）。此時紅軍克江陰（丙申年第一一條注二），此戰或即本書丙申年第一二條載江陰門户石牌之戰，應作「石牌」。

⑨「宗陽」，事略錢引本作「樅陽」（卷三天完徐壽輝，第四〇頁），張校本據國初群雄事略沈抄本作「青」（卷三天完徐壽輝，第七七頁）。

⑩「不克俱陷」，事略錢引本作「俱克之」（卷三天完徐壽輝，第四〇頁），張校本據國初群雄事略沈抄本作「不克，俱陷」（卷三天完徐壽輝，第七七頁）。趙子中確實兵敗被擒（本書丁酉年第一三條注一），錢氏此段多爲節引轉述，

疑其誤記爲「俱克之」。

戊戌　至正十八年（公元一三五八年）

1 正月十六日，克婺源〔一〕。

〔一〕明太祖實録：戊戌年正月「乙卯……取婺源州」（卷六，戊戌年正月乙卯，第六二頁）。乙卯日爲十六日。

2 三月，克昌化、於潛、淳安等〔一〕。

〔一〕董倫曹國李公神道碑銘：李文忠於戊戌年「二月……破苗獠於於潛、昌化……進次淳安，夜襲破僞洪元帥營」（載皇明名臣琬琰録前集卷二，第一册第四六頁）。

3 十八日，克嚴州〔一〕。上命甥李文忠爲同僉，領青軍、長鎗兼本部軍守之〔二〕。上以廖永安弟廖永忠爲同僉〔三〕。攻池州、宗陽，不克〔四〕。

〔一〕明太祖實録：戊戌年三月「丙辰，克建德路」（卷六，戊戌年三月丙辰，第六四頁）。丙辰日爲十八日。此地宋代舊稱嚴州，元朝和紅軍最初皆稱建德，後來紅軍改稱嚴州府（李新峰明代的應天府與建康，第一〇、一四～一八頁）。

〔二〕明太祖實録：戊戌年二月，「陞領軍舍人朱文忠爲帳前總制親軍都指揮使司左副都指揮，兼領元帥府事」。三月克嚴州六天後，「陞愈爲同僉行樞密院事，大海爲行樞密院判官，留文忠鎮守。」庚子年九月，「以親軍左副都指揮朱文忠同僉樞密院事」（卷六、八，戊戌年二月乙亥、三月壬戌、庚子年九月乙卯朔，第六二～六三、六五、一〇九頁）。劉辰國初事迹：「戊戌年四月，太祖批示：『……保指揮我之親男，胡大海我之心腹……於我男處丁寧説知，將胡院判以直心待之。』……李保兒於甲午年見太祖於滁州，太祖親甥也。太祖大喜，賜名文忠。」（第七〇、一〇六頁）由「保指揮」知，李文忠時仍任左副都指揮，陞同僉當在明太祖實録所載庚子年。

〔三〕明太祖實録：「永安……官至同知樞密院事……上以永忠勇而善謀，命襲兄職。」（卷九八，洪武八年三月甲申廖永忠傳，第一六七四～一六七五頁）黄金皇明開國功臣録：「永安陷於敵，實戊戌十月十二日也。是月二十七日，上授永忠樞密僉院，俾總永安兵，爲水將。」（卷五廖永忠傳，第一册第三七三頁）廖永忠或如俞本所記，戊戌年三月陞同僉，十月襲職時陞僉院。

〔四〕黄金皇明開國功臣録：「戊戌……四月，趙普勝……自樅陽寇池州。德勝率兵往援，至則守將趙忠被執，城已陷矣。德勝抱憤，鋭圖克復。」（卷二張德勝傳，第一册第二五一～二五二頁）俞本所記「不克」，應即援池州未果。

4　**四月，陞俞通海爲僉院，偕永忠攻石牌、巫門子①〔一〕，獲朱州判餘卒〔二〕。**

〔一〕成化重修毗陵志：「浮山在縣東北揚子江中，石牌山東，又名巫山，爲江海門户。」（卷一七山川江陰，第九四五頁）應即今沙洲縣西北江中的雙山沙（江蘇省地圖集，一九七八年，第三一、三四頁）。

〔二〕黄金皇明開國功臣録：俞通海於戊戌年「四月，攻雙刀趙。復取黄橋、通州……己亥四月……進復池州……陞僉書樞密院事」（卷二俞通海傳，第一册第二三四～二三五頁）。按，紅軍本年攻通州（本書戊戌年第五條及注一），或即俞本所記東攻江陰一帶。唯俞本將己亥年四月俞通海陞職之事，誤前置一年。

5 常遇春攻通州、黄橋〔一〕。

〔一〕蘇伯衡王銘傳：王銘「戊戌四月，復從（預）〔豫〕國公擊通州，拔黄橋」（蘇平仲文集卷三，頁二四a）。周是修廣東都指揮使狄公碑銘：「戊戌夏六月，進拔通州、黄橋」（芻蕘集卷四，葉一五b）黄金皇明開國功臣録：俞通海於戊戌年四月「復取黄橋、通州」。又載授俞通源封侯鐵券文：「爾兄通海……追封爲豫國公。」（卷二俞通海傳、卷一一俞通源傳，第一册第二三四、六五五頁）嘉靖惟揚志：泰興縣「黄橋巡檢司在縣東四十五里永豐鎮」（卷七公署志，葉六a）。應即今泰興縣東北境的黄橋鎮（江蘇省地圖集，一九七八年，第四二頁）。明太祖實録：戊戌年七月，「廖永安敗張士誠兵於通州郎山」（卷六，戊戌年七月庚子，第六六頁）。萬曆通州志：「戊戌四月，我大明兵取通州。七月庚子，同知樞密院事廖永安破士誠於通州狼山。」（卷八遺事，葉二五a）寰宇通志：「狼山在通州南十八里。」（卷一五揚州府山川，第五三〇一頁）比較可知，紅軍進攻通州未果，只在外圍的黄橋、狼山獲勝。

6 苗蠻侵嚴州，文忠於烏龍嶺〔一〕大破之〔二〕。克桐廬、舊縣〔三〕。

〔一〕寰宇通志：嚴州府「烏龍山在府城北三里……旁有烏龍嶺，嶺間有三彎九曲之奇」（卷二六嚴州府山川，第五三八〇頁）。弘治嚴州府志：「烏龍山，在府治北三里，郡之鎮山也，高六百丈，周回一百六十里。其傍當驛路有嶺，亦名烏龍嶺。」（卷二山鎮嚴州府山，上册第六七頁）應即今建德市東境梅城鎮東北至烏龍山村一帶的山嶺（浙江省地圖集，第一二六～一二七頁）。

〔二〕元軍楊完者部係來自湖廣的苗軍（陶宗儀南村輟耕録卷八志苗，第一〇〇頁）。明太祖實録：戊戌年四月「丁丑，完者又攻建德，守將朱文忠擊敗之……五月……壬子，楊完者復率兵攻建德府，屯於烏龍嶺，同僉鄧愈擊走之」。又：戊戌年五月，鄧愈率李文忠敗苗軍於嚴州烏龍嶺（卷六、一六〇，戊戌年四月庚午、五月壬子、洪武十七年三月戊戌朔李文忠傳，第六五～六六、二四七〇頁）。

〔三〕弘治嚴州府志：桐廬縣境内有三國吴古城、隋古州城，又有「古縣城，在縣西北十五里，唐貞觀二十年廢江西岸城，改筑於桐廬鄉，即舊縣是也。至開元二十六年，以邑有洪水之患，復移城於桐江口，即今縣治是也。故邑人謂舊縣城爲古縣城，今廢」（卷五城郭桐廬縣，上册第三四五～三四六頁）。應即今桐廬縣城西的舊縣街道一帶（浙江省地圖集，第一二二～一二三頁）。

7 五月，破茶園〔一〕、新城，苗蠻員同僉率衆降。至應天府，上授以親兵指揮〔二〕。

〔一〕弘治嚴州府志：「龜鶴山，在縣東五十里茶坡溪南，兩峰相值。」又：「茶園市，在縣東五十里。」

又：「茶園鋪，在縣東五十里。」（卷二山鎮淳安縣山、卷五坊鄉淳安縣市、卷七鋪舍淳安縣，上册第八二、三七四、四九七頁）按，茶園必係交通樞紐，在富春江北岸，即今淳安縣東偏南的茶園鎮（中華人民共和國地圖集（甲種本），第五〇～五一頁），應在今千島湖東南湖區中「兩峰相值」的青草塢島、蜜山島一帶（浙江省地圖集，第一二四～一二五頁）。

〔三〕明太祖實録：戊戌年八月，「元江浙同僉員成遣苗軍元帥泰不花奉書來納款……三萬餘人在桐廬，皆願效順」。九月，「元江浙同僉員成率元帥李福、劉震、黄賓、蔣英以兵三萬人詣德興翼降，親軍左副都指揮朱文忠遣元帥夏子實以步騎千人統其衆於新城，送員成於建康」（卷六，戊戌年八月己丑、九月戊戌，第六七、六八頁）。王叔英新城袁氏作官塘坂記：「張氏據有浙西，修作城壘，道路磚石盡爲版築之需。」（王静學先生文集卷一，葉三二a～b）略見「破」新城之實。

8 六月二十日②，徐達、常遇春領大軍征常熟，擒士誠弟僞平章張士信③〔一〕，送應天府。上以禮待之，供珍饍，俟其降。士信④不食、不語，斬之〔二〕。

〔一〕劉辰國初事迹：「太祖命徐達攻常州，於甘露下營。張士誠弟士德來戰……擒之。」（第七〇頁）明太祖實録：丙申年七月，「攻常州……士誠遣其弟張九六以數萬衆來援……九六退走，遇伏馬蹶，爲先鋒刁國寶、王虎子所獲，并擒其將張、湯二將軍。九六即士德……上欲留士德以誘致士誠，士德間道遺書士誠，俾降元以謀我，乃誅之」（卷四，丙申年七月辛巳，第四六～四七頁）。錢謙益國初群雄事略根據多家記載和當時形勢指出，紅軍乃於丁酉年七月在常熟擒張士德（卷七周張士誠，適園叢書本，第八七～

八九頁）。按，錢謙益考證日期的主要證據是宋濂的記載，但宋濂所載日期經常有錯訛，其實明太祖實録致誤的根源只是劉辰誤以常熟爲常州。又，俞本記地名正確但時間亦誤。明太祖實録：戊戌年六月，「張士誠兵寇常熟縣，廖永安與戰於福山港，大破之」（卷六，戊戌年六月甲午，第六六頁）。福山港爲常熟北入長江的水道（本書庚子年第四條注一），俞本或將此戰與丁酉年時間、地點皆相似之戰混淆。

〔二〕錢謙益國初群雄事略：丁酉年七月張士德被擒，「元之招諭在八月。則士德被擒時，歸款之事已定矣……國史……曲爲之辭，非事實也」（卷七周張士誠，適園叢書本，第八八頁）。但陶宗儀南村輟耕録：張士誠因張士德被擒，「勢窮力迫，願就丞相招安……時十八年秋八月也」（卷二九紀隆平，第三五九頁）。劉辰國初事迹：張士德「陰寄書與兄士誠，可降元朝以爲之助，遂不食而死」（第七〇頁）。按，張士德七月被擒，張士誠八月降元，時序正合，而「遺書」、「不食」爲時人著述所詳載，未可遽以爲僞。

9 七月，右丞郭天爵謀叛，誅之〔一〕。

〔一〕郭天爵爲郭子興幼子，「與群小陰謀，伏罪」（本書丙申年第四條校勘記引）。按，此前右丞爲江南軍中第二號官職。至此，朱元璋滅絶了郭子興的後裔。

10 十月，上親領馬步數萬衆，一馬軍兼二步軍，征浙東〔一〕。懸金牌，鑄云「奉天都統中華」〔二〕。將行次青山，上以軍士所賫甲仗、衣糧，親負之數里。上謂軍士曰：「汝等辛苦如此。克浙東後，令汝等俱享福快樂。」

〔一〕明太祖實録：戊戌年十一月，「上以……胡大海兵攻婺州不克，乃自將親軍副都指揮使楊璟等師十萬往征之」（卷六，戊戌年十一月甲子，第七〇頁）。元朝江浙行省南部設浙東道宣慰司，轄慶元、紹興、温州、台州、婺州、衢州、處州等路（元史卷六二地理志，第一四九六～一四九九頁）。黄金皇明開國功臣録：趙端時任萬户，於「戊戌十二月，隨二馬五步軍克婺州」（卷二三趙端傳，第二册第三七六頁）。

〔二〕明太祖實録：己亥年七月，朱元璋自婺州回建康後，留「樞密院同僉常遇春率兵攻衢州，建奉天旗，豎栅圍其六門」（卷七，己亥年七月乙巳，第八六頁）。

11 十一月，克蘭溪州〔一〕。

〔一〕蘭溪縣於元元貞元年陞州（元史卷六二地理志，第一四九七頁）。方孝孺越國公新廟碑：胡大海「遷行樞密院判官……冬十月乃下蘭溪」（遜志齋集卷二二，第七二三頁）。明太祖實録：戊戌年十月，「樞密院判胡大海取蘭溪縣……遂進攻婺州」（卷六，戊戌年十月辛未，第六八頁）。

12 十二月，克婺州，改爲金華府〔一〕，擒守將蕭院判及宋廉使〔二〕，城中秋毫無犯，安堵如故。遣人解廉使赴應天府，至宣州，總制朱文輝〔三〕贈以衣冠，設宴禮之。宋謂文輝：「公當遺之蓑笠〔四〕，此物何爲？」文輝叱曰：「克城之時不衣蓑頂笠，此時何爲？」遂撤宴遣行。宋大慚而退。

〔一〕明太祖實録：戊戌年十二月，「改婺州路爲寧越府」。庚子年正月，「復以寧越府爲金華府」（卷

六、八，戊戌年十二月丙戌、庚子年正月乙卯，第七三、九二頁）。

〔二〕明太祖實録：戊戌年十二月，「進攻婺城……樞密院同僉甯安慶與都事李相開門納大兵……執其南臺侍御史帖木烈思、院判石抹厚孫、廉訪僉事安慶以下官」。己亥年七月，「同僉常遇春率兵攻衢州……元守臣廉訪使宋伯顏不花等悉力備禦」。九月，「元樞密院判張斌……迎大軍入城，宋伯顏不花不知其降也，猶督兵拒戰……擒宋伯顏不花及院判朶粘等」（卷六、七，戊戌年十二月庚辰、己亥年七月乙巳、九月丁未，第七一～七二、八六、八七～八八頁）。劉辰國初事迹：「往衢州招廉訪使宋伯顏不花，不從……九月克之，執宋伯顏不花到京……後用提刑按察司。」（第七三頁）宋廉使此後任按察僉事（本書壬寅年第一條），必即宋伯顏不花。婺州路爲元朝浙東海右道肅政廉訪司駐地（元史卷六二地理志，第一四九七頁），紅軍在婺州、衢州皆擒獲元朝監察官員，疑俞本混淆了兩次戰役的戰果。

〔三〕方孝孺孫伯融傳：己亥年底，孫炎以行中書省都事「爲處州總制，錢穀兵馬之籍悉以委之，不取中報。且以敕牒未署者付之，聽其辟任」（遜志齋集卷二一，第六九二頁）。楊遵鎮西樓記：「今年夏四月辛未，參軍總制和州軍民官郭景祥命……是歲甲辰十有一月庚申朔。」（載正統和州志卷五詩文文國朝，第三六六頁）則知總制是「中央」派出的、官位不一定很高但兼制軍民的一方長官（參見李方昊明朝草創時期的文臣統軍，第八五～八六頁）。何文輝在滁州加入紅軍時「年始十四。上愛之，撫育教訓如諸子。既長，以材命爲總制，遷天寧翼元帥」（本書丁酉年第一〇條注三引）。則本年僅十八歲左右。劉崧孫先生傳：丁酉年冬，「王師自建康分遣總制何侯某，將兵取池州……何侯妙齡秀發，英敏樂愷……戊戌，隨調宣城。三月，從攻湖州，不下，復由宣歷池以守禦。是秋，侯進爲元帥。己亥，從守龍江」（槎翁文集卷二，第四〇六～四〇七頁）。由此可知，戊戌年底，何文輝已非總制，而是天寧翼元帥了。

〔四〕儀禮：「道車載朝服，槀車載蓑笠。」（儀禮注疏卷四一既夕禮第十三，第七八七～七八八頁）蓑笠係普通人服裝，且爲漁隱者象徵。宋廉使此語乃故意作態，致何文輝叱之。

13 設浙東行省〔一〕於金華府。上於省門建立二大黄旗，兩旁立二牌，旗上書云：「山河奄有中華地，日月重明大宋天。」⑤〔二〕牌上書云：「九天日月開黄道，宋國江山復寶圖。」〔三〕賞獲功士卒，砍排柵者，給銀碗一個、段一匹；中鎗傷者，銀碗一個，米一石；中箭傷者，米一石；陣亡者，給家小米二石、麥一石、銀十兩、麻布五匹，月支優給口糧，歲支冬、夏布帛〔四〕；所擒元兵，悉給帳下士卒，每人給五名供奉：以實青山之言，取信於天下。上以元帥胡大海爲參政，守其城〔五〕。

〔一〕明太祖實録：戊戌年十二月，「置中書分省於婺州」。己亥年九月克衢州，「命寧越分省都事王愷兼理軍儲」。壬寅年二月，「改中書分省爲浙東等處行中書省……仍開省於金華」（卷六、七、一〇，戊戌年十二月丙戌、己亥年九月丁未、壬寅年二月丙申，第七三、八八、一三五頁）。劉辰國初事迹：「開設江南等處行中書省分省、行樞密院分院、金華翼元帥府。」（第八七頁）則俞本所記浙東行省，時以府爲名（本書戊戌年第十二條注一引），稱爲江南行省寧越分省。

〔二〕劉辰國初事迹：「太祖克婺州，於城南上竪立大旗，上寫『山河奄有中華地，日月重開大統天。』」（周易集解纂疏卷四上經第四離，第三〇五～三〇六頁）按，「日月重明」化自易離象傳：「日月麗乎天……重明以麗乎正。」（周易集解纂疏卷四上經第四離，第三〇五～三〇六頁）爲宋元常見套話，但明代前期難見此詞。「日月」與「明」對應，有與小明王關聯之義。後朱元璋國號「大明」，明朝或禁止申述此「日月」之義，致劉辰不提「明」字。又，「大統」，據下文「宋國江山復寶圖」，亦疑係劉辰篡改敏感詞（參見張佳洪武更化：明初禮俗改革研究，第二一七頁）。

〔三〕楊訥元代白蓮教研究認爲，小明王來自白蓮教經典中的「諸佛光明之王」（第一七八頁），即「阿彌陀佛光明，明麗快甚，絶殊無極，勝於日月之明千萬億倍，而爲諸佛光明之王……其光明所照無央，數天下幽冥之處，皆常大明」（佛説大阿彌陀經卷上十三佛號分第十三，第六八五頁）。按，「日月重明」與「九天日月」强調「日月」，「日月」與「明」字合，必指小明王之「明」，與「勝於日月之明百千萬億倍」不合。

〔四〕蘇伯衡武德傳：裨將武德於戊戌年三月從克嚴州，「賚以銀碗。」己亥年三月在紹興戰傷，「賚米三石，加銀碗」（蘇平仲文集卷三，葉一六b）。金善後軍都督府同知陳公神道碑銘：「攻婺州，拔其月城，陷陣先登，有銀器、金幣之賜。」（金文靖公集卷九，第七四二頁）

〔五〕明太祖實録：戊戌年十二月，「陞樞密院判胡大海爲僉樞密院事」。己亥年五月，「召胡大海於紹興……上諭之曰：『寧越爲浙東重地……特命爾守。』」辛丑年五月，「以樞密僉院胡大海爲中書分省參知政事，鎮金華」（卷六、七、九，戊戌年十二月庚辰、己亥年五月辛亥、辛丑年五月甲戌，第七一、八四、一一四頁）。按，俞本將後來胡大海鎮守以婺州爲中心的浙東佔領區，繫於克婺州條下（參見本書己亥年第八條及注二）。

校勘記

①「巫門子」，本書又作「巫子門」，他書多作「巫子門」，或作「浮子門」（宋濂同知大都督府事康公神道碑銘，宋濂全集鑾坡前集卷二，第三五七頁；本書丙午年第一條及注一引）。「巫門子」當係「巫子門」之訛。

②「二十日」，事略錢引本作「十二日」（卷七周張士誠，第八九頁）。

③「張士信」，事略錢引本作「張士德」（卷七周張士誠，第八九頁），他書作「張士德」（本書戊戌年第八條注一、二引）。張士信至丁未年始戰死於蘇州城上（本書丁未年第四條）。俞本混淆了張士誠的兩個弟弟。

④「士信」，事略錢引本作「士德」（卷七周張士誠，第八九頁）。

⑤「日月重明大宋天」，事略錢引本作「日月重開大宋天」（卷一宋小明王，第一五頁）。由「日月」和下文「九天日月」，疑「明」字確。

己亥　至正十九年（公元一三五九年）

1 正月初四日，胡大海領兵攻紹興〔一〕，不克。於三山、斗門、白塔寺〔二〕連戰皆捷，擒元兵，悉戮之〔三〕。

〔一〕徐勉之保越録：「二月甲子，敵兵哨掠村落……丁卯，敵兵自諸暨分三路……己巳，敵軍皆集，首將胡大海……分營紮寨。」（葉一b～二a）甲子日爲初一日，丁卯日爲四日，疑俞本誤二月爲正月。

〔二〕萬曆紹興府志：「三山，在府城西九里鑑湖中。」（卷四山川志山，第一册第四〇一頁）嘉靖山陰縣志：「玉山斗門在縣東北三十三里，唐貞元元年觀察使皇甫政建……泄三縣之水，出三江，入巨海。」（卷四水利志，第一册第五三四頁）萬曆會稽縣志：「白塔寺，在縣東四十五里白塔山。」（卷一六寺觀，第六二五頁）應即今紹興市區以西的鑒湖、城北斗門鎮斗門村、城東陶堰鎮白塔頭村等地（浙江省地圖集，第二一〇～二一一、二〇八～二〇九頁）。

〔三〕明太祖實録：己亥年正月，「庚申……僉院胡大海率兵取諸暨……命大海總兵攻紹興」。四月，「僉院胡大海率元帥王玉等攻紹興，軍至蔣家渡，遇張士誠兵，擊敗之，獲戰艦五十餘艘。其衆退至蕭山東門，我師又破之，餘衆潰走」（卷七，己亥年正月庚申、四月戊寅，第七九、八三頁）。庚申日爲二十七日。按，紹興之戰始於二月，直到五月紅軍方退（徐勉之保越録，葉一b、二三a），俞本繫於發兵之時。此時張士誠已降元（元史卷四五順帝紀，第九三八～九三九頁），故稱「擒元兵」。

2　**十六日，克諸暨州。陞元帥謝再興爲院判，守其城，命欒秉德爲知州，遣李希白爲參軍**〔一〕。

〔一〕徐勉之保越録：「至正十九年春正月庚申，陷諸暨。」（葉一a）明太祖實録：戊戌年十二月，「調中書省左右司郎中李夢庚、郭景祥爲分省左右司郎中……以中書省管勾欒鳳爲分省管勾」。己亥年正月庚申，「僉院胡大海兵取諸暨……改諸暨爲諸全州」。二月，「立樞密分院於諸全州，置明海翼元帥府，陞謝再興爲院判，王玉等爲元帥守之」。五月，「『寧越爲浙東重地。』……命左右司員外郎侯原善、都事王愷、管勾欒鳳綜理錢糧軍務事」（卷六、七、一二，戊戌年十二月丙戌、己亥年正月庚申、二月甲子朔、五月辛亥，第七三、七九、八〇、八五頁）。庚申日爲二十七日。宋濂故諸暨陳府君墓碣：「諸暨下，高郵欒鳳來爲州，與李參軍希白謀……州兵爲變，鳳與希白皆被害。」（宋濂全集芝園前集卷四，第一二三一頁）欒秉德即欒鳳（本書丙申年第一五條注四），後與參軍李夢庚一同被殺（本書辛丑年第二條注一引）。體「希白」意，應爲李夢庚字。又，李夢庚叛亂前夕方以參軍身份赴諸暨（劉辰國初事迹，第七五頁）。

3 **三月，征高郵，接應揚州〔一〕。克青陽縣〔二〕。**

〔一〕此時張士誠以水軍大舉攻江陰，紅軍主力正南攻湖州、紹興（明太祖實録卷七，己亥年二月甲子朔、癸酉，第八〇、八一頁），恐無力北攻高郵。疑俞本將庚子年之戰前置一年（本書庚子年第三條注一），此時或江陰之圍導致揚州有警，故有「接應」。

〔二〕周是修廣東都指揮使狄公碑銘：「己亥春三月，征樅陽、安慶。」（芻蕘集卷四，葉一五b）明太祖實録：丁酉年五月，「常遇春……駐銅陵……謀取池州……遣興國翼分院院判趙忠、元帥王敬祖等攻池州之青陽縣……克其縣」。十月克池州，戊戌年四月失池州，己亥年四月「復池州」（卷五、七，丁酉年五月壬午、丙申、己亥年四月癸酉，第五三～五四、八三頁；本書丁酉年第二三條注一引）。吴沈浙東嚴元帥功迹記：嚴德於龍鳳「三年夏，從趙公取青陽縣」（瀫川集卷七，第四九八頁）。俞本所記，或指丁酉年初克青陽，或指己亥年復池州之前，向安慶方向的池州、樅陽進攻。

4 **五月，雙刀趙侵破石埭縣、太平縣。段興、王掌卿①力戰，後援不繼，陣亡〔一〕。**

〔一〕此時段興守南陵，王掌卿守太平（本書丁酉年第一〇、一八條）。明本紀：己亥年紅軍攻湖州失敗後，「雙刀趙寇陷太平縣，又陷青陽、石埭等縣」（明本紀校注，第六七頁）。明太祖實録：己亥年二月紅軍攻湖州失敗，三月，「趙普勝寇寧國之太平縣，總制……胡惟賢擊敗之……普勝復寇陵陽、石埭等縣，僉院張德勝與戰於栅江口，復破走之」（卷七，己亥年二月癸酉、三月丁巳，第八一、八二～八三頁）。按，時無陵陽縣，「陵陽」乃石埭一帶漢代縣名（譚其驤主編中國歷史地圖集第二册，第二四～二五頁），與石埭並稱的陵陽或指南陵，或爲「南陵、青陽」之訛。

5 **中都先鋒俞應川攻衢州，不克〔一〕。回至東溪〔二〕，擒刀牌手周能〔三〕。上釋之，令於帳下爲侍從。**

〔一〕明太祖實録：己亥年四月，「命帳前元帥陸仲亨攻衢州，不克而還」（卷七，己亥年四月戊寅，第八三頁）。

〔二〕成化金華府志：「雙溪在金華縣，一源出東陽縣大盆山，一源出處州縉雲縣界。」（卷一山川，上册第一二二頁）萬曆金華府志：雙溪由東港和南港匯成，「東溪在日就鄉，源出東陽縣界……入東港」（卷三山川金華縣水，第一三九、一四一頁）。俞本所記東溪，應即源出東陽縣大盆山的東港而非其支流東溪，即今金華市區東部的東陽江（浙江省地圖集，第二二八～二二九頁）。

〔三〕天啓衢州府志：「周能，字德成，江北人，寓籍江山。國初，從征鄱陽湖有功，授百户。歷福建都指揮，征雲南，陣亡。」（卷一一人物志武科，第一四五九頁）崇禎閩書：「寓籍江山縣，幼驍勇，習武藝，通音律。」（卷六七武軍志皇朝福建行都指揮使司都指揮使，第一九六四頁）由「江山」、「驍勇」，知即此任侍從的刀牌手周能。

6 **伶人張良才日侍，上寵之。後以詐言傳於外。立命斬於市〔一〕。**

〔一〕劉辰國初事迹：「太祖命樂人張良才説平話。良才因做場，擅寫『省委教坊司』招子，貼市門柱上。有近侍人言。太祖曰：『賤人小輩，不宜寵用。』令小先鋒張煥縛投於水。盡發樂人爲穿甲匠，月支米五斗。」（第九五頁）

7 **二十八日〔一〕，士誠降卒五千餘人分給帳下，留守婺州，恐生叛意，意欲帶回京，恐中途遁去，悉斬於雙溪上〔二〕。**

〔一〕明太祖實録：己亥年五月「辛亥，上將還建康」（卷七，己亥年五月辛亥，第八四頁）。辛亥日爲二十日。

〔二〕大明一統志：「雙溪在府城南，其源有二……與東陽、義烏二溪合流，故名。」（卷四二金華府山川，第七一三頁）應即今金華市區西部東陽江和武義江的合流金華江（浙江省地圖集，第二二八～二二九頁）。

8 六月初二日，朱文正譖徐達有叛意，上領帳下將士班師〔一〕。以苗蠻元帥黄寳、蔣英、劉意②仍領原管軍士，參政胡大海守浙東〔二〕。

〔一〕明太祖實録：己亥年四月，「復池州。上時在浙東，聞之甚喜，遂陞達爲奉國上將軍、同知樞密院事」。六月「壬戌朔，上自寧越還建康」（卷七，己亥年四月癸酉、六月壬戌朔，第八三、八五頁）。朱元璋御製中山武寧王神道碑：「戊戌，命王點兵固守建業，朕親下浙東。金華既平，六月師還。」（載皇明名臣琬琰録前集卷一，第一册第一九頁）

〔二〕方孝孺越國公新廟碑：「辛丑夏五月，上憫公之勞，且以婺爲海右大藩，通閩引越，非宿將重臣有以控制之不可，乃授公江南等處行中書省參知政事，屯戍於婺州。」（遜志齋集卷二二，第七二四頁）按，胡大海總守浙東，確始於己亥年六月朱元璋還軍之時（參見本書戊戌年第一三條注五引）。

9 七月，上以侄朱文正仍同徐達領馬步軍，廖永忠、俞通海領水寨，水陸並進攻安慶，不克〔一〕。

〔一〕明太祖實録：己亥年六月，「僉院俞通海攻趙普勝，不克而還，諸將患之」。八月，「元帥朱文遜、秦友諒攻無爲州，取之」。九月，「奉國上將軍徐達、僉院張德勝率兵自無爲登陸……遂克潛山縣。」十月，「元帥俞廷玉率兵攻安慶，不克」（卷七，己亥年六月「是月」、八月庚午、九月癸巳、十月壬申，第八五、八七、八八頁）。朱元璋賜朱升詔書於己亥年八月五日後、十一月攻克處州（本書己亥年第一四條注一引)前説,「欲親往觀兵,值江北報急」(載朱升朱楓林集卷一,第三頁)。按,楊訥劉基事迹考述、夏玉潤重讀朱升及朱楓林集指出,此篇篇名、文句真實性可疑(第一一五頁;第八一頁),是。唯上引叙事當有所據。又,御製中山武寧王神道碑:「六月師還,未幾,遣王西征皖城,水陸並進,微北。」(載皇明名臣琬琰録前集卷一,第一九頁)按,朱元璋所言對應夏、秋兩次失敗,俞本或混淆了前後兩次失敗,明太祖實録則諱言徐達陸軍之敗。

10 **十月③,大軍由潛山回,遂克無爲州〔一〕。元帥張德勝攻池州④〔二〕。**

〔一〕周是修廣東都指揮使狄公碑銘:己亥年「秋八月,進克無爲」(芻蕘集卷四,葉一五b)。朱元璋軍先克無爲,再克潛山(本書己亥年第九條注一引),俞本所述乃由安慶敗還之事。

〔二〕此時池州早已爲朱元璋軍所據(本書己亥年第三條注二),無需攻取。俞本所述或係己亥年四月張德勝援池州事(本書戊戌年第三條注四引),或係本月攻池州清溪口之戰(本書己亥年第一五條及注二)。朱元璋軍與雙刀趙混戰數年,池州一帶多次易手,疑俞本所記因此錯亂。

11 **九月,克衢州〔一〕。取安仁縣及各山寨,直抵汝河〔二〕。**

〔一〕明太祖實録:紅軍於己亥年九月克衢州(本書戊戌年第一二條注二引)。

〔二〕紅軍於庚子年六月後進攻衢州路以西的信州路、饒州路,兵及饒州路安仁縣的石港(本書庚子年第八條及注二、三)。正德饒州府志:「餘干縣……餘水,在縣南,會縣之西南諸溪。」(卷一山川餘干縣，第七三～七五頁）餘水時經安仁、餘干，在鄱陽湖南端入湖（譚其驤主編中國歷史地圖集第七册，第二七～二八頁），即今信江。俞本或將此戰誤前置一年，以音訛「餘」爲「汝」。又，湖廣行省衡州路有安仁縣（元史卷六三地理志，第一五二九頁），衢、衡字近，且繼上條「十月」後又言「九月」，或俞本將甲辰年底克衡州（明太祖實録卷一五，甲辰年十二月庚寅朔，第二〇八頁）後之事，誤置於克衢州。而汝河遠在淮北，亦當丙午年後紅軍北攻時事。

12　十月，征劉家港〔一〕。

〔一〕洪武蘇州府志：「婁江……今俗訛爲劉家港云。」（卷三川江，第一八二頁）弘治太倉州志：「劉家港即婁江尾也，在州東一百里。」（卷一山川，第二五頁）應即今太倉縣瀏河入江口（江蘇省地圖集，一九七八年，第三四頁）。明太祖實録：己亥年十月，「張士誠兵犯江陰，守將吴良遣萬户聶貴、蔡顯將兵，間道出無錫三山絶其後。士誠兵懼，遁去」（卷七，己亥年十月壬申，第八九頁）。劉家港遠在江陰、常熟以東，紅軍或反攻至劉家港。

13　十一月，征閑林埠〔一〕。

〔一〕鄧愈於己亥年正月在臨安縣附近閑林寨擊敗張士誠軍（本書丁酉年第二條注一引）。成化杭州府志：餘杭縣「欽德鄉在縣東南，管二界二保一扇……閑林四、五保一里，閑林六、七保一里，閑林東扇二里」。又：「閑林河去縣東南二十六里……今閑林市居岸兩傍。」（卷二封畛餘杭縣鄉都、卷九山川餘杭縣，第三〇、一三五頁）閑林埠應即閑林市，即今杭州市區以西、餘杭鎮東南的閑林鎮（浙江省地圖集，第一二〇～一二一頁）。疑俞本載己亥年底紅軍攻杭州失敗（本書己亥年第一九條），與本條實係一事。

14 十二月，克處州及黄龍、白雲二寨〔一〕。

〔一〕明太祖實録：己亥年十一月，「僉院胡大海率兵攻處州，克之。初，上既定婺州，即命耿再成駐兵縉雲之黄龍山，謀取處州……大海聞之大喜，即出軍抵樊嶺，與再成合攻之，大敗其兵，連拔桃花嶺、葛渡二砦，遂薄城下……於是處州七邑皆下」（卷七，己亥年十一月壬寅，第八九頁）。大明一統志：處州府「白雲山，在府城北一十里……黄龍山，在縉雲縣西北一十二里」（卷四四處州府山川，第七二九～七三〇頁）。嘉靖浙江通志：「黄龍山，在縣西一十二里，四圍陡絶，池水清潔。元季己亥，我天兵取處州，將軍耿再成樹栅其上。」（卷八地里志處州，第四二六頁）萬曆栝蒼匯記：「黄龍山……蓋縣北之控阨也。」（卷七地理記縉雲，第一二册第四四八～四四九頁）應即今麗水市區以北的白雲景區一帶山巒和縉雲縣城北偏西的城北鎮黄龍村一帶（浙江省地圖集，第二九八～二九九、三〇二～三〇三頁）。

15 俞通海青溪口⑤〔一〕破雙刀趙海船〔二〕。

〔一〕寰宇通志：清溪口爲清溪在池州城北入江處（卷一二池州府山川清溪，第五二三三頁）。嘉靖池州府志：清溪口在池州城東北，「清溪河，在城通遠門外……至下清溪以達于江」（卷首貴池四境圖；卷一與地山川貴池，葉一一a）。應即今貴池城北秋浦河與白洋河入江口一帶（安徽省地圖，第六九頁）。

〔三〕周是修廣東都指揮使狄公碑銘：「己亥秋八月，進克無爲。冬十月，克池州清溪河口，破雙刀趙海舟。」（芻蕘集卷四，葉一五b）則此戰屬本年第二次攻安慶失利中的水戰（本書己亥年第九條及注一、一〇條及注一）。俞本繫此戰於年底，當因不明此戰日期。唯雙刀趙已於己亥年九月被陳友諒殺害（明太祖實録卷七，己亥年九月乙未，第八七頁），朱軍所攻殆其舊衆。

16 濠州孫平章出城降〔一〕。

〔一〕明太祖實録：丙午年四月，「濠州李濟以城降。先是，韓政兵至濠……時孫德崖久已死，城中度不能支，濟及知州馬麟乃出降」（卷二〇，丙午年四月庚申，第二七七～二七八頁）。孫平章應即濠州紅軍早期主將之一孫德崖（明本紀校注，第三四～三六頁）或其後人。

17 淮安薛右丞守盱眙、泗州，至是，渡江〔一〕。

〔一〕明太祖實録：辛丑年三月，「泗州守將薛顯以城降」。吴元年十月官至右丞（卷八、二六，辛丑年三月丁丑、吴元年十月甲子，第一一三、三九七頁）。時泗州紅軍屬彭、趙節制，趙據淮安（本書己亥年第二三條注一）。俞本或難辨濠州紅軍舊部所據濠州、泗州、盱眙投降日期，遂概置於本年底。

18 亳都陞上爲丞相（同僉）⑥〔一〕。

〔一〕唐桂芳黄憲僉槐塘倡酬詩序：「大丞相位冢宰之明年……時庚子日南至也。」（唐氏三先生集卷一八白雲文稿，第六三二～六三三頁）可知朱元璋陞行省丞相必在庚子年前。劉辰國初事迹：己亥年「五月，太祖爲儀同三司、江南等處行中書省左丞相」（第八七頁）。朱元璋有戊戌年底親克浙東道廉訪司駐地婺州路的大功，五月陞丞相之説可信。按，本年第一五條以下均無日期，係俞本不明時序而繫於年底，並非指十二月陞丞相。

19〔同僉〕〔一〕邵榮總大軍攻杭州，不克〔二〕。上以群雄角力，凡地里人情，不知動静虚實，遣帳下衛士何必聚往江西。其守將乃徐真一部下宣慰胡美〔三〕，知之。潛迹南行，至袁州。守將歐平章〔四〕年已老，其動静，偵知之，遂回。上問其道里，必聚具對。又問：「汝到袁州，有何爲記？」答曰：「歐平章門有二石獅，吾斷其尾尖。」後克袁州，果然。上選衛士三十人侍左右，另各具所生八字以進。上命術士推得造化高者十三人，各賞銀五十兩，駕快船一隻，佯稱得罪於上，私降張氏於蘇州。士誠甚喜，配以妻，撫之甚厚。不逾月，同行周海首之，俱斬於虎山⑦〔五〕下。後至吴元年，克蘇州，擒海歸，凌遲以祭方德成等十二人，厚賜成等家，養贍終身。

〔一〕明太祖實録於己亥年初稱邵榮爲平章，又：辛丑年三月，「以樞密院同知邵榮爲中書平章政事，同僉常遇春爲參知政事」（卷七、九，己亥年正月戊申、二月癸酉、辛丑年三月丁丑，第七七、八一、一一三頁）。從己亥年到辛丑年，諸將官職或有所調整，但邵榮官職必高於同僉。俞本蓋以渡江後初陞的官名稱呼諸將，亦屬時習，如廖永安失陷前早已陞樞密院同知（明太祖實録卷六，戊戌年正月甲寅，第六二頁），但劉辰國初事迹仍呼「廖同僉」（第七〇頁）。

〔二〕周是修廣東都指揮使狄公碑銘：己亥年「十二月，隨征杭州」（芻蕘集卷四，葉一五b）。明太祖實録：己亥年十二月，「命僉院常遇春帥師攻杭州」。庚子年三月，「戰數不利，元帥劉忙古歹及掾史商尚質又皆戰死，城不得下，故遣使召之還」（卷七、八，己亥年十二月戊辰、庚子年三月戊子朔，第九〇、九三頁）。宋濂僉江南等處行樞密院事趙公神道碑銘：趙德勝於己亥年十二月「從大將征杭州」（宋濂全集鑾坡後集卷一，第五七一頁）。「大將」指邵榮（參見本書丁酉年第二條注一）。常遇春於己亥年十月陞任僉院（卷七，己亥年十月壬申，第八九頁），但杭州乃江浙行省省會，此時的常遇春，尚難當總領攻城大任，主將必爲「大將」邵榮。

〔三〕黄金皇明開國功臣録：「胡美，初名廷瑞，避御字，改今名……仕陳友諒爲江西行省丞相，守南昌。」（卷一〇胡美傳，第一册第六〇七頁）宋濂同知鷹揚衛親軍指揮使司事于君墓誌銘：于光投降朱元璋之前，在徐壽輝部任「江東宣（尉）〔慰〕元帥，鎮鄱陽」（宋濂全集鑾坡前集卷三，第三八四頁）。「宣慰」或指胡廷瑞據守江西前曾任官位。

〔四〕明太祖實録：「歐普祥……癸巳二月，復攻袁州……十二月，城陷，普祥遂據之……壽輝累加普祥左丞。」（卷一五，甲辰年六月丁巳，第一九七頁）歐普祥即俞本所記歐道人（本書壬辰年第一〇條及注一）。

〔五〕元一統志：「虎丘山，在長洲縣西北九里。」（卷八江浙等處行中書省平江路山川，第五九〇頁）

應即今蘇州市西北虎丘山（江蘇省地圖集，一九七八年，第三〇頁）。

20 遣胡興隆往汴梁，察元守將祝平章⑧虚實。往還六月，備偵以歸。

21 劉彬往河南府，察元總兵王保⑨動静。獲而羈之。後克河南府，彬方出獄〔一〕。

〔一〕擴廓帖木兒並未長駐河南府路，察罕帖木兒則在戊戌年五月起的一整年中，以河南府路爲基地抵禦龍鳳紅軍（元史卷四五順帝紀，第九四四頁），則此河南府王保實指王保保之父察罕帖木兒。明太祖實録：壬寅年十二月，「元將擴廓帖木兒遣尹焕章以書來獻馬。先是，其父察罕帖木兒駐兵汴梁，上常遣使通好，既而察罕亦以書來聘，上以前所遣使不返，不之答。至是察罕已死，乃遣焕章送我使者自海道還，因以馬來獻」。乙巳年七月，「上遣使以書與擴廓帖木兒，曰：『曩者初無兵端，尹焕章來，得書惠寄，即遣汪河同往，爲生者賀、殁者弔。使者去而不回。復遣人往，皆被拘留。』」直到吴元年九月，朱元璋尚質問擴廓帖木兒：「累遣使，皆被拘留。未審閣下雅意若何？」（卷一一、一七、二五，壬寅年十二月「是月」、乙巳年七月甲子、吴元年九月戊戌，第一四四～一四五、二三六、三七五頁）俞本或因諸使節後來亦被擴廓帖木兒拘留，故未區别察罕、擴廓父子。

22 蘇以仁往陝西，察元總兵李思齊。亦獲而羈之。後洪武二年，克陝西〔一〕，以仁始出獄。往見上，陳羈禁之由。厚賜彬及以仁，令還其家。

〔一〕明軍洪武二年克西安，李思齊遁鳳翔（本書洪武二年第二條及注四）。

23 山東元守將毛平章被淮安趙平章〔一〕所殺，將士忿，亦殺趙〔二〕。公衆奉其幼子仍爲總兵，以鎮山東之地。上欲知齊魯燕冀兵力强弱、地理險易，復遣何必聚陽爲毛平章燒飯食〔三〕，欲以探中原虚實。小毛平章年幼聰敏，必聚至數月，待之甚厚，以金盒盛玉帶一條謝之〔四〕。上定諸將功，以邵榮、李善長爲平章，徐達、湯和爲右丞，常遇春爲參政，廖永忠、俞通海亦陞平章〔五〕。

〔一〕劉辰國初事迹：「濠州胡家有女……隨軍在淮安，不曾適人。太祖遣人以書達平章趙君用。」（第七四頁）可知趙君用後來盤踞淮安，接受了龍鳳政權平章之號。邱樹森毛貴事迹考略以學津討原本庚申外史載「淮安趙君用部將毛貴」和草木子載「淮東賊毛會」，證毛貴非劉福通嫡系，本爲趙君用部將（第三三頁）。又，毛貴應爲宋守將，疑「元」係「宋」刊刻之誤，然亦有可能係俞本不知詳情。

〔二〕元史：至正十九年四月，「毛貴爲趙君用所殺」。七月，「趙君用既殺毛貴，其黨續繼祖自遼陽入益都，殺君用，遂與其所部自相讎敵」（卷四五順帝紀，第九四七、九四八頁）。錢謙益國初群雄事略引龍鳳事迹：至正十九年四月，「先是，徐州芝麻李故將趙君用、彭早住據淮安，僭稱王。早住死，君用益自專。未幾奔山東，依宋將毛貴。至是又殺貴」（卷一宋小明王，適園叢書本，第二六頁）。

〔三〕「燒飯」，指祭祀時爲逝者焚燒各種器具食物，是遼金元時期北方民族的祭祀方式之一，沿及清以至現代達斡爾人（劉浦江契丹人殉制研究，第一九四～二〇五頁）。何必聚此行，乃以吊唁毛貴爲名，屬紅軍以至徐濠一系的内部事務，與其他「察」「元守將」有别。

〔四〕元史：趙君用於己亥年四月殺毛貴，七月被殺，益都於壬寅年十一月被元軍攻陷（卷四五、四六順帝紀，第九四七、九四八、九六一頁）。則小毛平章主事，在己亥年七月至壬寅年底之間。可知以上諸條所列偵察各地事，並非同時，俞本特以情事相同，綜述於己亥年底。

〔五〕明太祖實録：辛丑年二月，「陞僉院俞通海同知樞密院事」。三月，「以樞密院同知邵榮爲中書省平章政事，同僉常遇春爲參知政事」，四月，「以中書省參議李善長爲參知政事」。年内，「以樞密院同知徐達爲中書右丞」。癸卯年正月，「以樞密院同僉湯和爲中書左丞」。甲辰年正月，「常遇春、俞通海爲平章政事」（卷九、一二、一一四，辛丑年三月丁丑、四月辛巳朔、十二月「是歲」、癸卯年正月壬寅、甲辰年正月丙寅朔，第一一三～一一四、一二四、一四七、一七六頁）。黄金皇明開國功臣録：徐達於辛丑年三月陞右丞，俞通海於甲辰年三月陞平章，廖永忠於吴元年克蘇州後陞平章（卷一徐達傳、卷二俞通海傳、卷五廖永忠傳，第一册第四七、二三九、三七八～三七九頁）。俞本所記除李善長外，皆係武將由行樞密院官改任行省官，應指辛丑年朱元璋封吴國公、改行樞密院爲大都督府（本書辛丑年第一條注一引）後的陞遷。俞本或將辛丑年「定諸將功」時的陞職，與後來的官職變遷混淆，又誤繫於朱元璋陞丞相事下。

校勘記

①「王掌卿」，事略錢引本作「王卿」（卷三天完徐壽輝，第四二頁）。

②「劉意」，本書又作「劉益」（壬寅年第四條），他書作「劉震」，與黄寶、蔣英均爲苗軍將領（本書戊戌年第七條注二引）。

③「十月」，事略錢引本作「八月」（卷三天完徐壽輝，第四三頁）。「大軍」即明太祖實録載九月出兵、十月敗還者（本書己亥年第九條注一、第一〇條注一引），「十月」確。

④「池州」，事略錢引本作「淝州」（卷三天完徐壽輝，第四三頁），陳校本疑作「汜州」（第四一五頁）。按，元朝無淝州，本條所記乃長江戰事，故應作「池州」。

⑤「青溪口」，他書作「清溪口」（本書己亥年第一五條注一引）。

⑥「十二月克處州……亳都陞上爲丞相同僉邵榮總大軍攻杭州不克」，錢謙益先録劉辰載己亥年五月朱元璋陞行省丞相（本書己亥年第一八條注一引），又分録此句作「十二月得處州，亳都陞上爲丞相同僉」、「十二月，邵榮總大軍攻杭州，不克」（事略錢引本，卷一宋小明王、卷二追封滁陽王、卷七周張士誠，第一七、二八、九六頁）。錢氏意指朱元璋五月陞丞相，十二月陞丞相同僉。按，「丞相同僉」不通，應係抄録者或刊刻者誤將下段「同僉邵榮」之「同僉」誤讀於此，現將「同佥」移至下條。

⑦「虎山」，事略錢引本作「虎丘山」（卷七周張士誠，第九四頁）。疑俞本訛爲「虎山」。

⑧「祝平章」，疑作「竹平章」。元史：戊戌年五月，龍鳳紅軍克汴梁，「守將竹貞棄城遁」，己亥年八月，察罕帖木兒破汴梁。竹貞本是答失八都魯、孛羅帖木兒父子部下，逃離汴梁後，一直在北方參加孛羅與察罕父子的内戰，直到

癸卯年六月方在陝西投降擴廓帖木兒（卷四四、四五、四六順帝紀，第九四三、九四八、九六三～九六四頁）。丙午年，竹貞南援安豐，與朱元璋軍對抗（明太祖實録卷二〇，丙午年四月辛未，第二八五頁）。

⑨「王保」，本書及他書作「王保保」，即擴廓帖木兒（本書戊申年第八條及注六引）。

庚子　至正二十年（公元一三六〇年）

1 正月初一日，上於府門親書桃符曰：「六龍時遇千官覲，五虎功成上將封。」〔一〕

〔一〕易乾彖傳：「大明終始，六位時成，時乘六龍以御天。」（周易集解纂疏卷一上經第一，第三六～三七頁）疑朱元璋或俞本訛「御」爲「遇」。桃符中「六龍」云云，殆與「大明」之「明」呼應。

2 徽州守將院判鄧愈領兵克千秋關〔一〕、弦歌鄉〔二〕、侯客等寨〔三〕。

〔一〕嘉靖寧國府志：寧國「縣東南一百五十里曰天目山……稍南曰千秋嶺」（卷五表鎮記，葉二三a）。應即今寧國縣東南界上的千秋關（安徽省地圖，第五八頁）。

〔二〕唐桂芳移建師山書院引：「初，貞白先生任太平之弦歌鄉巡檢。」（唐氏三先生集卷一八白雲文稿，第六三九頁）嘉靖池州府志：石埭縣「舒溪在縣後，源出湘源，由太平縣弦歌鄉達縣之舒泉鄉」（卷一山川石埭，葉一六a）。嘉靖寧國府志：太平縣有弦歌鄉，「三府會館在縣西弦歌鄉，距縣九十里」（卷二制置記，葉七b～八a；卷四次舍記，葉三〇a）。可知弦歌鄉在舒溪上游的寧國、徽州、池州三府交界處，應即今黟縣西北部的柯村、美溪、宏譚等地（安徽省地圖，第六四頁）。

〔三〕朱夢炎衛國鄧公神道碑：鄧愈長鎮徽州，戊戌年「四月……遷同僉樞密院事……九月，轉僉書行樞密院事」（載皇明名臣琬琰録前集卷二，第一册第五九頁）。劉崧孫先生傳：「庚子春，太平縣民李明六據弦歌、石埭上下五都爲亂。」（槎翁文集卷二，第四〇七頁）

3 二月，徐達克高郵。尋復失〔一〕。

〔一〕黄金皇明開國功臣録：「李恪……庚子，征常熟州劉家港，攻高郵。」劉真「庚子，攻高郵，復太平」。趙端「庚子二月，攻高郵月城，先登，賞銀碗一」（卷一七李恪傳、劉真傳、二三趙端傳，第二册第一三九、一四一、三七七頁）。這次進攻顯然以失敗告終，並未得而復失。又，宋濂僉江南等處行樞密院事趙公神道碑銘：趙德勝「辛丑春二月，征高郵」（宋濂全集鑾坡後集卷一，第五七一頁）。黄金皇明開國功臣録：鄭遇春「辛丑二月，同趙德勝從馮勝征泰州，復攻高郵」（卷八鄭遇春傳，第一册第五四六頁）。紅軍於庚子年二月、辛丑年二月兩攻高郵，而俞本載己亥年二月、庚子年二月兩攻高郵，己亥年之戰與戰爭形勢不合（本書己亥年第三條注一）。疑俞本將兩次高郵之戰皆前置一年，此處所記係辛丑年事。

4 三月，俞通海征福山、劉家港、白茅港①〔一〕。

〔一〕黄金皇明開國功臣録：「李恪……庚子，征常熟州劉家港。」（卷一七李恪傳，第二册第一三九頁)劉家港爲婁江入江口(本書己亥年第一二條注一)。洪武蘇州府志:崑山縣境劉家港以南常熟境内,北有福山港,南有白港。又:「洪武九年八月,長洲縣民俞守仁等詣縣……『雖有劉家港可以達海,奈以一港而難泄衆流之横潰,由是田疇時被浸没。張氏開白茆港,與劉家港分殺水勢。』」(卷首崑山縣界圖、常熟縣界圖、卷三水利,第八三、八五、二一八～二一九頁)弘治常熟縣志:「常熟……北至福山港口四十里,抵揚子江。」又:「福山港巡檢司在縣東北四十里端委鄉福山閘上……白茆港巡檢司在縣東北九十里雙鳳鄉白茆港口,北抵大海。」(卷一建置沿革、卷二屬治,第一一、五八頁)此三地爲常熟、崑山入江主要水道,應即今常熟縣城北的福山港口、常熟縣與太倉縣交界處的白茆口和太倉縣城東的瀏河口(江蘇省地圖集,一九七八年,第三四頁)。

5 **四月,上命親兵指揮楊璟〔一〕領帳前將士,於宜興西湖②〔二〕習水戰。**

〔一〕明太祖實録:己亥年十二月,「以親軍副都指揮使楊璟爲樞密院判官」(卷七,己亥年十二月戊辰,第九〇頁)。

〔二〕萬曆常州府志:「宜興兩脅皆水,西曰西氿,東曰東氿。水以氿名,以其長九里也。西氿凡二,合二十七里……悉從西北趨歸東南入湖。」(卷二河渠總説,第八四頁)萬曆宜興縣志:「西溪,一名西九,在縣西關外。凡廣德、溧陽、金壇並本縣迤西諸山澗水流匯於此,乃貫城繞郭,經東溪以下太湖。其長幾三十里,汪洋浩蕩,茫然巨浸。」(卷一與地志山川溪,第一六九八頁)西氿、西溪應即俞本所記西湖,即今宜興城西的西氿(江蘇省地圖集,一九七八年,第二二頁)。

6 五月初一日，上親領水、陸二寨將士，駕海船及風斗快船〔一〕，於采石江上教習。至未時，忽然雲暗蔽日，周天星現，官軍彼此不相識。上懼甚，鳴金集船。至酉時，方復明〔二〕。

〔一〕明太祖實録：洪武六年正月，「廖永忠上言曰：『……請令廣洋、江陰、横海、水軍四衛，添造多艣快船……若倭夷之來，則大船薄之，快船逐之。』」（卷七八，洪武六年正月庚戌，第一四二三～一四二四頁）俞本多次提到海船，指容人上千的主力戰艦（參見本書辛丑年第四條），與風斗快船相對而言（本書乙未年第四條注一）。

〔二〕由「初一日」、「周天星現」，可知此天變爲日全食。公元一三六一年五月五日，西安至杭州一帶發生日全食，采石正在全食界内（劉次沅中國歷史日食典，第二二一頁），此日爲辛丑年四月辛卯朔（方詩銘中國歷史紀年表，第一三〇頁）。按，庚子年五月，陳友諒準備大舉東下，朱元璋水軍正忙於自保（本書庚子年第七條注二六），絶無可能溯江而上至采石一帶訓練。而次年即辛丑年秋，朱元璋乘龍灣戰勝之威，溯江而上反攻陳友諒（本書辛丑年第四條注一），戰前應有機會在采石訓練水軍。俞本將辛丑年四月事誤前置一年。

7 是月〔一〕，陳友諒據江州〔二〕，親率大軍，駕海船順流東下，侵太平府〔三〕。遣人於池州弑其君徐真一〔四〕，遂於采石娥眉山③〔五〕自稱爲帝，國號大漢，改元曰大義〔六〕。遣其弟領大船侵應天府。及抵江上，見龍江城下〔七〕兵精將勇，城塹深，又創蓮花椿於江瀕二里許以拒艦，友諒船至，不能近城。友諒弟五王移海船於石灰山〔八〕，其④虎口城〔九〕雙刀趙之兵攻龍灣〔一〇〕。先是，甲午年，趙與上盟，守上路安慶府，後背盟〔一一〕。及友諒東征，未至安慶，趙率衆兵迎降，被羈。不數日，斬之〔一二〕。友諒以其將長張〔一三〕仍授以元帥之職，領衆前導。上調徐達、常遇春、邵榮領兵拒之，常遇春拒長張之兵於龍灣，邵榮拒五王之兵於石灰山〔一四〕，徐達駐中道〔一五〕，以待左、右之援。數戰不利，蔡鎮撫率騎士數十在後力戰，俱死於陣。陳氏棄船赴敵，漸遠，上調邵榮兵沿江⑤而西截戰，友諒兵前後不能相繼，遂大敗〔一六〕。長張船被風急水湧，不能開幫，率衆俱降〔一七〕。上於石頭城山〔一八〕上立馬督戰⑥〔一九〕，天晴盛暑，占者曰：「今日午時有雨，敵大敗。」至其時，大雨如注，頃刻復晴，再戰，大破友諒之兵〔二〇〕。五王僅免，登舟而遁〔二一〕。敗兵登舟不及，死者不可勝計，其被傷及死橫於道者，兵不得行。生擒數萬人，俱赦之，令民供養。旋作水牢羈之，月餘，死者過半。次日，上遣廖永忠、俞通海等領海船泝流襲之〔二二〕。追至三山磯及采石、青沙〔二三〕，大兵連戰皆捷，惟僉院黑張、同知官音奴⑦陣亡〔二四〕，陳氏兄弟率敗卒夜奔江州〔二五〕。先是，上於己亥年預料，敵兵臨城，水陸安能俱備？遂起溧水、溧陽、上元、江寧、丹徒、丹陽六縣之民及作弊吏胥，自龍江至聚寶門挑疏河道，闊五十餘丈，深二丈，能容海船周旋。及諒兵至，海船悉泊於内，友諒不能獲[二六]。諸將皆曰，此天祐上有此先見也。

〔一〕元史：陳友諒於五月「殺其僞主徐壽輝於太平路，遂稱皇帝……已而回駐於江州」（卷四五順帝紀，第九五〇頁）。明太祖實録：陳友諒於閏五月初一日克太平，三日稱帝，五日進攻建康（卷八，庚子年閏五月丙辰朔、戊午、庚申，第九五、九九、一〇二頁）。錢謙益國初群雄事略：「似當以實録爲正。」（卷三天完徐壽輝，適園叢書本，第四四頁）按，元史混淆了「五月」與「閏五月」。俞本所記極少閏月，疑其晚年記憶模糊所致，「是月」當爲「閏五月」。

〔二〕明太祖實録：己亥年十二月，徐壽輝至江州，陳友諒「盡殺其部屬，惟存壽輝，乃以江州爲都，奉壽輝居之。友諒遂自稱漢王……事權一歸於友諒」（卷八，庚子年閏五月戊午，第一〇一～一〇二頁）。

〔三〕明太祖實録：庚子年閏五月「丙辰朔，陳友諒率舟師攻太平……攻城三日……城遂陷」（卷八，庚子年閏五月丙辰朔，第九五頁）。

〔四〕明太祖實録：庚子年五月，「陳友諒兵寇池州，徐達等擊敗之」。閏五月，「陳友諒弑其主徐壽輝於采石……舟中」（卷八，庚子年五月「是月」、閏五月戊午，第九四、九九頁）。葉子奇草木子：陳友諒「兵至采石，謀稱帝而後下兵，遂遣其黨殺徐」（卷三上克謹篇，第五三頁）。按，池州爲朱元璋軍所據，徐壽輝當死於采石。

〔五〕明太祖實録：庚子年閏五月，「友諒遂以采石五通廟爲行殿……僭位其中」（卷八，庚子年閏五月戊午，第九九頁）。葉子奇草木子：陳友諒「稱帝於采石五聖廟」（卷三上克謹篇，第五三頁）。郎瑛七修類稿：「五通」即「五聖」（卷四八五通攝人，第七〇三頁）。張以寧峨眉亭詩：「白酒雙銀瓶，獨酌峨眉亭。不見謫仙人，但見三山青。」（翠屏集卷一，葉一b）同詩又作：「碧酒雙玉瓶，獨酌蛾眉亭。不見李太白，但見三山青。」（載大雅集卷四張以寧，葉一a）寰宇通志：「天門山在府城西南三十里，二山夾大江，東曰博望，西曰梁山……亦名峨眉山。」又：「蛾眉亭在采石山，宋郡守張環建，前有博望、梁山夾大江，對峙如眉，因名。」（卷一〇太平府山川、太平府館驛，第五二二〇、五二二一頁）則陳友諒登極地點，在遠望峨眉山的采石山上峨眉亭、五通廟一帶，並非數十里外的峨眉山。

〔六〕元史：「國號大漢，改元大義。」（卷四五順帝紀，第九五〇頁）明太祖實録：「國號漢，改元大義。」（卷八，庚子年閏五月戊午，第九九頁）按，國號全稱當爲大漢。

〔七〕按，龍江爲秦淮河北流入江水道，由龍江循秦淮河可直抵應天府城壕（本書丙申年第五條注二）。明太祖實録：庚子年閏五月，陳友諒軍先叩大勝港、江東橋，皆不得志，「即與其弟號五王者，率舟千餘向龍灣」（卷八，庚子年閏五月庚申，第一〇四頁）。龍灣即龍江入江處（本書庚子年第七條注一〇）。

〔八〕至正金陵新志：「幕府山，在城西北二十里，周迴三十里，高七十丈。」（卷五山川志山阜，第二二七頁）寰宇通志：「石灰山，在城西北二十里，舊名幕府山。」（卷八應天府山川，第五一九一頁）應即今南京城北江岸的幕府山（江蘇省地圖集，一九七八年，第一九頁），時位於龍江入江口東北。

〔九〕宋濂僉江南等處行樞密院事趙公神道碑銘：趙德勝「守虎口城。虎口城，龍江第一關也。」（宋濂全集鑾坡後集卷一，第五七一頁）似指虎口城扼龍江而建。但王禕參軍胡公行述：「庚子秋……相龍灣、虎口形勢，築二城以衛京師。」（王忠文公集卷二二，第四〇一頁）明太祖實録：庚子年閏五月，「於新河口跨水築虎口城，以兵守之。」年内，「築龍灣、虎口城」（卷八，庚子年閏五月庚申、十二月「是歲」，第一〇三、一一〇頁）。當時的新河口，係城西長江中主要汊流的上游通江口（李新峰元末龍灣之戰與南京水道，第八九～九一頁）。應即今南京城西江岸的新河口村（江蘇省地圖集，一九七八年，第一九頁），汊流上設江東橋（顧祖禹讀史方輿紀要卷二〇應天府江寧縣新開河，第九五六頁），與龍灣、「龍江城上」並非一處。陳軍最初進攻江東橋（明太祖實録卷八，庚子年閏五月庚申，第一〇四頁），則此前必經虎口城，陳軍主力赴下游後，虎口城一帶的軍隊應隨赴下游。

〔一〇〕朱元璋閲江樓記：「宫城去大城西北將二十里，抵江干曰龍灣。有山蜿蜒如龍，連絡如接翅飛鴻，號曰盧龍，趨江而飲水……賜名曰獅子山……昔僞漢友諒者來寇，朕以黄旗居山之左，赤幟居山之右……赤幟摇而敵攻，黄旗動而伏起。」（明太祖御製文集卷一六，第四四一～四四三頁）按，赤幟之設，爲昭示龍灣敵情（明太祖實録卷八，庚子年閏五月庚申，第一〇四頁），「山之右」即獅子山西，在今南京市秦淮河北入江口以東（江寧府城圖），可知此龍灣指龍江入江口一帶。

〔一一〕劉辰國初事迹：「太祖在和州與李國勝、趙普勝同盟渡江……國勝起意……太祖令壯士縛之，投於水。部下廖永安、俞通海以軍馬船隻降。」（第六七頁）明太祖實録：「趙普勝……初與俞通海等皆來降，中道叛去，降於壽輝。」（卷五，丁酉年五月丙申，第五四頁）按，濠州紅軍乙未年初克和州、含山時，將巢湖水軍逼入困境（本書乙未年第二條及注四），「背盟」者係濠州紅軍。又，雙刀趙至戊戌年方克安慶（本書庚子年第七條注一二引）。

〔二〕朱善余廷心後傳：趙普勝自丙申年占領池州後，反復進攻安慶，到戊戌年正月，終與陳友諒等合力攻克（朱一齋先生文集卷六，第二一八～二一九頁）。明太祖實録：己亥年九月，陳友諒「以會軍馬爲期，自至安慶圖之。普勝不虞友諒之圖己，聞其至，具燒羊迎於雁汊，登舟見友諒。友諒就執殺之，併其軍。初，友諒與普勝攻安慶，元左丞余闕死之，遂陷安慶，令普勝守之」（卷七，己亥年九月乙未，第八七頁）。劉辰國初事迹：「陳友諒陷太平，殺其主徐壽輝，自稱皇帝。友諒與普勝同事壽輝，恐其變，誘執普勝往江州，誅之，别留軍馬守安慶。」（第九四頁）按，「别留軍馬守安慶」，必在陳友諒兵至太平、采石之前，即在殺徐壽輝之前，故明太祖實録所記先殺趙普勝、後殺徐壽輝，更近事實。

〔三〕明太祖實録：「張志雄者，故趙普勝部將，善戰，號長張。嘗怨友諒殺普勝，故龍灣之戰無鬥志。」（卷八，庚子年閏五月庚申，第一〇五頁）

〔四〕朱元璋閱江樓記：石灰山的三萬「精兵」在決戰中發揮了最關鍵的作用（明太祖御製文集卷一六，第四四三頁）。明太祖實録：「命馮國勝、常遇春率帳前五翼軍三萬人，伏於石灰山側。」（卷八，庚子年閏五月庚申，一〇三頁）宋濂鄂國常公神道碑銘稱常遇春在此戰「共謀擊敗之」（宋濂全集鑾坡前集卷二，第三五〇頁），並無殊功，可知常遇春應如俞本下文所記，「拒長張之兵於龍灣」且「數戰不利」，統率石灰山的三萬精兵者實乃武將中地位最高的邵榮。

〔五〕明太祖實録：戰前，「徐達軍於南門外」，決戰開始後，「徐達兵亦至。」（卷八，庚子年閏五月庚申，第一〇三、一〇四頁）徐達此前預防可能由大勝港或江東橋突入内地的南來之敵，當敵軍主力聚集在城西北龍灣、城北石灰山一帶時，徐達確應趕赴主戰場。不過，徐達在此戰同樣無功可表，應如俞本所記

「據中道」且「數戰不利」。

〔一六〕朱元璋閲江樓記：「當是時，吾伏精兵三萬人於石灰山之陽，至期而舉旌幟，軍如我約，一鼓而前驅，斬溺二萬，俘獲七千。」（明太祖御製文集卷一六，第四四三頁）。宋濂僉江南等處行樞密院事趙公神道碑銘：「兵陣既交，殺傷相當，而伏兵忽起山坳，友諒兵大敗。」（宋濂全集鑾坡後集卷一，第五七一頁）明太祖實録：陳友諒「先遣萬人登岸立柵，其勢鋭甚……赤幟舉，上下令拔柵，諸軍競前拔柵，友諒麾其軍來争戰……黄幟舉，馮國勝、常遇春伏兵起，徐達兵亦至，張德勝、朱虎舟師並集，内外合擊。友諒兵披靡不能支，遂大敗」（卷八，庚子年閏五月庚申，第一〇四頁）。按，「棄船赴敵」指五王從石灰山一帶登陸，趨西南方盧龍山或龍灣，故離江岸「漸遠」，決戰的關鍵在於，此時石灰山伏兵參戰，即邵榮由東向西横擊五王側翼。

〔一七〕明太祖實録：「潰兵走趨舟，值潮退，舟膠淺，卒不能動。殺溺死者無算，俘其卒二萬餘人，其將張志雄、梁鉉、俞國興、劉世衍等皆降。」（卷八，庚子年閏五月庚申，第一〇四～一〇五頁）按，長張軍深入「江瀕二里許」的龍灣，故潮退舟淺，無法撤退。

〔一八〕至正金陵新志：「石頭山，在城西二里……今清涼寺西是也。」（卷五山川志山阜，第二二六頁）洪武京城圖志：「石頭山……今城於其上，甓以磚石，雄壯險固，甚得控制之勢。」（大典本，葉一七a～b）今南京市區清涼門西北山南麓有明代墻體，墻基可能爲六朝遺物（中國文物地圖集江蘇分册，上册第一四四、下册第一頁），但六朝石頭城主體當在山下而非山上，此墻或爲石頭小城遺址（楊國慶等南京城墻志，第七七～七九頁）。俞本或指上有石頭小城的石頭山，位於南門外和獅子山陣地中間地帶。

〔一九〕明太祖實録：戰前，「帳前五翼軍三萬人伏於石灰山側，徐達軍於南門外……上總大軍於盧龍山」（卷八，庚子年閏五月庚申，第一〇三～一〇四頁）。按，徐達軍於南門外，爲防敵軍由大勝港、江東橋突入城西、南壕一帶，朱元璋需兼顧城南和城西北，故有可能先駐石頭城。唯陳軍主力聚集城北後，朱元璋必往盧龍山前綫，方可行「赤幟」、「黄幟」之計。

〔二〇〕明太祖實録：舉赤幟初戰前和舉黄幟決戰之前，「衆欲戰，上曰：『天將雨，諸軍且就食，當乘雨擊之。』時天無雲，衆莫之信。忽雲起東北，須臾雨大注，赤幟舉……方合，適雨止，命發鼓，鼓震，黄幟舉」（卷八，庚子年閏五月庚申，第一〇四頁）。俞本在此追述決戰前朱元璋的決策過程，「再戰，大破友諒之兵」即上述「友諒兵前後不能相繼，遂大敗」。

〔二一〕明太祖實録：「友諒乘别舸脱走。」（卷八，庚子年閏五月庚申，第一〇五頁）據俞本所記，則陳友諒似並未前來建康。

〔二二〕黄金皇明開國功臣録：俞通海「追戰慈湖，縱火焚其舟，賊衆大潰，獲僞帥喻國興、李智高等樓船數艘及甘、張、方、王、陳五帥海舟，俘賊人八十餘名。追至采石，復與戰，臂中流矢。」（卷二一俞通海傳，第一册第二三五～二三六頁）明太祖實録：「上乃遣徐達、馮國勝、張德勝等將兵追友諒。」（卷八，庚子年閏五月庚申，第一〇五頁）按，此時朱元璋以水軍追敵，水軍主將廖永忠、俞通海必在行間。

〔二三〕黄金皇明開國功臣録：周顯「於龍灣石灰山敗陳友諒兵，獲船一艘。追至采石觀渡橋，復戰，獲鼓手僧家奴、勇士何長等一十三人，遂復太平」（卷一六周顯傳，第二册第八三～八四頁）。三山磯應即三山，在建康以南、采石以北（本書丙申年第二條注一）。按，明太祖實録：「德勝追及友諒於慈湖，縱火焚其舟，至采石，又與大戰。」（卷八，庚子年閏五月庚申，第一〇五頁）嘉靖南畿志：「當塗……慈湖溪在城北六十三里。」（卷四四太平府區域當塗，第五〇六頁）應即今馬鞍山市北境的慈湖鎮一帶，位於三山以南、采石以北（安徽省地圖，第七頁），慈湖之戰應即三山磯之戰。

〔二四〕嘉靖重修太平府志：丙申年「三月十日擊金陵，昇斫排柵入東門，擒同知觀音奴。命以本人銀甲繡衣賞之」（卷六人物志勇略吴昇傳，第九〇二頁）。紅軍以樞密院同知爲特别高級的武官，而降將多仍舊官名，陣亡者或即此觀音奴，未詳。

〔二五〕明太祖實録：「至采石，又與大戰，德勝死之……又敗之。友諒晝夜不得息，遂收餘兵，棄太平遁去。」（卷八，庚子年閏五月庚申，第一〇五頁）

〔二六〕明太祖實録：戰前，「張德勝、朱虎率舟師出龍江關外」。決戰打響後，「張德勝、朱虎舟師並集，内外合擊」（卷八，庚子年閏五月庚申，第一〇三、一〇四頁）。按，陳氏水軍强大難敵，朱元璋部水軍「出龍江關外」，指先駐河道之内的瀕江工事之後，後來參加陸戰，否則雙方定有水戰發生。俞本所記當實。

8　**六月，克信州，命元帥葛俊守之〔一〕。克遂昌寨〔二〕，及石港〔三〕，土人王右丞降〔四〕。**

〔一〕明太祖實録：庚子年閏五月，「克信州……立龍虎翼元帥府，以葛俊爲元帥、周隆爲副元帥守之」（卷八，庚子年閏五月戊寅，第一〇六～一〇七頁）。

〔二〕明太祖實録：庚子年六月，紅軍處州之兵敗石抹宜孫於慶元縣（卷八，庚子年六月壬子，第一〇七頁）。「遂昌寨」或係處州府所轄遂昌縣境内某寨，在處州後方呼應石抹宜孫。但俞本此處述信、饒戰事，此遂昌寨似應位於處州以西，甚至爲與下文石港、王右丞相關的「建昌」之訛。

〔三〕蘇伯衡繆美傳：「辛丑二月……取石港。」（蘇平仲文集卷三，葉一四b）明太祖實録：辛丑年正月，「院判朱亮祖率兵擊陳友諒平章王溥於饒州安仁之石港，不利而還」（卷八，辛丑年正月辛酉，第一一一頁）。俞本書「及」而不書「克」，知紅軍未能攻克石港。正德饒州府志：「安仁縣……榮禄鄉在縣東：八都，去縣一十五里，六圖，石港市，東路通達；九都……」又：「税課局在榮禄鄉八都石港市。」（卷一〔鄉都〕安仁縣、卷二公署安仁縣，第五六、一七三頁）應即今餘江縣北境信江北岸的石港鎮（江西省地圖集，第五三頁）。

〔四〕王褘太原郡夫人葉氏墓誌銘：王溥的母親「姓葉氏，饒之安仁縣人，歸同里石港王氏，爲……晉之配」（王忠文公文集卷二四，第四二四頁）。石港是王右丞的家鄉，故俞本稱「土人」。明太祖實録：辛丑年九月，「陳友諒平章建昌王溥降」（卷八，辛丑年九月辛亥，第一二〇頁）。黄金皇明開國功臣録：「辛丑正月……以兵拒戰，我師不利……江州既拔，友諒奔武昌，溥遂以九月己酉朔遣使來降。」（卷二六王溥傳，第二册第四七八～四七九頁）按，本條所載，係朱元璋軍由浙東向西進攻，俞本皆附於最早的進攻信州事下，并把後來江西高官王溥投降繫於初次交戰事下。

9 七月，克玉山〔一〕。

〔一〕明太祖實録：庚子年閏五月，「過衢州……攻信州，至靈溪，城中步騎數千出迎戰……遂克之」（卷八，庚子年閏五月戊寅，第一〇六～一〇七頁）。按，玉山爲衢州至信州所必經，或庚子年閏五月浙東兵爲配合建康禦敵而直襲信州，此後回軍克玉山。蘇伯衡繆美傳：繆美於辛丑年五月後「復玉山」（蘇平仲文集卷三，葉一五a）。

10 八月，克桐廬輝寨〔一〕。

〔一〕明太祖實録：庚子年九月，「以親軍左副都指揮朱文忠同僉樞密院事」（卷八，庚子年九月乙卯朔，第一〇九頁）。朱文忠時守建德陞職或與此桐廬之戰有關。

11 九月，取胡辛九山寨〔一〕。克四沙〔二〕。

〔一〕朱善安定侯程忠愍公神道碑：丁酉年十月，徽州守軍對陣楊完者，「因覆其營，生禽其將胡辛等二百人……庚子七月，鄱陽院判于光、左丞俞椿擊走僞漢守將辛甲而據之……遂以饒州來附」（載皇明文衡卷七二，葉二a～b）。辛甲即辛同知（本書庚子年第一四條注一引），揆其時間、地點，或即胡辛九，然胡辛與胡辛九名字更接近，未詳。

〔二〕正德姑蘇志：「崇明縣……唐武德間海中涌二洲，今東、西二沙……建中靖國初又漲一洲於西北，即今之三沙。嘉定中更置鹽場。」（卷七沿革崇明縣，第一五八頁）三沙西北的新成陸地，或在元末已出現，或即名四沙，或即今崇明島中西部三沙洪以西一帶（上海市地圖集，第八〇～八一頁）。但此時紅軍似無暇攻取深入張士誠勢力範圍的江中沙洲，或此地應爲江西某處，未詳。

12 **十一月，俞錫作亂，平之**〔一〕。

〔一〕于光於庚子年降朱元璋，陣亡後大得禮遇（本書洪武三年第一條注五），而與于光同降朱元璋的右丞俞椿（或作余椿，見本書庚子年第一一條注一、一四條注一引），官位高於院判于光，在後來的記載中却不見蹤影。疑俞椿後遭誅殺，或即俞本所記「俞錫」，未詳。

13 **克永豐、樂平**〔一〕。

〔一〕蘇伯衡謝成傳：謝成於「辛丑八月，復從衛國公攻下樂平，馳克饒州」（蘇平仲文集卷三，葉二七a）。明太祖實録：辛丑年八月，「鄧愈克浮梁……院判于光復攻樂平州……克之」（卷九，辛丑年八月甲申，第一一七頁）。俞本將克樂平前置一年，但永豐縣在信州境内，密邇玉山，或於庚子年已被攻克。

14 **攻饒州、興國**〔一〕。**張天師朝上**〔二〕，**密言道術。上惑之，誅戮文武諸臣自此始矣**〔三〕。

張大同曰：太祖英斷，出於天授。諸臣被誅，必由自取。乃本據訛傳，而曰道術能惑。此管窺之見也。

〔一〕朱夢炎衛國鄧公神道碑：「庚子七月，鄱陽院判于光及右丞余椿擊走僞漢部將辛同知，取饒州，遂以其城來附」（載皇明名臣琬琰録前集卷二，第一册第五九頁）。饒州旋失守，於辛丑年再克（本書辛丑年第一二條及注一）。明太祖實録：辛丑年七月，「鄧愈兵攻浮梁，不下，上命理問谷繼先、院判劉文旺率兵往助之」。十月，「命理問谷繼先率兵討陳友諒之興國路石榴山寨，克之」（卷九，辛丑年七月甲子、十月戊子，第一一六、一二一頁）。黄金皇明開國功臣録：劉謙「辛丑……八月從上征陳友諒，拔九江僞都，獲其糧馬，取興國府石榴寨……徇克黄梅、廣濟」（卷二〇劉謙傳，第二册第二四四頁）。嘉靖興國州志：興國城「西五十里，石榴山，今名百福，四面險阻，上有寨」（卷二山川州，第三二八頁）。石榴山寨遠在湖廣的内陸地區，庚子年尚非朱元璋軍可攻。疑俞本將辛丑年谷繼先攻饒州浮梁和興國山寨合爲一事，而克樂平與克浮梁同時，已被前置一年（本書庚子年第一三條注一），攻饒州、興國之事被附記於克樂平之後，故亦前置一年。

〔二〕宋濂四十二代天師張公神道碑銘：「辛丑，上統大將親取江西。公知天運有歸，遂遣使者上箋，述臣順之意。乙巳，公朝京師。」（宋濂全集芝園後集卷五，第一四〇八頁）朱元璋四十二代天師大真人張正常招聘榜文：「吴王令旨，江西等處行中書省……龍鳳六年。」（載皇明恩命世録卷一，第四六六五四～四六六五五頁）漢天師世家：「己亥，襲教……辛丑，我大明太祖高皇帝發御榜，命有司訪求招聘。」（卷三四十二代天師諱正常，第四六七二五頁）按，龍鳳六年即庚子年，時紅軍並無吴王和江西行省之稱，今存榜文必經篡改，應以辛丑年招張天師爲準。

〔三〕按，張天師雖得朱元璋禮遇，畢竟只是宗教領袖，在術數方面對朱元璋的影響非常有限。宋濂張中傳：「張中……臨川人也……遇異人授以太極數學，談禍福多驗……歲壬寅春正月，上帥師下豫章，御史大夫鄧愈侍上左右，因薦中。遣使者召至，賜之坐，問曰……一如中言。中自是寵遇有加，且言國中大臣將有變，上宜預防。秋七月，平章邵榮、參政趙繼祖伏甲北門，欲爲亂，事覺伏誅……號曰鐵冠子……上嘗親疏十事，命濂作傳，藏金匱中。」（宋濂全集鑾坡前集卷九，第五一七～五一九頁）張兆裕明初國事與術數據宋濂奉命作傳，與明太祖實録載洪武六年朱元璋重視張鐵冠之言，指出張中從壬寅年投奔朱元璋後一直深得信任，建國後朱升、劉基等淡出術士行列，張中成爲朱元璋的主要術數顧問（第四五〇頁）。疑俞本視壬寅年殺邵榮爲「誅戮文武諸臣」之始，混淆了同樣來自信州、撫州一帶、同樣擅長術數的張天師和張中，遂把壬寅年開始的「惑」上，繫於發生在辛丑年底的自浙東西征諸事（參見本書庚子年第一三條注一、一四條注一）。

校勘記

① 「白茅港」，他書或同（正德姑蘇志卷一二水利下，第二二三頁），然多作「白茆港」（本書庚子年第四條注一引）。

② 「西湖」，他書作「西氿」（本書庚子年第五條注二引）。

③ 「娥眉」，他書作「蛾眉」、「峨眉」（本書庚子年第七條注五引）。

④ 「其」，張校本據國初群雄事略沈抄本作「攻」（卷四漢陳友諒，第九〇頁）。按，虎口城遠在石灰山上游（本書庚子年第七條注八、九），陳軍主力不可能再攻虎口城，疑「攻」係抄者改。

⑤「沿江」，事略錢引本下接「風急水涌」（卷四漢陳友諒，第四六頁），張校本則下接「西截戰。友諒兵前後不能相顧，遂大敗。長張船」（卷四漢陳友諒，第九〇頁）。錢氏此段節引省略甚多，然「沿江風急水涌」不通，應係適園叢書本刊刻者漏刻與張刻本「而西截戰。友諒兵前後不能相繼，遂大敗。長張船被」相當的一行二十字左右。

⑥「立馬督戰」，事略錢引本作「力戰」（卷四漢陳友諒，第四六頁），張校本作「督戰」（卷四漢陳友諒，第九〇頁）。陳軍不可能進到石頭城下，「力戰」或係錢氏節引致誤。

⑦「官音奴」，事略錢引本作「觀音奴」（卷四漢陳友諒，第四六頁），張校本據國初群雄事略沈抄本作「官音奴」（卷四漢陳友諒，第九〇頁）。

辛丑　至正二十一年（公元一三六一年）

1　正月，亳都陞上爲吴國公〔一〕。

〔一〕明太祖實録：丙申年七月建省，「諸將奉上爲吴國公」（卷四，丙申年七月己卯朔，第四五頁）。錢謙益太祖實録辨證據俞本所記朱元璋陞官次第，并據後來時人稱朱元璋「丞相」、元朝欲以「平章」招降朱元璋，認爲「丙申之未開吴國，斷可知矣」（「一」，第二一〇八頁）。潘檉章國史考異根據丙申年形勢，益信俞本之言，且據丙申年後時人稱朱元璋「平章」、「相國」、「閣下」，辛丑年始稱「主公」，甲辰年後稱「主上」，判定朱元璋先爲平章、丞相，辛丑年始被尊稱「主公」，「已開吴國矣」（卷一五，第七頁）。按，「閣下」、

「主公」之謂與言者身份有關，「主公」並非吴國公的標誌。元朝品官有爵八等，一品和正二品的爵「上柱國、郡王、國公，時有除拜者，餘則止於封贈用之」（元史卷九一百官志，第二三一八～二三一九頁）。朱元璋丙申年任從一品平章，就有資格得到國公封爵，不一定需辛丑年再「陞」。朱元璋朱氏世德碑：癸卯年三月十四日，龍鳳政權爲朱元璋追封三代，「先府君開府儀同三司、上柱國、録軍國重事、中書右丞相、太尉、吴國公」（原載郎瑛七修類稿卷七，第一一二頁。李新峰朱元璋任職考據錢謙益國初群雄事略引龍鳳事迹、王世貞弇山堂别集改，第一五五、一五七頁），應與朱元璋的官位名號完全一致，可知吴國公的確是封、追贈相似，是在陞遷之外的賞功酬勞措施，且封爵級别往往低於官品，朱元璋丙申年即得封吴國公的可能性不大。朱升於丁酉年提到朱元璋，只稱「江南行省平章朱公」（本書丙申年第四條注八引），而唐桂芳贈汪德玄序於辛丑年冬稱「大丞相吴國公」（唐氏三先生集卷一八白雲文稿，第六三一頁），宋濂溧陽州新城記於辛丑年稱「丞相吴國公」（載弘治溧陽縣志卷一沿革，第三五九頁）。按，辛丑年初，時值朱元璋大敗陳友諒，江南紅軍大事更張，宜有以丞相得封吴國公之事。朱棣大明孝陵神功聖德碑：「皇考年廿五起率師，三十有四爲吴國公，三十九即吴王位，四十有一即皇帝位。」（載南京博物院明孝陵，附録第二頁）此起兵和即位年齡無誤，三十有四即辛丑年，可爲確證，而三十九顯係三十七之訛。總之，俞本所記封吴國公時間確當屬實，惟錢、潘的辨誤理由則難成立（參見李新峰朱元璋任職考，第一五四～一五六頁）。不過，湯斌本紀條例：「當年史臣與太祖同時，不應舛誤至此。太祖是時兼總江南行中書省事，則書中丞相之稱，亦無足疑，故仍以實録爲正。」（潛菴先生擬明史稿卷首，第三五一頁）今存明末録元末禁戢榜有

「皇帝聖旨，吴國公鈞旨，江南等處行樞密院星源翼分院」開篇，而介紹曰「戊戌，遣兵下婺源。府君陳狀分院……給榜禁飭侵掠」等語（載王振忠明以前徽州余氏家族史管窺引婺源沱川余氏族譜，第一〇二頁），則似戊戌年已有吴國公之稱謂。按，戊戌年紅軍占領婺源，但「鈞旨」不一定頒布於戊戌年，且此文書所記的精確性尚待進一步判斷，姑録以存疑。

2 **四月①，諸暨守將院判謝再興叛歸張氏，參軍李希白、欒秉德奔於江浙②〔一〕。**

〔一〕明太祖實録：癸卯年四月，「諸全守將樞密院判官謝再興叛，殺知州欒鳳，鳳妻王氏以身蔽鳳，並殺之，執參軍李夢庚、元帥陳元剛等奔紹興，降於張士誠」（卷一二，癸卯年四月乙丑，第一五一～一五二頁）。俞本或因本年與癸卯年均有朱元璋親征陳友諒事，誤置於第一次親征之年。謝氏叛變時，紅軍已設浙江行省，或稱江浙行省（明太祖實録卷一〇、一一、一二，壬寅年二月丙申、癸卯年四月乙丑，一三五、一五二頁），但劉辰國初事迹：「與知府欒鳳就執參軍李夢庚、元帥王玉、陳剛，以諸暨全城軍馬赴紹興投降。」（第七五頁）宋濂故諸暨陳府君幕碣：「州兵爲變，鳳與希白皆被害。」（本書己亥年第二條注一引）可知二人並未逃脱到江浙。

3 **六月，克瑞州、臨江、富州〔一〕。廣信擒山寨土豪李明道，凌遲而死，剉下之肉犬皆不食，喞而埋之。訪其故，乃明道家所畜之犬也〔二〕。**

〔一〕宋濂僉江南等處行樞密院事趙公神道碑銘：辛丑年十月，「克瑞、富、臨江、吉安諸州」（宋濂全集鑾坡後集卷一，第五七一頁）。明太祖實録：辛丑年十一月，「撫州……陳友諒右丞鄧克明……遣其員外羅天錫，以分省印及所掠撫州、建昌、臨江、汀州等四路，南豐、寧都、富三州，臨川、樂安等十八縣印……降」（卷九，辛丑年十一月己未，第一二二頁）。俞本將江西北部各地歸附事，誤置於克南昌之前、李明道投降之時（本書辛丑年第三條注二）。

〔二〕劉辰國初事迹：「辛丑六月，友諒遣僞平章李明道領兵五萬，圍我廣信……擒獲李明道……明道致書漢二兄王溥，以建昌來降。明道至京，太祖大喜，即授以江南行省平章，因得友諒之虛實……克江州，俾明道往（武）〔南〕昌説胡廷瑞。廷瑞遣人賫書降。」（第一〇五頁）明太祖實録：辛丑年六月，李明道攻廣信被擒，後叛歸陳友諒。甲辰年二月，「李明道被獲，送武昌，伏誅……明道嘗有所蓄犬，爲我軍所得，攜至武昌。犬見明道被戮，嗥鳴踟躕不已，啣聚其肉，刨沙瑩之。上義此犬，因命斂葬明道」（卷九、一四，辛丑年六月丙午、甲辰年二月癸丑，第一一四～一一五、一七九～一八〇頁）。俞本誤繫李明道被處死事於初次被俘時，且李明道乃曾爲朱元璋做出重大貢獻的高級降將，並非山寨土豪。

4 七月〔一〕，上親征江州。海船五十餘幫，大者容一千人，小者容八百人，船五隻爲一幫，惟上所乘船容一千三百人；風斗船五十餘隻；平口淺船俱載馬匹、糧賞、軍器，隨其後；選輕便快船，命伶俐官軍乘之，爲前鋒〔二〕。船列百餘里，塗粉爲號，畫黑雲板旗釘於船尾。軍士所立之處，書其姓名，號曰「信地」，臨戰擅動者，斬。旌旗蔽天，衣甲耀日，金鼓之聲震於遠近。上以所乘船縣大藍旗於中桅，繒制「奉天」二字於上，懸黄號帶於旗端，書云「奉天征討，納順安民」〔三〕；或以大藍旗紅制「美」字，懸二桅上。大小船隻至湖口〔四〕。蜀〔五〕同知傅友德自來降，陳氏納而羈之，友德憤，率士卒百餘人，竊駕海船順流東下，降於上〔六〕。即授以舊職，領其將士。陳氏虚實，悉知之矣。

〔一〕權衡庚申外史：「大軍克江州……時八月二十四日也。」（庚申外史箋證卷下，第一一〇頁）明太祖實録：辛丑年八月「庚寅，上親率舟師伐陳友諒……率徐達、常遇春等各將舟師，發龍灣」（卷九，辛丑年八月庚寅，第一一七～一一八頁）。庚寅日爲十一日。由本書辛丑年第五條「二十四日克江州」，可知俞本誤置於七月。

〔二〕黄金皇明開國功臣録：辛丑年「五月二十六日，振領兵，坐『太』字號風斗船，出哨於安慶、樅陽、湖口，與友諒哨舟相值，殺二十餘人」（卷三一吴昇傳，第二册第七三五頁）。李默孤樹裒談引草木子餘録：「自辛卯盜起……江船、海船、風快船、多槳船、匾淺船、遞運船，亦無年不造。」（本書乙未年第四條注一引）李昭祥龍江船廠志：「海船者，即元之運船也。元都燕，輓東南之粟，由海道入直沽。國初因之……嘉靖三年始題准停造矣。然竊聞其説……重大難旋，不可用以爲戰。」又載明朝造各級各色的黄船、戰船、輕淺利便船、哨船、快船等（卷二舟楫志圖式，第三七～七六、八一頁）。

〔三〕明太祖實録：「上御龍驤巨艦，建大旗，於前署曰：『吊民伐罪，納順招降。』」（卷九，辛丑年八月庚寅，第一一八頁）

〔四〕明太祖實録：「至小孤，友諒守將傅友德及丁普郎迎降。壬寅，師次湖口。」（卷九，辛丑年八月戊戌，第一一九頁）嘉靖九江府志：「湖口縣在府城東六十里……彭澤縣在府城東一百二十里。」又：「彭澤縣小孤山在縣北十里大江之中，孑然爲中流砥柱，故名。」（卷一方輿志郡域、卷二山川，葉五a～b、葉一五b）即今彭澤縣城以北長江對岸的宿松縣小孤山村一帶（江西省地圖集，第三二頁）。則朱元璋軍先納傅友德，後至湖口。

〔五〕楊學可明氏實録：明玉珍於庚子年自稱隴蜀王，壬寅年建夏國（第七頁）。

〔六〕黄金皇明開國功臣録：傅友德「元末，從山東李喜喜起兵，轉攻剽入蜀。李喜喜敗，歸明玉珍，玉珍不能用。乃率所部走武昌，從陳友諒。歲辛丑八月，上攻江州，至小孤，友德率衆降。上知其才，用爲將」（卷五傅友德傳，第一册第三三九頁）。

5 二十四日，克江州。其城乃陳氏之宫闕也〔一〕，部下將士遠征蔡家寨〔二〕，陳氏獨力無措，棄城而遁，大小船與宫殿、府庫、倉廪悉焚。將士伶俐者，亦隨遁去，遺下家屬及餘卒，盡爲俘虜〔三〕。上遣馬步軍數萬衆追至百餘里，不獲，擄其後衆及家屬萬計以歸。上皆給以衣糧，去留者聽。徐達、邵榮總水寨，克蘄州、黄州〔四〕。

〔一〕元史：陳友諒己亥年爲徐壽輝營都江州，殺徐稱帝後仍以江州爲都（卷四五、四六順帝紀，第九四九、九五七頁）。

〔二〕周霆震延平龍劍歌：辛丑年三月，陳友諒撫州守將鄧克明「率江西之黨攻延平，江州八月破之日，鄧亦大敗奔還」（石初集卷三，第六七四頁）。明太祖實録：吴元年朱元璋命胡廷瑞攻福建，曰：「聞汝往年嘗攻閩中，必深知其地里險易。」（卷二六，吴元年十月甲子，第三九八頁）可知江西守將胡廷瑞（本書辛丑年第八條注二）此時正統大軍攻福建，然未詳是否與「遠征蔡家寨」有關。

〔三〕明太祖實録：辛丑年八月，「壬寅……至江州，友諒親率兵督戰。上分舟師爲兩翼，夾擊友諒，又大破之，獲其舟百餘艘。友諒窮蹙，夜半，挈妻子棄城走武昌。癸卯，我師入江州，獲馬二千餘匹，糧數十萬」（卷九，辛丑年八月庚寅，第一一九頁）。壬寅日爲二十四日。朱元璋西征記：「午後，兵抵潯陽之下，與彼交戰，再衝再折，凡若此者三，彼負而我勝。友諒遁逃，遺將伏降」（明太祖御製文集卷一六，第四六二～四六三頁）。

〔四〕明太祖實録：辛丑年八月「丙午，蘄、黄、廣濟降」（卷九，辛丑年八月丙午，第一二〇頁）。丙午日爲二十八日。

6 九月二十二日，攻湖廣〔一〕。徐達令右丞薛猱兒③〔二〕領士卒，焚漢陽城沿江舟楫。次日攻城，友諒登黄鶴樓，袖手觀之〔三〕，令閉門堅守。達等未備攻具，自寅至午，不克。城外房屋，悉令焚之，大軍遂退。

〔一〕元朝湖廣行省治武昌路（元史卷六三地理志，第一五二三頁）。時陳友諒退據武昌爲都，俞本稱省名指武昌。

〔二〕薛顯以右丞降朱元璋，癸卯年守南昌（本書己亥年第一七條；明太祖實録卷一二，癸卯年四月，第一五一頁）,俞本於本書癸卯年第八條記薛猱兒守南昌,可知右丞薛猱兒即薛顯。明太祖實録:吴元年十月戊寅、吴元年十月甲子,第三〇五、三九七頁)。猱兒或即贊薛顯武勇的綽號。

朱元璋軍與張士誠軍在舊館決戰,「常遇春稍卻。薛顯率舟師直前奮擊,燒其船,其衆大敗……遇春謂薛顯曰:『今日之戰,將軍之力居多,吾固不如也。』」又:朱元璋贊薛顯「勇略冠諸軍」(卷二一、二六,丙午年

〔三〕元末黄鶴樓毁,洪武五年前重建(陳熙遠長江圖上的綫索:自然地理與人文景觀的歷史變遷,第三三六頁),在武昌漢陽門南的城墻外側(長江圖(殘卷)),應即今武昌舊城正西的漢陽門南、蛇山西端的黄鶴樓一帶(武昌市街圖)。宋元舊城與明城墻大體相當(本書甲辰年第三條注一),元末黄鶴樓的格局當與明初相同,爲倚城之堡壘,故陳友諒得憑樓觀戰,「攻城」應指攻武昌而非前一天進攻的漢陽。

7 二十三日,達領大軍船隻襄、沔④,以竹編巨簍,貯磚石於内,填塞壩口,出水高丈餘,闊十丈〔一〕。令桑院判〔二〕領快船三百餘隻哨鄂州,至青灘而回〔三〕。大船旋駐三江口〔四〕。

〔一〕明太祖實録:辛丑年八月,「上復遣徐達進兵追之。聞友諒欲出沔陽戰艦拒戰,達乃屯於漢陽之沌口以遏之」(卷九,辛丑年八月庚寅,第一一九頁)。宋濂僉江南等處行樞密院事趙公神道碑銘:辛丑年,趙德勝從攻江西,「友諒既遁,謀移都武昌。公承命攻其沌口壩」(宋濂全集鑾坡後集卷一,第五七一頁)。明初,由漢口以北入江的漢水古主水道襄河較爲迂遠,不若由漢陽以南的入江水道迅捷(長江圖(殘卷))。嘉靖漢陽府志:漢陽縣「沌水在縣治西南三十里,漢水别出三汊,匯太白湖,至于沌口,南入于

江」（卷二方域志，葉二六b）。沌水即此迅捷水道。「沔陽戰艦」在太白湖中，「襄、沔」即襄河口、沌口，「填塞壩口」即阻遏戰艦由沌口入江。

〔二〕按，桑世傑早已戰死（本書丁酉年第二一條注二），此「桑院判」或指襲職的桑世傑之子桑敬（焦竑獻徵録卷八永義侯桑世傑，第二七七頁）。

〔三〕元朝武昌路舊稱鄂州（元史卷六三地理志，第一五二三～一五二四頁），但徐達軍所哨之地，應在武昌上游。明初，漢水亦在漢口、沌口以上由新灘巡檢司、新灘税課局兩側的新灘港口等處入江（長江圖（殘卷））。嘉靖漢陽府志：「今自潛江等處播于沔陽州，諸水皆稱沔，遠者入江在華容境，近者在漢陽、新灘、沌口，不啻三四處。」又：「漢陽縣……新灘鎮巡檢司在縣治西南一百三十里。」（卷二方域志漢水、卷三創置志漢陽，葉二五b、葉二一a）則新灘在漢陽西南江北岸，應即今洪湖市東北境江岸、瀕臨東荆河入江口的新灘鎮（湖北省地圖集，第二六七頁）。新灘時爲沌口以上的漢水主要入江口，接近岳州轄境，疑朱元璋軍爲防範來自漢水的戰艦，巡哨至此。「青灘」當爲「新灘」之訛，「鄂州」爲「岳州」之訛。

〔四〕壬寅年初朱元璋回建康後，徐達駐三江口（本書辛丑年第一〇條注一）。明太祖實録：壬寅年三月南昌叛亂，朱元璋「遣使詣漢陽，命右丞徐達等還軍討之」（卷一一，壬寅年三月辛未，第一三九頁）。胡儼忠臣廟記：「復命右丞徐達自沌口還師討平之。」（載萬曆新修南昌府志卷二八藝文，第五八四頁）則此三江口當在沌口、襄河口下游不遠處。明初，武昌下游長江南流段西岸、黄州府對岸，有三江口巡檢司（長江圖（殘卷））。寰宇通志：「三江口，在府城西三十里，團風鎮下有江分三路而下，至此會合爲一。」（卷五一黄州府山川，第五七〇二頁）嘉靖湖廣圖經志書：武昌縣「三江口鎮巡檢司在縣西四十里，本朝洪武元年巡檢李添佑創」（卷二武昌府公署，第一三五頁）。即今鄂州市北境段店鎮以東，三國時期三江口墓群所臨的江流南轉變窄處（湖北省地圖集，第二一八頁；中國文物地圖集湖北分册，上册第二〇八頁）。時朱軍攻城失敗，聚兵黄州對岸，從水陸兩個方向威脅武昌。

8 十一月，大軍復上江州，大敗五王之兵，殺死、被擒者殆數萬〔一〕。宣慰胡美守江西，陳氏加爲丞相。美不授友諒節制，遣都尉汪泰⑤齎所屬城邑圖本、軍馬人民地里遠近錢糧數目，賫書奉獻，駕船來降〔二〕。上鑒其誠，即率巨艦親詣城中，一見美，如故人。美以女獻爲姬，構椒房之戚〔三〕。上設江西省，以鄧愈、薛猍兒爲參政，改洪都府爲南昌府，以侄朱文正爲大都督，節制中外諸軍事，鎮其地〔四〕。立都護府，以帳前指揮馮勝爲都護〔五〕。上以所統軍士不及古法，革樞密院、元帥府、總管府、萬户之職〔六〕。陞李善長爲左相國，徐達爲右相國，李文忠、胡美爲平章，其餘將帥各有等級〔七〕。内外軍士，十名設小旗一名領之〔八〕。五小旗爲一伍，設總旗一名領之。兩伍爲一百户所，設正六品百户一員領之，授昭信校尉，歲支俸一百石〔九〕。十百户爲一千户所，正、副千户二員領之。正千户授正五品武德將軍，歲支俸一百八十石；副千户授從五品武略將軍，歲支俸一百六十石；所鎮撫從六品，授忠顯校尉，歲支俸九十石〔一〇〕。以五千户所爲一衛，每一郡設一衛，即以郡名某衛指揮使司。指揮使爲正三品，授昭勇將軍，歲支俸四百石；同知爲從三品，授懷遠將軍，歲支俸三百；副使〔一一〕爲四品，授明威將軍，歲支俸二百七十石；僉事爲從四品，授宣武將軍，歲支俸二百四十石；鎮撫爲從五品，授武略將軍，歲支俸一百四十石〔一二〕。隨駕壯士設内八衛：龍襄⑥、鳳翔、豹韜、飛熊、鷹揚、武德、天策、驃騎〔一三〕，俱名親軍指揮使司。各處聽調軍士設外八衛：英武〔一四〕、雄武、廣武〔一五〕、宣武、威武、振武、神武〔一六〕、興武〔一七〕，止名指揮使司〔一八〕。又設金吾左、右、中、前、後五衛，羽林左、右、前、後四衛，虎賁左、右、中、前、後五衛〔一九〕，府軍左、右、中、前、後五衛〔二〇〕，留守衛〔二一〕，驍騎〔二二〕，專掌軍馬，以待親征。各命官領之。凡大將出師，授上印劍者，聽選官軍侍從，其餘未授印劍公侯，聽調而已，無預總兵之柄。班師之日，各衛指揮、千、百户，各所鎮撫、總、小旗、軍士，非奉旨，敢有公侯門下往來及侍從出入者，斬，家産籍没〔二三〕。

〔一〕明太祖實録：辛丑年十一月，張士誠猛攻長興，「上在江州聞報……以其圍久不解，故復命遇春往救之」（卷九，辛丑年十一月戊午，第一二一～一二二頁）。宋濂鄂國常公神道碑銘：常遇春「破江州，回守龍灣。冬十有一月，張士誠出兵寇長興。上時駐九江，聞報還京師，命王往援」（宋濂全集鑾坡前集卷二，第三五〇頁）。則朱元璋實已被迫回建康。朱元璋西征記：克九江後，「朕命能者葺城守之，班師建業。」又御製中山武寧王神道碑：徐達「守潯陽，未幾召歸。師次中途，令復守潯陽。比至，陳兵已入城守。

王遣兵與戰，陳兵復潰，俘斬數千，獲其眷屬、戰騎」（明太祖御製文集卷一六，第四六三頁；載皇明名臣琬琰録前集卷一，第一册第二〇頁）。周是修廣東都指揮使狄公碑銘：「九月，進征湖廣。冬十月，下駐江州。」（芻蕘集卷四，葉一六a）由此可知，朱元璋所謂「留守」，指朱元璋回建康，徐達從漢陽前綫、三江口一帶撤回江州；「召歸」指因長興危急，命徐達放棄江州回建康；但長興旋於月底解圍（明太祖實録卷一〇，辛丑年十一月甲戌，第一二二頁），故徐達大軍在江上調頭，「復守潯陽」，即俞本所記「復上江州」。

〔二〕明太祖實録：壬寅年正月，「陳友諒江西行省丞相胡廷瑞等……遣其同僉康泰至九江來降……遣人以陳氏所授丞相以下等官宣印及軍民糧儲之數來獻」（卷一〇，壬寅年正月辛亥、己未，第一二五頁）。汪廣洋答吴左丞見寄登滕王閣詩韻并序：「正月十有四日，王師抵江西，僞漢守臣降附。」（鳳池吟稿卷七，葉一五b）俞本混淆了朱元璋辛丑年底和壬寅年初兩次回建康（本書辛丑年第十條注一），或將第二次回建康前的江西投降之事，誤前置於并不準確的第一次回建康日期之前。

〔三〕明太祖實録：壬寅年正月，「上至龍興，胡廷瑞……等俱迎謁於新城門外，上慰勞之，俾仍各舊官」（卷九，壬寅年正月己未，第一二五頁）。按，胡廷瑞即胡美（本書己亥年第一九條注三），朱元璋稱爲「國之姻戚」，後洪武二十三年朱元璋在詔書中稱：「豫章侯胡美，長女入宫，貴居妃位」（載黄金皇明開國功臣録卷一〇胡美傳，第一册第六一二頁；載祝允明野記，第五〇四頁）。

〔四〕朱夢炎衛國鄧公神道碑：鄧愈「至南昌，有旨授王江西行省參知政事，留鎮之。時壬寅正月四日也」（載皇明名臣琬琰録前集卷二，第一册第六〇頁）。明太祖實録：壬寅年正月，「改龍興路爲洪都府」。二月，「以鄧愈爲江西行省參政，留守洪都」。五月，「命大都督朱文正統元帥趙德勝等，同參政鄧愈鎮洪都」。癸卯年八月,「復改洪都府爲南昌府」(卷一〇、一一、一三,壬寅年正月戊辰、二月辛卯、五月丙午、癸卯年八月壬戌,第一二六、一三五、一四〇、一七〇頁)。黄金皇明開國功臣録:「薛顯……辛丑……三月丁巳舉城來降,上嘉其誠,授以指揮,俾從征討。壬寅四月,南昌既平,以其地爲重鎮,必得名將守之,命朱文正、鄧愈、趙德勝及顯以往……乙巳……陞中奉大夫、江西等處行中書省參知政事。」(卷一〇薛顯傳,第一册第六三八~六三九頁)

〔五〕明太祖實録:辛丑年十月,「以都護府斷事官馬世熊、巖達、陳漢、知事何士龍爲大都督府斷事官」。癸卯年正月,「以親軍副都指揮使康茂才爲金吾侍衛親軍都護」。甲辰年三月,定「大都督府等衙門官制,大都督從一品……金吾侍衛親軍都護府都護從二品……統軍元帥府元帥正三品……各衛親軍指揮使司指揮使正三品」。十月,「革金吾侍衛親軍都護府、統軍元帥府、萬户府,併都護府斷事官、知事於大都督府」(卷九、一一、一四、一五,辛丑年十月乙酉、癸卯年正月壬寅朔、甲辰年三月戊辰、十月末,第一二一、一四七、一八三、二〇六頁)。劉三吾宋國公馮勝追封三代神道碑銘:馮勝於壬寅年「陞都護」(坦齋先生文集卷二,第四五頁),但明太祖實録在癸卯年仍稱馮勝爲「帳前親軍指揮使」(卷一二,癸卯年六月丙戌,第一五七頁)。宋濂同知大都督府事康公神道碑銘:康茂才於辛丑年末「遷帳前親兵副都指揮使」,甲辰年三月「進金吾侍衛親軍都護府副都護」(宋濂全集鑾坡前集卷二,第三五七頁)。由此可知,金吾侍衛親軍都護府的前身是帳前總制親兵都指揮使司,改設都護府應是甲辰年朱元璋稱吴王後定官制時的事情,明太祖實録辛丑、癸卯「都護」之事,實皆甲辰年事。俞本述江西之事涉及大都督朱文正,遂追述辛丑年初設立大都督府、朱文正爲大都督(明太祖實録卷九,辛丑年三月丁丑,第一一三頁),及甲辰年全面改制和此後官制、兵制變化。

〔六〕明太祖實録：甲辰年四月，「立部伍法。初，上招徠降附，凡將校至者，皆仍其舊官，而名稱不同。至是下令曰：『爲國當先正名，今諸將有稱樞密、平章、元帥、總管、萬户者，名不稱實，甚無謂。其諸將所部，有兵五千者爲指揮，滿千者爲千户，百人爲百户，五十人爲總旗，十人爲小旗。』」（卷一四，甲辰年四月壬戌，第一九三頁）蘇伯衡武德傳：「甲辰，官制行。」又謝成傳：「乙巳……五月，前克安福州，還守南昌。官制行，實授百户。」（蘇平仲文集卷三，葉一七a、二七b）吴沈浙東嚴元帥功迹記：龍鳳「十年，令旨授侯同知元帥。十一年春，授統軍元帥，掌印署事……十二年春……若侯者，真今之良將也」（瀫川集卷七，第四九九～五〇〇頁）。則嚴德於龍鳳十二年即丙午年仍任元帥。唐志淳大明敕贈袁氏三代先塋之碑：「袁洪……己亥授右副元帥，甲辰陞左副元帥，隊伍法行，改浙東中翼右副元帥，丁未，轉翼爲衛，錢塘衛指揮同知。」（載成化中都志卷九，第四二七頁）則知地方軍隊並未立即改制，有延至丁未年底攻克杭州以後者。

〔七〕明太祖實録：甲辰年正月，「即吴王位，建百司官屬。置中書省，左、右相國爲正一品，平章政事從一品……以李善長爲右相國，徐達爲左相國，常遇春、俞通海爲平章政事」。乙巳年十月，「命中書左相國徐達、平章常遇春、胡廷瑞……規取淮東泰州等處」。丙午年十二月，「陞右丞李文忠爲平章政事」。吴元年十月，「命百官禮儀俱尚左，改右相國爲左相國，左相國爲右相國，餘官如之」（卷一四、一八、二一、二六，甲辰年正月丙寅朔、乙巳年十月辛丑、丙午年十二月己未、吴元年十月丙午，第一七五～一七六、二四五、三一〇、三八四頁）。按，胡廷瑞即胡美（本書己亥年第一九條注三）。

〔八〕明太祖實録：洪武七年八月，「申定兵衛之政。先是，上以前代兵多虚數，乃監其失，設置内外衛所。凡一衛統十千户，一千户統十百户，百户領總旗二，總旗領小旗五，小旗領軍十，皆有實數。至是，重定其制，大率以五千六百人爲一衛，而千、百户、總、小旗所領之數則同」（卷九二，洪武七年八月丁酉，第一六〇七頁）。按，洪武七年之制，一衛五千六百人包括總旗、小旗和普通的軍，其中每百户所一百一十二人，每總旗五十六人，每小旗十一人。甲辰年之制，將小旗、總旗和指揮、千、百户同視爲軍官，其五千之數乃大略合官、兵而計，「十人爲小旗」指小旗統九名軍。元朝軍中的牌頭統九人（元史卷九八兵志，第二五〇八頁），朱元璋初入行伍時「長九夫」（明本紀校注，第六頁），甲辰年之制當沿此而來，故俞本所記「十名設小旗一名領之」等衛所編制情況，實洪武七年後定制。

〔九〕明太祖實録：甲辰年三月規定：「百户正六品」。洪武四年正月規定：「正六品一百石。」洪武二十年九月，改定月俸：「正六品一十石。」洪武二十五年十一月，重定品階勛禄：「正六品……百户……初授昭信校尉，陞授承信校尉，禄月米一十石。」（卷一四、六〇、一八五、二二二，甲辰年三月戊辰、洪武四年正月庚戌、二十年九月丙戌、二十五年十一月丙午，第一八四、一一八二、二七七八、三二五二～三二五三頁）

〔一〇〕明太祖實録：甲辰年三月規定：「千户所正千户正五品，副千户從五品，鎮撫、百户正六品。」吴元年十一月，定「各衛鎮撫從五品，千户所鎮撫從六品」。洪武四年正月規定：「正五品一百八十石，從五品一百六十石……從六品九十石。」洪武二十年九月改定月俸：「正五品一十六石，從五品一十四石……從六品八石。」洪武二十五年十一月，重定品階勛禄：「正五品……正千户……初授武德將軍，陞授武節將軍，禄月米一十六石。從五品……衛鎮撫、副千户……初授武略將軍，陞授武毅將軍，禄月米一十四石……從六品……所鎮撫……初授忠顯校尉，陞授忠武校尉，禄月米八石。」（卷一四、二七、六〇、一八五、二二二，甲辰年三月戊辰、吴元年十一月乙酉、洪武四年正月庚戌、二十年九月丙戌、二十五年十一月丙午，第一八四、四一二、一一八二、二七七八、三二五一～三二五三頁）

（二）諸司職掌：各衛無指揮副使，從三品指揮同知下爲正四品指揮僉事（兵部司馬部銓選武官資格，第一八八七頁）。明太祖實録：洪武二年四月，「陞太倉衛指揮僉事翁德爲指揮副使」。洪武三年十一月，「朔州衛指揮使司副使鄭遇春……封滎陽侯」（卷四一、五八，洪武二年四月戊子、三年十一月丙申，第八二四、一一三一頁）。此後則不見指揮副使之名。周是修廣東都指揮使狄公碑銘：狄崇於洪武「二年冬陞龍虎衛指揮副使。三年……夏五月加明威將軍……十一月除濟寧左衛指揮使，欽授世襲昭勇將軍」（芻蕘集卷四，葉一六b）。按，洪武三年五月係授正四品散官，十一月超從三品指揮同知直陞正三品指揮使，則頗有可能開始將指揮副使當指揮同知看待，即取消指揮副使一級。不過，陳璉南海衛指揮使韋公墓碑銘：韋善「除金吾左衛指揮僉事，授世襲誥命，階宣武將軍，時洪武五年也」（琴軒集卷二四，第一五五一頁）。宋濂宣武將軍僉留守衛親軍指揮使司事楊公壙誌：「九年春二月，改僉留守衛親軍指揮使司事，散官如故。夏五月七日，以疾終。」（宋濂全集翰苑別集卷七，第一〇八四頁）宣武將軍爲從四品，則此時指揮僉事的品級仍未變。另外，洪武三年十一月封賞武將之後，此前常見的都督副使也不再見於明太祖實録，而洪武三年十二月設都衛、都指揮諸職（本書洪武二年第二條注八引）後，未見都指揮副使一職。至洪武九年閏九月，「詔定……大都督府左右都督爲正一品，大都督府同知……爲從一品……都司都指揮使爲正二品，大都督府僉都督……爲從二品……各衛指揮使……爲正三品……各衛指揮同知爲從三品……各衛指揮僉事爲正四品」（明太祖實録卷一〇九，洪武九年閏九月癸卯，第一八〇九～一八一〇頁）。僉都督時爲從二品，與都督同知之間缺正二品一級，必因取消都督副使之故，而指揮僉事由從四品陞正四品，填補了指揮副使的空位。黄金皇明開國功臣録：王銘洪武四年「超拜宣武將軍、長淮衛指揮僉事。五年八月」改任温州衛，「換廣威將軍，賜以世襲制書，則十一年四月也」（卷二七王銘傳，下册第五六五～五六七頁）。可爲指揮僉事改正四品的旁證。由此可知，吴元年十一月新設從四品指揮僉事之職，位於正四品副使之下，洪武三年至九年間取消副使，至洪武九年秋陞指揮僉事爲正四品。

〔三〕明太祖實録：甲辰年三月規定：「各衛親軍指揮使司指揮使正三品，同知指揮從三品，副使正四品。」吴元年十一月再定官制：「各衛指揮使司僉事……從四品……各衛鎮撫從五品。」洪武四年正月：「正三品四百石，從三品三百石，正四品二百七十石，從四品二百四十石……從五品一百六十石。」洪武二十年九月改定月俸：「正三品三十五石，從三品二十六石，正四品二十四石，從四品二十一石……從五品一十四石。」洪武二十五年十一月，重定品階勳禄：「正三品……指揮使……初授昭勇將軍，陞授昭毅將軍，加授昭武將軍，禄月米三十五石。從三品……指揮同知……初授懷遠將軍，陞授定遠將軍，加授安遠將軍，禄月米二十六石。正四品……指揮僉事……初授明威將軍，陞授宣威將軍，加授廣威將軍，禄月米二十四石。從四品……武……初授宣武將軍，陞授顯武將軍，加授信武將軍，禄月米二十一石……從五品……衛鎮撫……初授武略將軍，陞授武毅將軍，禄月米一十四石。」（卷一四、二七、六〇、一八五、二二二，甲辰年三月戊辰、吴元年十一月乙酉、洪武四年正月庚戌、二十年九月丙戌、二十五年十一月丙午，第一八三、四一二、一一八二、二七七八、三二五〇～三二五二頁）按，衛鎮撫與副千户的品級、初授散官相同，俸禄絶無不同之理，疑俞本因甲辰年至吴元年衛鎮撫低於副千户，後來從五品俸禄由年俸一百六十石改爲月俸十四石，誤寫衛鎮撫年俸爲一百四十石。又，俞本區分衛、所鎮撫，爲吴元年十一月後的制度；所記年俸數額，爲洪武四年至二十年之間制度；所記小旗、總旗規模和衛轄千户所數量，爲洪武七年後制度；所記指揮副使、僉事爲正、從四品，爲洪武三年至九年間取消指揮副使一級官職之前的制度。此條應係俞本對明初武官官職的綜合介紹，於日期未嘗細究。

〔一三〕明太祖實録：甲辰年三月，「置武德、龍驤、豹韜、飛熊、威武、廣武、興武、英武、鷹揚、驍騎、神武、雄武、鳳翔、天策、振武、宣武、羽林十七衛親軍指揮使司。先是，所得江左州郡，置各翼統軍元帥府，至是乃悉罷諸翼而設衛焉」（卷一四，甲辰年三月庚午，第一八五頁）。與俞本所記相比，明太祖實録多記一羽林衛，驃騎作驍騎。周是修廣東都指揮使狄公碑銘：吴元年「冬十月，陞驃騎衛指揮僉事」（芻蕘集卷四，葉一六b）。黄金皇明開國功臣録：「洪武元年……五月朔，大將自河南進至陝州，命臻總虎賁、振武、驃騎、通州各衛將士，往虢州等處。」（卷二五王臻傳，第二册第四四一頁）明太祖實録：蔡僊「從征武昌有功，進驃騎衛指揮同知」。又：「驃騎衛從征降將甯文明，潛遣人以軍中機事報賀宗哲，爲邏騎所獲。并文明斬之。」（卷五六、四四，洪武三年九月丙午蔡僊傳、二年八月乙丑，第一〇九五、八五八頁）除此之外，明太祖實録未提及驃騎衛，而是大量提及驍騎衛。楊榮武定侯郭公神道碑銘：郭英初「授驍騎衛管馬軍千户……安豐，陞宣武將軍、驍騎左衛指揮僉事」（楊文敏公集卷一七，第七九五頁）。黄金皇明開國功臣録：王興「平鄂州，勳績有加，授驍騎衛管軍百户。圍合肥」（卷二八王興傳，第二册第六一一頁）。汪廣洋於「甲辰，立中書省，改右司郎中，尋知驍騎衛指揮司事」（雷禮國朝列卿記卷一中書省左右丞相行實汪廣洋，第一册第一三二頁；參見隆慶高郵州志卷八人物傳列傳國朝汪廣洋，第一八一頁）。可知驍騎衛設置年代的確很早，驃騎衛與驍騎衛或兩名通用，或驃騎後來改名驍騎。

〔一四〕劉崧靖海侯吴公神道碑銘：江陰守將吴禎於「甲辰，進英武衛指揮使」（槎翁文集卷一八，第五九八頁）。則英武衛衆即江陰守軍。

〔一五〕王景黔寧昭靖王祠堂記：沐英「甲辰，除廣武衛親軍指揮，軍府肅然。尋加昭勇大將軍、廣信衛指揮使，軍府益律」（載皇明名臣琬琰録前集卷三，第一册第七八頁）。程本立黔寧昭靖王廟碑：沐英「爲廣武衛親軍指揮使，改廣信衛親軍指揮使」（重刻巽隱先生集卷四，第五七七頁）。則廣武衛衆即廣信守軍，且有親軍之名。

〔一六〕黄金皇明開國功臣録：楊國興「從攻宜興……鎮禦其地……辛丑，士誠大舉入寇……僅得與僞將數人遁去。上嘉其功，陞昭勇將軍、神武衛指揮使」（卷一六楊國興傳，第二册第六六～六七頁）。則神武衛衆即宜興守軍。

〔一七〕劉三吾長興侯耿炳文追封三代神道碑銘：「開設長興翼元帥府……甲辰，改元帥府爲興武衛親軍指揮使司。」（坦齋先生文集卷二，第四三頁）黄金皇明開國功臣録：「甲辰九月，改永興翼元帥府爲永興衛親軍指揮使司，以炳文爲指揮使。」（卷四耿炳文傳，第一册第三一一頁）永興、長興所指相同（參見本書丁酉年第一二條注一引），則興武衛衆即長興守軍，且有親軍之名。

〔一八〕明太祖實録所載諸衛，除多一羽林衛，其他十六衛名與俞本所記吻合，但俞本載諸衛内爲親軍、外非親軍。明太祖實録以十七衛概指江左全軍，與此後所記不合，如甲辰年推行改制，「改……永興翼爲長興衛指揮使司，以耿炳文爲長興衛指揮使……改雄峰翼爲興安衛，尋又改爲徽州衛」（卷一五，甲辰年九月甲申、十二月丙辰，第二〇三、二一一頁）。長興衛、徽州衛並不在上述十七親軍衛之中。永樂大典引吴興續志：長興於「甲辰年，改翼爲興武衛親軍指揮使司分司……乙巳年，改爲長興衛指揮使司，官仍舊」（卷二二八三湖湖州府官制長興縣，葉一五a）。可知甲辰年地方守軍被納入十七親軍衛系統時，本司在内、分司在外。明太祖實録：甲辰年八月，「以右副元帥王志爲飛熊衛指揮使」，九月，「置合肥、六安二衛於廬州。」乙巳年十二月「置安陸衛，調飛熊衛親軍指揮王志爲指揮使」（卷一五、一八，甲辰年八月庚子、九月庚午、乙巳年十二月甲寅朔，第二〇一、二〇二、二五五頁）。劉三吾陸安侯王公神道碑：王志「甲辰……陞飛熊衛親軍都指揮使，總兵守禦陸安州。明年春，改授陸安衛指揮使」（坦齋先生文集卷二，第四七頁）。王志後來得封六安侯（明太祖實録卷五八，洪武三年十一月丙申，第一一三一頁），可知明太祖實録之「安陸衛」必係「陸安衛」即「六安衛」之誤，則王志甲辰年任飛熊衛指揮使時實守禦六安州。此時所設六安衛，也應如興武衛例，實爲飛熊衛親軍指揮使司分司，次年方從飛熊衛獨立出來，改名六安衛。總之，甲辰年全軍納入衛親軍指揮使司系統，衛的本司設在建康，可在外地各設分司，此後紅軍控制範圍急劇膨脹，遂於乙巳年遍設地方衛所，原親軍衛分司亦脱離本司，改爲地方衛所。如此，「隨駕壯士」與「各處聽調」並無親軍、非親軍名分之别。但「内八衛」之名，除武德、天策外均以猛獸爲名，而「外八衛」均以「武」爲名，明太祖實録所載十七衛順序，按俞本内、外之别，爲内四、外四、内二、外二、内二、外二，可見帶「武」字八衛必與其他八衛有别。上述長興、江陰、廣信等江左各衛均屬「武」衛，六安衛屬以猛獸爲名的飛熊衛，可見兩種衛均可外設分司，但長興、江陰、廣信在甲辰年前已爲朱元璋軍據點，六安衛所在的廬州則是甲辰年三月定制後的七月方攻克（明太祖實録卷一五，甲辰年七月丁丑，第一九八頁），大量降衆需設司統轄，方以飛熊衛分司當之。由此可以判定，甲辰年十六衛有内外之别，「内八衛」主内，負責重要征戰，「外八衛」主外，統率各地軍隊，親疏略有區别。後來「外八衛」所統分司均改爲地方衛，疑俞本因此誤以爲外八衛不是親軍衛。

〔一九〕以金吾、羽林、虎賁爲名的衛，洪武二十三年時有「虎賁左、右……金吾前、後……羽林左、右」（明太祖實録卷二〇六，洪武二十三年十一月己亥，第三〇七〇頁），洪武二十六年仍此六衛，其中金吾前、後、羽林左、右、虎賁左屬「上十二衛」，虎賁右衛屬右軍都督府（諸司職掌兵部職方部城隍，第一八九一～一八九二頁），洪武時期再無其他名目。明太祖實録：吴元年九月，朱元璋軍克蘇州，「置金吾左、金吾右、虎賁左、虎賁右及興化……等衛，尋改金吾左、右爲金吾前、後二衛，羽林衛爲羽林左、右二衛」（卷二五，吴元年九月癸卯，第三八〇頁）。此前，甲辰年三月設羽林衛，十月廢金吾侍衛親軍都護府（明太祖實録卷一五，甲辰年十月末，第二〇六頁），朱元璋吴元年正月與魏國公書：「蘇州既圍定了，可將虎賁士一衛盡數發來。」（載王世貞弇山堂别集卷八六詔令雜考，第一六三九頁）明太祖實録此前亦提及「虎賁左衛」（卷二五，吴元年九月癸未，三六五頁），可見金吾、羽林、虎賁衛乃甲辰年後所設，吴元年各自擴充爲二，爲朱元璋最信任的親軍，地位或在内、外八衛之上。疑俞本因金吾、羽林之前、後、左、右等名目發生過變化，想當然以爲共設十四衛之多。

〔二〇〕明太祖實録：甲辰年革金吾侍衛親軍都護府不久，設拱衛司，秩從七品。洪武三年六月，「置親軍都尉府及儀鸞司。初，設拱衛司，正七品，管領校尉，屬都督府。後改爲拱衛指揮使司，秩正三品。

尋以拱衛司似前代衛尉寺，又改爲都尉司。至是乃定爲親軍都尉府，管左、右、中、前、後五衛軍士，設儀鸞司隸焉」。洪武十一年五月，「置府軍衛指揮使司」。九月，「置府軍左、右二衛指揮使司」。十月，「改驍騎左衛爲府軍後衛……改武德衛爲府軍前衛」。十二年四月，「校尉隸拱衛司……至是隸儀鸞司」。（卷一五、五三、一一八、一一九、一二〇、一二四，甲辰年十二月乙卯、洪武三年六月乙酉、十一年五月甲申、九月丙申、十月戊午、十二年四月戊午，第二一一、一〇五五、一九三〇、一九四七、一九五六、一九九〇頁）按，查拱衛司的品級、統屬，可知與儀鸞司一脉相承，而管領五衛的親軍都尉府類似原帳前親軍都指揮使司。由驍騎左衛、武德衛改爲府軍後衛、前衛可知，親軍都尉府所統五衛，應來自甲辰年初設諸衛。洪武十三年，府軍五衛與上述金吾、羽林、虎賁五衛共「十衛」，構成皇帝直屬的親軍（明太祖實録卷一二九，洪武十三年正月甲辰，第二〇五四頁），可知洪武十一年的府軍五衛，來自備受眷顧的洪武三年的親軍都尉府五衛。如此，府軍五衛與金吾、羽林、虎賁諸衛同屬老資格親信衛所，俞本或因此視爲同類。

〔三〕明太祖實録：都鎮撫司本隸行中書省，甲辰年改屬大都督府。洪武三年二月，「置留守衛指揮使司。國初嘗設都鎮撫司，總領禁衛。後隸大都督府，秩從四品，統率各門千户所。尋改宿衛鎮撫司。至是陞爲衛，專領軍馬守禦各城門及巡警皇城與城垣造作之事」。五年正月，「改留守司爲留守衛都指揮使司」。八年十月，「在京留守都衛爲留守衛指揮使司，原轄天策、豹韜、飛熊、鷹揚、江陰、廣洋、横海、龍江八衛俱爲親軍指揮使司，水軍左、右二衛爲指揮使司，俱隸大都督府」。十一年五月，「改留守衛爲留守中衛親軍指揮使司，增置留守左、右、前、後四衛親軍指揮使司」。（卷一五、四九、七一、一〇一、一一八，甲辰年十月乙卯、洪武三年二月丁亥、五年正月辛未、八年十月丁未、十一年五月丁酉，第二〇五、九七

二、一三二一、一七一二、一九三二頁)雖然都鎮撫司曾「總領禁衛」,但留守衛的職掌僅是負責守衛城門,並非親軍衛。宋濂廣西等處行中書省左丞方公神道碑銘:「九年冬十一月……留守都衛經歷天台詹鼎狀公之行」(宋濂全集翰苑別集卷一〇,第一一四七~一一四八頁)。可知留守衛不再統十衛後,仍爲都衛,洪武十一年析爲五親軍衛。洪武十三年後,留守五衛分屬五軍都督府乃至中都留守司(諸司職掌兵部職方部城隍,第一八九一~一八九三頁),地位遠不如府軍諸衛。疑俞本因此不列前、後、中、左、右等名目,但留守衛淵源亦久,且曾統領甲辰年舊設的天策、豹韜、飛熊、鷹揚等衛,故特地區別於一般的在京衛所。

〔二二〕明太祖實録:甲辰年三月,設驍騎衛。吴元年三月,「改驍騎衛爲驍騎右衛親軍指揮使司」。洪武二年二月,「立驍騎前衛親軍指揮使司」。八月,「改驍騎衛爲龍虎衛」。十一月,「置驍騎中、後二衛」。五年十二月,「併驍騎前衛於左衛,中衛於右衛」。(卷一四、二二、三九、四四、四七、七七,甲辰年三月庚午、吴元年三月壬午、洪武二年二月壬辰、八月庚寅、十一月戊午、五年十二月庚寅,第一八五、三二二、七九九、八七四、九三三、一四一二頁)楊榮武定侯郭公神道碑銘:郭英於洪武元年前任「驍騎左衛指揮僉事」(楊文敏公集卷一七,第七九五頁),此左衛應係改爲右衛的驍騎衛所析出,則驍騎衛曾擴充爲五衛。但驍騎諸衛地位不高,洪武中後期僅餘一右衛,隸屬左軍都督府(諸司職掌兵部職方部城隍,第一八九一頁)。在内、外八衛中,唯獨驍騎衛後來擴充爲五衛,俞本或因此視爲金吾、府軍、留守一類而不屬内、外八衛,從而在内八衛出現「驃騎」之訛。又,俞本列出了洪武時期所有曾以左、右、前、後爲名的衛,又以所記之詳略,突出「禁衛」者(參見李新峰明初親軍衛變遷與軍中派系,第一五八~一六二頁)。

〔二三〕明太祖實録:洪武七年八月,「申定兵衛之制……遇有事徵調,則分統於諸將。無事則散還各衛，管軍官員不許擅自調用。操練撫綏，務在得宜。違者俱論如律」（卷九二，洪武七年八月丁酉，第一六〇七頁）。

9 十二月，攻梅家寨〔一〕，下黄梅縣〔二〕。

〔一〕周是修廣東都指揮使狄公碑銘：狄崇於辛丑年「冬十月，下駐江州，擊梅家寨」（芻蕘集卷四，葉一六a）。正德安慶府志：「潛山……北……十里……曰梅家山。」（卷七地里志嶽一山百三十有五，第三四〇頁）劉獻廷廣陽雜記：「吴暢春……崇禎八年，以吏員爲潛山縣天堂寨巡檢……丁丑……暢春奮往，遇賊於埭口……賊僞以百人誘戰，暢春窮追至梅家寨，伏兵四起夾擊……不屈而死。因南蹂太湖，守備趙蔭亦死之。」（卷五，第二三四～二三五頁）顧祖禹讀史方輿紀要：「潛水亦出天堂附近之羅源山，流爲開源澗，亦曰埭口，經水吼嶺、吴塘堰至縣治西。」（卷二六安慶府潛山縣皖水，第一三〇九頁）天堂寨即今岳西縣城，水吼嶺即今潛山縣西北水吼嶺鎮（安徽省地圖，第七五、七六頁）。據明末「流賊」自天堂山至埭口、梅家寨而南下太湖縣，可知明末梅家寨應在今潛山縣水吼鎮西的梅寨村、梅家寨山（安徽省地圖集，第三四二～三四三頁）。潛山城北十里無山嶺可以爲寨，故元末梅家寨、明代中期的梅家山，或即在明末梅家寨。朱元璋軍曾於己亥年攻安慶時兵及潛山（本書己亥年第一〇條），此時或掃蕩陳友諒軍江北據點，故深入黄梅、潛山一帶。

〔二〕宋濂同知大都督府事康公神道碑銘：辛丑年八月克江州後，康茂才從「克蘄州、興國、漢陽。公沿流而下，克黄梅、某家寨。十一月，取江之瑞昌」。又僉江南等處行樞密院事趙公神道碑銘：辛丑年八月克江州後，趙德勝「分兵攻黄梅、廣濟。冬十月，克瑞、富、臨江、吉安諸州」（宋濂全集鑾坡前集卷二、鑾坡後集卷一，第三五七、五七一頁）。邵磊明初開國功臣墓誌校正據康茂才墓誌「拔梅家寨」和某、梅二字假借，證某家寨即梅家寨（第七五頁）。按，「某」或爲上一「梅」字重文符號。

10 **是月，上班師。以右相國⑦徐達總大軍船隻，仍駐三江口**〔一〕。

〔一〕辛丑年底，朱元璋因長興被圍，趕回建康，後甚至令徐達回建康。徐達復克江州後，朱元璋迅速回到江州，於壬寅年初接受江西胡廷瑞之降。此後朱元璋回建康，徐達則再溯流而上三江口，攻武昌、漢陽（本書辛丑年第七條注一、四，第八條注一、三）。俞本將朱元璋第二次回建康之事，繫於第一次回建康時，但第一次回建康實在「復上江州」（本書辛丑年第八條）之前。

11 **克瑞昌縣、八陣寨**〔一〕。

〔一〕宋濂同知大都督府事康公神道碑銘：辛丑年十一月，康茂才「取江之瑞昌，敗友諒八陣指揮」。又孫忠愍侯墳記：孫興祖「擣八陣指揮營於瑞昌，敗之，進伐南昌」。又僉江南等處行樞密院事趙公神道碑銘：壬寅年「僞漢餘黨建栅南昌之西山，號爲八陣指揮。十又二月，公從趙將軍破之」（宋濂全集鑾坡前集卷二、四，鑾坡後集卷一，第三五七、四二五、五七一～五七二頁）。此壬寅年爲辛丑年之誤（本書辛丑年第十二條注一）。萬曆新修南昌府志：新建縣「西山……在縣西三十餘里，高二千尺，環周三百里，覆壓豫章數縣之地，自爲一山，不與諸山相接」（卷三山川，第五七頁）。應即今南昌市西北灣里區一帶的大片孤立山嶺（江西省地圖集，第一五頁）。西山在南昌肘腋之間，而瑞昌距南昌相當遥遠，兩處八陣寨絶非一地，未詳俞本所記係何處。

12 院判趙伯中克饒州、撫州〔一〕。

〔一〕明太祖實録：辛丑年八月，「陳友諒平章吴宏以饒州降」。十一月，「命平章吴宏等率兵取撫州……鄧克明……以分省印及所掠撫州、建昌、臨江、汀州等四路，南豐、寧都、富三州，臨川、樂安等十八縣印詣愈降」（卷九，辛丑年八月戊申、十一月己未，第一二〇、一二二頁）。正德南康府志：「辛丑八月，國朝天兵下江州，遣同僉邵伯忠招安。」（卷一沿革本府，葉二a）宋濂僉江南等處行樞密院事趙公神道碑銘：辛丑年十一月，趙德勝「進克撫州……壬寅……僞漢餘黨建柵南昌之西山，號爲八陣指揮。十有二月，公從趙將軍破之。」（宋濂全集鑾坡後集卷一，第五七二頁）「邵伯忠」應即趙伯中，此「趙將軍」不書姓名必因忌諱，而趙伯中壬寅年秋已死於軍法（本書壬寅年第八條），則「趙將軍」必即趙伯中，宋濂壬寅之載實爲辛丑年事。趙伯中在辛丑年從江州南下南康，此後或爲攻饒、撫主將。

13 平章邵榮接應長興〔一〕。

〔一〕黄金皇明開國功臣録：陳聞「辛丑……調隨常平章守龍江。十一月，從援長興，大敗李司（法）〔徒〕兵」（卷二五陳聞傳，第二册第四六三頁）。明太祖實録：辛丑年十一月，「常遇春兵至長興，李伯昇棄營遁。遇春追擊之，俘斬五千餘人」（卷九，辛丑年十一月甲戌，第一二二頁）。按，時長興危殆，故朱元璋親回建康（本書辛丑年第八條注一），若僅以常遇春出戰，恐與危局不合。疑明太祖實録於此諱言邵榮戰績。

校勘記

①「四月」，事略錢引本作「正月」（卷七周張士誠，第九七頁），張校本據國初群雄事略沈抄本將本段移至癸卯年四月條下（卷七周張士誠，第一八〇頁）。

②「江浙」，事略錢引本作「江州」（卷七周張士誠，第九七頁），張校本據國初群雄事略沈抄本作「江浙」（卷七周張士誠，第一八〇頁）。

③「薛猱兒」，事略錢引本作「薛蹂兒」（卷四漢陳友諒，第四八頁），本書辛丑年第八條作「薛猱兒」。

④「襄沔」，事略錢引本作「駐襄、沔」（卷四漢陳友諒，第四八頁）。按，襄、沔並稱，指襄水和通陳氏沔陽戰艦的沌水。徐達軍只是堵塞艦船入江口（本書辛丑年第七條及注一），並未占領襄陽、沔陽，疑「塞襄、沔」之意。

⑤「汪泰」，他書作「康泰」（明太祖實録卷一〇，壬寅年正月辛亥，第一二五頁）。

⑥「龍襄」，他書作「龍驤」（明太祖實録卷一四，甲辰年三月庚午，第一八五頁）。

⑦「右相國」，事略錢引本作「右丞相」（卷四漢陳友諒，第四九頁），張校本據國初群雄事略沈抄本作「右相國」（卷四漢陳友諒，第八四頁）。徐達時任右丞（本書己亥年第二三條注五引），疑俞本此處與徐達吴元年所改任右相國（本書丁未年第八條注二引）混淆。

壬寅　至正二十二年(公元一三六二年)

1 正月初四日，祝寇叛江西，康同僉拘成之也。康同僉乃胡美甥，祝寇乃胡美部將。徐達率大軍復平之〔一〕。上聞按察使〔二〕陳寧老母在茶陵，克城之後，遣船取其母，與寧完聚〔三〕。數日夜半，上召寧語，母應曰：「不在。」問何往，曰：「天界寺長老邀飲。」是時，上已知寧有敗俗之罪。宋廉使任按察司僉事，有人誣告，被誣者不承。宋曰：「我這衙門，你見有幾人得空出者？」酷拷，承之。省都事王用言貪賄壞法，與撫州倪通判交結。上悉知其狀。

〔一〕明太祖實録：壬寅年三月，「祝宗、康泰叛，攻陷洪都府。初，洪都之降非二人本心，既降數有叛意，時出語咎胡廷瑞……四月……右丞徐達等復取洪都……祝宗走新淦依鄧志明，後爲志明所殺，函其首來獻。康泰走廣信，爲追兵所獲，送建康。泰，胡廷瑞之甥，上以廷瑞故，特宥之」（卷一一，壬寅年三月癸亥、四月甲午，第一三八～一四〇頁）。宋濂張中傳：「夏四月，指揮使康泰反。」（宋濂全集鑾坡前集卷九，第五一八頁）周是修廣東都指揮使狄公碑銘：「壬寅夏四月，攻克南昌。」（芻蕘集卷四，葉一六a）「正月初四日」是康泰赴江州見朱元璋接洽投降的日子（明太祖實録卷一〇，壬寅年正月辛亥，第一二五頁），俞本誤記爲康泰叛變之日。

〔二〕明太祖實録：陳寧「茶陵人，初名亮……辛丑，除樞密院都事。癸卯，改提刑按察司僉事。甲辰，陞浙東按察使。乙巳，擢中書參議。丙午，以事降太倉市舶令……三年，賜名寧」（卷一二九，洪武十三年正月戊戌陳寧傳，第二〇四七頁）。劉辰國初事迹：「太祖以陳寧爲浙東按察使……下應天府獄。一年歲盡……宥之，除太倉市舶提舉。」（第八〇頁）朱元璋軍占領張士誠控制的太倉，最早也要在丙午年年底包圍蘇州之時，即使「一年歲盡」後得官市舶，遭杖之事亦在甲辰年陳寧任浙東按察使之後。疑俞本記宋廉使罹難事，遂附記「按察使」遭杖事。

〔三〕宋濂茶陵貞母陳夫人譚氏墓誌銘：「先是，兵燹方張，母子睽隔。皇上録賢念功，俾從間道迎養。」（宋濂全集鑾坡後集卷三，第六〇六頁）茶陵州在湖廣行省東南部，元末被袁州歐普祥控制。歐普祥在庚子年底接洽投降朱元璋，真正投降在甲辰年上半年（明太祖實録卷八，庚子年九月戊寅，第一〇九頁；本書甲辰年第四條注一引），則「間道」迎母在甲辰年之前。陳寧於癸卯年陞任提刑按察司僉事，此前官卑，此後不在應天府（本書壬寅年第一條注二引），故迎母之事當在癸卯年。

2 是月十七日，於聚寶門雨花臺〔一〕上集文武百官，諭之曰：「王都事貪賄，私通敵人。」以其贓物示衆，罪當凌遲。「宋僉事，你是元朝風憲官，不能死節，歸我，又授以耳目，亦不與人辨曲直，拷掠誣承，諂吾一時之喜，是汝罪否？我替元朝打死這失節老賊！」遂令衛士用巨棍於脊、背各打一百，扛擲臺下。上復問曰：「老賊死未？」或答曰：「未死。」遂令扛於太醫，以膏藥敷之。次日，上再召諭曰：「我克城之日，見汝於馬前迎拜，欲殺之，我謂不當殺降，今猶含恨〔二〕。今既任汝，尚不公正！」令揭其敷藥，如昨日杖之，猶不死。次日，又杖之，以身首暴於市〔三〕。陳寧有不孝、不德之罪〔四〕，亦凌遲之。縛於柱，參政張昶諫曰：「陳寧罪不至此。」力争之，得免。令壯士亂棍擊之，遂至腰背駝行。張昶乃元之遊説士〔五〕，至則任以參政〔六〕。

張大同曰：太祖懲貪勵忠之心，拳拳不忘。宋、王兩臣，實攖所惡，棄市不枉。陳寧罪在不赦，豈張昶所能争？觀本譏昶之意，何異測蠡。

〔一〕劉辰國初事迹：決獄地點爲聚寶山（本書壬寅年第二條注四引）。至正金陵新志：「聚寶山，在城南雨華臺側，上多細瑪瑙石，俗呼爲聚寶山。」又：「雨花臺，在城南三里，據岡阜最高處，俯瞰城闉。」（卷五山川志山阜、卷一二古迹志城闕宫署，第二三〇、四〇二頁）洪武京城圖志：聚寶山位於聚寶門外，「在聚寶門外雨花臺側」（清抄本，第五、一二頁）。雨花臺應即今南京市區明代南京城南門以南的雨花臺（江寧府城圖）。

〔二〕宋廉使即宋伯顏不花，己亥年九月紅軍破衢州時被俘（本書戊戌年第一二條及注二）。時朱元璋早已回建康（本書己亥年第八條注一），不可能見到宋廉使馬前迎拜。俞本此記朱元璋語，當係風傳。

〔三〕劉辰國初事迹：宋伯顏不花「後用爲提刑按察司。問鄧福被排陷事，反以本人不合告按察司官壞了衙門，坐罪。太祖訪察之，數伯顔不花曰：『你本俘虜，我宥而用之。元朝因護黨，往往屈人，壞了天下。今爾復襲舊弊！』杖殺之」（第七三頁）。

〔四〕劉辰國初事迹：「太祖以陳寧爲浙東按察使，無正行。皂隸小毛赴京訟之。太祖提取自問，伏罪。太祖曰：『這禽獸之行，豈是你讀書人所爲！』下應天府獄。一年歲盡，押至聚寶山聽決。太祖坐於山上，令百官地坐，數其罪而宥之，除太倉市舶提舉。」（第八〇頁）劉辰記陳寧犯罪在浙東，俞本所記天界寺等在建康。疑俞本所記乃稍前之「不孝」，劉辰所記乃稍後之「不德」者，兩罪並罰。

〔五〕張翥江浙等處行中書省平章政事方公神道碑銘：「朱（□）〔元〕璋侵衢、婺，公計可使招來之。二年始得其情，於是朝廷遣尚書張昶等來……昶急與公謀，公曰：『今招安之事垂成，而苗軍忽變，必入吾境，則吾民必見害。而彼聞之，將疑我，懷去就。』」（台州金石録卷一三，葉二九a）可知張昶的使命非僅通好，而是游説招安。

〔六〕明太祖實録：壬寅年十二月，「元遣户部尚書張昶航海至慶元，欲通好於我……赴建康……命中書館之，時召問以事，知其才可用，遂留之」。甲辰年正月，「張昶爲左司都事」（卷一一、一四，壬寅年十二月壬辰、甲辰年正月丙寅朔，第一四四、一七六頁）。劉辰國初事迹：朱元璋盡殺招降團，「數日後，太祖謂劉基、宋濂曰：『元朝送一大賢人與我，爾等可與之議論。』及出，乃張昶也。除行中書省都事，不久陞參政。自知政，多合太祖，賞賜甚多，權豪震動」（第七六頁）。雷禮國朝列卿記：「張昶……仕元爲户部尚書，辛丑年來附……上命仍其官。甲辰年，陞中書右司都事。丙午年，陞中書省參知政事。」（卷四中書省參知政事行實張昶，第一册第二四五頁）諸書所記陞官時間參差，但張昶進諫，最可能在陳寧遭貶（參見本書壬寅年第一條注二引)、張昶陞參政的丙午年。

3 二月,克新州〔一〕、楊羅。

〔一〕時南昌甫降,「新州」或南昌附近新昌州、新淦州、新喻州等某處,未詳。

4 二十七日,苗蠻元帥蔣英、劉益①、黄實率衆規款,上授以舊職,仍領其衆〔一〕。至是,叛金華府,殺守將胡大海〔二〕。平章李文忠領兵克平其城〔三〕。

〔一〕蔣英苗軍於戊戌年投降(本書戊戌年第七條注二引)。宋濂江南等處行中書省左司郎中王公墓誌銘:「先是,苗獠軍來降,胡公分其衆萬餘戍婺。」(宋濂全集鑾坡前集卷三,第三八八頁)

〔二〕明太祖實録:壬寅年二月「癸未,金華苗軍元帥蔣英、劉震、李福叛,殺守臣參政胡大海」(卷一〇,壬寅年二月癸未,第一二八頁)。癸未日爲七日。蘇伯衡武德傳:「二月,王保反金華,越國胡公遇害。」(蘇平仲文集卷三,葉一六b~一七a)王保即黄實(本書戊戌年第七條注二引)。

〔三〕明太祖實録:壬寅年二月,「朱文忠……遣元帥何世明、掾史郭彦仁等率兵討之。至蘭溪,英等懼……西走降於張士誠,世明軍入城……丙申,改中書分省爲浙東等處行中書省,陞同僉朱文忠爲左丞」(卷一〇,壬寅年二月癸未、丙申,第一二九、一三五頁)。丙申日爲十九日,疑俞本所記「二十七日」乃得聞平叛之日(參見本書壬寅第五條注一)。

5　三月，賀禮叛處州〔一〕。

〔一〕黄金皇明開國功臣録：「壬寅……二月九日，處州苗軍降將李祐之、賀仁德糾衆作亂。」（卷二三耿天璧傳，第二册第三八二頁）明太祖實録：壬寅年二月「丁亥，處州苗軍元帥李佑之、賀仁得等，聞蔣英等已殺胡大海，亦作亂，殺院判耿再成……據其城」。三月「丁未朔……上聞處州之亂，命平章邵榮率兵討之」（卷一〇、一一，壬寅年二月丁亥、三月丁未朔，第一三三、一三七頁）。賀仁得應系賀仁德，丁亥日爲十日，與朱元璋聞變發兵相差二十天。疑俞本所記「三月」乃聞變之時。仁德應爲賀禮字。

6　四月初四日，復平之，接應諸暨〔一〕。

〔一〕明太祖實録：壬寅年三月，「初，張士誠乘蔣英之亂，遣其弟士信率兵萬餘圍諸全。守將謝再興城守，晝夜鏖戰，二十九日未決……朱文忠遣同僉胡德濟往援之，再興復以援兵少而敵衆，請益兵。是時金華叛寇初定，而嚴州逼近敵境，處州又爲叛苗所據，文忠自度兵少，不能應援……乃揚言右丞徐達、平章邵榮領大軍至嚴州……士信兵見之，果驚，謀夜遁……寇兵亂走，自相蹂踐及溺死者甚衆」。四月，「己卯……平章邵榮及元帥王祐、胡深等兵攻處州……處州復平」（卷一一，壬寅年三月癸丑、四月己卯，第一三七～一三八、一四〇頁）。四月己卯日係四日，俞本將諸暨守將借邵榮之名退敵之事，繫於邵榮平處州叛亂事。

7　五月，接應建昌，攻金溪縣〔一〕。

〔一〕吳沈浙東嚴元帥功迹記：南昌叛亂後，嚴德從吉安奔還信州，龍鳳「八年……夏五月，浙東行省調侯與院判張斌、元帥王德明策應建昌。兵至龍虎山，進攻金谿……金谿既守，乃領馬步軍征哨韓婆關。福建省都鎮撫趙珍出關迎敵，德明中流矢，墜馬死……兵至建昌城下……建昌遂寧」（瀫川集卷七，第四九九頁）。俞本或因元帥王德明陣亡於金溪，以爲紅軍戰敗，書「攻」而不書「克」。明太祖實録：朱元璋軍收復南昌後，「祝宗走新淦……康泰走廣信」（卷一一，壬寅年十月甲午，第一四〇頁）。此時康泰叛軍或切斷了建昌通過撫州、信州與浙東的聯繫（參見本書甲辰年第五條校勘記），福建元軍乘機圍攻建昌。

8 **陳友諒復侵安慶，守將院判趙伯中、元帥陳八棄城遁。譚知府率民力戰，死於陣〔一〕。人皆哀之，立像歲時祀焉。上以趙伯中、陳八失守城池，俱令絞死，暴於道以示衆〔二〕。**

〔一〕汪仲魯贈安慶知府譚敬先序：陳友諒鄱陽湖敗亡後，安慶知府譚敬先受命出使武昌，對方「厚其禮遇，乃以其官使來復命」（載皇明文衡卷三九，葉八b）。則「譚知府」未死。

〔二〕朱元璋給趙伯仲的弟弟趙庸封侯誥文：「爾兄……從征安慶。侵其城，因其非命自卻，罷職而逝。」（載黄金皇明開國功臣録卷九趙庸傳，第一册第五七九頁）劉辰國初事迹：「命僉院趙伯仲、先鋒程八守之。友諒遣兵復破安慶，伯仲與程八走遁，直至龍江。知府譚若李亦遁，中途聞寇兵退，復回入城，撫安百姓。事聞，太祖怒曰：『主將不能固守，城陷遠遁避之。知府不能遠走，寇退乃能入城安民。將伯仲等照失陷城池誅之。』常遇春諫曰：『伯仲等係渡江舊人，姑用赦之。』太祖曰：『不依軍法，無以戒後。』各給弓弦一條，發妻、子與之，命其自縊死。」（第九四頁）明太祖實録：辛丑年七月，「陳友諒知院張定邊陷安慶，守將余元帥等戰敗，奔還建康。上怒，俱斬之」（卷九，辛丑年七月壬申，第一一六頁）。錢謙益國初群雄事略將劉辰所載繫於此事下，將趙伯仲改作俞伯仲以應「余元帥」，又節略俞本所記，載壬寅年「五月，陳友諒復侵安慶，大明守將院判趙伯中遁」（卷四漢陳友諒，適園叢書本，第四七、五〇頁）。安慶守將失城遭誅之事遂兩見。按，陳八在辛丑年底任「帳前都先鋒」（明太祖實録卷九，辛丑年十一月戊午，第一二一頁），趙伯中辛丑年底破饒州、撫州，又在南昌一帶作戰（本書辛丑年第一二條注一引），則趙伯中之死必在辛丑年後，與俞元帥絶非一人。汪仲魯贈安慶知府譚敬先序：「譚君敬先知安慶之明年夏六月，寇至，鎮卒不戰以潰。寇退，君倡僚幕之官，撫殘傷遺民，固守三越月……又明年八月，我吴國公躬率舟師，解洪都之圍。」（載皇明文衡卷三九，葉八a）「又明年」的鄱陽湖之戰前的「明年」，正是壬寅年。明太祖實録不載壬寅年失安慶，俞本不載辛丑年第一次失安慶，錢謙益或因此混爲同一事。

9　八月初七日〔一〕，平章邵榮、參政趙繼祖等部海船於二村港②，哨張氏，謀叛〔二〕。部下士劉某遁回，密告於上〔三〕。令平章廖永忠、都護康鐸邀飲，擒之〔四〕。解至上前，泣數其罪，共宴數日〔五〕。至中秋夜，俱斬於聚寶門。首告者授指揮，守廣德。

〔一〕宋濂張中傳：「秋七月，平章邵榮、參政趙繼祖伏甲北門，欲爲亂，事覺伏誅。」（宋濂全集鑾坡前集卷九，第五一八頁）。明太祖實録：壬寅年七月「丙辰，平章邵榮、參政趙繼祖謀反，伏誅」（卷一一，壬寅年七月丙辰，第一四一頁）。丙辰日爲十三日。但劉辰國初事迹繫於「八月」（第八九頁），邵榮等「中秋夜」遭誅（本書壬寅年第九條），則八月似確。

〔二〕明太祖實録：「榮粗勇善戰，與上同起兵濠梁，上待之甚厚。自平處州還，益驕蹇，有覬覦心，常憤憤出怨言。部將有欲告之者，榮懼不自安，與趙繼祖謀伏兵門內，欲爲變。」（卷一一，壬寅年七月丙辰，第一四一～一四二頁）劉辰國初事迹：「太祖命壯士執邵榮、趙某連鎖，置酒待之，問曰：『我與爾等同起濠梁，望事業成，共享富貴，爲一代之君臣，爾如何要謀背我？』榮答曰：『我等周年出外取討城池，多受勞苦，不能在家與妻、子相守同樂，所以舉此謀。』不飲酒，止是追悔而泣。」（第八九頁）按，邵榮此言，當係爲僚屬開脱罪名而自污。但公開供詞如此，可知邵榮當時的罪名只如俞本所記「叛」而非謀反，明太祖實録或係追加罪名。

〔三〕明太祖實録：「榮等不得發，遂爲宋國興所告。」（卷一一，壬寅年七月丙辰，第一四二頁）劉辰國初事迹：「元帥宋某以其事首告。」（第八九頁）楊士奇西寧侯宋公神道碑銘：甲午年，宋朝用、宋國興父子「從張天佑克五河、泗州、盱眙，又並進總管。乙未，從上克和州，渡江下采石、太平。總管邵榮等潛有異謀，國興察知以聞，榮等伏誅。從克溧陽，進攻南臺，國興戰殁，命公襲兄職。丙申……從克南臺，公父陞廣德元帥。丁酉，隨廣德公克宣州，還，改廣德公天寧翼元帥，以老，留建康……己亥，襲天寧翼元帥」（東里文集卷一二，第一七一頁）。按，楊士奇將告變之事置於乙未年攻集慶路之前，大誤。黄金皇明開國功臣録認爲：「若以元帥宋某爲宋晟，則可通。」（卷一八宋國興傳，第二册第一五九頁）潘檉章國史考異則認爲，宋國興既然壬寅年告變，則乙未年實未死（卷一「十二」，第一五頁）。按，兄戰殁、弟襲職之事不應大誤，此告密者後「授指揮，守廣德」（本書壬寅年第九條），既非宋國興，亦不可能爲名位低微的宋晟，而完全可能是宋國興的父親宋朝用，即先守廣德、後守宣城的「老宋元帥」（本書丁酉年第一〇條注三）。楊士奇參與明太祖實録歷次修纂，明太祖實録記宋國興告變，疑係沿楊士奇之誤。

〔四〕按，此時朱元璋軍大略可分爲濠州紅軍、巢湖水軍、渡江後投降者三大部分。廖永忠繼承廖永安爲巢湖水軍的首要將領，康茂才爲渡江後降將中的首要將領。朱元璋派此二人誘擒邵榮，有意不用出身濠州紅軍者。明太祖實録：「上不欲即誅，繫於別室，召諸將曰：『吾不負邵榮，而榮所爲如此，將何以處之？』常遇春曰：『……縱主公不忍殺之，我等義不與之俱生！』」（卷一一，壬寅年七月丙辰，第一四二頁）劉辰國初事迹：趙伯中失陷安慶當死，「常遇春諫曰：『伯仲等係渡江舊人，姑用赦之。』太祖曰：『不依軍法，無以戒後。』」但邵榮事發後，「太祖欲禁錮其終身，聽其自死。常遇春曰：『……留之，是違天也。所以後人仿效，遇春心實不甘。』」（第九四、九〇頁）按，常遇春是乙未年渡江前夕才孤身投奔朱元璋的，與老資格濠州紅軍、巢湖水軍皆毫無淵源，全憑一己之戰功傲視全軍，故得以在趙伯仲、邵榮等兩次關乎「渡江舊人」命運的場合做政治表態，但姿態前後迥異。凡此種種，說明邵榮、趙繼祖是濠州紅軍中的另類人物。郭子興諸子、張天祐、邵氏諸將、趙繼祖彼此有密切淵源（本書乙未年第九條、丙申年校勘記二、第一一條注二、戊戌年第九條注一），邵榮在廖永安失陷後一直是軍中地位僅次於朱元璋的將領（本書己亥年第二三條注四），應是朱元璋軍中郭子興嫡系舊部的代表人物，爲朱元璋心腹大患。邵榮事件實係朱元璋精心策劃的鏟除郭子興嫡系舊部的重大事件（李新峰邵榮事迹鈎沉，第七六～八九頁）。安排廖永忠、康茂才、常遇春出場，係朱元璋煞費苦心威懾濠州紅軍舊將之舉。

〔五〕明太祖實録：朱元璋「不欲即誅，縶於別室……不得已，命具酒食飲食之，涕泣與訣。」（卷一一，壬寅年七月丙辰，第一四二頁）劉辰國初事迹：朱元璋「置酒待之……亦淚下……欲禁錮其終身，聽其自死」（第八九～九〇頁）。朱元璋對戰敗的趙伯中絶不寬宥，對「謀反」的邵榮却極其罕見地惺惺作態，可見清洗邵榮的巨大風險和政治利益。

10 九月，徐達領衆復平安慶，陳氏夜遁。修城塹，命將士守之〔一〕。

〔一〕汪仲魯贈安慶知府譚敬先序：「譚君敬先知安慶之明年夏六月，寇至，鎮卒不戰以潰。寇退，君倡僚幕之官，撫殘傷遺民，固守三越月。或曰，郡府無兵甲，寇出没難測，未若還請命於省府。君不聽。九月幾望，右丞徐公達領兵城安慶，於是民得安全，而官有寵錫之榮。」（載皇明文衡卷三九，葉八a）周是修廣東都指揮使狄公碑銘：壬寅年「九月，修安慶城」（芻蕘集卷四，葉一六a）。

11 十一月，參政常遇春克羅家山寨、高家山寨、麻城〔一〕。

〔一〕劉崧孫先生傳：「壬寅……羅友賢復據貴池、東流、建德、太平、石埭、祁門、黟縣、餘干、樂平諸縣以叛，屢招之不下。」（槎翁文集卷二，第四〇七頁）明太祖實録：壬寅年十月，「池州元帥羅友賢據州之神山寨作亂……命常遇春率兵討之」。癸卯年正月，「常遇春兵攻池州神山寨，擒羅友賢，斬之」（卷一一、一二，壬寅年十月戊子、癸卯年正月庚戌，第一四三、一四七頁）。這次叛亂規模甚大，故勞動建康的主力軍出戰。羅家山寨應即羅友賢所據神山寨。周是修廣東都指揮使狄公碑銘：「壬寅……冬十一月，克平城山羅家寨。」（芻蕘集卷四，葉一六a）嘉靖池州府志：「貴池……城山在城西南一百四十里，山勢周遭如城，羅友賢寨址存焉。」（卷一輿地分野，葉一〇a）即本書癸卯年第一條的成山寨，應即今貴池西南境的神山（安徽省地圖，第六九頁）。

校勘記

①「劉益」，他書作「劉震」或「劉振」（本書戊戌年第七條注一、丙午年第七條注二引）。

②「二村港」，事略錢引本同，但「二」字上下兩横相距甚遠，似作未刻字（卷七周張士誠，第九七頁），張校本據國初群雄事略沈抄本作「二」（卷七周張士誠，第一七八頁）。

癸卯　至正二十三年（公元一三六三年）

1　上即吴王位於金陵〔一〕。常遇春克成山寨①〔二〕。

〔一〕明太祖實録：甲辰年正月，「李善長、徐達等奉上爲吴王」（卷一四，甲辰年正月丙寅朔，第一七五頁）。汪仲魯贈安慶知府譚敬先序：癸卯年「八月，我吴國公躬率舟師，解洪都之圍」（載皇明文衡卷三九，葉八a）。可知癸卯年朱元璋仍稱吴國公。但宋濂樞密判官耿公祠堂碑呼朱元璋爲吴王，稱祠堂「經始於九年春二月，落成於夏五月。程君復奉書幣，致其邑民之辭，來請予文」（載續栝蒼金石志卷四，葉一九a、二〇b）。按，九年指龍鳳九年即癸卯年，但「來請」與作文並不一定在同一年。甲辰年正月，朱元璋已消滅陳友諒主力，奠定南方霸主地位，稱吳王應在此時。

〔二〕劉崧孫先生傳：「孫復於壬寅年前去勸降羅友賢，「時羅帥出駐城山，留館中數日不得見」（槎翁文集卷二，第四〇七頁）。寰宇通志：「城山在銅陵縣東五十里，四圍石壁峭拔，唯西南一徑可通，如城門然。山顛平坦，可數十畝，名曰寨……鄉民嘗避兵於此。」（卷一二池州府山川，第五二三二頁）即羅友賢所據神山寨（本書壬寅年第一一條注一）。

2 三月，徐達領大軍攻廬州，老左堅守，不克〔一〕。圍至七月，陳友諒親率大船進鄱陽湖來侵，徐達棄圍援之，上親領舟師往征〔二〕。衣甲、鎧仗、旗幟、火炮、火銃、火箭、火蒺藜、大小火鎗、大小將軍筒、大小鐵砲、神機箭〔三〕，及以蘆席作圈，圍五尺，長七尺，糊以紙布，絲麻纏之，內貯火藥、撚子及諸火器，名曰「沒奈何」〔四〕，用竿挑於頭桅之上，兩船相幫，燃火綫，刀②斷懸索，「沒奈何」落於敵船舟中，火器俱發，焚毀無救。上敕相國徐達、平章常遇春爲前鋒，平章廖永忠、俞通海爲左、右翼，餘船列幫而進〔五〕。上以所乘船如征江州之勢，令愈嚴肅，師愈鮮明，舟愈齊整，戒將士曰：「晝則視旗幟，夜則視燈籠；遠則聽信砲，近則聽金鼓。」以翱、翔二船爲左、右副，以風斗快船爲前導，大小船艘相繼而進。兵至左蠡〔六〕，旌旗蔽日，金鼓震天，帆幔遮水，衣甲耀日，遥列數百里，友諒後繼之船盡爲俘獲。江西守將朱文正、鄧、薛二參政率軍力戰，友諒將士不能近城〔七〕，聞上援兵至，棄圍以赴水戰〔八〕。友諒戰船塗紅爲號，大者容三千人，中者容二千五百人，小者容二千人〔九〕。其船以灰麻艌底，轄與兩廂頭尾不艌。或謂友諒曰：「何止艌底？」友諒曰：「此一去船，何須盡艌。」〔一〇〕以故友諒戰船皆不及上船之堅。惟以白、紅分兩軍。陳氏之兵，曾經龍江、江州、湖廣三處大敗，善戰者折損，却於湖潭荆襄〔一一〕等處徵田夫市子，三丁抽一爲軍，號曰「蓬合」〔一二〕。且十人無二三慣戰，及船相幫，望見白船水上周旋迅疾，旗幟、衣甲、器械，又聞金鼓、銃砲之聲，魂魄俱喪，安能操戈執弓哉？友諒惟恃巨艦，未知軍心恇怯。白船往來湖中，仰而射紅船，紅船堅駐，不便轉動〔一三〕。一日攻數次，白船輪次而戰，紅船軍力疲倦。

〔一〕劉辰國初事迹：「張士誠圍安豐，劉福通請兵救之。太祖親援……經廬州，平章左君弼不出迎。及安豐解兵，回攻廬州，三月不克。」（第七七頁）明太祖實録：癸卯年三月，「上率右丞徐達、參政常遇春等擊安豐……上乃還，命達等移師廬州圍之」。五月，「徐達、常遇春之攻圍廬州也……凡三月不下」（卷一二，癸卯年三月辛丑朔、五月丙子，第一四九～一五〇、一五四頁）。

〔二〕明太祖實録：癸卯年四月，「陳友諒復大舉兵，圍洪都」。六月，「召徐達、常遇春於廬州，令還師援洪都」。七月，「上自將救洪都」（卷一二，癸卯年四月壬戌、六月甲子、七月癸酉，第一五一、一五六、一五七頁）。

〔三〕茅元儀武備志：火器分炮、銃、箭、噴筒、球等種類，其中「火箭……長四尺二寸……前綁紙桶起火……神機箭……大竹筒入箭二矢或三矢，望敵燃火，能射百步……用之水戰，能燔舟篷」。又：「火鎗……有二噴筒，故名火鎗；頭長尺許，鎗也；兩刃向上，鏜也；兩刃向下，鐮也。一器而四用之者」。又：噴筒類火器以噴毒藥爲主。又：「蒺藜火球……以三枝六首鐵刃，以火藥團之……又施鐵蒺藜八枚……燒鐵錐烙透，令焰出。」（卷一二二、一二六、一二八、一二九、一三〇軍資乘火火器圖説一、五、七、八、九，第九六四册第五四〇、五八七～五八九、六〇二～六〇三、六一一～六一五、六二一頁）俞本以將軍筒與箭銃炮並列（本書洪武二年第一條），則將軍筒似屬噴筒類火器。但朱元璋軍圍攻蘇州時每衛設將軍筒、七稍炮各五十座（本書丁未年第四條），則將軍筒又似屬遠程攻擊武器，並非近戰噴毒之具，未詳。

〔四〕鄭若曾籌海圖編：火器有名「大蜂巢」者，内裝大量鐵蒺藜、火藥、地釘等，「奪心眩目，驚膽傷人，製宜精妙，此兵船第一火器也」（卷一三下經略兵器大蜂巢圖説，第九二〇頁）。茅元儀武備志歸類於球狀火器（卷一三〇軍資乘火火器圖説九，第九六四册第六二五頁），或即「没奈何」之屬，未詳。

〔五〕明太祖實録：癸卯年七月，「舟師凡二十萬俱發，右丞徐達、參知政事常遇春、帳前親軍指揮使馮國勝，同知樞密院事廖永忠、俞通海等皆從……壬午，風覆馮國勝舟，上以其不利，遣還建康」（卷一二，癸卯年七月癸酉，第一五七頁）。

〔六〕正德南康府志：都昌縣「左蠡山去縣西八十里，下有巡檢司……左蠡湖去縣西北八十里」。又：

「左蠡巡檢司，在縣西四十里。」（卷二山川都昌縣、葉一一b～一二a ；卷四公署都昌縣，葉九a）應即今都昌縣城西北新妙湖西北、扼鄱陽湖南北分界的西山一帶（江西省地圖集，第三三頁）。明太祖實録：癸卯年七月「癸未，師次湖口。先遣指揮戴德以一軍屯於涇江口，復以一軍屯南湖嘴，以遏友諒歸師」（卷一二，癸卯年七月癸酉，第一五七頁）。按，左蠡乃由湖口深入鄱陽湖後必據之地，雙方或在此遭遇。

〔七〕朱善安定侯程忠愍公神道碑：程國勝參加守城之戰，「皇侄分兵拒守，公守寺步門……相拒凡八十五日，寇兵戴竹盾如箕，進薄撫州門，城壞三十餘丈。衛公以火銃擊退之，隨立木柵，敵奮來争，且戰且筑，通夕城完」（載皇明文衡卷七二，葉三a）。明太祖實録：癸卯年四月，「洪都城始瞰大江，友諒前攻城，以大艦乘水漲附城而登，故爲所破。上既定洪都，命移城去江三十步。至是，友諒巨艦至，不復得近，乃以兵圍城，其氣甚盛。都督朱文正與諸將謀分城據守，參政鄧愈守撫州門，元帥趙德勝等守官步、士步、橋步三門，指揮薛顯等守章江、新城二門，元帥牛海龍等守琉璃、澹臺二門，文正居中節制諸軍，自將精鋭二千，往來應援以御之……丙寅，陳友諒兵攻洪都之撫州門……城壞三十餘丈，鄧愈以火銃擊退其兵，隨豎木柵。敵争柵，都督朱文正督諸將死戰，且戰且筑，通夕城完」。五月，「陳友諒復攻洪都之新城門，指揮薛顯將鋭卒開門突戰，斬其平章劉進昭，擒其副樞趙祥，敵兵乃退」。六月，「友諒盡攻擊之術，而城中備禦隨方應之，友諒計窮」（卷一二，癸卯年四月壬戌、丙寅、五月丙子、六月辛亥，第一五一、一五二、一五四、一五五頁）。

〔八〕周是修廣東都指揮使狄公碑銘：「七月，從大軍上江西，於鄱陽東湖之康郎山與陳兵鏖戰。」（芻蕘集卷四，葉一六a）明太祖實録：癸卯年七月「丙戌，陳友諒圍洪都，至是凡八十有五日，聞上至，即解圍，東出鄱陽湖以迎我師」（卷一二，癸卯年七月丙戌，第一五七頁）。丙戌日爲十九日。

〔九〕明太祖實録：癸卯年四月，「初，友諒忿其疆埸日蹙，乃作大艦來攻。艦高數丈，外飾以丹漆，上下三級，級置走馬棚，下設板房爲蔽，置艣數十，其中上下人語不相聞，艣箱皆裹以鐵」（卷一二，癸卯年四月壬戌，第一五一頁）。

〔一〇〕明太祖實録：癸卯年四月，陳友諒「自爲必勝之計，載其家屬百官，空國而來」（卷一二，癸卯年四月壬戌，第一五一頁）。

〔一一〕元朝末年湖廣行省駐武昌路，湖南道宣慰使司駐天臨路，元代前期稱潭州路（元史卷六三地理志，第一五二七～一五二八頁）。此湖、潭，指陳友諒所轄長江以南地區，與江北的荆、襄並列。

〔一二〕宣德五年春和寬恤敕：「單丁者與他户朋合，聽其一年或一年相輪代替。」（皇明詔令卷九宣宗皇帝下，第六二五頁）「蓬合」應即「朋合」，指數丁合充一丁之役。

〔一三〕明太祖實録：癸卯年七月，大戰前夕，「友諒列巨舟以當我師。上見之，謂諸將曰：『彼巨舟首尾連接，不利進退，可破也。』乃分舟師爲十一隊，火器弓弩以次而列，戒諸將，近寇舟先發火器，次弓弩，及其舟則短兵擊之」（卷一二，癸卯年七月丙戌，第一五八頁）。

3 七月二十一日，大戰。紅船焚溺二十只，煙焰障天，咫尺不能辨，聲震山谷，軍浮水面，波浪漂没。白船亦被火裹焚者七隻〔一〕。紅船將士焚溺者殆六萬人，白船焚溺者七千餘人〔二〕。餘船相幫，紅船被白船相撞，即爲碎薪。是日，友諒之弟五王溺水而死〔三〕。將士浮水求救者蔽水面，上遣快船濟之。次日，上設大牢、少牢，遣使致祭五王之柩於軍中。友諒亦以禮遣歸〔四〕。又數日，上遣人賫書詣友諒，約出江決戰，友諒允③〔五〕。紅船欲出湖口，恐白船襲其後，遂讓白船先出〔六〕。上遂令江西之船堅拒黄泥洲④〔七〕及樵市⑤〔八〕，令諭將士曰：「我船出了湖口，便占上流埠岸，選精鋭馬步兵登岸待戰，風斗快船艤岸排列，海船依次排江中。」〔九〕次日，遂行。白船盡出，紅船方行。白船正出之時，紅船不敢追襲者，何也？大船怕淺⑥、小船兵冗故也〔一〇〕。紅船出到湖口摔埠，俱被白船已占。值西風大作，紅船之勢高，拒順流，如箭而下，無所措手足，流至禁江口⑦〔一一〕，抛五鐵錨始住〔一二〕。兩軍相望二十里〔一三〕。上指謂都督仇景福〔一四〕曰：「那船何人的？」景福對曰：「陳氏所乘。」〔一五〕上曰：「我提數百萬兵，數千里遠來除暴，荷天以此子付我掌中，此機不可失。」諭達等曰：「平暴定亂，正在今日！」〔一六〕遂令將士各措火器、兵仗、衣甲於所立信地。

〔一〕宋濂平江漢頌：「戊子，上分舟師爲十二屯，命達、遇春、永忠突入虜陣……己丑，焚僞平章舟，刈戮餘二千。辛卯，復酣戰。」（宋濂全集鑾坡前集卷一，第三二五～三二六頁）明太祖實録：癸卯年七月「戊子，命徐達、常遇春、廖永忠等進兵薄戰……俞通海復乘風發火砲，焚寇舟二十餘艘，彼軍殺溺者甚衆……己丑……復與友諒戰，諸軍奮擊敵舟，敵不能當，殺溺死者無算……其水寨舟數百艘悉被燔，煙焰漲天，湖水盡赤，死者太半……我師乘之，又斬首二千餘級……辛卯，復連舟大戰……自辰至午，敵兵大敗，棄旗鼓器仗浮蔽湖面，友諒遂奪氣」（卷一二，癸卯年七月丙戌，第一五八～一六〇頁）。戊子爲二十一日，己丑爲二十二日，辛卯日爲二十四日，四天内凡三戰。俞本繫四天三戰於一日。

〔二〕宋濂平江漢頌：「戊子……百里之内，水色盡赤，焚溺死者動一二萬，流屍如蟻，滿望無際。」（宋濂全集鑾坡前集卷一，第三二五～三二六頁）按，此六萬、七千之數，似爲俞本以陳軍大船容三千人（本書癸卯年第二條）、朱軍大船容一千人（本書辛丑年第四條）换算而來。然三千之數過大，且兩軍船體亦不至相差如此之遠。明太祖實録：戊子之戰中徐達「身先諸將，擊敗其前軍，殺千五百人，獲一巨舟而還，軍威大振」（卷一二，癸卯年七月戊子，第一五八頁）。一千五百人或即陳軍巨舟容量。

〔三〕明太祖實録：癸卯年七月二十二日，「友諒弟友仁、友貴及其平章陳普略等皆焚死……友仁者，即所謂五王也，眇一目，有智數，梟勇善戰，至是死，友諒爲之喪氣」（卷一二，癸卯年七月己丑，第一六〇頁）。

〔四〕明太祖實録：二十四日大戰後，兩軍相持多日，朱元璋貽書激怒陳友諒，陳友諒「令獲我戰士皆殺之。上聞之，命悉出所俘友諒軍，視有傷者賜藥療之，皆遣還，下令曰：『但獲彼軍，皆勿殺。』又令祭其弟侄及將之戰死者」（卷一二，癸卯年七月辛卯，第一六三頁）。俞本記「次日」，似指二十三日雙方休戰之時，近實。

〔五〕明太祖實録：癸卯年七月二十一日，兩軍大戰康郎山，朱軍多員戰將陣亡，朱、徐、常皆曾危殆，「諸軍欲退，上……申明約束，喻以死生」，方止退意，徐達因戰船起火被遣回建康。二十二日，朱軍將領陣亡尤衆。二十四日戰後，朱軍屯柴棚，距陳軍五里，扼其赴鞋山之路，「諸將議退師，少休士卒」，朱元璋不得已，趁夜偷越淺灘，退至左蠡。陳軍隨至瀦磯，相持數日。「移書友諒曰：『……以公平日之狂暴，正當親決一戰，何徐徐隨後，若聽吾指揮者，無乃非丈夫乎？』……我師遂出湖口……控湖口者旬有五日，友諒不敢出，復移書與之曰：『……設使公僥倖逃還，亦宜修德，勿作欺人之寇，卻帝名而待真主，不然，喪家滅姓，悔之晚矣！』」兩軍相持到八月下旬（卷一二、一三，癸卯年七月丙戌、八月壬戌，第一五八～一六三、一六五頁）。康郎山在鄱陽湖南部湖中，柴棚在東岸，瀦磯在西岸偏北，左蠡在東岸、瀦磯東北，鞋山在湖北部中央，離湖口已不遠（正德饒州府志卷一山川餘干縣，第七四頁；正德南康府志卷二山川星子縣，葉八a、四b；卷四公署星子縣，頁九a；參見譚其驤主編中國歷史地圖集第七册，第三〇～三一頁）。由此可知，第四日戰後，朱軍乃徐徐後退，陳軍尾隨。從朱軍的重大損失和諸將多次請退之事看，朱軍在三次大戰中並未占得上風，故舍南昌不救，逐步後退，陳軍亦舍南昌而逐朱元璋。宋濂鄂國常公神道碑銘：第四日戰後，「友諒乃退保鞋山。諸將以友諒兵尚强，請縱其去……及我師出湖口，皆曰江流湍急，欲放舟而下……控湖口者旬有五日」（宋濂全集鑾坡前集卷二，第三五〇頁）。按，「退保鞋山」必係朱軍踞湖口後，陳軍進屯離湖口不遠的鞋山，兩軍在此相持「旬有五日」。朱軍據陸瞰湖，屯戰船於上游江中，借湍急水勢控扼湖口，忽然盡占先機。陳友諒洞察地利之失，遂堅屯不出湖口，相持多日。俞本所記「又數日」，混淆了七月與八月。

〔六〕倘陳軍得先出湖口，進可占地利，退可遁武昌，陳友諒絶不會愚至放棄如此戰機。且湖口爲鄱陽湖入江口，並無淺灘以致「怕淺」。明太祖實録：癸卯年七月二十四日戰後，「上曰：『……必先移舟出湖，乃可無失。』時水路狹隘，舟不得並進，恐爲敵所乘，至夜，令船置一燈，相隨渡淺。比明，已盡渡矣」。又：「時湖水淺深不同，舟師戰鬭往來不利，通海贊上出湖，據便利以蹙之，遂以舟師出據左蠡。」（卷一二、一二三，癸卯年七月辛卯、吴元年四月乙卯俞通海傳，第一六一、三三一～三三二頁）俞本所記，或源自此事。

〔七〕寰宇通志：南昌府「黄牛洲在府城西南十里」（卷三四南昌府山川，第五四七五頁）。萬曆新修南昌府志：南昌縣「黄牛洲在縣南大江中……吴家洲在縣南黄牛洲之西，上有民居」（卷三山川，第六四頁）。應即今南昌市西南的老洲村、洲頭村以北一帶（江西省地圖集，第一五頁），時當位於城外贛江之中。

〔八〕寰宇通衢：「樵舍驛，六十里至本司南昌府南浦驛。」（京城至江西布政司并屬府至本司，第一四五頁）寰宇通志：「樵舍驛在新建縣北六十里。」（卷三四南昌府館驛，第五四七六頁）萬曆新修南昌府志：樵舍驛在南昌縣北贛江西岸（卷一南昌縣圖，第三二頁）。應即今新建縣南境、贛江北支分叉處的樵舍鎮（江西省地圖集，第一六頁），時當爲南昌城與鄱陽湖之間的水陸要衝。

〔九〕宋濂平江漢頌：「我師亦移據湖口，扼彼喉衿，列栅南北江岸，置火筏中流，水陸嚴戒，以候其發。」又鄂國常公神道碑銘：「我師出湖口……命以舟扼上流……諸將乃溯流而上，舟蔽江面，控湖口者旬有五日。」（宋濂全集鑾坡前集卷一、二，第三二六、三五〇頁）明太祖實録：癸卯年七月底，「我師遂出湖口，命遇春、永忠諸將統舟師横截湖面，邀其歸路。又令一軍立栅於岸，控湖口者旬有五日」（卷一二，癸卯年七月丙戌，第一六三頁）。

〔一〇〕朱軍北退左蠡，不能再救南昌，故今自守黄牛洲、樵舍，則「次日遂行」或仍來自對二十四日由柴棚退往左蠡的回憶，故有「怕淺」云云。

〔一一〕正德安慶府志：「宿松……涇江口鎮巡檢司在涇江，縣南百二十里。」（卷八建置志宿松縣，第三七〇頁）應即今宿松縣南境大官湖和黄湖古入江水道壩頭港臨江終端處的洲頭鄉一帶（安徽省地圖集，第三四六～三四七頁），距離湖口東岸的湖口縣城約二十公里。

〔一二〕明太祖實録：癸卯年八月「壬戌，陳友諒窮蹙，進退失據，欲奔還武昌，乃率樓船百餘艘趨南湖嘴，爲我軍所遏，遂欲突出湖口。上麾諸將邀擊之……至涇江口，涇江之師復擊之……友諒死矣」（卷一三，癸卯年八月壬戌，第一六五頁）。蘇伯衡王銘傳：「時人招降陳氏部屬，曰『爾主……一旦送死禁江口』（蘇平仲文集卷三，葉二四 b）。黄金皇明開國功臣録：「諸將邀擊之於禁江口，友諒竟敗死。」（卷五傅友德傳，第一册第三四〇頁）嘉靖九江府志：「南湖嘴鎮，在府治東四十里，據彭蠡之口。」（卷八職官志兵防關隘，葉二八 a）應即今九江市東境、鄱陽湖口西岸江湖之間、楊家場村所在的長條形陸地（江西省地圖集，第三一頁）。陳軍大船本來「冒死突出，將上趨九江」（宋濂平江漢頌，宋濂全集鑾坡前集卷一，第三二六頁），結果在下游對岸決戰，應因上游碼頭被占、遭大風急流而勉强停在湖口下游。

〔一三〕湖口上游的南湖嘴離涇江口約五十里。朱軍扼湖口，不可能將東岸重鎮湖口縣留給陳軍。陳軍漂下禁江口後，朱軍主力或進至湖口東岸一帶，故得「兩軍相望二十里」。「俱被白船已占」之「埠」，當包括湖口東岸、湖口縣城附近之埠。

〔一四〕黄金皇明開國功臣録：仇成於鄱陽湖戰後得授留守中衛指揮僉事，洪武三年底陞大都督府都督僉事，後封侯誥文中有「彭蠡之戰，爾功居多」之語（卷一三仇成傳，第一册第七二五～七三〇頁）。朱元璋安慶侯仇成誥文原文作「彭蠡之戰，爾巨有功」（明太祖御製文集卷三，第一一二頁）。仇成當時僅爲中級軍官，却得朱元璋如此評價，或即「保駕都督仇景福」。

〔一五〕明太祖實録：癸卯年七月，陳軍在鄱陽湖追逼朱軍，陳友諒「建金字旗，周廻巡寨」（卷一二，癸卯年七月庚申，第一六二～一六三頁）。或陳氏所乘船頗引人矚目，故有此問答。

〔一六〕按，陳軍至湖口無處駐泊，漂流而下，形勢更加惡化。朱軍雖占據主動，也已損失慘重，雙方皆近乎無力再戰。現戰機突現，故朱元璋以「付我掌中」、「正在今日」振奮軍心。

4 二十四日〔一〕，上於所乘「美」⑧號船頭敕曰：「將士勿動！」捧爐香拜祝，曰：「黎民被難數十年，吾今除暴解紛，實天祐之。克此奸雄，四方寧息，汝等士卒俱令富貴。今當盡心，以報天意！」即拔劍敕曰：「交鋒之際，擅離信地、不用心者，斬！」遂令釘其水門平基，撤其上下木梯，拽櫓兩厢懸鈴。兵皆倒身摇櫓，又值西風順水，船下如箭。比至紅船三百步間，箭銃、將軍筒、標叉俱發如雨。紅船將士無所躲避，僅以板牌遮身，或伏匿或趨走，無出視者，白船徑過⑨矣。上命親軍指揮康鐸⑩率二十八宿令船，水捧挽船而上十五里許，順流再下。紅船將士望之，如山崩〔二〕。友諒度不能支，出首箭窗中，呼從船，而白船已至，箭銃齊發，友諒左太陽中箭。須臾，陳氏卒泅水報曰：「友諒死矣。」〔三〕上傳令曰：「友諒已中箭死。兵船將士敢有擅殺一人者，斬！」〔四〕陳氏將士聞之，全船來歸者相繼不絕。友諒屍已爲近侍竊，遁於湖廣矣。部下省、院官及八陣指揮率領海船再戰，俱不勝而降，輜重盡爲俘獲〔五〕，惟知院蟒張海船不戰而遁〔六〕。向友諒所謂「一去船」者，今果驗矣。所獲戰船上下左右，箭刺如蝟。上大悦，諭衆曰：「友諒中箭而死，將士之功勝於赤壁走曹操遠矣！稠人難辨射中者，均給重賞，以勞汝等。」次日，上執爐焚香，朝天拜祝，曰：「異日天下一家，與汝等巴都兒〔七〕共用富貴，教汝都做大官。」拜畢，上於船樓上設金椅坐定，保駕都督仇景福率八枝壯士一千三百人〔八〕，稱萬歲，謝恩。遂設大筵，即命班師。後至王宫，以在船一千三百人羅於兩廡下，賜以酒肉，恣其醉飽。次日，每人給以金龍官段⑪一表裏，冬、夏布五匹，銀五兩，麥各五石，銅錢六十文⑫。省、府、衛及千、百户、鎮撫等官，給賜各有差。上於廖永忠門首立二牌，御書云：「功超群將，智邁諸師。」〔九〕友諒子理，衆扶爲帝，仍據武昌〔一〇〕。上親征武昌〔一一〕，將士所費糧賞軍需，就其地取之〔一二〕。

〔一〕宋濂張中傳：「八月壬戌，復大戰，流屍蔽江，陳友諒中飛矢卒。」（宋濂全集鑾坡前集卷九，第五一八頁）明太祖實録：癸卯年七月底以後，兩軍相持「旬有五日」，八月壬戌日決戰（卷一二、一三，癸卯年七月辛卯、八月壬戌，第一六三、一六五頁）。壬戌日爲二十六日，與「旬有五日」不合。黄金皇明開國功臣録：「八月八日，我舟入江，駐南湖嘴，水陸結營。賊舟不敢出，糧且盡。二十七日，賊計窘，繞江下流，欲由禁江遁回。通海等退軍追擊之，友諒中流矢。」（卷二俞通海傳，第一册第二三八～二三九頁）八日之後的十五天正是俞本所記「二十四日」，可知明太祖實録載七月底占湖口，乃概言七月下旬和八月上旬北退，實朱軍於八月八日占湖口，陳軍於八月二十四日出湖口。此日，朱元璋决心一戰，遂移船東下，全軍誓師，决戰當發生在兩天以後的二十六日。

〔二〕明太祖實録：癸卯年八月「壬戌……上麾諸將邀擊之。我舟與敵舟聯比，隨流而下，自辰至酉，力戰不已。至涇江口，涇江之師復擊之」（卷一三，癸卯年八月壬戌，第一六五頁）。宋濂鄂國常公神道碑銘：「友諒軍食乏，出江求戰。王遣火舟、火筏衝之，敵兵奔潰。追北數十里，與之酣戰，自辰至未不解。」（宋濂全集鑾坡前集卷二，第三五〇頁）

〔三〕明太祖實録：癸卯年八月「壬戌……未幾，有降卒來奔，言友諒在别舸中流矢，貫睛及顱而死。諸軍聞之，大呼喜悦，殺敵益奮，敵衆大潰」（卷一三，癸卯年八月壬戌，第一六五頁）。

〔四〕解縉大明帝典：「友諒卒，降十萬。帝拜手稽首，誓于將士曰：『惟毋殺。有戮于一人，罪及爾衆！』」（解春雨先生文集卷一，葉一八b）

〔五〕明太祖實録：癸卯年八月「壬戌……明日，友諒平章陳榮、參政魯謀、樞密使李才、小捨命王、副樞賈僉院及指揮以下，悉以其樓船軍馬來降，得士卒五萬餘人」（卷一三，癸卯年八月壬戌，第一六五頁）。宋濂平江漢頌：「癸亥，降其衆五萬。上命釋之，不戮一人。」（宋濂全集鑾坡前集卷一，第三二六頁）

〔六〕明太祖實録：癸卯年八月「壬戌……太尉張定邊及楊丞相、韓副樞乘夜以小舟竊載友諒屍及其子理徑走武昌。遣師追之，不及」。洪武元年十一月，「鄧愈率師討蜀河莽張，獲之，金、商、均、房之境悉定」（卷一三、三六下，癸卯年八月壬戌，洪武元年十一月「是月」，第一六五～一六六、七〇六頁）。黄金皇明開國功臣録：耿天璧於洪武「〔三〕〔二〕年八月，歸杭，調從徐達征襄陽等處莽張賊寨。十二月……十七日，攻破其寨」（卷二三耿天璧傳，第二册第三八八頁）。金、商、均、房與「襄陽等處」吻合，地當川、陜、楚交界山區，在陳友諒原統治區後方，「莽張」似即「蟒張」張定邊。但是張定邊已在甲辰年初投降朱元璋（本書甲辰年第三條注二引），似非此「莽張」。

〔七〕巴都兒係蒙古語 baatur 音譯，意爲勇士。逆臣録：「指揮張英等唤本與今在官百户孫麟、總旗蔡璽、小旗尹保兒并馬軍王保保等……就行帶領本并一千人前去凉國公府内拜見。本官問説：『這火官人，巴都兒是那裏的？到都是幾個好漢。』」（卷二金吾前衛指揮姚旺等周本，第六九頁）可知明初可稱勇猛旗軍爲巴都兒。劉辰國初事迹：「太祖選精壯軍於帳前守禦，名曰『金陵、横舟、鐵甲、交槍、皇五等把都兒』，帳前親兵都指揮使司領之。」（第八六頁）黄金皇明開國功臣録：花茂於壬寅年充「交槍把都兒」（卷二五花茂傳，第二册第四五六頁）。則劉辰所記應爲金陵、横舟、鐵甲、交槍、皇五共五種把都兒。丁酉年，朱元璋選精鋭軍數千人，冠以帳前黄旗先鋒、大號先鋒、鐵甲士、守禦士諸名目，歸五部都先鋒統屬，其中「帳前」與「金陵」對應（本書丁酉年第一條注三），「鐵甲士」與「鐵甲」對應，巴都兒即把都兒與「精壯軍」對應。疑五種把都兒與五部都先鋒内外對應，乃朱元璋近侍精鋭。

〔八〕「八枝壯士」當與甲辰年後「内八衛」（本書辛丑年第八條及注一三）對應，「一千三百人」乃朱元璋旗艦上的軍隊（本書辛丑年第四條）。或此五種巴都兒，又按照選拔前所屬部隊劃分隊伍。

〔九〕黄金皇明開國功臣録：「復賜硃牌，鏤金字八，曰『功超群將，智邁雄師』。」（卷五廖永忠傳，第一册第三七六頁）明太祖實録：癸卯年七月第一次戰鬥中，朱元璋險遭不測，賴常遇春、俞通海、廖永忠救助得脱。第三次戰鬥中，巢湖水軍主將全體出陣，拼死一搏，「俞通海、廖永忠、張興祖、趙庸等以六舟深入搏擊，敵聯大艦極力拒戰。我師望六舟無所見，意謂已陷没。有頃，六舟旋繞敵船而出。我師見之，勇氣愈倍……敵兵大敗……友諒遂奪氣……不敢更戰……通海等還，上勞之曰：『今日之捷，諸公之力也。』」九月，「論功行賞，賜常遇春、廖永忠田，餘將士金帛有差」。又：「上以漆牌二，書『功超群將，智邁雄師』八字賜之，懸於門。」（卷一二、一三、九八，癸卯年七月辛卯、九月壬申、洪武八年三月甲申廖永忠傳，第一六〇～一六一、一七一、一六七五頁）宋濂平江漢頌：「行賞論功，賜遇春田若干，永忠田若干，其餘將士賫金繒有差。」（宋濂全集鑾坡前集卷一，第三二六頁）按，「功超群將」者乃廖永忠，宋濂與明太祖實録所記皆抑廖而揚常。

〔一〇〕明太祖實録：癸卯年八月，「定邊等至武昌，復立理爲帝，改元德壽」（卷一三，癸卯年八月壬戌，第一六六頁）。

〔一一〕周是修廣東都指揮使狄公碑銘：癸卯年「十月，進攻湖廣」（芻蕘集卷四，葉一六a）。明太祖實録：癸卯年九月「丁卯朔，上發湖口，還建康。壬申，上至建康……壬午，上命李善長、鄧愈留守建康，復率常遇春、康茂才、廖永忠、胡廷瑞等親征陳理於武昌」（卷一三，癸卯年九月丁卯朔、壬申、壬午，第一七一～一七二頁）。

〔一二〕劉辰國初事迹：「太祖渡江，或親征、或遣將克取城池，令曰：『凡入敵境，聽從稍糧。若攻城而

彼抗拒，任從將士檢刮，聽爲己物。若降，即令安民，一無所取。』如此，則人人奮力向前，攻無不取，戰無不勝。」（第八二頁）

5 十二月〔一〕，中書省郎中李君瑞〔二〕、陶主敬〔三〕、都事王用和〔四〕、檢校酆永真、陳養吾〔五〕、博士夏允中〔六〕、照磨陳子初等，俱以金銀段匹令家人私通敵境，於四沙易鹽〔七〕，及水陽〔八〕王千户賄選壞法。提至軍前，俱剥衣鎖項置小船中，示於黄鶴樓下大浪中，凡三日，沉江而死。惟李君瑞兩腿扒⑬一千下，安置桐城縣〔九〕。

〔一〕明太祖實録：癸卯年十二月「丙申朔，上發武昌，還建康」。甲辰年「二月乙未朔，以上諸將圍武昌久不下，復親往視師。辛亥，至武昌」（卷一三、一四，癸卯年十二月丙申朔、甲辰年二月乙未朔、辛亥，第一七三、一七七頁）。則「提至軍前」、「示於黄鶴樓下」當在十二月以前或明年二月後。

〔二〕劉辰國初事迹：「高見賢奏掾史張有道賣選，太祖命楊憲鞫之。有道招：受同鄉徐君瑞買求樞密院掾史銀十兩。律該杖一百，太祖命分屍示衆。憲奏曰：『臣職專執法，不該死而誅之，是臣壞法也。』太祖從憲言，依律。」（第九一頁）疑俞本所記王千户賄選壞法、李君瑞得不死等，來自徐君瑞賄選免死之事。

〔三〕陶安，字主敬（費宏陶學士先生文集序，載陶安陶學士先生文集卷首，第一頁）。錢謙益太祖實録辨證根據陶安詩作所記旅程指出，陶安於甲辰年任黄州府知府，因此事謫爲桐城令，並未罹難

（「二」，第二一一一～二一一二頁）。俞本所記「安置桐城縣」者，或指陶安。

〔四〕宋濂江南等處行中書省左司郎中王公墓誌銘：王愷，字用和，任江南行省都事，壬寅年二月死於金華叛亂（宋濂全集鑾坡前集卷三，第三八七～三八九頁）。本書壬寅年第一、二條載都事王用言「私通敵人」、「贓物示衆」，現又載都事王用和「私通敵境」易鹽，應係誤「王用言」爲「王用和」。

〔五〕劉辰國初事迹：「僉事陳養吾作詩曰：『城南有嫠婦，夜夜哭征夫。』太祖知之，以爲傷時，取到湖廣，投之於水。」（第一〇五頁）明太祖實録：陳養吾於丙申年建省之初爲都事（卷四，丙申年七月己卯朔，第四五頁）。唐桂芳贈陳養吾詩注：「進士，名浩，河南人。」又題鄭宮講手翰：「陳養吾司僉爲之記。」（唐氏三先生集卷一四白雲詩稿、二〇白雲文稿，第五八五、六七〇頁）此「司僉」必即劉辰所記「僉事」。

〔六〕劉辰國初事迹：「僉事夏煜惟務劾人，李善長畏之……犯法，太祖取到湖廣，投於水。」（第九〇～九一頁）明太祖實録：鄱陽湖大戰時，朱元璋「與博士夏煜等日草檄賦詩」（卷一二，癸卯年七月庚申，一六四頁）。錢謙益列朝詩集：「煜，字允中……余考陶主敬集，有洪武元年送夏允中總制浙東兼巡撫之詩。允中讀宋太史潛溪集詩云：『景濂其字，大夫爵。』宋以洪武二年六月總修元史，始得階亞中大夫，則洪武元、二，允中尚在，安得云癸卯歲沉於楚江也？姑闕疑以俟博考。」（甲集第十一夏博士煜，第一三八八頁）潘檉章國史考異據此認爲，俞本所記「不足信也」（卷一「十一」，第一五頁）。按，「總制浙東」與「巡撫」云云，非洪武元年所可有，或此詩僞，或此題爲後人妄加。「景濂其字，大夫爵」云云，多此一舉，必爲注者所加，非夏煜原文。宋濂孫伯融詩集序：壬寅年苗軍叛亂，孫炎「死於難。後三年，允中亦歿」（宋濂全集芝園前集卷五，第一二五三頁）。可知夏煜死於乙巳年而非癸卯、甲辰之際，但此時獲罪受刑，容或有之。

〔七〕四沙或在長江口一帶（本書庚子年第一一條注二）。劉辰國初事迹：「兩淮、兩浙鹽場，俱係張士誠地面。太祖以軍民食鹽難得，令樞密院經歷司給批與將官家人，駕船往馬馱沙界首，以貨易鹽，到京貨賣軍民食用。後得諸暨，於唐口關立抽分所，得處州，於吴渡立抽分所，許令外境客商就兩界首買賣。於是紹興、温州客人用船載鹽於唐口、吴渡交易，抽到鹽貨，變作銀兩，及置白藤、硫黄等物，以資國用。」（第一〇四頁）買鹽是官方抽分所和軍官之家的專利，鹽價必貴，諸文官或因此私自買鹽。

〔八〕黄金皇明開國功臣録：俞通海於丁酉年「四月克宣城、寧國長槍諸軍，復與樞判趙馘等乘勢趨水陽，下之」（卷二俞通海傳，第一册第二三三頁）。寰宇通衢：「采石驛，一百八十里至水陽驛，九十里至本府宛陵驛。」（京城至直隸各府州至徽州府，第一四一頁）寰宇通志：寧國府「水陽驛在府城北七十里」（卷一一寧國府館驛，第五二二七頁）。嘉靖寧國府志：「宣城……城北……由稻堆北二十里爲水陽鎮，與高淳接境。」（卷五表鎮記，葉二a～二b）應即今宣城以北水陽江畔的要衝水陽鎮（安徽省地圖，第五五頁）。

〔九〕按，私鹽案或屬實，唯陶安、夏煜俱未死，王愷非死於此時此事，陳養吾亦非死於此罪名。疑俞本概述諸文官前後獲罪之事，一併繫於湖廣軍前處置的私鹽案下。朱升葉宗茂哀詩序：葉宗茂「守饒……戍將與之不協，不久罷去，謫濡須二年，讀書治藝，亦不戚戚……去年使築城……今年夏以病終……丁未壯月丙午里友朱升序」（朱楓林集卷四，第五九～六〇頁）。據此，葉宗茂於甲辰年「謫濡須」，與此案時間相當。黄金皇明開國功臣録：「上以和爲江淮重鎮……又渡江來，官吏犯罪者，胥此屯戍，亦必得人按治。甲辰夏六月辛未，乃命祥仍舊職，加總制和州軍民，出鎮焉。」（卷二四郭景祥傳，第二册第三九七頁）濡須即裕溪口，屬和州。桐城（參見本書丙午年第六條注八）、和州等江北之地，或爲當時犯罪臣僚謫居安置之地。

校勘記

① 「成山」，他書作「城山」或「神山」（本書壬寅年第一一條、癸卯年第一條注二引）。

② 「刀斷」，張校本據國初群雄事略沈抄本作「燒斷」（卷四漢陳友諒，第一〇三頁）。「刀」似更合理。

③ 「友諒允」，事略錢引本作「友諒無」（卷四漢陳友諒，第五四頁），張校本據國初群雄事略沈抄本作「友諒允」（卷四漢陳友諒，第一〇四頁）。

④ 「黄泥洲」，他書作「黄牛洲」（本書癸卯年第三條注七引），疑俞本聽音訛爲「黄泥洲」。

⑤ 「樵市」，他書作「樵舍」（本書癸卯年第三條注八引），疑俞本以音訛爲「樵市」。

⑥ 「怕淺」，事略錢引本作「泊淺」（卷四漢陳友諒，第五四頁）。

⑦ 「禁江口」，事略錢引本作「金江口」（卷四漢陳友諒，第五四頁），張校本據國初群雄事略沈抄本作「涇江口」（卷四漢陳友諒，第一〇五頁）。他書多作「涇江口」（明太祖實録卷一三，癸卯年八月壬戌，第一六五頁），然亦有作「禁江口」者（蘇伯衡王銘傳，蘇平仲文集卷三，葉二四 a ）。

⑧ 「美」，事略錢引本作「每」（卷四漢陳友諒，第五五頁）。本書辛丑年第四條載船懸「美」字旗，「美」是。

⑨ 「徑過」，事略錢引本作「竟過」（卷四漢陳友諒，第五五頁）。

⑩「康鐸」，事略錢引本作「康茂才」（卷四漢陳友諒，第五五頁）。按，俞本於康茂才皆誤記爲康鐸（本書丙申年第五條及注六）。疑錢謙益徑改。

⑪「官段」，事略錢引本作「宮段」（卷四漢陳友諒，第五五頁）。

⑫「六十文」，事略錢引本作「六千文」（卷四漢陳友諒，第五五頁）。由銀「五兩」，知銅錢「六千文」近實。

⑬「扒」，辨證錢引本作「扖」（第二一一一頁）。

甲辰　至正二十四年（公元一三六四年）

1　正月，克（嶽）〔岳〕州、（馮）〔沔〕陽①。

2　二月，友諒將知院潑張領精兵數千，援湖廣。上命達率兵數千敗之〔一〕。俘軍一千餘人，每四人共用麻編頭髮，木樁釘於鸚鵡洲〔二〕上。是夜雪雨，寒風大作，殆曉，沍死者過半。潑張，宥而羈之〔三〕。

〔一〕明太祖實録：甲辰年二月，「先是，陳理太尉張定邊見事急，潛遣卒夜由觀音閣縋城走岳州，告其丞相張必先，使入援。至是，必先引兵至，去城二十里，軍於洪山。上命常遇春率精鋭五千，乘其衆未集，擊之，敵兵大敗，遂擒必先。必先驍勇善戰，人號爲『潑張』」（卷一四，甲辰年二月辛亥，第一七七～一七八頁）。

〔二〕陳熙遠長江圖上的綫索：自然地理與人文景觀的歷史變遷：鸚鵡洲原貼近黄鶴樓所在的黄鶴磯，洪武時已向西南流移，貼近漢陽（第三三八頁）。永樂、宣德年間，鸚鵡洲出水甚淺，在遠離武昌城的西南江中（長江圖（殘卷）），但寰宇通志：「鸚鵡洲在府城南，跨城西大江中，尾值黄鶴磯。」（卷五〇武昌府山川，第五六九〇頁）則鸚鵡洲範圍廣大，元末應仍離武昌城、黄鶴樓不遠，即今武昌舊城西墻外、巡司河入江口北、自平湖門至望山門的長條形灘地以西江中（武昌市街圖）。

〔三〕明太祖實録：朱軍擒潑張後，「縛至城下，示之……必先亦呼定邊，謂之曰：『吾已至此，事不濟矣，兄宜自圖，速降爲善。』」（卷一四，甲辰年二月辛亥，第一七八頁）鸚鵡洲瀕臨西南城墻，朱軍在此肆行酷虐，或爲威懾守城者。

3 二十九日，友諒子理啣璧於武昌東門〔一〕。上納其降，封爲歸命侯，以其祖父及所生母，并伯叔、后妃嬪宦載赴應天府〔二〕。上納友諒次妃爲姬〔三〕。班師，命右丞周德興守其城〔四〕。

〔一〕明初武昌城東墻的正門，爲小東門以南的大東門（長江圖（殘卷））。嘉靖湖廣圖經志書：「宋皇祐三年……增修舊城，周圍二十四里……門有三：東曰清遠，南曰望澤，西曰平湖。元因之。本朝洪武四年，江夏侯周德興因舊城增筑之，城周圍三千九十八丈……門曰大東、小東、新南、平湖、漢陽、望山、保安、竹簰、草埠，共九門。」（卷一湖廣等處承宣布政使司城池，第一五頁）明代城池規模與宋元相當，沿襲宋元西門平湖之名，可知格局與宋元相差不大。宋元東門清遠門應即明代大東門，即今武昌舊城東南方向、蛇山東端以南的賓陽門（武昌市街圖）。

〔二〕明太祖實録：甲辰年二月「癸丑，陳理啣璧肉袒，率其太尉張定邊等出降……傳命慰諭友諒父母。凡府庫儲蓄，令理悉自取之。遣其文武官僚以次出城，妻、子資裝皆俾自隨……於是漢、沔、荆、岳郡縣相繼降。故陳友諒兄友才降……與其子俱送建康……丙辰，上發武昌，命常遇春發遣陳理官屬赴建康」。三月，「封陳理爲歸德侯」（卷一四，甲辰年二月癸丑、三月丙寅，第一七九～一八一頁）。癸丑日爲十九日。

〔三〕朱元璋御製大誥：「與群雄並驅十有四年餘，軍中未嘗妄將一婦人女子。惟親下武昌，怒陳友諒擅以兵入境，既破武昌，故有伊妾而歸。朕忽然自疑：於斯之爲，果色乎？豪乎？智者監之。」（諭官無作非爲第四十三，第二二九頁）

〔四〕朱元璋撰周德興封侯鐵券文：「征合肥，回陞衛職。又從討贛州、安福、永新，而自提兵拔安吉、西安。乃命行省湖廣，由參政爲左丞。」（載黄金皇明開國功臣録卷七周德興傳，第一册第四七五頁）可見周德興直到乙巳年攻占江西南部（本書乙巳年第一、三、四條）後，才到湖廣任職。明太祖實録：甲辰年二月，「立湖廣行中書省，以樞密院判楊璟爲參政」。十月，「湖廣平章楊璟、左丞周德興與參政張彬還建康」。吴元年九月，「召湖廣參政周德興、岳州參政張彬……取廣西」（卷一四、二五、二六，甲辰年二月乙卯、吴元年九月丁亥、十月甲子，第一八一、三六六、三九六頁）。則湖廣行省的鎮守首將一直爲楊璟。黄金皇明開國功臣録：「武昌悉平，立湖廣行省，以璟爲參政……改江陵爲荆州府，以璟分鎮其地……丙午……陞湖廣等處行中書省平章政事，階榮禄大夫，仍於荆州分省署事。」（卷九楊璟傳，第一册第五八五～五八六頁）則知楊璟後來駐荆州，周德興坐鎮武昌，俞本徑稱周德興「守其城」。

4 **三月，克李陵②、劉陽③**〔一〕。

〔一〕萬曆湖廣總志：「歐祥據劉陽、茶陵……甲辰，始降陳理……王忠信以善化，黄寧以劉陽，易華以醴陵……悉來附。」（卷五方輿長沙府，第一九四册第三九二頁）此前袁州歐普祥部雖降朱元璋，實仍獨立，此時或其部下投降由武昌一帶南下的朱元璋軍。

5 **四月，克吉安、泰和、永豐、萬安、高家寨、麻嶺**〔一〕**、富州、臨川④**〔二〕。

〔一〕嘉靖臨江府志：新淦東境末端爲麻嶺山（卷一郡域志，第二三頁）。隆慶臨江府志：「新淦杯山巡檢司……去淦六十里，在豐城、樂安、新淦之界麻嶺。豐、樂地僻民稀，易生盜。」（卷九防哼兵制，葉四b）應即今新淦、豐城、樂安三縣交界處的杯山（江西省地圖集，第二六、五九、八〇頁）。

〔二〕明太祖實録：甲辰年八月，「平章常遇春、參政鄧愈等率兵討新淦之沙坑、麻嶺、牛陂諸寨，平之，執僞知州鄧志明送建康，與其兄克明皆伏誅。克明，新淦人……是歲，大都督朱文正遣志明從征贛州，志明乃據麻嶺、沙坑、牛陂爲寨，拒命不行……戊戌，平章常遇春、參政鄧愈既平諸山寨，進次吉安……遂復吉安」（卷一五，甲辰年八月壬辰朔，戊戌，第一九九～二〇一頁）。

6 **七月，達克廬州，老左遁於汴梁**〔一〕。

〔一〕龍鳳十年即甲辰年三月，朱元璋頒「皇帝聖旨、吴王令旨」：「見爲征討廬州城池事，除令安慶翼元帥朱文輝，總率畢家等寨軍馬，收取舒城，及調監軍周或，節制同知程德權，與同曹平章監點軍馬，取由便道駐扎，伺候總兵官到日攻取城池外，令委中書省左相國徐達充總兵官……直抵廬州。」（載王世貞弇山堂别集卷八六詔令雜考與魏國公書，第一六三三頁）明太祖實録：甲辰年四月，「左相國徐達等率兵取廬州左君弼。君弼聞達至，懼不敵，遁入安豐，令其將張焕、殷從道等城守」。七月，「徐達、常遇春克廬州」。又：丙午年四月，「左相國徐達克安豐……竹昌、君弼皆走汴梁」（卷一四、一五、二〇，甲辰年四月丁未、七月丁丑、丙午年四月辛未，第一九三、一九八、二八五頁）。

7　克陸安⑤〔一〕。

〔一〕明太祖實録：甲辰年九月，「置合淝、六安二衛於廬州」（卷一五，甲辰年九月庚午，第二〇二頁）。劉三吾陸安侯王公神道碑：王志「甲辰……授飛熊衛親軍都指揮使，總兵守禦陸安州。明年春，改授陸安衛指揮使」（坦齋先生文集卷二，第四七頁）。

8　安豐被張氏圍，城中饑甚，人相殺食。有屍埋於地而腐者，亦掘而食之，或以井底泥爲丸，用人油炸而食之者。彼時茄方盛熟，先摘其實而食其葉，又剥其皮而食之。小明王在城中，號安陽奕⑥〔一〕，劉太保等饑饉無措，遣人求救。上親率大兵援之，大敗張氏軍。令軍人每名各賫白米二升⑦，積於東門外，以濟城中饑者〔二〕。邀請小明王及母、妹，并臣劉太保[三]，率領五奕官軍棄城，悉詣廬州營中[四]。上設鑾駕傘扇，迎駐滁州，創造宫殿居之，易其左右宦侍，奉之甚厚[五]。

〔一〕龍鳳十年即甲辰年五月，朱元璋下「皇帝聖旨、吴王令旨」：「見爲應援安陽、攻取廬州城池事。」（載王世貞弇山堂别集卷八六詔令雜考與魏國公書，第一六三三頁）明太祖實録：甲辰年七月克廬州，「左君弼部將許榮以舒城來降。上令榮還守舒城，俾發安陽等五翼士馬赴建康」（卷一五，甲辰年七月己卯，第一九九頁）。「五翼士馬」即下文「五奕官軍」，則「安陽奕」應指小明王所部，攻克廬州前寄居廬州以南的舒城一帶。如此可解「令旨」中先提舒城、後提廬州（本書甲辰年第六條注一引）。

〔二〕明太祖實録：癸卯年三月，「上率右丞徐達、參政常遇春等擊安豐。是時，吕珍殺劉福通而據其城……三戰三勝，珍兵大敗，俘獲士馬無算……珍與君弼皆敗走。上乃還，命達等移師廬州圍之，於是元將竹昌、忻都遂乘間入安豐」（卷一二，癸卯年三月辛丑朔，第一四九～一五〇頁）。劉辰國初事迹：「張士誠圍安豐，劉福通請兵救之，太祖親援……及安豐解兵，回攻廬州。」又：「先遣常遇春引兵至安豐，士誠遂解圍。」（第七七、九六頁）按，明太祖實録載張士誠軍殺劉福通占領安豐，與劉辰載「解兵」、「解圍」不合。潘檉章國史考異據此判定，安豐必未陷落，「誠令安豐已没於張氏，太祖必不親行矣」（卷一「十三」，第一六頁）。則俞本所記以米濟飢當實，唯將癸卯年援安豐誤後置一年。

〔三〕明太祖實録載劉福通於癸卯年在安豐被殺，劉辰、權衡載其奉小明王退滁州（本書甲辰年第八條注二、五引）。王世貞弇山堂别集認爲明太祖實録正確（卷二〇史乘考誤，第三六二頁）。而錢謙益國初群雄事略：「洪武實録多舛誤，又諱言龍鳳事，吾亦未敢以爲信也。」（卷一宋小明王，適園叢書本，第二二頁）潘檉章國史考異進一步認爲：「太祖即位告祭文，歷舉戡定之地，以廬州左君弼、安豐劉福通並稱，則福通蓋非死於珍者也。」（卷一「十三」，第一六頁）按，朱元璋軍於癸卯、甲辰年兩援安豐，兩次棄守，第二次後小明王方至滁州（本書甲辰年第八條注五）。或劉福通癸卯年奉小明王南下「廬州營中」，後離開小明王，甲辰年在安豐一帶被「戡定」。俞本、劉辰、權衡記劉福通奉小明王南下，殆指第一次應援後之事。朱軍兩次應援，相隔一年而季節、過程相似，明太祖實録又諱言小明王下落與劉福通死因，諸家記載遂多齟齬。

〔四〕按，甲辰年攻廬州時，小明王位於廬州以南的舒城一帶（本書甲辰年第八條注一）。劉辰國初事迹：癸卯年出兵安豐時，劉基反對：「假使救出來，當發付何處？」（第七七頁）則朱軍癸卯年全力圍攻廬州，或因安豐近淮河，易遭張士誠水軍攻擊，故請「悉詣廬州營中」，欲以偏南的大城廬州處小明王，不使過江。惟南昌危急，廬州未下，小明王遂於附近漂泊。但宋濂同知大都督府事康公神道碑銘：康茂才「攻廬州，七月下之，八月援安豐」。又同知振武衛指揮使司事常公〔墓碑〕：常榮「在安豐，嘗爲樞密院判官，察其所主不可與成大事，乃以至正癸卯冬十月渡江來歸……甲辰……克廬州，八月，從征安豐」（宋濂全集鑾坡前集卷二，第三五七頁；載嘉靖懷遠縣志卷一地理常指揮墓，第五六～五七頁）。蘇伯衡王銘傳：王銘「往擊廬州，七月克之，八月往援安豐」（蘇平仲文集卷三，葉二四b）。周是修廣東都指揮使狄公碑銘：「七月，復廬州。八月，赴安豐。」（芻蕘集卷四，葉一六a）黄金皇明開國功臣録：廖永忠於甲辰年「四月，從攻廬州，左君弼敗走，遂克之，復援安豐」。馬鑒爲「前太保劉福通下同僉……甲辰年從龍濟江，備役前驅。姑蘇張士誠悉衆合圍安豐，鑒隸大軍應援，遂解其圍」（卷五廖永忠傳、一二〇馬鑒傳，第一册第三七七頁、第二册第二四六～二四七頁）。可知朱元璋軍克廬州後再至安豐，則小明王所部此時當已再占安豐，但小明王本人未北上。

〔五〕權衡庚申外史：龍鳳政權「駐兵安豐，爲張士誠攻圍，乘黑冒雨而出，居於滁州」（庚申外史箋證卷下，第一三六頁。按，明抄本作「乘黑風暴雨而出」，第二四一頁）。劉辰國初事迹：安豐解圍後，「福通奉韓林兒棄安豐，退於滁州居之。士誠兵復入安豐守之。丙午年三月，太祖取安豐」（第九六頁）。但是，甲辰年攻廬州時，小明王尚在舒城一帶（本書甲辰年第八條注一），癸卯年並未到滁州。劉辰記張士誠復占安豐，與明太祖實録載元軍占安豐（本書甲辰年第八條注一引）不合，而丙午年朱元璋軍是從元軍手中奪取安豐的。疑癸卯年安豐被張士誠占領，後爲小明王所部收復，故甲辰年朱元璋軍第二次「援」安豐（本書甲辰年第八條注四引），復放棄，被元軍占據到丙午年四月（本書甲辰年第六條注一引）。小明王是甲辰年第二次「援」安豐後被安置到滁州的。俞本或因此將安豐始末繫於甲辰年。

9 **八月，克潭州、鄧清山寨⑧〔一〕、欒安、宜黄、崇仁〔二〕、中興及峽、衡、辰、沅四州〔三〕。**

〔一〕朱夢炎衛國鄧公神道碑：「甲辰三月，新淦土豪鄧青叛，以卒二萬入據永豐。王調兵破之。」（載皇明名臣琬琰録前集卷二，第一册第六一頁）明太祖實録：鄧克明、鄧志明兄弟皆降而復叛，甲辰年七月，常遇春、鄧愈肅清盤踞新淦麻嶺等寨的新淦人鄧志明（本書甲辰年第五條注二引）。永豐縣雖屬吉安，却毗鄰麻嶺（本書甲辰年第五條注一），則克鄧青山寨應即克麻嶺諸寨時事。明太祖實録又以鄧志明作鄧志清（卷一一六，洪武十年十一月癸未鄧愈傳，第一八九五頁），黄金皇明開國功臣録作「指揮鄧清」（卷二六彭時中傳，第二册第四八二頁）。疑「志明」或鄧清之字，青、志清皆訛。

〔二〕明太祖實録：甲辰年十一月，「故鄧克明部卒羅五叛，寇撫州。守將金大旺討斬之……境内悉平」（卷一五，甲辰年十一月壬申，第二〇七～二〇八頁）。元史：撫州路除轄臨川一個倚郭縣，又轄崇仁、金溪、宜黄、樂安（卷六二地理志撫州路，第一五一一頁）。俞本所記必係此戰。

〔三〕明太祖實録：甲辰年八月，「命左相國徐達率師按行荆、湖等處。」九月，「徐達及參政楊璟率師取江陵……傳友德將兵取夷陵……尋改夷陵爲峽州……徐達率師至潭州」。十二月，「徐達兵克辰州……克衡州」（卷一五，甲辰年八月乙未、九月甲申、乙酉、月末、十二月庚寅朔，第二〇〇～二〇四、二〇八頁）。

10 九月，湯和攻贛州、南熊⑨、新（淦）〔淦〕〔一〕。

〔一〕明太祖實録：甲辰年八月，「平章常遇春兵至贛州，熊天瑞固守，不下」。十月，「張士誠丞相張士信以兵侵長興……常遇春等兵圍贛州既久，以上命勿殺，故欲困服之」。十一月，「命平章湯和帥師救長興」。十二月，「新淦鄧仲謙作亂」。乙巳年正月，「平章常遇春進師南安……韶州守將……南雄守將……來降。大都督朱文正遣參政何文輝、指揮薛顯等討新淦鄧仲謙，斬之。命平章湯和率兵討江西永新諸山寨」（卷一五、一六，甲辰年八月戊戌、十月己未「是月」、十一月戊子、十二月丙辰、乙巳年正月甲戌，第二〇一、二〇五～二〇六、二〇八、二一一、二一六頁）。朱元璋軍攻贛州期間，湯和出兵長興；得贛州、南雄、平定新淦叛亂之時，湯和出兵永新。俞本此記混淆了湯和兩次出兵。

11 十二月，克□⑩山寨、蔣鬼頭寨〔一〕。

〔一〕明太祖實録：乙巳年正月，鄧愈克贛州後還軍至富州，「討山寨蔣鬼頭，獲斬之」（卷一六，乙巳年正月甲戌，第二一七頁）。

校勘記

①「馮陽」，明太祖實録：癸卯年底圍武昌後，「分兵徇漢陽、德安州郡，於是湖北諸郡皆來降」（卷一三，癸卯年十月壬寅，第一七三頁）。湖北諸郡多以漢、沔並稱，沔陽爲重鎮，朱軍必攻取之。「馮陽」應爲「沔陽」刊刻之誤。

②「李陵」，他書作「醴陵」（本書甲辰年第四條注一引）。俞本應以音致訛。

③「劉陽」，他書多作「瀏陽」（寰宇通志卷五五長沙府建置沿革，第五七四一頁），間作「劉陽」（本書甲辰年第四條注一引）。

④「臨川」，朱元璋軍於辛丑年十一月克撫州（本書辛丑年第一二條注一引）。嘉靖撫州府志：鄧克明叛走後，鄧愈「調建昌元帥孫榮鎮之。二十二年壬寅四月，江西降將康泰、祝宗叛，戰敗奔撫州，孫榮失守，城市爲虚。右丞胡廷瑞招泰降之，宗走新建，死。二十七年……江南郡縣悉歸一統」（卷二災祥考，第七八～七九頁）。可知壬寅年後撫州並未失守。明太祖實録：癸卯年五月，「陳友諒知院蔣必勝、饒鼎臣等復陷吉安……必勝又攻破臨江」（卷

一二，癸卯年五月己巳朔，第一五三頁）。泰和、永豐、萬安均爲吉安屬縣，麻嶺在臨江境内（本書甲辰年第五條注一），富州在南昌府南境，可知此戰係收復南昌以南的贛江中游地區，與撫州、臨川無關。疑「臨川」係「臨江」之訛。

⑤「陸安」，廬州以西的六安州之「六」讀若陸，疑俞本據音寫作「陸安」。

⑥「小明王在城中號安陽奕劉太保等」，事略錢引本同，又作「小明王在城中。劉太保等」（卷一宋小明王、卷七周張士誠，第二三、九九頁），張校本作「小明王在城中號泣，安陽奕劉太保等」，又作「小明王在城中。劉太保等」（卷一宋小明王、卷七周張士誠，第三八、一八〇頁）。「號泣」與「安陽奕劉太保」不通，「安陽奕」指小明王所部（本書甲辰年第八條注一），應如楊陳録本讀作「在城中，號安陽奕。劉太保等」（中編第一分册，第六九頁）。

⑦「二升」，事略錢引本作「二斗」（卷一宋小明王，第二三頁）。

⑧「鄧清」，他書作「鄧青」（本書甲辰年第九條注一引）。

⑨「南熊」，他書作「南雄」（本書甲辰年第一〇條注一引），俞本以音致訛。

⑩「□山寨」，陳校本作「爐山寨」，張刻本漫漶，未詳。

乙巳　至正二十五年（公元一三六五年）

1 正月十八日，贛州陳氏守將平章熊天瑞降〔一〕。至吴元年正月，叛歸蘇州張氏，殺之〔二〕。

〔一〕明太祖實録：乙巳年正月「己巳，常遇春、鄧愈克贛州，熊天瑞出降。天瑞，荆州人……友諒以其有功，加天瑞參政，俾守贛州，兼統吉安、南安、南雄、韶州諸郡……署其幟曰『無敵』，自稱『金紫光禄大夫、司徒、平章軍國重事兼侍衛親軍都指揮使』」（卷一六，乙巳年正月己巳，第二一三頁）。己巳日爲十一日。

〔二〕明太祖實録：丙午年八月，「指揮熊天瑞叛降於士誠。」吴元年九月，朱軍克蘇州，「叛將熊天瑞伏誅」（卷二一、二五，丙午年八月癸酉、吴元年九月辛巳，第二九九、三六四頁）。

2 五月，參政鄧愈克襄陽，就命守之〔一〕。

〔一〕明太祖實録：乙巳年五月，「先是，上命遇春往取安陸及襄陽……復調江西行省右丞鄧愈爲湖廣行省平章政事，領兵繼之……己卯，常遇春至襄陽，守將棄城遁」。七月，「賜鄧愈書曰：『予命爾戍守襄陽，法度既定，切宜謹守。』」（卷一七，乙巳年五月乙亥、己卯、七月丁巳，第二二七～二二八、二三三頁）

3 六月，湯和攻永新州，友諒將周左丞降〔一〕。

〔一〕方孝孺信國公神道碑銘：湯和「乙巳，擊江西劇盗姚大膽，斬之。遂取永新州，戮僞左丞周安等，籍士馬歸于京師」（遜志齋集卷二二，第七二〇頁）。明太祖實録：乙巳年六月，「平章湯和進兵攻周安於永新」。閏十月，「平章湯和克永新，執周安等送建康，斬之」（卷一七、一八，乙巳年六月丁巳朔、閏十月戊辰，第二三四、二五〇頁）。

4 **克安福州〔一〕、（沿）〔鉛〕山州〔二〕、吴家坊〔三〕。**

〔一〕明太祖實録：乙巳年六月，「克安福州。先是，饒鼎臣父子既走安福，與其黨劉顛等仍肆剽掠。鄧愈自贛還，遣兵討，久不下。上復命元帥王國寶會參政何文輝、黄彬共討之。鼎臣復棄城走茶陵」（卷一七，乙巳年六月丁酉，第二二九頁）。

〔二〕明太祖實録：乙巳年五月，「廣信衛指揮王文英率師趨鉛山，次佛母嶺，與陳友定兵遇，破走之」（卷一七，乙巳年五月庚申，第二二七頁）。

〔三〕正德建昌府志：「粉娘，南豐人……值紅巾之亂，賊掠之去。迫至吴家坊橋，粉娘竟不過。」（卷一七列女元，葉九b）則吴家坊爲南豐境内的據點。俞本所記，或此後建昌紅軍攻南豐（本書乙巳年第五條注一）時事。

5 **七月，克南豐、廣昌〔一〕。**

〔一〕明太祖實録：乙巳年五月，「參軍胡深言：『……請發廣信、撫州、建昌三路兵並攻之。』因規取八閩……即如深言，命廣信衛指揮朱亮祖由鉛山，建昌王左丞溥由杉關，會胡深進兵以擊之」。六月，東路朱亮祖、胡深兵敗，胡深被俘（卷一七，乙巳年五月辛酉、六月壬子，第二二七、二三〇頁）。雷禮國朝列卿記：王溥「甲辰從克武昌，遷資善大夫、中書右丞」（卷三中書省左右丞行實王溥，第一册第二二四頁）。

按，南豐、廣昌在建昌路以南，疑即西路建昌守將王溥所克。

6 八月，復取中興〔一〕。

〔一〕朱元璋軍於甲辰年九月克江陵（明太祖實録卷一五，甲辰年九月甲申，第二〇三頁），即元朝中興路。按，朱軍已克襄陽，後方似無需「復取」中興。而乙巳年秋，宜興告急，致使徐達從江北南下救援（本書丙午年第三條注二）。周是修廣東都指揮使狄公碑銘：乙巳年「十一月，赴宜興」（芻蕘集卷四，葉一六a）。疑俞本誤寫宜興爲中興。

7 上聞相國部下宣使〔一〕熊義妹色美，欲納爲宫人，令都事張來釋爲媒，通言於熊義母。允，納聘財訖，擇日歸内。來釋啓曰：「熊氏女許參政楊希武〔二〕弟楊希聖久矣。」〔三〕上怒曰：「汝既爲媒，令臣民知吾之過。」立命將士提於内橋〔四〕，衆刀砍爲泥，示衆。追回財禮等物，仍令與楊希聖爲婚。希聖終不敢娶〔五〕。

張大同曰：太祖英明，豈肯娶已聘之女。張來釋無翹君過之心，不幸有其迹矣。殺身之禍，乃其自取。

〔一〕元代中書省的宣使爲低級掾屬（元史卷八五百官志，第二一二四頁）。此「相國」當指總理中書省事務的右相國李善長。

〔二〕雷禮國朝列卿記：「楊憲，字希武……癸卯年，出爲江西行省參政……吴元年，陞中奉大夫、參

知政事。」（卷三中書省左右丞行實楊憲，第一册第二三七～二三八頁）

〔三〕吴兢貞觀政要：「貞觀二年，隋通事舍人鄭仁基女年十六七，容色絶姝，當時莫及……太宗乃聘爲充華，詔書已出，策使未發。魏徵聞其已許嫁陸氏，方遽進而言曰：『……今鄭氏之女，久已許人。陛下取之不疑，無所顧問。播之四海，豈爲民父母之道乎……』太宗聞之大驚，手詔答之，深自克責。遂停策使，乃令女還舊夫。」（卷二納諫附直諫，第六四頁）按，朱元璋對貞觀君臣事迹頗表嚮往（本書丙申年第一五條），張來釋似模仿魏徵直諫，結果適得其反。

〔四〕洪武京城圖志：內橋在城南中央位置，「舊名天津橋，又名虹橋，即六朝舊內門也，在宋行宫前，今名內橋，在中城兵馬指揮司西南」（清抄本，第八、二二頁）。應即今南京市區運瀆東源偏東、中華路與洪武路之間的內橋（江寧府城圖；中國文物地圖集江蘇分册，上册第一四六～一四七頁）。

〔五〕劉辰國初事迹：「太祖選宫人，訪知熊宣使有妹年少，欲進之。員外郎張來碩諫曰：『熊氏已許參議楊希聖，若明取之，於理不妥。』太祖曰：『諫君不當如此！』令壯士以刀碎其齒。後參議李飲冰與希聖弄權不法，丞相李善長奏之。太祖將二人黥面，云：『奸詐百端，譎詭萬狀，宜此刑。』割飲冰之乳，即死；劓希聖之鼻，淮安安置。後希聖兄楊憲任江西參政，來朝，太祖謂憲曰：『爾弟弄權，我已黜之，仍給熊氏與他。』憲叩頭曰：『臣弟犯法，當萬死，焉敢納之。』太祖曰：『與之熊氏隨住。』」（第七七頁）綜合兩種記載，可知朱元璋對張來釋之屠戮、對楊希聖之刑辱、對熊氏之處置，全然出於失計之後的凶殘報復，既非俞本所記之守禮，亦非劉辰所記之執法。

8 **九月，袁州參政黄彬降。仍命領舊職**〔一〕。

〔一〕黄金皇明開國功臣録：「壬寅正月……彬知天命有在，即率所部來降。上嘉其誠，授江西等處行中書省參知政事，握兵從征。」（卷一一黄彬傳，第一册第六七〇頁）明太祖實録：辛丑年十二月，「陳友諒聞袁州歐普祥降於我，遣其弟友仁往攻之，普祥與部將劉仁、黄彬戰敗其衆」。乙巳年六月，「克安福州。先是，饒鼎臣父子既走安福……上復命元帥王國寶會參政何文輝、黄彬共討之」（卷八、一七，辛丑年十二月癸巳、乙巳年六月丁酉，第一一〇、二二九頁）。正德袁州府志：「壬寅年春，天兵平江西，祥遣子納款臣附。甲辰七月，以袁州路爲袁州府，除録事司。」（卷一建置沿革，葉二a）袁州歐普祥投降朱元璋之初，尚處於半獨立狀態，直至甲辰年方納入朱元璋政權的正式行政管理體系。則俞本所記，或歐普祥舊部結束半獨立狀態之事。

9 **十月，上命右相國達、左都督勝克泰州**〔一〕。

〔一〕明太祖實録：乙巳年十月，「命中書左相國徐達、平章常遇春、胡廷瑞、同知樞密院事馮國勝、左丞華高等，率馬步舟師水陸並進，規取淮東泰州等處」。閏十月，「徐達、常遇春克泰州」（卷一八，乙巳年十月辛丑、閏十月庚辰，第二四五、二五〇頁）。黄金皇明開國功臣録：馮勝於吴元年九月「論平吴功，與諸將一體受賞，陞銀青榮禄大夫、大都督府右都督」（卷一補遺馮勝傳，第一册第一七三頁）。

10 **十一月，克通州、興化、鹽城等縣**〔一〕。

〔二〕明太祖實録：乙巳年閏十月，「徐達遣千户劉傑分兵徇興化……不下」（卷一八，乙巳年閏十月癸未，第二五一頁）。此後張士誠攻宜興，徐達南下救援，北方戰事稍停（本書丙午年第三條注二引）。丙午年二月十八日（李新峰弇山堂别集詔令雜考二繫年析疑，第一九七頁）朱元璋與魏國公書：「徐相國可將水陸軍馬二萬人，前去攻取興化、高郵、淮安……其餘不問軍馬，都教常平章領在海安，征守那裏地面。」（載王世貞弇山堂别集卷八六詔令雜考，第一六四〇～一六四一頁）明太祖實録：丙午年四月，「取興化……淮地悉平」。吴元年九月，「大將軍徐達等遣許千户率兵取通州……降」（卷二〇、二五，丙午年四月戊午、吴元年九月乙酉，第二七七、三六五頁）。時海安壩在泰州以東近海處，處通州、興化、鹽城之間（譚其驤主編中國歷史地圖集第七册，第一五～一六頁），則克鹽城當在丙午年四月克興化後。

丙午　至正二十六年（公元一三六六年）

1　正月，永忠、通海征巫子門，盡獲張氏海船而歸〔一〕。

〔一〕明太祖實録：丙午年正月，張士誠大舉北援，「以舟師駐君山，又出兵自馬䭾沙泝流窺江陰。守將以聞，上親督水軍及馬步兵往救之……乃命康茂才等出大江追之……翌日，茂才追至浮子門……大敗之……覆其巨艦無算，又獲其斗船十八艘」（卷一九，丙午年正月癸未朔，第二五九頁）。宋濂同知大都督府事康公神道碑銘：康茂才「正月，追至巫子門，擊敗其衆，獲士卒三千，公功尤爲多」（宋濂全集鑾坡前集卷二，第三五七頁）。俞通海時任江淮行省平章，正抵禦元軍侵擾，廖永忠時隨徐達攻淮東，乙巳年閏十月克泰州前「回水寨」（朱元璋與魏國公書，載王世貞弇山堂別集卷八六詔令雜考，第一六三四、一六三五、一六三七頁）。「水寨」必在泰州以南江上，廖永忠當參加此戰，疑俞本習慣性地記爲「永忠、通海」。

2 二月，征衡州何萬户山寨〔一〕。

〔一〕明太祖實録：丙午年二月，「潭州衛指揮同知嚴廣率兵至茶陵江口，擊故陳友諒萬户何壽一等寨，平之」（卷一九，丙午年二月癸酉，第二六三頁）。茶陵江口當指衡山縣境内洣水入湘江處（譚其驤主編中國歷史地圖集第七册，第三四～三五頁）。元代衡山縣屬天臨路即潭州，明代改屬衡州府（元史卷六三地理志，第一五二七～一五二八頁；寰宇通志卷五六衡州府建置沿革，第五七五三頁）。

3 三月，征弋陽、襄仰〔一〕。達攻高郵，圍南門，勝圍東門〔二〕。守將俞子真頗通經史，誘勝曰：「我以全城降，功不大於達耶？金帛子女盡爲汝有。」勝允之。約：「是夜初更，當遣精勇將士梯城而進，我折城垛以待。」子真諭部下曰：「今夕更初，勝兵進城，及半，即塞其道，盡殺之。」勝乃急功貪財之徒，又不識大義，不令達知，至二鼓，密令千户董沙班及康同僉，同僉乃胡美之甥，率精鋭將士三百餘人梯登其城。子真之兵分兩翼，比進及半，擒而戮之。天曉，達始知，大怒，遣人解勝於上前。宥其死而杖之數十，仍令歸營攻城〔三〕。是月，達督各衛官軍四面水陸並攻，梯登城，克之，子真自刎而死〔四〕。

〔一〕明太祖實録：乙巳年六月朱元璋軍兵敗福建，丙午年二月處州之兵駐福建北部的浦城縣，處州青田叛民南攻前綫之慶元縣（卷一七、一九，乙巳年六月壬子、丙午年二月丁卯，第二三〇、二六二頁）。此時朱元璋發信州兵攻福建，曾在弋陽附近的鉛山與陳友定部交鋒（本書乙巳年第四條及注一、二、第五條及注一）。嘉靖廣信府志：「弋陽丫巖寨，去縣東三十里，洪武三年開設巡檢司。」（卷九兵防關隘，第二册第三二頁）「丫巖」音近「襄仰」。

〔二〕乙巳年十一月朱元璋與魏國公書：「教總兵官徐相國：你委付馮同知牢固封閉高郵城門，無令賊人得出，委付常平章固守海安等處，量撥官軍固守泰州城池。你將本部精兵及水寨慣戰官軍，并常平章摘撥軍馬，親率渡江，徑抵宜興，剿捕賊徒。」丙午年三月，徐達出兵攻高郵，「揚州取四千五百，直擣高郵南門、西門。」（載王世貞弇山堂別集卷八六詔令雜考，第一六三五、一六四一頁；參見李新峰弇山堂別集詔令雜考二繫年析疑，第一八九頁）徐達增兵南門、西門，則馮勝或本在東門扎營。

〔三〕劉辰國初事迹：「太祖命馮國勝圍高郵。僞僉院俞某開門詐降，國勝輕信，輒令指揮康泰等數百人先入城。俞某於城樓上忽放下閘板，關其門，盡殺之。太祖知不利，即召國勝回，决以大杖十，罰其步走高郵。」（第八〇頁）明太祖實録：丙午年三月「庚寅，上遣使徐達，令自泰州進兵，取高郵、興化及淮安……丙申……徐達拔高郵。先是，達援宜興，令馮國勝統兵圍高郵。張士誠將俞同僉詐遣人來降，約推女墻爲應。國勝信之，夜遣康泰率兵千人逾城而入，皆爲所殺。上聞之，怒責國勝。既而徐達自宜興還，益督兵攻之，至是遂拔其城」（卷一九，丙午年三月庚寅、丙申，第二七〇、二七一頁）。庚寅日爲八日，丙申日爲十四日，馮勝被召回、受杖、回前綫，絶非八日至十四日六天之間可爲，故馮勝中計必在自圍高郵之時，

「達始知，大怒」云云係浮詞。

〔四〕劉辰國初事迹：「一鼓而破之，俞某就擒。」（第八〇頁）明太祖實録：「戮余同僉等，俘其官將一千三十七人。」（卷一九，丙午年三月庚寅，第二七一頁）朱元璋與魏國公書：「攻破高郵之時，城中殺死小軍數多，頭目不曾殺一名。」（載王世貞弇山堂别集卷八六詔令雜考，第一六三六頁）「頭目不曾殺一名」，但余同僉必無生理，則「自刎而死」得其實。

4 **十八日，克馬羅港①〔一〕。淮安守將元右丞〔二〕梅思祖〔降〕②〔三〕。**

〔一〕明太祖實録：丙午年四月「乙卯……徐達兵至淮安，聞張士誠將徐義軍在馬騾港，夜率兵往襲之，破其水寨軍。義泛海遁去」（卷二〇，丙午年四月乙卯，第二七五頁）。乙卯日爲四日。正德淮安府志：「山陽縣……馬邏港，去治東北九十里，通淮運鹽船隻。」（卷三風土山川，第一九頁）應即今淮安縣境東北角、位於廢黄河與蘇北灌溉總渠之間的蘇嘴鎮馬邏村（江蘇省地圖集，一九七八年，第五五頁）。

〔二〕黄金皇明開國功臣録：「梅思祖，歸德之夏邑人，□□張士誠爲中書省右丞，守淮安。」（卷一一梅思祖傳，第一册第六七四頁）明太祖實録：丙午年四月，「梅思祖等至建康，上諭之曰：『汝等多故趙均用部曲，往往皆受重名。繼歸張氏，復食其禄。』」（卷二〇，丙午年四月癸亥，第二八一頁）「元右丞」或爲張士誠降元時所授。

〔三〕明太祖實録：丙午年四月「乙卯……徐達兵至淮安……舟師進薄城下，其右丞梅思祖……出降」（卷二〇，丙午年四月乙卯，第二七五～二七六頁）。俞本所記三月十八日，僅在高郵克城後四天，似不可能。但周是修廣東都指揮使狄公碑銘：「丙午春三月，攻克高郵，收馬邏港水寨。」（芻蕘集卷四，葉一六a）或紅軍於三月下旬即攻向馬邏港方向。

5 **四月，克泗州〔一〕。徐州土官參政（陞）〔陸〕聚降③〔二〕，上以雄武衛指揮使傅友德共守其城〔三〕。**

〔一〕周是修廣東都指揮使狄公碑銘：「夏四月，克定淮安、濠、泗、安豐。」（芻蕘集卷四，葉一六a）明太祖實録：丙午年四月「庚申，濠州李濟以城降……甲子……達聞命，即統率馬步舟師三萬餘取安豐……辛未，左相國徐達克安豐」（卷二〇，丙午年四月庚申、甲子、辛未，第二七七、二八二、二八五頁）。可知地處淮安、濠州之間的泗州確於四月被克。

〔二〕明太祖實録：丙午年四月，「元徐州守將樞密院同知陸聚……以徐、宿二州詣達軍請降……以聚爲江淮行省參政，仍守徐州」（卷二〇，丙午年四月壬戌，第二七九頁）。

〔三〕黄金皇明開國功臣録：傅友德於甲辰年「武昌既平，以功擢雄武衛指揮使……丙午……五月擊安豐，大破竹貞之衆，所過焚元軍積聚。吴元年丁未，命守徐州」（卷五傅友德傳，第一册第三四〇～三四一頁）。丙午年四月安豐之戰前，朱元璋與魏國公書：命徐達分遣「能幹軍士、頭目」援徐州（載王世貞弇山堂别集卷八六詔令雜考，第一六三七頁）。明太祖實録：「比使者至，達已克安豐，即分兵趨徐。」（卷二〇，丙午年四月癸酉，第二八六頁）傅友德吴元年初在徐州大敗王保保兵（明太祖實録卷二二，吴元年二月丁未，第三一七～三一八頁），此後未參加對張士誠的戰爭，確應在陸聚投降當月即由安豐趨徐州，長期駐守。

6 七月，上命相國達、平章遇春俱加征南大將軍〔一〕，授以印劍，征浙西〔二〕。以侄朱文正乃授大都督〔三〕，節制中外諸軍事，爲監軍〔四〕。由宜興出大浦口，直至大錢港〔五〕，攻湖州。遇春躬率將士，於大錢港與張氏之將秃張左丞④交鋒。遇春中矢，瘡甚，踞床督戰，將士莫知，遂大敗張氏之兵，進圍湖⑤〔六〕。朱文正昔鎮江西時，大肆不敬，强奪軍民婦女，淫而殺之，填於井中，及僭用乘輿服用〔七〕。按察使凌廉使覈之。貶爲庶人，安置六合縣〔八〕。潛命道士朱書上年甲，釘地厭之。侍人閹奏於上，取回，禁於内苑〔九〕。逾月，釋其罪，以爲監軍，征浙西。至太湖中，文正欲叛歸張氏，事泄，取回，餓死〔一〇〕。後至洪武元年，上登極，追封南昌王，立祠江西，歲時祀焉〔一一〕。

〔一〕龍鳳十二年即丙午年八月，朱元璋頒「吴王令旨」：「命左相國徐達做總兵、大將軍，平章常遇春做副將軍……征取浙西蘇州等處城池。」（載王世貞弇山堂别集卷八六詔令雜考與魏國公書，第一六三七頁）

〔二〕元朝在杭州置江南浙西道肅政廉訪司，監察杭、嘉、湖、建、平、常、鎮、松、江等地（元史卷六二地理志，第一四九一～一四九六頁），其中杭、嘉、湖、平、松爲張士誠政權的核心區域。

〔三〕明太祖實録：辛丑年三月，「改樞密院爲大都督府，命樞密院同僉朱文正爲大都督，節制中外諸軍事」。甲辰年三月,「定大都督府等衙門官制,大都督從一品,左、右都督正二品,同知都督從二品,副都督正三品,僉都督從三品」。吴元年十一月修訂官制,「大都督府左、右都督正一品,同知都督從一品,副都督正二品,僉都督從二品」(卷九、一四、二七,辛丑年三月丁丑、甲辰年三月戊辰、吴元年十一月乙酉,第一一三、一八三、四一二頁)。但是,從此間兩例大都督府任官情况看,甲辰年之制早有修改。宋濂同知大都督府事康公神道碑銘:康茂才乙巳年二月任「神武衛指揮使,五月進大都督府副使」(宋濂全集鑾坡前集卷二,第三五七頁)。上引明太祖實録載吴元年定制當天,「以大都督府副使康茂才爲都督府同知」。若副使即副都督原爲正三品,此時同知爲從一品,未免陞遷太驟。樞密院同知馮勝於乙巳、丙午間攻高郵受挫(本書丙午年第三條注三),貶一官爲副使(潘檉章國史考異卷一「九」,第一二頁)。元朝樞密院同知爲正二品(元史卷八六百官志,第二一五五頁),若副使正三品,未免黜降過當。綜合二者,可知康茂才、馮勝所任都督副使應爲從二品,即此時大都督府諸官較甲辰年陞一級:僉都督正三品,都督副使從二品,同知正二品,左、右都督從一品。以此推算,大都督當爲正一品,但朱文正官階不可能高於平章常遇春,朱文正若復出,最多任從一品左、右都督之類。劉辰國初事迹提到朱文正,僅言「都督」和「左都督」(第七八、一〇五頁)。焦竑獻徵録録黄金皇明開國功臣録朱文正傳,傳名作「大都督府左都督」(卷二大都督府左都督節制中外諸軍事朱公傳,第九五頁),或即以朱文正生前最後任官稱之。

〔四〕龍鳳十二年即丙午年四月朱元璋與魏國公書:「今再差尅期齎批前去,教左相國與同委官朱文正會議,須要留下精細能幹邊上頭目鎮遏淮安。」(載王世貞弇山堂别集卷八六詔令雜考,第一六三六頁)明太祖實録:丙午年四月,「上命朱文忠往徐達軍,會議淮安城守事宜」(卷二〇,丙午年四月辛酉,第二七八頁)。顧誠朱文正事迹稽考認爲:王世貞抄録之「朱文正」應爲明太祖實録所載「朱文忠」之誤,監軍云云乃無稽之談(第六七頁)。按,朱文忠自壬寅年初發生浙東叛亂後,一直爲鎮守浙東的主將,斷無可能派到淮安,明太祖實録之「朱文忠」必諱「朱文正」而妄改。可知朱文正再得任用,且徐達亦需與之「會議」,則數月之後完全可能充任監軍。

〔五〕大浦口爲宜興入太湖口(本書丁酉年第二二條注一)。成化湖州府志:「大錢港、小梅港,已上二港最大,總苕、霅西南衆水以入湖也。」(卷六川太湖,第六七頁)萬曆湖州府志:「烏程縣……大錢湖口巡檢司,縣東北一十五里。」(卷一四廨署烏程縣,第二八六頁)應即今湖州市區東北苕溪入太湖口北的大錢村(浙江省地圖集,第一九八~一九九頁),扼湖州通蘇州之咽喉。朱軍克此地,則張氏水軍無法援湖州。

〔六〕明太祖實録:丙午年八月「己巳,常遇春擊敗張士誠兵於湖州港口,擒其將尹義、陳旺,遂次洞庭山……癸酉,進至湖州之毗山,又擊敗士誠將石清、汪海,擒之。張士誠駐軍湖上,不敢戰而退……甲戌,師至湖州之三里橋,士誠右丞張天騏分兵三路以拒我師……斂兵而退……我師復四面圍之」(卷二一,丙午年八月癸丑,第二九九~三〇〇頁)。

〔七〕明太祖實録:乙巳年正月,朱文正「守江西,遂驕淫横暴,奪民婦女,所用床榻僭以龍鳳爲飾。又怨上不先封己……上遣人責之,文正慚懼,謀叛降張士誠」(卷一六,乙巳年正月甲申,第二一七~二一八頁)。劉辰國初事迹:「文正到鎮……豈期荒淫,惟用掾史衛達可等小人爲心腹,專求民間閨女,用則數十日,不用即投之於井,爲數甚多。凡遇太祖差人到彼公幹,多以銀、段鉗之,受者蔽而不言其惡。」(第七八頁）顧誠朱文正事迹稽考認爲：江西與張士誠控制區相去遥遠，朱文正若欲叛降張士誠，必在回建康後（第六五頁）。按，朱文正事發後，朱元璋與曹國公手書：「老舅家書，付保兒，教你知道驢馬做的人。當自從守住江西，好生的行事不依法度。近來我的令旨，爲開按察司衙門，他三日不接我言，教在江上打著船，便似教化的一般。他又差人往浙西城子裏官賣物事。及至開我令旨，不許軍民頭目來聽，密行號令，但有按察司裏告狀的，割了舌頭，全家處死。在那裏奸人家妻女，多端不仁。我禁人休去張家那下買鹽，他從江西自立批文，直至張家鹽場買鹽，江上把截的不敢當，盡他往來，南臺城裏倉與庫四處俱各有物。其餘多等不仁不孝的勾當，我心裏悶，説不的許多。保兒且知道這幾件，你父親到時，自有話與他説也。保兒守城子，休學驢馬。」（載王世貞弇山堂别集卷八六詔令雜考，第一六五三頁）按，此時若有謀叛之控，朱元璋縱「心裏悶，説不的許多」，亦必不僅僅冠以「不仁不孝的勾當」，則此時朱文正尚無「謀叛」罪名。

〔八〕明太祖實録：乙巳年正月，「江西按察使李飲冰奏之……至建康，群臣交章劾之，請置於法……免文正官，安置桐城」。吴元年十一月，「命凌説爲浙東按察使」（卷一六、二八上，乙巳年正月甲申、吴元年十二月庚申，第二一八、四三三頁）。劉辰國初事迹：「按察僉事凌説到任，察其實，劾奏之。太祖即取回文正問罪……『且釋之。』未久，太祖命文正整點荆州城，回京未用，復出不遜之言。太祖意其懷不軌，欲廢之……宥之。」（第七八～七九頁）劉辰所記按察司官員事，多詳備可據，俞本所記凌廉使必即後來陞任按察使的凌説，似較明太祖實録所記李飲冰近實。按，六合縣靠近小明王栖居的滁州，密邇天長縣。丙午年朱軍準備攻高郵，朱元璋與魏國公書：「王保保……必從天場路上來……必是欺著我軍馬。」（載王世貞弇山堂别集卷八六詔令雜考，第一六四三頁）則六合恐非安置之所，當以此時常用安置罪臣之地桐城縣（本書癸卯年第五條及注九）爲準。

〔九〕劉辰國初事迹：朱文正遭黜後，「復遣文正往濠州祭祀，暮夜與從人議，有異志。從人備告，太祖廢之」（第七九頁）。朱元璋軍於丙午年四月克濠州，朱元璋隨即赴濠州「省陵墓」（明太祖實録卷二〇，丙午年四月庚申、甲子，第二七七、二八二頁）。顧誠朱文正事迹稽考認爲：「這時，張士誠敗象已顯」，斷無起用朱文正爲監軍之理，故俞本所記不確（第六七頁）。按，此時張士誠僅失淮東，浙西根本未損。朱文正的確在克濠州前夕赴濠州附近的淮安，與徐達共議城守（本書丙午年第六條注四引），且「書上年甲，釘地厭之」頗與「濠州祭祀」、「有異志」相關，則朱文正曾於丙午年再得起用，可信。

〔一〇〕朱元璋太祖皇帝欽録：朱文正「事覺，教之不聽。未幾，謀奔敵國。又覺，而方囚之，然後而歿」（洪武十二年三月二十三日，第八六頁）。又御製紀非録：「大逆之道既泄……其應之詞，雖在神人，亦所不容……由是鞭後而故。」（靖江王，第七〇七頁）按，朱元璋軍克據淮東後，朱文正在濠州並無謀叛機會，只有「至太湖中」方有可能。總之，朱文正並非乙巳年正月被召回建康後因禁處死，而是於乙巳年初安置桐城縣，丙午年四月復起用於淮東、濠州，旋因「大逆」再黜，復於丙午年八月起用爲監軍，再因謀叛遭誅。

〔一一〕明太祖實録：乙巳年正月，「召其子鐵柱，語之曰：『……爾他日長大，吾封爾爵。』……後文正卒，上推親親之恩，大封同姓，封鐵柱爲靖江王」。洪武元年正月，「詔追封皇族，以皇伯考爲壽春王，皇兄爲南昌王，爲盱眙王，爲臨淮王，皇從兄爲霍丘王，爲下蔡王，爲安豐王，爲蒙城王，皇侄爲山陽王，爲招信王，皇從姪爲寶應王，爲六安王，爲來安王，爲都梁王，爲英山王」（卷一六、二九，乙巳年正月甲申、洪武元年正月丙子，第二一八、四八三～四八四頁）。按，此諸王名號皆淮河流域普通郡縣，唯長兄封南昌王，規格獨高。朱元璋御製紀非録：「幼因皇考惜之甚，及壯，無狀甚焉。其非奉父母之道，有不可勝言。」（靖江王，第七〇六頁）可見十分痛恨這位長兄，則此封號必與其子朱文正在南昌的戰功有關，追封朱文正爲南昌王亦不無可能，但不至於「立祠江西」。疑俞本因朱文正建功南昌，誤以爲得入祀爲南昌、鄱陽湖陣亡將領設立的忠臣祠（參見明太祖實録卷一四，甲辰年四月丙申、乙巳，第一九〇～一九二頁）。

7 十月，攻湖州，叛賊黄寶、蔣英、劉益出戰，擒之。解至上前，生燃三人，以祭故參政胡大海〔一〕。

〔一〕明太祖實録：丙午年八月，「師至湖州……直扼其城。常遇春與黄寶戰，寶敗走欲入城，城下釣橋已斷，不得入。復還力戰，又敗，被擒」。十一月，「文忠至杭州，潘原明……執蔣英、劉震出降……甲辰……誅蔣英於市」（卷二一，丙午年八月癸酉、十一月己丑、甲辰，第二九九、三〇七、三一〇頁）。丙午年十一月初朱元璋與魏國公書：「軍中切計尋蔣英、劉振。」（王世貞弇山堂別集卷八六詔令雜考，第一六三九頁；參見李新峰弇山堂別集詔令雜考二繫年析疑，第一九四～一九五頁）三人當年殺胡大海叛逃（本書壬寅年第四條），此時肯定全部被殺，俞本概繫於黄寶被擒之事。

8 十一月初二日，湖州張氏守將李司徒并禿張右丞降〔一〕，將士秋毫無犯，城中市不易肆。張氏弟四丞相〔二〕領精兵十萬衆援湖州，至舊館〔三〕，怯不敢進，乃立栅以自固〔四〕。日久⑥，携妓歌舞設宴，及蹴擲爲戲，將士憚於决戰。遇春領兵破之，全軍倒戈而降，四丞相僅免遁去〔五〕。

〔一〕明太祖實録：丙午年八月，「司徒李伯昇來援，由荻港潛入城」。十月戊寅，朱元璋軍在湖州郊外的舊館殲滅張軍主力，十一月「庚辰，舊館捷至」。十一月甲申，「左丞張天琪、總管陳味等以城降，伯昇遂亦降」（卷二一，丙午年八月癸酉、十月戊寅、十一月庚辰、甲申，第三〇〇、三〇五、三〇六頁）。庚辰日爲二日，甲申日爲六日。俞本將舊館之戰和由此導致的湖州之降，繫於聞捷之日。黄金皇明開國功臣録：「李伯昇……爲浙江行省平章。歲丙午……十一月……出降。」（卷三二李伯昇傳，第二册第八〇六頁）舊館之戰後，朱元璋撫諭浙西吏民令：「舊館守援之將李司徒、吕左丞等百有餘名，精兵七萬餘衆，節次歸附。」（載皇明詔令卷一太祖高皇帝上，第二〇頁）則李伯昇確已加官司徒。

〔二〕元史：至正二十四年，張士誠弟張士信「自爲江浙行省左丞相」（卷一四〇達識帖睦邇傳，第三三七七頁）。

〔三〕成化湖州府志：「十區分管三十都七里，離縣三十六里，三十一都四里，離縣五十里。」又：「舊館橋……德新橋，在舊館，即高橋……已上常樂鄉。」（卷四鄉都、卷五橋梁，第三五～三六、五二頁）崇禎烏程縣志：「舊館上陂，三十都，縣東三十六里。」又：「常樂，二十九都至三十四都。」又：「十區，三十都七里、三十一都四里。」（卷二村、鄉、區，第二四三、二四四頁）可知明末舊館村位於常樂鄉第十區第三十都，指湖州城東三十六里的第十區駐地，應即今湖州市區以東的舊館鎮舊館村（浙江省地圖集，第二九八～

二九九頁)。

〔四〕明太祖實録:丙午年八月,「士誠又遣平章朱暹、王晟、同僉戴茂、吕珍、院判李茂及其第五子號五太子者,率兵六萬來援,號三十萬,屯城東之舊館,筑五砦自固」。九月,「士誠弟士信出兵,與舊館兵合力來戰……衆軍散走,自是張氏舊館兵援絶」(卷二一,丙午年八月癸酉、九月乙巳,第三〇〇、三〇三頁)。宋濂鄂國常公神道碑銘:「僞丞相張士信悉發境中兵爲援,屯於舊館,出我師之背。」(宋濂全集鑾坡前集卷二,第三五一頁)則舊館張軍或冠以張士信名義。

〔五〕宋濂鄂國常公神道碑銘:常遇春「奇兵由大全港入,結營東阡,復出敵背,且填壅溝港,絶其歸路。士誠知事急,出親兵拒鬭,王一鼓勝之。士誠復遣其將徐義統赤龍船親軍來援,王復擊敗於烏鎮」(宋濂全集鑾坡前集卷二,第三五一頁)。明太祖實録:丙午年十月,「徐達復攻昇山水寨……五太子盛兵來援,常遇春稍卻,薛顯率舟師直前奮擊,燒其船,其衆大敗,其五太子及朱暹、吕珍等以舊館降,得兵六萬人。遇春謂薛顯曰:『今日之戰,將軍之力居多,吾固不如也。』」(卷二一,丙午年十月戊寅,第三〇五頁)按,常遇春在湖州,舊館戰功卓著,俞本特爲標舉。

9 **是月十九日,平章李文忠攻杭州,張氏婿平章潘駙馬降,城中不識軍容,安堵如故**〔一〕。**遂招撫紹興**〔二〕。**上命文忠鎮其城**〔三〕。

〔一〕黄金皇明開國功臣録:耿天璧「十一月八日,至杭,率千户宋得、張文信等攻其西門。守兵戰不利,攻益急。十九日,遂下其城」(卷二三耿天璧傳,第二册第三八四~三八五頁)。董倫曹國李公神道碑銘：丙午年底，李文忠兵臨杭州，「杭守將潘允明聞之恐，遣員外方彝詣軍門請降……内外帖然，民皆不知有更革事」（載皇明名臣琬琰録前集卷二，第一册第四九頁）。蘇伯衡岐陽武靖王勛德碑：「允明即日率百司降。王入，軍容之盛、紀律之嚴，君子比之淮安王之下宋。」（載皇明文衡卷六四，葉一二a）明太祖實録：丙午年八月，「士誠婿潘元紹時駐兵於烏鎮之東……亦遁」。十一月「己丑……朱文忠攻餘杭，下之……平章潘原明懼……文忠至杭州，潘原明……出降……文忠……禁戢士卒，城中晏然」。吴元年九月，「克姑蘇……潘元紹及錢參政皆降」（卷二一、二五，丙午年八月癸酉、十一月己丑，吴元年九月辛巳，第三〇〇、三〇六、三六三頁）。己丑日爲十一日。按，俞本混淆了潘原明與潘元紹。

〔二〕明太祖實録：丙午年十一月「庚子，張士誠同僉李思忠、總管衡良佐以紹興路降」（卷二一，丙午年十一月庚子，第三〇八頁）。庚子日爲二十日。

〔三〕董倫曹國李公神道碑銘：李文忠克杭州，「就加榮禄大夫、浙江等處行中書省平章政事」（載皇明名臣琬琰録前集卷二，第一册第四九頁）。明太祖實録：丙午年十二月，「罷浙東行省，開浙江等處行中書省於杭州，陞右丞李文忠爲平章政事」（卷二一，丙午年十二月己未，第三一〇頁）。

十二月，達、遇春移軍攻蘇州，城中堅拒，不克〔一〕。文忠悉運軍需、錢糧、賞賜、衣甲以給達軍。

〔一〕明太祖實録：丙午年十一月「癸卯，大將軍徐達等兵至姑蘇城南……遂進兵圍其城」（卷二一，丙午年十一月癸卯，第三〇八～三〇九頁）。癸卯日爲二十五日。

11 是月，奸臣參政張昶潛以書通元朝，泄江南兵機。至（安武）〔武安〕州⑦，遂獲奸人，并昶凌遲而死〔一〕。

〔一〕明太祖實録：丙午年十一月「甲辰，元平章丑的、長壽等至建康。上以其元臣，命有司給廩餼，歸之於元」。吴元年六月，「參知政事張昶以謀叛誅……元平章長壽、丑的等至京師，上釋之，遣歸元。昶乃陰托長壽、丑的奉表於元，且寓書其子詢存亡。會昶卧病，憲往候，偶於昶卧内得書稿，遂奏之。上令大都督府按問，昶書八字於牘曰：『身在江南，心思塞北。』……遂伏誅」（卷二一、二四，丙午年十一月甲辰，吴元年六月癸酉，第三一〇、三四五～三四六頁）。甲辰日爲二十六日。劉辰國初事迹：「李文忠克杭州，執平章長壽、丑的管等官到京。太祖曰：『此等皆元朝大臣，給以脚力路糧，送至境上，任其還鄉。』昶心懷舊主，以國事通。獲其書，太祖令馮國勝、楊憲鞫之，處以極刑。太祖謂丞相李善長曰：『被他侮弄我這幾年。』碎其骨，投於水。」（第七六～七七頁）按，倘張昶書稿在建康被發現，當在丙午年年底，即不應晚至吴元年六月被殺。疑如俞本所記，在徐州「境上」事發。

校勘記

① 「馬羅港」，他書作「馬騾港」或「馬邏港」（本書丙午年第四條注一引）。

② 「降」，陳校本疑此處有衍文（第四二七頁），據本書丙午年第四條注三引補。

③「陞」，陳校本疑作「陸」（第四二七頁），是（參見本書丙午年第五條注二引）。

④「禿張左丞」，本書又作「禿張右丞」，他書多作「右丞」（本書丙午年第八條及注一），間作「左丞」（黄金皇明開國功臣録卷三二張麒傳，第二册第八〇五頁）。

⑤「湖」，陳校本認爲缺「州」字（第四二七頁），事略錢引本作「湖州」（卷七周張士誠，第一〇七頁）。據文意，「湖」指湖州，或俞本簡稱湖州爲湖。

⑥「日久」，事略錢引本闕「日」字，「久」作「夕」（卷七周張士誠，第一〇七頁）。

⑦「安武州」，元末改徐州爲武安州（本書辛卯年第二條注一引），時朱元璋軍與元軍在徐州對壘（本書丙午年第五條注三），「安武州」應係「武安州」之訛。

丁未　至正二十七年（公元一三六七年）

1 乃小明王龍鳳之十三年，改爲吴元元年①〔一〕。

〔一〕明太祖實録：丙午年十二月，「群臣皆上言：『一代之興，必有一代之制作。今新城既建，宫闕制度亦宜早定。』上以國之所重，莫先廟社，遂定議以明年爲吴元年，命有司營建廟社、立宫室」（卷二一，丙午年十二月己未，第三一一頁）。陸深平胡録：「丙午，龍鳳十二年、至正二十六年也。冬十二月，宋主殂。丁未，我太祖稱吴元年，至正之二十七年也。」（第一四頁）吴元年二月朱元璋與魏國公書：「吾與諸人同起於淮地，十有六年。今事業已成，諸將臣我之心愈見切切，社稷之隆，邦家之固，真可見矣。昔鄧禹見光武，諫曰：『今山東未安，赤眉、青犢之屬動以萬數。更始既是常才，而不自聽斷，諸將皆庸人崛起，志在財幣子女，争用威力，朝夕自快而已，非良臣明智、深慮遠圖，欲尊主安民者也。』此更始之不才，諸將狂愚，終爲漢光武、鄧禹君臣之所得。往者湖廣陳友諒、姑蘇張士誠，兵非不多，將非不廣，錢糧非不足，奈二生皆效更始之所爲，諸將亦效更始之部屬，以致今日爲爾諸將所得。近聞軍中有民人生理，鄉外無擾，諸將歡和，爾等焉得不與鄧禹同名於天下乎！」（載王世貞弇山堂别集卷八六詔令雜考，第一六三九～一六四〇頁）按，朱元璋忽然給蘇州前綫諸將寫信，不談軍務而大談歷史，「更始」與「光武、鄧禹君臣」對應，所指絶非陳友諒、張士誠，而是曾君臨光武的小明王。此時朱元璋軍進圍蘇州，大局已定，小明王當在此前不久去世，成爲改年號的直接理由。

2 上集應天、太平、鎮江、宣州、廣德等府民興築皇城，周圍八十里；及以府縣各處犯罪官吏、皂隸、農民罰蓋千步廊〔一〕；及於青龍山〔二〕採取石板長三四丈者，闊狹厚薄，酌量用之；又於荆、湖之間採奇材異木，興造宫殿、樓閣、院宇及城池、街道。不數月，焕然一新〔三〕。

〔一〕劉辰國初事迹：方國珍投降後，「起造千步廊一百間」（第七三頁）。大明會典：「大明門，承天門正南，中爲馳道，東西長廊名千步廊，折而左右。」（卷一八一工部營造内府，第二四八〇頁）按，南京的千步廊之制必與此同，應在今外五龍橋南御道街兩側（參見明代宫城圖，按，此圖誤中山東路爲中山路；洪武京城圖志皇城圖，清抄本，第五頁）。

〔二〕至正金陵新志：青龍山「在城東南三十五里，周迴二十里，高九十丈」（卷五山川志山阜，第二二九頁）。嘉靖南畿志：「産石，多奇狀。」（卷四應天府區域，第七七頁）萬曆應天府志：「山産石，材質甚良，都人競□爲碑礎。」（卷一五山川志上元，第四六〇～四六一頁）應即今南京城東偏南的青龍山（江蘇省地圖集，一九七八年，第二〇頁）。

〔三〕明太祖實録：丙午年八月，「拓建康城……作新宫於鍾山之陽，在舊城東白下門之外二里許，故增築新城……延亘周迴凡五十餘里」。吴元年二月，「拓都城訖工」。九月，「新内成……周以皇城」（卷二一、二二、二五，丙午年八月庚戌朔、吴元年二月丁未朔、九月癸卯，第二九五、三一七、三七九～三八〇頁）。寰宇通志：「南京城……宋元以來皆因其舊，國朝初益拓而東盡鍾山之址，延亘周迴九十六里。」（卷八應天府城池，第五一九三頁）可知「周圍八十里」之城必非皇城，而是應天府新城。時先拓外城，復完皇城，歷時年餘，俞本繫於外城完工之時。

3 **蘇州城堅兵鋭，屢攻不下。達令各衛列營於城之周，挑長壕互相連接，起敵臺以圍之，高四丈，下視城中，往來男婦可以辨數**〔一〕。

〔一〕明太祖實録：丙午年十一月，徐達「遂進兵圍其城。達軍葑門，常遇春軍虎丘，郭子興軍婁門，華雲龍軍胥門，湯和軍閶門，王弼軍盤門，張温軍西門，康茂才軍北門，耿炳文軍城東北，仇成軍城西南，何文輝軍城西北，四面築城圍困之。又架木塔，與城中浮屠對，築臺三層，下瞰城中，名曰敵樓。」（卷二一，丙午年十一月癸卯，第三〇九頁）黄金皇明開國功臣録：耿天璧「六月二日……奉常遇春調，守本城長圍，奪土圈，樹栅」（卷二三耿天璧傳，第二册第三八五頁）。

4 六月二十四日，張四丞相於西閶門②〔一〕督戰，方食桃，頰中石砲而死〔二〕，張氏之勢愈弱。達領四十八衛〔三〕將士圍城，每一衛制襄陽砲架五座，七稍砲架五十餘座，大、小將軍筒五十餘座〔四〕。四十八衛營寨列於城之周遭，張氏欲遁，不能飛度〔五〕。四面銃砲之聲，晝夜不絶〔六〕。九月③初八日，張氏守富門④〔七〕將朱平章開門以納達兵，遇春領兵進城〔八〕。張氏已令妻子眷屬俱登齊雲樓〔九〕自焚〔一〇〕，遂登殿飲鴆，侍者奪之。須臾，遇春兵至，李司徒扶士誠出殿〔一一〕。達與之共舟至應天府。上召見，張士誠但瞑目，不言、不食，賜之衣冠，亦不受。遂令衛士⑤扛於笪橋⑥〔一二〕，御杖四十而死。上命焚瘞於石頭城〔一三〕。浙西地土、人民、倉廪府庫、將士，悉歸於版籍。

俞本曰：予觀士誠之敗，何也？或曰：時不利也。予對曰：非時也。士誠施仁而不當於理，將士奢侈而惜其生，及牧⑦將士，無異於富家養嬌子⑧，豈主國命師之道哉？出師之日，總兵者駐城外，遷延數日不進，遣人詣士誠曰，糧賞不敷矣，士卒不敵矣，衣甲旗幟不鮮矣。俟其增之，方行。又携妓妾從征。及遇大敵交鋒，將士潰敗而回，又不誅責，卻加陞賞〔一四〕。如此不亡者，鮮矣。士誠之心，知施恩而不施威，知取之易而不知守之難，故也⑨〔一五〕。

〔一〕洪武蘇州府志：「閶門，西門也，在胥門北。」（卷四城池城門，第二三九頁）應在今蘇州舊城西墻偏北的閶門遺址（蘇州市城區文物圖（二））。

〔二〕劉辰國初事迹：「士信守閶門，正與妓飲，中礮死。」（第九七頁）明太祖實録：吴元年六月「壬子……士信張幕城上，踞銀椅，與參政謝節等會食。左右方進桃，未及嘗，忽飛砲碎其首而死。」（卷二四，吴元年六月己酉，第三四四頁）壬子日爲七日。楊維楨銅將軍詩注：「僞相張士信，丁未六月六日，爲龍井礮擊死。」（楊維楨詩集鐵崖逸編卷二，第二七五頁）

〔三〕貝瓊送褚德剛序：「洪武十年夏，大都督府斷事官缺……今國家重兵，分爲四十八衛。」（清江貝先生集文集卷二九，葉二a）丘濬遏盜議：「國初於南京設爲四十八衛。」（載明經世文編卷七五引丘文莊公集，第六四一頁）洪武十三年，明朝在京之衛直屬皇帝者有十個，分屬五府者共計二十六個（明太祖實録卷一二九，洪武十三年正月癸卯，第二〇五二～二〇五四頁），合計僅三十六個。或在京衛數量一度曾達到過四十八個，後人遂以「四十八衛」稱呼職主對外征戰的駐京主力。

〔四〕明太祖實録：丙午年十一月，「敵樓，每層施弓弩火銃於上。又設襄陽砲以擊之，城中震恐」（卷二一，丙午年十一月癸卯，第三〇九頁）。襄陽炮可以泛指大型投石機，至明中期仍流傳不衰，如于謙兵部爲捷音等事兵科鈔出總督軍務都察院右都御史王來題……景泰二年七月十一日奉聖旨是欽此引王驥奏攻打貴州香爐山：「山崖峻陡，攻打之具如飛鎗火箭弓弩之類，皆不得到。圍至五十餘日，其賊畏威，堅執不下。後有右參將都指揮李震并把總都指揮曹廣、江澤、雲南左衛指揮僉事狄武、荆州左衛正千户黄貴等，諳曉襄陽礮，臣令各官提督各營，星夜製造完備。自五月初九日至十四日，連日四面節次攻打。礮石纔得到寨，裂其崖壁，破其房屋。」（少保于公奏議卷三南征類，葉一九b；參見于謙集奏議卷三南征類兵部爲捷音等事，第八六～八七頁）也可以特指威力超凡的一種投石機，至明中期似已失傳，如丘濬大學衍義補：「元人始造此礮，以攻破襄陽，世因目曰襄陽礮……今民間多有知其制度者，宜行天下，俾民間有傳其式様者，許具其圖本，赴官投獻，給賞……仍將其式様給與邊將收藏，非警急不許輒造。」（卷一二二嚴武備器械之利下，第十二册第八〇〇頁）明末何汝賓兵録：「七稍砲，即世所傳襄陽砲。」（卷八守禦，第五七四頁）茅元儀武備志：「七稍砲……稍四，長二丈八尺……凡一砲二百五十人拽……石重九十、一百斤。」規格比同類的五梢、雙梢、單梢砲以及虎蹲、旋風砲要高得多，是明末流行的投石機中威力最大的一種（卷一一三軍資乘守器式二，第九六四册第四五六～四五九頁）。按，每衛設襄陽砲僅五座，設七稍砲則達五十座，可知此處所記襄陽砲，威力比七稍砲還要大得多。

〔五〕明太祖實録：吴元年六月，「張士誠被圍既久，欲突圍决戰……潛出西門，欲掩襲我軍……大敗……士誠馬驚墜水，幾不救，肩輿入城，計忽忽無所出……復率兵突出胥門索戰，鋒甚鋭。遇春禦之，兵小卻。士誠弟士信方出城樓上督戰，急大呼曰：『軍士疲矣！且止且止！』遂鳴金收軍。遇春因乘勢奮擊，大破之。追至城下，攻之益急，復築壘迫其城。自是，士誠不復得出矣」（卷二一四，吴元年六月己酉、壬子，第三四一～三四四頁）。

〔六〕謝應芳淮夷篇：「奈何圍數重，樓櫓比如櫛。砲車拂雲漢，晝夜飛霹靂。」（龜巢稿卷四，葉一五a）

〔七〕吴郡志：「葑門，續經曰，當作封門……今但曰葑門……今俗或訛呼富門。」（卷三城郭，第二三～二四頁）洪武蘇州府志：「封門，東南門也，又名葑門。」（卷四城池城門，第二三六頁）應在今蘇州舊城東墻偏南的葑門遺址（蘇州市城區文物圖（二））。按，葑門今仍讀作富門，俞本或以音訛寫。

〔八〕明太祖實録：吴元年九月「辛巳……達督將士破葑門，常遇春亦破閶門新寨，遂率衆渡橋，進薄城下。其樞密唐傑……投兵降……晡時，張士誠軍大潰，諸將遂蟻附登城。城已破，士誠猶使其副樞劉毅收餘兵尚二三萬，親率之戰於萬壽寺東街，復敗，劉毅降。士誠倉惶歸，從者僅數騎」（卷二五，吴元年九月辛巳，第三六二～三六三頁）。辛巳日爲八日。按，常遇春此前在城西的虎丘、閶門、胥門作戰，不應從葑門入。

〔九〕吴郡志：「齊雲樓，在郡治後子城上……輪奂雄峙，不惟甲於二浙，雖蜀之西樓、鄂之南樓、岳陽樓、庾樓，皆在下風。」（卷六官宇，第六三頁）正德姑蘇志：「吴郡舊治……大德五年，暴風作，齊雲樓、譙樓、戟門、廳署堂廡皆摧毁……至正末，張氏據此爲太尉府，及敗，縱火焚之，惟存子城南門耳。門今稱鼓樓……譙樓，即鼓角樓。」（卷二一官署中，第三一七～三一八頁）按，此齊雲樓應係張氏重建，是與南門譙樓相對的子城最高建築，在子城北墻上（平江圖）。子城即宋平江府署，城南門在蘇州舊城東南部十梓街（王謇宋平江城坊考，第一四六～一四八頁），則北墻與護城河在今蘇州舊城干將路河道一綫，齊雲樓應在干將路與五卅路交匯處一帶(蘇州市城區文物圖(三))。

〔一〇〕明太祖實録:吴元年九月「辛巳……初,士誠見兵敗,謂其妻劉氏曰:『我敗且死矣,若曹何爲?』劉氏曰:『君勿憂,妾必不負君。』乃積薪齊雲樓下,及城破,驅其群妾侍女登樓,趣其自盡,令養子辰保縱火焚之,遂自經死」(卷二五,吴元年九月辛巳,第三六三頁)。

〔一一〕明太祖實録:吴元年九月「辛巳……士誠獨坐室中,左右皆散走。達遣士誠舊將李伯昇至士誠所諭意。時日已暮,士誠距户自經,伯昇決户,令降將趙世雄抱解之,氣未絶,復蘇……士誠瞑目不言,乃以舊盾舁之出葑門」(卷二五,吴元年九月辛巳,第三六三~三六四頁)。

〔一二〕至正金陵新志:「太平橋在龍翔寺西南……又呼笪橋……跨運瀆。」(卷四疆域志橋梁,第二一四頁)應即今南京市區朝天宫以東、運瀆東源與正河交匯處以東的笪橋(江寧府城圖)。

〔一三〕舒頔悲姑蘇詩注:「九四被其軍伍禽而獻之,弦頸而死。」(貞素齋家藏集卷四樂府詩襍題,葉九a)劉辰國初事迹:「城破,械張士誠同王、蔡、葉到京,太祖命縊殺之。」(第九七頁)明太祖實録:吴元年九月,「徐達遣人送張士誠至建康。士誠在舟中閉目不食。至龍江,堅卧不肯起。舁至中書省,相國李善長問之,不語。已而士誠言不遜,善長怒罵之。上欲全士誠,而士誠竟自縊死,賜棺以葬之」(卷二五,吴元年九月己丑,第三六八頁)。

〔一四〕何喬遠名山藏:「其命將,將或卧不起,邀官爵美田宅。既至軍,亦日載妓飲博。即失地喪師,士誠置不問,或復用之。」(卷四四天毆記上張士誠,第一二〇九頁)

〔一五〕朱元璋御製大誥三編:「天下群雄以十數爲之,其不才無志者誠有七八。惟姑蘇張士誠,雖在亂雄，心本智爲，德本施仁。奈何在下非人，兄弟不才，事不濟於偃兵。」（指揮林賢胡黨第九，第三八五頁）張士誠敗亡前，高啓作威愛論苦苦勸諫：「近世之聚而爲兵者，非田野之惰夫，則鄉里之惡少，亡命行剽、椎埋鼓鑄之流也，政教不習而節制不聞。苟無威以臨之，則其桀傲很戾、悖悖自肆者，可勝道哉！今之人，家有驕子，非其子之性驕也，愛之而致其驕也。教之而不從，役之而不動，於是有悖逆干犯之患矣。若小過則訓之，大過則杖之，子其有驕乎？將之御三軍者，固無異於是。」（高青丘集鳧藻集卷一論，第八四七～八四八頁）

5 **是月，克無錫〔一〕、常熟。**

〔一〕明太祖實録：蘇州陷落後，「無錫莫天祐以城降。」（卷二五，吴元年九月丁亥，第三六六頁）

6 **二十八日，李文忠調浙東之兵克台州〔一〕。**

〔一〕元史：至正二十七年九月「辛丑，大明兵取台州路。」（卷四七順帝紀，第九八一頁）辛丑日爲二十八日。明太祖實録：吴元年九月，「命參政朱亮祖率浙江衢州、金華等衛馬步舟師討方國珍……丁酉，朱亮祖進攻台州」（卷二五，吴元年九月甲戌朔、丁酉，第三六一、三七三頁）。丁酉爲二十四日。

7 **十月初十日，克黄巖州〔一〕。**

〔一〕明太祖實録：吴元年十月「丙午……朱亮祖兵至黄巖州……守將哈兒魯降」（卷二六，吴元年十月丙午，第三八五頁）。丙午日爲三日。

8 二十日，克温州〔一〕。於時，上陞左相國李善長爲中書左丞相、宣國公，右相國徐達爲中書右丞相、信國公，中書平章常遇春爲鄂國公〔二〕，授以總兵官、征虜大將軍印劍〔三〕，領京軍及外郡馬軍四十萬，於十月二十日取中原〔四〕。

〔一〕元史：至正二十七年十月「己巳，大明兵取温州」（卷四七順帝紀，第九八二頁）。明太祖實録：吴元年十月「己巳……參政朱亮祖自黄巖進兵温州……克其城。」（卷二六，吴元年十月己巳，第四〇四～四〇五頁）己巳日爲二十七日。黄金皇明開國功臣録：耿天璧「十月五日，奉文忠劄，將原取蘇州馬軍往取温州。二十六日，至西廓門外太平嶺下。方寇拒敵，天璧奮擊敗之，追至生姜門，遂克本州」（卷二三耿天璧傳，第二册第三八五頁）。則二十七日確。

〔二〕明太祖實録：吴元年九月，「平吴師還，論功行賞，召右相國李善長、左相國徐達、平章常遇春……封善長爲宣國公，達爲信國公，遇春爲鄂國公」。十月「丙午，命百官禮儀俱尚左，改右相國爲左相國，左相國爲右相國，餘官如之」。洪武元年正月朱元璋登極，「以李善長、徐達爲左、右丞相」（卷二五、二六、二九，吴元年九月辛丑、十月丙午、洪武元年正月乙亥，第三七六～三七七、三八四、四八二頁）。丙午日爲三日。按，吴元年十月二十日朱元璋作出征詔書，稱徐達爲「中書右丞相、信國公」（載王世貞弇山堂别集卷八六詔令雜考與魏國公書，第一六四一頁），明太祖實録在十月十二日即改官制尚左第九天，稱「左丞相李善長」（卷二六，吴元年十月甲寅，第三八八頁），則改相國爲丞相之舉，在登極之前。吴王下設相國，名位或稍低於皇帝下設之丞相，相國陞丞相，意味着中書省由吴王下屬陞格爲皇帝下屬，從而消泯了朱元璋與皇帝之間殘存的差距。此事或即發生在改官制尚左時。

〔三〕朱元璋詔書原文作：「中書右丞相信國公徐達做總兵、征虜大將軍，中書平章軍國重事鄂國公常遇春做總兵、征虜副將軍。」（載王世貞弇山堂别集卷八六詔令雜考與魏國公書，第一六四一頁）則二人皆有總兵名分。

〔四〕明太祖實録：吴元年十月「甲子，命中書右丞相信國公徐達爲征虜大將軍，中書平章掌軍國重事鄂國公常遇春爲征虜副將軍，率甲士二十五萬，由淮入河，北取中原」（卷二六，吴元年十月甲子，第三九五～三九六頁）。甲子日爲二十日。洪武九年朱元璋黄河説：「吴元年丁未十一月，遣大將軍率馬步被堅者二十有五萬，渡江越淮，北入中原。」（載全明文卷一三朱元璋，引高皇帝御製文集明初刻三十卷本補明嘉靖十四年刻本，第一册第二〇二頁）又回憶：「洪武元年二月，諸道發兵：征虜大將軍率甲士二十五萬，北入中原；信國公帥兵五萬，由東浙浮海至，討八閩；豫章胡美、何道〔舍〕、西平侯等將三萬，入閩關；吉安侯領兵五萬，度梅嶺；營陽侯楊璟統荆楚戰士三萬，取廣西。」（明太祖御筆上册第一六篇，第六六七頁）諸道合計爲四十一萬。此或即「甲士四十萬」的來源。

9 **十一月十二日，克沂州，擒王信**〔一〕。

〔一〕明太祖實録：吴元年十一月「壬午，沂州王宣叛，大將軍徐達引兵進討，克之。先是，上以宣來降，故遣徐唐臣等往諭之……宣即以兵夜劫徐唐臣等……達聞之，即日率師徑抵沂州……以元所授沂國公印及子信宣命出降……信不從……走山西……達以宣反復……戮之」（卷二七，吴元年十一月壬午，第四一〇～四一二頁）。壬午日爲十日。

10 二十九日，克益都，擒元平章俞寶。數日，叛遁〔一〕。

〔一〕明太祖實録：吴元年十一月「辛丑，大將軍徐達師克益都」。十二月「乙巳，大將軍徐達等將發益都，遣使往樂安招諭俞勝。時勝兄寶爲帳下所殺，勝代爲平章，領其衆」。洪武元年二月「甲子，樂安俞勝復叛……初，勝納款來見達等，禮而遣之……丙寅……俞勝部將朱鎮撫等報，勝已遁去」（卷二七、二八上、三十，吴元年十一月辛丑、十二月乙巳、洪武元年二月甲子、丙寅，第四一八、四二三、五三〇、五三二頁）。辛丑日爲二十九日。

11 三十日，克滕州、東阿、曲阜、鄆城、汶上、泗水、寧陽、滋陽、任城，克肥城、兖州、鄒縣〔一〕。膠東登州、（葉）〔萊〕州⑩悉附〔二〕。左丞周國興⑪調兵征廣西〔三〕。

〔一〕明太祖實録：吴元年十一月「丙子，大將軍徐達師次下邳，遣都督同知張興祖將宣武等衛軍往徐州，進取山東諸州縣……己卯，大將軍徐達兵至楡行鎮……庚辰，平章韓政師次梁城……庚子，克滕州。先是，大將軍徐達命平章韓政略楡行、梁城諸鎮寨，繼又令政分兵扼黄河，以斷山東援兵。政乃遣千户趙實率兵略滕州」。十二月「丁未，大都督府同知張興祖率師至東平……追至東阿……復以舟師趨安山鎮……庚戌，都督同知張興祖率兵取濟寧」（卷二七、二八上，吴元年十一月丙子、己卯、庚辰、庚子、十二月丁未、庚戌，第四〇九～四一〇、四一八、四二四、四二七頁）。庚子日爲二十八日。黄金皇明開國功臣録：張興祖克東平、東阿後，「孔子五十六世孫衍聖公孔希學聞大軍至，率曲阜縣尹希舉、鄒縣主簿孟思諒等迎見於軍門，興祖禮之。於是兗州以東州縣皆降」。又，韓政「克東平，其功尤多」（卷一〇汪興祖傳、卷一一韓政傳，第一册第六三一、六六六頁）。由此可知，當時朱元璋軍兵分兩路，東路主力北上沂州、益都；西路偏師韓政、張興祖部北上滕州，襲克東平，又回師南下克濟寧。元史：東平路除轄須城一個倚郭縣，又轄東阿、陽穀、汶上、壽張、平陰，濟寧路除轄鉅野一個倚郭縣，又轄鄆城、肥城、金鄉、碭山、虞城、豐縣，以及濟州、兗州、單州，其中濟州轄倚郭縣任城和魚台、沛縣，兗州轄倚郭縣滋陽和曲阜、泗水、寧陽，單州轄倚郭縣單父和嘉祥（卷五八地理志東平路、濟寧路，第一三六五～一三六八頁）。俞本所記除滕州及以北的鄒縣外，均東平、濟寧二路所轄州縣，應即克滕州後西路偏師所克，概繫於克滕州時。諸地大體按攻克順序排列，惟漏掉東平、濟寧二路城。兗州治滋陽，二者重復，「肥城、兗州」前復有一「克」字，疑俞本將記西路的韓、張兩軍戰績混編。

〔二〕明太祖實録：吴元年十二月，「元登州守將董卓遣都事鞠允中、萊州守將安然遣理問李榮及福山等縣官，各奉圖籍來降」（卷二八下，吴元年十二月戊辰，第四七二頁）。黄金皇明開國功臣録：吴元年十二月，傅友德「將兵取萊陽」（卷五傅友德傳，第一册第三四三頁）。按，俞本記東路主力戰績，除記克沂州與益都、濟南、般陽三路（本書丁未年第一〇、一二條），一般州縣均未記。元代膠萊河以東之登州、萊州屬般陽府路，但與路治相隔遼遠（元史卷五八地理志般陽府路，第一三七三～一三七五頁；譚其驤主編中國歷史地圖集第七册，第七～八頁），歸降又晚於般陽，俞本或因此特記之。

〔三〕明太祖實録：吴元年十月，「湖廣平章楊璟、左丞周德興與參政張彬率武昌、荆州、益陽、常德、潭、岳、衡、澧等衛軍取廣西。」（卷二六，吴元年十月甲子，第三九六頁）黄金皇明開國功臣録：楊璟「爲征南將軍」（卷九楊璟傳，第一册第五八七頁）。可知主將並非周德興。

12 **十二月初七日，克濟南、般陽**〔一〕。

〔一〕明太祖實録：吴元年十二月「乙巳……明日，達師次長山北河，般陽路總管李圭等率軍民詣軍門降。於是所屬淄川、新城等縣皆望風款附……己酉，大將軍徐達至濟南……元平章忽林台、詹同脱因帖木兒聞之，先驅人民引軍遁去，平章達朶兒只進巴等以城降」（卷二八上，吴元年十二月乙巳、己酉，第四二三、四二七頁）。乙巳日爲三日，己酉日爲七日。

13 **初八日，克濟寧**〔一〕。

〔一〕明太祖實録：吴元年十二月「庚戌，都督同知張興祖率兵取濟寧」（本書丁未年第一一條注一引）。庚戌日爲八日。

校勘記

① 「吴元元年」，事略錢引本作「吴元年」（卷一宋小明王，第二四頁），他書作「吴元年」（本書丁未年第一條注一引）。

本書戊申年標題與第二條又有「吴元二年」，他書作「吴二年」（本書戊申年第二條注一二引；朱元璋即位告祭文，明太祖御製文集卷一九，第五四六頁；劉三吾鞏昌侯郭公神道碑銘，坦齋先生文集卷二，第三九頁）。按，俞本雖數次稱「吴元年」，但以「吴元」爲年號凡三見，似非衍文。又，此句内容當屬標題，爲合全書體例，特使自成一段，並與下文分開。

②「西閶門」，疑「西」字衍，但或指閶門在西。

③「九月」，事略錢引本作「七月」（卷七周張士誠，第一一一頁）。

④「富門」，事略錢引本作「葑門」（卷七周張士誠，第一一一頁）。

⑤「衛士」，事略錢引本作「御□」（卷七周張士誠，第一一一頁），張校本據國初群雄事略沈抄本作「御士」（卷八周張士誠，第二〇四頁）。

⑥「笪橋」，事略錢印本作「竺橋」（卷七周張士誠，第一一一頁）。笪橋位於元代集慶路治南門以西，竺橋即竹橋，在舊楊吴城壕東北角，明代皇城西墻外偏北（洪武京城圖志，清抄本，第八、二四頁；江寧府城圖；中國文物地圖集江蘇分册，上册第一四四～一四七、下册第三、二八頁）。按，時當「新内」竣工之前夕（本書丁未年第二條注三），朱元璋仍應在宋元舊城處理事務，故張士誠更可能死於笪橋。

⑦「牧」，事略錢引本作「馭」（卷七周張士誠，第一一三頁）。

⑧「嬌子」，事略錢引本作「驕子」（卷七周張士誠，第一一三頁），張校本據國初群雄事略沈抄本作「嬌子」（卷八周張士誠，第二〇七頁）。

⑨「故也」，事略錢引本作「悲夫」（卷七周張士誠，第一一三頁），張校本據國初群雄事略沈抄本作「也」（卷八周張士誠，第二〇七頁）。

⑩「葉」，陳校本疑作「萊」，是（參見本書丁未年第一一條注二引）。

⑪「周國興」，本書戊申年第五條作「周德興」，他書作「周德興」（本書丁未年第一一條注三引）。

紀事録卷之上終

紀事録卷之下

甓湖愚人俞本從道甫編次

潁水漁父張大同同甫删定

戊申　吴元二年（公元一三六八年）

1 正月，克延平、建寧、宣州①、福建、興化、福清、羅源、福寧、閩州②、懷安、連（山）〔江〕③、閩清、永福、建陽、興化、福④、漳州、潮州〔一〕。

〔一〕明太祖實録：吴元年十二月「丁巳，征南將軍胡廷瑞、副將軍何文輝師至建陽，元守將曹復疇出降……庚午，征南將軍湯和率師克福州……招諭興化、漳、泉諸路，其福寧等州縣之未附者，分兵徇略之」。洪武元年正月「壬辰，克建寧，時征南將軍胡廷美督兵攻建寧」。庚子，「征南將軍湯和率師，師至延平，元參政文殊海牙等以城降，執元守臣平章陳友定，送京師」。二月壬寅朔，「征南將軍湯和遣使傳檄至漳州……降」。三月「壬辰，征南將軍廖永忠舟師至潮州」（卷二八上、二八下、二九、三〇、三一，吴元年十二月丁巳、庚午、洪武元年正月壬辰、庚子、二月壬寅朔、三月壬辰，第四三一、四七二~四七三、四九七、五〇二~五〇三、五一四、五四〇頁）。可知，時明軍兵分兩路，陸路軍先克建陽縣，水路軍隨克福州路，徇下福州境内州縣，陸路軍又克建寧路，水路軍又泝閩江而上，擒陳友定於延平路，徇下諸路。元史：福州路除轄閩縣、侯官兩個倚郭縣，又轄懷安、古田、閩清、長樂、連江、羅源、永福諸縣，以及福清州、福寧州（卷六二地理志福州路，第一五〇四頁）。俞本或因在延平擒陳友定爲克福建之標誌，故首記延平，次記陸路軍所克建寧路，次記水路軍所克福建行省治所福州路及其周邊州縣，次記陸路軍所克建陽縣，次記克延平後徇下諸路。其中，興化縣不屬福州路而屬興化路，但距福州路尤近，或與福州路諸州縣同時徇下。元代潮州屬江西行省，明軍得之於割據廣東的何真，但郭造卿元平章陳友定傳：此前陳友定「奄有潮州，以行省郎中王翰德望素著，表授潮州總管，兼督巡梅、惠」（海嶽山房存稿文集卷七，葉一三b；參見弘治八閩通志卷一地理建置沿革，第四頁）。俞本或因此繫於克福建事。

2 正月初四日，上即皇帝位於金陵〔一〕。建郊壇於城東霹靂澗〔二〕，設上、中、下凡九壇，以祖配昊天玉皇上帝〔三〕。是夕，雪雨方晴，寒風大作，星暗雲墨，壇上蠟燭晃目，沉乳香飄十餘里。以仁祖配享，仁祖乃上考也〔四〕。至四鼓，上衮冕昇壇，是時天霽雲静，星朗風息〔五〕。祀訖〔六〕，上昇輦，奉寶璽謁太廟畢〔七〕，昇奉天殿〔八〕即大位〔九〕，建國號大明，以吴元二年爲洪武元年，詔示天下。詔云：「奉天承運皇帝詔曰〔一〇〕：朕爲中國之君。自宋運既終，天命真人於沙（漢）〔漠〕⑤，爲天下主，傳及子孫，百有餘年。今運已終，海内土强豪傑分争。朕本淮右庶民，荷天眷顧祖宗之靈，遂乘逐鹿之秋，致英賢於左右，兩淮、兩浙、江東、江西、湖廣、漢沔⑥、閩廣、山東及河南諸郡蠻夷⑦各處寇攘，屢命大將軍奮揚威武，戡定民安。今文武大臣百官衆庶勸進，尊朕爲皇帝，以主黔黎。勉徇輿情，於吴元二年正月初四日，先祭天地於鍾山〔一一〕之陽，即皇帝位於南郊，天下之號大明，以吴元二年爲洪武元年。布告天下，咸使聞知。」〔一二〕是日，追尊四代，以考、妣爲太上皇、太皇后〔一三〕，册（立寶）〔寶立〕妃馬氏爲皇后，以長子標爲皇太子〔一四〕，侄子謙爲靖江王〔一五〕。群臣奏賀畢，宴大臣於殿上，文武百官於文、武樓〔一六〕下〔一七〕。

〔一〕明太祖實録：洪武元年春正月「乙亥，上祀天地於南郊，即皇帝位」（卷二九，洪武元年正月乙亥，第四七七頁）。乙亥日爲四日。

〔二〕至正金陵新志：「霹靂溝，在城東五里。」（卷五山川志溝瀆，第二四九頁）大明一統志：「霹靂溝，在上元縣東八里。」（卷六南京應天府山川，第一一四頁）應即今由鍾山南麓沿勝利村路流入秦淮河的河溝（江蘇省地圖集，二〇〇四年，第一一〇～一一四頁）。

〔三〕明太祖實録：洪武元年正月乙亥，「上服衮冕，先期告祭，設昊天上帝位於壇之第一成，居東，皇地祇居西，皆南向……設大明夜明位於壇之第二成，星辰，社稷、太歲、嶽鎮、海瀆、山川、城隍位於壝内之東西」（卷二九，洪武元年正月乙亥，第四七七～四七八頁）。唐代以前祀天，奉「昊天上帝」，北宋提倡玉皇信仰，北宋末遂奉「昊天玉皇上帝」（吴錚强等北宋南郊神位變革與玉皇祀典的構建，第五〇～五六頁）。或明初仍恢復「昊天上帝」，俞本所記來自民間流行觀念，或當時實采「昊天玉皇上帝」，而明太祖實録略爲諱飾。

〔四〕明太祖實録：洪武元年正月乙亥，「皇考尊號曰淳皇帝，廟號仁祖」（卷二九，洪武元年正月乙亥，第四八〇頁）。

〔五〕朱元璋紀夢：「未即位之先，雪没市鄉。當祭及即位之時，香霧上凝天而下靄地，獨露中星。」（明太祖御製文集卷一六，第四五四頁）明太祖實録：吴元年十二月，朱元璋爲即將登極告祭上帝皇祇：「如臣可爲生民主，告祭之日，帝祇來臨，天朗氣清；如臣不可，至日當烈風異景，使臣知之。」又：洪武元年正月乙亥，「先是，自壬戌以來，連日雨雪陰沍。至正月朔旦，雪霽。粤三日省牲，雲陰悉斂，日光皎然，暨行禮，天宇廓清，星緯明朗」（卷二八下、二九，吴元年十二月甲子、洪武元年正月乙亥，第四三九、四七九頁）。按，登極儀式或因天氣惡劣而虚驚一場，時當哄傳天公作美，後更飾爲「天開景運之禎」（解縉天潢玉牒，第六頁）。

〔六〕明太祖實録：洪武元年正月乙亥，「禮成，遂即位於郊壇南，備儀衛法從。丞相率百官北面行禮，呼萬歲者三」（卷二九，洪武元年正月乙亥，第四七九頁）。

〔七〕明太祖實録：洪武元年正月乙亥，「禮畢，上率世子暨諸子奉神主詣太廟，追尊四代祖考妣爲皇帝、皇后，奉上玉寶、玉册」（卷二九，洪武元年正月乙亥，第四七九頁）。

〔八〕嘉靖南畿志：「六門正中曰午門……午門之内大殿之前曰奉天門……奉天門之内大殿曰奉天

殿。」（卷一南都紀城闕大内，第四四～四五頁）奉天殿爲皇宫正殿（洪武京城圖志，清抄本，第五、九頁），應在今南京市區明宫城内中山路北、皇宫中央偏南處（明代宫城圖）。

〔九〕明太祖實録：洪武元年正月乙亥，「社稷壇立石主，上至，設位於兩壇之間，詣各神位前行禮，其禮如宗廟儀式。畢事，上還御奉天殿，尚寶司、拱衛司、金吾衛陳設如儀，中書省左相國宣國公李善長等率文武百官上表」（卷二九，洪武元年正月乙亥，第四八〇頁）。

〔一〇〕明太祖實録：洪武元年正月丙子，「上以元時詔書首語必曰『上天眷命』，其意謂天之眷祐人君，故能若此，未盡謙卑奉順之意，命易爲『奉天承運』，庶見人主奉若天命，言動皆奉天而行，非敢自專也」（卷二九，洪武元年正月丙子，第四八三頁）。

〔一一〕至正金陵新志：「鍾山，一名蔣山，在城東北一十五里，周迴六十里，高一百五十八丈。」（卷五山川志山阜，第二二六頁）應即今南京市區以東的鍾山（江寧府城圖）。

〔一二〕朱元璋即位詔：「朕惟中國之君，自宋運既終，天命真人於沙漠，入中國爲天下主，傳及子孫百有餘年，今運亦終，海内土疆豪傑分争。朕本淮右庶民，荷上天眷顧祖宗之靈，遂乘逐鹿之秋，致英賢於左右，凡兩淮、兩浙、江東、江西、湖、湘、漢、沔、閩、廣、山東及西南諸部蠻夷各處寇攘，屢命大將軍與諸將校奮揚威武，已皆戡定，民安田里。今文武大臣百司衆庶合辭勸進，尊朕爲皇帝，以主黔黎。勉徇輿情，於吴二年正月初四日，告祭天地于鍾山之陽，即皇帝于南郊，定有天下之號曰大明，以吴二年爲洪武元年。是日，恭詣太廟，追尊四代考妣爲皇帝、皇后，立大社大稷於京師。布告天下，咸使聞知。」（明太祖御製文集卷一，第三七～三八頁）疑俞本解「惟」作「爲」，遂使所録詔書第一句文意有變。又，明太祖實録：

洪武元年正月丙子，詔告天下，所載詔書全文，對上引原文略有文字潤色，另缺「是日恭詣太廟」、多「立妃馬氏爲皇后，長子標爲皇太子」等句（卷二九，洪武元年正月丙子，第四八二～四八三頁）。丙子日爲五日，登極儀式在四日夜間，禮畢陞殿受朝賀已在次日。官方稱「是日恭詣太廟」，俞本或因此繫次日頒詔、封皇后太子事於「是日」。

〔一三〕明太祖實録：洪武元年正月乙亥，「追尊四代祖考妣爲皇帝、皇后……皇考尊號曰淳皇帝，廟號仁祖，皇妣陳氏曰淳皇后」（卷二九，洪武元年正月乙亥，第四七九～四八〇頁）。按，「太上皇」、「太皇后」之名不通，蓋時人俗稱。

〔一四〕明太祖實録：洪武元年正月乙亥，「群臣朝賀畢，命左相國宣國公李善長奉册寶，立妃馬氏爲皇后，立世子標爲皇太子」（卷二九，洪武元年正月乙亥，第四八一頁）。

〔一五〕明太祖實録：洪武元年正月「丙子……詔追封皇族」。洪武三年四月，朱守謙隨朱元璋諸子後得封靖江王（卷二九、五一，洪武元年正月丙子、三年四月乙丑，第四八三、一〇〇一頁）。按，時朱元璋諸子尚未封王，朱守謙雖係所有受追封之皇族的唯一後人，亦不可能此時即封王。

〔一六〕嘉靖南畿志：「奉天殿東曰文樓，西曰武樓，殿之左曰中左門，殿之右曰中右門。」（卷一南都紀城闕大内，第四五頁）則文、武樓是中左、右門之外的奉天殿兩廂建築（洪武京城圖志，清抄本，第五頁；參見楊新華南京明故宫，第七九頁），應在今南京市區明宫城内内五龍橋北中山路北側（明代宫城圖）。

〔一七〕明太祖實録：洪武元年正月「丁丑，上御奉天殿，大宴群臣，三品以上者皆陞殿，餘悉列宴於丹墀」（卷二九，洪武元年正月丁丑，第四八六頁）。丁丑日爲六日。

3 是日，台州方國珍來朝〔一〕。國珍乃台州之土豪，自元至正初，造艦千艘，於海上劫掠商賈。後漸滋蔓，集蠻卒數萬，歷年阻元之海運〔二〕，霸佔浙東浙西瀕海郡邑，不能制〔三〕。遣内御史達兼善齎詔及牌、印、宣命，授國珍海道元帥〔四〕。兼善至，以美言化之再四。國珍不從，遂囚之，兼善大駡不屈，被害〔五〕。自此國珍愈縱，殺掠官軍，劫奪商賈，海運不通。元再授以太尉、江浙⑧之職〔六〕，始得通運。是年，征南將軍湯和、廖永忠領大船攻之，國珍父子弟侄悉降，海船盡獲〔七〕，浙東、廣東〔八〕之地悉平。國珍朝畢，宣陞奉天殿，賜以龍衣冠帶，命於大臣班坐而宴〔九〕。

〔一〕明太祖實録：洪武元年正月「戊寅……方國珍至京師，入見」（卷二九，洪武元年正月戊寅，第四八七頁）。戊寅日爲七日。

〔二〕元史：至正八年，「台州方國珍爲亂，聚衆海上」（卷四一順帝紀，第八八三頁）。明太祖實録：「國珍遂與兄國璋、弟國瑛、國珉及鄰里之懼禍逃難者亡入海中，旬月間，得數千人，劫掠漕糧，執海道千户……授慶元定海尉。國珍雖受官還故里，而兵聚不解」（卷八八，洪武七年三月壬辰方國珍傳，第一五六〇～一五六一頁）。

〔三〕宋濂廣西等處行中書省左丞方公神道碑銘：「汝、潁兵大起……公亦有慶元、台、温三郡之地。」降元期間，曾進攻張士誠沿海地帶（宋濂全集翰苑别集卷一〇，第一一四八～一一四九頁）但方國珍從未占領「浙西瀕海郡邑」。

〔四〕元史：至正十六年三月，「方國珍復降，以爲海道運糧漕運萬户，兼防禦海道運糧萬户」。十七年八月，「方國珍爲江浙行省參知政事，海道運糧萬户如故」（卷四四、四五順帝紀，第九三一、九三八頁）。張翥贈江浙等處行中書省平章政事方公神道碑銘：方國珍兄方國璋於至正十六年爲元朝進攻張士誠，「陞萬户府爲防禦運糧義兵都元帥府……爲都元帥」（載台州金石録卷一三，葉二八a～b）。可知方國珍並未一直拒絶元朝招降。

〔五〕陶宗儀書史會要：「泰不華，字兼善，元名達溥化，御賜今名，號白野。蒙古人狀元及第，官至浙東宣慰元帥、台州路達魯花赤，没於王事。」（卷七大元，第三三七頁）元史：「泰不華，字兼善，伯牙吾台氏，初名達普化，文宗賜以今名……年十七，江浙鄉試第一。明年對策大廷，賜進士及第……拜江南行臺監察御史。時御史大夫脱歡怙勢貪暴，泰不華劾罷之……拜中臺監察御史……遷泰不華台州路達魯花赤。十二年，朝廷征徐州，命江浙省臣募舟師守大江，國珍懷疑，復入海以叛。泰不華自分以死報國，發兵扼黄巖之澄江，而遣義士王大用抵國珍，示約信，使之來歸。國珍益疑，拘大用不遣，以小舸二百突海門，入州港，犯馬鞍諸山……泰不華率部衆張受降旗……前搏賊船，射死五人。賊躍入船，復斫死二人。賊攢槊刺泰不華，輒斫折之。賊群至，欲抱持過國珍船，泰不華嗔目叱之，脱起奪賊刀，又殺二人。賊攢槊刺之中頸，死，猶植立不仆，投其屍海中。年四十九，時十二年三月庚子也。」（卷一四三泰不華傳，第三四二三～三四二五頁）按，泰不華爲蒙古狀元、詩畫名家，早年以御史彈劾大臣得名，最後壯烈殉難。俞本或風聞泰不華事迹，訛爲「美言再四」、「大罵不屈」等。

〔六〕元史：至正二十六年九月，「以方國珍爲江浙行省左丞相」（卷四七順帝紀，第九七七頁）。宋濂廣西等處行中書省左丞方公神道碑銘：方國珍「遷至江浙行中書參知政事……以節鉞鎮浙東，開治於鄞……俄至太尉、江浙行省左丞相，賜衢國公印章」（宋濂全集翰苑别集卷一〇，第一一四九頁）。劉仁本送謝玉成都事進表序：「至正二十一年秋九月，上進江浙行中書省平章政事臣國珍爵司徒。」（羽庭集卷五，第四五〇頁）鄭麟趾高麗史：甲辰年夏，「明州司徒方國珍……來獻沉香、弓矢及玉海、通典等書」（卷四〇恭愍王世家，十三年六月乙卯，上編第八〇九頁）。萬曆紹興府志引汪文璟文：「至正二十四年，太尉方公與賓佐僚屬議。」（卷二城池縣城上虞附，第三六六頁）烏斯道贈慶元監郡元臣侯德政序：「衢國公以靖亂，駐軍東浙。至正二十四年冬十月，城上虞。」（春草齋集文集卷三，葉六 a）按，元末「太尉」名號重於「司徒」（張帆元代宰相制度研究，第五一、一六九、一七三頁），「太尉」、「左丞相」、「衢國公」之授，當約在甲辰年，早於元史所載至正二十六年。

〔七〕明太祖實録：吴元年十一月，「湯和等既下温、台、慶元，方國珍遁入海島。上乃命中書平章廖永忠爲征南副將軍，帥師自海道會和討之……壬辰……國珍見諸將皆叛，不得已，於是亦遣郎中承廣、員外郎陳永奉書於和乞降」。十二月，「方國珍及其弟國珉率所部謁見湯和於軍門。得其……海舟四百二十艘」（卷二七、二八上，吴元年十一月己丑、壬辰、十二月丁未，第四一二～四一四、四二八頁）。

〔八〕明太祖實録：洪武元年四月，「征南將軍廖永忠至廣州之東莞縣，何真率官屬迎見」（卷三一，洪武元年四月辛丑朔，第五四二頁）。按，何真以廣東降明，與方國珍無關，俞本或因廖永忠由浙江、福建進軍廣東，遂繫於此。

〔九〕宋濂廣西等處行中書省左丞方公神道碑銘：「公至京師，上且喜且讓曰：『若來何晚也？』公即叩首謝罪。上以公誠慤，遇之特厚，每賜宴饗，皆與功臣列坐。」（宋濂全集翰苑别集卷一〇，第一一五一頁）

4　二月，攻東昌，堅拒數日。大軍四面登梯克之，遂屠戮，縱軍擄掠，焚其房舍而去〔一〕。

〔一〕明太祖實録：洪武元年二月，「副將軍常遇春師克東昌，元平章申榮自經死。於是所屬茌平等縣皆降，遇春仍還軍濟南」（卷三〇，洪武元年二月癸丑，第五二五～五二六頁）。朱權通鑑博論列舉明軍北伐戰果，絶大部分城市稱「歸附」，唯「大明克取東昌」爲特例（卷下歷代天運紀統元順帝「甲辰」、「丁未」，第一八〇頁）。

5　三月，陞吴禎、吴良爲僉都督〔一〕，經奇頭山〔二〕、海門，與蘭、秀山〔三〕賊大戰，直抵巢穴〔四〕。是月，大敗衆賊，盡獲海船〔五〕。遂克拜岫、朝天寨、白蓮寨、虎頭寨〔六〕。周德興克道州、（長）〔全〕州⑨、静江、臨（川）〔桂〕⑩、靈川、興安、古縣、義寧、修仁、（定理）〔理定〕⑪、荔浦、陽（翻）〔朔〕⑫、承德⑬〔七〕。

〔一〕黄金皇明開國功臣録：攻克蘇州後，朱元璋命吴良「『移鎮姑蘇……可昭勇大將軍、蘇州衛指揮使。』……進鎮國上將軍、僉大都督府事。洪武三年，天下大定」（卷四吴良傳，第一册第三二七頁）。劉崧靖海侯吴公神道碑銘：吴禎「攻圍蘇州……奉令撫循，秋毫無所染。進僉大都督府事」（槎翁文集卷一八，第五九八頁）。

〔二〕成化寧波郡志：「定海……東南到……本縣海晏鄉烏崎山、海洋爲界，計一百十里。本縣至海洋一百五里，自海岸至烏崎山五里，其分界處係大海。」（卷一疆域考，第八頁）嘉靖寧波府志：烏崎山又名崎頭，位於浙江大陸部分最東端的海角上（卷一舟山境圖，第八〇～八一頁）。按，此海角爲吳禎艦隊北上舟山群島必經的要地，崎頭應即奇頭山，即今寧波市北侖區以東半島尖端對岸的洋小貓島（浙江省地圖集，第一三八～一三九頁）。

〔三〕大德昌國州圖志：昌國州境偏東有蘭山（卷四叙山，第六〇八五頁）。成化寧波郡志：「蘭山，翁洲北……爲衆山奇怪。秀山，翁洲西北，狀大概似蘭山。」（卷二山川考山定海縣，第二八頁）按，二山應即今舟山島以北、岱山縣秀山鎮、蘭山村所在的秀山島（浙江省地圖集，第二六八～二六九頁）。

〔四〕王禕趙君墓銘：「至正十年冬……昌國爲州，在大海中……州兵寡弱，且不諳水戰，惟蘭、秀二山居民，悍勇善鬥擊，習海事。」（王忠文公集卷二四，第四二〇頁）主要内容成書於成化年間的寧波府簡要志：「蘭山、秀山，在海洋中，前昌國縣民居也。其民幼習投石卵伎，遇倭寇即用伎追殺之。」（卷一山川志山定海縣，第七一九頁；參見劉仲華明代寧波府簡要志與寧波郡志之比較，第五三～五四頁）

〔五〕劉崧靖海侯吳公神道碑銘：吳禎於福建之役後「歸次昌國，會海〔寇〕葉、陳二〔姓〕聚劫蘭、秀山爲梗，公立剿之」（槎翁文集卷一八，第五九八頁。按，「寇」、「姓」字據黄金皇明開國功臣録卷八費聚傳補，第一册第五三一頁）。蘇伯衡蕭壽傳：「洪武元年……四月，海寇據昌國之蘭、秀山構亂。從都督林公擊定之。」（蘇平仲文集卷三，葉一八b）黄金皇明開國功臣録：「洪武元年……五月，討捕蘭、秀山海寇，獲之。」（卷三〇謝德清傳，第二册第六八六～六八七頁）按，明太祖實録：洪武二年十二月，朱元璋斥責湯和：「及班師，又不申明號令，以致蘭、秀山賊窺伺而叛，失陷指揮徐琇、張俊等官軍。」又贊湯和：「航海回還，軍容整肅。又能剿捕蘭、秀山餘黨，全師回京。」（卷四七，洪武二年十二月己丑，第九四〇、九四一頁）吴伯宗江國吴公神道碑銘：此時吴良鎮守蘇州（載皇明名臣琬琰録前集卷五，第一册第一三七頁）。可知吴良未預此役，明軍主將爲湯和。

〔六〕蘇伯衡金華衛指揮副使王公墓碑：「洪武改元之春，李公移兵建寧、延平，拔公以從，就命撫安汀州。還，從左丞胡公捕寇海中之蘭、秀山，殲之。分兵略將樂、朝天、明溪、白雲、虎頭、黄龍、青龍等砦，悉降其衆。」又武德傳：「洪武元年正月，復從李公下建州、劍州、汀州。還師，從都督林公捕海寇昌國之蘭、秀山。七月，復從李公南入閩，悉定閩溪諸寨。」又温州衛中左所千户馬公墓碑：「七月，復從曹國公擊破閩溪青龍等寨。」（蘇平仲文集卷一二，葉四a；卷三，葉一七a～b；卷一二，葉六a）蘭、秀山一帶不可能有這麽多與明軍對抗的堡寨。明太祖實録：洪武二年十二月，朱元璋斥責朱亮祖：「在福建，不能贊助大夫湯和，以致陳友定將士復叛入山。」又斥責湯和：「調取福建，姑息太過，放散陳友定山寨餘黨，致八郡復叛，重勞師旅。」（卷四七，洪武二年十二月己丑，第九四〇～九四一頁）所謂「重勞師旅」，既包括本年六月、八月明軍在延平、福州與陳友定舊部激戰（黄金皇明開國功臣録卷一八蔡玉傳、陳春傳，第二册第五七四、五八八～五八九頁），也包括「復從文忠南入閩」。則克朝天、虎頭諸寨，應係還師福建的清剿戰鬥。弘治八閩通志：泰寧縣「虎頭山，在梅口保……其巔夷曠，有流泉竹木之勝」。又，明初清流縣有明溪鎮巡檢司，即明中期以後的歸化縣城（卷一一地理山川邵武府泰寧縣、卷四二公署汀州府文職公署歸化縣，第二〇一、八八六頁）。嘉靖邵武府志：「泰寧之寨十有六……虎頭寨，並在梅口……建寧之寨五……朝天隘，在藍田保。」（卷一〇兵防關隘，第四〇三頁）嘉靖延平府志：「將樂縣……白蓮驛，在縣東南池湖都舊將安館址。元至正爲站，洪武改爲驛，寇毁。」（卷一一公署志將樂縣，葉一〇b）又，建寧縣有青龍寨（嘉靖建寧縣志卷二建置志關隘，第四六八頁）。虎頭山、虎頭寨應在今泰寧縣西南的梅口鄉西部山中，明溪鎮即今明溪縣城，朝天隘應在今建寧縣北境將上林場一帶，白蓮驛即今將樂縣南境白蓮鎮，青龍寨應在今建寧縣南黄嶺村東的山中（福建省地圖集，第五五～五八頁）。諸地皆在陳友定前所據延平府以西、今三明市西北境的山區，應即俞本所記諸寨。

〔七〕明太祖實録：洪武元年正月，「湖廣行省平章楊璟進兵擊永州……盛兵圍之」。三月，「克全州。先是，平章楊璟兵圍永州，遣左丞周德興、參政張彬率兵取全州，至是……州民以城降。於是道州萬户吴友孫、寧遠州土官李文卿、守藍山縣元帥黎茂陵等俱遣人請降」。四月，「平章楊璟兵克永州……耒陽等州皆遣人降」。五月，「征南將軍廖永忠、參政朱亮祖等兵至梧州境……迎降……亮祖駐兵藤州，於是潯、貴等州郡以次皆降」。六月，「平章楊璟、參政朱亮祖等合兵攻靖江，克之」。七月，「平章楊璟等自靖江率師還京」（卷二九、三一、三二，洪武元年正月丙子、三月壬申、四月丁巳、五月己卯、六月壬戌、七月辛卯，第四八五、五三六、五五三、五六〇～五六一、五六六、五七三頁）。由此可知，明軍兵分兩路，陸路南攻永州，主將楊璟曾頓兵永州城下，遣周德興克全州、降道州，楊璟克永州後，合兵南下攻圍廣西宣慰司、廉訪司治静江路；時水路軍後發先至，已自梧州略定西江沿綫各地，分兵與陸路軍合克静江。元史：静江路除轄臨桂一個倚郭縣，又轄興安、靈川、理定、義寧、修仁、荔浦、陽朔、永福、古縣（卷六三地理志静江路，第一五三二頁）。陸路軍所克爲道州、全州、永州、静江四路，而俞本只記周德興攻廣西戰績，首列道州，次全州，次静江，然後皆静江路境内州縣。

6 二十九日，克開封府〔一〕。

〔一〕明太祖實録：洪武元年三月「己亥……大將軍徐達等至陳橋，左君弼、竹昌迎降……達入汴城」（卷三一，洪武元年三月己亥，第五四〇～五四一頁）。己亥日爲二十九日。

7 四月初八日，克河南府〔一〕。

〔一〕明太祖實録：洪武元年四月「戊申……大將軍徐達等率師自虎牢關進至河南……明日，阿魯温以梁王金印率官民出降」（卷三一，洪武元年四月戊申，第五四八～五四九頁）。戊申爲八日。

8 是月，上親幸河南〔一〕，撫諭歸民。遣人具牲醴祀齊王墓⑭〔二〕。齊王乃元總兵侍郎察罕帖木兒〔三〕也，守山東時有功，爲部將田鋒⑮刺之〔四〕，元追封齊王〔五〕，葬於此地。以其甥王保保襲爲總兵，元改其名爲擴闊帖木兒⑯〔六〕，總山東、山西番漢兵數十萬衆，守齊魯晉冀〔七〕之地〔八〕。上欲其來附，娶其妹爲秦王妃〔九〕。令民數户守墓。

〔一〕元朝河南行省治汴梁路。朱元璋黄河説：「洪武初夏四月，定河洛……遂於當年夏四月，率禁兵數萬往視之，溯流河上足月，抵汴梁。」（明太祖御製文集卷一七，第四八五～四八六頁）明太祖實録：洪武元年四月，「車駕發京師，幸汴梁。時言者皆謂君天下者宜居中土，汴梁，宋故都，勸上定都。故上往視之，且會大將軍徐達等謀取元都」。五月，「改汴梁路爲開封府……置中書分省於汴梁」（卷三一、三二，洪武元年四月甲子、五月辛卯、癸巳，第五五六、五六二頁）。此分省即河南分省。

〔二〕明太祖實録：洪武元年六月，「上遣人祭元故將察罕帖木兒」（卷三二，洪武元年六月「是月」，第五六九頁）。順治洛陽縣志：「齊王墓，在縣西谷水保。元察罕帖木兒……葬此。」（卷一〇陵墓志元，葉八a）按，察罕帖木兒墓在今洛陽市區以北的金穀園村東北、洛陽火車站北（中國文物地圖集河南分册，圖第九二、文第一〇六頁）。

〔三〕權衡庚申外史：「答失八都魯既死，其部下察罕帖木兒兵勢甚盛，命爲刑部侍郎，號長槍侍郎。」（庚申外史箋證卷下，第九〇頁）

〔四〕元史：至正二十二年，紅軍降將田豐在山東益都刺殺察罕（卷一四一察罕帖木兒傳，第三三八九頁）。

〔五〕元史：察罕死後先後追封忠襄王、潁川王，其父封汝陽王，後進梁王（卷一四一察罕帖木兒傳，第三三八九頁）。劉佶北巡私記：元朝北逃上都後，爲得察罕義子擴廓帖木兒援救，封擴廓爲齊王（至正二十八年十月二十五日，第一～二頁）。按，元末察罕之父由「汝陽」進「梁」，則察罕或在元末由「潁川」進封大國王爵，或北元因封擴廓爲齊王而追封察罕。

〔六〕權衡庚申外史：「有王保保者，察罕甥也，嘗養爲子……同僉白瑣住乃察罕舊人，有機識，遂倡言曰：『……今總制官王保保，曾爲總兵養子，朝廷又賜其名擴廓。若立以爲主，總兵雖死，猶不死也。』於是率先下拜，衆亦皆拜，人心始定。」（庚申外史箋證卷下，第一一三頁）元史：「擴廓帖木兒本察罕帖木兒之甥，自幼養以爲子。」（卷一四一察罕帖木兒傳，第三三八九頁）党寶海擴廓帖木兒的族源本名與漢姓據擴廓帖木兒生父墓誌，判斷擴廓帖木兒實爲蒙古本名，而非元朝賜名（第六〇頁）。然此俞本、權衡所記，説明時人多以爲擴廓之名係元朝賜改。

〔七〕齊魯，略指山東東西道宣慰使司各地，晋冀，指河東山西道宣慰使司南部的晋寧路、冀寧路（參見譚其驤主編中國歷史地圖集第七册，第七～八頁），兩者合指中書省南境。

〔八〕元史：至正二十二年，「田豐及王士誠刺殺察罕帖木兒，遂走入益都城。衆乃推察罕帖木兒之子擴廓帖木兒爲總兵官，復圍益都……授光禄大夫、中書平章政事，兼知河南山東等處行樞密院事、同知詹事院事，一應軍馬並聽節制」（卷四六順帝紀，第九五九～九六〇頁）。

〔九〕朱元璋祭忠襄王李察罕文：「忠義漸虧，鬼神鑒見，俄而禍膺不測，殞於敵手。」（明太祖御製文集卷二〇，第五七〇頁）貶意甚明，故此舉似非拉攏擴廓帖木兒之意。明太祖實録：洪武四年九月，「册故元太傅、中書右丞相、河南王王保保女弟爲秦王樉妃」（卷六八，洪武四年九月丙辰，第一二七二頁）。朱元璋太祖皇帝欽録：王妃乃正妃，位在次妃衛國公鄧愈女兒之上（洪武二十八年九月初十日附諭祭秦王祝文，第九五～九六頁）。崇重之意又屬非常。

9　二十八日，克陝州、潼關〔一〕，遣都督同知康鐸守關，拒陝西之兵〔二〕。陞傅友德爲參政〔三〕，領雄武、鳳翔、豹韜等衛軍永寧、福昌縣〔四〕及嵩州〔五〕。友德調鳳翔衛指揮副使韋正攻白馬寨〔六〕，僧右丞率衆降。克大平寨⑰〔七〕、金水寨〔八〕，遂圍神頂寨〔九〕。鐵頭張知院拒險，不克。至七月，友德令壯士攀緣而登，絶其上流，軍民渴甚。七日，張知院降，寨中軍民及家屬萬餘解送河南省〔一〇〕。上怒諭曰：「寨中老幼萬衆，何苦置之死地？」農民各復元業，軍士分隸各衛聽調，鐵頭張知院等數十人，凌遲於陳橋門〔一一〕。

〔一〕明太祖實録：洪武元年四月「壬戌，都督同知馮宗異等兵至陝州……留都督同知康茂才守之……甲子……都督同知馮宗異進兵攻潼關……遂入潼關」（卷三一，洪武元年四月壬戌、甲子，第五五四、五五五六～五五五七頁）。壬戌日爲二十二日，甲子日爲二十四日。

〔二〕明太祖實録：洪武元年五月，「都督同知馮宗異請益兵守潼關，達調都督僉事郭子興將鷹揚衛指揮于光、威武衛指揮金興旺守之」。七月，「都督同知康茂才兵至河北，安邑、夏縣皆降」（卷三二，洪武元年五月庚午朔、七月辛卯，第五五九、五七四頁）。疑俞本因敵視郭子興（本書洪武二年第三條），而有意不載其戰績。

〔三〕黄金皇明開國功臣録：「吴元年……二月……生擒李貳……獻俘京師。上嘉勞之，命以鼓吹送還第，拜江淮行省參知政事，賞綺帛各十匹。」（卷五傅友德傳，第一册第三四一～三四二頁）

〔四〕元和郡縣圖志：「福昌縣……今縣城，即魏一合塢，城東、南、北三面天險峭絶，後周置重兵于此，以備高齊。」（卷五河南道河南府，第一四〇頁）弘治河南郡志：「福昌城，在宜陽縣西西坊廓保。」又：「福昌寨，在宜陽縣西西坊廓保，元至正十九年，萬户□懷遠、孫家奴守邑而修築，分屯於此。」（卷四〇故迹宜陽縣故城、故迹宜陽縣故寨，葉一一a、一三b）光緒宜陽縣志：「此塢在福昌城西，今城已圮，村尚名福昌。村中有廟，廟有福昌閣，閣後高阜三面峭絶，西有坡陀，即一合塢故址也。」（卷六古迹一合塢，第五一六頁）應即今宜陽縣西韓城鎮西福昌村（河南省地圖集，第五七頁）。按，劉遯翁宜陽縣興學記：「福昌縣……入元，仍改壽安爲宜陽，以福昌之地歸焉。」（載弘治河南郡志卷二〇國朝記，葉一a～b）時此地已非縣城，故俞本特注明爲福昌縣故城。

〔五〕明太祖實録：洪武元年四月「壬子，副將軍常遇春率兵至嵩州，元守將李知院迎降……辛酉，大將軍徐達遣參政傅友德取福昌山寨，元右丞潘荞兒降。」又：韋正「下河南、汴梁、嵩州，有功。」（卷三一、二四五，洪武元年四月壬子、辛酉、二十九年四月「是月」甯正傳，第五五一、五五三～五五四、三五六三頁）黄金皇明開國功臣録：傅友德「四月，克河南洛陽，取福昌山寨，元右丞潘荞兒降。五月，取凌青寨，克之，黑山寨守將聞風遁去。友德送所獲守仙人寨參政牛某等八人於大將。」（卷五傅友德傳，第一册第三四三頁）按，弘治河南郡志：「黑山在嵩縣西，上有寨，可以避兵，又名黑山寨……仙人山在嵩縣東北八十里，頂平，四圍險峻，有寨在焉。」（卷三山嵩縣，葉一九b）可知傅友德確如俞本所記進攻嵩州各寨。

〔六〕乾隆五十四年永寧縣志：「明白馬寨，舊志：縣東南四十里，明永樂間命百户鎖飛守禦。」（卷二土地部古迹志，葉八a）民國洛寧縣志：「白馬山在縣東南二十五里……山頂有白馬寨……舊志：白馬澗水發源白馬東之滮池山……入劉召村宜陽界入洛。」（卷一山川南條，第一〇〇頁）可知白馬寨應在今宜陽縣與洛寧縣交界處、洛河南岸的留召村以南地區（河南省地圖集，第五七、五八頁）。

〔七〕弘治河南郡志：「太平頂山，在嵩縣南，昔人因其平頂，筑寨以避兵，故命太平頂。」又：「太平寨，在嵩縣南太平頂。」（卷三山嵩縣，葉一七a～b；卷四〇故迹嵩縣故寨，葉一〇a）應在今嵩縣縣城東南、水庫以南的平緩山地一帶（中華人民共和國地圖分省地圖，第一九頁）。

〔八〕弘治河南郡志：「金山，在嵩縣東九十里，下有金牛寺。」（卷三山嵩縣，葉一八a）由黑山寨、仙人寨、太平寨均在嵩州境内，疑「金水」係「金山」或「金牛」之誤。

〔九〕乾隆五十四年永寧縣志：「明神頂寨，舊志：縣東南三十五里，明洪武初大將軍徐達等率諸將進攻河南諸山寨，克神頂寨，元守將張知院以其衆來降……命百户孫震守禦。」（卷二土地部古迹志，葉八a）民國洛寧縣志：「舊志：神頂山……高聳雲表，雄瞰西洛，南聯玉女、鳥喙二峰，其下爲獅子巖……按：金門山之東有鳥喙山，俗呼筆架山，又東爲神頂山，是爲神頂寨，即陰山也。」（卷一山川南條，第九九頁）今洛寧縣城南偏東有山名神靈寨（洛寧縣地圖），應即元末神頂寨所在。

〔一〇〕黄金皇明開國功臣録：傅友德「六月，克神頂寨，元守將張知院等以其衆降」（卷五傅友德傳，第一册第三四三頁）。明太祖實録：洪武元年六月「戊辰……參政傅友德克神頂寨，元守將張知院等以其衆降」（卷三二，洪武元年六月戊辰，第五六八～五六九頁）。戊辰日爲二十九日，疑俞本所記七月七日乃俘虜押至開封府日期。

〔一一〕孟元老東京夢華録：「東都外城……北城一邊，其門有四，從東曰陳橋門。」（東京夢華録箋注卷一東都外城，第一頁；參見北宋東京城復原圖）李濂汴京遺迹志：「舊有十三門……北曰陳橋、封丘、新酸棗、衛州。」又：「今省城……國朝洪武初重築……門五，東曰麗景，南曰南薰，西曰大梁，北曰安遠，東北曰仁和。」（卷一宋京城，第二、四頁）明代開封城北墻在北宋内城北墻以北五百米左右（劉春迎北宋東京城研究，第一六四頁），則陳橋門應在安遠門東北不遠的辛莊村西一帶（參見中國文物地圖集河南分册，圖第七四、文第五四頁；劉春迎北宋東京城研究，第一一四頁）。

10 陝西、鳳翔，乃元太尉李思齊〔一〕守之，總轄山外二十四州〔二〕之地。是時，上察參政孫希孟〔三〕、都府經歷王均美等，曾與侍衛指揮毛驤、張焕盟爲昆季，飲生鶏血酒爲誓。上疑之，遂鞭希孟、均美背，遣賫敕往諭思齊。不聽，遂縛二人於陝西菜市〔四〕剮之〔五〕。

〔一〕元史：至正二十六年七月，「以李思齊爲太尉」（卷四七順帝紀，第九七六頁）。

〔二〕元史：元朝陝西行省治奉元路，廉訪司治鳳翔府，直轄四路、五府、二十七州（卷六〇地理志，第一四二三、一四二七頁），元末實直轄四路、四府、十八州（譚其驤主編中國歷史地圖集第七册，第一七～一八頁）。疑「二十四州」爲不計奉元路和鳳翔府的路、府、州總數，或前此某時陝西直轄路、府、州之總數。「山外」或指崤山以西的陝西地區。

〔三〕劉辰國初事迹：孫養浩曾出使方國珍部（第九二頁）。明太祖實録：乙巳年九月，「夏主明玉珍遣其參政江儼來通好，上遣都事孫養浩往報」（卷一七，乙巳年九月丙辰朔，第二三九頁）。體「希孟」之意，當爲孫養浩字，「參政孫希孟」應即向以出使見長的孫養浩。

〔四〕王恕增修龍首通濟二渠記：「通濟渠，乃太子太保、兵部尚書青神余公子俊爲西安知府時，於成化初……爲渠，至安定門入城，分作三渠，一從祠堂經長安縣東流過大菜市、真武庵，流出城，注于池。」（王端毅公文集卷一，第一八〇頁）乾隆西安府志：「關帝廟……在大菜市，天順年建」（卷六二古迹志下明，第三一四六頁）嘉靖陝西通志：西安府治在城南部，咸寧縣治在城東南部，「武安王廟在府治東」（卷七土地建置沿革陝西省城圖、卷一二土地古迹西安府，嘉靖本，第一册第四五一～四五二頁、第二册第二〇〇頁）。可知明代中期的大菜市位於西安城東南部，應即今西安舊城中山大街東段的大差市（民國西安城圖），在今西安市區解放路、和平路與東大街交匯處一帶（陝西省地圖集，第四〇～四一頁）。

〔五〕朱元璋與李思齊：「前者遣使通問，至今未還。豈所使非人，忤足下而留之歟？抑元使適至，足下不能隱而殺之歟？若然，亦時勢之常。大丈夫當磊磊落落，豈以小嫌介意哉？」（載王世貞弇山堂別集卷八五詔令雜考，第一六二一頁）又祭平章李思齊文：「元綱不振，社稷陵替，卿尚能固守臣節，斬我行人。忠臣之義，可謂盡矣。」（明太祖御製文集卷二〇，第五七一頁）可證孫養浩等確遇害。

11 閏七月初二日，信國公徐達、鄂國公常遇春領各衛將士四十萬，於陳橋〔二〕渡河。進克衛輝、彰德，龍平章遁〔三〕。克磁州、廣平、河西務〔四〕。元丞相也速率番兵數千拒之，達遣驍騎衛指揮王老哥迎敵，敗之，盡獲騎士而歸。也速遁歸永平〔五〕。

〔一〕寰宇通志：「陳橋驛，在府城北四十里，即宋太祖爲衆所立處，久廢。」（卷八三開封府古迹，第六〇〇九頁）即今開封市東北黃河北岸、封丘縣東南的陳橋鎮（河南省地圖集，第一〇九頁）。

〔二〕周是修廣東都指揮使狄公碑銘：洪武元年「六月，師還陳橋。秋七月，攻克衛輝」（芻蕘集卷四，葉一六b）。可略見陳橋渡河之狀。明太祖實録：洪武元年閏七月「庚子，大將軍徐達等率師發汴梁，徇取河北州縣……是日次安丘，遣右丞薛顯、參政傅友德等取衛輝，元守將平章龍二棄城走彰德……癸卯，大將軍徐達師至彰德，元平章龍二復出走」（卷三三，洪武元年閏七月庚子、癸卯，第五七九～五八〇頁)。庚子日爲二日,癸卯日爲五日。

〔三〕明太祖實録:洪武元年閏七月「乙巳,大將軍徐達等師至磁州……丁未……大將軍徐達等師至廣平……己酉,大將軍徐達等師次臨清,遣人詣東昌,趣都督同知張興祖等以師來會,又檄守樂安指揮華雲龍將兵從征……癸丑,平章韓政、都督副使孫興祖俱以師會臨清。於是大將軍徐達率馬步舟師北上……至德州,常遇春、張興祖及指揮高顯、毛驤、程華等俱以師會……癸亥,大將軍徐達等師至河西務」(卷三三,洪武元年閏七月乙巳、丁未、己酉、癸丑、癸亥,第五八〇~五八一、五九二~五九三、五九五頁)。寰宇通衢:「楊村水驛,九十里至河西水驛,一百里至和合水驛。」(京城至北京行部并所屬各府衛至北京,第一六一頁)寰宇通志:「河西驛在武清縣東北三十里。」(卷一順天府館驛,第五一二九頁)嘉靖霸州志:「武清縣有河西務税課局、河西務巡檢司(卷四武備志官屬,葉三b~四a)萬曆順天府志:「漷縣……縣治舊在城東南隅,元陞爲州,遷于河西務,至正年復遷舊地。」又:「武清縣……河西務鋪,在縣東北三十里。」(卷二營建志城池、營建志郵舍,第四四、六四頁)應即今武清縣北、北運河西岸的河西務鎮(河北省地圖集,第一〇〇~一〇一頁)。明軍渡河後沿太行山東麓北上克廣平路後,突然東轉臨清,全軍集中,沿運河兼程北進,僅用十天即突至河西務。周是修廣東都指揮使狄公碑銘:「七月,攻克衛輝。閏七月,隨徐相度河,定彰德、磁、廣平、臨清、長蘆、河西務,通八州。」(芻蕘集卷四,葉一六b)所謂「八州」與俞本所記大體相當,可能是對北伐進程的常見概括。

〔四〕明太祖實録:洪武元年閏七月「辛酉……大將軍徐達等師至直沽……元丞相也速等捍禦海口,望風奔遁,元都大震……癸亥,大將軍徐達等師至河西務,元平章俺普達朶兒只進巴率兵迎敵。我師與戰，大敗之，擒知院哈剌孫及省、院將校三百餘人，獲馬六百匹」（卷三三，洪武元年閏七月辛酉、癸亥，第五九三～五九五頁）。癸亥日爲二十八日。劉佶北巡私記：二十八日，元順帝分析形勢説：「也速已敗，擴廓帖木兒遠在太原，何援兵之可待也。」（至正二十八年閏七月二十八日，第一頁）則也速部是大都一帶元軍主力，俞本或因此誤記兵敗者爲也速。

12 **二十八日，克通州〔一〕。令各衛立栅挑壍以待戰。哨兵至燕都城下，不逢敵兵，城上亦無旗幟，疑其有伏兵而回〔二〕。**

〔一〕明太祖實録：洪武元年閏七月「癸亥……達進兵至通州，營于河東岸，常遇春營于河西岸。乙丑……元國公知院卜顔帖木兒等率兵出都城來禦戰，遇春敗之，擒卜顔帖木兒及副樞也先迭兒、脱脱帖木兒，獲馬四百匹、船百餘艘，國公五十八遁去……丙寅，達率諸軍入通州城」（卷三三，洪武元年閏七月癸亥、乙丑、丙寅，第五九五頁）。癸亥、乙丑、丙寅分别爲二十五、二十七、二十八日。楊榮武定侯郭公神道碑銘：郭英「距城三十里爲營，深溝高壘，爲持久計……翌日大霧，公以千人伏道傍，率精騎三千直抵城下。元將五十八國公帥敢死士萬餘，張兩掖而出，與戰良久。公佯敗，彼乘勝來追，伏兵中起，截其軍爲兩道，斬首數千級，擒元宗室孛羅梁王，遂克通州」（楊文敏公集卷一七，第七九五～七九六頁）。

〔二〕明太祖實録：洪武元年閏七月「丙寅，達率諸軍入通州城……丁卯……大將軍徐達命都督僉事孫興祖督軍士修築通州城」（卷三三，洪武元年閏七月癸亥、丁卯，第五九五、五九七頁）。丙寅日爲二十八日。按，明軍晝夜兼程，千里奔襲，至通州反而持重不進三天之久。俞本此記，似議徐達貽誤戰機。

13 八月初二日，達分兵爲左、右、中三路以進，其城遂克〔一〕。元庚申君〔二〕脱歡帖木兒⑱及皇太子愛猷失里答剌挾寶璽，携后妃公主、諸王駙馬、宫人宦寺、省院臺官、部下馬步精兵，棄城北遁〔三〕，遺下文武百官并城之内外軍民，悉皆歸款。達遣官封府庫、宫闕、倉廩，禁軍秋毫無犯，撫諭内外〔四〕，差人表奏。上命達便益處置事宜。遂設北〔斗〕〔平〕省⑲〔五〕、大都督府，以飛熊衛指揮使孫普才、淮安衛指揮使華雲龍俱陞僉都督，兼行北平省事，以鎮其地〔六〕。設北平府，陞鳳翔衛鎮撫吴勉爲知府〔七〕。

〔一〕明太祖實録：洪武元年八月「庚午，大將軍徐達命馬指揮守通州，進師取元都。師至齊化門，命將士填壕登城而入」（卷三四，洪武元年八月庚午，第五九九～六〇〇頁）。庚午日爲二日。

〔二〕劉夏元庚申帝大事記序：「洪武二年七月初十日，迪簡受命尚書，尚書同執政大臣奏奉欽依，差人徧行天下，訪求庚申帝三十六年史事。」（劉尚賓文集卷四，第八五頁）鄭曉古言：「諸書稱順帝爲庚申君者，以庚申生也。」（卷下，第五五二頁）

〔三〕劉佶北巡私記：閏七月二十八日「漏三下，車駕出建德門，率三宫后妃、皇太子、皇太子妃幸上都。百官扈從者，左丞相失列門……等百餘人」（至正二十八年閏七月二十八日，第一頁）。明太祖實録：洪武元年閏七月「丙寅，達率諸軍入通州城……是夜三鼓，元主及其后妃、太子開建德門北走」（卷三三，洪武元年閏七月癸亥，第五九五頁）。丙寅日爲二十八日。

〔四〕明太祖實録：洪武元年八月「庚午……達登齊化門樓，執其監國宗室淮王帖木兒不花，及太尉中書左丞相慶童、平章迭兒必失、樸賽因不花、右丞張康伯、御史中丞滿川等，戮之……封其府庫及圖籍寶物等，又封故宮殿門，令指揮張煥以兵千人守之。宮人、妃主，令其宦寺護視，號令士卒無得侵暴，人民皆安堵」（卷三四，洪武元年八月庚午，第六〇〇頁）。

〔五〕明太祖實録：洪武元年十月，「以懷慶、衛輝、彰德、廣平、順德、大名、河間、保定、真定九府隸河南分省……北平府隸山東」。二年三月，「置北平、廣西二行省，以山東參政盛原輔爲北平參政……北平之真定等府州縣隸山東、河南者，皆復其舊。凡北平所轄，府八、州三十七、縣百三十六、長蘆鹽運司一」（卷三五、四〇，洪武元年十月庚寅、二年三月癸丑，第六三六、八一一～八一二頁）。

〔六〕宋濂孫忠愍侯壙記：孫興祖「字世安……遷天策衛指揮使。僞吴圍安豐，侯復赴援立功，轉飛熊衛指揮使……擢驃騎大將軍、副大都督府事。未幾，受詔戍北平。往討沙漠，與元兵酣戰，遂死之。洪武三年某月日也」。又淮安侯華君神道碑銘：華雲龍「陞豹韜衛指揮使……轉淮安衛指揮使，就留鎮之……立北平等處行中書省，授侯鎮國上將軍、僉大都督府事，分府北平，拜資善大夫、燕王府左相兼北平行省參知政事」（宋濂全集鑾坡前集卷四、翰苑續集卷六，第四二五～四二六、八八八頁）。明太祖實録：洪武元年八月，「詔大將軍徐達置燕山等六衛，以守禦北平。於是達改飛熊衛爲大興左衛，淮安衛爲大興右衛，樂安衛爲燕山左衛，濟寧衛爲燕山右衛，青州衛爲永清左衛，徐州五所爲永清右衛」。九月，「置大都督府分府於北平，以都督副使孫興祖領府事，陞指揮華雲龍爲分府都督僉事」（卷三四、三五，洪武元年八月癸未、九月壬寅，第六一九～六二〇、六二七頁）。孫、華二將乃以來自南方的兩衛爲班底，統率北征過程中增設的其他四衛，鎮守北平。疑俞本因二將分别出自兩衛，誤以爲二將地位相當。

〔七〕宋濂翰林侍講學士危公新墓碑銘：危素在大都降明，「已而兵入府藏，垂及史庫。公言於鎮撫吴勉，輦而出之，由是累朝實録無遺闕者」（宋濂全集芝園後集卷九，第一四六四頁）。明太祖實録：洪武元年八月「癸酉……大將軍徐達命鎮撫吴勉攝大都路知府……壬午……改大都路爲北平府」（卷三四，洪武元年八月癸酉、壬午，第六〇一、六一九頁）。

14 初三日，達〔命〕⑳薛右丞、參政傅友德領鳳翔等五衛步軍三萬，出虎北口㉑追元君〔一〕。

〔一〕明太祖實録：洪武元年八月庚午日即克大都同日，「命右丞薛顯、參政傅友德、平章曹良臣、都督副使顧時將兵偵邏古北諸隘口」（卷三四，洪武元年八月庚午，第六〇〇頁）。劉佶北巡私記：至正二十八年八月「二十六日，賊將薛顯出古北口，古北口守將僉知樞密院事張益奔行在」（至正二十八年八月二十六日，第一頁）。劉佶所記日期殆敗軍退至上都的日期。按，由此四將組成的强大陣容，目的必非僅僅「偵邏」，疑明太祖實録以此役無功，而不言其目標。寰宇通衢：「密雲驛，一百二十里至古北口驛。」（京城至北京行部并所屬各府衛至興州中屯衛，第一六三頁）寰宇通志：「古北口驛，在密雲縣東北百二十里。」（卷一順天府館驛，第五一二九～五一三〇頁）即今北京市密雲縣東北境古北口鎮（河北省地圖集，第一三一～一三二、一四三頁）。

15 初八日，至興〔化〕路㉒〔一〕，不獲。元君行東路，友德軍行西路，兩路互差〔二〕。但遇回鶻車輛人口，盡拘而回，獲牛羊馬匹十萬〔三〕。陞指揮高顯爲都督，守禦興化路〔四〕。大軍回北平，述差路之由。達怒，令友德再襲東路，庚申〔軍〕〔君〕㉓去遠矣〔五〕。

〔一〕元朝曾於古北口外設興州，治興安縣（元史卷五八地理志上都路興州，第一三五一頁），爲遼、金興化縣故地（張修桂等遼史地理志匯釋，第一四三頁），元末興安縣廢（元史卷四〇順帝紀，第八五一頁）。俞本或因其舊稱「興化」而訛「興州」爲「興化路」。

〔二〕劉佶北巡私記：元順帝出居庸關後，「次雞鳴山……至中都」（至正二十八年閏七月三十日、八月九日，第一頁）。雞鳴山在大都西北方（本書戊申年第十六條注），可知元軍逃往西北方向，明軍出古北口往東北方追擊。俞本所記「東路」、「西路」顛倒。

〔三〕明太祖實録：洪武元年八月「乙酉，右丞薛顯等率邏騎至古北口，追元潰散遺卒，獲馬一千六百匹、牛羊八千餘頭、車二百五十輛而還」（卷三四，洪武元年八月乙酉，第六二〇頁）。乙酉日爲十七日。

〔四〕黄金皇明開國功臣録：高顯於「洪武元年……陞指揮使……克元都，并取薊門、永平。二年，從破開平……十二年，陞大都督府都督僉事」（卷一四高顯傳，第一册第八一五～八一六頁）。明太祖實録引追封高顯爲侯的誥文有「副征迤北，戍守寧川」之語，又引朱元璋諭馮勝有「北平、潮河川、大寧、全寧」之語（卷一三三、一八二，洪武十三年九月辛亥、二十年閏六月甲戌，第二一一七、二七五四頁）。寧川或即大寧、潮河川之謂，與興州地望相符。

〔五〕明太祖實録：洪武元年八月「戊子，大將軍徐達遣右丞薛顯、參政傅友德、陸聚等將兵略大同」（卷三四，洪武元年八月戊子，第六二〇頁）。戊子日爲二十日。

16 十五日，克雞鳴山寨〔一〕及宣德府。懷來縣有大、小二寨，攻之，土人力戰，不克。大軍梯登屠之〔二〕。

〔一〕寰宇通衢：「雞鳴山驛，五十里至宣府驛。」（京城至北京行部并所屬各府衛至宣府，第一六四頁）正德宣府鎮志：「雞鳴山驛，在東南六十里雞鳴山下，永樂十八年建。」（卷二驛傳鎮城，第六五頁）即今懷來縣西境的雞鳴驛（河北省地圖集，第一二二～一二三頁）。

〔二〕明太祖實録：洪武元年九月「己酉，參政傅友德等自大同獲故元喬右丞等三十四人、馬三十五匹而還」（卷三五，洪武元年九月己酉，第六二九頁）。己酉日爲十一日。雞鳴山位於懷來縣和宣德府之間，諸地皆在俞本所謂「東路」即北平西北，故此役應即始於八月二十日的「再襲東路」。

17 九月，薛右丞領兵克永平〔一〕。至沙河〔二〕，元丞相也速領番漢騎士萬衆迎敵，大戰。鳳翔衛指揮韋正擒平章高家奴〔三〕。殺戮其衆，克其城。也速僅免遁去。

〔一〕明太祖實録：洪武元年九月，「都督同知張興祖率師循永平，下之……自永平還至北平」（卷三五，洪武元年九月戊申、己未，第六二八～六二九頁）。黄金皇明開國功臣録：薛顯並無克永平之功（卷一〇薛顯傳，第一册第六四二頁）。

〔二〕弘治永平府志：「沙河在遷安縣西北二十里……合潮河入於海。」（卷一山川，第六五頁）時爲永平向西的屏障（譚其驤主編中國歷史地圖集第七册，第四六頁），應即今遷安縣西境南流入海的沙河（河北省地圖集，第一五〇～一五一頁）。

〔三〕明太祖實録：韋正「略永平，擒元將平章高家奴」（卷二四五，洪武二十九年四月「是月」甯正傳，第三五六三頁）。

18 十月，北平城有十二門，周圍一百二十里，至是，自光熙門〔一〕截其半〔二〕。差金吾、羽林、鳳翔、天策等衛指揮張焕、韋正等抄籍府庫〔三〕，得金二十五萬兩，銀五十萬兩，寶玩珠翠象牙、奇禽異獸、錦綉衣襖段匹不可勝記。録文武官吏送詣金陵，至通州，内有回鶻欲作亂，事泄，戮五千餘人，妻女俱配軍士〔四〕。平章俞寶㉔叛遁，復獲，達令梟於齊雲門㉕〔五〕，刖足以示〔六〕。

〔一〕元史：「城方六十里，十一門……東之左曰光熙。」（卷五八地理志大都路，第一三四七頁）即東三門偏北者（侯仁之主編北京歷史地圖集，第二七～二八頁），應即今北京市區明代北城東北角正北一公里、元代墻基上的廣西門（*Cartedes Environs de Peking*：北京（北）），在今朝陽區和平里東、和平里北街與左家莊西街交界處一帶（中國文物地圖集北京分册，下册第一六三頁；北京地圖集，第一八頁）。按，明初截城處實在光熙門南一公里。

〔二〕明太祖實録：洪武元年八月，「大將軍徐達命指揮華雲龍經理故元都，新築城垣，北取徑直，東西長一千八百九十丈……督工修故元都西北城垣」（卷三四，洪武元年八月丁丑、己卯，第六一一～六一二、六一六頁）。

〔三〕明太祖實録：洪武元年八月，「封其府庫及圖籍寶物等，又封故宫殿門，令指揮張煥以兵千人守之」。又：韋正時任鳳翔衛指揮副使（明太祖實録卷二四五，洪武二十九年四月「是月」甯正傳，第三五六三頁）。黄金皇明開國功臣録：張煥「歷官指揮僉事」（卷二七張煥傳，第二册第五三五頁）。

〔四〕明太祖實録：洪武元年八月，「故元留守迭里迷失等謀作亂，欲推其平章哈剌那海爲主，玉田縣尹史巘發之。大將軍徐達遣人收捕，執迭里迷失及哈剌那海、郎中金剛奴、順德達魯花赤金剛寶、員外完者不花、指揮脱帖木兒、和林省管勾脱列不花、僧壽奴并參隨伯帖木兒等，戮之」（卷三四，洪武元年八月癸巳，第六二二～六二三頁）。

〔五〕元史：大都城「十一門……東之右曰齊化」（卷五八地理志大都路，第一三四七頁）。爲東三門偏南者（侯仁之主編北京歷史地圖集，第二七～二八頁），即位於今北京市東城區的朝陽門（北京地圖集，第三三五頁）。

〔六〕明太祖實録：洪武元年八月，「武德衛軍校獲前樂安逃將俞勝及高參政」（卷三四，洪武元年八月庚午，第六〇〇頁）。

19 **十一月，達、遇春領兵克保定。真定府元守將孫平章領軍遁，旋被擒，在城父老**

迎降。令金吾衛王指揮守其城〔一〕。

〔一〕明太祖實録：洪武元年九月「甲子，大將軍徐達遣副將軍常遇春、參政傅友德等率兵發北平，取未下州郡。乙丑，常遇春等下保定府……十月……己巳，副將軍常遇春克真定，元平章孫克義遁入三門寨，遇春以指揮王金吾守之。克義尋又走平山寨，未幾來降」（卷三五，洪武元年九月甲子、十月己巳，第六三〇～六三一頁）。乙丑日爲二十八日。按，「指揮王金吾」應如俞本所記，指金吾衛指揮王某。

20 十二月，攻太原。信國公達領兵至城下，元封小總兵擴闊帖木兒爲河南王〔一〕，領番漢兵十餘萬拒之。兩軍對壘，列營二十餘里，殺戰不決，凡三日。達於軍中選善劫營軍士數十餘人，是夜，入河南王營劫之。河南王覺，單騎遁去，衆遂驚潰。乘勝逐之，遂克城，數十萬衆一時平之〔二〕。達令都督汪興祖領騎士追襲至大同，不獲，克其城，陞飛熊衛指揮耿忠爲都指揮守之〔三〕。遂克武、朔州。克東勝州，以天長衛指揮周方守之〔四〕。平章楊璟，先於十月領兵克潞州、澤州、太行山下縣邑〔五〕。是月，河南王弟詹同〔六〕領遊兵至澤、潞，左都督馮勝迎戰，大敗〔七〕。達大怒，調傅友德〔八〕領鳳翔、寧國、雄武等衛兵萬衆追之。至沙山，迎詹同之兵，大捷。遂克汾州、石州〔九〕，又獲元兵之後者家屬、牛羊驢馬輜重，盡掠而歸。

〔一〕元史：至正二十八年閏七月，擴廓帖木兒在軍閥混戰中占得上風，「詔復命擴廓帖木兒仍前河南王、太傅、中書左丞相」（卷四七順帝紀，第九八五頁）。

〔二〕明太祖實録：洪武元年十一月「乙卯，大將軍徐達令指揮韋正守真定營壘，遣右丞薛顯、參政傅友德將鐵騎三千，略平定州。明日，達發真定，次井陘……戊午……大將軍徐達等師度固關，至平定州……庚申，達至壽陽縣……遂進至黄次站……乃分兵扼榆次……十二月丁卯朔……大將軍徐達克太原……其鋒甚鋭，副將軍常遇春謀於達曰：『我騎兵雖集，而步兵未至，未可與戰。莫若遣精兵夜襲其營，其衆可亂，主將可縛也。』達然之……於是遣兵夜襲其軍，擴廓帖木兒方燃燭坐帳中，使兩童子執書以侍……倉猝不知所出，亟納靴，未及，竟跣一足，踰帳後出，乘驏馬從十八騎遁去……達等勒兵進營於太原城西，豁鼻馬以其將校降，得兵四萬人、馬四萬餘匹」（卷三六上、三七，洪武元年十一月乙卯、庚申、十二月丁卯朔，第六七〇～六七一、七〇七～七〇八頁）。乙卯日爲十八日，庚申日爲二十三日，至月底，步兵必已跟進，「殺戰不决凡三日」或近實。楊榮武定侯郭公神道碑銘：郭英「從平章常公取太原，守將王保保軍於城西，公憑高望之，謂常公曰，彼兵多而不整，營大而無備，請夜劫之。常公深然其計，遣五十騎伏城東十里，以舉火鳴砲爲期。至夜，公率十餘騎潛入其營，舉火鳴砲，伏兵亦舉火鳴砲，常公引兵繼至，鼓噪之聲相接。保保軍大潰，自相屠戮，乃棄城遁」（楊文敏公集卷一七，第七九六頁）。按，郭英時乃裨將，不太可能有資格向常遇春獻計，但率精騎劫營之功，當非虚構。

〔三〕明太祖實録：洪武元年十二月，「擴廓帖木兒奔大同，遇春以兵追之，至忻州，不及而還」。二年正月「甲寅，副將軍常遇春自太原帥師征大同……庚申……副將軍常遇春率師至大同，故元守將竹貞等棄城走……三月……辛未……大將軍徐達遣都督同知張興祖將宣武、振武、崑山三衛士卒守大同。」洪武四年正月，「置大同衛都指揮使司，以耿忠爲都指揮使」（卷三七、三八、三九、六〇，洪武元年十二月丁卯朔、二年正月甲寅、庚申、三月辛未、四年正月丁未，第七〇八、七七五～七七八、七八五、一一八一頁）。黄金皇明開國功臣録：耿忠「甲辰，授飛熊衛親兵千户……調宣武衛……調羽林衛……陞吴興衛指揮僉事……調羽林左衛……陞建昌衛指揮使。二年五月，復調羽林……三年……往大同衛署事。四年，改大同衛指揮使。」（卷一七耿忠傳，第二册第一三一一頁）

〔四〕明太祖實録：洪武三年二月，「指揮金朝興取東勝州」。三月，「都督同知汪興祖克武州、朔州」（卷四九、五〇，洪武三年二月乙酉、三月壬子，第九七二、九八三頁）。按，武州、朔州皆在大同路境内，明軍於洪武二年克大同前曾占領過朔州（明太祖實録卷三八，洪武二年二月丙辰，第七七五頁），疑俞本混淆了洪武二年「克武、朔州」與洪武三年再克二州並「克東勝州」之役。

〔五〕明太祖實録：洪武元年八月，「詔以御史大夫湯和爲偏將軍，與平章楊璟俱從大將軍徐達征山西」（卷三四，洪武元年八月癸未，第六二〇頁）。

〔六〕元史：至正二十六年十月，「擴廓帖木兒遣其弟脱因帖木兒及貊高、完哲等駐兵濟南，以控制山東」（卷四七順帝紀，第九七七頁）。明太祖實録：吴元年十二月，「大將軍徐達至濟南，元平章忽林台、詹同脱因帖木兒聞之，先驅人民引軍遁去」。提及俞本所記「詹同之兵」時又作「詹同脱因帖木兒」或「脱因帖木兒」（卷二八，吴元年十二月己酉，第四二七頁；本書戊申年第二〇條注九引）。錢謙益國初群雄事略：「脱因帖木兒者，王保保之弟也，以其同知詹事院，故又稱爲詹同云。」（卷九擴廓帖木兒，適園叢書本，第一三

七頁）

〔七〕明太祖實録：洪武元年八月，「命右副將軍馮宗異率兵從大將軍徐達取山西」。十月「壬申，兵至澤州，故元平章賀宗哲、張伯顔等引兵遁去，遂取之，留兵戍守。既而擴廓帖木兒部將平章韓札兒、毛義等以馬步兵來攻，平章楊璟、參政張斌等往援之，與元兵遇於韓店，大戰，我師失利……丁丑……右副將軍馮宗異、偏將軍湯和取潞州」（卷三四、三五，洪武元年八月甲午、十月壬申、丁丑，第六二三、六三一～六三二頁）。按，澤州以南三十里的韓店，自金代以來即爲澤、潞之間的重鎮（郝長卿上黨縣西韓村新修石牐記、許安仁李文簡公神道碑銘，載成化山西通志卷一二集文郡縣類、卷一五集文陵墓類，第四二〇、五九〇頁；山西省地圖集，第七五頁）。朱元璋談及此戰説：「璟兵出澤趨潞，中道與賊相拒。」（明太祖實録卷三八，洪武二年正月庚申，第七七八頁）則此戰發生在占領潞州之前，明軍從澤州北攻潞州時與元軍遭遇，先鋒大敗，但主力隨即北克潞州。朱元璋後來追查此戰罪責説：「都督同知馮宗異，澤州之役與平章楊璟妄分彼此，失陷士卒。」（明太祖實録卷四七，洪武二年十一月己丑，第九四〇頁）馮宗異即馮勝。按，兵敗者畢竟是楊璟而非主將馮勝，疑俞本因一貫敵視馮勝（本書洪武五年第四條及注四），而如此記載。

〔八〕薛顯、傅友德並爲明軍最著名之悍將，曾多次共同出擊，但俞本書中多彰顯傅友德（本書戊申年第一五條及注五引、第二十條及注二、九引）。韋正曾任「雄武衛千户，從傅友德守徐州，與李二等戰，有功」（明太祖實録卷二四五，洪武二十九年四月「是月」甯正傳，第三五六三頁）。韋正曾爲傅友德部屬，俞本或因此對傅友德不免有溢美之詞。

〔九〕明太祖實録：洪武元年十一月，「右丞薛顯追及故元詹同脱因帖木兒於石州，大敗之，脱因帖木兒遁去」。十二月太原之戰後，「徐達遣右丞薛顯、參政傅友德將雄武、寧國、横海衛步騎，邀擊賀宗哲等軍於石州」（卷三六上、三七，洪武元年十一月癸丑、十二月庚午，第六七〇、七〇九頁）。按，十一月明軍尚遠在真定，而石州在太原以西吕梁山中，明太祖實録所載十一月之戰日期必誤。權衡庚申外史：太原之戰前，「賀宗哲來領兵援晋、冀，駐龍鎮衛子口，去太原七十里，而大軍至」（庚申外史箋證卷下，第一五〇頁。按，明抄本作「龍鎮衛口子」，第二四三頁）。明太祖實録：朱元璋雖痛心韓店之敗，仍説：「太原之捷，皆得此爲犄綴，以分其勢，可不奇乎？」（卷三八，洪武二年正月庚申，第七七八頁）可知賀宗哲在韓店得勝後仍然放棄了潞州，從東南方趕往太原。徐達在太原之戰前「扼榆次」（本書戊申年第二〇條注二引）、戰後「取榆次關，以通潞州」（明太祖實録卷三七，洪武元年十二月癸未，第七四五頁），故賀宗哲「去太原七十里」必即扼於太原以南的榆次，太原之戰後只能向西南逃往汾州、石州一帶。黄金皇明開國功臣録：袁義「于澤潞擊賀宗哲、詹同，獲其人馬。」（卷二五袁義傳，第二册第四四四頁）由此可知，賀宗哲與詹同兩軍合一，明太祖實録所載十一月石州敗詹同脱因帖木兒之戰，必係十二月邀擊賀宗哲之戰。俞本記韓店、石州元軍爲「詹同之兵」，屬實。

21 是年，上命織五彩誥命，領内外文武官員五品以上者，給誥命，卷之首尾織「奉天誥命」；五品以下者，給敕命，卷之首尾織「奉天敕命」〔一〕。長一尺二寸，横一丈三尺〔二〕，楷書文章新舊勳績、所授散官及姓名於上，分某衛某所，或世襲或流官。誥用

「制誥之寶」，敕用「敕命之寶」〔三〕。母妻封贈〔四〕，俱各另行頒給。

〔一〕明太祖實録：洪武三年二月定制：「省、部議……誥織文曰『大明官誥』，敕織文曰『大明敕命』。文武百官一品至五品誥織用五色絲，六品至九品敕用純白綾……命……誥織文曰『奉天誥命』，敕織文曰『奉天敕命』。」（卷四九，洪武三年二月辛酉朔，第九六一～九六二頁）今存洪武四年織成的洪武十二年誥命，質地爲絆絲（載宋伯胤明朝中央政權致西藏地方誥敕，第八七頁）。今存洪武六年的詔書，爲横排棕、黄、白、褐、青五底色（載鄧鋭齡等元以來西藏地方與中央政府關係研究，書首）。「五彩誥命」即五色絲織成的帛書，但今存洪武四年織成、永樂六年頒發的敕命（載李立新永樂敕書和正德誥書考釋，第一一五～一一六頁），則係紅、黄、白三色紵絲，既非五色絲，亦非純白綾。今存洪武二十五年誥命，首織「奉天誥命」（載中國國家博物館館藏文物研究叢書明清檔案卷明代，第六～七頁）。

〔二〕今存洪武二十四年百户胡邁敕命，首尾殘缺較多，縱二九點二釐米，殘横一三六釐米。今存明代後期完整誥敕，縱自二九點五至三一點五釐米，横自一五三釐米至三八六釐米，官位越高尺寸越大（載中國國家博物館館藏文物研究叢書明清檔案卷明代，第二～五、二四～五七頁）。俞本所記「一尺二寸」、「一丈三尺」，或指韋正等高官的誥命。

〔三〕明太宗登極之初，製作「制誥之寶」和「敕命之寶」（本書洪武三十二年第二條注一引），或因建文朝諸寶湮没，或爲改變洪武後期以來通用制誥之寶的慣例（參見本書洪武二十八年第三條及注三）。正德大明會典：明朝前期皇帝有璽印十七顆，其中第八、九顆爲「制誥之寶」、「敕命之寶」（卷一七五尚寶司御寶，第三册第五一四頁）。

〔四〕諸司職掌：武官「一品封贈三代，二品三品封贈二代，四品以下封贈一代，各照見任職事依例封贈」（兵部司馬部誥敕封贈，第一八九〇頁）。「母、妻」僅指四品以下官員封贈。

22 **令天下行省頒樣鑄銅錢，文曰「洪武通寶」，有當五、折二、小錢之分，與歷代銅錢相兼通行**〔一〕。

〔一〕明太祖實録：洪武元年三月，「命户部及行省鼓鑄『洪武通寶』錢，其制凡五等，當十錢重一兩，當五錢重五錢，當三錢重三錢，當二錢重二錢，小錢重一錢」（卷三一，洪武元年三月辛未朔，第五三五頁）。

校勘記

① 「宣州」，福建無宣州，疑衍詞。
② 「閩州」，福建無閩州，疑衍詞。
③ 「連山」，元代福州路轄連江縣（本書戊申年第一條注一引），應作「連江」。
④ 「福」，福州即上文所記福建行省所在地，時明軍招諭興化、泉、漳州（本書戊申年第一條注一引），疑應作「泉」。
⑤ 「沙漠」，陳校本疑當作「沙漠」（第四三〇頁），是。「漠」應係刊刻之誤。

⑥「湖廣漢沔」，他書作「湖湘漢沔」（本書戊申年第二條注一二引）。元朝在湖廣行省直轄地區設江南湖北道肅政廉訪司，對應「湖」，在湖南道宣慰司轄區設嶺北湖南道肅政廉訪司，對應「湘」，在河南行省荆湖北道宣慰司轄區設山南江北道肅政廉訪司，對應「沔」（元史卷六三、五九地理志，第一五二三、一五二七、一四一七頁），湖廣行省的漢陽路孤處江北，毗鄰荆湖北道宣慰司（譚其驤主編中國歷史地圖集第七册，第一五～一六、三二～三三頁），對應「漢」，時皆屬明朝湖廣行省。疑「廣」爲「湘」之訛。

⑦「河南諸郡蠻夷」，他書作「西南等處蠻夷」（本書戊申年第二條注一二引）。時明軍尚未攻取河南，疑「河南」爲「西南」之訛。

⑧「太尉江浙」，他書作「太尉、江浙行省左丞相」（本書戊申年第三條注六引），疑「江浙」後脱「丞相」等字。

⑨「長州」，俞本載周德興鎮守湖廣、出征廣西而不提主將楊璟（本書甲辰年第三條、丁未年第一一條及注三），於陸路軍所克四路中只載三路（本書戊申年第五條及注六），少「永州」或「全州」，而周德興未參加克永州之役。頗疑俞本乃據周德興履歷一類資料抄録，故未提及主將楊璟和所克永州，故「長州」當爲「全州」之訛。

⑩「臨川」，臨桂縣爲静江路附郭縣（本書戊申年第五條注六引），此名緊隨静江之後，位居静江路諸州縣之前，「臨川」當爲「臨桂」之訛。

⑪「定理」，理定縣爲静江路轄縣（本書戊申年第五條注六引），「定理」爲「理定」之訛。

⑫「陽翻」，陽朔縣爲静江路轄縣（本書戊申年第五條注六引），「陽翻」爲「陽朔」之訛。

⑬「承德」，湖廣、廣西無承德，疑衍詞。

⑭「齊王墓」，事略錢引本作「齊王李察罕墓」（卷九擴廓帖木兒，第一三二一頁）。

⑮「田鋒」，他書作「田豐」（本書戊申年第八條注四引）。

⑯「擴闊帖木兒」，他書作「擴廓帖木兒」（本書戊申年第八條注六引）。

⑰「大平寨」，他書作「太平寨」（本書戊申年第九條注七引）。

⑱「脱歡帖木兒」，他書作「妥懽貼睦爾」（元史卷三八順帝紀，第八一五頁）。

⑲「北斗省」，本書及他書作「北平省」（本書戊申年第一三條及注五引）。「北斗」應爲「北平」刊刻之誤。

⑳「命」，徐達爲主帥，並未出擊古北口（本書戊申年第一四條注一引），據文意補。

㉑「虎北口」，他書多作「古北口」（本書戊申年第一四條注一引），偶作「虎北口」（例見馬祖常太師太平王定策元勳之碑，馬祖常集卷一四碑誌，第二五二頁；黄金皇明開國功臣録卷二二施春傳，第二册第三一一頁）。

㉒「興路」，據本書戊申年第一五條補爲「興化路」。

㉓「軍」，陳校本作「君」（第四三三頁），是。

㉔「俞賓」，他書作「俞勝」（本書丁未年第一〇條注一引）。

㉕「齊雲門」，他書作「齊化門」（本書戊申年第一八條注五引）。

洪武二年　己酉（公元一三六九年）

1 正月初三日，信國公達遣薛右丞同延安衛指揮使唐勝宗〔一〕攻桃花寨〔二〕，元守將知院杜旺降，知院棒崔投崖死，其寨遂平〔三〕。二月，平章韓政攻尾尖寨①〔四〕，不克。

是月，達令薛右丞共攻之。其寨三面(璧)〔壁〕②立，約高數百丈，周二百餘里，高三層，上有流泉，宜布種五穀。東、西二道，止容一人扶崖而登，懸隔八十餘里，南有一路曰魯口〔五〕。大軍攻之，山上數人守其要害，比軍來攻，以巨石滚下，合抱之木迎石即碎，險狹萬狀。韓、薛二將圍之數月，箭、砲、銃及將軍筒俱不能。達遣人招降之〔六〕。

俞本曰：予觀此寨之險，使敵堅而拒之，非鷹翎鵠翮，豈能達於上？所謂「一夫當衝，萬夫莫開」。此太行之尾尖也，地屬林州。賴聖天子恩威，擲戈棄山而降，俱爲順民矣。

是日，韓、薛二將率兵由平陽至河中府，於黄河上搭橋，大軍攻陝西〔七〕。

〔一〕明太祖實録：洪武二年十月，「置延安衛，命懷遠衛指揮使許良領兵守之」（卷四六，洪武二年十月乙酉，第九二四頁）。按，唐勝宗後來封延安侯（本書洪武四年第一九條及注一引），疑俞本因此誤以爲唐勝宗曾任延安衛指揮使。

〔二〕薛顯所克爲「潞州桃花寨」（本書洪武二年第一條注三引）。成化山西通志：「桃花山在黎城縣西北九十里，山半多桃，故名。」（卷二山川，第五〇頁）康熙黎城縣志：「桃花山，在縣東北五十里，又名桃花寨，半山多桃樹，故名。」（卷一山川，葉一四b）應即今黎城縣北境黄崖洞鎮以西、黄崖洞以東的桃花寨一帶（一九九四年黎城縣志卷二二軍事黄崖洞戰鬥要圖，第四五四頁；山西省地圖集，第七七頁），「四周全是懸崖絶壁，只有一條寬僅丈餘、傾斜四十五度的山間險道可達寨頂」（二〇〇六年黄崖洞鎮志第六章旅游黄崖洞景區，第一六一頁）。

〔三〕明太祖實録：洪武二年正月「丁未……徐達命右丞薛顯總寧國、長興、宜興及順德、澤、潞等兵取桃花、蟻尖等山寨……壬戌……右丞薛顯克潞州桃花寨」。二月，「右丞薛顯自桃花寨以兵來會，並以降將知院杜旺等一十一人見於軍門」（卷三八、三九，洪武二年正月丁未、壬戌、二月甲申，第七六二、七七九、七九七頁）。丁未日爲十二日，壬戌日爲二十七日。康熙黎城縣志：「黎侯城，在縣北十八里，周四里有奇，高三丈餘……元末，知縣崔聚、杜旺繼修。」又：「元知縣……崔聚，修建縣城，杜旺，繼修縣城。」（卷一城池，葉一a～b；卷二職官，葉三六b～三七a）可知「知院」爲「知縣」之訛傳或誇飾之辭。

〔四〕明太祖實録：「寨在彰德林慮州西北二十餘里。」（卷三八，洪武二年正月乙丑，第七八〇頁）寰宇通志：「蟻尖山在林縣西北三十里，山勢突聳而絶頂平坦，可以避兵。」（卷九一彰德府山川，第六〇八三頁）大明一統志：「倚陽山在林縣西北三十里……俗呼爲蟻尖山。」（卷二八彰德府山川，第四七一頁）嘉靖彰德府志：「螞蟻砦在縣西北四十里，即倚陽山頂是也，周圍八十里。」（卷二地理志林縣，葉二三a）今林縣西北太行山麓有南北長二十公里的長梁，東西多爲陡崖，頂稍平坦廣闊，中部有小村名小椅仙（山西省地圖集，第七八頁），小椅仙應與蟻尖、倚陽一脉相承，即險峻難攻的蟻尖寨所在。

〔五〕成化河南總志：「蟻尖寨，在林縣西北蟻尖山，周圍八十里，其上平坦，四面險阻，東有路可通人馬獨行，居民多避兵于上。」（卷一〇彰德府關津，第六六九頁）

〔六〕明太祖實録：洪武二年正月「乙丑，平章韓政下蟻尖寨。寨在彰德林慮州西北二十餘里，元末爲右丞吴庸、王居義、小鎖兒所據，剽掠旁近居民以給衆食。及大將軍徐達北征，分遣將士收諸山寨，惟蟻尖寨山險絶，不可攀躋。至是，達命右丞薛顯督諸衛兵取之。時政守順德，將兵列營進攻，庸度勢不能支，乃誘居義、小鎖兒殺之，携其首，率寨民詣政降。得士卒一萬一千六百人，民三千五百二十人，悉放免復業」（卷三八，洪武二年正月乙丑，第七八〇～七八一頁）。乙丑日爲三十日。黄金皇明開國功臣録：薛顯「提兵將向蟻尖，會平章韓政先克之而止」（卷一〇薛顯傳，第一册第六四四頁）。

〔七〕明太祖實録：洪武二年二月甲申，「徐達等師自霍州至平陽，右丞薛顯自桃花寨以兵來會……辛卯，大將軍徐達師自平陽次河中，遣指揮張良造浮橋，選士馬從副將軍常遇春、馮宗異先渡河，趨陝西」。此後韓政仍守順德，直至洪武二年八月慶陽戰事吃緊時，方受調西進（卷三九、四四，洪武二年二月甲申、辛卯、八月乙丑，第七九七～七九八、八五八頁）。甲申日爲十八日，辛卯日爲二十五日。

2　三月，大將軍達、左將軍遇春〔一〕克塵臺③〔二〕。元太尉李思齊總關陝秦隴之兵，西至土蕃④，南至磯頭關⑤〔三〕，東至商（路）〔洛〕⑥，北至環慶，皆思齊主之，精兵不下十餘萬。聞大軍至，棄陝西，之鳳翔，陝西父老迎達降〔四〕。元守臣三平章乃蒙古人，聞城降，自縊而死〔五〕，惟平章商鎬⑦詣達帳下降〔六〕，城中秋毫無犯，市不易肆。設陝西行省，陞僉都督耿炳文爲陝西省右丞，署立省事〔七〕，後封爲長興侯，以金吾衛指揮使濮英陞西安衛指揮使〔八〕，領左、右、中、前、後五衛及華山、長安、秦川三衛將士鎮其城〔九〕。

商鎬乃陝西奉元路□縣⑧人，少好學，仕元平章〔一一〕，元待之甚厚。昔侍河南王朝，元庚申君以伯顔太師故宅賜之，侍以宫人及輿服、寶玩，設妓樂、陳大宴於内。鎬隨河南王至其宅，見殿宇華麗，鎬謂河南王曰：「此府先住何在？」王悟其言，遂不就席，即率馬步出城。元君三遣人賫龍衣冠帶召之，王終不奉詔，夜回營，徑往太原〔一二〕。鎬隨之。及太原潰，鎬棄城遁歸陝西〔一三〕。大軍至，鎬亦降。上授鎬御史中丞之職〔一四〕，鎬喜不自勝，後又擢爲太僕寺令〔一五〕。因兩淮群監馬户騍馬無孳生者，拷掠其家，使婦女控馬群，蓋非長者所爲。鎬貌恭而心酷，諂佞事上，陞爲中軍僉都督〔一六〕，以其子爲太僕寺令〔一七〕。後坐党事，父子俱被誅，妻女配於軍士〔一八〕。

俞本曰：鎬之死也，自負元君，尚難容恕，何况誘河南王亦負元君哉。受上之重任，尤爲阿諛。受此誅戮，未爲慘矣。

大軍追李思齊至鳳翔府〔一九〕。思齊設四部：兵、刑、工、户，雖吏、禮未設，空頭宣敕，以恁銓任書填姓名〔二〇〕。遇春軍至，思齊已遁，至固關〔二一〕，見萬木森然夾道，遣人砍木截路以阻襲軍〔二二〕。遇春至，令軍士步者攀崖逾嶺，騎士斷木焚之〔二三〕。

〔一〕明太祖實録：洪武二年正月，「令定右副將軍馮宗異居遇春之下」（卷三八，洪武二年正月庚申，第七七八頁)。由此可知，常遇春的頭銜已由「副將軍」變爲「左副將軍」。

〔二〕明太祖實録：洪武二年三月，「大將軍徐達師至鹿臺，遂入奉元路」(卷四〇，洪武二年三月庚子，第八〇八頁)。嘉靖陜西通志：鹿苑原在高陵縣「西南三十里，自咸陽來，當涇、渭間……陽陵之所在也……涇河在鹿臺東上馬渡入渭。」又：鹿臺城在高陵縣「南二十五里，元李思齊所筑……鹿臺戍，元末李思齊屯兵處」(卷二土地山川西安府高陵縣、卷一二土地古迹西安府高陵縣，董校本，第九三、二一四頁)。可知鹿臺位於漢代陽陵一帶，是涇、渭匯合處以西高陵、涇陽、咸陽交界處高地，以高崖南臨渭河(陜西省地圖集，第四二～四三頁)，時爲拱衛奉元路的要地。

〔三〕大明一統志：鷄頭關在「褒城縣北八里……自此入連雲棧，最爲險峻」(卷三四漢中府關梁，第五九七頁)。應即今漢中市褒河鎮北被水庫淹没的鷄頭關村(陜西省地圖集，第一二八頁)，爲褒斜道、連雲棧道南口，時爲陜西興元路向北門户。元朝以沔州、略陽等漢中門户之地屬四川，南出鷄頭關即瀕四川境，時人或以此漢中北門爲陜西南界。

〔四〕明太祖實録：洪武二年三月，「初，元行省平章李思齊據鳳翔，副將許國英、穆薛飛等守關中，張思道與孔興、脱列伯、金牌張、龍濟民、李景春等駐鹿臺以衛奉元。及聞大兵入關，思道等先三日由野魚口遁去。達至，遣都督僉事郭子興將輕騎直擣奉元，而自率大軍繼進，渡涇、渭，至三陵坡，父老千餘迎降」(卷四十，洪武二年三月庚子，第八〇八頁)。

〔五〕明太祖實録：洪武二年三月，「達師之至鹿臺也，元陜西行省平章哈麻圖棄奉元走盩厔，爲民兵所殺；平章歪頭、西臺治書侍御史王武遁去復降，斬之；西臺御史桑哥失里守關家洞，達遣兵攻之，勢窮促不屈，與妻子俱投崖死；左丞拜泰古逃入終南山；郎中王可仰藥死；檢校阿失不花自經死；三元縣尹朱春謂其妻曰：『吾當以死報國。』妻曰：『卿能盡忠，妾豈不能盡節？』亦俱投崖死」（卷四〇，洪武二年三月庚子，第八〇八～八〇九頁）。李景隆前軍都督府僉都督事謝公神道碑銘：「謝成……從中山王駐軍陝西，列營長安城北，平章王武率其官屬士民迎降。」（載成化中都志卷一〇，第四四三頁）

〔六〕明太祖實録：洪武二年四月，「大將軍徐達師至鞏昌，元守將平章梁子中、侍郎陳子林、郎中譚某、員外郎鄢某俱出降，既而總帥汪靈真保、平章商暠、左丞周添祥、達魯花赤張虎都帖木兒、萬户董禔、雷清、石榮等亦繼至，達皆禮待之」（卷四一，洪武二年三月乙亥，第八二〇頁）。

〔七〕明太祖實録：洪武二年三月，「以都督耿炳文守陝西」。四月，「置陝西、山西二行省，以中書參政汪廣洋爲陝西參政」。三年六月，「命秦王府武相耿炳文兼陝西行省右丞」。（卷四〇、四一、五三，洪武二年三月辛亥、四月戊辰、三年六月庚辰，第八一一、八一六、一〇五一頁）。劉三吾長興侯耿炳文追封三代神道碑銘：「既得其地，就鎮守之。開設行大都府、陝西等處行中書省，署事久之。」（坦齋先生文集卷二，第四四四頁）

〔八〕明太祖實録：洪武三年十二月，「陞杭州、江西、燕山、青州四衛爲都衛指揮使司，以徐司馬、濮英等爲各衛都指揮使……置河南、西安、太原、武昌四都衛指揮使司」（卷五九，洪武三年十二月辛巳、壬午，第一一六四、一一六五頁）。按，西安都衛仍爲一衛，但又「節制方面」，都衛指揮使品級高達正二品（明太祖實録卷六九、七三，洪武四年十一月甲戌、五年四月乙巳，第一二九一、一三四八頁），故得統領諸衛。

〔九〕明太祖實録：洪武六年五月，「置西安前衛」。六月，「置華山、秦川二衛於西安城中」。十月，「置西安後衛」。七年正月，「長安衛指揮僉事李義收集故元張良弼麾下將校四百一十人」。二月，「大都督府奏，近以西安左衛兵分隸河州衛，宜以鳳翔衛兵調補左衛，從之。」二十四年二月，「置……西安中衛中右千户所，及京城外十六門並置千户所，各鑄印給之」。二十六年三月，「詔併西安右衛於西安中護衛」（卷八二、八三、八五、八七、二〇七、二二六，洪武六年五月「是月」、六月丁亥、十月「是月」、七年正月丁亥、二月甲子、二十四年二月甲子、二十六年三月辛酉，第一四八〇、一四八四、一五二二、一五四九、一五五五、三〇八九、三三〇六頁）。按，諸衛係由西安都衛析出，在西安都衛改陝西都司（本書洪武四年第二條注一引）前後陸續設置，並非一開始即並設西安都衛和諸衛。

〔一〇〕劉三吾長興侯耿炳文追封三代神道碑銘：「三年，開秦府，授府左相之職。」（坦齋先生文集卷二，第四四頁）明太祖實録：洪武三年四月，「詔諸王相府武相居文相之上……時武職多勛臣故也」（卷五一，洪武三年四月癸酉，第一〇〇七～一〇〇八頁）。故耿炳文所任武相必爲左相。

〔一一〕雷禮國朝列卿記：「商暠……山東定陶縣人，故元中書省平章政事。」（卷一四九國初太僕寺卿行實商暠，第九册第四〇三頁）

〔一二〕權衡庚申外史：至正二十五年，擴廓帖木兒擁皇太子入都，「居京師兩月。擴廓在軍中久，樂恣縱，無檢束，居朝怏怏不樂。朝士往往輕之，謂其非根脚官人。擴廓與左右謀之，或勸以請出治兵，肅清江淮」（庚申外史箋證卷下，第一三三頁）。元史：擴廓帖木兒於至正二十六年二月離京還河南，「尋居懷慶，又居彰德」，與諸軍閫混戰，至正二十八年閏七月明軍克大都前夕，從山西南部退守太原（卷四七順帝紀，第九七五、九八六頁)。

〔一三〕元史：商暠本擴廓帖木兒部下，與李思齊不協，至正二十七年底屯潼關。二十八年三月李思齊入潼關，旋爲明軍所逐，五月商暠駐兵武功(卷四七順帝紀，第九八三～九八四頁)。可知洪武元年十二月太原之戰前，商暠已入關中投靠李思齊，並非從太原潰逃。

〔一四〕明太祖實録：洪武六年七月，「以侍御史商暠爲御史中丞」(卷八三，洪武六年七月乙丑，第一四九〇頁)。雷禮國朝列卿記：「洪武二年……送至京。上察其樸實，留置左右，本年命署吏部事，三年擢侍御史，六年陞御史中丞，進資善大夫。」(卷七〇左右中丞行實商暠，第六册第三五六頁)

〔一五〕明太祖實録：洪武十年六月，「以刑部郎中商暠爲太僕寺卿」(卷一一三，洪武十年六月辛酉，第一八六四頁)。雷禮國朝列卿記：「十年，署太僕寺卿事。」(卷七〇左右中丞行實商暠，第六册第三五六頁)朱元璋明太祖御筆：「諭第五子周王并江夏侯、都司官、太僕寺卿商杲。」(上册第五篇，第六六六頁)商杲應即商暠。

〔一六〕雷禮國朝列卿記：「七年，命參贊軍事，率師北伐，以軍功改大寧前軍都督僉事……十三年……仍復大寧前軍都督僉事。」(卷七〇左右中丞行實商暠，第六册第三五六頁)按，洪武七年僅有大都督府，尚無五軍都督府，「前軍」之謂應來自商暠後來擔任的官職。明太祖實録：洪武十九年四月，「命前軍都督府都督僉事商暠……赴遼東聽徵。」(卷一七七，洪武十九年四月癸丑，第二六八八頁)

〔一七〕雷禮國朝列卿記：「商敬……十九年擢太僕寺卿，二十一年免。」(卷一四九國初太僕寺卿行實商敬，第九册第四〇四頁)明太祖實録：洪武二十三年閏四月，「以太僕寺卿商敬爲燕山中護衛指揮僉事。

敬，前軍都督僉事暠之子也」（卷二〇一，洪武二十三年閏四月丙寅，第三〇一一頁）。

〔一八〕明太祖實録：洪武十三年胡惟庸案爆發，「時商暠謫降爲中書省吏，亦以惟庸陰事來告」。直到洪武二十七年二月，商暠仍任前軍都督府都督僉事（卷一一九、二三一，洪武十三年正月甲午、二十七年二月癸酉，第二〇四六、三三七九頁）。雷禮國朝列卿記：「十三年，以罪謫中書省吏，本年仍復大寧前軍都督僉事……二十七年……巡視兩浙城隍，簡閲軍士，督各衛嚴爲備禦。後卒於官。」（卷七〇左右中丞行實商暠，第六册第三五六～三五七頁）俞本或因商暠在胡惟庸案中扮演重要角色，而誤以爲死於黨事。

〔一九〕明太祖實録：洪武二年三月「丙午……副將軍常遇春等師至鳳翔。李思齊懼，率所部十餘萬西奔臨洮，遇春勒兵入城」（卷四〇，洪武二年三月丙午，第八一〇頁）。丙午日爲二十二日。

〔二〇〕元史：至正二十五年六月，「皇太子加李思齊銀青榮禄大夫、邠國公、中書平章政事、皇太子詹事兼四川行樞密院事、虎符招討使，分中書四部」（卷四六順帝紀，第九六九～九七〇頁）。

〔二一〕析津志輯佚：元朝在陝西的臨汧、汧陽站和上邽站之間設置故關站（大都東西館馬步站，第一二八頁）。李之勤元代陝西行省的驛道和驛站對照經世大典與析津志記載，指出元代隴山東西通道口有二，北爲故關，南爲咸宜村（第五、七頁）。寰宇通志：「隴關在隴州西七十里，有舊故關、新故關，俱屬故關大寨巡檢司。」（卷九四鳳翔府關隘，第六一一八頁）今隴縣西境的隴山北部，有南、北兩條東西通道，北路徑直而險峻，過固關鎮、關山山峰，南路迂遠而平緩，過關山村（陝西省地圖集，第五九～六〇頁），俞本所記應爲北路。又，明太祖實録作「固關山」、「固關」（本書洪武二年第二條注二三引；卷五八，洪武三年十一月丙申，第一一三六頁），則明初已有「固關」之名。

〔二〕後漢書：東漢隗囂「據隴坻，伐木塞道」（卷一三隗囂公孫述列傳，第五二六頁）。李思齊或效隗囂故智。

〔三〕明太祖實録：洪武二年四月「丙寅……上遣使即軍中命副將軍常遇春率師赴北平。先是，元將也速以兵寇通州，至白河，遁去。至是，有報胡兵復欲入寇，故遣使馳報遇春等，令率所部兵還北平，取迤北餘寇。丁卯，大將軍徐達師度隴州，次固關山……庚午……大將軍徐達師至秦州」（卷四一，洪武二年四月丙寅、丁卯、庚午，第八一五～八一七頁）。按，俞本或不知軍中變故，以爲常遇春仍在西征軍中。

3 **四月，至鞏昌，土官汪靈真保率軍民以城降，達令都督郭子興鎮之〔一〕。子興乃郭妃兄，酒色貪婪，鄙人也，無戰伐之功，因椒房之戚，故至此職〔二〕。**

〔一〕明太祖實録：洪武二年四月「乙亥……大將軍徐達師至鞏昌……既而總帥汪靈真保、平章商暠……等亦繼至，達皆禮待之，遂以都督僉事郭子興守其城」（卷四一，洪武二年四月乙亥，第八一八～八二〇頁）。乙亥日爲十二日。

〔二〕楊榮武定侯郭公神道碑銘：郭子興爲郭英次兄，「皇寧妃，公之女弟也」（楊文敏公集卷一七，第七九七頁）。明太祖實録：洪武三年，朱元璋以郭子興有過，「止封爲侯」（卷五八，洪武三年十一月丙申，第一一二七頁）。則知郭子興本有封公之勛績，並非「無戰伐之功」。

4　十二〔月〕〔日〕⑨，達遣大都督馮勝〔一〕追思齊。至臨洮，土官平章趙脱兒挾思齊出城降〔二〕，達以金吾衛指揮潘彝⑩〔三〕守之。達令騎士送思齊、靈真保、脱兒等三人赴京。上欲懷遠人，授思齊爲平章，食禄而不署事〔四〕，靈真保爲鞏昌衛指揮同知，脱兒爲臨洮衛指揮僉事〔五〕。達以二城降兵，土著者仍爲土著，客兵分調各衛聽徵，農民俱復本業。汪、趙二指揮，俱頒以金筒誥命〔六〕，亦令自舉千、百户、鎮撫，管領土著軍士〔七〕。思齊，至洪武七年，上遣賫制往諭沙漠河南王擴闊帖木兒。至則待之以禮，留數日，遣歸，令騎士送至界上。騎士辭思齊，曰：「總兵有旨，請留物以作遺念。」思齊曰：「我爲公差遠來，無以留贈。」騎士曰：「請留一臂。」思齊知不可免，斷一臂與之，還京而死〔八〕。上以其幼子爲指揮使，厚恤其家〔九〕。

〔一〕俞本先記馮勝爲左都督（本書戊申年第二〇條），現又記爲大都督。實則自吴元年十一月始，大都督府已不設大都督，主官爲左、右都督（本書丙午年第六條注三引）。劉三吾宋國公馮勝追封三代神道碑銘：馮勝「吴元年丁未，陞銀青榮禄大夫、都督府右都督」（坦齋先生文集卷二，第四五頁）。明太祖實録：馮勝時任大都督府都督同知（卷四四，洪武二年八月甲戌，第八六五頁）。總之，馮勝官職或有陞降，但必非大都督。

〔二〕明太祖實録：洪武二年四月「丁丑，右副將軍馮宗異師至臨洮，李思齊降……初……其養子趙琦者，與其麾下紿之與西人土蕃。思齊信之，遂俱奔臨洮。琦等私竊寶貨婦女，避匿山谷間，思齊遂窮蹙……舉臨洮降。琦等亦相繼來歸……徐達遣指揮韋正及趙琦、司馬來與朵兒只吉等守之。琦，狄道人，一名脱脱帖木兒，時呼爲趙脱兒，世爲元土官」（卷四一，洪武二年四月丁丑，第八二一～八二三頁）。丁丑日爲十四日。

〔三〕朱元璋大誥武臣提及遼東有「爲不才都指揮潘彝」（梅義交結安置人第四，第四三三頁），即明太祖實録載洪武二十二年道經山東違法的遼東都指揮使潘彝（卷一九六，洪武二十二年五月乙未，第二九四七頁）。逆臣録：「潘顯……有兄潘彝，先任豹韜衛指揮，出入藍都督門下。洪武十二年間，根同藍都督與胡丞相往來交結……洪武二十年，有兄亦爲别事發金齒充軍，在途病故。」（卷四留守左衛指揮潘顯等，第二二〇頁）又，明太祖實録引朱元璋祭虎賁衛指揮潘毅文：「命爾從大將軍北伐，大功已成。軍回之日，西北又起兵争。再遣從征，爾乃中道因疾而逝。」（卷五〇，洪武三年三月庚戌，第九八〇頁）黄金皇明開國功臣録：「潘毅……累遷虎賁衛指揮使……洪武二年取陝西、鳳翔、鞏昌、慶陽、平凉等處，至秋旋……三年……三月庚戌，卒於道。」（卷一五潘毅傳，第二册第四二～四三頁）按，前兩位潘彝，似資格稍淺，而虎賁衛與金吾衛性質相近，疑俞本所記潘彝即潘毅。

〔四〕明太祖實録：洪武二年十月，「李思齊爲江西行省左丞，俱不之官，食禄於京師。」洪武三年十二月，「左丞李思齊陞中書平章……子孫皆世襲指揮僉事……食禄而不視事」（卷四六、五九，洪武二年十月壬戌朔、三年十二月辛巳，第九一一、一一六三頁）。

〔五〕明太祖實録：洪武三年底，明朝賞守鞏昌之功，受賞指揮中有汪靈真保，賞守臨洮之功，受賞指揮中有趙脱脱帖木兒。洪武四年八月,「罷鞏昌故元總帥府,以總帥汪靈真保爲鞏昌衛指揮同知,張虎都帖木兒爲僉事。初,靈真保、虎都帖木兒之降也,俾仍舊職,至是罷帥府改今官」。洪武十二年十二月,「臨洮衛指揮趙琦率千、百户、鎮撫八人來朝」(卷五八、六七、一二八,洪武三年十一月丙申、四年八月庚寅、十二年十二月丙戌,第一一三六、一二六四、二〇三四頁)。黄金皇明開國功臣録:「趙琦……來歸,遂以琦爲臨洮衛指揮,統兵守禦。」(卷三二趙琦傳,第二册第八二一～八二二頁)

〔六〕諸司職掌:「公侯誥用玉軸,一品官同;伯子男誥用犀軸,二品官同;三品、四品官用抹金軸,五品以下用角軸。」(吏部司封部誥敕,第一七六八頁)指揮同知、僉事爲三品、四品官,則「金筒」即「抹金軸」。疑俞本官卑,最多得到角軸敕命,故多次鄭重記載「金筒誥命」。

〔七〕明太祖實録:洪武二年九月,「故元降將汪靈真保、張虎都帖木兒與其族屬自北京來朝。初,汪氏自金時世守鞏昌,至元時授便宜都總帥。及大將軍下鞏昌,汪靈真保與虎都帖木兒歸附,安置北京」(卷四五,洪武二年九月丁酉,第八七八頁)。按,趙脱兒「世爲元土官」(本書洪武二年第四條注二引),二人皆爲當地部族首領,故投降後得領土著軍士。

〔八〕明太祖實録:洪武七年九月,「中書平章政事李思齊卒……從征大同,行次代縣,得疾,還京師,賜第一區」(卷九三,洪武七年九月戊辰,第一六一九～一六二〇頁)。宋濂中書平章政事李公權厝誌:「六年,公復從大將軍征大同,至代縣,得疾而還。寵勞備至,遺醫官絡繹治療,且幸其第視之,尋賜新第一區……豈期公荏苒沉痾,竟弗能瘳。」(宋濂全集翰苑續集卷七,第九〇八～九〇九頁)錢謙益國初群雄事略以宋濂文中「微詞」爲證,相信俞本所記(卷一〇光禄大夫中書平章政事李思齊,適園叢書本,第一四二頁)。而陳廷敬又答立齋總憲書:「太祖御製祭文謂其善終,似不應隱覆若此。」(午亭文編卷三九,葉七a)按,朱元璋祭平章李思齊文:「夫何久疾不痊,以致長往。噫,握兵一世,又得善終,亦人之所難。」(明太祖御製文集卷二〇,第五七二頁)朱元璋與宋濂文中,皆言辭異常,而李思齊還京後待遇極隆,則知「得疾」確有隱情。唯若李思齊往「沙漠」猝然斷臂,則在塞外荒漠不可能生存「還京」。明太祖實録:洪武六年三月,明軍繼上年慘敗於漠北後,復傾國北上,六月「王保保遣兵寇雁門」,七月,明軍分遣將領戍守山西、北平(卷八〇、八三,洪武六年三月壬子、六月壬辰、七月丙午,第一四五一、一四八四、一四八六頁)。雁門關爲代州門户,可見王保保時已深入大同以南,進逼忻、代。明太祖實録載洪武六年明軍北征將領名單甚詳,獨不見李思齊,必係諱言。而此時王保保正駐軍代州界外,宋濂記「至代縣,得疾而還」,與俞本所記「至界上」、「還京」等則吻合。

〔九〕李思齊子孫本應世襲指揮僉事(本書洪武二年第四條注四引)。宋濂中書平章政事李公權厝誌:朱元璋「官其子世昌懷遠將軍、同知金吾右衛指揮使司事,甥鄭玉武略將軍、羽林衛鎮撫」(宋濂全集翰苑續集卷七,第九〇九頁)。朱元璋李世昌誥:「爾李世昌年雖未冠,而授兵衛之職……永爲世襲。」(明太祖御製文集卷三,第一〇〇頁)雖非「指揮使」,「未冠」且「世襲」指揮同知亦屬異常優待。

5 五月,克涇州〔一〕、邠州。

〔一〕明太祖實録:洪武二年五月,「大將軍徐達率師發平凉,明日,至涇州」(卷四二,洪武二年五月癸卯,第八三〇頁)。

6 六月，克平凉，元豫王、西安王遁去。克延安、綏德，獲李景昌軍士、家屬二萬餘人，達令鳳翔衛指揮副使韋正押送河南省〔一〕。時遇酷暑，水竭，饑饉載道，死者過半。先，於五月，達令羽林衛指揮使張焕哨慶陽，元守將張師道〔二〕埋兵擊之，遂退〔三〕。是月，整兵再攻之〔四〕，城在山上〔五〕，堅拒不克。城中水穀俱絶，互相殺食，飼馬以松柏屑，人用黄泥細者，以人油炸而食之。至八月十五日，達令各衛將士上下穿地道以攻之，城中不覺，師道方力戰間，城中地透軍出，遂克之〔六〕。羈其守將，屠其男子，縱掠婦女，擒師道，於一百八渡〔七〕斬之〔八〕。

〔一〕郭曉航元豫王阿剌忒納失里考述：元代中期，豫王出鎮陝西，積極參與元末戰争，但遭諸軍閥排擠而遷居六盤山地區，西安王指豫王阿剌忒納失里的弟弟（第一八二頁）。明太祖實録：李克彝，字景昌，本元汴梁守將，洪武元年三月自汴梁西遁。二年四月，明軍由鞏昌回師東北，「度六盤山，至開城，諜報故元豫王駐西安州……遣右丞薛顯將精兵五千人襲豫王，豫王遁去……以所獲元豫王人口及頭目和林童等、車二百輛送開城州，以西安州所獲男女七千餘口送北京安置」。五月，「大將軍徐達師出蕭關，遂下平凉……指揮朱明克延安，遂以明守之……綏德、葭州守將孫知院、孔榮、關二俱詣大將軍徐達降」（卷三一、四一、四二，洪武元年三月己亥、二年四月乙酉、庚寅、五月丁酉、辛酉，第五四〇～五四一、八二四、八二五、八二七～八二八、八三八頁）。按，此時明以河南開封府爲北京，又改河南分省爲行省（明太祖實録卷三四、四一，洪武元年八月己巳朔、二年四月戊辰，第五九九、八一六頁），韋正押送至「河南省」者，必既包括延安、綏德降衆，又包括「送北京」的豫王部屬。疑俞本因此將破豫王、西安王和克諸地事，繫於六月押送俘虜至内地之時。

〔二〕朱元璋明太祖御筆：「凡張思道、李思齊、張伯玉軍士，皆非關内人。」（上册第三十三篇，第六六九頁）張伯玉似指張良臣。李景隆前軍都督府僉都督事謝公神道碑銘：「慶陽守將張思道率兵拒戰，凡七閲月，而師道敗走。」（載成化中都志卷一〇碑銘，第四四三頁）似思道、師道指一人。但明代史料提及明太祖實録所記陝西軍閥張思道、張良臣兄弟時，張思道多作張良弼（例見宋濂宋濂全集鑾坡前集卷二鄂國常公神道碑銘，第三五一頁）。嘉靖鄧州志：「張良弼，字思道。」（卷一六人物，葉一二a）則張良臣字師道，亦不無可能。

〔三〕明太祖實録：洪武二年五月，「張良臣以慶陽降。初，張思道在慶陽，聞王師克臨洮，懼而走寧夏，而使其弟良臣與平章姚暉守慶陽。思道至寧夏，與金牌張等俱爲擴廓帖木兒所執……良臣以其兄被執，遂以城降……達遣右丞薛顯將騎兵五千人、步卒六千人同克巴等赴慶陽。比至，良臣出迎，蒲伏道左，佯爲卑下，以示歸順。逮暮，即以兵劫營，我軍不意其叛，爲所衝潰，指揮張焕被執，顯被傷走還」（卷四二，洪武二年五月辛丑、戊申，第八二八、八三二頁）。按，俞本可能混淆了張思道與張良臣兄弟。

〔四〕明太祖實録：洪武二年五月「甲寅……大將軍徐達遣兵略慶陽」。六月「甲戌，大將軍徐達……遂自涇州率諸軍趨慶陽。己卯，駐於東原……以兵四面圍其城」（卷四二、四三，洪武二年五月甲寅、六月甲戌，第八三三、八四五頁）。甲寅日爲二十一日，甲戌日爲十二日，己卯日爲十七日。

〔五〕嘉靖陝西通志：「踐山爲城，因河爲池，雖金湯亦不是過。」（卷九土地建置沿革慶陽府圖，嘉靖本，第六四五頁）嘉靖慶陽府志：「城因原阜之勢而成，其形似鳳，故曰鳳凰城。東高一十三丈，西高十一丈，北高九丈，南高九丈，周廣七里十三步。其隍引東、西二水，自北抱城而流，合於城南，折流於東，深淺廣狹不等，要亦巨流。」（卷二形勝城池，第三五五頁）中國文物地圖集甘肅分册：慶陽故城在今慶城縣城，「因崗阜斬削而成」（下册第三七五頁）。

〔六〕明太祖實録：洪武二年八月「戊寅……將士争穴其城，城中極力救禦……癸未，克慶陽。初，張良臣之復叛也，自以其城高險，而上有井泉，可據以守……故欲拒守以圖大功……内外音問不通，而糧餉乏絶，至煮人汁丸泥咽之。平章姚暉、熊左丞、胡知院、葛八等知事不濟，争獻門納師。達勒兵入自北門」（卷四四，洪武二年八月戊寅、癸未，第八六七～八六九頁）。戊寅日爲十五日，癸未日爲二十日。黄金皇明開國功臣録：「援絶糧盡。八月二十一日，慶陽城破。」（卷二五徐勵傳，第二册第四五二頁）俞本所記十五日，爲發動總攻之日。

〔七〕寰宇通志：「一百八渡河，在略陽縣治東，自徽州界來，流入嘉陵江，人渡者凡一百八處。」（卷九九漢中府山川，第六一五六頁）應即今略陽縣城東北的八渡河（陝西省地圖集，第一三五頁）。

〔八〕明太祖實録：洪武二年八月「癸未……良臣父子俱投井中，達命指揮朱杲引出斬之……明日，誅良臣之党柴知院等二百餘人」（卷四四，洪武二年八月癸未，第八六八～八六九頁）。黄金皇明開國功臣録：洪武三年，明軍「敗保保於定西，保保北遁。乘勝取蜀郡，友德爲前鋒，自秦州南出一百八渡，奪略陽關，禽夏平章蔡琳，遂入沔州。又遣金興旺、張龍由鳳翔入連雲棧，合兵攻克漢中……以饋運不繼，還軍」（卷五傳友德傳，第一册第三四七～三四八頁）。在洪武三年定西戰役中，「元兵大潰，遂克其營，河南王僅免遁去，部下大小將帥悉擒。至興元，斬之，士卒派録各衛，隨征成都」。大批元軍降將在此前後遭誅（本書洪武三年第三條及注三）。興元即漢中。疑俞本混淆了慶陽與定西兩次戰役後的殺俘事件。

7 達、遇春議，彝非守城材，遣鳳翔衛指揮韋正領全衛馬步兵詣臨洮代之〔一〕。彝苛刻、貪賄、嗜殺，臨洮内外軍民遠遁，間有附者，彝嗔來遲，即凌遲之。自四月至九月，無一人降者，時有河〔二〕西戎㬳至城下剽掠。達知之，遂有此代。正至臨洮，盡收刑具，於市中焚之。遠近聞正代彝，漸有降者，正給以衣糧；逃者，遣人賫御榜以招之；遠居土穴者，撫之再四；負固者，率壯士掘出之，亦不加刑。河州土官院使鎖南⑪領番戎至城下哨掠，被擒者，即令浴身、易衣、梳剃，給以酒肉餅餌，縱令還其家；中傷者，命醫治之。四處潛伏軍民，自此聞風相率而至者無虚日。土著士卒來降，悉置之左右，訪其地里人情。此地遂安〔三〕。

〔一〕明太祖實録：洪武二年四月克臨洮，「大將軍徐達遣指揮韋正及趙琦、司馬來與朶兒只吉等守之」。七月圍攻慶陽，調「指揮韋正守邠州」。九月「以指揮韋正守臨洮」（卷四一、四三、四五，洪武二年四月丁丑、七月辛亥、九月壬辰朔，第八二三、八五四、八七七頁）。按，韋正六月間押送俘虜至河南（本書洪武二年第六條），七月守邠州，可知直到九月才初次駐防臨洮。明太祖實録則誤記四月即守臨洮。

〔二〕臨洮城在洮河東岸，此「河」指洮河。

〔三〕明太祖實録：「正之守臨洮也，善於招徠。時土酋趙琦弟同知趙三及孫平章、祁院使等皆先後來歸，正悉與衣冠，厚遺而遣之。自是，諸部土官相率來降。」（卷四五，洪武二年九月乙卯，第九〇四～九〇五頁）

8 十一月，河西番兵集於西岸。欲出兵追之，洮水歸槽，深不可渡。韋正乃仰天拜祝，須臾，有一巨水筏自上流而下，直至其處，堅凍不動。正令兵布沙土而渡，大敗鎖南之兵，擒者縱之，兵還而冰復解矣〔一〕。若非天祐，何以致此？

〔一〕明太祖實録：洪武二年九月「乙卯，吐蕃寇臨洮，屯於洮河原，指揮韋正率兵禦之。時河水未冰，師不得濟，正焚香祝曰：『……天意使賊平，則令河冰。』未幾有冰如巨屋自上流而下，風隨之，河水遂合。正即率兵直擣虜營，虜大驚，以爲神，俱投戈請降」（卷四五，洪武二年九月乙卯，第九〇四頁）。乙卯日爲二十四日。黄金皇明開國功臣録：楊廣「超遷鷹揚衛指揮使……二年……四月，克鞏昌，守禦。十月，略西番，援臨洮，渡河擊番寇，敗去」（卷二九楊廣傳，第二册第六三一頁）。俞本所記日期當屬實，唯只歸功於韋正，不提鎮守鞏昌的郭子興部援軍（參見本書洪武二年第一〇條注二引），必有意抑揚。

9 臨洮地寒，上遣使督運戰衣、綿布、綿花，給賜軍士，賜韋正御衣一領、御酒二罇以勞之。正令千、百户、鎮撫共飲其酒。下詔諭之，略曰：「廣牧牛隻，以備來春耕種。」

遐邇之民，無不畏威懷德矣。

10 十二月，鞏昌守禦都督郭子興，日以妓樂歌舞自娛。十八族土番院使包鎖南率部下番族首目，賫所授元朝宣命、印信、牌面來降〔一〕。子興怒無金寶、馬匹，俱令剥皮梟示〔二〕。

〔一〕明太祖實録：洪武二年五月，「遣使持詔諭吐蕃……使者至吐蕃，未即歸命，尋復遣陝西行省員外郎許允德往招諭之」。三年六月，「先是，命陝西行省員外郎許允德招諭吐蕃十八族、大石門、鐵城、洮州、岷州等處」。四年正月，「西番十八族元帥包完卜乩、七汪肖遣侄打鑾及各族都管哈只藏卜、前軍民元帥府達魯花赤堅敦肖等來朝。詔以包完卜乩爲十八族千户所正千户，七汪肖爲副千户，堅敦肖爲岷州千户所副千户，哈只藏卜等爲各族都管」（卷四二、五三、六〇，洪武二年五月甲午朔、三年六月「是月」、四年正月癸卯，第八二七、一〇五七、一一七八～一一七九頁）。按，元代十八族以包姓貴族爲首領，可泛指階、洮、岷、迭、宕一帶吐蕃人衆（武沐明代吐蕃十八族考，第二一頁）。洮、岷緊鄰鞏昌府，則十八族或應許允德之招，早在洪武二年底已有往鞏昌投降者。但洪武十一年明軍攻克洮州、岷州後，朱元璋諭曹國公李文忠西平侯沐英等敕又：「十八族地方亦養馬多，除端王舊管當差不科外，其餘包鎖南等一了不曾當差人民，見一户出馬一匹。少有不從，致之嚴令，或遷離本土。若令及一二人，必有從令者。首目絶不可容下，應有發來，庶無後患。」（明太祖御製文集卷九，第三〇一頁）可見包鎖南等部一直未歸降明朝。

〔二〕明太祖實録：郭子興後遭朱元璋申斥降封，係因「不奉主將之命，不守紀律」，且洪武二年「元兵嘗駐洮河西岸，子興等率衆履冰渡河，掩殺甚衆，保障一方，其功與臨洮不異」（卷五八，洪武三年十一月丙申，第一一二七、一一三六頁）。倘有屠殺首次來降吐蕃高官，斷送招撫吐蕃大局之大事，朱元璋不可能不知。俞本一向敵視郭子興（本書洪武二年第三條），此記泯其與臨洮守軍共同踏冰過河的戰績，所述殺降則有誇大之詞。

校勘記

①「尾尖寨」，他書作「蟻尖寨」（本書洪武二年第一條注四引），俞本或因理解爲「太行之尾尖」而以音訛爲「尾尖寨」。
②「壁立」，陳校本作「壁立」，是。
③「塵臺」，他書作「鹿臺」（本書洪武二年第二條注二引），疑俞本誤。
④「土蕃」，事略錢引本作「吐蕃」（卷一〇光禄大夫中書平章政事李思齊，第一四一頁）。
⑤「磯頭關」，他書作「鶏頭關」（本書洪武二年第二條注三引）。
⑥「商路」，事略錢引本作「商雒」（卷一〇光禄大夫中書平章政事李思齊，第一四一頁）。疑俞本原作「商洛」，刊刻者誤「洛」爲「路」。
⑦「商鎬」，他書作「商暠」（本書洪武二年第二條注六引）。
⑧「□縣」，張刻本未刻。元代奉元路縣名單字者，唯鄠縣與郿縣（元史卷六〇地理志，第一四二四頁）。或二字形

近，刊刻者未能斷定。

⑨「十二月」，事略錢引本同（卷一〇光禄大夫中書平章政事李思齊，第一四一頁）。明軍於四月十四日克臨洮（本書洪武二年第四條注二），「十二月」應作「十二日」。

⑩「潘彝」，事略錢引本作「潘尋」（卷一〇光禄大夫中書平章政事李思齊，第一四一頁），本書洪武二年第七條作「彝」。

⑪「鎖南」，他書作「何鎖南普」（本書洪武三年第四條注二引）或「何鎖南」、「鎖南普」（嘉靖河州志校刊卷二人物志國朝武功，第七九頁）。

洪武三年　庚戌（公元一三七〇年）

1 正月初三日夜半〔一〕，有馬喞山〔二〕民王黑子叩臨洮城門，報曰：「元小總兵軍馬已圍蘭州，指揮俞光①被擒，哨兵將至矣。」開門邀入，諮訪虛實，旋令將士登城設備禦之。達旦，哨果至，聞有備而回。俞光乃撫州民，因亂聚衆，陳氏任爲左丞，大軍至城而降，上授光爲蘭州衛指揮僉事〔三〕。至是，領兵出哨，遂被擒，縛至城下，令呼守將韓温②〔四〕以城降。温引弓射，曰：「光不就死，尚在耶？汝是陳氏之臣，降天朝，上授汝爲指揮之職。與我共守邊城，不幸被擒，畏死，又來與我相見。我以死戰報國，旦夕大軍至，王保保亦被誅戮！汝不羞慚，尚自求生？」元兵遂斬光於城下〔五〕。元兵百計攻城，不能克。城中糧足兵精，以待援師〔六〕。元兵遠來，兵衆食乏，互相殺食，主將莫能禁。三月〔七〕，大將軍達、右副將軍和、左副將軍愈〔八〕督兵四十萬援之。至定西乾溝〔九〕，達諭將士曰：「我兵止此地安營，元兵必棄圍赴戰。及彼至，吾已息兵〔□〕〔數〕日③，戰必勝矣。」居二日，小總兵果留圍城之兵，悉部將士赴敵。達令陝西糧運相繼，元兵食愈乏。令浙江右丞林濟峰〔一〇〕，率鞏昌衛沙、陳二指揮偕千户、百户、旗軍攻元營，失期，遂潰。達立命斬指揮、千、百户，宥其旗軍，以林濟峰枷釘解赴京〔一一〕。上視達奏狀，遣人賚詔，仍枷釘濟峰回軍中。詔略曰：「左丞林濟峰慢功，罪當斬，將軍卻解赴天子處治。下人必料將軍不敢擅專殺人，人皆慢功，將軍何以處之？將軍豈不知穰苴殺莊賈，克期會兵之令耶？朕念林濟峰信州之勢敢勇、守諸暨之功，不忍誅之。閫外之事，將軍主之，將軍欲立千萬年美名，當斬自由。」〔一二〕達聽畢，即釋濟峰之罪，令領其衆攻元營，獲其步騎以歸〔一三〕。

〔一〕明太祖實録：洪武二年十二月庚寅，「元將王保保偵知大將軍南還，以兵襲蘭州，奄至城下」（卷四七，洪武二年十二月庚寅，第九四三頁）。庚寅日爲二十九日，爲本年除夕日。

〔二〕寰宇通志：「馬寒山，在府城北九十里，其山綿亘數百里，勢極高峻，雖炎夏冰雪不消。」又：「馬喞阻其東，榆谷抵其西。」（卷九八臨洮府山川、臨洮府形勝，第六一四三、六一四四頁）應即今洮河與蘭州方向黄河的分水嶺馬喞山脉（甘肅省地圖集，第一九、二一、二八頁）。由蘭州進軍隴西的防禦中心鞏昌府，需東攻定西或南下臨洮，故王黑子赴臨洮報警。

〔三〕宋濂同知鷹揚衛親軍指揮使司事于君墓誌銘：于光「族居南康之都昌……爲江東宣慰元帥，鎮鄱陽。歲庚子，徐之柄臣陳友諒殺徐而自立，更僞號曰漢。君乃泣曰：『我與陳皆徐君之臣，陳不道乃爾，我可北面而事之邪？』……遣使奉幣以浮梁降……轉同知振武衛親軍指揮使司事，遷鷹揚衛……攻下潼關，君與郭將軍守之……魏公命戍鞏昌」（宋濂全集鑾坡前集卷三，第三八三～三八五頁）。按，甲辰年初設衛所時，郭子興爲鷹揚衛指揮使（劉三吾鞏昌侯郭公神道碑銘，坦齋先生文集卷二，第三九頁），則于光必爲鞏昌守將郭子興的親信部屬。疑俞本因敵視郭子興（本書洪武二年第三條及注二、第一〇條及注二），遂予于光以貶詞。

〔四〕張温於吴元年陞任天策衛指揮僉事（黄金皇明開國功臣録卷一四張温傳，第一册第七九七～七九八頁）。守蘭州時，與部下「天策衛知事朱友聞」同建功勛，至洪武三年四月設蘭州衛（明太祖實録卷五三、五一，洪武三年六月丙子、四月丁丑，第一〇四三、一〇〇八頁）。韋正於癸卯年秋鄱陽湖戰後「調天策衛千户」（明太祖實録卷二四五，洪武二十九年四月「是月」甯正傳，第三五六三頁），很可能與張温有同僚之誼。俞本所記張温言行，恐不無溢美之詞。

〔五〕宋濂同知鷹揚衛親軍指揮使司事于君墓誌銘：「敵兵不敢東向，遂合諸部兵圍安定州。君急分兵往救，兵少不能戰，退屯三十里，復與元別軍會。君腹背皆受攻，遂被執。百計誘其降，不屈。韓將軍戍蘭州，元兵來圍城，擁君行城下，使誘將軍降。君呼曰：『我不幸被縛，誓死不辱國。爾輩受大明皇帝厚恩，當堅守以伺大軍之至，勿信其甘言所誘也！』元兵大怒，批其頰，擁之使去，尋聞被害。上悼之……遣祠部官祭以少牢，奉其神主配享雞籠山功臣廟中。」（宋濂全集鑾坡前集卷三，第三八五頁）明太祖實録：「鷹揚衛指揮于光守鞏昌，將兵來援，至蘭州之馬蘭灘，卒遇保保兵，戰敗被執。至蘭州城下，使呼張將軍出降，光大呼曰：『我不幸被執，公等堅守，徐總兵將大軍行至矣！』敵怒，批其頰，遂被害……上聞之，遣官祭以少牢，後命配享雞籠山功臣廟。」（卷四七，洪武二年十二月庚寅，第九四三～九四四頁）按，倘若于光勸降，必不致遭元軍殺戮，更不會得配享明朝功臣廟。俞本所記于光勸降、張温斥之，當屬誣詞。

〔六〕明太祖實録：「城中聞光言，守益固。保保進攻不利，且懼大軍至，乃引去。」（卷四七，洪武二年十二月庚寅，第九四三頁）

〔七〕明太祖實録：洪武三年正月「癸巳，上以王保保爲西北邊患，復命右丞相信國公徐達爲征虜大將軍……往征沙漠」。三月「戊午，大將軍徐達師至定西」（卷四八、五〇，洪武三年正月癸巳、三月戊午，第九四七、九八六頁）。癸巳日爲三日，戊午日爲二十四日。

〔八〕朱元璋與魏國公書：「皇帝聖旨，教右丞相信國公徐達做征虜大將軍，浙江行省平章李文忠做左副將軍，右都督馮勝做右副將軍，御史大夫鄧愈做左副副將軍，御史大夫湯和做右副副將軍，總率大軍征取地方，大小將士悉聽節制。」（載王世貞弇山堂别集卷八六詔令雜考，第一六四五頁）明太祖實録：「徐達爲征虜大將軍……李文忠爲左副將軍……馮勝爲右副將軍……鄧愈爲左副副將軍……湯和爲右副副將軍……分兵爲二道，一令大將軍……取王保保，一令左副將軍……追元主。」（卷四八，洪武三年正月癸巳，第九四七～九四八頁）按，左副將軍李文忠獨出漠南，又稱征北將軍（蘇伯衡岐陽武靖王勛德碑，載皇明文衡卷六四，葉九a），地位低於上述五人的趙庸稱副將軍（鄭麟趾高麗史卷四二恭愍王世家，十九年七月乙巳引六月十日朱元璋詔書，上編第八三五頁）。則援蘭州諸將次序爲：大將軍徐達、右副將軍馮勝、左副副將軍鄧愈、右副副將軍湯和。疑俞本因敵視馮勝（本書洪武五年第四條）而略去馮勝，改勝爲和，又爲愈刪去一「副」字，遂成此名位高低顛倒的古怪次序。

〔九〕寰宇通衢：「延壽驛，六十里至秤鈎驛，六十里至清水驛。」（京城至陝西布政司并所屬各府各衛至蘭州衛，第一五二頁）寰宇通志：「秤鈎灣驛，在安定縣北六十里……乾溝驛，在會寧縣北九十里。」（卷九七鞏昌府館驛，第六一三八頁）秤鈎驛應即今定西縣西境稱鈎鎮東北的稱鈎驛村，乾溝驛即今會寧縣城北的甘溝鄉（甘肅省地圖集，第二四、二六頁），但此乾溝驛並非戰場所在。明太祖實録：洪武三年正月，「王保保駐兵安定縣之西巉」。三月，「大將軍徐達師至定西，王保保退屯車道峴。既而達進兵沈兒峪，遣左副副將軍鄧愈直抵保保壘，立柵以逼之」。四月，「大將軍徐達等率師出安定，駐沈兒峪口，與王保保隔深溝而壘……大敗保保兵於川北亂冢間」（卷四八、五〇，洪武三年正月癸卯、三月戊午、四月丙寅，第九五五、九八六、一〇〇四頁）。明代安定縣即元代定西縣，縣城西二里有西巖山（寰宇通志卷九七鞏昌府山川，第六一三六頁），應即西巉。車道峴即金縣東南七十里、安定縣西北的車道嶺（嘉靖陝西通志卷四土地山川臨洮府金縣，嘉靖本，第一册第二六六頁；萬曆新修安定縣志卷首山川圖，第三五八頁），應即今定西縣西北境從車道嶺村經下峴子向東延伸的山梁（甘肅省地圖集，第二四頁）。王保保據車道峴，居高臨下以待明軍，則沈兒峪應在車道峴以南山下（參見顧祖禹讀史方輿紀要卷五九鞏昌府安定縣車道峴，第二八一五頁）。嘉靖陝西通志：「巉口關，在城北四十里，路通甘肅。」（卷四土地山川鞏昌府安定縣，嘉靖本，第一册第二二七頁）萬曆新修安定縣志：安定縣北的鋪遞有沈兒峪、巉口、車道嶺等，沈兒峪堡在東南方與車道嶺隔河相望（卷一地志鋪遞、卷首墩堡圖，第三七一、三六一頁）。今車道峴東南山下是一條東流的季節河，至巉口鎮匯入自安定縣城北流的關川河。自縣城北上的公路至巉口鎮後循河溝西上稱鈎驛，再向西北翻越車道峴（甘肅省地圖集，第二四頁），可知此河溝乃從安定縣翻越車道峴至蘭州所必經。雙方數十萬大軍「隔深溝而壘」，戰場在「川北亂塚間」，則沈兒峪應即今從稱溝驛至巉口鎮的季節性河溝。俞本所記「定西乾溝」，必非會寧縣的乾溝驛，而很可能是半乾涸的沈兒峪，或是「巉口」音訛。

〔一〇〕胡大海養子胡德濟曾固守信州，得胡大海救援，又曾援救諸暨，建立首功（明太祖實録卷九、一一，辛丑年六月丙午、壬寅年三月癸丑，第一一四～一一五、一三七～一三八頁）。劉辰國初事迹：胡德濟任浙江行省左丞，「後爲陝西都指揮使。」（第九三頁）朱元璋西安衛都指揮使葉昇林濟峰誥：「邇來西安衛都指揮濮英等……爲斯官不稱任……特内調都府僉事葉昇、林濟峰前往署事。」（明太祖御製文集卷三，第九七頁）按，時武將多蓄義子，年長後親子承襲，義子則恢復舊名。對照本書洪武三年第一條注一二、一一三所引信州、諸暨之事，可知林濟峰即胡德濟。

〔一一〕明太祖實録：洪武三年四月「丙寅……日數交戰。王保保發兵千餘人由間道從東山下，潛劫東南壘，東南一壘皆驚擾。左丞胡德濟倉卒不知所措，達親率兵急擊之，敵乃退。遂斬東南壘指揮趙某及將校數人以徇，軍中股栗。明日整衆出戰，諸將争奮，莫敢不力，遂大敗保保兵於川北亂冢間……以德濟失律，械送京師」（卷五一，洪武三年四月丙寅，一〇〇四頁）。丙寅日爲八日。黄金皇明開國功臣録：「部下千、百户十餘人，達皆誅之，唯械德濟送京師。」（卷一五胡德濟傳，第二册第二〇～二一頁）按，胡德濟來自浙江，似不應統鞏昌衛兵。疑俞本所謂「鞏昌衛沙、陳二指揮」，爲貶損鞏昌守將郭子興的誣詞。

〔三〕朱元璋與徐常馮：「朕起布衣，爾等備知。近爲浙江左丞胡德濟怯陣，本將軍合爲之事，又乃行枷前來，此非古將之風。爾等豈不知穰苴、莊賈尅期會軍之令？卻從軍中解往京師，以君問彼之罪。若以凡慢功之人一一解來天子處治，人必料將軍不敢擅自殺人，人皆慢功，則將軍之威名何如？嘗言曰，閫外，將軍令。若將軍爲立千萬年美名，凡有犯者，不必送於天子，須當以斬斫自由。若胡左丞至京師，緣治國與治軍不同，念其救信州之勇，守諸暨之功，不忍誅之。似此，將軍難以率衆。今後但有犯令者，將軍當依令斫自由。」（載王世貞弇山堂別集卷八六詔令雜考，第一六四五頁）明太祖實録：洪武三年四月「乙酉，大將軍徐達械送左丞胡德濟至京，上念其舊勞，特命宥之，仍遣使敕諭達曰：『朕起布衣，克成大業，命將出師，悉由節制，將軍備嘗知之。邇者浙江左丞胡德濟臨事畏縮，將軍不以軍法從事，乃械送京師，必欲朝廷治之。將軍欲效衛青不斬蘇建，獨不見穰苴之待莊賈乎？且慢軍功者悉歸之朝廷，則將軍之威玩而號令不行矣。胡左丞之失律，正當就軍中戮之，足以警衆，所謂閫外之事，將軍制之。若送至朝廷，朝廷必議其功過，又非閫外之比矣。彼嘗有救信州之功、守諸暨之勞，故不忍加誅。懼將軍緣此緩其軍法，是用遣使即軍中諭意，自今務威克厥愛，毋事姑息。』」（卷五一，洪武三年四月乙酉，第一〇〇八～一〇〇九頁）乙酉日爲二十七日。對比可知，俞本所録雖簡略，仍較明太祖實録潤色者近原文。

〔一三〕明太祖實録：洪武三年四月八日，明軍東南壘遭劫，第二天大獲全勝，械送胡德濟，二十七日至京（卷五一，洪武三年四月丙寅、乙酉，第一〇〇四、一〇〇八頁）。按，明軍不可能於一壘皆驚之次日貿然決戰，胡德濟戰敗和械送必遠在最後決戰之前。朱元璋與徐常馮：「若胡左丞至京師，緣治國與治軍不同……不忍誅之。」（載王世貞弇山堂别集卷八六詔令雜考，第一六四五頁）則知朱元璋下令時，胡德濟尚未至京。劉辰國初事迹：「械德濟聽太祖自處之，至潼關，太祖有敕曰：『胡德濟固是慢功，前守新城有功，可宥之。』仍於徐達處聽調。」（第九三頁）按，王保保除夕日包圍蘭州，朱元璋於正月初三日即命徐達出征（本書洪武三年第一條注七），此或明太祖實録記載日期有誤，亦或軍情公文以飛鴿傳書之類，往來極爲迅速。胡德濟囚車至潼關時，或得朱元璋宥令回還。由此可知，胡德濟或於三月間初戰時戰敗，械至潼關得宥，則其還軍參戰亦不無可能。黄金皇明開國功臣録：來自杭州的耿天璧，洪武「三年正月，奉達調，領官軍攻僞余平章寨，降之。復將本衛官軍修理金州城池。二月六日，調領所部馳至西安，會同大軍，策應小總兵王保保。三月二日、二十九日兩與戰，賊兵皆衂。四月九日，復戰，敗之」（卷二三耿天璧傳，第二册第三八八頁）。耿天璧時在陝南金州，翻越秦嶺即至西安。徐達的大軍從應天府出發，直到三月二十四日方至定西。則胡德濟、耿天璧的浙江軍並非「會同大軍」，而是在第一時間就近趕赴定西前綫，在明軍主力到達之前勉强抵擋元軍主力。三月二日，或即胡德濟兵敗之日，二十九日，或即徐達主力趕赴前綫後，胡德濟再戰得勝之日。胡德濟或於戰後赴京請罪，於四月二十七日到達應天府。

2 **四月，廣陵衛指揮吴欽善天文，達疑之，遣諸臨洮點城，具書與韋正，令絞欽死。**

3 初五日，達令各衛士卒輪晝夜驚擾之，元兵飢甚而不得息。達選善劫營將士數十人，初七日夜[一]，不令軍士擾之，俟元兵睡熟，潛令將士造其中軍劫之。元兵大潰，遂克其營，河南王僅免遁去。部下大小將帥悉擒[二]，至興元，斬之。士卒派録各衛，隨征成都[三]。上陞韓温爲都督僉事[四]，千、百户、鎮撫獲功，俱陞有差，旗軍均給重賞[五]。

〔一〕明太祖實録：洪武三年四月九日決戰。又，朱元璋致元太子信：「今年四月七日，大敗其衆。」（卷五一、五七，洪武三年四月丙寅、十月辛巳，一〇〇四、一一一九頁）則俞本所記「七日夜」劫營，確。

〔二〕明太祖實録：洪武三年四月「丙寅……明日整衆出戰，諸將争奮，莫敢不力，遂大敗保保兵於川北亂冢間，擒元郯王、文濟王及國公閻思孝、平章韓札兒、虎林赤、嚴奉先、李景昌、察罕不花等官一千八百六十五人，將校士卒八萬四千五百餘人，獲馬萬五千二百八十餘匹，橐駝騾驢雜畜稱是。保保僅與其妻子數人從古城北遁去，至黄河，得流木以渡」（卷五一，洪武三年四月丙寅，第一〇〇四頁）。按，韓札兒等名將與八萬大軍一戰成擒，若非元軍内部崩潰、明軍出奇制勝，斷難實現。俞本所記「絶糧」、「劫營」諸細節，較明太祖實録近實。

〔三〕戰後，朱元璋與徐常馮：「就陣得的人及陣敗來降的王保保頭目，都休留他，一個也殺了。止留小軍兒，就將去打西蜀，了後就留些守西蜀便了。」（載王世貞弇山堂别集卷八六詔令雜考，第一六四六頁）洪武三年五月下旬，明軍攻克興元路，逼近四川（明太祖實録卷五二，洪武三年五月辛亥，第一〇二七頁），被俘元軍將領或在此時遭戮。按，朱元璋對大股降衆一向不吝殺戮，如舊館之戰殲滅張士誠軍主力，朱元璋與魏國公書：「軍中獲寇軍及首目人等陸萬餘衆。然而俘獲甚衆，難爲囚禁。今差人前去，教你每軍中將張軍精鋭勇猛的留一二萬，若係不堪任用之徒，就軍中暗地去除了當。」（載王世貞弇山堂别集卷八六詔令雜考，第一六三四頁）今降衆八萬餘人，素爲明軍第一勁敵，而明軍克興元路後糧運不繼，並未攻打四川，「小軍兒」無法按原計劃戍守「西蜀」。所以，「至興元斬之」者恐遠遠不止兩千名「大小將帥」。

〔四〕明太祖實録：洪武三年六月，洪武三年五月，「陞蘭州衛指揮使張温爲大都督府都督僉事」（卷五二，洪武三年五月己酉，第一〇二六頁）。

〔五〕明太祖實録：洪武三年底明朝賞功，除參加沈兒峪之戰的軍人賞白金十兩外，守城者以蘭州「保障關中，一方以安，其功最大」，軍人賞白金九兩，超過守鳳翔的八兩和守臨洮、鞏昌的七兩等等（卷五八，洪武三年十一月丙申，第一一三五～一一三七頁）。

4　達遣左副將軍鄧愈率仁和、襄陽、六安、沔陽、鞏昌、臨洮等衛將士數萬衆，克河州〔一〕。土番宣政院使鎖南〔二〕領洮州、（泯）〔岷〕州、常陽、帖成④〔三〕、積石等、十八族六元帥府⑤〔四〕大小頭目，賫所授元宣敕、金銀牌面、銀銅印信，親詣愈前降〔五〕。愈悉納之，具名聞。上以鎖南爲河州衛指揮同知，以其弟汪家奴爲河州衛指揮僉事，改洮州六元帥府爲千户所〔六〕，其百户、鎮撫，敕諭鎖南舉之。鎖南、汪家奴，頒以金筩誥命，各千户、百户、鎮撫，俱給誥命、敕（金）〔命〕⑥，鎖南仍領原管土著軍民〔七〕。河州糧乏，愈與韋正議，集鎖南等，勸獎六千户軍民家輸納米麥六千石，以濟軍需。愈遣參政朱亮祖等領兵追襲鎮西武靖王卜納剌〔八〕、院使馬迷⑦。行至乞台山⑧，亮祖謂正曰：「我以邊兵至鋭。負荷衣糧如此沉重，安能遠征？終不如腹裏士卒輕健。」比至土魯干河〔九〕，山水泛漲，深急不能渡，軍士無糧饑甚。時六月二十四日，夜，雪雨大作，仁和〔一〇〕、襄陽、六安、沔陽等衛士卒俱穿夏布衣褲，未賫糇糧，飢寒特甚〔一一〕。亮祖遣人謂正曰：「士卒飢寒將死，公當救之。」正即令鞏昌、臨洮二衛旗軍以膻衫、熟食濟之。次日，遂回〔一二〕。亮祖慚，謂正曰：「吾不諳風氣，致士卒飢寒。汝毋嗔失言。」

〔一〕明太祖實録：洪武三年五月「辛亥……左副副將軍鄧愈自臨洮進克河州」（卷五二，洪武三年五月辛亥，第一〇二六～一〇二七頁）。辛亥日爲二十三日。

〔二〕明太祖實録：洪武三年六月，「故元陝西行省吐蕃宣慰使何鎖南普……降」（卷五三，洪武三年六月「是月」，一〇五六頁）。嘉靖河州志：「何鎖南……元末任吐蕃等處宣慰司宣慰使。」（卷二人物志國朝武功，河州志校刊，第七九頁）元朝於河州路設吐蕃等處宣慰司都元帥府，所轄路、州、縣屬陝西行省，所轄諸元帥府、總管府、萬户府則屬宣政院（元史卷六〇地理志、卷八七百官志，第一四三二～一四三三、二一九五頁）。「河州土官院使」（本書洪武二年第七條）鎖南實任吐蕃等處宣慰司宣慰使，疑俞本因宣慰司屬宣政院，遂誇大爲宣政院使。

〔三〕洪武十二年朱元璋諭曹國公李文忠西平侯沐英等敕：「洮、鐵二城、長陽地方人民，切不可留一户在彼。」（明太祖御製文集卷九，第二九九頁）嘉靖陝西通志：「鐵州故城，在衛東北六十里。」（卷一三土地古迹岷州衛，嘉靖本，第二册第三一八頁）康熙岷州志：「鐵城古址，在城西北九十五里。」（卷四附古迹，第一一七頁）今測在「岷縣城北八十里，即今維新鄉元山坪上」（一九九五年岷縣志第二十六篇第三章第一節遺址，第六六七頁）。應即元山坪元山頂上的元山堡址（中國文物地圖集甘肅分册，下册第六六〇頁），在維新鄉洮河河谷與向西通洮州小路交匯處的坪上、下寨一帶（甘肅省地圖集，第五一、五四頁）。

〔四〕元史：吐蕃等處宣慰司一帶設「李店文州、帖城河里洋脱、朵甘思、常陽、岷州、積石州、洮州路，脱思馬路、十八族」共九個元帥府，除李店文州品級較高之外，其餘八府皆隸屬土蕃宣慰司（卷九一百官志，第二三〇九頁）。胡小鵬元代西北歷史與民族研究：脱思麻所指範圍廣大，脱思麻宣慰司是吐蕃等處宣慰司的另稱，而禮店文州蒙古漢軍西番軍民元帥府地位較高，有時獨立（第四九、五一頁）。則脱思馬路、李店文州兩元帥府或並非吐蕃等處宣慰司所統。武沐元代吐蕃等處宣慰司都元帥府的機構設置指出：吐蕃等處宣慰司都元帥府所統不應有朵甘思元帥府（第一二九頁）。如此，則元末確屬吐蕃等處宣慰司的只有六個元帥府。明太祖實録：鎖南降衆最初共設鐵城、岷州、十八族、常陽、積石州、蒙古軍、滅乞軍、招藏軍、洮州等九個千户所，至洪武六年二月，「置洮州、常陽、十八族等處千户所六，百户所九，各族都管十七，俱以故元舊官、韃靼等爲之」（卷六〇、七九，洪武四年正月辛卯、六年二月庚辰，第一一七三、一四三九頁）。後者無疑是河州以外各地在兩年後陸續正式設立者，故蒙古軍、滅乞軍、招藏軍三個千户所應爲鎖南直屬部衆，鐵城、岷州、常陽、積石州、洮州、十八族六個千户所，則分别對應元代的帖城河里洋脱、岷州、常陽、積石州、洮州路、十八族等「六元帥府」。

〔五〕明太祖實録：洪武三年六月，「故元陝西行省吐蕃宣慰使何鎖南普等，以元所授金銀牌印、宣敕，詣左副副將軍鄧愈軍門降」（卷五三，洪武三年六月「是月」，第一〇五六頁）。

〔六〕河州衛各地另設諸多千户所。洪武十四年岷州衛建城碑記：「洪武十二年夏，奉敕衛將階州、漢陽、禮店、洮州、岷州、十八族番漢軍民千户所錢糧軍馬，並聽岷州衛節制。」（載一九九五年岷縣志附録金石，第八七六頁）這六個千户所與明太祖實録和俞本所記有所參差，階州、禮店的規格遠遠超過了爲鎖南降衆設置的「階文扶州」漢番軍民百户所（明太祖實録卷六〇，洪武四年正月辛卯，第一一七三頁），而與元史所記李店文州元帥府對應。康熙文縣志：「洪武六年，設守禦千户所。」（卷二沿革，葉二a）康熙鞏昌府志：「十三年，開設文縣守禦千户所。」（卷三總記明，頁一六a）可知不久之後「階文扶州」所設絶非僅僅百户所。洪武十六年二郎山銅鐘銘文列舉了岷州衛下屬各千户所的軍官姓名，其中禮店後千户所、階州守禦千户所、西固城軍民千户所的百户均爲漢人，而洮州軍民千户所、岷州軍民千户所、十八族軍民千户所的百户皆爲藏人（載武沐岷州衛：明代西北邊防衛所的縮影，第三三～三四頁）。由此可知，在「洮州六元帥府」舊地，除了承九元帥府設三個蒙古千户所與六個藏人千户所，還陸續設有至少三個漢軍千户所。

〔七〕明太祖實録：洪武三年十二月，「吐蕃宣慰使何鎖南普等一十三人來朝，進馬及方物」。洪武四年正月，「以何鎖南普爲河州衛指揮同知，朵兒只、汪家奴爲僉事，置所屬千户所八……軍民千户所一……百户所七……軍民百户所二……仍令何鎖南普子孫世襲其職」（卷五九、六〇，洪武三年十二月辛巳，四年正月辛卯，第一一六三、一一七三頁）。康熙岷州志：「虎舍那藏卜，元時爲洮州衛元帥府世襲達魯花赤，洪武三年率衆歸附，除河州衛土千户。」（卷一三職官下正千户，第二一九頁）十八族、岷州土官也隨即得到任用（本書洪武二年第十條注一引）。

〔八〕按，鎮西武靖王祖先駐漢藏交界處（達倉宗巴班覺桑布漢藏史集上篇第二二大蒙古之王統綜述，第一四四頁），封地鎮西府在「朵哥麻思地之算木多城」（元史卷一〇世祖紀，第二一四頁），元代曾駐河州城（嘉靖河州志卷二典禮志祠祀城隍廟，河州志校刊，第五四頁）。仁慶扎西西平王府今地考認爲：算木多城應在互助縣東南的松多（第七五～七八頁）。按，「朵哥麻思」指城所在地，漢藏交界處泛指活動地區，「算木多」既不應在湟水流域的岐王分地（胡小鵬蒙古弘吉剌部赤窟駙馬系諸王研究，第一三一～一三二頁），也不應在土族聚居區，而很可能即大城「松都」，即今黄河西北流段東岸的同德縣城（中華人民共和國分省地圖，第一一頁）。陳仁錫紀臨鎮：「河州迤西老鴨關之外，設有起臺、保安、歸德三堡，中有撒（刺）〔剌〕、邊多爲之關鍵。然保安去河州五百餘里……至歸德二百里而中華地盡。」（陳太史無夢園初集漫集「二」，第五九册第四四七頁）梁份秦邊紀略：「河州……衛迤西九十里爲老鴉關，又九十里爲起臺堡，又七十里爲上北莊，又九十里爲（撤）〔撒〕剌坡……又一百三十里爲金鏍，又九十里爲邊堵，又一百一十里爲保安堡……又西四百里爲歸德堡，而中華地盡。」（卷一河州衛，第四三～四四頁）明軍由臨洮攻克河州後，應沿起臺、保安、歸德一綫指向松都。乞台山應在起臺堡一帶，即今臨夏縣西境達里加埡口以東、循化縣東南境的七台堡（甘肅省地圖集，第六〇頁）。

〔九〕河畔仲夏落雪，必在青藏高原内、小積石山以西。土魯干應來自蒙語türgen，意爲湍急，如寰宇通衢：「涼州驛，四十里至土魯干驛。」（京城至陝西布政司并所屬各府各衛至永昌衛，第一五四頁）又作「秃兒干」、「秃魯干」（胡小鵬元甘肅行省諸驛道考，第四五頁；本書洪武三年第四條注一二引）。河州到松都之間能够阻擋大軍的湍急深流，似只有今北流入黄河的隆務河。明太祖實録：洪武十一年十一月，「陝西土魯干保安驛丞宗失加及剌哥、美吉站黑鞑靼叛，掠驛馬而去」（卷一二一，洪武十一年十一月「是月」，第一九六三頁）。張雨邊政考：「撒剌站二百里……保安站五百二十里。」視保安站爲河州西南極邊（卷三河州衛寨堡、洮岷河圖，第二五三、二四三頁）。陳仁錫紀臨鎮：「保安去河州五百餘里，孤懸塞外，肘腋生番，對面火酋，一綫通道。」（陳太史無夢園初集漫集二，第五九册第四四七頁）又可知保安爲邊外要衝。保安驛地在今同仁縣「隆務河中游東側，縣城隆務鎮東北約十五公里處的保安鄉保安村」（二〇〇一年同仁縣志第六編第一章第十二節名勝，第七七六～七七七頁），即保安鄉南新城村的保安故堡（中國文物地圖集青海分册，圖第六六、文第一三五頁）。「土魯干保安」的「土魯干」，應即土魯干河，即今保安故堡所臨的隆務河（中華人民共和國分省地圖，第一一一頁）。

〔一〇〕朱亮祖時任浙江行省參政（黄金皇明開國功臣録卷一〇朱亮祖傳，第一册第六一六頁），仁和與錢塘皆杭州府附郭縣，仁和衛必爲朱亮祖部屬。明太祖實録：洪武三年底正式設浙江之錢塘、海寧、杭州、湖州、崇德、德清、金華七衛，洪武四年四月設仁和衛（卷五八、六三，洪武三年十一月壬子、四年閏三月辛酉，第一一四三～一一四四、一二〇五頁），似此時不應有仁和衛。黄金皇明開國功臣録：徐大興「丙午……取杭州，陞仁和衛指揮僉事」（卷二七徐大興傳，第二册第五二八頁）。仁和衛應即洪武三年的杭州衛，建國前早已成軍。

〔一〕劉三吾安陸侯吴公神道碑銘：吴復於洪武三年「夏五月，征吐蕃，克河州，襲元豫王、卜納王、馬（速）〔迷〕院使，（底）〔抵〕西黄河、黑松林、阿散禿於窮荒，乃還」（坦齋先生文集卷二，第三八頁）。吴復時任安陸衛指揮同知，頗合「襄陽」、「沔陽」，而六安與襄陽、沔陽相距遥遠，疑「六安」爲「安陸」之訛。

〔二〕黄金皇明開國功臣録：耿天璧於洪武三年「五月，駐張家川，調從達往土蕃招諭。至西河州，命統各衛軍，收捕前元卜納王。追至阿撒里、忙撒里，打必失腦兒、禿魯干，擊敗卜納王、院使馬迷等衆，復同臨洮衛趙指揮過禿魯干等地」（卷二三耿天璧傳，第二册第三八八～三八九頁）。由五月、卜納王、禿魯干、臨洮衛等，可知俞本所記明軍六月下旬在土魯干河遇險敗還，精確可信。

5 七月，愈班師渭源縣。潑張參政心懷叵測，上遣人賫密旨於愈，即時斬之〔一〕。河州軍士飢甚，夜逾城而遁者七百餘人。是夜三鼓，騎士俞本謂韋正曰：「兵志不固，奈何？」正起云：「汝呼千、百户來，集旗軍於門下，待吾語之。」比曉，官軍列侍，正揚聲言：「聖天子養吾等數十年，托守邊城，汝等不受暫時飢寒！吾自武安州與汝等敗元遊兵，擒李二左丞，曾蒙主上重賞〔二〕。汝等思歸，我當獨守此土，以待轉運。」遂泣拜入内，將士感泣〔三〕。令各百户具所逃士卒名數，遣人於臨洮、結河二橋〔四〕，凡見逃者，即以正語告之，聞者復回。民間訛言，官軍某月某日棄城去矣，人心不安，正即遣軍占荒田屯牧，民心遂安。

〔一〕由諸衛「襄陽」、「沔陽」之名，可知鄧愈所部多來自湖廣，則此「潑張參政」必即甲辰年初援武昌時被俘的「潑張」，即陳友諒丞相張必先（本書甲辰年第二條及注一）。

〔二〕明太祖實録：吴元年二月，「元將擴廓帖木兒遣左丞李二侵徐州……友德令鳴鼓，我師奮起衝其前鋒，李二衆大潰，多溺死，遂生擒李二及其將士二百七十餘人，獲馬五百餘疋……陞指揮傅友德爲江淮行中書省參政，賞綺、帛各十匹，其從征千户各三匹，百户、鎮撫各二匹，軍士人賜鹽二十斤」（卷二二、二四，吴元年二月丁未朔、六月癸亥，第三一七～三一八、三四四頁）。按，此戰係朱元璋部與大敵王保保所部首次交鋒，戰果之大出乎意料，故賞格頗優，韋正强調「重賞」。

〔三〕明太祖實録：洪武三年九月，「正初至河州時，城邑空虚，人骨山積。將士見之，咸欲棄去。正語之曰：『正受命同若等出鎮邊陲，以拒戎狄，當不避艱險，致死命以報國恩。今既至此，無故棄去，一旦戎狄寇邊，其誰禦之？民被其害，則吾與若等死亡無地，雖妻孥不得相保。與其死於國法，無寧死於王事乎？』於是衆感激曰：『願如公命。』」（卷五六，洪武三年九月甲寅，第一〇九八～一〇九九頁）

〔四〕寰宇通志：「結河，在府城北六十里，三帶水交結。」又：「北關，在府城北二里……結河關，在府城北六十里。」（卷九八臨洮府山川、臨洮府關隘，第六一四四、六一四五頁）萬曆臨洮府志：「永寧橋，舊在府城西北……國朝移建於城西三里。」（卷六建置考橋梁，第五六頁）永寧橋應在今臨洮縣城西王家莊南洮河上，結河橋應在今臨洮縣與廣河縣交界、廣通河入洮河處以南（甘肅省地圖集，第二八頁）。由河州循廣通河至結河橋，乃東逃最迅捷之路，故韋正於臨洮城和結河兩處關隘設卡堵截。

6 大都督馮勝先於洪武二年四月克河州，以爲化外之地不可守，將城樓、倉庫、房屋盡行焚燒殆盡，拘虜南歸。自洮河至積石關〔一〕三百餘里，屍骨遍野，人煙一空〔二〕。至是，愈復克之，韋正守其地，軍士食苦薇，採木葺之，城樓、倉庫、衙門、廳舍一新。

俞本曰：予嗟馮勝不知得寸則寸、得尺則尺，不葺守而棄之，其見斯淺矣。

八月，殺馬關〔三〕守者報韋正曰：「山後馬步數千人，云西安王、豫王，欲越境東走。」〔四〕正即整兵，令指揮孫德〔五〕率將士追之。至打剌海⑨〔六〕，大戰，擒西安王母老哈及平章木把黑厮番騎士卒、馬匹輜重以歸。遣人馳鞏昌報，郭子興遣千户懷寶領兵詣河州，取老阿哈等。聞老阿哈有徑寸之珠數十枚，并金寶數廠，遣人送陝西省，至寧遠縣，於渭河上俱殺之，填枯井，盡取寶珠，亦不申奏。上察知之，提子興、懷寶至京，問其貪寶殺降之罪，誅千户懷寶，赦子興死，貶海南〔七〕。尋復職，封爲鞏昌侯。

〔一〕寰宇通志載積石關在衛城西九十里，大明一統志載在衛城西一百二十里（本書洪武三年第六條注三引）。嘉靖河州志：「積石關，州西百二十里。」（卷一地理志關隘，河州志校刊，第一八頁），應即今黄河南岸臨夏縣大河家鄉西南的關門村（甘肅省地圖集，第六〇頁），爲黄河出積石山之口。

〔二〕劉三吾宋國公馮勝追封三代神道碑銘：「追元大將李思齊於臨洮，降其全軍，河州等處以次俱下。」（坦齋先生文集卷二，第四六頁）明太祖實録：洪武二年四月馮勝至臨洮降李思齊後留兵駐守，未言兵及河州，然又載洪武三年韋正至河州時「城邑空虛，人骨山積」（卷四一、五六，洪武二年四月丁丑、三年九月甲寅，第八二一～八二三、一〇九八頁），則俞本所記當非誣言。蓋明軍洪武二年下臨洮後，一路西行焚掠，直至黄河出山口而還，放棄河州一帶，只留守臨洮（參見胡小鵬等明興野記與明初河州史事考論，第五八頁）。

〔三〕陶宗儀南村輟耕録引潘昂霄録闊闊出言：踏訪河源者「至河州，州東六十里有寧河驛，驛西南六十里，山曰捉（一作殺）馬關，林麓穹隘，譯言泰石答班，啓足浸高，一日程至巔」（卷二二黄河源，第二六七頁）。嘉靖河州志：「殺馬關，州南八十里。」（卷一地理志關隘，河州志校刊，第一九頁）康熙蘭州府志：「河州正南方有殺麻關，距河州六十里（卷首圖河州、卷五兵制考河州，頁一九b）。譚其驤主編中國歷史地圖集將清代殺馬關標於河州正南百里左右（第八册，第三〇頁）。但是，寰宇通志：「殺馬關在衛城西一百二十里。」（卷一百河州衛關隘，第六一六六頁）大明一統志：「殺馬關在衛城西百二十里。」（卷三七河州衛軍民指揮使司關梁，第六四九頁）正南、正西兩種記載導致了理解歧異，嘉慶循化志指出：「牙塘在河州東南，沙麻又在牙塘之東，則統志、省志謂在河州西南者，誤也，河州志但云在州南，亦非。」（卷二關津，第七七頁）按，張雨邊政考：殺馬關位於河州東南的槐樹關、西爾腦關、喬家岔關以東，陡石關、思巴思關、沙沙刺麻關以西（卷三洮岷河圖，第二四一～二四二頁）。諸關方位明確，明清殺馬關確係一處，應即今和政縣城南六十里的吊灘鄉大峽渠峽口（封華河州二十四關圖與河州二十四關，第三七頁；甘肅省地圖集，第六〇頁）。不過，「衛城西百二十里」爲老鴉關外的乞台山，此後的戰鬥即發生在附近的土門關和答剌海（本書洪武三年第四條注八、第六條注六）。如果豫王部衆在河州東南的殺馬關外被明軍發現，明軍當已來不及追擊，更不會在土門關、打剌海一帶激戰。則或明初殺馬關不在今地，或俞本所記殺馬關爲其他某關之訛。

〔四〕豫王部衆於洪武二年四月在西安州遭襲（本書洪武二年第六條注一），應逃往西北寧夏方向。洪武三年王保保兵敗定西，被明軍窮追至寧夏（明太祖實録卷五一，洪武三年四月丙寅，第一〇〇四頁）。至此，二王在西北已無容身之處。豫王曾在元文宗時參與平定雲南之叛，後且曾鎮守雲南（郭曉航元明時期雲南的出鎮藩王與鎮守中官，第五〇～五二頁），此時當在河州以西渡河南下，遁向東南方的川西、雲南。

〔五〕明太祖實録：洪武三年底，明朝賞守臨洮之功，受賞指揮依次爲「王子明、韋正、孫德、趙脱脱帖木爾。」（卷五八，洪武三年十一月丙申，第一一三六頁）王子明當爲鎮守臨洮的主將，趙脱脱帖木兒身爲臨洮土官（本書洪武二年第四條注二），亦應長守臨洮，則韋正與孫德應爲自臨洮分守河州的指揮。

〔六〕明太祖實録：洪武六年八月，「胡兵寇河州，夜入土門峽，千户王才戰死。臨江侯陳德統兵擊敗之……臨江侯陳德、鞏昌侯郭子興進兵至答剌海子口，遇胡兵，戰敗之」（卷八四，洪武六年八月丙子、癸未，第一四九八、一五〇〇頁）。寰宇通志：「老鴉關、土門關，俱在衛城西北九十里，積石關在衛城西九十里……殺馬關在衛城西百二十里。」（卷一百河州衛關隘，第六一六六頁）大明一統志：河州「老鴉關在衛城西北九十里，土門關在衛城西九十里，積石關在衛城西北一百二十里……殺馬關在衛城西一百二十里。」（卷三七河州衛軍民指揮使司關梁，第六四九頁）按，積石關在今黄河岸邊（本書洪武三年第六條注一），土門關應即今由臨夏西南溯大夏河的入山口，老鴉關應即今由臨夏西南的雙城鎮西北溯老鴉關河入山的關灘村一帶(甘肅省地圖集,第六〇頁),大明一統志對寰宇通志的糾正皆精確。老鴉關外今達里加埡口以南十里左右的山上,有湖藏語名「達里加錯」(甘肅省地圖集,第六〇頁),疑即蒙語名「打剌海子」者。但是,達里加埡口與達里加錯位於老鴉關外,與土門關並非同一方向,與殺馬關相去更遠。疑明初河州地區論方位,受回鶻「以東爲北」習俗(參見阿爾丁夫關於亦都護高昌王世勛碑所記高昌回鶻方位問題,第六七~六九頁)影響,而致記載矛盾或地名换位,未詳。

〔七〕明太祖實録:洪武三年底,郭子興封侯未受重譴,永城侯薛顯則因擅殺軍官「尤不可恕」而「謫居海南」。洪武四年閏三月,郭子興僅位列都督,年底賞四川之功時猶爲「以有過,從征伐」,旋受賜千石,復爵如初(明太祖實録卷五八、五九、六三、七〇,洪武三年十一月丙申、十二月戊辰、四年閏三月己未、十二月辛卯、壬辰,一一二七、一一五三~一一五五、一二〇四、一三〇一、一三〇五頁)。則知郭子興確實在洪武四年遭奪爵之懲。又,洪武三年底汪興祖因過未得封侯,在四川戰死後追封東勝侯,義弟張宣回憶説:「洪武二年投北來降的人,被別人殺了,卻將東勝侯貶上海南去。不是因四川厮殺,那裏肯取他回來?」(載錢謙益太祖實録辨證「三」引洪武二十三年昭示奸黨第二録,第二一二二~二一二三頁)郭子興既然有奪爵之罪,則曾「貶海南」亦不無可能。

7 十月〔一〕,武靖王卜納剌、院使馬迷率番將士三十⑩餘衆及家屬萬人,至答失蠻溝下營,遣人至河州,謂韋正曰:「我等胡人畏威,不敢造次近城。韋相公若到營中同飲金酒,即降,若不來,我等即回。」正謂俞本曰:「我不造營納其降,彼兵遠來飢甚,必大掠良民而歸。雖無大害，恐煩上慮。托聖天子洪福，去必無虞。夏月，遠勞官軍追襲，今親領衆至此，機不可失。我以誠信待人，彼已知之。」整馬步兵數千，四鼓，遂行，布馬步於兩翼，親率驍士百餘騎直造虜營。相去百餘步，令騎士下馬，俱止此地，僅與俞本數騎至營。卜納剌、馬迷迎之，互拜畢，共坐帳中，大小頭目羅拜於前。正諭以天道人事。西番俗例，以金磨酒，共飲爲誓〔二〕，設大牢宴之，至酉而回〔三〕。次日，卜納剌、馬迷領部下大小番酋，持所授元朝金銀銅印、金銀牌面、宣敕及金玉圖書，曰「此王者所持信物也」，具省、院官員姓名、番軍人數目，率家屬於城東駐扎十營〔四〕。具本奏聞，上於河州設武靖衛，以卜納剌爲指揮同知，馬迷爲指揮僉事，詮注河州〔五〕，俱頒以金筒誥命，設千、百户、鎮撫之職，給以五花誥敕〔六〕，管領舊蠻番酋。河〔七〕北岐王阿剌（□□）〔乞巴〕⑪〔八〕亦賫金印降，遂設岐山衛於河州，以阿剌乞巴爲指揮同知，頒以金筒誥命〔九〕。上念西方土寒艱苦，遣户部袁郎中、陝西李理問〔一〇〕、西安都司總制〔一一〕王銘詣河州，每軍一名，賞銀十三兩〔一二〕，粉皮襖、褲各一件。又運糧二萬石，以贍軍需。

〔一〕明太祖實録：洪武三年六月，鎖南來降，「及鎮西武靖王卜納剌亦以吐蕃諸部來降。」（卷五三，洪武三年六月「是月」，第一〇五六～一〇五七頁）俞本所記日期應更準確。

〔二〕党寶海古代蒙古的飲金爲誓：飲金立誓是當時蒙古人的習俗（第一三二一～一三三三頁），與「胡人」對應。胡小鵬等明興野記與明初河州史事考論：俞本混淆了「西番」和「達達」的習俗（第五九頁）。

〔三〕明太祖實録：「時元鎮西武靖王卜納剌等諸酋長擁兵猶衆，正遣兵追之於寧河，殺獲頗多。於是沙家失里與諸酋長遣人來請降。正即策馬往諭之，酋長皆感悦，獻其全部軍馬及元所授金玉印章、金牌、宣命。」（卷二四五，洪武二十九年四月「是月」甯正傳，第三五六四頁）

〔四〕今居住在東鄉族自治縣的東鄉族，語言具有濃重的蒙古語色彩。舊日學界多認爲東鄉族來自蒙古人，可追溯到元代的脱思麻探馬赤軍和後來的蒙古軍千户所（東鄉族簡史，第一八、三〇～三一頁）。當代學界多認爲東鄉族的族源可以具體到中亞的撒爾塔人，或係各種回回色目人，但對東鄉語的蒙古語色彩尚未提出可靠解釋（參見馬志勇撒爾塔與東鄉族族源，第四〇～四一頁；陳文祥東鄉族族源撒爾塔説商榷——兼論東鄉族的形成，第四七～四九頁）。按，今東鄉族自治縣城鎖南壩，即明代河州以東五十里的屯寨「鎖南巴寨」（嘉靖河州志卷一地理志屯寨，河州志校刊，第一九頁），明初應爲鎖南主要據點。但鎖南所部乃遍布境内的河州土著，「西番」特徵明顯，鎖南等少數高層可能爲蒙古人（胡小鵬元代西北歷史與民族研究，第七一～七三頁；武沐何鎖南族屬的再探討，第一二九～一三四頁），也很可能爲藏族人（舍力甫何鎖南普的族屬與東鄉族族源問題，第一七五～一七六頁；何威河州土司何鎖南家族研究，第七五～八二頁）。鎮西武靖王所部「家屬萬人」曾在「城東駐紮十營」，臨近鎖南壩，則或爲東鄉族的蒙古淵源之一。

〔五〕明太祖實録：洪武四年正月，「置武靖、岐山、高昌三衛指揮使司，以卜納剌爲武靖衛指揮同知……仍令帶刀侍衛」。四年六月，「以吐蕃來降院使馬梅爲河州衛指揮僉事，故元宗王孛羅罕、右丞朵立只答兒爲正千户，元帥克失巴卜、同知卜顔歹爲副千户，同知管不失結等爲鎮撫、百户，及其部屬以下各賜襲衣文綺有差。先是，三年冬，馬梅遣管不失結等貢馬及方物。至是，偕孛羅罕等來朝，復貢馬及鐵甲刀箭。上嘉其誠，故有是命」（卷六〇、六六，洪武四年正月庚寅、六月戊子，第一一七二～一一七三、一二三七頁）。按，諸衛官員在京「帶刀侍衛」，部屬人衆當由河州衛帶管，武靖衛官員隸屬於一個空頭的武靖衛，故俞本記爲「詮注河州」。

〔六〕明朝五品以上官得授誥命，六品以下授敕命，三品、四品誥命得用抹金軸即「金筒」，五品以下僅得角軸（本書戊申年第二一條、洪武二年第四條注六引）。此「五花誥敕」或以五色指非「金筒」的角軸誥敕。

〔七〕按，河州在黄河東流段以南，此「河」指黄河。

〔八〕元史：至正二十五年二月，「皇太子在冀寧，命甘肅行省平章政事朵兒只班以岐王阿拉乞（兒）〔巴〕軍馬，會平章政事臧卜、李思齊，各以兵守寧夏」（卷四六順帝紀，第九六八～九六九頁）。

〔九〕明太祖實録：洪武三年八月，「故元高昌王和尚、岐王桑哥朵兒只班以其所部來降」。四年正月，「置武靖、岐山、高昌三衛指揮使司，以卜納剌爲武靖衛指揮同知，桑加朵兒只爲高昌衛指揮同知」（卷五五、六〇，洪武三年八月丙寅、四年正月庚寅，第一〇七七、一一七二頁）。宋濂高昌衛同知指揮使司事和賞公墳記：「和賞，畏兀氏，世居高昌……幼亦紹王封，鎮永昌。洪武三年，大兵下蘭州，公賫印綬，自永昌率府屬詣轅門内附。詔授懷遠將軍、高昌衛同知指揮使司事。」（宋濂全集翰苑續集卷九，第九二九～九三〇頁）按，高昌衛指揮之職，必如宋濂所記，授予高昌王和尚，則岐王應授岐山衛指揮。明太祖實録未提岐山衛授官情况，文字似有脱誤。俞本記「岐王阿刺乞巴」，下文又詳述「朵只巴岐王」即桑哥朵兒只班之事，所述是不同的前、後兩代岐王（參見胡小鵬蒙古弘吉剌部赤窟駙馬系諸王研究，第一三〇頁）。由此，明太祖實録所記「岐王朵兒只班以其所部來降」，應指派部下來降，實情則是老一代岐王阿剌乞巴來降。疑明太祖實録不諳有前、後兩個岐王，而岐山衛指揮之職並非授予後來人所共知的岐王朵兒只班，故略而不書，誤書以桑哥朵兒只班爲高昌衛指揮。

〔一〇〕明朝建國前後，行中書省下設理問所，處理一般司法事務，品級變化甚繁，其時「正理問從五品，副理問從六品」（明太祖實録卷二五，吴元年九月癸巳，第三七二頁），故居正五品郎中之後。

〔一一〕洪武三年底，明朝在各省遍設衛都指揮使司（明太祖實録卷五九，洪武三年十二月辛巳、壬午，第一一六四、一一六五頁），以所在府命名，一般簡稱「都衛」，與後來所改以省命名的衙門「都司」相區别，此處「西安都司」即下文所記西安都衛（本書洪武四年第二條）。明太祖實録：洪武八年九月，「召西安都指揮使濮英、王銘還京，以都督僉事葉昇、林濟峰代之」（卷一〇一，洪武八年十月丁亥朔，第一七〇九頁）。則王銘爲高級武將，此時任「總制」，或主持西安都衛并所轄各衛事務，而居京官之後。

〔一二〕明太祖實録：洪武二年、三年底，明朝兩次遍賞出征將士，第一次，「平定中原及征南將士……各衛：指揮七表裏，千户、衛鎮撫各六表裏，百户、所鎮撫各五表裏，各旗軍：總旗米三石、白金三兩三錢，小旗米三石、白金三兩二錢，軍人米三石、白金三兩。其守禦各處城池有功……指揮、千、百户、鎮撫等官，賞與從征同。」第二次，出征軍士賞銀十兩，守蘭州者九兩，臨洮者七兩（卷四七、五八，洪武二年十二月己丑、三年十一月丙寅，第九三九～九四二、一一三五～一一三六頁）。丙寅日爲二十一日。第一次的

「守禦」指征進途中克城駐守者，鳳翔衛軍隊守禦臨洮，此前曾參與山東、北平、山西、陝西各地大戰，賞格自然不能低於回京者。第二次頒賞時鳳翔衛軍隊駐河州，此前於洪武三年四月沈兒峪之戰時守臨洮，又應得臨洮之賞。明朝發布第二次賞格在洪武三年十一月下旬，賞銀到達河州時恰應俞本所記十二月。鳳翔衛軍隊自吴元年底參加北征，一直未得還鄉，此次軍士「賞銀十三兩」，疑應合上述兩次三兩、七兩，復以苦守極邊再加三兩。俞本或以賞格超出應得，故特表「上念西方土寒艱苦」。

8 召募商賈中納淮浙鹽糧，每鹽一引，納米二斗五升〔一〕。期年，倉儲米麥二十五萬〔二〕，漸成樂土〔三〕。招集復業人民四十四里有奇〔四〕。上敕户部差官賫段三百匹，傳旨「給指揮韋正自用」。正拜受畢，悉付雜造局（牧）〔收〕⑫貯，凡遇罕東〔五〕及撒立畏兀兒⑬、川藏〔六〕、金佛寺〔七〕等處來降人，製衣與之。

〔一〕明太祖實録：洪武三年下半年，大同、北平行納米中鹽之法，每引所納米額均超過一石。四年二月，定各地中鹽之例，大同最低，「淮鹽一石，浙鹽八斗」，其次西安、太原，「淮鹽一石三斗，浙鹽一石」。七年十二月，或議「臨洮、蘭縣舊無定價，今定一石二斗，折收加三斗；河州舊無定價，今定一石，折收加二斗」。上以臨洮、蘭縣、河州道里費重，每引減二斗」。十一年二月，朱元璋再降河州鹽價：「所輸甚薄，軍餉不供，豈鹽價太重，商人無所利而然歟？爾中書其議減鹽價，俾輸粟於西河、梅川」（卷五三、五八、六一、九五，洪武三年六月辛巳、十一月辛亥、四年二月癸酉、七年十二月辛丑、十一年二月丙辰，第一〇五三、

一一四三、一一九〇、一六四三～一六四四、一九一二頁)。按,河州中鹽鹽價向來屬全國最低,俞本所記「二斗五升」,或係最初軍糧匱乏時的規格。

〔二〕明太祖實録:洪武十三年,「兩浙都轉運鹽使司運使吕本言:『……國初委官稽考,仍依舊額輸官,以四百斤爲一引。』」二十四年,全國每年有鹽「百一十五萬五千六百引」(卷一三〇、二一四,洪武十三年三月癸丑、二十四年十二月「是歲」,第二〇七五、三一六六頁)。若按每引二斗五升計,二十五萬石糧當鹽一百萬引,則河州之糧絶非淮浙中鹽可集。時「韋正言,西邊軍糧民間轉輸甚勞,而綿布及茶可以易粟。今綿布以挽運將至,乞並運茶給各衛軍士,令其自相貿易,庶省西民之勞。詔從其言」(明太祖實録卷五六,洪武三年九月甲寅,第一〇九八頁)。朱元璋命中書西河等處中糧:「朕新定華夏,邊戍勞民。西番之地,中鹽所得之供甚薄。邇來三佛齊胡椒已至四十餘萬,即今在倉椒又有百餘萬數。可輕定價錢,出榜令好利者往西河及梅川兩處中糧,可免腹裏之民轉運艱辛。若果可行,作急爲之。」(明太祖御製文集卷六,第一九一～一九二頁)則河州之糧或由各種途徑得以豐盈。

〔三〕明太祖實録:洪武三年九月後,「正日夜撫循其民,俾各安其居,河州遂爲樂土」(卷五六,洪武三年九月甲寅,第一〇九九頁)。

〔四〕嘉靖河州志:河州衛爲軍民指揮使司,里甲「原額四十五里」(卷一地理沿革、地理里廓,河州志校刊,第二、一五頁)。

〔五〕明太祖實録:洪武八年正月,「置陝西歸德守禦千户所一,罕東等百户所五,以故元宣政院同知端竹星吉、萬户玉倫、管卜答兒三人爲千户」(卷九六,洪武八年正月甲子,第一六四九～一六五〇頁)。

〔六〕明太祖實録：撒里畏兀兒後降明設諸衛，「其地廣袤千里，去甘肅一千五百里，東抵罕東」（卷九〇，洪武七年六月壬戌，第一五八六頁）。按，二族皆在黄河以北，東南境接近河州（參見譚其驤主編中國歷史地圖集第七册，第八四頁）。又，洪武七年，朵甘思使者赴河州，至川藏被掠（本書洪武七年第八條），明太祖實録有「河州西南土番川藏」之語（卷一二二，洪武十二年正月甲申，第一九七二頁）朱元璋勞臨洮衛指揮趙琦稱臨洮將領「南征川藏」（明太祖御製文集卷六，第二〇七頁），則川藏族分布在河州西南以至東南一帶。

〔七〕俞本稱金佛寺爲「河州管屬金佛寺」（本書洪武二十五年第一條），明太祖實録稱「歸德金佛寺」（卷二三一，洪武二十七年正月辛酉，第三三七五頁），歸德即河州以西、黄河南岸的歸德守禦千户所。嘉慶循化志：「韓端月堅藏，係山外川卜族番僧，明洪武六年，奉勘合同胞弟韓哈麻率領部番歸附，以招中茶馬之勞。」又：「洪武六年，奉旨在阿撒川金佛寺説法，管束僧番人等。二十二年，陞都綱執事。二十四年，同内官爾尼、御史朵兒只賫敕撫番納馬。二十五年，金佛寺火，奉旨移老鴉關内，自修寺一座。」（卷五土司口外珍珠族土司及引韓羅漢履歷，第二〇七、二〇九頁）則金佛寺確在河州、歸德之間，川藏、金佛寺地區當泛指積石關一帶黄河以南的藏族聚居區。此時，河州本地的鎖南、以西的武靖王、以北的岐王來降，河州衛的招諭範圍向西北方和南方延伸。

9 是月，蘇州承天寺〔一〕長老辛仲明〔二〕，侍上語〔三〕不稱旨，遣往西天見老人〔四〕，至臨洮而卒。遺頌曰：「今年四十九〔五〕，奉使西方走。踢倒大雪山，笑破虚空口。」〔六〕

〔一〕吴郡圖經續記：「承天寺，在長洲縣西北二里。」（卷中寺院，第三一頁）在宋代平江城西北部報恩寺西南，南門臨桑園巷（平江圖；王謇宋平江城坊考，第七五頁）。洪武蘇州府志：「承天寺在閶門以東大道北側、文正書院北。又：「能仁禪寺，在今縣治東北……初名重玄寺，至宋初改爲承天，宣和中又改爲能仁。」（卷首圖蘇州府城圖、卷四三寺院，第六四四、一七四一頁）地點與宋代無異，應在今蘇州舊城北部東中市以北、人民路與河沿街之間地帶（蘇州市城區文物圖（二））。

〔二〕明太祖實録：洪武三年六月，「命僧克新等三人往西域，招諭吐蕃。仍命圖其所過山川、地形以歸」（卷五三，洪武三年六月癸亥，第一〇三六頁）。賴良輯大雅集：「釋克新，字仲銘，番陽人。」（卷八，葉三a）鄧鋭齡明初使藏僧人克新事迹考引雪盧稿周伯琦序：克新係北宋名臣余靖之後，「吾於仲銘，里中諸父行也。」（第一二七～一二八頁）「辛仲明」應即俗名余仲銘的克新，俞本訛寫。

〔三〕釋來復送日本汝霖上人序：「沙門汝霖自海外來游中國……嘗參仲銘新公於吴承天……洪武三年夏，仲銘有南京之役。」（蒲庵集卷四，第五三頁）鄧鋭齡明初使藏僧人克新事迹考據雪盧稿詩文年月下限和汝霖來華日期指出，克新於至正二十五年到洪武元年間從嘉興水西寺移居蘇州承天寺（第一二八頁）。

〔四〕錢謙益列朝詩集：「爲文二十年……大率望庚申之中興，美張氏之内附，而於聖朝多指斥之詞。其爲文自稱江左外史，殆亦有微指與！」（閏集第一雪盧新公，第六一五六頁）釋克新有詩壯丁行，含不滿新朝之意（見元釋集，第八四七頁），可與「不稱旨」對照。鄧鋭齡明初使藏僧人克新事迹考據克新、慧曇、宗泐的出身資歷近似，推測克新因出衆的經歷才幹得以被選拔出使（第一三〇～一三二頁）。按，宋濂覺原禪師遺衣塔銘：天界寺住持名僧慧曇於洪武三年「夏六月，奉使西域。四年辛亥秋七月，至省合群刺國。」（宋濂全集翰苑續集卷五，第八六〇頁）朱元璋申明佛教榜册：「一、二載間，天界首僧慧曇，信從群小不才……剥削瑜伽諸僧。」（載葛寅亮金陵梵刹志卷二欽録集，洪武二十四年辛未，第六二頁）則慧曇出使恐係遭責罰驅逐，且應與克新同時、同路，而地位最尊，俞本所記「不稱旨」似得其實。疑俞本混淆了洪武中期出使的宗泐與本年路經河州的慧曇（本書洪武十三年第八條及注一），故本年末記慧曇。

〔五〕鄧鋭齡明初使藏僧人克新事迹考據雪廬稿載克新自述比釋行中小十三歲，和澹居稿載行中自述生年，推測克新生於元英宗至治元年，洪武三年時爲五十歲（第一二七、一三二頁）。又，克新出使後的下落，唯見俞本此記。

〔六〕南宋净悟法師言：「借虚空口，對萬象説。」（釋志磐佛祖統紀卷一八諸師列傳第六之八豁庵净悟法師，第二五五頁）「虚空口」一詞，在詩文偈語中不甚常見。明末釋德清癸卯之初度自五羊之曹溪舟中作：「今朝五十八，明日五十九……使盡老婆心，笑破虚空口。」（載列朝詩集閏集第三憨山大師清公，第六三五三頁；參見釋德清憨山大師夢遊全集卷一二癸卯初度自五羊之曹溪舟中作，第四六八頁）疑係模擬釋克新絶命詩。

校勘記

① 「俞光」，他書作「于光」（本書洪武三年第一條注三引）。

②「韓温」，明太祖實録作「張温」（卷四一，洪武二年四月丁丑，第八二三頁），寰宇通志作「韓温」（卷九八陝西臨洮府名宦，第六一四六頁），嘉靖陝西通志以張温、韓温爲事迹相同的兩人（卷二三文獻名宦臨洮府，嘉靖本，第三册第三八八～三八九頁）。

③「息兵□日」，張刻本未刻，事略錢引本作「息兵二日」（卷九擴廓帖木兒，第一三五頁）。疑錢氏因下文有「居二日」而補爲「息兵二日」，體俞本文意，更似「數日」。

④「帖成」，他書作「帖城」、「鐵城」（本書洪武二年第一〇條注一、三年第四條注三引）。

⑤「積石等十八族六元帥府」。「十八族」可以泛指洮岷一帶吐蕃人衆（本書洪武二年第一〇條注一引），也可單指元代某元帥府或明代某千户所（本書洪武三年第四條注四引），而且積石不應屬廣義的十八族範圍，故「積石等」應理解爲「積石等處」或「積石州」，與下文「十八族」並列。

⑥「誥命敕金」，金燕紅等明代岷州后氏家族補闕疑「金」宜作「命」（第五六頁）。明朝五品以上官得誥命，以下得敕命（本書戊申年第二一條及注一引），千户、衛鎮撫爲五品官，百户、所鎮撫爲六品官，故此處確應係合稱「誥命、敕命」。

⑦「馬迷」，他書作「馬梅」（本書洪武三年第七條注五引）。

⑧「乞台」，他書作「七台」或「起臺」（本書洪武三年第四條注八引）。

⑨「打剌海」，他書作「荅剌海」（本書洪武三年第六條注六引）。

⑩「三十」，揆武靖王部屬規模，疑應作「三千」。

⑪「阿剌□□」，張刻本漫漶，陳校本作「阿剌乞巴」（第四四一頁），是（參見本書洪武三年第七條）。

⑫「牧貯」，陳校本作「收貯」（第四四一頁），是。

⑬「撒立畏兀兒」，他書作「撒里畏兀兒」（本書洪武五年第一條注一、二、三引）。

洪武四年　辛亥（公元一三七一年）

1 正月，敕御史臺中丞陳寧於蘇、松、嘉、湖四府〔一〕催徵往年未完租税。百姓無措，拷掠百狀，甚且以翁婦裸體繩懸辱之。又以火鐵烙身，天下呼爲「烙鐵陳」〔二〕，陳寧聞之，亦靦顔不悛。西寧州地名鎖罕秃〔三〕朵只巴①岐王，遣元參政阿失寧至河州降。韋正令鎮撫張護神奴（遣）〔遺〕書及御榜往諭之。朵只巴雖奉書，而時遣人通語其家，無歸心。

〔一〕蘇、松、杭、嘉、湖五府爲張士誠舊地，亦明朝賦税重地。明朝建立後，杭州一直屬浙江，嘉興、湖州在洪武十四年劃歸浙江前，與蘇州、松江皆直屬中央，在租賦方面往往四府並稱（例見明太祖實録卷五六，洪武三年九月庚戌，一〇九八頁）。

〔二〕明太祖實録：陳寧「洪武……二年出爲松江知府，尋陞中書參政。三年賜名寧，坐事知蘇州府。嘗督糧，欲事速集，令左右燒鐵烙人肌膚，人甚苦之，呼爲『陳烙鐵』」。四年閏三月「爲浙江行省參政」，尚未及行，陞御史中丞（卷一二九、六三，洪武十三年正月戊戌、四年閏三月戊午、辛巳，第二〇四七～二〇四八、一二〇三、一二〇七頁)。宋濂故茶陵貞母陳夫人譚氏墓誌銘:「其典守劇府也,劾累政之極弊,登難集之積賦。政令所及,精采一新。」(宋濂全集鑾坡後集卷三,第六〇六頁)按,御史中丞不應催督租税,俞本所記爲陳寧知蘇、松等「劇府」時事。

〔三〕鎖罕禿,似爲蒙語suhaitu音譯,意爲紅柳地。王任重邊務要略:「靖虜邊外蘆塘湖、鎖罕禿、張夫水、米夾山,皆遊虜往來住牧之所,乃山後諸酋之摠冑也。」(載明經世文編卷四一三引王太僕集,第四四七七頁)明英宗實録:正統十年二月癸亥,「靖遠伯王驥奏:黄河迤(南)〔北〕地名速罕禿,正係衝要去處,達賊不時出没,宜修整城堡,於靖虜衛摘撥官軍屯守」(卷一二六,正統十年二月癸亥,第二五二一頁。按,「北」字据同書改,卷一三二,正統十年八月丙辰,第二六二七頁)。楊一清爲調兵征剿犯邊達賊事:「訪得莊浪外境速罕禿北至明水湖一百五十里,處處俱有賊營,東至靖虜迭烈孫亦一百五十里,可通人馬……分作三路,一路從靖虜迭烈孫渡河,一路蘭州渡河……一路從紅城子莊浪官道而行……俱至速罕禿、土豹嶺、斬石硤、蘆塘湖一帶……直抵明水湖地方……將邊外舊設速罕禿、板井等城堡,以漸經營修復。」又爲緊急聲息事:「本境大賊萬餘,佔據速罕禿等處,久住不退……近日探哨人役瞭見速罕禿、蘆塘等處煙霧不絶。」(楊一清集關中奏議卷一〇後總制類、卷一四提督類,第三七九、五三九～五四〇頁)張雨邊政考:莊浪衛長城以東,從南往北分布着速罕禿廢營、斬石硤廢營、土豹嶺廢營,莊浪衛城之敵「自速罕禿、紅溝、石廟兒、四眼井、陳家溝入,東路犯南大通,中路犯莊浪,西路由硝溝、黑臺透上、下川口,犯巴暖三川。」(卷四莊浪圖、莊浪衛近邊寇路,第三〇六～三〇七、三一一頁)按,朵只巴後來多次在莊浪、紅城、巴暖三川一帶活動(本書洪武四年第四六條及注二、三,洪武六年第七條及注二、四),明初鎖罕禿應即後來靖虜衛邊外者，即莊浪以東的速罕禿。嘉靖陝西通志：「速罕禿泉，在衛東三百里，其流四時不絶。」又：「速罕禿故城，去城東三百里，其詳莫考。」（卷四土地山川莊浪衛、卷一三土地古迹莊浪衛，嘉靖本，第一册第三一八頁、第二册第三二四頁）龔景瀚甘肅會城議：「靖遠城外黄河，一葦可杭，自腦泉、尾泉以達凉州，或由蘆塘、速罕禿以達平蕃，平坦無山谿之阻，水草便利。」（澹静齋文鈔外篇卷一，第六四四頁）按，景泰縣城西偏南寺灘鄉永泰村的永泰城址，是蘭州黄河以北地區最大的明後期城址，位於景泰縣城東南蘆陽鎮的蘆塘故城與永登縣城（即明莊浪衛、清平蕃縣）之間，「城西有地下泉水串流城内五井之中，俗稱五臟」（中國文物地圖集甘肅分册，上册第一六〇、下册第一一〇頁）。永泰城位於壽鹿山東北麓泉水出露處（甘肅省地圖集，第六六頁），水泉必格外穩定，應即明初鎖罕禿所在。

2　二月，以西安衛指揮使司改爲陝西都指揮使司，敕遣本司使濮英詣各衛及沿邊衛所，歸併軍士〔一〕。

〔一〕明太祖實録：洪武三年底，「陞杭州、江西、燕山、青州四衛爲都衛指揮使司，以徐司馬、濮英等爲各衛都指揮使……置河南、西安、太原、武昌四都衛指揮使司」（卷五九，洪武三年十二月辛巳、壬午，第一一六四～一一六五頁）。按，俞本不明瞭這次改制僅僅是將「西安衛」升爲「西安都衛」，與洪武八年改以城市命名的「西安都衛」爲以省命名的「陝西都指揮使司」（明太祖實録卷一〇一，洪武八年十月癸丑，第一七一一頁）混淆，故誤稱「都衛指揮使司」爲「都指揮使司」，稱都衛指揮使濮英爲「司使」。

3 是月，韋正遣人招撫山後好來、阿仁、剌哥、美吉、朶的、雲都、亦思麻因等七站〔一〕人民，併下缺軍總旗仲興等七人，委監站掌印，以土官爲副，共牧人民〔二〕。

〔一〕明太祖實録：洪武四年八月，「遣工部主事王伯彦往河州，賜山後七驛世襲土官勢哥等文綺、銀碗」（卷六七，洪武四年八月己酉，第一二六八頁）。郭鳳霞明前期對入藏交通的經營與防護認爲：俞本所記七站即元代朶思麻所設七大驛站，即河州以西的納鄰七站（第一一八頁）。按，元代「烏思藏等除小站七所勿論，其大站二十八處」（永樂大典卷一九四二一站站赤引經世大典，元仁宗延祐元年四月三日，葉三a）。朶思麻境内有寧河、積石、貴德等大站，則此七站更可能與「小站七所」對應。胡小鵬等明興野記與明初河州史事考論根據俞本所記七站的蒙古、色目名稱，和後來洮州各部與七站聯合叛亂之事，認爲此七站爲「洮州納憐七站」，指河州以南入藏路上的驛站（第六二一～六二三頁）。按，洮州各部與七站聯合叛亂，即俞本所載洪武十一年剌哥等七站叛亂之事。叛者既有洮州納鄰七站各部，也有保安、積石州、朶甘之地等河州以西各部（本書洪武十一年第四條及注二）。楊一清爲修復茶馬舊制以撫馭番夷安靖地方事：「切照洪武年間欽降金牌數目……查得：河州地方，原設必里衛、二州、七站、西番二十九族。」（楊一清集關中奏議卷三茶馬類，第七七頁）嘉靖河州志：「歸德州，州西鄙七百里，七站方至，即古貴德州。洪武初年，征西將軍沐英平納鄰七站……七站：三岔、討來、邊多、保安、清水，每站馬八匹，軍五名，俱在積石關外。長寧、銀川在關内。歸德地方多水田，花果蔬卉、鳥獸魚畜不異中華。」河州西南「納鄰」附近有「脱的站」（卷一地里志城池堡寨、卷首河源圖，稀見叢刊影印本，第五五～五七、二三頁）。其中，討來對應俞本所記好來，保安與俞本所記剌哥、美吉密切相關，積石州位於七站路綫上。由此，俞本所記七站，應爲河州與歸德之間的七站。其「沐英平納鄰七站」，或係混淆洮州七站與河州七站。但是，脱的對應俞本所記「朵的」，大明一統志：「朵的河，在衛城西三百里，源出於川撒兒朵的族，南流入洮河。」（卷三七洮州衛軍民指揮使司山川，第六四六頁）王任重邊務要略：「洮州……稱衝邊矣……只隔一朵的河，狹淺可渡。」（載明經世文編卷四一三引王太僕集，第四四七八～四四七九頁）應即今夏河縣南境東南入洮河的博拉河（甘肅省地圖集，第五三頁），位於河州東南的洮州方向，則朵的站應屬洮州。俞本所記河州七站，或亦有與洮州七站混淆者。

〔二〕以總旗一人「監站掌印，以土官爲副」，則七站各設有印的百户所。明太祖實録：洪武四年初，明朝爲鎖南部衆設置了九個千户所，以及「百户所七，曰上寨，曰李家五族，曰七族，曰番客，曰化州等處，曰常家族，曰爪黎族。漢番軍民百户所二，曰階文扶州，曰陽嗝等處」（卷六〇，洪武四年正月辛卯，第一一七三頁）。前七個百户所的設置時間與俞本所記設置七站吻合，但名目與俞本或嘉靖河州志所記七站均難對應。寰宇通志：岷州衛「木昔寨在衛城南十五里，自是而南，又有栗林、陵兀赤、分水嶺、哈答川、賞家、脚力、顛角、高橋、何家、宕昌……十寨」（卷一〇〇岷州衛關隘，第六一六六頁）。張雨邊政考：岷州衛「寨堡六十有三……哈答川寨六十五里，賞家族寨七十里……脚力寨八十里。」三寨均位於岷州衛通往階州的岷江上游河谷，賞家族和脚力寨之間是峪岡都寨（卷三岷州衛、洮岷河圖，第二四九、二三六～二三七頁）。按，賞家族應即常家族，脚力應即爪黎。哈答川應即今宕昌縣西北境岷江岸邊的哈達鋪，脚力即哈達鋪南的脚力鋪，則賞家應即兩地之間峪崗以北的王家村一帶（甘肅省地圖集，第五〇頁）。元代入藏驛路，從臨洮開始就分爲兩路：經河州向西的西路與經和政驛往南的南路，二十八大站之外的小站後來遠不止七個（龐琳元代入藏驛道考述，第四九～五〇頁），這七個百户所繼承了南路由洮岷通往川西地區的一些小站。疑俞本混淆了河州七站與洮州納鄰七站（參見本書洪武四年第三條注一）。

4 **以歸德州土官王倫奴爲千户〔一〕，設西番、達達二百户所〔二〕。具奏，上准設，給以誥敕。**

〔一〕明太祖實録：洪武八年正月，「置陝西歸德守禦千户所一，罕東等百户所五，以故元宣政院同知端竹星吉、萬户玉倫、管卜答兒三人爲千户」（卷九六，洪武八年正月甲子，第一六四九～一六五〇頁）。玉倫應即王倫奴。疑俞本將洪武四年初設兩處百户所（參見本書洪武四年第四條注二）與洪武八年設千户所二事合并叙述。

〔二〕嘉靖河州志：「歸德州……四年，指揮甯正撥官軍二百名備禦。」（卷一地理志城池堡寨，河州志校刊，第一二二頁）

5 **五月，烏思藏、朵甘未通，韋正具本奏。上遣衛知事王太不花及參隨頭目楊善賫書，由罕東直抵朵甘、烏思藏二處招諭〔一〕。**

〔一〕明太祖實録：洪武四年十一月，「置必里千户所，屬河州衛，以朵兒只星吉爲世襲千户。必里在吐番朵甘思界，故元設必里萬户府，朵兒只星吉爲萬户，至是來降。河州衛指揮使韋正遣送至京，故有是命」(卷六九,洪武四年十一月丁丑,第一二九二頁)。應即這次招諭的結果。嘉靖河州志把必里衛附屬於歸德州(卷一地理志城池堡寨,河州志校刊,第一二頁),朵兒只星吉應即後來任歸德千户的端竹星吉(本書洪武四年第四條注一引),則這次招諭當由歸德一帶出發。罕東此時尚未歸明,但河州至歸德驛路已開,西寧一帶的岐王亦約降(本書洪武三年第八條、四年第三、一條),則明朝使者可由歸德西入朵甘、烏思藏,故泛稱「由罕東直抵」。

6 上(感)〔惑〕天師言,天下府、州、縣官吏多被誅戮,名曰「欽録官吏」。具中縱有一二廉潔,則貪婪賄賂因之日盛,玉石難分〔一〕。識者惜之。

張大同曰:太祖神明天授,賞罰曲中自有獨斷。本云惑天師言誅戮官吏,此小兒之見。聖主操縱,安能窺其萬一也。

七月,甘露降於紫金山〔二〕松枝間,其味如飴,其色如白沙糖,懸綴樹梢。上令臣民往觀賞玩〔三〕。

〔一〕陸容菽園雜記引洪武後期山東監生周敬心上言:「洪武四年,欽録天下官吏。十三年,連坐胡黨,十九年,起天下積年民害。二十三年,大殺京民。此安立罪名,不分臧否,一概殺之,豈無忠臣烈士、善人君子誤入名項之中?」(卷一,第九頁)

〔二〕本書洪武十三年第一〇條:洪武十三年,鍾山改名紫金山。

〔三〕明太祖實録:洪武二年十月,甘露降於鍾山(卷四六,洪武二年十月甲戌,第九二二頁)。宋濂天降甘露頌:洪武二年十月,「膏露降於乾清宫後苑蒼松之上。皇帝特敕中官折示禁林諸臣。光潤如酒,凝結如珠,肪白飴甘,彌布松柯……天休震動,中外嘆嗟」。又御賜甘露漿詩序:洪武六年,「皇上御武樓之便閣,召御史中丞臣寧,太子贊善大夫臣濂,賜坐左右。上談嘉祥之應,敕中貴人取所儲膏露於宫中……其味甘如飴而弗膩,其氣清於蘭而不豔」(宋濂全集鑾坡前集卷一、翰苑别集卷四,第三二八頁、一〇一九頁)。劉基甘露頌:「洪武四年十月,甘露降于□山,沉潤草木,瑩若凝脂,美若醍醐。五年十有一月,又降。」(載劉鳳輯大明功臣誠意伯翊運録,第九二六頁)朱善從游後苑賦甘露御手親採松枝甘露以賜因賦一絶以獻:「瀼瀼甘露滿松枝,色若凝脂味若飴。」(朱一齋先生文集卷九,第二三〇頁)「甘露」一般降于深秋或冬季,俞本此記七月,恐不確。

7 設照磨司,以考較天下錢糧、金帛出納之數〔一〕。

〔一〕明太祖實録:洪武三年四月,「置磨勘司。上嘗以中外百司簿書填委,思所以綜核之,因覽宋史,見磨勘司而喜。至是,遂設其官」(卷五一,洪武三年四月「是月」,第一〇〇九~一〇一〇頁)。新設磨勘司行使此前被取締的中書省照磨、檢校所的職能,覆核各部門文書(王濤洪武時期的近侍官,第一四~一六頁),疑俞本因此訛爲「照磨司」。

8 往,以天下各衛所轄千户所,止以見任掌印千户姓呼之。至是,分爲左、右、中、前、後五等名目〔一〕。

〔一〕嘉靖蘄州志：「甲辰……聖祖即王位，遣指揮趙應清領千户許勝、陳遏二所官軍，至蘄守禦。」「洪武元年明年乙巳，調陳遏一所守禦武昌，以許勝軍卒立爲守禦千户所。」（卷三城池、卷五軍衛，葉「天」三五 a、「天」五八 b）此洪武元年應係建國稱王之甲辰年之誤，可知創設衛所之初，確將千户所冠以長官姓名。明太祖實録：洪武七年正月，「定遼都衛奏併衛所官軍，以左千户所青州土軍五千六百人屬定遼左衛，以右千户所萊州土軍五千人並本衛軍七百九十四人屬定遼右衛，餘軍分爲八千户所，内調千户余機領中、後二所往金州守禦，俱隸都衛」（卷八七，洪武七年正月甲戌，第一五四四～一五四五頁）。按，各地都衛是在洪武三年底以後陸續建立的，後來析爲左、右、中、前、後等各衛（參見本書洪武二年第二條注九；明太祖實録卷一〇一，洪武八年九月癸丑，第一七一一頁），定遼都衛的左、右千户所，規模各自相當於一個衛。俞本所記洪武四年改制，或即都衛初建時，統轄規模相當於衛的諸千户所，故千户所始有左、右、中、前、後之名，後來都衛雖然取消，各衛所轄各千户所則沿用方位冠名。

9　六月，日中有黑子，欽天監奏。上曰：「左右有奸臣。」〔一〕敕中書省傳旨具書，差省舍張道寧密示河州守禦官。

〔一〕洪武四年八月朱元璋致劉基皇帝手書：「天鳴已及八載，日中黑子又見三年。今秋天鳴震動，日中黑子或二或三或一，日日有之，更不知災禍自何年月日至。」（載劉廌輯大明功臣誠意伯翊運録，第九二〇頁）明太祖實録：洪武四年五月「辛巳，日中有黑子，自壬子至是日」（卷六五，洪武四年五月辛巳，第一二二三頁）。張兆裕明初國事與術數推測，俞本所記六月，可能是五月黑子引發的敕書到達河州的日期（第四五五頁）。

10 十二月，韋正遣人諭朵只巴曰：「元朝皇帝，海外、中原，天下盡歸。天朝昔頒詔旨，略曰：『胡君遠遁沙漠。皇子愛猷失里答剌若能審識天命，啣璧來歸，待以殊禮。』〔一〕量汝有多少氣力！若做一家，上必任以重職。汝既年老，恣擇便利草地處之。汝當静思之。」朵只巴遂遣侄朵失結②至河州，奉表朝覲。上授朵失結爲河州衛指揮僉事，頒以金筒誥命〔二〕。

〔一〕明太祖實録：洪武三年十月，「遣使致書元太子愛猷識里達臘曰：『君之將擴廓帖木兒，自太原奔潰後，以烏合之衆，犯我蘭州，大軍進討，追至定西，今年四月七日，大敗其衆，斬馘無算，生擒嚴奉先、韓札兒、李景昌、察罕不花等，惟擴廓帖木兒遁去，已命將追捕，旦夕必就擒……進退之宜，君其審之。』既而復致書曰：『今年夏，偏師至應昌，遇君之子買的里八剌及宫眷、諸從人馬，遂與南來。因念令先君審察天命，不黷兵戰，委順北歸，其知幾者歟！奄棄沙漠，深可悼憫。適元史告成，朕以爲，三十餘年之主不可無謚以垂後世，用謚君先君曰順，已著爲紀。君之子買的里八剌，亦封崇禮侯，歲給禄食。及其來者，與之同居無恙。但不知君之爲況何如？北方諸部人民，亦果能承順如往昔乎？去年冬，二次遣官齎書遺令先君，使者久而未還，予故以此爲令先君之失計也。前事之失，兹不必較，今再致書以嘗告令先君者告君：君其上順天道，遣使一來，公私通問，庶幾安心牧養於近塞，藉我之威號令部落，尚可爲一邦之主，以奉其宗祀。若不出此，猶欲以殘兵出没，爲邊民患，則大舉六師，深入沙漠，君之退步又非往日可比。其審圖之，毋貽後悔，餘不多及。』」（卷五七，洪武三年十月辛巳，第一一一九～一一二〇頁）

〔二〕明太祖實録：「朶兒只失結，西寧人，仕元爲甘肅行省右丞。初，王師下關陝，與太尉朶兒只班在青海，朶兒只班遣其來朝進馬，上賜以襲衣文綺，令還招諭其部曲。朶兒只班不奉詔，遁甘肅。朶兒只失結自率所部二千餘人還西寧，遣弟齋答等赴京，言朶兒只班不奉詔之故。及宋國公馮勝總兵征甘肅，遂以所部從行。勝乃命朶兒只失結同指揮徐景追襲朶兒只班，獲其金銀印及軍士馬匹，遣其弟答立麻送京師……立西寧衛，命朶兒只失結爲指揮僉事。」（卷七八，洪武六年正月己未，第一四三〇～一四三一頁）按，徐景爲河州衛指揮（本書洪武六年第七條及注二引），朶兒只失結在洪武五年隨馮勝北征前投降，最初確應詮注河州衛。

11 是月，鄂國公常遇春征開平府，薨於軍中，追謚開平忠武王〔一〕，勅陝西、山東、山西、北平、河南等處立祠，歲時祀之〔二〕。以其長子茂襲爲鄭國公，令冠懸「開平忠武王」金牌，序於太師班上〔三〕。

〔一〕明太祖實録：洪武二年六月，「常遇春等克開平」。七月，「鄂國公常遇春還軍次柳河川，得疾而卒」。十月，「追封開平王，謚忠武」（卷四三、四六，洪武二年六月己卯、七月己亥、十月庚午，第八四六、

八五二、九一六頁）。俞本於記明朝封功臣事時述常遇春追封之事，但誤將洪武三年底封功臣事後置一年。

〔二〕明太祖實録：洪武六年十月，「立開平王廟於中立府皇城西」（卷八五，洪武六年十月丁酉，第一五二一頁）。洪武八年四月朱元璋中都祭開平王文：「朕親至中都，驗功勞勞……因祠在斯，特以牲醴。」（明太祖御製文集卷二〇，第五七五頁）寰宇通志：「衢州府……開平忠武王廟，在府治北，國朝洪武初敕有司建……以嘗有功于衢。」又：「西安府……開平忠武王廟，在長安縣治西。王，國朝常遇春也，遇春以開陜右功，朝廷敕有司立廟，歲時致祭。」（卷二七衢州府、九二西安府，第五三九四、六〇九七頁）成化山西通志：「開平忠武王廟在太原府城内東北隅，祀國朝開國功臣常遇春，歲以二月九日、五月十九日、八月十二日太原府官致祭。」（卷五祠廟，第一一四頁）王直重修開平忠武王廟碑：「正統十二年秋八月，通州守臣李經言：『州城東南隅舊有廟，以祀開平忠武王常遇春，蓋洪武三年奉敕建，每歲春秋，守臣以少牢行禮庭下，載在祀典。』」（抑菴文集卷七，第三五七頁）正德大明會典：「通州開平忠武王祠，以燕山侯孫興祖配享。」（卷八五禮部祭祀合祀神祇各處祠廟，第二册第二六四頁）嘉靖贛州府志：「開平忠武王廟，府南，知府陳璧奉敕爲常遇春建，春秋致祀。」陳璧洪武年間任贛州知府（卷六祠廟贛縣，葉三〇a；卷七秩官國朝，葉八b）天啓衢州府志：「忠武王廟在府治北隅，本縣附府歲三祀之，春秋俱仲月十九日，又五月十九日爲王之誕辰，其知縣帥僚屬隨府官具常服致祭。」（卷六禮典祭禋西安，第六六五頁）據常遇春生平可知，忠武王廟並非廣設於北方五省，而是專設於鳳陽和常遇春曾立戰功（參見宋濂宋濂全集鑾坡前集卷二鄂國常公神道碑銘，第三四九～三五一頁）的城市。

〔三〕明太祖實録：洪武三年八月，康茂才追封蘄國公，謚武毅，子康鐸因父功封侯，「上賜金牌，鐫『蘄國武毅公』五字，置帽上」（卷五五、一四六，洪武三年八月己未、十五年七月「是月」康鐸傳，第一〇七五、二二九五頁）。則常茂必有類似金牌之賜。常遇春位次在太師李善長、太傅徐達之下，常茂佩金牌「序於太師班上」，當係王高於公，在少數場合略示紀念。

12 **設茶（司馬）〔馬司〕③於陝西秦州〔一〕。上論功，以左爲上，陞右丞相〔二〕宣國公爲開國輔運推誠守正文臣、特進光禄大夫、左柱國、國老、太師、中書左丞相、韓國公、參軍國事李善長〔三〕。**

〔一〕明太祖實録：洪武五年二月，「置秦州茶馬司，設司令正六品，司丞正七品」（卷七二，洪武五年二月辛卯，第一三二八頁）。

〔二〕按，明朝建國前夕已改左爲上，李善長已改爲左丞相（本書丁未年第八條注二）。

〔三〕明太祖實録：洪武三年十一月，「銀青榮禄大夫、上柱國、録軍國重事、中書左丞相兼太子少師、宣國公李善長，授開國輔運推誠守正文臣、特進光禄大夫、左柱國、太師、中書左丞相，進封韓國公，參軍國事，食禄四千石」（卷五八，洪武三年十一月丙申，第一一二八頁）。俞本此記李善長、徐達授「國老」之名，應係訛傳。

13 **開國輔運推誠宣力武臣、特進光禄大夫、右柱國、國老、太傅、中書右丞相、魏國**

公、參軍國事徐達〔一〕。

〔一〕明太祖實録：洪武三年十一月，「征虜大將軍、銀青榮禄大夫、上柱國、録軍國重事、中書右丞相兼太子少傅、信國公徐達，授開國輔運推誠宣力武臣、特進光禄大夫、左柱國、太傅、中書右丞相，進封魏國公，參軍國事，食禄五千石」（卷五八，洪武三年十一月丙申，第一一二八頁）。按，俞本誤以徐達勛官爲右柱國，實則左柱國爲區分李、徐和其他國公的標誌之一。

14 **特進榮禄大夫、右柱國、鄭國公常茂**〔一〕。

〔一〕明太祖實録：洪武三年十一月，「翊運推誠宣德靖遠功臣、開府儀同三司、上柱國、太保、中書右丞相、開平忠武王常遇春之子茂，特進榮禄大夫、右柱國，封鄭國公，食禄三千石」（卷五八，洪武三年十一月丙申，第一一二八頁）。可知常茂確僅有封爵和散官、勛官，無開國功臣號、官職，則俞本所記係抄録官方資料。

15 **開國輔運推（運）〔誠〕宣力武臣、特進榮禄大夫、右柱國、大都督府左都督、曹國公、同知軍國事李文忠**〔一〕。

〔一〕明太祖實録：洪武三年十一月，「榮禄大夫、浙江等處行中書省平章政事李文忠，授開國輔運推誠宣力武臣、特進榮禄大夫、右柱國、大都督府左都督，封曹國公，同知軍國事，食禄三千石」（卷五八，洪武三年十一月丙申,第一一二八頁)。

16 **開國輔運推誠宣力武臣、特進榮禄大夫、右柱國、宋國公、同參軍國事馮勝**〔一〕。

〔一〕明太祖實録:洪武三年十一月,「銀青榮禄大夫、大都督府右都督兼太子右詹事馮勝,授開國輔運推誠宣力武臣、特進榮禄大夫、右柱國,封宋國公,同參軍國事,食禄三千石」(卷五八,洪武三年十一月丙申,第一一二八～一一二九頁)。明太祖實録記封爵時,若官職不變,則於授官一欄不重複。馮勝仍爲大都督府右都督,俞本此處不書,應係嚴格抄録原始資料中的新授官、封爵、食禄部分。

17 **開國輔運推誠宣力武臣、特進榮禄大夫、右柱國、衛國公、同參軍國事鄧愈**〔一〕。

〔一〕明太祖實録:洪武三年十一月,「榮禄大夫、御史大夫兼太子諭德鄧愈,授開國輔運推誠宣力武臣、特進榮禄大夫、右柱國,封衛國公,同參軍國事,食禄三千石」(卷五八,洪武三年十一月丙申,第一一二九頁)。

18 **開國輔運推誠宣力武臣、榮禄大夫、柱國、鍾山侯④湯和**〔一〕。

〔一〕明太祖實録:洪武三年十一月,「榮禄大夫、御史大夫兼太子諭德湯和,授開國輔運推誠宣力武臣、榮禄大夫、柱國,封中山侯,食禄一千五百石」(卷五八,洪武三年十一月丙申,第一一二九頁)。

19 **開國輔運推誠、柱國、延安侯唐勝宗**〔一〕。

〔一〕明太祖實録：洪武三年十一月，「榮禄大夫、同知大都督府事唐勝宗，授開國輔運推誠宣力武臣、榮禄大夫、柱國，封延安侯，食禄一千五百石」（卷五八，洪武三年十一月丙申，第一一二九頁）。武將功臣號「開國輔運推誠」後例帶「宣力武臣」四字，俞本自此以下略而不書。

20 **開國輔運推誠、柱國、同知大都督、吉安侯陸仲亨**〔一〕。

〔一〕明太祖實録：洪武三年十一月，「榮禄大夫、同知大都督府事陸仲亨，授開國輔運推誠宣力武臣、榮禄大夫、柱國、同知大都督府事，封吉安侯，食禄一千五百石」（卷五八，洪武三年十一月丙申，第一一二九頁）。按，明太祖實録詳述陸仲亨前後官職皆爲「同知大都督府事」，不合體例，俞本亦重述其官職，應係抄録原文。

21 **開國輔運推誠、柱國、江夏侯周德興**〔一〕。

〔一〕明太祖實録：洪武三年十一月，「資善大夫、湖廣等處行中書省左丞周德興，授開國輔運推誠宣力武臣、榮禄大夫、柱國，封江夏侯，食禄一千五百石」（卷五八，洪武三年十一月丙申，第一一二九～一一三〇頁）。

22 **開國輔運推誠、柱國、燕王府左相、北平省參知政事、淮安侯華雲龍**〔一〕。

〔一〕明太祖實録：洪武三年十一月，「榮禄大夫、燕相府左相兼同知大都督府事、北平等處行中書省參知政事華雲龍，授開國輔運推誠宣力武臣、榮禄大夫、柱國、燕相府左相兼北平等處行中書省參知政事，封淮安侯，食禄一千五百石」（卷五八，洪武三年十一月丙申，第一一三〇頁）。按，明太祖實録因華雲龍不再擔任大都督府同知而復述華雲龍其他官職，俞本此抄録同陸仲亨例（本書洪武四年第二〇條注一）。

23 **開國輔運推誠、柱國、秦王府左相兼陝西省右丞、長興侯耿炳文**〔一〕。

〔一〕明太祖實録：洪武三年十一月，「驃騎上將軍、副大都督府事兼太子右率府事顧時，授開國輔運推誠宣力武臣、榮禄大夫、柱國、同知大都督府事，封濟寧侯，食禄一千五百石。資善大夫、秦王相府左相兼陝西等處行中書省右丞耿炳文，授開國輔運推誠宣力武臣、榮禄大夫、柱國、秦王相府左相仍兼陝西行省右丞，封長興侯，食禄一千五百石」（卷五八，洪武三年十一月丙申，第一一三〇頁）。按，俞本所記，在華雲龍與耿炳文之間遺漏了濟寧侯顧時，抄録耿炳文封授則同陸仲亨例（本書洪武四年第二〇條注一）。

24 **開國輔運推誠、柱國、同知大都督府事、臨江侯陳德元**〔一〕。

〔一〕明太祖實録：洪武三年十一月，「鎮國上將軍、僉大都督府事陳德，授開國輔運推誠宣力武臣、榮禄大夫、柱國、同知大都督府事，封臨江侯，食禄一千五百石」（卷五八，洪武三年十一月丙申，第一一三〇頁）。按，俞本概稱陳德爲陳德元（本書丁酉年校勘記三），此處抄録官方原文，似陳德此時仍名陳德元。

25 **開國輔運推誠、柱國、同知大都督府事、六安侯王志**〔一〕。

〔一〕明太祖實録：洪武三年十一月，「鎮國上將軍、僉大都督府事郭子興，授開國輔運推誠宣力武臣、榮禄大夫、柱國，封鞏昌侯，食禄一千五百石。昭勇大將軍、平陽衛指揮使王志，授開國輔運推誠宣力武臣、榮禄大夫、柱國、同知大都督府事，封六安侯，食禄九百石」（洪武三年十一月丙申，第一一三〇～一一三一頁）。按，俞本在陳德元與王志之間遺漏了鞏昌侯郭子興，而歸之于「續封侯」（本書洪武四年第四五條）。

26 開國輔運推誠、柱國、同知大都督府事、（榮）〔滎〕陽侯⑤鄭遇春〔一〕。

〔一〕明太祖實録：洪武三年十一月，「明威將軍、朔州衛指揮使司副使鄭遇春，授開國輔運推誠宣力武臣、榮禄大夫、柱國、同知大都督府事，封滎陽侯，食禄九百石」（卷五八，洪武三年十一月丙申，第一一三一頁）。

27 開國輔運推誠、柱國、平凉侯費聚〔一〕。

〔一〕明太祖實録：洪武三年十一月，「鎮國上將軍、僉大都督府事費聚，授開國輔運推誠宣力武臣、榮禄大夫、柱國，封平凉侯，食禄一千五百石」（卷五八，洪武三年十一月丙申，第一一三一頁）。按，費聚授從一品榮禄大夫、柱國，則似應由大都督府僉事陞爲大都督府同知，明太祖實録似漏載，或費聚確仍任僉事。俞本所記亦無官職，與前後諸將迥異，益知與明太祖實録所記皆録自某原始文件。

28 開國輔運推誠、柱國、同知大都督府事、江陰侯吴良〔一〕。

〔一〕明太祖實録：洪武三年十一月，「鎮國上將軍、僉大都督府事吴良，授開國輔運推誠宣力武臣、榮禄大夫、柱國、同知大都督府事，封江陰侯，食禄一千五百石」（卷五八，洪武三年十一月丙申，第一一三一頁）。

29 **開國輔運推誠、柱國、（□）〔吴〕王⑥府左相、靖海侯吴禎**〔一〕。

〔一〕明太祖實録：洪武三年十一月，「資善大夫、吴王相府左相兼僉大都督府事吴禎，授開國輔運推誠宣力武臣、榮禄大夫、柱國、吴王相府左相，封靖海侯，食禄一千五百石」（卷五八，洪武三年十一月丙申，第一一三一頁）。

30 **開國輔運推誠、柱國、同知大都督府事、南（□□□）〔熊侯趙〕庸⑦**〔一〕。

〔一〕明太祖實録：洪武三年十一月，「資善大夫、中書右丞兼太子副詹事趙庸，授開國輔運推誠宣力武臣、榮禄大夫、柱國、同知大都督府事，封南雄侯，食禄一千五百石」（卷五八，洪武三年十一月丙申，第一一三一頁）。

31 **開國輔運推誠、柱國、晋王府左相、東勝侯汪（□□）〔興祖〕⑧**〔一〕。

〔一〕明太祖實録：洪武三年六月，「都督同知汪興祖爲晋王府武傅兼山西行都督府同知，位居武傅謝德成之上。」四年四月，汪興祖在四川戰死，「兼晋王府武傅。人有告其罪者，上宥而弗問。俾征蜀以自效，至是戰死」。十二月，「特贈爾開國輔運推誠宣力武臣、榮禄大夫、柱國、東勝侯，食禄一千五百石，俾爾子孫世世承襲」（卷五三、六四、七〇，洪武三年六月庚辰、四年四月丙戌、十二月壬辰，第一〇五一、一二一四、一三〇六頁）。黄金皇明開國功臣録：汪興祖本在封侯之列，「人有言其過者，上宥而弗問，然弗與誥券，俾仍以都督還職」（卷一〇汪興祖傳，第一册第六三四頁）。按，汪興祖封侯不久曾被貶往海南（本書洪武三年第六條注七引），俞本所録汪興祖官職無誤，趙庸與俞通源之間的位置與其巢湖水軍出身吻合，必自有據，或來自一份公開發布但與稍後實際封授不一致的官方名單。

32 **開國輔運推誠、柱國、南安侯俞通**（海）〔**源**〕⑨〔一〕。

〔一〕明太祖實録：洪武三年十一月，「中書平章政事兼同知詹事院事廖永忠，授開國輔運推誠宣力武臣、榮禄大夫、柱國，封德慶侯，食禄一千五百石。榮禄大夫、江淮等處行中書省平章政事俞通源，授開國輔運推誠宣力武臣、榮禄大夫、柱國，封南安侯，食禄一千五百石」（卷五八，洪武三年十一月丙申，第一一三二頁）。按，俞本所記，在趙庸與俞通源之間漏掉了德慶侯廖永忠。

33 **開國輔運推誠、柱國、廣德侯華高**〔一〕。

〔一〕明太祖實録：洪武三年十一月，「榮禄大夫、湖廣等處行中書省平章政事華高，授開國輔運推誠宣力武臣、榮禄大夫、柱國，封廣德侯，食禄六百石」（卷五八，洪武三年十一月丙申，第一一三二頁）。

34 **開國輔運推誠、柱國、潯陽侯⑩楊璟**〔一〕。

〔一〕明太祖實録：洪武三年十一月，「榮禄大夫、湖廣等處行中書省平章政事楊璟，授開國輔運推誠宣力武臣、榮禄大夫、柱國，封營陽侯，食禄一千五百石」（卷五八，洪武三年十一月丙申，第一一三二頁）。黄金皇明開國功臣録引洪武十七年朱元璋諭楊璟子通：「爾父盡心事朕，南征北伐，多著勳勞，故錫封營陽，以報其功。」（卷九楊璟傳，第一册第六〇四頁）

35 榮禄大夫、柱國、蘄春侯康鐸〔一〕。

〔一〕明太祖實録：洪武三年十一月，「推忠翊運宣力懷遠功臣、光禄大夫、湖廣等處行中書省平章政事、柱國、蘄國武義公康茂才之子鐸，授榮禄大夫、柱國，封蘄春侯，食禄一千五百石」（卷五八，洪武三年十一月丙申，第一一三二頁）。按，康鐸因父功得封，無開國功臣號，俞本所録同常茂例（本書洪武四年第一四條）。

36 開國輔運推誠、柱國、永嘉侯朱亮祖〔一〕。

〔一〕明太祖實録：洪武三年十一月，「中奉大夫、浙江等處行中書省參知政事朱亮祖，授開國輔運推誠宣力武臣、榮禄大夫、柱國，封永嘉侯，食禄一千五百石」（卷五八，洪武三年十一月丙申，第一一三二～一一三三頁）。

37 開國輔運推誠、柱國、同知大都督府事、（穎）〔潁〕川侯⑪傅友德〔一〕。

〔一〕明太祖實録：洪武三年十一月，「中奉大夫、江淮等處行中書省參知政事傅友德，授開國輔運推誠宣力武臣、榮禄大夫、柱國、同知大都督府事，封潁川侯，食禄一千五百石」（卷五八，洪武三年十一月丙申，第一一三三頁）。

38 **開國輔運推誠、柱國、豫章侯胡美**〔一〕。

〔一〕明太祖實録：洪武三年十一月，「榮禄大夫、中書平章政事兼同知詹事院事胡美，授開國輔運推誠宣力武臣、榮禄大夫、柱國，封豫章侯，食禄一千五百石」（卷五八，洪武三年十一月丙申，第一一三三頁）。

39 **開國輔運推誠、柱國、東平侯韓政**〔一〕。

〔一〕明太祖實録：洪武三年十一月，「榮禄大夫、山東等處行中書省平章政事韓政，授開國輔運推誠宣力武臣、榮禄大夫、柱國，封東平侯，食禄一千五百石」（卷五八，洪武三年十一月丙申，第一一三三頁）。

40 **開國輔運推誠、柱國、宜春侯黄彬**〔一〕。

〔一〕明太祖實録：洪武三年十一月，「中奉大夫、江西等處行中書省參知政事黄彬，授開國輔運推誠宣力武臣、榮禄大夫、柱國，封宜春侯，食禄九百石」（卷五八，洪武三年十一月丙申，第一一三三頁）。

41 **開國輔運推誠、柱國、宣寧侯曹良臣**〔一〕。

〔一〕明太祖實録：洪武三年十一月，「榮禄大夫、山西等處行中書省平章政事曹良臣，授開國輔運推誠宣力武臣、榮禄大夫、柱國，封宣寧侯，食禄九百石」（卷五八，洪武三年十一月丙申，第一一三三頁）。

42 **開國輔運推誠、柱國、汝南侯梅思祖**〔一〕。

〔一〕明太祖實録：洪武三年十一月，「資善大夫、浙江等處行中書省右丞梅思祖，授開國輔運推誠宣力武臣、榮禄大夫、柱國，封汝南侯，食禄九百石」（卷五八，洪武三年十一月丙申，第一一三三頁）。

43 **開國輔運推誠、柱國、河南侯陸聚**〔一〕。

〔一〕明太祖實録：洪武三年十一月，「中奉大夫、山東等處行中書省參知政事陸聚，授開國輔運推誠宣力武臣、榮禄大夫、柱國，封河南侯，食禄九百石」（卷五八，洪武三年十一月丙申，第一一三三～一一三四頁）。

44 **封伯者二員：忠勤伯汪廣洋，誠意伯劉伯温**〔一〕。

〔一〕明太祖實録：洪武三年十一月，「封中書右丞汪廣洋爲忠勤伯，御史中丞兼弘文館學士劉基爲誠意伯」（卷五八，洪武三年十一月乙卯，第一一四四頁）。

45 **續封侯六員：永昌侯藍玉、鞏昌侯郭子興、錦川侯⑫曹震、西平侯沐英、永城侯薛**

儂⑬、靖寧侯葉昇〔一〕。封畢，上命鑄金券，頒諸公侯伯，其文曰：「上天佑民，朕乃率撫。威服華夷，實憑虎臣。賜爾金符，永傳後嗣。」〔二〕追尊高祖爲德祖玄皇帝，曾祖爲懿祖恒皇帝，祖爲熙祖裕皇帝，考爲仁祖淳皇帝〔三〕。建封諸子棡、棡、棣、植⑭等，於秦、晉、燕、周、楚、齊、魯、蜀、潭、湘、代、遼、岷、慶、肅等地封王建國〔四〕。

〔一〕按，郭子興爲洪武三年底舊封，奪爵後於四年復爵（本書洪武四年第二五條注一、三年第六條注七）。明太祖實録：洪武三年十二月，「封右丞薛顯爲永城侯，賜文綺及帛六十匹，俾居海南。時顯有專殺之罪」。至六年六月已得赦免。十年十月，「封大都督府同知沐英爲西平侯」。十二年十一月，「封大都督府僉事仇成爲安慶侯，藍玉爲永昌侯，謝成爲永平侯，張龍爲鳳翔侯，吴復爲安陸侯，金朝興爲宣德侯，曹興爲懷遠侯，葉昇爲靖寧侯，曹震爲景川侯，張温爲會寧侯，周武爲雄武侯，王弼爲定遠侯」（卷五九、八三、一一五、一二七，洪武三年十二月戊辰、四年六月丙午、十年十月戊午、十二年十一月甲午，第一一五三～一一五四、一四八六、一八八六、二〇二一頁）。後來陸續得封者遠不止此六人，疑俞本因藍玉、葉昇、曹震等三人後來爲藍黨案主角（參見本書洪武二十四年第一條注一、二十六年第一條及注一、二），故單列之。

〔二〕明太祖實録：洪武四年六月，「詔定武臣金銀牌制……指揮所佩金牌，雙雲龍雙虎符；千户所佩鍍金銀牌，獨雲龍獨虎符；百户所佩素銀牌符。凡造雙雲龍雙虎符金牌五百，獨雲龍獨虎符鍍金銀牌二千，素銀牌一萬一千，通爲一萬三千五百面。上親爲文鈒之，曰『上天佑民，朕乃率撫。威加華夷，實憑虎臣。錫爾金符，永傳後嗣』。字皆陽文」（卷六六，洪武四年六月甲辰，第一二四四～一二四五頁）。據此，指揮以上武官所佩皆金牌，且所有金銀牌上皆鐫此文字，而非勛貴獨有。俞本所見「金券」，殆即韋正等指揮所佩。

〔三〕明太祖實録：洪武元年正月，「上皇高祖考尊號曰玄皇帝，廟號德祖，皇高祖妣曰玄皇后；皇曾祖考尊號曰恒皇帝，廟號懿祖，皇曾祖妣曰恒皇后；皇祖考尊號曰裕皇帝，廟號熙祖，皇祖妣王氏曰裕皇后；皇考尊號曰淳皇帝，廟號仁祖，皇妣陳氏曰淳皇后」（卷二九，洪武元年正月乙亥，第四七九～四八〇頁）。

〔四〕明太祖實録：洪武三年四月，「封第二子樉爲秦王，第三子棡爲晉王，第四子棣爲燕王，第五子橚爲吴王，第六子楨爲楚王，第七子榑爲齊王，第八子梓爲潭王，第九子杞爲趙王，第十子檀爲魯王，從孫守謙爲靖江王」。十一年正月，「册封皇子椿爲蜀王，柏爲湘王，桂爲豫王，楧爲漢王，植爲衛王，改封吴王橚爲周王」。二十四年四月，「册封皇子栴爲慶王，權爲寧王，楩爲岷王，橞爲谷王，松爲韓王，模爲瀋王，楹爲安王，桱爲唐王，棟爲郢王，㰘爲伊王」。二十五年三月，「庚寅改封豫王桂爲代王，漢王楧爲肅王，衛王植爲遼王」（卷五一、一一七、二八〇，洪武三年四月乙丑、十一年正月甲戌、二十四年四月辛未、二十五年三月庚寅，第一〇〇一、一九〇七、三一〇〇、三一八九頁）。俞本僅列樉等四子之名，對應秦、晉、燕、周前四國，似認燕王、周王與秦王、晉王同列，或指四人皆爲嫡子。

46 是年，朶只巴遣參政阿失寧朝京，以其女獻爲東宮次妃〔一〕。上允，敕女官於蘭

州迎娶，遣禮部官設御宴於蘭州待之。朵只巴在紅樓子〔二〕駐營，終不肯赴宴，尋領衆遁於西寧〔三〕。

〔一〕明太祖實録：洪武五年四月，「故元參政阿失寧自西蕃來降，貢馬，以灌頂國師玉印來上。詔賜織金文綺」（卷七三，洪武五年四月庚寅，第一三四二頁）。

〔二〕明英宗實録：正統元年，「阿臺、朵兒只伯率衆先寇莊浪，尋往紅城子駐劄……巡撫陝西爲事官羅汝敬奏：『臣督丁壯，轉運邊餉，至莊浪衛紅城子，忽遇虜寇。』」（卷二四，正統元年十一月丁酉、壬子，第四七五、四八四頁）寰宇通志：「紅城子驛，在莊浪衛南七十里。」（卷一〇一陝西行都指揮使司館驛，第六一七〇頁）應即今永登縣南境莊浪河畔的紅城鎮（甘肅省地圖集，第二二頁）。元代紅城兒站是岐王的傳統領地（永樂大典卷一九四二一站站赤引經世大典，元明宗天历二年四月二十七日，葉一四b～一五a），又是蘭州黄河對岸通往内陸的要衝，應即此紅樓子。

〔三〕洪武五年四月，阿失寧到京（本書洪武四年第四六條注一引）。明太祖實録：洪武五年五、六月，明軍進軍河西走廊，「至永昌，又敗元太尉朵兒只巴於忽剌罕口，大獲其錙重牛馬……師次別篤山口，元岐王朵兒只班遁去，追獲其平章長加奴等二十七人及馬駝牛羊十餘萬」（卷七四，洪武五年六月戊寅，第一三五八～一三五九頁）。按，太尉朵兒只巴、岐王朵兒只班似乎是不同的兩個人。劉三吾宋國公馮勝追封三代神道碑銘：馮勝「以征西將軍由西道取甘肅等處，敗元將失剌兵，敗朵兒只八（元）〔于〕虎剌罕口，獲人馬數十萬，羊、馬、駝稱是，進拔肅州等處」（坦齋先生文集卷二，第四六頁）。可知明軍的確在進軍甘州的途中擊敗了元將朶兒只八。明太祖實録載與岐王桑哥朶兒只班同時降明的高昌王，在元末鎮守永昌（本書洪武三年第七條注九引），可知明軍在永昌擊敗的太尉朶兒只巴，應即岐王朶兒只班、明太祖實録洪武六年述及的「太尉朶兒只班」（本書洪武四年第一〇條注二引）。別篤山口之戰應是明軍克甘州後四出掃蕩，由朶只巴此前、此後在青海西寧一帶活動，可知別篤山口應即今張掖至青海大道入祁連山的扁都口（甘肅省地圖集，第七三頁）。由此可知，經此兩戰，朶只巴由永昌退往青海，俞本所記朶只巴從紅樓子遁歸西寧，應即洪武五年夏被明軍擊敗之事。俞本或因在朶失結投降事後述朶只巴通款、潰逃之事，而附於洪武四年十二月後的「是年」。

校勘記

① 「朶只巴」，他書作「朶兒只班」、「朶兒只」、「朶兒只巴」、「朶兒只八」、「朶耳只八」（本書洪武三年第七條注八、九、洪武五年第二條注二、第四條注八引、黄金皇明開國功臣録卷二〇馮誠傳，第二册第二三八頁）。吴均安定曲先罕東必里等衛地望及民族瑣議：明太祖實録提及的岐王朶兒只班和西戎、西番朶兒只巴並非一人（第一一七頁）。按，各種史料多稱岐王爲朶兒只巴，明太祖實録前記岐王朶兒只班事迹，後不見蹤迹而出現「西戎朶兒只班」和「朶兒只巴」，正説明兩者爲一人，以上姓名皆屬同音異譯（參見Serruys，*The Mongols of Kansu during the Ming*，pp. 241—242）。

② 「朶失結」，他書作「朶兒只失結」（本書洪武四年第一〇條注二引）。

③「茶司馬」，陳校本作「茶馬司」（第四四三頁），是。

④「鍾山」，他書作「中山」（本書洪武四年第一八條注一引）。

⑤「榮陽」，明太祖實録（本書洪武四年第二六條注一引）同，黄彰健明太祖實録校勘記以「滎作榮」（卷五八葉一〇，第二六六頁），他書作「滎陽」（例見黄金皇明開國功臣録卷八鄭遇春傳，第一册第五四七頁）。「榮陽」非適宜地名，「滎陽」是。

⑥「□」，張刻本未刻，據他書（本書洪武四年第二九條注一引）補。

⑦「南□□□庸」，張刻本漫漶，陳校本作「南熊侯趙庸」（第四四四頁），本書他處作「南熊」、「南熊侯趙庸」。按，南熊，係俞本以南雄音致訛（本書甲辰年第一〇條及注一、洪武九年第一條），此據俞本原意補作「南熊侯趙庸」。

⑧「□□」，張刻本漫漶，辨證錢引本作「興祖」（第二一二三頁），陳校本作「興祖」（第四四四頁）。據他書（本書洪武四年第三一條注一引）知辨證錢引本確。

⑨「俞通海」，他書作「俞通源」（本書洪武四年第三三條注一引）。按，此時俞通海已卒（明太祖實録卷二三，吴元年四月乙卯，第三三九～三三〇頁），俞通源繼爲俞氏家族代表，「源」是。

⑩「潯陽」，他書作「營陽」（本書洪武四年第三四條注一引），是。

⑪「穎川」，陳校本作「潁川」（第四四四頁），是（參見本書洪武四年第三七條注一引）。

⑫「錦川」，他書作「景川」（本書洪武四年第四五條注一引），是。

⑬「薛儂」，他書作「薛顯」（本書洪武四年第四五條注一引）。疑俞本因薛顯綽號「薛猱兒」（本書辛丑年第六條注二、第八條）而誤寫爲「儂」。

⑭「植」，他書作「橚」。朱植封衛王時，朱橚由吴王改封周王（本書洪武四年第四五條注四引）。疑俞本因官方文書

記植、槠之事相鄰，而誤「槠」爲「植」。

洪武五年　壬子（公元一三七二年）

1 正月，韋正遣鎮撫張護神奴賫御榜，招諭撒立畏兀兒。安定王即以所授元朝金印及部下官員銀銅印信、金銀牌面、宣敕，遣府尉沙沙①賫繳朝覲〔一〕。上敕陝西參政盛周卿②賫制往諭，賜以龍衣、御酒、表裏段匹，任擇水草便益地方駐扎〔二〕。開設安定（幹）〔斡〕端衛③、曲先答林衛④，以沙沙等爲指揮同知〔三〕，頒以金筒誥命，設千、百户所及衛鎮撫，給以五花誥命。上陞韋正爲陝西行都指揮使〔四〕，歲俸職田共一千五百石〔五〕。

〔一〕明太祖實録：洪武七年六月，「西域撒里畏兀兒安定王卜煙帖木兒遣其府尉麻答兒、千户剌爾嘉來朝，貢鎧甲、刀劍等物。撒里畏兀兒者，韃靼別部也，其地廣袤千里，去甘肅一千五百里，東抵罕東，西距天可里，北邇瓜、沙州，南界吐蕃，居無城郭，以氈帳爲廬舍，産多駝馬牛羊。至是來朝貢，詔遣使賜卜煙帖木兒織錦文綺四匹，麻答兒等羅衣二襲，仍命召其酋長，立爲四部，給銅印，曰阿端，曰阿真，曰苦先，曰帖里」（卷九〇，洪武七年六月壬戌，第一五八六～一五八七頁）。按，洪武五年初，甘肅尚屬北元，青海被朵只巴盤踞，撒里畏兀兒遠處甘肅、青海以西，縱有招諭之事，亦不可能來降。俞本將來降之事誤前置兩年。

〔二〕明太祖實録：洪武三年四月，「以鄭九成爲秦府左相兼陝西行省參政。」七年三月，「刑部主事鄭九成爲廣東行省參政」。九年十月，「遣前廣東行省參政鄭九成同河南衛百户羅福，賫金織文綺衣服，往陝西安定斡端衛并撒里畏吾兒等地，賜賚元宗室寧王卜煙帖木兒等官五十九人」（卷五一、八八、一一〇，洪武三年四月丙寅、七年三月戊辰、九年十月丁巳，第一〇〇二、一五五七、一八二〇頁）。

〔三〕明太祖實録：洪武八年正月，「置安定、阿端二衛指揮使司，從撒里畏兀兒卜煙帖木兒之請也，以沙剌爲指揮同知，亦班藏卜、卜理不花、護出、完者帖木兒爲指揮僉事」。十年，「曲先衛指揮沙剌殺故元安定王卜煙帖木兒，其子板咱失里殺沙剌以報父讎，既而板咱失里復爲沙剌部將所殺」（卷九六、一一一，洪武八年正月壬戌、十年四月乙亥，第一六五四、一八五二頁）。由沙剌之名，知洪武八年或亦設曲先衛，與「安定、阿端二衛」不合。高自厚撒里畏兀兒東遷和裕固族的形成：洪武八年設有三衛，三衛與四部之名對應，阿端衛統阿端部，曲先衛統苦先部，安定衛統阿真、帖里部，其中阿真即安定，帖里語源難定（第一〇七～一〇九頁）。按，寰宇通志：「曲先衛……古西戎部落，元爲曲先答林元帥府。」（卷一一七外夷曲先衛，第六三一七頁）劉迎勝元代曲先塔林考：元代塔林之名總是附見於曲先，曲先塔林爲一固定合稱，曲先塔林都元帥府於元代中期被伊斯蘭勢力逐出了塔里木盆地（第二四五～二五二頁）。被逐出塔里木盆地的曲先塔林，無疑屬東遷的撒里畏兀兒所部。「曲先塔林」既爲曲先、答林二名的固定合稱，則俞本所載「曲先答林衛」就合乎情理，對應苦先、帖里二部。胡小鵬察合台系蒙古諸王集團與明初關西諸衛的成立不同意四部即四種部族部落的看法，認爲撒里畏兀兒是察合台系安定王所統的混雜集團，並非單一部族，安定、曲先、阿端、帖里諸名不是嚴格的部族名，而是來自元朝軍政機構的名號（第八八～九〇頁）。按，衛名中的安定、曲先、阿端，與部名中的阿端、苦先、帖里，可再加區分：曲先係承元朝軍政機構之名，苦先、帖里則是新出現的部名。所以，「安定斡端衛」，當屬以元朝機構舊名對應其所統轄的新出現的部名。元朝在塔里木盆地所設與曲先塔林元帥府相當的機構，是「斡端宣慰使司元帥府」（元史卷一五世祖紀，至元二十六年九月丁亥，第三二五頁），則「陝西安定斡端衛」極可能爲安定、斡端之合稱。總之，明太祖實録載洪武八年置撒里畏兀兒「安定、阿端二衛」有漏字，實情應如俞本所記，爲「安定阿端、曲先答林二衛」。前者統阿真、阿端，後者統苦先、帖里，可簡稱安定、曲先二衛（李新峰明初撒里畏兀兒設衛考，第七五～七六頁）。

〔四〕明太祖實録：洪武七年七月，「置西安行都指揮使司於河州，陞河州衛指揮司韋正爲都指揮使，總轄河州、朵甘、烏思藏三衛，陞朵甘、烏思藏二衛爲行都指揮使司」（卷九一，洪武七年七月己卯，第一五九五頁）。按，「陝西行都指揮使」之名要到洪武八年改行都衛爲行都司（本書洪武四年第二條注一引）時才會出現，俞本或將招降朵甘、烏思藏後的機構職務變更，誤置於招降撒里畏兀兒事下了。

〔五〕明太祖實録：洪武七年八月，「增列侯等官禄秩。上念諸功臣之家族屬數多，歲禄恐不足贍，命中書省臣會計列侯，自中山侯以下十三人，舊食禄千五百石者加賜公田千石，共歲食二千五百石……杭州都指揮使徐司馬、西安行都指揮使韋正各千五百石……在外都指揮使八百石，同知六百石，僉事五百石……所撥公田仍依舊則，不許減科」（卷九二，洪武七年八月乙卯，第一六一六頁）。韋正所得遠遠超出一般的都指揮使，與列侯相當，故俞本特爲標舉。

2 五月，宋國公馮勝領河南、陝西等各衛馬步兵十餘萬〔一〕，征甘肅，克之〔二〕。

〔一〕馬順平洪武五年明蒙戰爭西路戰役研究據明太祖實録多條記載指出，馮勝所統有五萬人，「主體是河南衛軍兩萬人以及西安衛、京衛軍士，另外還補充了吐蕃、西寧等地的歸附軍。」（第七頁）

〔二〕劉三吾宋國公馮勝追封三代神道碑銘：馮勝「以征西將軍由西道取甘肅等處，敗元將失剌兵，敗朵兒只八（元）〔于〕虎剌罕口，獲人馬數十萬，羊、馬、駝稱是，進拔肅州等處。至亦集乃，敗俞寶兵」（坦齋先生文集卷二，第四六頁）。明太祖實録：洪武五年六月，「征西將軍馮勝、左副將軍陳德、右副將軍傅友德率師至甘肅，故元將上都驢降。初，勝等師至蘭州，友德先率驍騎五千直趨西凉，遇元失剌罕之兵，戰敗之。至永昌，又敗元太尉朵兒只巴于忽剌罕口，大獲其輜重牛馬。進至掃林山，勝等師亦至，共擊走胡兵，友德手射死其平章百花，追斬其黨四百餘人，降太尉鎖納兒加、平章管著等。至是，上都驢知大將軍至，率所部吏民八百三十餘户迎降。勝等撫輯其民，留官軍守之」（卷七四，洪武五年六月戊寅，第一三五八頁）。

3 八月，日中有二黑子，占者云：「臣不掩君之惡，臣下蔽君之明。」敕中書省密示天下都司官〔一〕。

〔一〕明太祖實録：洪武五年七月，「日中有黑子」（卷七五，洪武五年七月辛未，第一三八八頁）。張兆裕明初國事與術數據此推測，俞本所記八月，係七月占者消息送達河州的日期（第四五五頁）。

4　十二月，馮勝懼回鶻之兵〔一〕，將甘州所葺城池營房倉庫、轉運米麥料豆二十餘萬石及軍需，盡焚之，棄城歸，并寧夏、西凉、莊浪三城之地亦棄〔二〕。僅以牛羊馬駝令軍人趕歸，途中倒死者，軍雖饑，不敢食，仍負荷歸，軍人餓死載道，一無所問〔三〕。上知之，追奪馮勝券誥爵禄，宥其罪，貶爲庶人，録其家財〔四〕。以牛羊駱駝馬匹令民牧養，愚民無知，駝死者，并棄骨。勝後復職，憾之，曰：「駝雖死，骨安在？」令有司官拷掠徵骨，致貧民賣子買駝骨償之。又恨陝西都指揮濮英搜其僕妾金珠，譖於上曰：「濮英守陝西，有不法者數事。」上宣英於殿前，不究情由，降爲陝西前衛指揮〔五〕。不許到任，遣領西安、平凉、鞏昌、臨洮將士，往西海〔六〕追襲朵只巴，出蘭州，由大通河〔七〕直抵西寧鐵佛寺〔八〕。遣陝西行都指揮使韋正自歸德州渡黃河，由巴亦咂〔九〕沿西海邊抵北而進〔一〇〕。上命衛國公鄧愈，授以征西將軍印，遣人賫制諭付愈〔一一〕。愈遣俞本賫制追英，督英與正合兵。凡六晝夜，大雪，不及而歸。是年，大同都指揮使耿忠奏，晉府宮殿缺青緑心紅，令商賈於太原納中淮浙鹽，上允之。忠，貪婪人，私令家奴市青緑心紅萬斤，中納淮浙鹽一萬餘引，並無各商中納，令家奴馳驛赴揚州關支鹽引。上察知，宥忠罪，發河州衛充軍，録其家資〔一二〕。

〔一〕趙現海洪武初年甘肅地緣政治與明朝西北疆界政策指出，俞本稱回鶻往往係泛指，但從明軍克瓜州、沙州即退兵，未出元朝邊界，可知馮勝所懼的「回鶻」，是正當强盛的别失八里即東察合台汗國（第八五～八六頁）。

〔二〕弘治寧夏新志：「國初立寧夏府，洪武五年廢，徙其民於陝西。」（卷一建置沿革，第一六一頁）周松明初河套周邊邊政研究據當時北方各邊大舉内遷的形勢，認爲洪武五年確曾内遷寧夏編户（第七〇頁）。馬順平明代陝西行都司及其衛所建置考實據嘉靖陝西通志，趙現海洪武初年甘肅地緣政治與明朝西北邊界政策據此後明軍在河西走廊的活動與甘肅衛所的興廢，皆認爲俞本所記可信（第一一一頁；第八三～八四頁）。

〔三〕洪武二十三年朱元璋詔書：「臨江侯陳德，爲征西匿頭匹，而有餓死軍數千，責之而怒，遂反。」（載祝允明野記，第五〇二頁）陳德爲洪武五年之役西路軍中僅次於馮勝的左副將軍（本書洪武五年第二條注二引），朱元璋所斥應即俞本所記。明太祖實録亦載：洪武五年十二月，「賞征甘肅京衛軍士一萬四百三十五人白金四萬四千兩。時公、侯、都督、指揮、千、百户以匿所獲馬騾牛羊，不賞」（卷七六，洪武五年十二月壬申，第一四〇六頁）。

〔四〕明太祖實録：洪武五年六月，「進之亦集乃路，元守將卜顔帖木兒全城降。師次别篤山口，元岐王朵兒只班遁去，追獲其平章長加奴等二十七人及馬駝牛羊十餘萬。友德復引兵至瓜、沙州，又敗其兵，獲金銀印、馬駝牛羊二萬而還」。十月，馮勝班師到京，十一月，設立甘肅都衛、莊浪衛（卷七六，洪武五年六月庚寅、十月丁酉、十一月壬子，第一三五八～一三五九、一四〇一、一四〇三頁）。按，本年明軍三路北征，中路和東路主力敗績，西路馮勝等雖戰勝，亦無補大局，放棄甘肅乃勢所必然，非因馮勝個人怯懦。貶爲庶人云云，更不免誇張（參見趙現海明初甘肅地緣政治與明朝西北疆界政策，第八二頁）。俞本所言馮勝劣迹，摻有個人好惡（參見胡小鵬等明興野記與明初河州史事考論，第六三頁）。

〔五〕明太祖實録：洪武八年十月，「召西安都指揮使濮英、王銘還京，以都督僉事葉昇、林濟峰代之」。洪武十二年十月，「以西安衛指揮使濮英爲陝西都指揮使」（卷一〇一、一二六，洪武八年十月丁亥朔、十二年十月乙酉，第一七〇九、二〇一八頁）。朱元璋西安衛都指揮使葉昇林濟峰誥：「邇來西安衛都指揮濮英等，惰事弗勤，不謀怯敵，是致歸者失於撫勞，逃者終不復還，爲斯官不稱任，難居重位，詔令還朝，送付法司，責問難易。」（明太祖御製文集卷三，第九七頁）可見濮英確無具體罪責，朱元璋無法嚴辦，只令在原任都司所轄衛所長期降職使用，「陝西前衛」殆「陝西西安前衛」之訛。唯事在數年以後，俞本稱事出馮勝，遂繫於馮勝劣迹之下。

〔六〕西海即青海湖（萬曆西寧衛志卷一地理志山川，第二八頁）。

〔七〕寰宇通志：「大通河，在莊浪衛南百二十里。」（卷一〇一陝西行都指揮使司山川，第六一九九頁）萬曆西寧衛志：「莊浪衛。東去衛治二百五十里，今謂之大通河。」（卷一地理志山川，第二九頁）應即今大通河（中華人民共和國分省地圖，第一一一頁）。明軍從北方包抄西寧，或爲截斷朵只巴逃往甘肅的後路。

〔八〕順治西寧志：「鐵佛寺，城北一百二十里。昔傳有鐘，高不可知，圓徑，半入地下，半在地上，不能掘取。夏瓚詩云……」（卷二建置祠祀，第一五四頁）乾隆西寧府新志：「鐵佛寺，在城北五里餘。昔傳有鐘……夏瓚有詩。」（卷一五祠祀寺觀西寧府，第三七〇頁）按，由蘭州上溯湟水可直達西寧，上溯湟水支流大通河則偏向北方山區，與城北一百二十里的方位吻合。但順治、乾隆二志所述顯然爲同一地，後者記其在城北，而今西寧市區鐵佛寺遺址「在土樓山東南的山脚下、小寺溝的東面」（一九九六年城北區志第十四篇第三章第十五節名勝古迹，第四二六頁），即西寧市城區湟水以北、北川河以東北山寺東南麓的寺臺子村（西寧市區道路名稱圖）。疑順治西寧志因明初西寧衛初設於西寧以東的碾伯（本書洪武六年第一條注二），沿襲舊志記鐵佛寺在碾伯舊西寧衛城西一百二十里而致誤，「直抵西寧鐵佛寺」應指直抵後來的西寧城。

〔九〕洪武十年六月朱元璋諭西番罕東畢里等詔：「俺大位子裏坐地有……已自十年了也。只有西番、罕東、畢里、巴一撒他每這火人，爲甚麽不將差發來？」（明太祖御製文集卷一，第五六～五七頁）巴一撒應即巴亦啞。張雨邊政考：明代中期西寧衛以東有巴州堡、巴州大寨、巴州墩，往南分布着革啞族、古啞族，與河州衛隔黄河相望（卷四西寧衛形勝，第二八六頁）。巴亦啞地區大略當今西寧東南黄河北岸地區，具體地點未詳。萬曆臨洮府志：河州納馬番族中有「著亦啞族」（卷一〇茶馬考納馬番族，第七九頁）。

〔一〇〕明太祖實録：洪武九年八月，「西番土官朵兒只八叛，率衆寇罕東。河州衛指揮使甯正率兵擊走之，追至西海北山口而還」。又：「初，自安定王卜煙帖木兒遣使朝貢，詔立其酋長爲四部，給銅印守其地。後番將朵兒只巴叛遁沙漠，過其地，大肆殺掠，并奪其印去」（卷一〇六、二四五，洪武九年八月「是月」、二十九年三月壬午，第一八〇二、三五五六頁）。朱元璋勞臨洮衛指揮趙琦：「西征甘肅，又西南追伐朵兒只巴於安定王地方。」（明太祖御製文集卷六，第二〇七頁）按，「安定王地方」即河州西北的撒里畏兀兒地方，則這次大規模戰争必在朵只巴洪武九年叛亂（參見本書洪武六年第七條注二），即明太祖實録載「叛遁沙漠」之後，日期與濮英降職時間吻合，可知俞本此處所記實爲洪武九年之役。疑俞本把濮英因降職參戰，繫於洪武五年底馮勝棄地虐軍遭斥、後誣陷濮英降職等一系列事件之後，又記得洪武五年底有一場襲擊朵只巴的戰役（本書洪武六年第七條注二引），遂將洪武九年之戰誤置於洪武五年底。

〔二〕明太祖實録：洪武五年十二月，「吐蕃諸部川藏邀阻烏思藏使者，掠其輜重。命鄧愈爲征西將軍，率兵討之」。又載洪武十年四月，「命衛國公鄧愈爲征西將軍，大都督府同知沐英爲副將軍，率師討吐蕃。先是，吐蕃所部川藏邀殺使者鞏哥鎖南等，故命愈等討之」（卷七七、一一一，洪武五年十二月庚子、十年四月己酉，第一四一六、一八五一頁）。洪武五年底的任命不見下文，而川藏罪狀與洪武十年者相同，況且洪武五年明軍慘敗漠北，退守内邊無力西進，故可知明太祖實録記洪武五年出征爲衍文，實鄧愈僅在洪武十年任征西將軍。鄧愈於洪武八年後再赴河州（本書洪武七年第五條注一），完全可能指揮了洪武九年之戰。疑俞本因洪武九年、十年之戰均由鄧愈統一指揮，而記其洪武九年追襲朵只巴之戰中爲征西將軍。

〔三〕劉辰國初事迹：「忠任大同衛指揮，聞中鹽利，巧生奸計……誘動千、百户、舍人及軍丁皆投托門下，或納糧米，或折納軍需物料，中出鹽引……事發，太祖一概疑之……鹽引没官，仍提耿忠問罪。」（第九九頁）明太祖實録：洪武四年三月，「大同衛都指揮使耿忠，請以山東、山西鹽課折收綿布、白金，赴大同易米，以備軍餉」。七年八月，朱元璋説：「曩者兵戍北塞，遣將安邊，不期耿指揮好殺，是致同人而異志……今耿指揮已寘於法。」（卷六二、九二，洪武四年三月癸卯、七年八月癸卯，第一一九八、一六一三頁）朱元璋的原話是：「不期耿指揮好殺貪污，是致同人而異志……今耿指揮累受刑責，法尚未已。」（明太祖御製文集卷五與元臣秃魯書，第一六三頁）可知耿忠確有中醞之議、貪污之罪，但與晉王府無涉。唯黄金皇明開國功臣録：耿忠於洪武「四年改大同衛指揮使。五年，改太原衛。」（卷一七耿忠傳，第二册第一三一頁）太原，可與俞本所記「晉府」對應。

校勘記

① 「沙沙」，他書作「沙剌」（本書洪武五年第一條注三引）。

② 「盛周卿」，他書作「鄭九成」（本書洪武五年第一條注二引），疑俞本以音訛爲「盛周卿」。

③ 「安定斡端衛」，明太祖實録載設安定、阿端二衛，又載有「安定斡端衛」（本書洪武五年第一條注二引）。伯希和馬可波羅遊記注：元代對于闐最常見的寫法是斡端，到明初則寫作阿端，二者發音一致，而元代刻本中將斡訛爲幹是常見現象（Pelliot, *Notes on Marco Polo*, Vol. 1, pp. 415—416）。「幹端」應爲俞本所記本名「斡端」刊刻之誤。

④ 「曲先答林」，寰宇通志同（本書洪武五年第一條注三引），他書作「曲先塔林」（元史卷九一百官志宣慰司，第二三〇九頁）。

洪武六年　癸丑（公元一三七三年）

1 正月，元庚申君崩，其子愛猷失里答剌即位〔一〕。遣和林國師賫金銀銅印、宣敕、牌面，游説朶甘思、烏思藏、朶思麻及臨洮、鞏昌等處土官。至西寧〔二〕，都指揮韋正察知，調千户魏平領騎兵五百人（亦於）〔於亦〕咂①地面邀擒，解送上前。問其由，赦其罪，以禮待之〔三〕。敕令譯詔旨往烏思藏，國師詭譯上意。西行至河州，正復令譯者宣其文，方知爲詐，差人賫奏國師詭譯之罪。上敕令以國師沉於錢塘江中〔四〕。

〔一〕明太祖實録：洪武三年五月，「左副將軍李文忠師趨應昌，未至百餘里，獲一胡騎，問之，曰四月二十八日元主已殂，今自應昌往開平報國喪。文忠即督兵兼程以進……克之……惟太子愛猷識理達臘與數十騎遁去。文忠親率精騎追之，至北慶州，不及而還」（卷五二，洪武三年五月辛丑，第一〇二一～一〇二二頁）。按，洪武五年明軍漠北戰敗，愛猷識理達臘於洪武六年甚至遣使游説高麗，誇説「中興」（鄭麟趾高麗史卷四四恭愍王世家，二十二年二月乙亥，上編第八五一頁）。疑俞本因此時北元捲土重來，追述其「即位」之事。

〔二〕按，朶兒只失結於洪武四年底得授河州衛指揮僉事，六年初任新設西寧衛指揮僉事（本書洪武四年第一〇條及注二）。明太祖實録：洪武十九年正月，「都督濮英奏：『西寧衛舊城卑狹，不堪戍守。

今度城西百二十里許，其地平衍，可以改築。』上可其奏，命調鞏昌、臨洮、平凉三衛軍士築之」（卷一七七，洪武十九年正月壬午，第二六七七頁）。寰宇通衢：「碾伯驛，六十里至察罕送□□驛，八十里至西寧在城驛。」（京城至陝西布政司并所屬各府各衛至西寧衛，第一五三頁）萬曆西寧衛志：「西寧衛城……洪武十九年命長興侯耿秉文率陝西諸衛軍士筑之，基割元西寧州故城之半……碾伯城，東去衛治一百三十里，即南凉樂都城故地。」（卷一地理志城池，第五一）康熙碾伯所志：「明太祖洪武五年，立碾伯衛，十九年廢，置碾伯右千户所。」（沿革，第四九二～四九三頁）按，明初並無碾伯衛，洪武六年初設置的西寧衛，當位於碾伯，即西寧城東的今樂都縣城（中華人民共和國分省地圖，第一一頁）。北元使團所至的西寧，其實是碾伯，所以會在碾伯即今樂都附近的亦啞地面（本書洪武五年第四條注九）被擒。

〔三〕明太祖實録：洪武七年二月，「故元和林國師朶兒只怯烈失思巴藏卜，遣其講主汝奴汪叔來朝進表，獻銅佛一、舍利一、白哈丹布一，及元所授玉印一、玉圖書一、銀印四、銅印五、金字牌三」。五月，「和林國師朶兒只怯烈失思巴藏卜及甘肅平章汪文殊奴等至京師……賜國師文綺禪衣」。十一月，「詔以西竺僧班的達撒哈咱失里爲善世禪師，朶兒只怯列失思巴藏卜爲都綱副禪師，御製誥賜之」（卷八七、八九、九四，洪武七年二月戊戌、五月庚辰、十一月甲子，第一五五一、一五七六、一六三六頁）。按，此時明軍漠北敗績不久，此和林國師不可能主動來降，應如俞本所記，係南下游説時被明軍擒獲。宋濂和林國師朶兒只怯列失思巴藏卜授都綱禪師誥：「生鄰佛土，尊禮碩師，其於三乘教法，想已聞之熟矣……今特命爾爲都綱副禪師，統制天下諸山。」（宋濂全集翰苑續集卷二，第八一〇頁）

〔四〕撒哈咱失里、板的達、具生吉祥爲同人異名（何孝榮明代南京寺院研究，第二一七頁）。朱元璋授善世禪師詔：「爾具生吉祥……勞心愿重，特加善世禪師，以神善道，更加朵兒只怯列失思巴藏卜爲都綱副禪師，統制天下諸山，繩頑禦惡，相爲表裏以施行。」又諭善世禪師板的達：「前者東達滄海，而禮補陀，旋錫錢塘，而暫禪天目，西游廬嶽。中國之名山，遂禪師之意已達。復來京師，駐錫鍾山之陽。」（載葛寅亮金陵梵刹志卷一御製集，第九、六頁）則和林國師與撒哈咱失里同時得官，也可能出游。釋來復西天善世禪師班的達公塔銘：「九年壬辰秋，師奉旨參禮觀音大士之寶陀羅山，住久於天目獅子巖，繼而泝彭蠡，登廬□、渡長淮，拜四祖、五祖禪師塔下，十一年戊午復還蔣山。」（載北京圖書館藏中國歷代石刻拓本彙編第五一册，第一七頁）按，洪武七年後，撒哈咱失里一直寵遇有加（釋明河補續高僧傳卷二具生吉祥大師傳，第二〇～二一頁），和林國師却不見蹤影，俞本所記沉錢塘江之事當有據，或即如撒哈咱失里游歷東南時，在錢塘江一帶事發遭誅的。

2 五月，中書省右丞楊希武奸黨事露，鎖置天界寺前，沿身（剌）〔刺〕②「奸黨楊希武」。剝皮作交床，置省、府、臺堂，令後人坐之，以示警戒〔一〕。連坐者五百餘人〔二〕。

〔一〕朱元璋太祖皇帝欽録：「廣西布政司官張鳳公然侮慢，按察司副使虞泰暗地搬説是非……今張鳳、虞泰各得剝皮重罪。」（洪武十二年二月十五日敕諭靖江王文，第八六頁）祝允明野記：「國初重辟，凌遲處死外，有……剝皮，剝贓酷吏皮置公座，令代者坐警以懲有數重者……迨作祖訓，即嚴其禁。」（第五一二～五一三頁）陳學霖朱元璋懲貪剝皮實草酷刑重研以上引史料與明後期記載與俞本所記互證，並指出，皇明祖訓於洪武二十八年定稿，而俞本所舉剝皮事有洪武二十九年者（本書洪武二十九年第二條），可見剥皮之刑並未絶迹（第四六～四七頁）。

〔二〕明太祖實録：洪武二年九月，「召山西參政楊憲爲中書省右丞」。三年七月，「以中書省右丞楊憲爲左丞，尋以罪伏誅。憲字希武」（卷四五，洪武二年九月辛丑、三年七月丙辰，第八七九、一〇六九頁）。雷禮國朝列卿記：「三年，李善長病，中書無官，召汪廣洋爲右丞相。憲因劾廣洋陰事，免廣洋官。又不以爲慊，使御史劉炳奏徙之海南，上不從。又教炳誣奏刑部侍郎左安善入人罪，上覺之，下炳獄。善長奏憲排陷大臣、放肆爲奸。上命群臣按治，殺之。」（卷三中書省左右丞行實楊憲，第一册第二四〇～二四一頁）潘檉章國史考異根據洪武三年底楊憲政敵汪廣洋得封伯，確認楊憲死於洪武三年十一月大封功臣以前（卷二「五」，第二四～二五頁）。

3 **以禮部尚書崔亮、秦府太傅王克讓，上遣賚詔制，往佛郎國取獅子、名馬**〔一〕。

〔一〕雷禮國朝列卿記：崔亮「洪武元年陞禮部尚書……三年……七月卒於官」（卷三九國初禮部尚書行實崔亮，第三册第七〇一～七〇三頁）。明太祖實録：王克讓於洪武三年起任秦府左傅（卷五一，洪武三年四月丙寅，第一〇〇二頁）貝瓊送王克讓員外赴陝西：「關中相國資王猛，海内蒼生望謝安。」（清江貝先生集詩卷五，葉一b）按，元順帝至正二年，羅馬教皇遣使自西北來元朝，贈名馬，引起轟動（中西交通史料彙編第一編第六章元代關於拂郎獻馬之文獻，第一册第二五六～二六七頁）。明太祖實録：洪武四年八月，「遣佛菻國故民捏古倫持詔往諭其國王，曰：『自有宋失馭……建元洪武，于今四年矣。凡四夷諸國，皆遣告諭，惟爾佛菻，隔越西夷，未及報知，今遣爾國之民捏古倫齎詔往諭。』」（卷六七，洪武四年八月癸卯，第一二六六～一二六七頁）但朱元璋即使對名馬感興趣，也不太可能派禮部尚書和秦王左傅出使。

4 **以丞相汪廣洋畏懦迂滑，黜爲廣東省參政**〔一〕。

〔一〕朱元璋命丞相大夫詔：「前丞相汪廣洋，畏懦迂猾，其於伸冤理枉，略不留意，以致公務失勤。乃黜爲嶺南廣省參政，觀其所施，察其自省。」（載全明文卷二朱元璋，引高皇帝御製文集明嘉靖十四年刻本，第一册第二〇頁）明太祖實録：洪武六年正月，「黜中書右丞相汪廣洋爲廣東行省參政。時廣洋以巽柔怠政，故有是命」（卷七八，洪武六年正月甲寅，第一四二六頁）。

5 **陞右丞胡惟庸爲中書左丞相**〔一〕。

〔一〕明太祖實録：洪武十年九月，「命中書右丞相胡惟庸爲左丞相，御史臺左御史大夫汪廣洋爲右丞相，右御史大夫陳寧爲左御史大夫」（卷一一五，洪武十年九月辛丑，第一八八四頁）。疑俞本混淆了胡惟庸、陳寧的兩次重要陞遷。

6 **以中丞陳**（憲）〔**寧**〕③**爲御史臺大夫**〔一〕。

〔一〕朱元璋命丞相大夫詔：「今中書久闕丞相，御史臺亦闕大夫，稽古揆今，誠爲曠典。特命左丞胡惟庸爲中書右丞相，中丞陳寧爲右御史大夫。且惟庸與寧自廣洋去後，獨署省、臺，協誠匡濟，舉直錯枉，精勤不怠，故任以斯職，播告臣民。」（載全明文卷二朱元璋，引高皇帝御製文集明嘉靖十四年刻本，第一册第二〇頁）明太祖實録：洪武六年六月，「以中書左丞胡惟庸爲中書右丞相，御史中丞陳寧爲右御史大夫」（卷八三，洪武六年六月壬子，第一四八七頁）。按，此乃朱元璋退勛貴而用普通高官的重大舉措，故俞本重點記録，一並追述與此相關的楊憲遭誅、汪廣洋遭黜等政治事件。明太祖實録不記崔亮之卒，可知崔亮非善終，疑俞本記崔亮出使亦爲載其遭貶之事。

7 十二月，朵只巴移駐煖州〔一〕，韋正料其不備，調河州衛指揮徐環④領精鋭馬步兵二千人夜襲其營。朵只巴單騎而遁，環獲其金銀并妻子及部下番戎以歸〔二〕。正遣人奏聞，上憐之，遣趙内侍賫制往諭，以所獲妻、子送還。朵只巴已復駐西凉，趙内侍至，待之甚厚。數日，令歸。至烏颱嶺⑤〔三〕，朵只巴遣番騎數十人追及，盡殺之〔四〕。

〔一〕張雨邊政考：西寧衛下轄暖州堡，在西寧以東三百五十里，古鄯堡以東（卷四西寧衛形勝，第二八六、二九三頁）。嘉靖陝西通志：「暖州渠，城東南三百五十里，分壩凡二。巴州渠，城東南二百五十里。」（卷三八政事水利西寧衛，嘉靖本，第五册第二二三四頁）嘉靖時李復初增修巴暖三川堡寨山城記：「巴暖三川延衮二百餘里，又内附河、蘭，西有小文山，北阻大通河……分水嶺之北，厥水皆趨大通河，中逕鈕兒都溝、米剌溝、巴州溝、暖州溝；嶺之東南，厥水逕趨黄河。」（載順治西寧志卷七藝文考碑記，第二六二～二六三頁）但康熙碾伯所志：碾伯所東南有煖州族、巴州族、巴州堡，南有巴川、煖川南流入黄河（莊堡、川流，第五〇六～五〇七、五一五頁）。按，梁份秦邊紀略：「有明於三川之大山下，暗門起，鹹水溝止，築濬邊壕。有分水嶺，東南之水經美都溝而溉三川，其嶺北之水則經巴川、暖川溝趨大通河焉。」（卷一西寧衛西寧邊堡，第五九頁）可知巴暖三川之三川南入黄河，巴川、暖川在今拉脊山東麓河、湟之間北入湟水，康熙碾伯所志誤解「三川」爲三條川。巴川必即今巴州鎮流向民和縣城的河溝，則暖川爲今古善鎮流向下川口的河溝（中華人民共和國分省地圖，第一一頁），暖州堡應在古鄯故城東河溝下游谷地的總堡或隆治村一帶（參見中國文物地圖集青海分册，圖第五二～五三頁）。

〔二〕明太祖實録：洪武五年十一月，「元右丞朵兒失結會河州衛指揮徐景等，領兵至西寧息利思溝閃古兒之地，攻破故元岐王朵兒只班營。朵兒只班遁去，獲岐王金印一、司徒銀印一及其士馬而還」。又：六年正月，朵兒只失結「及宋國公馮勝總兵征甘肅，遂以所部從行。勝乃命朵兒只失結同指揮徐景追襲朵兒只班，獲其金銀印及軍士馬匹，遣其弟荅立麻送京師……立西寧衛，以朵兒只失結爲指揮僉事」（卷七六、七八，洪武五年十一月壬申、六年正月己未，第一四〇六～一四〇七、一四三〇～一四三一頁）。按，洪武五年十一月，馮勝早已棄地還京，此戰並非馮勝下令追襲窮寇，而是河州的韋正與西寧的朵失結合兵襲擊從甘肅敗退青海的朵只巴。又，明太祖實録卷七六整卷，記洪武五年九月至十一月共三個月的事情，胡小鵬等明興野記與明初河州史事考論或誤以洪武五年十一月襲擊朵只巴之役在九月，認爲與當時大勢不符，故明太祖實録所載此戰應在洪武六年朵只巴擾邊之後，應以俞本所記洪武六年十二月爲準（第六二二頁）。按，洪武六年初明朝在碾伯設西寧衛，朵只巴在洪武六年七月試探進攻失敗（明太祖實録卷八三，洪武六年七月己巳，第一四九二頁）後，應不會在洪武六年底還貿然駐扎西寧衛與河州之間的暖州。此後，朵只巴的兒子於洪武六年十二月到達京師進貢（明太祖實録卷八六，洪武六年十二月丙寅，第一五四一頁），明軍應不至於同時發動襲擊。此後，明朝於洪武七年二月爲朵只巴設岐寧衛（本書洪武六年第七條注四引），此前必來不及發生戰報到京、河州奉朱元璋之命送還俘虜、朵只巴約降、明朝爲其設衛等一系列事件。所以，這次襲擊確應發生在洪武五年底。疑俞本將洪武九年進攻朵只巴之事，誤繫於洪武五年馮勝北征事下（本書洪武五年第四條注一〇），遂將洪武五年底河州衛襲擊朵只巴之事，誤置於洪武六至九年朵只巴受襲擊後投降設衛、叛殺明官事前，導致戰役順序顛倒。

〔三〕張雨邊政考：「古浪守禦千户所……隘口九……烏稍嶺，七十五里。」爲莊浪衛與古浪所轄區的分界（卷四古浪守禦千户所隘口、凉鎮永圖，第三三三六～三三三八、三三二四頁）應即今天祝縣城南大柳樹溝與吊溝之間的内陸分水嶺烏鞘嶺（甘肅省地圖集，第六七頁）。

〔四〕朱元璋諭岐寧衛經歷熊鼎知事杜寅西凉衛經歷蔡秉彝甘肅衛經歷張訥等：「九年春，交者至，爾歸面聞。」（明太祖御製文集卷五，第一七三頁）宋濂故岐寧衛經歷熊府君墓銘：熊鼎「八年正月授岐寧衛經歷，賜白金五十兩、錢萬二千文。上復念君在邊良苦，遣使持手詔諭君。詔，上所親制，辭意甚厚，有狐裘、纊袍、毳襪之賜。時朵兒只把雖降而持兩端，君上書萬餘言言狀，其略謂：『西凉、岐寧，漢唐内地，不可棄。朵兒只把非有歸向之誠，特假我聲援，脅服鄰邦，爲自安計……』九年四月，乃徵君還。次西凉府打班驛，遇朵兒只把叛兵，擁君北行，君力争不從，遂與中使趙某等皆遇害，時六月二十三日也……西凉衛以聞」（宋濂全集芝園續集卷四，第一五三七頁）。明太祖實録：洪武七年二月，「置岐寧衛指揮使司，以故元平章答立麻、國公買的爲指揮同知，樞密院判官古巴、平章著實加、亦憐直爲指揮僉事」。九年六月，「遣使召岐寧衛經歷熊鼎還京師。鼎行次中途，西戎朵兒只班使人要劫之，不屈而死……八年，西戎朵兒只班率其部落内附。上以鼎老成歷事，授岐寧衛經歷，賜白金五十兩、鈔一萬二千貫。鼎至岐寧，知西戎狙詐有再叛意，密疏論之。上遣使慰勞，賜鼎裘帽，已而遣中使趙成復召之還朝。鼎行至西凉打班驛，朵兒只班果叛，令酋長麼哥答兒脅鼎還。鼎以大義切責之，遂與趙成及知事杜寅俱被害。上聞而悼惜之，遣使葬之於黄羊川，立祠致祭」（卷八七、一〇六，洪武七年二月丙寅、九年六月戊申，第一五五五～一五五六、一七七五～一七七六頁）。張雨邊政考：烏稍嶺墩西北山下爲安遠站堡（卷四凉鎮永圖，第三二四頁）梁份秦邊紀略：「安遠驛堡，亦謂之打班堡，凉、莊之分疆也。東接烏鞘，西連黑松……烏鞘嶺在東五里，其嶺長二十里許。」（卷二凉州衛凉州南邊，第一二六頁）應即今天祝縣北安遠鎮小河沿村東七百米大河西岸安遠驛故城，正在烏鞘嶺下（中國文物地圖集甘肅分册，下册第二三〇頁；甘肅省地圖集，第六七頁；參見李并成晋金昌城考，第三〇～三一頁）。俞本所記「趙内侍」即明太祖實録所載趙成，曾於洪武八年赴河州市馬（卷一〇〇，洪武八年四月戊辰，第一六九四頁），或爲俞本熟知，故趙成雖僅爲奉命召還熊鼎之人，俞本則記爲趙成使團被殺。疑俞本將朵只巴洪武六年投降直至洪武九年復叛一系列事件，皆繫於導致此事的河州衛洪武五年襲擊朵只巴（本書洪武六年第七條注二），其實復叛殺使之事應繫於明軍大規模進攻朵只巴（本書洪武五年第四條注一〇）事前。

8 上諭，以遼東、北平、山東、山西、河南、陝西指揮、千、百户、鎮撫有犯法者，俱發河州充軍〔一〕。及有司官吏凡犯賄賂、差錯公務者，俱發石灰山工役〔二〕。凡笞、杖、徒、流，分年月日數工作，及書造千步廊房間數〔三〕，滿日放歸；免死者終身應役〔四〕。有錢者役滿得歸，無錢者死於此役〔五〕。吏員役滿，仍發河南、陝西、四川、北平、山東、山西衛府州縣，爲永遠吏役。天下官吏之貪婪，若或使之〔六〕，安得有廉潔而不行賄賂者乎？

張大同曰：中國久染夷俗，綱紀淪斁。繩以嚴刑，尚有玩法，况從寬宥乎？官吏犯贓，輕重懲之，所以儆貪頑者，寓有深意。本云「官吏貪婪，若或使之」，何敢于出虜見如此？

廬州老左與上有布衣之交，兵興之初，有誓：「彼此有難，當往相救。」老左自汴梁被擒，上授以汀州指揮，獲民間金銀窖，與同僚分，不均，遂實封進上前，被提至京。上謂太師善長曰：「老左昔與朕有誓，此事云何？」善長曰：「守信，則法不行矣。」遂斬之〔七〕。

〔一〕洪武初期，河州屬極邊，宜爲免死充軍場所，如松江大户王子信，「洪武四年驗户，點充糧長，爲事免死刺發西河州充軍」（朱元璋御製大誥三編王子信害民第二十五，第四〇一頁）。

〔二〕明太祖實録：洪武七年十二月辛丑，第一六四四頁）。李默孤樹裒談引草木子餘録：「乙丑六月，以勘合事不完，令天下官吏自實贓。先是，刑部尚書開濟建言，各立文簿……至是官吏上計者，皆押付錦衣等衙門問罪。慘酷鍛煉，無不誣服，自無所輸，皆以寄借爲名，動以數千萬計，凡所攀連皆致破家，仍責工役，遍及天下官吏。以其刑狀黥刺滿身，肉無空白，發充雲南軍。」（卷二太祖〔下〕，第六〇八～六〇九頁）按，乙丑年爲洪武十八年，空印勘合案發於洪武九年（方孝孺遜志齋集卷二一先府君行狀，第六七八～六七九頁）。陶振陶子昌陳情書：「洪武二十三年……七月内，佃到近學官房一所。後蒙提取赴京，發瓦屑壩工役。當年十二月十二日，振將佃官房情由告蒙通政司受理，啓准敬依，釋放還戢了當。」（載弘治吴江志卷一六集文書，第六七五～六七六頁）可知，犯罪官吏以工役抵罪，是洪武時期長期行用的政策。

〔三〕諸司職掌：「凡本部問擬刑名，除真犯死罪的决外，其餘笞、杖、徒、流、雜犯死罪應合准工者，議擬明白，審録允當，開付河南部。」又：「凡在京犯法囚徒，或免死，工役終身，或免徒、流、笞、杖，罰役准折……每徒一年，蓋房一間。餘罪三百六十日准徒一年，共蓋房一間。杖罪不拘杖數，每三名共蓋房一間。」（刑部都官科拘役囚人、工部營部工匠工役囚人，第一九一四、一九二〇頁）

〔四〕明太祖實録：洪武八年二月，朱元璋下令：「自今凡雜犯死罪者，免死輪作。終身徒、流罪，限年輪作。」九年十月底，朱元璋回憶説：「朕……綱維海内，以主黔黎，律施令布，惟務安人，已九年矣。其間尚有不迪於教而麗法者，欲盡以刑治之，又恐没身者衆，特姑緩刑章，俾之力役，冀其格心，期於無刑。」十六年正月，「命刑部：凡十惡、真犯死罪者，處决如律。餘徒、流、笞、杖者，令代農民力役以贖其罪。在京犯者，役十日准笞二十、杖十，徒、流各計年准之，雜犯死罪者罰戍邊。在外犯笞、杖者就决，徒、流、死罪送京師詳讞」（卷九七、一一〇、一五一，洪武八年二月甲午、九年十月戊寅、十六年正月丁卯，第一六五八、一八二四、二二三七九～二二三八〇頁）。按，此段來自朱元璋諭山東承宣布政使吴印詔，原文爲：「朕……綱維海内，以主黔黎，律施令布，惟務安人，已九年矣。其間阻律犯令者不知其數，欲的以五刑决之，又恐没身者衆，特故存憲章，權以役代，又三、四年矣。」（明太祖御製文集卷二，第六三頁）可知，以役代刑不限於犯罪官吏，而是洪武六年前後開始廣泛執行、歷洪武朝不廢的正式措施。諸司職掌：「本部置立文簿，編成字號，注寫各囚姓名、年籍、鄉貫、住址并爲事緣由、工役年限日期，分豁滿日充軍、竦放、終身工役……合竦放者，引赴御橋叩頭畢，送應天府，給引寧家。合充軍者，付發陝西部，照籍編發。」（刑部都官科拘役囚人，第一九一四頁）

〔五〕王叔英二孝子傳：「洪武十八年，詔天下盡革今歲以上有司積歲官吏爲民害者……以例起入京。吏一以法論罪作城，須役嚴償重，日用錢數十緡。」（皇明文衡卷六十，葉一三a）洪武十九年朱元璋御製大誥續編：「徐州豐縣丞姜禮……作積年民害拿至法司，發付修城，未久釋免，降等叙用。未行，恐本縣部民中在京職序班身役朱士廉泄在任害民尤甚，親詣本官下處送鈔一沓，請勿泄弊。本官畏罪，不敢領受，縣丞姜禮曰：『你不接，久後無錢工役，擻甚麽清！』」（教人受贓第二十六，第二八三頁）解縉洪武戊辰四月大庖西上皇帝封事：「以貪婪苟免爲得計，以廉潔受刑爲飾辭，故有『無錢工役無盤纏』之俚諺，『翳牓官人没商量』之童謡。」（皇明文衡卷六奏議，葉五a）「無錢工役」似指没有足够的錢抵刑，只好長期服役以至終生的刑徒苦役，故「有錢者役滿得歸，無錢者死於此役」。

〔六〕「若或使之」意爲如同有人操縱。俞本或指政府免費使用本應「笞、杖、徒、流」者與雜犯死罪者當工役、吏員役滿後近乎復任等措施，形同促使貪污以從中獲利。這諷刺了自稱以懲貪爲務的朱元璋，激怒了評論人張大同。

〔七〕老左即左君弼，爲元末天完紅軍將領（本書壬辰年第六條、癸卯年第二條）。明太祖實録：吴元年二月，朱元璋致信左君弼：「足下能留意於是，幡然而來，予當盡棄前非，仍復持以故舊。」洪武元年三月，「大將軍徐達……由鄆城趨汴梁……至陳橋，左君弼、竹昌迎降」。二年十月，「命潭州衛指揮同知丘廣爲總兵官，寶慶衛指揮僉事胡海、廣西衛指揮僉事左君弼副之」。洪武五年十二月，左君弼南征歸來受賞（卷二二、三一、四六、七七，吴元年二月乙丑、洪武元年三月丙戌、己亥、二年十月癸未、五年十二月丁丑，第三二一、五三九、五四〇、九二四、一四一〇頁）。此後明太祖實録不載左君弼事，黄金皇明開國功臣録記左君弼事，亦止於洪武四年春（卷三二左君弼傳，第二册第八二一頁）。

9 設茶司於河州〔一〕。

〔一〕明太祖實録：洪武七年十月，「置河州茶馬司，官制與秦州茶馬司同」（卷九三，洪武七年十月己未，第一六二八頁）。嘉靖河州志：「茶馬司，在州南四百步，洪武七年建。」（卷二官政志公署，河州志校刊，第三七頁）按，俞本記本年國師被擒、朵只巴投降、石灰山工役、河州設茶馬司，實皆洪武七年事，所記朵只巴事迹更是錯訛顛倒，疑其整理資料或回憶發生整體錯亂。

校勘記

① 「亦於哂地面」，本書洪武五年第四條作「巴亦哂」，洪武十一年第二條載歸德土官叛逃「亦哂」，皆在西寧附近。則本條西寧地區的「亦於哂地面」係「於亦哂地面」刊刻之誤。

②「剌」，陳校本作「刺」（第四四六頁），是。

③「陳憲」，陳校本作「陳寧」（第四四六頁），是（參見本書洪武六年第六條注一引）。

④「徐環」，他書作「徐景」（本書洪武六年第七條注二引；嘉靖陝西通志卷二三文獻名宦臨洮府，嘉靖本，第三册第三九四頁；嘉靖河州志校刊卷二人物志名宦國朝，第七四頁），但明太祖實録早期抄本作「徐環」（黄彰健明太祖實録校勘記卷五八葉七，第三三二頁）。

⑤「烏飀嶺」，他書作「烏稍嶺」或「烏鞘嶺」（本書洪武六年第七條注三引）。烏鞘嶺之「鞘」讀作「燒」，疑俞本以音訛爲「飀」。

洪武七年　甲寅（公元一三七四年）

1 五月，王太不花、楊善自烏思藏回。帝師及土官遣子弟，賫土儀及元賜帝師金玉圖書、金玉印信并宣慰司銀銅印信、宣敕，赴京繳納，進貢馬匹、刀甲、表文，承認三年二次進馬二千匹。至洪武八年五月，遣歸，上命禮部員外郎許允德、中書舍人鎖南等齎詔往諭〔一〕，授帝師長陽沙加監巴藏卜①〔二〕爲圓智妙覺弘教大國師〔三〕，賜以玉印、金筒誥命、金燈盞一座，重二百兩。開設朵甘思、烏思藏二處，俱設都指揮使司〔四〕，以土官爲都指揮同知及都指揮僉事，世襲，各賜銀印〔五〕、金筒誥命、龍衣、御酒、官段表裏六百匹。其差子弟從人，各給賜衣服、段匹、金銀以歸。

〔一〕明太祖實録：洪武七年十二月初，「熾盛佛寶國師喃加巴藏卜，及朵甘行都指揮同知鎖南、兀即爾等遣使來朝，奏舉土官賞竺監藏等五十六人。詔增置朵甘思宣慰司及招討等司……遣員外郎許允德齎詔及誥、印往賜之，來使哈石監藏等賜衣裘帽靴，遣還……使西番禮部員外郎許允德卒於河州」（卷九五，洪武七年十二月壬辰朔、己未，第一六四一～一六四二、一六四六頁）。而使者通事舍人鎖南於洪武九年七月在歸途被殺害（本書洪武七年第八條注一引）。揆其行程，似國師一行於洪武八年五月經過河州回吐蕃。

〔二〕明太祖實録：洪武五年四月，「河州衛言，烏思藏帕木竹巴故元灌頂國師章陽沙加，人所信服。今朵甘賞竺監藏與管兀兒相仇殺，朝廷若以章陽沙加招撫之，則朵甘必内附矣。中書省以聞，詔章陽沙加仍灌頂國師之號，遣使賜玉印及彩段表裏，俾居報恩寺，化導其民」。六年正月，「烏思藏帕木竹巴灌頂國師章陽沙加監藏，遣酋長鎖南藏卜以佛像、佛書、舍利來貢。詔置佛寺，賜使者文綺襲衣有差」（卷七三、七八，洪武五年三月丁酉、六年正月己巳，第一三四二、一四三三頁）。按，此時帕木竹巴政權取代了薩迦政權（五世達賴喇嘛西藏王臣記帕竹朗拉斯家族世系，第九一～九二頁），釋迦堅贊即章陽沙加爲其領袖（達倉宗巴班覺桑布漢藏史集下篇第十八帕竹萬户的歷任萬户長，第二八七頁）。不過，帕竹首領在藏地宗教界並無顯赫地位，而明朝不明瞭藏地政教合一、僧重俗輕的格局（尹偉先明代藏族史研究，第一七一、二〇九頁），所以明朝首先青睞章陽沙加，後來才重視藏地的真正宗教領袖，同時沿用元代的俗官體系。洪武六年二月，「詔置烏思藏、朵甘思指揮使司、宣慰司二、元帥府一、招討司四、萬户府十三、千户所四……官凡六十人，以攝帝師喃加巴藏卜爲熾盛佛寶國師。先是，遣員外郎許允德使吐番，令各族酋長舉故官至京授職。至是，南加巴藏卜以所舉故元國公南哥思丹八亦監藏等來朝貢，乞授職名……遂皆授職名，賜衣帽鈔錠有差，仍遣詔諭朵甘、烏思藏等處……初，玉人造賜喃加巴藏卜印既成，以進，上觀其玉未美，亟命工易之，其制獸紐，塗金銀印池，仍加賜喃加巴藏卜彩段表裏二十匹。未幾，南加巴藏卜等辭歸，命河州衛鎮撫韓加里麻等持敕同至西番，招諭未附土酋」（明太祖實録卷七九，洪武六年二月，第一四三七～一四三九頁）。按，此後，藏地最有影響的宗教領袖南加巴藏卜與明朝頻繁往來。疑俞本不諳明朝政策變化與藏地政教格局，訛「章陽沙加」與「喃加巴藏卜」二人爲「章陽沙加監巴藏卜」。

〔三〕洪武七年七月朱元璋賜西番國師詔：「邇來西番入貢，有僧公哥監藏（已）〔巴〕藏卜，乃昔元八思巴帝師之後……特加爾圓智妙覺弘教大國師，統治僧民，名當時之善人，永爲教中之稱首。」（載全明文卷二朱元璋，引高皇帝御製文集明嘉靖十四年刻本，第一册第一九頁）明太祖實録：洪武七年二月，「陞朵甘、烏思藏二衛爲行都指揮使司……朵甘、烏思藏僧答力麻八剌及故元帝師八思巴之後公哥堅藏卜遣使來朝，請師號。詔以答力麻八剌爲灌頂國師，賜玉印，海獸紐，俾居咎多桑古魯寺，給護持十五道，公哥堅藏巴藏卜爲圓智妙覺弘教大國師，玉印，獅紐」（卷九一，洪武七年七月己卯，第一五九五～一五九六頁）。兩位國師來朝，導致朵甘、烏思藏二衛陞格爲都司，可知他們與喃加巴藏卜關係密切。俞本所記交往、賞賜、設置，其實皆與章陽沙加關係不大，而「圓智妙覺弘教大國師」既非章陽沙加，亦非「監巴藏卜」，而是真正的帝師之後公哥堅藏巴藏卜。

〔四〕明太祖實録：洪武六年二月設朶甘思、烏思藏二衛，七年二月均陞爲行都指揮使司（本書洪武七年第一條注二、三引）。又：十二月，「以賞竺監藏等七人爲朶甘都指揮司同知，南哥思丹八亦監藏等三人爲烏思藏都指揮司同知」（卷九五，洪武七年十二月壬辰朔，第一六四一頁）。

〔五〕今存永樂五年朶甘衛都指揮使司印爲銀印（西藏歷代藏印，第一八頁）。正德大明會典：「各都司，俱正二品，銀印……各衛，俱正三品……銅印。」（卷七八禮部印信印信制度，第二册第二〇三頁）

2 是年，耿忠爲茶馬司令〔一〕。

〔一〕河州茶馬司設於洪武七年十月，耿忠於洪武七年八月尚羈於法司，後充軍河州（本書洪武六年第九條注一、洪武五年第四條及注十一）。黄金皇明開國功臣録：耿忠「五年，改太原衛。九年，統領鳳陽屯軍一萬餘人陝西操練屯種聽徵」（卷一七耿忠傳，第二册第一三一頁）。則耿忠改任茶馬司令，更可能在洪武八年。

3 德慶侯廖永忠，卧床、器用、鞍轡韂鐙僭擬御用，家人密奏。上宣永忠曰：「汝知罪乎？」答曰：「已知矣。」曰：「汝知何罪？」答曰：「天下已定，臣豈無罪乎？」上怒曰：「汝以朕爲漢高祖殺韓信耶？」遂命刑部以床帳、器皿、鞍轡韂鐙、雕金鈒花龍鳳各樣僭用御物榜示天下，築天牢羈之，給美饍。或奏曰：「永忠熱甚。」敕校尉日汲凉水數十桶澆之。後成癱疾，不能行，御杖四十令歸，數日而卒。天下哀之〔一〕。

張大同曰：易云，辨上下，定民志〔二〕。器用有別，君臣相懸，爰翊天淵。永忠僭用龍鳳，上下弗辨，有不臣之迹。牢羈給饍，酌處功臣，可以爲難矣。本謂「天下哀之」，何足以知英主之心。

〔一〕明太祖實録：洪武八年三月，「德慶侯廖永忠卒……上賻遺之甚厚，以其子權襲爵」。廖權卒於洪武十七年（卷九八、一六一，洪武八年三月甲申、十七年四月癸巳，第一六七四～一六七七、二五〇七頁）。劉辰國初事迹：「太祖以永忠僭用龍鳳不法等事，處以死罪。」（第八五頁）朱權通鑒博論：「丙午……是歲，廖永忠沉韓林兒於瓜步。大明惡廖永忠之不義，後賜死。」（卷下歷代天運紀統元順帝丙午，第一八〇頁）王世貞弇山堂別集以朱元璋回憶廖永忠「僭侈失人臣禮」等，證劉辰之説，又據廖永忠死後無追封而子得襲爵，推測「蓋高帝一時之忿，不暇寬處。既刑而後悔之，且念其功，故加賻葬，且使其子襲封，修史者緣而爲之掩諱耳」（卷二〇史乘考誤，第三七三頁）。潘檉章國史考異認爲，若朱元璋惡其不義，必不會隱忍數年，又據朱元璋回憶「楊憲居中書，心謀不軌，廖永忠黨比其間，人各伏誅」，認爲廖永忠受楊憲牽連而死（卷一「十六」，第一八～一九頁）。按，朱元璋追述廖永忠罪狀，先後有僭越、黨楊憲、殺韓林兒等三種説法。俞本所記僭越獲罪，與時人劉辰所記合，「數日而卒」並非直接誅殺，或可解無追封但子襲爵之疑，記應近實。至於其他罪名，當爲追加者。

〔二〕易履象傳：「君子以辯上下，定民志。」（周易集解纂疏卷二上經第二履，第一五七頁）

4 **造大明寶鈔成，詔布天下。設行用庫，令軍民以銀倒易通行，有上下五料之分，**

與歷代銅錢相兼使〔一〕。

〔一〕明太祖實録：洪武八年三月，「詔造大明寶鈔……每鈔一貫，准銅錢一千，銀一兩，其餘皆以是爲差。其等凡有六，曰一貫，曰五伯文、四伯文、三伯文、二伯文、一伯文。禁民間不得以金銀物貨交易，違者治其罪，有告發者，就以其物給之。若有以金銀易鈔者，聽。凡商税課程，錢鈔兼收，錢什三鈔什七，一伯文以下則止用銅錢。命置行用庫，在京設大使一人……在外府州設大使各一人」（卷九八，洪武八年三月辛酉朔，第一六六九～一六七〇頁）。俞本所謂「以銀倒易通行」即「以金銀易鈔者聽」，「上下五料」應即六個等級的寶鈔面值。諸司職掌：「大明寶鈔，與歷代銅錢相兼行使。」（户部金科庫藏鈔法，第一八〇〇頁）黄阿明明代貨幣與貨幣流通據俞本所載日期推測，明朝可能在洪武七年已開始試製大明寶鈔（第一一二頁）。按，俞本所記本年事迹實多洪武八年者，故製行寶鈔日期仍宜以明太祖實録所載洪武八年爲準。

5 八月，征西將軍鄧愈鎮河州〔一〕。中庭午饍，俞本至，愈賜饍。饈殽盛列，中置一糟餅，愈先食之。饍畢，俞本跪問曰：「大人食此餅，何也？」愈即起席，引本袖而泣曰：「吾食此餅二十餘年，未有人問，今因汝問，當爲汝言。吾昔農家子。予在襁褓時，吾母耘田，置吾樹陰下。吾飢啼，母就陰乳吾而食此餅，吾飽，母亦飽，母仍就耘。吾今位至三公，出將入相，吾思慈母，安得見乎？吾自乙未年至今日，每中饍，妻妾皆食此一餅，如覩吾母矣。」

〔一〕明太祖實録：洪武七年四月，「命宋國公馮勝、衛國公鄧愈……復鎮北邊」。十二月，「詔衛國公鄧愈、中山侯湯和還京」。洪武八年正月，「遣衛國公鄧愈、河南侯陸聚往陝西……董兵屯田，開衛戍守」（卷八八、九五、九六，洪武七年四月丙辰、十二月「是月」、八年正月辛巳，第一五七〇、一六四七、一六五四頁）。鄧愈自言「二十餘年」，而從乙未年到洪武七年剛滿二十年，況洪武八年鄧愈專赴陝西，所以俞本所記之事更有可能在洪武八年。

6 是月，上以蘇松嘉湖設官田土募民布種，驗五（爵等）〔等爵〕給賜之，邊將亦給，世爲職田〔一〕。

〔一〕明太祖實録：洪武七年八月，「增列侯等官禄秩……舊食禄千五百石者加賜公田千石，共歲食二千五百石……在外都指揮使八百石，同知六百石，僉事五百石……所撥公田仍依舊則，不許減科」（卷九二，洪武七年八月乙卯，第一六一六頁）。

7 十二月，太師韓國公李善長奉旨，差詣漢中府清理茶政，秦州、河州訪察馬政〔一〕。上囑善長曰：「卿到陝西，使曾跟朕小厮兩個跟前用，不要使宣使、奏差。朕與汝銀二百五十兩，買酒肉與那小厮每吃，只教他支廩給，休擾那驛家。」長興侯耿炳文、都指揮濮英懸陸成、俞本二人跟隨。至漢中府，善長差本往河州，令耿忠將茶一百斤買上等馬一匹。比漢中府茶價，止該銀二兩。依奉買馬一匹，解至上前。怒曰：「耿忠擅定茶價買馬，當罪之。」〔二〕善長亦不回奏他有鈞旨分付耿忠。遂提忠至京，問其增價買馬之由，忠答曰：「太師有鈞旨。」上曰：「既有鈞旨，何不復奏？」將耿忠送刑部前，打四十御杖：「休著他回家，便回河州理政。」〔三〕

〔一〕洪武二十三年昭示奸黨録：「火者不花招云：『洪武七年十月，李太師欽差往北平點樹，回到瓜州，胡丞相差省宣使來說：「聖旨教你回鳳陽住。」太師抱怨說：「我與上位做事，都平定了，到教我老人家兩頭來往走。若是這等，事業也不久遠。」八年三月，欽取太師回京。』……太師管田户潘銘招云：『太師於洪武八年鳳陽蓋造宫殿，差往興原轉運茶，與陳進興說：「許大年紀，教我運茶，想只是罰我。」九年三月回家，對胡丞相說：「許大年紀，教我遠過棧道去。想天下定了，不用我。」』」（載錢謙益太祖實録辨證「四」引，第二一三七頁）按，興原即興元，明朝改漢中府（明太祖實録卷五三，洪武三年六月乙酉，第一〇五五頁）。明初由京師至漢中的驛路，乃先到西安、鳳翔，再經陳倉入秦嶺（寰宇通衢京城至陝西布政司并所屬各府各衛至漢中府，第一五〇頁），故李善長需「遠過棧道」，來自陝西的俞本、陸成「跟隨至漢中府」。唯李善長洪武七年十月至八年三月來往於京師和北平，洪武八年到九年三月方有漢中之旅，則俞本所記爲洪武八年十二月事。

〔二〕明太祖實録：洪武十三年，「兵部奏，河州茶馬司市馬，用茶五萬八千八百九十二斤、牛九十八頭，得馬二千五十四」（卷一三三，洪武十三年九月戊戌，第二一一三頁）。則在河州買一匹馬大約需茶三十斤，耿忠以一百斤茶買一匹馬，顯然大虧。但俞本指出，一百斤茶在漢中府只值「銀二兩」，换算爲一匹馬，又極爲便宜（參見陳一石明代茶馬互市政策研究，第三七～三八頁）。李善長昏聵，不計茶葉運費，用原産地茶價換算爲銀後買馬，致朱元璋怒責耿忠。

〔三〕按，此後不久，耿忠於洪武九年任寧夏衛指揮使（本書洪武五年第四條注一二引），可能與洪武八年十二月代李善長受過又枉遭杖責有關，即由茶馬司令陞邊衛指揮，以示撫慰。

8 **是月，通事舍人速南藏卜同千户令帖星吉，自朵甘思將領土官子弟奉表謝恩。行至川藏，土民將來使貢獻馬匹寶器等物盡行搶劫，殺千户令占星吉〔一〕。韋正具本奏聞。**

〔一〕明太祖實録：洪武九年七月，「通事舍人鞏哥鎖南等招諭吐番，還至川藏朵工之地，皆遇害」（卷一〇七，洪武九年七月「是月」，第一七九五頁）。

9 **太白晝見畢分，五日方没〔一〕。**

〔一〕明太祖實録：洪武九年二月「己酉，太白晝見，自乙巳至於是日」。六月，「太白犯畢宿」（卷一〇四、一〇六，洪武九年二月己酉、六月丁亥，第一七四八、一七六九頁）。乙巳至己酉恰五日。太白晝見五日與犯畢宿，兩者時間相近，疑俞本合爲「晝見畢宿」。金星晝見，一般被視爲上天對朝政有失、戰争的示警（參見韋兵行星星占與宋代政治，第一六九～一七一頁）。俞本繫星變於此，或爲下文工匠厭鎮導致罷建中都、朱元璋罪己（本書洪武八年第一條注一）作一鋪墊。又，本年第二至七條皆洪武八年事，八至九條皆洪武九年事，疑俞本因在第一條附述洪武八年事，遂將大量洪武八、九年事誤前置一兩年左右。

校勘記

①「長陽沙加」，他書作「章陽沙加」（本書洪武七年第一條注二引）。「監巴藏卜」，他書作「加巴藏卜」（本書洪武七年第一條注二引）。

洪武八年　乙卯（公元一三七五年）

1 五月，奉天殿漏，遂毁，新造。（擬）〔疑〕木、瓦匠有魘，悉收戮之〔一〕。

〔一〕明太祖實録：洪武八年九月，「詔改建大内宫殿」。九年三月，朱元璋蠲免河南等地税糧時説：「奈何土木之工屢興，煩勞愈甚，内郡多被艱辛，而外郡疲於轉運。」十年十月，「改作大内宫殿成」（卷一〇一、一〇五、一一五，洪武八年九月辛酉、九年三月己卯、十年十月「是月」，第一七〇五、一七五三、一八八八頁）。洪武九年三月免河南等省揚州池州安慶徽州税糧詔的原文是：「奈何工匠之徒厭鎮宫殿，致是土木之工復興，愈勞繁重，内郡多被艱辛，其餘外郡轉運尤難。」又洪武十年奉迎社稷祝文：「曩者建國之初，立神壇於此，其宫殿城垣，一切完備。後因工匠厭鎮百端，於心弗寧。復命工興造宫室，亦已完備。於社稷之思，想必有厭，故建神壇於午門之右。」（明太祖御製文集卷一、一九，第五二、五五一頁）可知工匠厭鎮得罪之實，唯殿毁、屠戮，應在開工後初次建成的洪武九年。又，明太祖實録：洪武八年四月，「上還自中都……詔罷中都役作……以勞費罷之」（卷九九，洪武八年四月丁巳，第一六八四～一六八五頁）。黄金皇明開國功臣録：薛祥於洪武八年「授工部尚書。時太師李善長奏鳳陽宫殿人匠魘鎮，祥面折曰：『太師一言壞天下人若此，恐不利於子孫。』乃分揀交替不在工者并鐵石匠不罪，蓋蒙其奏活者千數人」（卷二一薛祥傳，第二册第二九九～三〇〇頁）。鳳陽厭鎮案直接導致了罷建中都（參見楊永康朱元璋罷建中都與明太祖實録的隱諱，第六五～六七頁），迫使朱元璋祭告天地時説：「土木之工既興，役重傷人。當該有司疊生奸弊，愈覺尤甚。此臣之罪有不可免者。」（明太祖御製文集卷一二中都告祭天地祝文，第三八八頁）晚年仍耿耿於懷道：「得罪者，鳳陽宫殿也。」（南京刑部志卷三揭榜示以昭大法禮部爲申明教化事，第二七六頁）由此，木、瓦匠厭鎮導致罷建中都，實爲重大事件。俞本繫「木、瓦匠」事於洪武八年五月，所記或係中都厭鎮事件。

2　秦王殿亦毁而新造，工匠俱斬〔一〕。

〔一〕洪武九年三月朱元璋免山西陝右二省夏秋租税詔：「山西、陝右……外有轉運艱辛，内有秦、晋二府宫殿之役。」（明太祖御製文集卷一，第五三～五四頁）明太祖實録：洪武十一年三月，「詔秦王樉、晋王棡之國」(卷一一七,洪武十一年三月壬午,第一九一七頁)。則秦王宫殿在洪武十一年前竣工,與洪武十年十月大内宫殿竣工大略同時。或俞本附於大内奉天殿毁造事下。

3 **河州東山崩,擁塞大夏河。疏而通之**〔一〕。

〔一〕嘉靖陝西通志:「東山,在州東二十里。」(卷四土地山川臨洮府河州,第一册第二六八頁)寰宇通志:「大夏河,在衛城南三里,一名白水。」(卷一百河州衛山川,第六一六六頁)應即今臨夏縣境内的大夏河。觀沿河地貌,東山應指今東鄉族自治縣西境伸向大夏河岸的東塬(甘肅省地圖集,第六一頁)。

4 **八月,雲南孛羅**〔一〕**梁王遣府尉涅哈列并二十五人,前去元君處通南蠻信。自建昌、羅羅田、長河西**〔二〕**經朵甘思、罕東,詣撒立畏兀兒安定王處,往沙漠。韋正察知,遣千户魏平領馬步兵邀截以歸,令俞本解送京。九月,上遣湖廣參政胡棨①賫制,同涅哈列等往雲南諭梁王**〔三〕**。十月,上敕元武靖王沙加失里,同河州衛俞本往西海子,招諭元國師必麻剌失里**〔四〕**。**

〔一〕郭曉航元明時期雲南的出鎮藩王與鎮守中官據南夷書證明,洪武四年、五年間,梁王孛羅去世,把匝剌瓦爾密嗣位(第七二~七三頁)。

〔二〕元朝在雲南建昌路即今四川西昌市一帶設羅羅斯宣慰司,在吐蕃雅州即今雅安市以西設長河西安撫司(譚其驤主編中國歷史地圖集第七册,第二三~二四、三六~三七頁)。明太祖實録:洪武七年十二月,明朝設長河西千户所(卷九五,洪武七年十二月壬辰朔,第一六四一頁)。按,羅羅田或即建昌以北羅羅斯境内某地,或即羅羅思之訛。雲南使者應由建昌沿瀘沽河向北,到大渡河後繼續向北到康定,再西進青藏高原的朵甘思地區。

〔三〕明太祖實録:洪武八年九月,「戊辰,上命湖廣行省參政吴雲使雲南……時元梁王使其臣鐵知院等二十餘人使漠北,爲大軍所獲,送京師。上釋之,命與雲偕行」(卷一〇一,洪武八年九月戊辰,第一七〇六頁)。雷禮國朝列卿記:「吴雲……六年出爲湖廣行中書省參知政事,八年坐事被逮至,上重其才,即釋之。時以元梁王據雲南,尚未下,特命往使……會梁王使其臣鐵知院等二十餘人使漠北……令與雲偕行……遂被害。」(卷五五國初刑部尚書行實吴雲,第五册第一九八~二〇〇頁)

〔四〕明太祖實録:洪武六年六月,「武靖衛指揮同知卜納剌卒」。洪武九年十一月,「以陝西河州武靖衛故土官指揮卜納剌男答里麻剌啞爲指揮同知」(卷八三、一一〇,洪武六年六月戊辰、九年十一月癸未,第一四九一、一八二六頁)。但蘇伯衡代詹學士封靖西王制:「頒新命以示恩,仍舊封而授任,庶使守其祭祀,豈惟保兹民人……可授光禄大夫、靖西王,仍給金印,俾其子孫世世承襲。」(蘇平仲文集卷二制誥,葉一〇b)可知卜納剌除任指揮同知,仍保有鎮西武靖王之名號。明太祖實録:洪武四年八月,「故元宗王子巴都麻失里、沙加失里、院使汪家奴等來降,貢馬……上命中書賜巴都麻失里、沙加失里、汪家奴及知院鎖南」。又追述卜納剌投降事:「元鎮西武靖王卜納剌等諸酋長擁兵猶衆……於是沙家失里與諸酋長遣人來請降。正即策馬諭之,酋長皆感悦,獻其全部軍馬及元所授金玉印。」(卷六七、二四五,洪武四年八月癸卯、二十九年四月「是月」甯正傳，第一二二六七～一二二六八、三三五六四頁）按，卜納剌於洪武三年十月降明（本書洪武三年第七條及注一、三），此「故元宗王子」沙加失里即沙家失里，爲鎮西武靖王集團的重要人物，應即俞本所記武靖王沙加失里。則俞本所記必麻剌失里，或即另一位曾經投降的王子巴都麻失里。

5 占城國進白象〔一〕。

〔一〕明太祖實録：占城國除洪武二年貢象外，平時只貢一般方物，後占城與安南交兵，爲示誠明朝，於洪武十一年、十二年連續貢象（卷一二一、一二六，洪武十一年十一月甲戌、十二年九月戊午，第一九六〇、二〇一六頁）。其最後一次因中書省怠慢，直接導致朱元璋「因省、部」（朱元璋問中書禮部慢占城入貢敕又，明太祖御製文集卷七，第二二八頁），進而引發胡惟庸案。按，大象係占城軍隊中的重要力量（例見大越史記全書本紀卷八陳紀廢帝紀，癸亥七年（明洪武十六年）夏六月，第二五〇頁）。朱元璋因占城進攻安南而斥責占城國王：「王但知克勝安南以爲己能……今王必倚兵象之强……前所進之象，以不才之稱爲至寶，群象雖進，不堪用……今命某送王使者歸，索象若干、人若干，以信往來之好。」（明太祖御筆下册第七篇，第六七三頁）俞本或因此事爲胡惟庸案導火索而特記，唯前置四年。

校勘記

① 「胡榮」，他書作「吴雲」（本書洪武八年第四條注三引），疑俞本以音訛爲「胡榮」。

洪武九年　丙辰（公元一三七六年）

1　五月，衛國公鄧愈、西平侯沐英、南熊侯趙庸，上授以征西將軍印劍，伐川藏〔一〕。以都指揮使韋正爲前鋒，直抵崑崙山〔二〕，屠西番，獲牛羊馬匹數十萬以歸。遂於崑崙崖石間，刻「征西將軍鄧愈總兵至此」，繪其地里進上〔三〕。

〔一〕明太祖實録：洪武十年四月，「命衛國公鄧愈爲征西將軍，大都督府同知沐英爲副將軍，率師討吐蕃。先是，吐蕃所部川藏邀殺使者鞏哥鎖南等，故命愈等討之」（卷一一一，洪武十年四月己酉，第一八五一頁）。洪武十年六月朱元璋諭西番罕東畢里等詔恐嚇「西番、罕東、畢里、巴一撒他每這火人」（明太祖御製文集卷一，第五七頁），可知此戰確實發生在洪武十年，而俞本前置一年。又，沐英在戰後的十月方封西平侯（明太祖實録卷一一五，洪武十年十月戊午，第一八八六頁），俞本未加區分。

〔二〕陶宗儀南村輟耕録引潘昂霄録親歷者闊闊出言：「朵甘思東北鄙有大雪山……即崑崙也。」（卷二二黄河源，第二六七頁）川藏在河州西南（本書洪武三年第八條注六），則明軍的攻擊目標似即今崑崙山東段的阿尼瑪卿山（參見陶宗儀南村輟耕録卷二二黄河源附圖，第二六六頁）。但是萬曆西寧志：「在衛治西北故臨羌縣境……洪武間，西平侯沐英、征西將軍鄧愈追羌，俱至此山，非古所謂崑崙也。」（卷一地理志山川，第二〇頁）對此崑崙山，吴均安定曲先罕東必里等衛地望及民族瑣議認爲，明初崑崙山可能多有所指，但西寧西北的這個崑崙山不在入藏大道上，與此戰無關（第一一九頁）。而妥超群等畢力术江考則根據洪熙宣德年間曲先等衛劫掠明使、導致明軍進攻崑崙山的具體過程，指出青海湖西北的崑崙山位於明朝入藏大道北側，在今布哈河西北方向以崗格爾肖合力爲中心的山脉群（第六七～六八頁），應即今大通河與布哈河發源地、天峻剛察祁連三縣交界處的大通山西端一帶（中華人民共和國分省地圖，第一一頁）。按，俞本所記川藏劫掠使者與曲先衛所爲頗類似，則鄧愈等攻擊的可能就是這個崑崙山。

〔三〕朱夢炎衛國鄧公神道碑：「九年，吐蕃所部州城邀沮烏思藏使者，掠其輜重。有旨命王爲征西將軍往討之。十（月）〔年〕，王與副將分兵爲三，併力齊入，覆其巢穴，窮追至崑崙山，斬首不可勝計，獲馬牛羊一十餘萬。」王景黔寧昭靖王祠堂記：沐英於「九年……明年，副寧河王，總大兵征番部，西渡黄河，略川藏，耀兵崑崙，轉戰千里，俘獲萬計」（載皇明名臣琬琰録前集卷二、三，第一册第六二一、七九頁）。明太祖實録：洪武十年五月，「征西將軍鄧愈兵至吐蕃，攻敗川藏之衆，追至崑崙山，斬首甚衆，獲馬牛羊十餘萬，遂遣涼州等衛將士分戍碾北等處而還。」又：韋正「從征有功」（卷一一二、一二四五，洪武十年五月癸卯、二十九年四月「是月」甯正傳，第一八五八、三五六四頁）。疑俞本記得洪武九年有一場大戰，由鄧愈統一指揮，攻至青海湖北（參見本書洪武五年第四條注一〇、一一），遂將洪武十年鄧愈攻至崑崙山的大戰，置於洪武九年，以合記憶。

2　十二月，上遣中書舍人張道寧宣韋正至京，詢西征事，於玄清宫①賜宴。次日，宣正於寢殿，朝皇后馬氏，賜以巨珠、耳墜。又降敕曹國公李文忠宴於私室。越三日，於奉天門〔一〕，上賜以龍衣，令歸〔二〕。添設河州左衛〔三〕。

〔一〕劉仲璟遇恩録：朱元璋會見劉基、章溢、胡深等故臣的子弟，主要在奉天門、奉天殿、華蓋殿，其次在武英殿、文華殿等地（第一、五、六、八、九頁）。俞本所記寢殿或指供休憩之用的華蓋殿。嘉靖南畿志：「午門之内大殿之前，曰奉天門。」（卷一南都紀城闕大内，第四四頁）奉天門爲奉天殿前的屏障（洪武京城圖志，清抄本，第五頁），在今南京市區明代宮城内内五龍橋北、中山路以南（明代宮城圖）。

〔二〕朱元璋於洪武九年令韋正復本姓（本書洪武十五年第一條注三），洪武十年川藏之戰後讓皇后和外甥出面，以私儀招待韋正，頗怪異。疑此事或與當年的朱生（本書丁酉年第七條）有關。

〔三〕嘉靖河州志：「十年，立河州左、右二衛。」（卷一地理志沿革，河州志校刊，第二頁）明太祖實録：洪武八年九月，各地都衛改爲統轄各衛的都司，「西安行都衛爲陝西行都指揮使司」。洪武九年十二月，「罷西安行都指揮使司」。洪武十一年五月，「胡兵寇陝西歸德之三岔口，河州右衛指揮徐景等率兵擊敗殲之，得馬牛羊以萬數」（卷一〇一、一一〇、一一八，洪武八年九月癸丑、九年十二月癸酉、十一年五月庚子，第一七一一、一八三二、一九三二頁）。按，都衛撤銷後，原衛或改或拆爲普通的衛，西安行都衛的撤銷當晚至洪武九年、十年之際才完成。明朝的衛所以左、右、中、前、後爲序，由「河州右衛」可知原西安行都衛（即河州衛）拆爲河州左衛與河州右衛，則俞本所記即撤都衛、分設左右衛之事。河州左衛後來調守洮州，右衛稱河州衛（本書洪武十二年第一條及注一、二），疑俞本因右衛乃河州衛主要班底，故稱「添設河州左衛」。

校勘記

①「玄清宫」，由下文「寢殿」、「私室」，可知賜宴當在後宫一帶，「玄清宫」應係「乾清宫」之訛（本書洪武十三年第一〇條注一〇引）。

洪武十年　丁巳（公元一三七七年）

1 三月，上宣衛國公鄧愈赴京。至中途而薨，上追謚寧河武順王〔一〕。即今河州和政驛〔二〕有祠享祀，極其靈應①。

以其子鎮襲爲申國公，後以黨事被誅〔三〕。

〔一〕朱夢炎衛國鄧公神道碑：「洪武十年冬十一月初九日……衛國公鄧愈自河州召還，至壽春，以疾薨……詔追封寧河王，謚武順。」（載皇明名臣琬琰録前集卷二，第一册第五六頁）

〔二〕寰宇通衢：「臨洮府……洮陽驛，一百二十里至和平驛，六十里至本衛鳳林驛。」（京城至陝西布政司并所屬各府各衛至河州衛，第一五一頁）寰宇通志：「和政驛，在州南六十里。」（卷一百河州衛館驛，第六一六六頁）嘉靖河州志：「寧河縣，即寧河城，州南六十里。本宋舊縣，洪武末革爲守禦所，今廢，設和政驛。」（卷一地理志古迹，河州志校刊，第二三頁）應即今和政縣城（甘肅省地圖集，第六〇頁）。

〔三〕明太祖實録：洪武十年十一月，「衛國公鄧愈……以疾卒……長子鎮襲爵，改封申國公」（卷一一六，洪武十年十一月癸未，第一八九二～一八九七頁）。朱元璋申國公鄧鎮誥文：「今洪武十三年，服制已終，朕思愈勞，命爾襲封。」（明太祖御製文集卷三，第一一四頁）錢謙益太祖實録辨證據祝允明野記引胡黨案發時朱元璋詔書，證鄧鎮、華中在洪武二十三年死於胡黨案（「五」，第二一四五頁）。然今本詔書列有華中，未列鄧鎮（載祝允明野記，第五〇二～五〇三頁）。逆臣録：「王信……對翼言說：『涼國公……說：「李太師、申國公、延安侯衆人，都是舊人，只爲交結胡丞相謀反，都廢了。」』」（卷一侯張翼，第一七頁）可知鄧鎮確死於胡黨案。

2　六月，都督毛驤近侍左右，凡駕出，驤披金甲，懸寶劍，執戟侍衛，出入掖庭無禁。至是，掌選受賄壞法事露。上親於中書堂諭曰：「汝之惡，極矣。」遂以驤之脅、背（剌）〔刺〕②「奸黨毛驤」四字，剥皮貯草，置於都府堂上，以警後來，刳心肺示衆。其妻子皆斬之，以所披金鎖甲欽賜藍玉〔一〕。

〔一〕劉辰國初事迹：「毛驤以舍人近侍，太祖寵愛，以心腹信任。位至都督，放肆奸貪，太祖籍其家産，誅之。」（第一〇四頁）明太祖實録：胡惟庸案初發時有一條罪狀：「令都督毛驤取衛士劉遇賓及亡命魏文進等爲心膂。」（卷一二九，洪武十三年正月甲午，第二〇四五頁）至洪武二十三年，朱元璋追論胡黨之詔書，提到都督「毛（讓）〔驤〕、於顯、陳方亮」（載祝允明野記，第五〇四頁），可知毛驤最晚死於洪武十三年胡惟庸案。宋濂毛公神道碑：「奉國將軍、僉大都督府事毛驤來謂濂曰：『先公以至正辛丑正月朔日棄遺諸孤……迄今已十八春秋。』」（宋濂全集芝園前集卷六，第一二六九頁）按，辛丑年初後十八年爲洪武十一年初，毛驤尚在。明太祖實録：洪武十二年七月，「曹國公李文忠自陜西還，命提督大都督府事」。陳方亮旋於十月降爲海南衛指揮同知（卷一二五、一二六，洪武十二年七月己未、十月甲子朔，第二〇〇六、二〇一七頁），疑毛驤即死於此時。俞本雖將毛驤之死與胡惟庸案加以前後區分開來，卻誤繫於洪武十年。

校勘記

① 「即今河州和政驛有祠享祀極其靈應」，張刻本作雙行小字。按，「今河州」之語，頗異俞本行文風格。萬曆臨洮府志：「鄧寧河武順王廟，在和政驛北古城内。萬曆庚寅秋，虜衆内犯，兵備道郭宗賢督陣城上，見空中有神助象，血戰獲功。因增修殿宇祀之。」（卷六建置考廟祠，第五〇頁）可知此句爲刊刻者張大同注文。

② 「剌」，陳校本作「刺」（第四五〇頁），是。

洪武十一年　戊午（公元一三七八年）

1　正月，上於内外文武百官，自洪武元年誥敕，與乙未年至吴元年大小官員頭目凡有曾受御押劄付〔一〕，及侍衛象牙牌并虎頭金牌未納者〔二〕，盡拘收之，敢有隱藏者治罪，名曰「拘收文憑」。

〔一〕馬順平明太祖御筆代筆考對比朱元璋傳世書法與侍臣代筆書法，認爲朱元璋可能「出於政治需要和書法本身的藝術水準」，而索還帶有花押的親筆文書（第八六頁）。

〔二〕明太祖實録：洪武六年，「命造扈駕先鋒金字銀牌一千五百面，尋革去，改製爲守衛金牌。其制，以銅爲之，塗以金，高一尺，闊三寸，以仁、義、禮、智、信爲號。仁字號上鈒獨龍盤雲花，公侯伯都督佩之。義字號鈒（金）伏虎盤雲花，指揮佩之。禮字號鈒獬豸盤雲花，千户衛鎮撫佩之。智字號鈒獅子盤雲花，百户所鎮撫佩之。信字號鈒盤雲花，將軍佩之。二面俱有篆文，一曰守衛，一曰隨駕。守衛官員懸帶此牌直宿，不許借掛。牌首仍爲圓竅，貫以青絲絛。俱掌於尚寶司，凡公侯伯都督指揮千百户鎮撫及將軍隨駕、應直、宿衛者，許關給佩帶，下直則納之」（卷八二，洪武六年五月乙丑，第一四七九頁）。逆臣録：「洪武二十六年正月十三日，有凉國公晚朝，到尚寶司閒坐。是宏同詹尚寶向前作揖。有藍大人對宏説：『你尚寶司正管著被甲的金牌，可取出二百面來。我明日教府軍前衛孫指揮來領。』是宏聽允，當同詹尚寶於南橱内取出『禮』字號金牌二百面、『信』字號金牌一百面，在北橱頓放，伺候謀逆。」（卷一伯何宏，第二六～二七頁）諸司職掌：「凡隨駕官員、力士、校尉，須憑牌面守衛。其牌面，内府印綬監掌管，輪直官員人等於簿上明白附寫花名，畫字給領。如遇下直，務要交割明白，勾消庶無差失。」（兵部駕部牌面，第一九〇〇頁）無論金牌由尚寶司還是印綬監掌管，管理皆十分嚴格，故原用牌面需繳還。

2　六月，歸德州西番土人汝奴①叛遁亦哑地方〔一〕。

〔一〕明太祖實録：洪武八年，「置陝西歸德守禦千户所一、罕東等百户所五，以故元宣政院同知端竹星吉、萬户玉倫、管卜荅兒三人爲千户」（卷九六，洪武八年正月甲子，第一六四九～一六五〇頁）。洪武十年鄧愈進攻川藏時「屠西番」，冬初朱元璋諭中書天象敕：「就中亦爲兵事正在西番，教河州嚴備禦，恐無知肆侮。」（本書洪武九年第一條；明太祖御製文集卷五，第一八三頁）可知川藏之戰大失西番降衆之心，此後遂有河州嚴備、歸德叛遁乃至七站潰散（本書洪武十一年第四條）之事。

3　宋國公馮勝遣人於韋正處索馬，正不與。勝憾之，於上前譖曰：「韋正不以國法爲重，不善治西番，致有叛。」敕遣中書舍人徐光祖賚御劄諭正，赦其死，降爲歸德州守禦千户〔一〕。以陝西都指揮葉昇代鎮河州。昇貪婪無耻，至則盡更正令。

〔一〕朱元璋勞西河衛都指揮：「卿守西疆，今已九年矣……朕甚嘉焉。時當初夏，特遣人往勞。」（明太祖御製文集卷五，第一七六頁）其實朱善代朱元璋擬賜河州守禦詔仍稱河州（朱一齋先生文集卷一〇，第二三〇頁），可知西河是朱元璋對河州的隨意稱呼。韋正於洪武二年開始守西邊，洪武十年夏正是明軍西征之時,則此敕書當作於洪武十一年夏,此時韋正仍受眷顧。明太祖實録:洪武十二年七月,「河州衛指揮同知何鎖南普、鎮撫劉温各携其家屬來朝……陞河州衛千户甯正爲寧夏衛指揮僉事」。又:韋正「十二年,兼領寧夏衛事,至則修築漢、唐舊渠」(卷一二二五、二二四五,洪武十二年七月戊申、庚戌,二十九年四月「是月」甯正傳,第二〇〇四~二〇〇五、三五六四~三五六五頁)。可知韋正的確於洪武十一、十二年降職,應即俞本所記洪武十一年六月歸德州叛亂所致。

4 十一月,剌哥站土官剌哥率合族酋長,以牛羊馬匹、羊毛至河州易糧。昇見頭畜無數,欲盡得之,詭文密奏西番侵河州。上允其奏,悉收誅之,昇拘番貨、牛羊馬匹,盡入私家〔一〕。其餘六站番民聞之,皆遁去〔二〕。朵甘思、烏思藏之路自此亦梗,不復通往來矣〔三〕。

〔一〕明太祖實録:洪武三十年三月,朱元璋「敕兵部曰:『……守邊者不能禦防,或濫交無度,縱放私茶,或假朝廷爲名,横科馬匹,以致番人悖信。朝廷初不知此,但謂西番不順,豈知邊吏有以激之。』」(卷二五一,洪武三十年三月壬午,第三六三六頁)此時葉昇已被誅殺,朱元璋或追論其罪狀。然洪武十二年七月鎖南赴京,朱元璋命中書勞西番指揮何鎖南:「自附以來,信義甚堅……至烏思,所言朕命如敕。」(明太祖御製文集卷八,第二五三頁)兩天後,韋正即稍得復官,四天後,葉昇陞任大都督府僉事(明太祖實録卷一二二五,洪武十二年七月庚戌、甲寅,第二〇〇四~二〇〇五頁)。顯然,朱元璋據鎖南報告,減輕了對韋正的懲罰。果係葉昇激變，恐葉難逃罪責。疑俞本對韋正、葉昇抑揚有誤（參見胡小鵬等明興野記與明初河州史事考論，第六三頁）。

〔三〕明太祖實録：洪武十一年十一月，「陝西土魯干保安驛丞宗失加及剌哥、美吉站黑韃靼叛，掠驛馬而去」。又：「洮州十八族番酋三副使、瘦嗉子等叛，據納鄰七站之地。命英移兵討之。」（卷一二一、一二八，洪武十一年十一月「是月」、二十五年六月辛卯沐英傳，第一九六三、三二〇六頁）洪武十二年洮州衛城竣工碑，稱洮州之戰削平「叛賊首何往輪朵只、趙党只、阿卜商及七站各部」（載武沐岷州衛：明代西北邊防衛所的縮影引臨潭縣新城鄉城隍廟内原碑，第四〇頁）。黄金皇明開國功臣録：洪武十一年八月，「西番洮州等處戎寇叛亂……先是，番酋在朵甘之地有萬户乞失迦者爲亂，嘗命衛國公鄧愈討平之。至是復肆侮，延連數月。昇等併兵擊之，降乞失迦，夷其部落，俘獲不可勝計。復……生擒洮州十八族番首三副使、穎膝子，殺獲數萬人，獲馬駝牛羊數十萬，得納憐七站歸於職方」。又，「十一年……秋，洮州十八族番首三副使、汪舒、穎素子、烏都兒及阿卜商等叛據納鄰七站之地……十二年二月，兵至洮州故城，三副使、阿商、阿汪順朵羅只等率衆遁去。我師追擊之，獲積石州叛逃土官阿昌、七站土官失納等，斬之」（卷一三葉昇傳、二九聶偉傳，第一册第七五七～七五八、第二册第六六三～六六四頁）。其中，瘦嗉子即穎素子，何往輪朵只即汪舒即阿汪順朵羅只，趙党只是洮州部族首領，所據必洮州納鄰七站之地。但阿商即阿卜商來自黄河北岸（本書洪武二十五年第一條注五），土魯干、保安驛在河州以西（洪武三年第四條注九），宗失加即乞失迦的「朵甘之地」指河州以西，積石州在河州西北，皆非洮州各部。可見，洪武十一年叛亂、洪武十二年遭攻者，除河州東南洮州各部，也包括河州以西各部，應即俞本所記剌哥等七站之民（參見洪武四年第三條）。

〔三〕剌哥遭誅之後，洪武十二年初有朵甘思、烏思藏使者赴京朝貢，下一次則晚至洪武十四年底（明太祖實録卷一二二、一四〇，洪武十二年正月丙申、二月丁巳、十四年十一月丁未，第一九七四、一九七八、二二〇四頁）。明朝與西藏的聯繫，確如俞本所記，曾有中斷。

校勘記

①「汝奴」，他書作「玉倫」（本書洪武十一年第二條注一引）。

洪武十二年　己未（公元一三七九年）

1 八月，改設河州右衛爲河州衛，革陝西行都指揮使司及河州府、寧河縣〔一〕。河州左衛官軍調守洮州〔二〕。

〔一〕洪武十四年南門城樓記：「置河州府以治民，設河州衛以戍兵。洪武十二年，詔併爲一，改曰河州衛軍民指揮使司……洪武十四年辛酉五月記。」（載嘉靖河州志卷四文籍志下記銘，河州志校刊，第一四一～一四二頁）明太祖實録：洪武十二年七月，「改河州右衞指揮使司爲河州軍民指揮使司，革河州府」（卷一二五，洪武十二年七月丁未，第二〇〇四頁）。嘉靖陝西通志：「十二年，省行都司及河州府、縣，以左衞調洮州，改右衞爲河州衞軍民指揮使司。」（卷九土地建置沿革臨洮府河州，嘉靖本，第一册第六四四頁）但是，嘉靖河州志：「十二年，革行都司及河州府、縣，調右衞立洮州衞，改置左衞爲河州衞軍民指揮使司。」（卷一地里志沿革，稀見叢刊影印本，第二七頁）應係抄舊志時誤。

〔二〕明太祖實録：洪武十二年二月，明軍攻克洮州，決意固守，「置洮州衞，以指揮聶緯、陳輝、楊林、孫禎、李聚、丁能等領兵守之」（卷一二二，洪武十二年二月乙丑，第一九七九頁）。三月朱元璋諭曹國公李文忠西平侯沐英等敕：「其河州兩衞軍馬，止留一衞在河州，撥一整衞守洮州。」明太祖御製文集卷九，第二九九頁）

2　**是年，令國舅唐（驛）〔鐸〕①爲四十八衞都鎮撫，詣河州監收茶馬。尋陞爲刑部尚書〔一〕。**

〔一〕成化中都志：「虹縣……唐鐸，五都人，從太祖高皇帝渡江……七年除太常寺卿，十四年除兵部尚書，十五年除諫議大夫，十七年除監察御史，十八年陞都察院左副都御史，兼掌刑部事，當年陞刑部尚書，兼掌兵部事。」（卷五人才虹縣，第二三四～二三五頁）雷禮國朝列卿記：「七年陞刑部尚書，本年改太常寺卿……十三年服闋，轉兵部尚書……十七年……以事左遷監察御史，十八年陟右副都御史，十九年復陞刑部尚書。」（卷一四國初詹事府詹事行實唐鐸，第二册第九八～九九頁）明太祖實録：洪武十二年八月，「太常卿唐鐸以母憂去官」。十四年十二月，「起復太常司卿唐鐸爲兵部尚書」。十七年五月，「諫議大夫唐鐸坐事降爲監察御史」。十八年三月，「陞監察御史唐鐸爲都察院右副都御史」。十月，「以都察院右副都御史唐鐸爲刑部尚書」（卷一二六、一四〇、一六二、一七二、一七六，洪武十二年八月癸未、十四年十二月丁未、十七年五月丙寅、十八年三月己丑、十月「是月」，第二〇一二、二二〇六、二五一四、二六三〇～二六三一、二六六八頁）。按，唐鐸不可能在太常卿任上和丁憂期間奔赴河州，唯一的可能是降監察御史後派外差，時當洪武十七、十八年間。所謂「四十八衛都鎮撫」，應指洪武六年由中書省改屬大都督府的都鎮撫司長官，「掌調各門守禦千户所」（明太祖實録卷一五，甲辰年十月乙卯，第二〇五頁）。唐鐸從未任此官，可能唐鐸到河州時以監察御史身份，擁有監察内外衛所馬政的職權，故俞本以訛傳訛。又，朱元璋的妃子無唐姓者，「國舅」之稱亦誤。

校勘記

① 「唐驛」，他書作「唐鐸」（本書洪武十二年第二條注一引），「驛」係刊刻之誤。

洪武十三年　庚申（公元一三八〇年）

1 曹國公李文忠領大軍築洮州新城，於楊撒里①〔一〕及岷州舊城垣各設衛所，銓官守之〔二〕。

〔一〕元史引朱思本語：「洮河源自羊撒嶺北。」（卷六三地理志河源附録，第一五六六頁）寰宇通志：「羊撒關，在衛城北六十里。」（卷一百洮州衛，第六一六五頁）應即今臨潭縣新城鎮北東注洮河的羊沙河下游谷地中的羊沙鄉（甘肅省地圖集，第五四頁）。王雲鳳重建學宫記：「國朝洪武中，曹國公取其地……其在前元降者爲土民，總爲里十有六，又徙内地民一里以實之。」（載康熙岷州志卷一七藝文記明，第二九一頁）康熙岷州志：「洪武……十一年……開設岷州衛軍民指揮使司，隸陜西都司，領軍民千户所四，西固軍民千户所一，移直隸各省官軍守之，并經歷司編户十六，又徙岐山縣里民在城居之，謂之樣民，總計一十七里。」（卷二沿革，第六〇頁）岷州衛境内除衛城和西固城兩個據點外，可能皆設爲里，洮、岷規制相同，羊撒爲洮州境内重要據點，宜有羊撒里之設。俞本蓋因時認羊撒爲洮河發源地而特意提及。

〔二〕洪武十二年筑洮城工竣碑記：「明洪武己未春二月，大將軍削平叛逆……夏五月庚午，建城垣於洮河之北東籠山之南川，屯兵鎮守，以靖邊城。城周凡九里餘，不旬日而工完。僉大都督府、奉國將軍金朝興奉總兵官、征虜副將軍曹國公鈞旨督工成造。洪武己未夏五月戊申吉辰立。」（載光緒洮州廳志卷三建置城池，第二二九～二三〇頁）洪武十三年創建岷州衛城隍廟碑記：「洪武十一年秋八月，奉制設衛事，筑城垣、浚壕塹、備禦鎮、誅草來、辟荒穢，爲之城郭閈閎。其于宇蓋未暇議也。於是馬公德輝，淮東六合郡人，敕掌衛事……凡倉廩、厩車、郵驛、棘獄、屋廬、坊牌、衢廠、樓櫓、橋梁、關塹要備，無不葺之者也……洪武十有三年夏，馬公以其餘力，命工砍木陶瓦，創風雲雷雨、山川、社稷、城隍之祠。」（載康熙岷州衛志藝文，第三三三～三三四頁）明太祖實録：洪武十二年二月初，「命曹國公李文忠往河州、岷州、臨洮、鞏昌、梅川等處，整治城池，督理軍務，邊境事宜悉從節制」。月底，「征西將軍沐英等兵至洮州故城……遂於東籠山南川度地勢，築城戍守……命置洮州衛」（卷一二二，洪武十二年二月戊戌朔、丙寅，第一九七四、一九七九頁）。

2 五月，雷震謹身殿〔一〕。上懼甚，跪祝曰：「赦在京獄禁有罪者。」雷不止。再祝曰：「大赦天下。」雷遂止。天神以殿脊螭獸提擲茅塘草中，數日方知。擲鐵釘一條於殿前，上製爲鞭，令閹竪執侍左右，永爲警戒。頒詔示天下，免收平陽、太原垜籍黑軍〔二〕十三萬〔三〕。（□）〔甫〕②期年，仍收入伍〔四〕。

〔一〕嘉靖南畿志：「午門……奉天殿……華蓋殿之後爲謹身殿……謹身殿之後爲乾清宮。」（卷一南都紀城闕大内，第四四～四五頁）謹身殿爲三大殿最後一座，在今南京市區中山路北明代宮城中央位置（明代宮城圖）。

〔二〕金元之際，木華黎麾下一部契丹血統的精鋭部隊稱黑軍，戰功顯赫（元史卷一四九石天應傳、一五〇石抹也先傳，第三五二六、三五四二頁）。元史：己卯年即公元一二一九年，「詔以黑軍分屯真定、固安、太原、平陽、隰、吉、岢嵐諸郡。」（卷一五〇查剌傳，第三五四三頁）明初，山西或尚多此部契丹軍户後裔，故遭大規模垜集。

〔三〕明太祖實録：洪武十三年五月，「雷震謹身殿……詔告天下，曰：『朕以菲德，托於萬姓之上，奉天勤民，於兹十有三年矣。間者宰輔非才，肆奸亂政。朕思創造之艱難，念生民之不易，按法誅之。恐陷於不義者，於心未安，昧於知人，實朕之過。上天垂戒，朕甚懼焉，可大赦天下，除十惡不宥外，洪武十三年五月初三日以前已未發覺結正，罪無大小，咸赦除之。軍民已有定籍，敢有以民爲軍亂籍以擾吾民者，禁止之。自洪武初至十二年終軍民逋逃，追捕未獲者，勿復追。太平、鎮江、宣城、廣德、滁、和今歲夏秋税糧，免其徵。山西民爲軍者二萬四千餘户，悉還爲民。』」（卷一三一，洪武十三年五月甲午、乙未，第二〇八三頁）按，此乃朱元璋殺胡惟庸後應對天變的一套措施。不久，朱元璋又頒免天下秋糧詔：「洪武十三年天下秋糧，盡行蠲免。其放回事故官員，自思情無實犯，則親自來朝，仍授以職。於戲！欲消愆而弭禍，非致吾民於仁壽之鄉，將何以答天心之永顧。」（明太祖御製文集卷二，第八四頁）由蠲免京郊而及全國，由赦免罪犯而起用犯官，可知後來山西得還爲民者，或不止兩萬四千户。

〔四〕李景隆前軍都督府僉都督事謝公神道碑銘：謝成於洪武二十五年「九月……赴山西籍民丁爲軍，置天成、東勝二衛」（載成化中都志卷一〇碑銘，第四四四頁）。黄金皇明開國功臣録據金陵馮氏家乘：「二十四年秋，命□山西平陽等郡垛軍，發大同等衛屯種。」（卷一補遺馮勝傳，第一册第一八二頁）明太祖實録：洪武二十五年八月，「上以山西大同等處宜立軍衛屯田守禦，乃諭宋國公馮勝、潁國公傅友德等曰：『屯田守邊，今之良法，而寓兵於農，亦古之令制。與其養兵以困民，曷若使民力耕而自衛。爾等宜往山西布政司，集有司耆老，諭以朕意。』乃分命開國公常昇……往平陽府……往太原等府，閲民户四丁以上者，籍其一爲軍，蠲其徭役，分隸各衛，赴大同等處開耕屯田。東勝立五衛，大同在城立五衛，大同迤東立六衛，衛五千六百人……給山西民兵十萬人鈔各三十錠，令買牛屯田」。十二月，十六衛全部籍成（卷二二〇、二二二三，洪武二十五年八月丁卯、癸酉、十二月壬申，第三二二四～三二二五、三二二七、三二六四～三二六五頁）。這是明代規模最大的一次籍民爲軍行動，十六衛、「十萬民兵」近「十三萬」，平陽、太原亦同，可知俞本所記即此事。此事發生在洪武二十三年大殺胡黨後不久，疑俞本因此繫於洪武十三年胡惟庸案發時，實則這次籍民可能與十多年前的「兩萬四千户」並無關係。

3 **是年，潁川侯傅友德、西平侯沐英、永昌侯藍玉領大軍克雲南、大理、金齒等處〔一〕，詔示天下通知〔二〕。**

〔一〕明太祖實録：洪武十四年九月，「命潁川侯傅友德爲征南將軍、永昌侯藍玉爲左副將軍、西平侯沐英爲右副將軍，統率將士往征雲南」。十五年二月，「以雲南平，詔天下」（卷一三九、一四二，洪武十四年九月、十五年二月，第二一八五、二二三二頁）。俞本或因征雲南在胡惟庸案和大赦後不久，遂繫征雲南於胡案和大赦之年。

〔二〕洪武十五年二月朱元璋平雲南詔：「惟西南諸夷，爲雲南梁王所惑，恃其險遠，弗遵聲教。特命征南將軍潁川侯傅友德、副將軍永昌侯藍玉、西平侯沐英，率甲士三十萬，馬步並進，罪彼不庭。大軍既臨，渠魁盡獲，雲南已平，詔告天下臣民共知。」（載全明文卷二朱元璋，引高皇帝御製文集明嘉靖十四年刻本，第一册第二三頁）

4 中書右丞汪廣洋忤旨，貶廣東。至采石，敕錦衣衛指揮石玉絞死，以妻子配侍衛官軍，諸弟皆殺之〔一〕。

〔一〕朱元璋廢丞相汪廣洋：「如此肆侮，法所難容。差人追斬其首，以示柔奸。爾本實非愚士，持賜敕以刑之，爾自舒心而量己，以歸冥冥。」（明太祖御製文集卷七，第二三〇頁）明太祖實録：洪武十二年十二月，「右丞相汪廣洋坐事貶海南……舟次太平，復遣使敕之曰：『……爾通經能文，非愚昧者。觀爾之情，浮沉觀望，朕欲不言，恐不知者謂朕薄恩，特賜爾敕，爾其省之。』廣洋得所賜書，益慚懼，遂自縊卒」（卷一二八，洪武十二年十二月「是月」，第二〇三五～二〇三八頁）。錢謙益太祖實録辨證、潘檉章國史考異據朱元璋原文推斷，汪廣洋死於刑誅而非自殺（「二」，第二一二六頁；卷二「十一」，第二一九頁）。按，石玉於洪武二十八年由錦衣衛指揮僉事陞任陝西行都司都指揮僉事（明太祖實録卷二三七，洪武二十八年三月己亥，第三四五九～三四六〇頁），赴任或經過河州一帶，俞本所記「采石」、「絞死」及家屬蒙難，或非僅傳聞。

5 左丞相胡惟庸、右大夫陳寧擅權壞法，俱伏誅於玄津橋〔一〕。掘坑丈餘，埋其屍。次日，復出之，支解於市，縱犬食之〔二〕。録其家資，以妻子分配軍士，子弟悉斬之〔三〕。連及内外文武官員數萬人，凡十五年間，黨名始悉③〔四〕。

〔一〕洪武京城圖志：玄津橋在復城橋北、皇宮向西大道跨青溪處，「復成橋，在（元）〔玄〕津橋南」

（清抄本，第八、二四頁）。寰宇通志：「竹橋、土橋、玄津橋，俱在西安門外之北，跨青溪。」（卷八應天府橋梁，第五一九八頁）玄津橋應即今南京市區楊吴城壕東段北端竺橋以南、西華門外正西的照心橋，即逸仙橋南的三拱石橋（江寧府城圖；中國文物地圖集江蘇分册，上册第一四六、下册第三頁）。朱元璋御製大誥續編：賜進士秦昇自盡，「昇等默然而往，詣玄津橋，觀刃器，視繩索，謂傍曰：『臨終也，上且加恩於我。』就繩而縊」（秦昇等怙終第八十三，第三三三～三三四頁）。可知玄津橋時乃行刑場所之一。

〔二〕朱元璋廢丞相大夫罷中書詔：「丞相汪廣洋、御史大夫陳寧晝夜淫昏，酣歌肆樂，各不率職，坐視廢興。以致丞相胡惟庸搆群小夤緣爲奸，或枉法以惠罪，或執政以誣賢。因是發露，人各伏誅。」（明太祖御製文集卷二，第八三頁）明太祖實録：洪武十三年正月，「御史中丞涂節告左丞相胡惟庸與御史大夫陳寧等謀反，及前毒殺誠意伯劉基事，命廷臣審録……群臣奏胡惟庸等罪狀，請誅之。於是賜惟庸、陳寧死」（卷一二九，洪武十三年正月甲午、戊戌，第二〇四三～二〇四六頁）。按，「謀反」豈止「賜死」。吴晗認爲，胡惟庸的罪名有一個從案發當時到洪武中、後期再到洪武以後層累放大的過程（胡惟庸黨案考，第一八五～一八九頁）。疑洪武十三年殺胡惟庸等人時，罪狀只如俞本所知「擅權壞法」之類，明太祖實録乃將後加罪狀置於當時。

〔三〕按，胡黨株連家屬甚慘，如朱元璋御製大誥三編：胡黨指揮林賢被殺，「十九年冬十月二十五日，將賢於京師大中橋，及男子出幼者皆誅之，妻妾婢之」（指揮林賢胡黨第九，第三八五頁）。則「以妻、子分配軍士，子弟皆殺之」，或即幼兒隨母「配」而出幼子弟「殺之」。

〔四〕洪武二十六年九月朱元璋宥胡藍黨人詔：「朝臣不臣，其無忠義者李善長等，陰與構禍，事覺人各伏誅。今年藍賊爲亂，謀泄提拏，族誅已萬五千人矣。餘未盡者，已榜赦之，猶慮奸頑無知，尚生疑惑，日不自寧。今特大誥天下，除已犯已拏在官者不赦外，其已犯未拏及未犯者，不分胡黨、藍黨，一概赦宥之。」（載皇明詔令卷三，第一八九頁）俞本記洪武二十八年馮勝、傅友德罪名亦爲「黨逆」，唯未明言胡黨或藍黨（本書洪武二十八年第二條）。其實，「已犯已拏在官者」直至洪武三十一年尚受屠戮（例見弘治吴江志卷一二雜記吴江有陳某者，第四五四～四五六頁；本書洪武二十九年第二條注一引）。所謂「十五年間」，殆略指從洪武十三年正月到二十六年九月朱元璋宣稱大赦爲止。

6　**減中書省，陞六部，廣都府〔一〕；以十二行省改爲承宣布政使司〔二〕；改御史臺爲都察院，分爲十二道〔三〕；以都督府改立左、右、中、前、後等軍之名。以詹徽爲都御史，所奏無不允者〔四〕。**

〔一〕朱元璋廢丞相大夫罷中書詔：「特詔天下，罷中書、廣都府、陞六部。」（明太祖御製文集卷二，第八三頁）明太祖實録：洪武十三年正月，「罷中書省，陞六部，改大都督府爲五軍都督府，布告天下」（卷一二九，洪武十三年正月癸卯，第二〇五一頁）。俞本或節録詔書原文。

〔二〕明太祖實録：洪武九年六月，「改行中書省爲承宣布政使司」（卷一〇六，洪武九年六月甲午，第一七七二頁）。按，行省改布政司與胡惟庸案無關，疑俞本因胡惟庸案引發官制更張，故繫於胡惟庸案下。

〔三〕明太祖實録：胡惟庸案後，御史臺不再設御史大夫，而以與六部尚書同爲正二品的御史中丞爲長官。洪武十三年五月,「罷御史臺及各道按察司」。十五年十月,「更置都察院,設監察都御史八人,正七品,以秀才李原明、詹徽等爲之。設……十二道監察御史,正九品」。十六年六月,「改都察院爲正三品,設左、右都御史各一人,正三品,左、右副都御史各一人,正四品,左、右僉都御史各二人,正五品……以監察都御史詹徽試左僉都御史」(卷一二九、一三一、一四九、一五五,洪武十三年正月甲辰、五月、十五年十月丙子朔、十六年六月戊子,第二〇五三、二〇九二、二三四七、二四一三頁)。黄阿明明代都察院更置時間考論據皇明詔令、南京都察院志載敕書和正德大明會典載洪武十四年所設大理寺相關機構事下提及都察院,證都察院早在洪武十四年已有設置(第七九~八〇頁)。胡惟庸案的第二號人物陳寧就是御史臺長官,命本或因此把御史臺改都察院視爲胡惟庸案的後果。

〔四〕雷禮國朝列卿記:詹徽「有才智,見事敏決。十三年,以薦舉擢監察御史。十六年……都察院……陞正三品,設左右僉都御史,徽首膺簡命,性嚴厲,不以色假人,善持風紀。上嘉之……十七年正月,陞都察院正二品……特陞徽爲左都御史。徽持憲類務苛刻,諸司凛凛不敢犯」(卷二三國初吏部尚書行實詹徽,第二册第五六三~五六四頁)。明太祖實録:詹徽於洪武十五年由秀才驟任正七品監察都御史,十六年任正五品試左僉都御史(本書洪武十三年第六條注三引),十七年正月,「以左僉都御史詹徽爲左都御史」(明太祖實録卷一五九,洪武十七年正月己酉,第二四五六頁)。

7 上以應天府所屬上元、江寧二縣之民與胡惟庸爲黨,將男婦長幼悉屠之〔一〕。遷山東、山西無産業之民,量其多寡,給屋居之,名曰「順民」〔二〕。

〔一〕洪武十八年朱元璋御製大誥：「在京人民，朕於静處，少有暇心，即思必與同樂，不期愚民爲胡、陳所誘，一概動摇，至今非心不格，面從心異。曩者愚民奔走門下，紛然競起，搆作馬前之卒，爲奇謀、爲吏役之道自慶，奸狡蔽其仁心，是非迷其本性，由是身亡家破……今者諸司犯法，贓在坊廂，其坊廂村店人等不奉朕命，固替奸貪隱匿，直至身亡家破而後已。」（京民同樂第二十八，第二二〇頁）又洪武二十三年詔書：「二十三年，京民爲逆。僇其半，以半遷之化外。」（載祝允明野記，第五〇二頁）按，此即陸容菽園雜記引周敬心言「二十三年大殺京民」（本書洪武四年第六條注一引）。逆臣録：「張佛弟，係應天府溧陽縣德齊鄉人，有同鄉王景祥……説：『前日去望指揮叔叔，教我回家傳示鄉中親眷。他説：「我每這一府百姓，比先都是胡黨，饒了。則怕久後事發，也免不得。」』」（卷四鷹揚衛指揮王貴等，第二一三頁）朱元璋早在洪武中期已對全體京民深爲怨恨，但所殺主要爲胡惟庸、郭桓等案牽連者，到洪武二十三年胡黨案大爆發時才大肆屠戮。俞本誤置於洪武十三年胡惟庸案下。

〔二〕逆臣録：「劉參，年七十歲，係山東濟南府樂安州人，以順民全家起赴京城住坐。狀招洪武二十四年三月二十一日，有錦衣衛張指揮使令家人望兒前來……程貳……係劉參女婿，以順民全家起取，於江寧縣正西隅住坐。」又：「陸勝三，蘇州府吴縣人，見於應天府江寧縣住坐，充當倉脚夫，賃到茆指揮家房屋開張買賣。」（卷一前軍都督劉參、程貳、五諸雜官民李常等陸勝三，第四三～四四、三一三頁）明太祖實録：洪武二十八年十一月，「詔徙直隸蘇州等十七府州及浙江等六布政司所屬府州縣小民二萬户，赴京占籍於上元、江寧二縣，以充各倉夫役，名曰倉脚夫」（卷二四三，洪武二十八年十一月甲子，第三五二七～三五二八頁）。「小民」與俞本所記「無産業之民」對應，而洪武四年應天府管轄的城區人口統計數字是：「軍、民、官、吏人户凡二萬七千一百五十九，民二萬一千五百六十七户，軍一千八百九十六户，公侯族屬一千一百九十七户，官、吏二千四百九十九户。」（明太祖實録卷六三，洪武四年閏三月庚午，第一二〇六～一二〇七頁）其中民户數與「小民二萬户」相當，可知屠殺遷徙確非虚言。洪武二十六年藍黨案之前，即有「順民」之稱，「倉脚夫」之充，疑明太祖實録所記遷民之事，始於洪武二十三年胡黨案，至二十八年方終結。又，兩相對照，可知明太祖實録的「浙江等六布政司」，指浙江和北方的山東、北平、山西、河南、陝西，或起取順民本不限地域，洪武二十八年專由此六處起取，規模最大。

8 十二月，上遣天界寺長老桂潭④使天竺國〔一〕。至彼，見其國王，待之甚厚。至靈鷲山，乃佛説般若經處，王舍城，給孤獨園，凡三處，得貝葉經及梵書法華、般若經〔二〕。至洪武十五年歸〔三〕，上焚香設樂迎之，士民布施甚衆。上悦，問潭曰：「幾僧至彼？」潭奏曰：「同往者三十四僧〔四〕，同歸者二十僧，中途患病而歸者性、信二僧。」上令二僧自備衣糧，再往天竺，敕河州衛差軍送出境。

〔一〕宋濂覺原禪師遺衣塔銘：天界寺住持名僧慧曇，於洪武三年六月出使西域，四年九月在省合剌國去世（宋濂全集翰苑續集卷五，第八六〇頁）。錢謙益列朝詩集：宗泐繼慧曇住持天界寺，字季潭（閏集第一全室禪師泐公，第六〇七二頁）。高麗使臣鄭夢周於洪武五年路經鎮江，有詩多景樓贈季潭：「登臨半日逢僧話，忘却東韓路八千。」（圃隱先生文集卷一，第一二九頁）可知宗泐時以字聞。明太祖實録：

洪武十一年十二月，「遣僧宗泐等使西域」（卷一二一，洪武十一年十二月「是月」，第一九六六頁）。按，慧曇、「季潭」前後出使西域，皆經過河州（本書洪武三年第九條注四），俞本或因其皆爲天界寺「長老」，混淆二僧，訛爲「桂潭」。

〔二〕此三處皆自古爲印度佛教聖地（參見玄奘等原著季羡林等校注大唐西域記校注卷六室羅伐悉底國「三」逝多林給孤獨園、卷九摩揭陁國「二三」鷲峰及佛迹、「二六」王舍城，第四八八～四九〇、七二五～七二六、七四三～七四四頁）。唯鷲峰所講，應爲楞嚴、法華，而非講于給孤獨園的般若經。錢謙益列朝詩集：「十五年，得莊嚴、寶王、文殊等經還朝。」（閏集第一全室禪師泐公，第六〇七二頁）

〔三〕明太祖實録：洪武十四年十二月，「僧宗泐還自西域」（卷一四〇，洪武十四年十二月乙卯，第二二〇九頁）。

〔四〕錢謙益列朝詩集：宗泐出使時，「命領徒三十餘人往西域」（閏集第一全室禪師泐公，第六〇七二頁）。

9　於鳳陽府敕建大龍興寺〔一〕，以桂潭爲住持，集僧講經二千餘衆〔二〕。桂潭能通三教〔三〕。

〔一〕朱元璋御製龍興寺碑：「寺昔於皇……擇地是方。寺成，大臣入奏，更寺名曰龍興……洪武十六年歲在癸亥九月吉日。」（載徐乃昌安徽通志金石古物考稿卷六石刻碑誌明，葉三b～五a）明太祖實録：洪武十六年九月，「建鳳陽大龍興寺成」（卷一五六，洪武十六年九月甲子，第二四三〇頁）。成化中都志：「大龍興寺在府治北，洪武間撤中都宫室名材建，規模宏壯，設僧録官一員住持。」（卷四寺院，第一九六頁）應即今鳳陽市區北部的龍興寺遺址（安徽省地圖集，第二二四～二二五頁）。

〔二〕朱元璋御製龍興寺碑：「以善杞爲開山住持……特召儀真地藏寺闍黎文彬者講其所以，文彬深通顯、密之教……洪武十六年秋八月，善杞授顯密法師，文彬授善世法師。」（載徐乃昌安徽通志金石古物考稿卷六石刻碑誌明，葉四b）可知大龍興寺住持並非宗泐。成化中都志：「定遠縣，槎枒寺在縣西北七十里，洪武十六年命天界寺僧宗泐等募緣創建，洪武二十二年敕賜圓通禪寺。」（卷四寺院鳳陽縣，第一九七頁）錢謙益列朝詩集：「宗泐歸國後，「開僧録司，授右街善世。因長官奏事獲譴，往鳳陽槎峰建寺，三年訖工。天界寺火，以興復爲己任」（閏集第一全室禪師泐公，第六〇七二頁）。按，天界寺火災發生於洪武二十一年（姚廣孝天界寺毗盧閣碑，載葛寅亮金陵梵刹志卷一六鳳山天界寺，第三〇八頁），則宗泐獲譴在洪武十八年前。朱元璋諭天界寺僧：「天界寺的兩位善世「戒」、「泐」與一位覺義「復」因溧水、溧陽田莊事務得罪。又，諭天界寺不律僧戒泐復：「死雖有日，終未施行於法司，且役於厨下，以足衆僧饍。」（明太祖御製文集卷八，第二九二、二九五頁）朱元璋又於洪武十五年四月設置僧録司，「左善世戒資、右善世宗泐……左覺義來復」。而洪武十六年正月處理溧水、溧陽田莊事務時，當事人爲「天界善世禪寺住持行椿」（載葛寅亮金陵梵刹志卷二欽録集，第五二、五四頁）。則宗泐等於洪武十五、十六年之際獲譴，與成化中都志所載相合。疑俞本因二事皆在鳳陽一帶，且日期相近，而生混淆。

〔三〕慧曇以「氣貌異常」聞名，並不以博學著稱（宋濂覺原禪師遺衣塔銘，宋濂全集翰苑續集卷五，第八五九頁）。朱元璋賜宗泐免官説：「洪武九年春，遐游天界，見住持僧宗泐博通古今，儒術深明。」（載全明文卷一三朱元璋，引高皇帝御製文集明嘉靖十四年刻本，第一册第二〇九頁）何喬遠名山藏：「深入秘密，兼通古文詞，與僧來復齊稱。」（卷一〇四方外紀下宗泐，第二九二五頁）釋明河補續高僧傳：「博通古今，凡經書過目，輒成誦，善爲詞章。」（卷一四泐季泐傳，第二一七頁）「通三教」的桂潭，必即季潭。

10 上見鍾山崒嵂，前有方山，上平而四面俱方〔一〕，居湖中，巍然勢如捧璽，後臨長江。漢末蔣子文戰亡，顯靈此山，故爲蔣山〔二〕。梁武帝昏愚，惑釋寶公之言，立其像於山巔〔三〕。林木蔭森，鳥道盤折，下視石城〔四〕，故曰「鍾山龍蟠，石城虎踞」〔五〕。上悦之，以爲帝王真穴，欲定壽宫〔六〕，遂遷寶公塑像於青龍山，乃晋之東山也〔七〕，創梵宇祀焉⑤〔八〕。命甥曹國公李文忠、崇（中）〔山〕侯⑥李新〔九〕董督太平、應天、鎮江等府民間石匠五百餘人，鑿山爲穴，刻石成宫殿。鐫文武像，繪以丹青，飾以金翠，異香郁馥，制同奉天、華蓋、謹身、玄清⑦〔一〇〕，深廣莫測，名曰萬年宫，又曰永壽宫〔一一〕。改其山爲紫金山〔一二〕。工巧奇異，前代未聞，十年方畢。

〔一〕至正金陵新志：「方山……在城東南四十五里……四面方如城。」（卷五山川志山阜，第二一二九頁）應即今江寧縣城南的方山（江蘇省地圖集，一九七八年，第二〇頁），係鍾山以南較突兀的小山。

〔二〕干寶搜神記：「蔣子文者……漢末爲秣陵尉，逐賊至鍾山下，賊擊傷額，因解綬縛之，有頃遂死。及吴先主之初，其故吏見文于道……於是使使者封子文爲中都侯，次弟子緒爲長水校尉，皆加印綬，爲立廟堂。轉號鍾山爲蔣山，今建康東北蔣山是也。」（卷五，第五七頁）至正金陵新志：「鍾山，一名蔣山，在城東北一十五里。周迴六十里，高一百五十八丈。東連青龍山……吴大帝爲立廟，封曰蔣侯。大帝祖諱鍾，因改曰蔣山。」（卷一地理圖考蔣山圖考，第三四頁）應即今南京城東的紫金山（江蘇省地圖集，一九七八年，第一九頁）。

〔三〕釋慧皎高僧傳：「釋保誌……及今上龍興，甚見崇禮……多出入禁内……知名顯奇四十餘載，士女恭事者數不可稱。至天監十三年冬，於臺後堂謂人曰，菩薩將去。未及旬日，無疾而終……上嘆曰：『大師不復留矣……』因厚加殯送，葬於鍾山獨龍之阜……傳其遺像處處存焉。」（卷一〇神異下梁京師釋保誌，第三九四～三九七頁）景定建康志：「蔣山太平興國禪寺，去城一十五里……梁武帝天監十三年，以定林寺前岡獨龍阜葬誌公，永定公主以湯沐之資造浮圖五級於其上，十四年即塔前建開善寺，今寺乃其地也。」（卷四六寺院，第一四三三～一四三四頁）宋濂遊鍾山記：「峰，獨龍阜也，梁開善道場寶誌大士葬其下。永定公主造浮圖五成覆之，後人作殿四阿，鑄銅貎大士實浮圖，浮圖或現五色寶光……碑亭，碑凡數輩，中有張僧繇畫大士相，李白贊，顔真卿書，世號『三絶』。」（宋濂全集潛溪後集卷四，第二一一頁）寶公塑像云云，或指「銅貎大士」，或指「大士相」。

〔四〕石城，係呼應「石城虎踞」對石頭城的簡稱。

〔五〕太平御覽引吴録：「劉備曾使諸葛亮至京，因覩秣陵山阜，歎曰：『鍾山龍盤，石頭虎踞，此帝王之宅。』」（卷一五六州郡部叙京都下，第七五八頁）

〔六〕朱元璋游新庵記、靈谷寺記贊賞鍾山南麓景色（明太祖御製文集卷一六，第四五五、四六九頁），又御製大靈谷寺記宣稱，遷寺的原因是地瞰皇宫，「有所未宜……自洪武十四年九月十一日工興，至洪武十五年九月十五日工曹奏完」（載葛寅亮金陵梵刹志卷三鍾山靈谷寺，第九四頁）。徐一夔敕賜靈谷寺碑：「洪武九年春，浙東僧仲義被召來爲住持，前瞻宫闕，僅一里許，私自忖曰：『王氣攸聚，紫雲黄霧，昕夕擁護，非惟吾徒食息靡寧，亦恐圣師神靈有所未妥……』因請於上，從之。」（始豐稿校注卷一一，第二八八頁）但葛寅亮金陵梵刹志：「鍾山有寺七十所……國朝摭其地爲孝陵，乃歸併靈谷寺。」（卷三鍾山靈谷寺附靈谷併括舊寺，第一五一頁）按，李新於洪武十五年底因孝陵完工而封侯（本書洪武十三年第一〇條注九引），可知建陵與遷寺約略同時，爲建陵而遷寺當非虚言。「壽宫」指孝陵諸建築，在今南京城東鍾山南麓，從下馬坊到方城二點六公里範圍内（南京博物院明孝陵，第一～五頁）。

〔七〕景定建康志：「土山，一名東山，在城東南二十里……上元縣有兩東山。一在崇禮鄉，即土山是也。晋書：『謝安寓居會稽，棲遲東山。』此安之舊隱也，在會稽，後於土山營筑，以擬東山，今去縣二十里。一在鍾山鄉蔣廟東北，宋劉勔隱居之地……今去縣十五里……青龍山，在城東南三十五里。」（卷一七山阜，第九二四頁）謝氏東山在今江寧縣東山鎮一帶，與青龍山相去不遠（江蘇省地圖集，一九七八年，第二〇頁），而劉氏東山則與原蔣山寺、新靈谷寺相去不遠，疑俞本混淆了兩個東山。徐一夔敕賜靈谷寺碑：「洪武九年春……擇地於朱湖洞南，則鍾山之左脅也……又遣親軍五萬餘人，徙塔附於寺。功將就緒，有爲宫宅地形之學者，言其地湫隘，非京刹所宜……命太師韓國公李某擇地於獨龍岡之東麓，西距朱湖洞五里而近。」（始豐稿校注卷一一，第二八八頁）葛寅亮金陵梵刹志：「蔣山寺住持仲義奏遷蔣山寺及寶公塔於東岡。」（卷二欽録集，洪武十四年辛酉，第五〇頁）應即今南京城東紫金山東南麓的靈谷寺（江蘇省地圖集，一九七八年，第二〇頁）。塔凡兩遷，最終遷往鍾山東麓的劉氏東山一帶，與謝氏東山同一方向。逆臣録：「洪武二十六年正月初十日，有後府祝都督，因到青龍山看打石頭回來，到東山……説：『……我思量，你這衛裏馬軍，都在東山下，到便當。近日我兩個官人，推看打石頭，特來與你衆（日）〔人〕商量。』」（卷四鷹揚衛指揮王貴等潘興，第三一頁）可知時人視青龍山（參見本書丁未年第二條注二）與東山在同一地區。疑俞本誤以爲遷謝氏東山，遂更誤以爲遷青龍山。

〔八〕明太祖實録：洪武十四年九月，「改建蔣山太平興國禪寺爲靈谷寺。初，太平興國禪寺在寶珠峰之陽，梁僧寶公塔在焉。至是，住持僧仲義奏請遷之，遂詔改建於京城東獨龍岡之左。既成，賜額曰『靈谷』，榜其外門曰『第一禪林』，又賜田一百五十餘頃」（卷一三九，洪武十四年九月己亥，第二一八九頁）。朱元璋祭保誌法師文：「昔者師……終也，擇地於鍾山之陽，陰其宅而居之，經今八百六十七年。今朕建宫在邇，其爲師焚修者俯而視之，因敕中書下工部，造浮圖於山之左，今將完成，徙師於是。」（明太祖御製文集卷二〇，第五七七～五七八頁）按，釋保誌於南朝梁天監十三年圓寂（本書洪武十三年第一〇條注三引），當公元五一四年，其後八百六十七年爲公元一三八一年、洪武十四年。

〔九〕明太祖實録：洪武十五年十二月，「封中軍都督僉事李新爲崇山侯，誥曰：『……乃者俾營孝陵，盡心所事，卒底成功。是用……封崇山侯。』」（卷一五〇，洪武十五年十二月乙亥朔，第二三六六～二三六七頁）

〔一〇〕嘉靖南畿志：「奉天門之内大殿曰奉天殿……大殿之後曰華蓋殿，華蓋之後曰謹身殿……謹身之後爲乾清宫，宫後曰坤寧宫。」（卷一南都紀城闕大内，第四五頁；參見洪武京城圖志，清抄本，第五頁)應在今南京市區中山路北、後載門南的明代宮城中軸綫上(明代宮城圖)。

〔二〕陵寢可稱壽宮,但不應有具體到某宮的名稱。疑俞本以音訛皇城中的坤寧宮爲萬年宮,又將壽宮與城内巨構永壽宮(本書丙申年第六條及注四)混淆。

〔三〕藝文類聚引庾闡楊都賦注:「元皇帝未渡江之年,望氣者云,蔣山上有紫雲,時時晨見。」(卷七山部上鍾山,第一三六頁)太平御覽引金陵地記:「秦始皇時,望氣者云,金陵有天子氣。乃東巡,埋金玉雜寶於鍾山,仍斷其地,更名曰秣陵。」(卷四一地部蔣山,第一九七頁)景定建康志徵引上述兩條内容,但直到明初方志,皆未記載紫金山之名。直到嘉靖南畿志:「鍾山,又曰金陵山,曰蔣山,曰紫金山……晉元帝渡江,望氣者云山有紫氣,名紫金山。」(卷四應天府區域,第七六~七七頁)按,解縉詩應制四首第四:「紫金山上玉芙蓉,佳氣浮空擁六龍。天地肇開洪武國,星辰旋繞大明宮。」(解春雨先生文集卷一應制集七言律,葉一七a)弘治吴江志:「陶振,字子昌,汾湖人……洪武二十三年舉明經,授本學訓導。爲佃官房事,啓蒙東宮宥還。後又提取謫戍,乃上書于兵部,又撰紫金山、金水河二賦進呈。」(卷一〇薦舉,第三七七~三七八頁;參見弘治上海志卷八人品志文學,葉七a;正德姑蘇志卷五四人物文學,第八五七頁)可知洪武時期鍾山確有紫金山之名,俞本所記非妄。

11 改中書省鈔爲户部鈔〔一〕。

〔一〕明太祖實録:洪武十三年五月,「户部言,初造大明寶鈔,文曰『中書省奏准印造』,今既罷中書、陞六部,鈔印改中書省爲户部。宜申諭天下軍民,無分中書、户部,一體行使」(卷一三一,洪武十三年五月己亥，第二〇八四頁）。

校勘記

①「楊撒」，他書作「羊撒」（本書洪武十三年第一條注一引）。

②「□」，張刻本未刻，據文意補爲「甫」。

③「悉」，疑作「息」。

④「桂潭」，他書作「慧曇」（本書洪武十三年第八條注一引），疑俞本聽音訛爲「桂潭」。

⑤「乃晉之東山也創梵宇祀焉」，張刻本作雙行小字，今仍作俞本原文處理。

⑥「崇中侯」，他書作「崇山侯」（本書洪武十三年第一〇條注九引），「中」係「山」刊刻之誤。

⑦「玄清」，奉天等三殿與乾清等二宮爲皇宫内主要建築（本書洪武十三年第一〇條注一〇引），疑俞本以音訛爲「玄清」。

洪武十四年　辛酉（公元一三八一年）

1　上念天下騎兵勞苦，添支每月口糧二石、鈔五貫、馬匹料豆一石二斗、草四百五十斤。步軍月支米一石、鹽錢二百文〔一〕。

〔一〕正德大明會典：「大軍月糧式：某衛某千户所百户某人下，見在旗軍一百一十二名……總旗支米一石五斗，二名；小旗支米一石二斗，一十名；頭軍支米一石，五十八名；次軍支米八斗，二十三名；隻身支米六斗，一十九名。」又：「洪武初，令在京在外各衛所：馬軍曾經出塞三次、馬匹不曾倒死者，月支糧二石；步軍，總旗一石五斗，小旗一石二斗，軍一石。」（卷二七户部經費月糧，第一册第三〇三頁）諸司職掌：「凡内外大軍關支月鹽，有家小者月支二斤，無家小者月支一斤……其在外衛所軍士月鹽，亦有支鈔去處，每鹽一斤，折鈔一百文。」（户部度支科經費月鹽，第一七九三頁）可知明初步軍月米一石、鹽二斤或二百文爲基本額度，但隨時隨地會有調整。明太祖實録：洪武二十二年正月，「命莊浪、河州、洮州、岷州、西寧、涼州、寧夏、臨洮八衛官吏月俸每石折鈔二貫五佰文，馬軍兼支米鈔，步軍則全給之。舊例，邊儲皆收鹽糧及轉運供給，涼州衛商人運米二斗至倉，官給鹽一引，而每衛月糧給萬餘石，屯軍土民又種粟麥，軍民所用皆米而已。米價日減，每石至伍百文，故以鈔兼給之」。十二月，「户部令史蔡鑄言：『初，爲陝西邊儲之計，召商輸粟，給淮、浙鹽以酬之。近商人利其收糴之便，輒以陳米入倉。恐儲積久而腐爛，宜禁止之。武臣之在邊者月俸，請給以鈔，馬軍月糧二石，亦宜減半給之。如此則邊儲可充，軍餉不乏矣。』從之」（卷一九五、一九八，洪武二十二年正月丁亥、十二月庚申，第二九二六、二九七六～二九七七頁）。俞本所記「五貫」，應即二石折鈔，但河州馬軍似領受雙份月糧，支米二石且領鈔五貫，步軍不受優待。俸糧折鈔後，當地米價飛漲，米供給不足，故年底又有馬軍減支米的措施。則俞本所記，應即洪武二十二年初至年底的待遇，唯其間鈔五錠已經降至鈔一錠（本書洪武二十二年第一條）。

洪武十五年　壬戌（公元一三八二年）

1 潁川侯傅友德總兵克雲南。班師，上陞爲潁國公〔一〕，以西平侯沐英爲總兵，鎮雲南〔二〕。調四川都指揮使甯正〔三〕爲雲南都指揮使。雲南之地叛服無常，正善撫衆，故有此調〔四〕。

〔一〕明太祖實録：洪武十七年四月，「論平雲南功，進封潁川侯傅友德爲潁國公」（卷一六一，洪武十七年四月壬午，第二四九〇頁）。

〔二〕明太祖實録：洪武十六年三月，朱元璋令傅友德等班師，「復諭西平侯沐英曰：『雲南雖平，而諸蠻之心尚懷疑貳，大軍一回，恐彼相扇爲患。爾其留鎮之，撫綏平定，當召爾還。』」（卷一五三，洪武十六年三月甲辰朔，第二三九一頁）沐英及其後嗣終明之世鎮守雲南，沐英只在洪武二十一年獲准回京一次（王景黔寧昭靖王祠堂記，載皇明名臣琬琰録前集卷三，第一册第八〇～八二頁）。

〔三〕明太祖實録：韋正於洪武九年四月復本姓甯（卷一〇五，洪武九年四月己酉，第一七六二頁）。

〔四〕明太祖實録：洪武十五年正月，「寧夏衛指揮僉事甯正爲四川都指揮使」。十九年四月，「命四川都指揮使甯正與指揮胡原、湯昭同署雲南都司事」。二十年五月甯正仍爲「四川都指揮使」，二十五年七月，「以雲南都指揮使甯正爲右軍都督府左都督，命鎮守雲南」。又：「十五年，除四川指揮使……十九年，改雲南都指揮使。」（卷一四一、一七七、一八二、二一九、二四五，洪武十五年正月戊戌、十九年四月癸丑、二十年五月庚申、二十五年七月庚寅、二十九年四月「是月」甯正傳，第二二二六、二六八八、二七三九、三二一五、三五六五頁）則甯正正式任雲南都指揮使，有洪武十九年、二十年後兩種可能。洪武十五年是明軍攻克雲南的實際年份，俞本將後續相關的傅友德封公、沐英鎮守、甯正調任皆繫於此年。

洪武十六年　癸亥（公元一三八三年）

1 〔□〕〔七〕①月，皇后馬氏崩。疾篤，絶不飲藥，上問后曰：「不飲藥，何也？」后答曰：「我命在天，天奪吾壽，藥安能延乎？」遂崩。追謚曰孝慈皇后〔一〕。

〔一〕明太祖實録：洪武十五年八月，「皇后馬氏崩……后得疾，上寢食不安，以語群臣。群臣請禱祀山川，遍求名醫。后聞，謂上曰：『妾平生無疾，今一旦得疾如此，自度不能起。死生有命，禱祀求醫，何益之有？』……謚曰孝慈皇后」（卷一四七，洪武十五年八月丙戌，第二三〇三～二三一五頁）。丙戌日爲十日。

校勘記

①「□」，張刻本闕。明太祖實録（本書洪武十六年第一條注一引）作「八」。朝鮮使臣權近於洪武二十二年路經北平：「到燕臺驛，進見燕府，先詣典儀所。所官入啓，以是日先太后忌，不受禮。命奉（嗣）〔祠〕葉鴻伴接到館。七月十五日也……十八日，進辭。時王詣佛寺燒香，先太后明忌也。」（陽村先生文集卷六奉使録，第一册第三二〇～三二三頁）這經常被用於證明：明太宗朱棣乃爲生母過忌日，故非馬氏所生。然除非權近不諳制度，否則「先太后」確應指馬氏。或馬皇后去世日期，關涉當時親王奔喪等敏感事件，明太祖實録等官方記録有所竄改。疑俞本所記乃「七」，而刊刻者習知八月忌辰，故未刻。今據親歷忌日者記載，作「七」。

洪武十七年　甲子（公元一三八四年）

1 四月，太傅、魏國公徐達薨。上追謚中山武寧王，葬紫金山下，以其長子徐輝祖襲封魏國公〔一〕。

〔一〕朱元璋御製中山武寧王神道碑：「十七年……明年乙丑二月二十七日己未薨，特封中山王，謚武寧……以是年四月十八日己酉葬於鍾山之陰。生男四人，世子允恭襲封魏國公。」（載皇明名臣琬琰録前集卷一，第一册第二二一～二二三頁）明太祖實録：洪武十八年二月，「魏國公徐達薨……封中山王，謚武寧，賜葬鍾山之陰……長子輝祖，襲封魏國公」（卷一七一，洪武十八年二月己未，第二五九七～二六一八頁）。按，徐達墓在今南京市鍾山西北麓、太平門外板倉街路北（金陵附郭古迹路綫圖；中國文物地圖集江蘇分册，下册第一二頁）。

2 是年，上疑錦衣衛秦指揮有亂宫事，斬之。妃胡氏諫曰：「深宫嚴禁，安有此事？」上盛怒，亦殺之。妃父豫章侯胡美，令自縊，妃之兄弟俱斬於玄津橋〔一〕。悉誅宫人〔二〕，瘞於聚寶山〔三〕下。

張大同曰：三代以下，帝王宫壼清肅未有如宋，我朝更嚴於宋，太祖家法百世可師據。誅胡美等别自有説，本謂「疑秦指揮亂宫」，此以訛傳訛之妄也。

七月，祥雲現於承天門〔四〕。上睹之，問侍臣曰：「休咎何如？」太師李善長奏曰：「真天子百靈咸助。」〔五〕

〔一〕逆臣録：「洪武十六年間，有男王庸，同朱都督男、江夏侯男周驥，糾合入宫爲非。」（卷一右軍都督王誠，第三一頁）洪武二十三年朱元璋詔書：「豫章侯胡美，長女入宫，貴居妃位。本人二次入亂宫禁，初被閹人賺入，明知不可，次又復入。且本人未入之先，閹人已將其小婿并二子宫中暗行二年餘。洪武十七年事覺，子、婿刑死，本人賜以自盡，殺身亡家，姓氏俱没。」（載祝允明野記，第五〇四頁）又，胡美於洪武十三年五月由豫章侯改封臨川侯（明太祖實録卷一三一，洪武十三年四己丑月，第二〇八〇頁）。

〔二〕李默孤樹裒談引草木子餘録：洪武十七年李文忠死後，朱元璋大肆屠戮醫生、宦官之外，「又並殺後宮妃嬪近千人」（卷二太祖〔下〕，第六〇九頁）。

〔三〕至正金陵新志：「聚寶山在城南雨華臺側，上多細瑪瑙石，俗呼爲聚寶山。」（卷五山川志山阜，第二三〇頁）應即今明代南京城南門以南雨花臺所在山阜（江寧府城圖）。

〔四〕嘉靖南畿志：「皇城……正南門曰洪武，内曰承天門、端門……洪武之東曰長安左門，西曰長安右門。」（卷一南都紀城闕皇城，第四四頁）可知承天門爲洪武門以北的皇城南墻正門，應在今南京市區明代宮城南、外五龍橋北（明代宮城圖）。

〔五〕鄭德輝虎牢關三戰吕布雜劇：「李儒云：『……託賴著真天子百靈咸助，大將軍八面威風。』」（第三折，第四八七～四八八頁）李善長蓋引用元末流行的戲文，以爲巧對。

3 **是月，御饍鵝二千餘隻一時俱飛，至（□）〔鎮〕江府①地方始落。**

4 **南海中巨魚吞海船，次日復吐出，守船者二十人得活。**

校勘記

① 「□江」，張刻本漫漶，陳校本作「松江」（第四五三頁）。明太祖實録：洪武四年，「禮部奏，鎮江等府民有飼官鵝瘠者，例當罪之而責其直」（卷七〇，洪武四年十二月癸巳，第一三〇六頁）。且鎮江離京城較近，故補爲「鎮江」。

洪武十八年　乙丑（公元一三八五年）

1 上設大、小二枷於殿廷，文武百官朝，集於前。敕校尉扶起小者，放倒大者，群臣俱不解意而罷〔一〕。敕公侯俱於原籍起蓋華屋居之，每員賜鈔一萬錠、銀五百兩，爲買木顧工之用〔二〕。

〔一〕明太祖實録：洪武二十年正月，「焚錦衣衛刑具。先是，天下官民有犯者，俱命屬法司。其有重罪逮至京者，或令收繫錦衣衛，審其情辭，用事者因而非法凌虐。上聞之，怒曰：『鞫者，法司事也。凡負重罪來者，或令錦衣審之，欲先付其情耳，豈令其煅煉耶？而乃非法如是！』命取其刑具，悉焚之，以所繫囚送刑部審理」（卷一八〇，洪武二十年正月癸丑，第二七二二～二七二三頁）。疑俞本所記，即朱元璋故作限制錦衣衛、使權歸刑部的表演。

〔二〕明太祖實録：洪武十八年八月，「賜公、侯鈔人一萬錠，俾還鄉建第宅。上諭禮部臣曰：『……俾還置第以居，樂其高年，傳之子孫。』」（卷一七四，洪武十八年八月丙午，第二六五二～二六五三頁）

2 四月，户部侍郎郭桓盗在京官倉糧六十餘萬石〔一〕，連及倉官、斗級數千人〔二〕。俱挑脚筋、膝蓋，又於脅背、面膊刺某府州縣、某姓名、盗某倉糧若干，死者不可勝紀〔三〕。直隸府州縣官及京城軍民并江西、湖廣、浙江布政司官吏，俱被郭桓指攀者，又數千人〔四〕。

〔一〕明太祖實録：洪武十八年三月，「户部侍郎郭桓坐盗官糧，誅」（卷一百七十二，洪武十八年三月戊子，第二六三一頁）。朱元璋御製大誥：「户部官郭桓等收受浙西秋糧，合上倉四百五十萬石，其郭桓等止收六十萬石上倉，鈔八十萬錠入庫。以當時折算，可抵二百萬石，餘有一百九十萬未曾上倉。其桓等受要浙西等府鈔五十萬貫，致使府縣官黄文等，通同刁頑人吏沈原等作弊，各分入己……通同承運庫官范朝宗偷盗金銀，廣惠庫官張裕妄支鈔六百萬張……所廢者二千四百萬餘精糧。」（賣放浙西秋糧第二十三、郭桓造罪第四十九，第二一五、二三三頁）按，「六十餘萬石」實屬「上倉」數，俞本誤讀。

〔二〕李默孤樹裒談引草木子餘録：洪武十八年「夏五月，大殺倉庫官。前後京城細民就軍士糴糧，軍就倉會籌運支與之，密者指稱倉官糴糧與民。上大怒，遂一概加責，誅罰數千人」（卷二太祖〔下〕，第六〇九頁）。

〔三〕朱元璋御製大誥：「龍江衛倉官攢人等，爲通同户部官郭桓等盗賣倉糧，其官攢人等已行墨面文身，挑筋去膝蓋，仍留本倉守支。」（刑餘攢典盗糧第六十九，第二四八頁）又御製大誥三編：「自郭桓掌户部之時……殺身亡家者，人不計其數。出五刑以治之，挑筋、剁指、刖足、髠髮、文身，罪之甚者歟。君子厭聞，賢人惡聽，智者格非。」（逃囚第十六，第三九三頁）

〔四〕朱元璋御製大誥：「事覺發露，天下諸司盡皆贓罪，繫獄者數萬，盡皆擬罪。或曰：朝廷罪人，玉石不分。」（朝臣優劣第二十六，第二一八頁）李默孤樹裒談引草木子餘録：「乙丑六月，以勘合事不完，令天下官吏自實贓。先是,刑部尚書開濟建言,各立文簿……至是官吏上計者,皆押付錦衣等衙門問罪。慘酷鍛煉,無不誣服,自無所輸,皆以寄借爲名,動以數千萬計,凡所攀連皆致破家,仍責工役,遍及天下官吏。以其刑狀黥刺滿身,肉無空白,發充雲南軍……府縣以監臨自盗,抵罰黥髡爲軍……除吏部外,其餘五部郭桓等盗過官糧凡七百萬石有餘,招指贓鈔寄借滿天下,皆致破家,怨聲載道」(卷二太祖〔下〕,第六〇八~六〇九頁)。雷禮國朝列卿記:死於郭桓案的高官,有户部侍郎封益、王道亨、王惠迪和工部尚書麥志德等(卷三五國初户部侍郎行實封益、國初户部侍郎行實王道亨、卷五五國初刑部尚書行實王惠迪、卷六一國初工部尚書行實麥志德,第三册第五三四~五三八頁、第五册第二一四、六七三~六七四頁)。

3　五軍都督府斷事官吏貪賄,俱挑脚筋,刺背、面,發沅州充軍〔一〕。

〔一〕郭桓案後一年左右,朱元璋御製大誥續編:「五軍都督府首領官掾吏陳仔等……支出征官軍盤纏,賞賜工役軍人,優給幼官兒男,恤賜軍屬,動經數十萬錠,其數甚大。經歷、都事陳仔等却乃盤桓曲折,用盡機謀,幽微其情,妄出鈔錠,亦不下數十萬。」又言:「前軍斷事官提控案牘司吏施德莊等,於洪武十九年三月十四日,刑部總部、司門部官吏胡寧、童伯俊等……各受贓私,被司獄王中覺其事,人各刖足鞭背,不知數目。不過半晝,已死數人,活者半存……豈期前軍斷事等官吏施德莊、楊耀、喬方於四月初四日……身受贓私。」(用囚書辨文案第二十八、追問下番第四十四,第二八六、二九七~二九八頁)後御製大誥三編:「如黥刺者發充軍遐荒,往往帶黥刺而中途在逃。」(逃囚第十六,第三九三頁)由本書洪武十八年第二條注三引龍江衛吏「墨面文身,挑筋去膝蓋,仍留本倉守支」,可知因貪污受賄「刖足鞭背」的幸存者不必處死，或留用或充軍等。五軍斷事官吏隸屬軍事系統，或如俞本所記，在「挑脚筋，刺背面」後得充軍沅州一類「遐荒」。

洪武十九年　丙寅（公元一三八六年）

1 總兵官宋國公馮勝領馬步兵四十餘萬征沙漠〔一〕。命都督濮英往哨，深入敵境，陷於金山〔二〕，後封其子爲西凉侯〔三〕。元守將納哈术①降，大獲胡兵車輛、馬匹、牛羊、家屬以歸〔四〕。降兵分派湖廣、廣西等衛入伍，以納哈术封爲海西侯〔五〕，以部下諸將分隸各衛邊城〔六〕，指揮僉事，食俸而不署事〔七〕。上敕奉御門上及諸内使閹豎，悉令自縊；各處王府内使，亦賜以大宴，畢，令其自縊於野〔八〕。

張大同曰：太祖用人立法，至慎至詳，本載「内使悉令自縊」，何至乃爾？按，黄帝治五刑，以刑餘爲守閽，寓有深意，此内宦之始。周官有内宰等名，三代已不能廢。後世鑒其流禍，直以薰腐賤之。若吕强、張承業，即社稷臣何以加焉？顧人主御之何如耳。本之言，自有親友語之而記者，想以訛傳訛之過。使此輩可屏絶，三代先之矣。②

〔一〕明太祖實録：洪武二十年正月，「命宋國公馮勝爲征虜大將軍，潁國公傅友德爲左副將軍……率師二十萬北伐」（卷一八〇，洪武二十年正月癸丑，第二七二一頁）。劉三吾宋國公馮勝追封三代神道碑銘：「二十年，佩征虜印，總步騎三十萬，城大寧等處，北征。」（坦齋先生文集卷二，第四六頁）按，明軍的進攻目標，乃占據今吉林一帶的納哈出，而非漠北的北元政權，嚴格而言並非「征沙漠」。

〔二〕明太祖實録：洪武二十年六月，「大將軍宋國公馮勝等至遼河之東……遂進師，駐金山之西……駐師金山東北……初，納哈出分兵爲三營，一曰榆林深處，一曰養鵝莊，一曰龍安一禿河……往一禿河受其降……悉以納哈出來降將卒妻、子及其輜重俱南行……閏六月……次於金山亦迷河」（卷一八二，洪武二十年六月丁酉、丁未、閏六月甲寅，第二七四六～二七五一頁）。則此金山在遼河、一禿河、亦迷河一帶。嘉靖遼東志：東金山在東遼河北岸，「開原……曲吕金山，城西北三百五十里，近遼河北岸，東金山南。東金山，城西北三百八十里，遼河北岸、西金山東……西金山，城西北四百里，遼河北岸……一迷河，城東四百里，源出艾河北山，北流入一禿河。一禿河，城北四百里，源出艾河北山，北流入松花江」（卷一地理志山川開原，第四八三～四八四頁）。一迷河、亦迷河應即今吉林省飲馬河，一禿河應即今吉林省伊通河。和田清東亞史研究（蒙古篇）據遼東志推測，金山在長春以西懷德一帶（第一〇九頁），又標在雙山縣北的金山堡（載金毓黻東北文獻零拾卷四金山及哈達，第一六〇頁）。按，東金山在東遼河北，西金山在遼河即西遼河北，金山又與飲馬河接近，則金山可泛指三河之間，特别是東遼河北的今懷德、雙遼一帶丘陵（中華人民共和國分省地圖，第六頁）。今雙遼縣東境雙山鎮與新立鄉之間東遼河北岸、新立鄉林場大金山屯南一五〇米有大金山城址（中國文物地圖集吉林分册，圖第五九、文第九二頁），應即東金山所在。

〔三〕朱元璋斥責馮勝：「調不如法，致陷將軍濮英等人馬三千。」（明太祖御筆上册第十七篇，第六六七頁）明太祖實録：洪武二十年六月，馮勝納降還師，「仍以都督濮英等將騎兵三千爲殿」。閏六月，「道爲虜所乘，死之……追封金山侯」。二十一年九月，「封故樂浪公濮英子璵爲西凉侯」（卷一八二、一九三，洪武二十年六月丁未、閏六月庚申、二十一年九月，第二七五〇、二七五二、二九〇三～二九〇四頁）。按，倘若濮英「往哨」被殺，納哈出斷無投降之理，俞本所記不確，當亦與其敵視馮勝有關。

〔四〕明太祖實録：洪武二十年六月，「大將軍宋國公馮勝駐師金山東北，遣右副將軍藍玉至納哈出營……大軍逼之，納哈出計無所出……遂率數百騎自詣玉約降……常茂……拔刀斫之，傷臂不得去，都督耿忠遂以衆擁之見勝。納哈出所部妻、子將士凡十餘萬，在松花河北，聞納哈出被傷，遂驚潰。餘衆欲來追……亦降，凡四萬餘，并得其各愛馬所部二十餘萬人，羊馬驢駝輜重亘百餘里……遂班師，悉以納哈出來降將卒妻、子及其輜重俱南行」。閏六月，「次於金山亦迷河，俘獲北奔達達軍士遺棄車輛四萬四千九百六十三，并馬數千匹，傷殘番軍二萬四千二百二十九人」（卷一八二，洪武二十年六月丁未、閏六月甲寅，第二七四八～二七五〇、二七五一～二七五二頁）。

〔五〕明太祖實録：洪武二十年九月，「故元降將納哈出……入見，上撫慰甚至，賜以一品服，封爲海西侯」（卷一八五，洪武二十年九月戊寅朔，第二七七五頁）。

〔六〕明太祖實録：洪武二十年閏六月，朱元璋承諾：「其本管將士，省令各照原地方居住，順水草以便牧放，擇膏腴之地以便屯種。如北平、潮河川、大寧、全寧口南口北舊居之人，立成衛分，與漢軍雜處。

若瀋陽、崖頭、閭山願居者，亦許與遼東軍參住，從便耕牧。」但九月納哈出等到京，朱元璋以文書遲誤、大衆已入關爲由，「其所部官屬，悉賜衣服冠帶有差，第其高下，授以指揮、千、百户，俾各食其禄而不任事，分隸雲南、兩廣、福建各都司以處之」（卷一八二、一八五，洪武二十年閏六月甲戌、九月戊寅朔，第二七五四、二七七五～二七七六頁）。黄金皇明開國功臣録：「納哈出既降，其達軍數十萬，有安置陝西者，中途叛逆。」（卷二六王德傳，第二册第四九六～四九七頁）逆臣録引納哈出部屬供詞：「上位好生疑俺達達人，都將四散調開去了。」（卷一侯察罕，第二一頁）可知朱元璋有意將降衆調散於邊衛。

〔七〕解縉汪五十八傳：納哈出部將汪五十八「來歸，上歷官之四品，親製誥詞，兼譯其國書賜之，曰：『……今特授爾明威將軍、僉河州衛指揮使司事……』初，上優之，不令預政。五十八亦恬退不争，用能保其終始云」（解春雨先生文集卷八，葉一六a～b）。

〔八〕李默孤樹裒談引草木子餘録：李文忠死後，朱元璋肆行殺戮，「並戮内監將千人」（卷二太祖〔下〕，第六〇九頁）。按，李文忠死於洪武十七年（本書洪武二十四年第三條注一引），與俞本此所記日期略合。又，明太祖實録：洪武十七年七月，「敕内官毋預外事，凡諸司毋與内官監文移往來。上謂侍臣曰：『爲政必先謹内外之防，絶黨比之私，庶得朝廷清明，紀綱振肅。前代人君不鑒於此，縱宦寺與外臣交通，覘視動静，夤縁爲奸，假竊威權以亂國家，其爲害非細。故也間有發奮欲去之者，勢不得行，反受其禍，延及善類。漢、唐之事，深可歎也。夫仁者治於未亂，知者見於未形，朕爲此禁，所以戒未然耳。』」（卷一六三，洪武十七年七月戊戌，第二五二三頁）不過，朱元璋此後仍信用宦官，直到洪武二十三年後方全面限制宦官的使用（陳學霖關於明太祖皇帝欽録的史料，第八三頁）。朱元璋於洪武十七年限制内官，可能與胡美子、婿「亂宮」之事有關（本書洪武十七年第二條），則如俞本所記肆行殺戮，亦不無可能。

校勘記

① 「納哈朮」，本書又作「納哈出」（洪武二十一年第二條），他書作「納哈出」（本書洪武十九年第一條注五引），朱元璋諭元臣納哈樞詔、諭遼東備禦呼爲「納哈樞」（明太祖御製文集卷二、六，第六七、二〇四頁）。俞本所記或係通俗音譯。

② 此段張大同評語，張刻本作雙行小字。

洪武二十年　丁卯（公元一三八七年）

1 馮勝謂鄭國公常茂在外殺降〔一〕，在内奸父妾，黨於胡惟庸求所生母封贈。上敕之安置廣西〔二〕。後茂領衆叛據山寨，數征未平〔三〕。

〔一〕明太祖實録：洪武二十年六月，納哈出答應投降後，「詣玉約降，玉大喜，出酒與之飲，甚相歡。納哈出因酌酒酬玉，玉請之先，納哈出即飲訖，復酌以授玉。玉解衣以衣之，謂曰：『請服此而後飲。』納哈出不肯服，玉亦持酒不飲，爭讓久之。納哈出取其酒澆地，顧其下咄咄語，將脱去。時鄭國公常茂在坐，其麾下有趙指揮者，解胡語，以告茂。茂直前薄之，納哈出驚起欲就馬，茂拔刀斫之，傷臂不得去。都督耿忠遂以衆擁之見勝。納哈出所部妻、子將士凡十餘萬在松花河北，聞納哈出被傷，遂驚潰」。八月，「征虜大將軍宋國公馮勝械鄭國公常茂至闕。茂，勝之婿也，勝每於衆卑折之，茂不能堪，出不遜語。勝啣之，及降納哈出而虜衆驚潰，勝欲自解，故歸咎於茂而奏之。茂既至，陳所以降納哈出之故，上曰：『如爾所言，勝亦不得無罪。』命收其總兵官印，召勝還，而令永昌侯藍玉行總兵官事」（卷一八二、一八四，洪武二十年六月丁未、八月癸酉，第二七四九～二七五〇、二七七一頁）。按，朱元璋斥責馮勝：「右將軍藍玉，事雖輕易，幸耳成功，破彼深謀，已獲萬全。何其大將軍專爲己私，惡聲遺臭於天下，遍滿胡中。」（明太祖御筆上册第十七篇，第六六六七頁）時論或以爲馮勝誣陷常茂。

〔二〕明太祖實録：洪武二十年九月，「鄭國公常茂坐前驚潰虜衆，罪當誅，上念其父開平王之功，繹之，安置於廣西之龍州。二十四年，卒於謫所」（卷一八五，洪武二十年九月丁酉，第二七八二頁）。洪武二十年底朱元璋大誥武臣：「常茂，他是開平王庶出的孩兒……他卻交結胡惟庸，討他母親封夫人的誥命，又奸宿軍婦，及奸父妾，多般不才。今年發他去征北，他又去搶馬，搶婦人，將來降人砍傷，幾乎誤事。他的罪過，説起來是人容他不得。眷戀開平王上頭，且饒他性命，則發去廣西地面裏安置。」（常茂不才第二，第四三〇～四三一頁）洪武二十一年十月，朱元璋又論：「不知起家之難，罔思報國之意。虧忠違禮，自取黜免。」（明太祖實録卷一九四，洪武二十一年十月丙寅，第二九一三頁）可知朱元璋並不看重驚潰降衆之事，而是强調「虧忠違禮」諸事，則常茂獲罪還是與「交結胡惟庸」有關。疑俞本從大誥武臣摘録了朱元璋列舉的常茂各條罪狀，冠以「馮勝譖」。

〔三〕明太祖實録：洪武二十八年二月，「詔右軍都督府榜諭龍州土官趙宗壽等。先是，二十一年九月，土官趙貼堅卒，無子，其侄宗壽襲爲土官知州。已而鄭國公常茂以罪謫居龍州，貼堅妻黄氏有二女，其一爲太平州土官李圓泰妻，而茂納其一爲妾。方是時，宗壽雖襲職，而貼堅妻猶持土官印，與茂、圓泰專擅州事，數凌逼宗壽。會茂以病卒，其閽者趙觀海等亦肆侮宗壽，宗壽乃與其把事等以計取土官印，上封章，言茂已死，并械觀海等至京……復有人告，茂匿龍見州未死，前宗壽所言皆妄。遂詔右軍都督府榜諭宗壽及其官民人等曰：『皇上以鄭國公常茂有罪，特以其父開平王之功，不忍遽置於法，安置龍州，其昆弟仍享爵禄，撫存如故……今有人言，茂實不死，宗壽等知狀。已遣散騎舍人諭宗壽捕茂，宗壽漫不加意，延玩使者，久不覆命，其意莫測。皇上未即問罪，特命榜諭爾宗壽等知之：如茂果存，則送至京師以贖爾罪，復違令，則命大將軍率兵討捕，罪在不赦；如茂果死，則宗壽亦親率大小頭目至京，具陳其由。凡龍州軍民人等悉皆知會。』」四月，「廣西布政使司言，龍州土官趙宗壽，屢詔令赴京，宗壽與群蠻結聚，拒命不出……上復命兵部尚書致仕唐鐸賫敕往諭之，宗壽不從命」。八月，「命左軍都督府左都督楊文佩征南將軍印，爲總兵官，廣西都指揮使韓觀爲左副將軍，右軍都督府都督僉事宋晟爲右副將軍，劉真爲參將，率京衛精壯馬步官軍三萬人，至廣西會各處軍馬，討龍州土官趙宗壽及奉議、南丹、向武等州叛蠻……詔總兵官征南將軍左都督楊文等：『如兵至龍州，土官趙宗壽躬親來見，具陳常茂已死之由，則宥其罪。若詐遣人來，即進兵討之。』……兵部尚書唐鐸還京，言龍州土官趙宗壽伏罪來朝，乞罷兵勿征。詔征南將軍左都督楊文移兵奉議等處，仍命鐸至軍，參議軍事」（卷二三六、二三八、二四〇，洪武二十八年二月庚辰、四月甲申、八月丁卯、己卯、辛巳，第三四五三～三四五五、三四七一～三四七二、三四八五、三四九四頁)。按，無論常茂死否，趙宗壽必堅稱常茂已死。但若常茂已死，其「閹者趙觀海」似無機會欺壓趙宗壽，而且後來趙宗壽也交不出常茂已死的證據。朱元璋顯然自始至終不相信常茂已死，但爲搜尋一個遁迹廣西「山寨」的罪人大動干戈，又無利可圖，只好接受趙宗壽卑辭求免，不了了之。

洪武二十一年　戊辰(公元一三八八年)

1 都御史詹徽諂奏上曰：「浙淮運司，天下客商中鹽勘合數十萬引。有權豪攙越，不依次關支，阻隘國法，宜罪之。」上准其奏，遂收户部勘合，悉焚於殿前〔一〕。

〔一〕明太祖實録：洪武十九年十一月，「山西大同府知府鄭彦康奏：往歲大同中納鹽糧交易者多，所以税課益增。自停鹽糧，近年税課虧耗，不及舊額」。二十年八月，「復命雲南楚雄府開中鹽糧。先是，商人輸米雲南楚雄、曲靖諸府，給以淮、浙、川鹽，未久而罷，令戍卒屯田以自給。至是，仍啻於用，户部請復行中鹽法，從之」(卷一七九、一八四，洪武十九年十一月庚申、二十年八月癸酉，第二七一二、二七七一頁)。可知明朝於洪武二十年前在陝西、雲南曾停用開中法。洪武二十二年底，支「淮、浙鹽」備陝西邊儲的政策亦遭中止(本書洪武十四年第一條注一引)。

2 五月十一日，上遣使賫制，往諭征虜大將軍藍玉、左副將軍延安侯唐勝宗、右副將軍武定侯郭英、左參將僉都督耿忠、右參將僉都督孫恪等〔一〕，制曰：「周、秦禦胡，上策未聞。漢、唐征伐，功標衛、李。宋窘於遼，將士披堅無措，民疲轉運，歲愈多艱，終被元伐，謀臣妄誕，貽笑至今。朕爲逐胡塞外，胡人復立王庭，意謀不靖。朕在耆年，恐後轉勞軍民，命爾等，付甲士十萬，控弦北征。十九年，遊騎至金山之左，爾玉親拘納哈出來降〔二〕。今二十一年，爾等躬（環）〔擐〕甲胄，列綷旄而英風陪舉，偃旗幡而妙算神樞，披星於背，戴月於首，跨駿騎以彎弧，馳衰草之連天，兼程並進〔三〕。爾來捷至，乃穿地取飲，禁火潛行，越黑山〔四〕而北趨，追輪蹄之新迹，馬飲北魚之海①〔五〕。爾等撫雕鞍之駿驤，游目遥觀，見帳廬星列，紫駝起伏彌川。會謀諸將武定等左、右副、左、右參，朕聞率騎五千，直抵穹廬。胡王棄寶璽而潛奔，王駙馬、六宫后妃、罄塞胡民，盡皆款附〔六〕。雖漢之衛青、唐之李靖，奚出其右？爾等，孰不以爲邁孫、吴者也！今遣通政司通政茹常②〔七〕、〔望〕江縣③主簿宋麟〔八〕賫敕往諭，故敕。」〔九〕

〔一〕明太祖實録：洪武二十年九月，明朝準備北伐，命「永昌侯藍玉爲征虜大將軍，延安侯唐勝宗爲左副將軍，武定侯郭英爲右副將軍，都督僉事耿忠爲左參將，都督僉事孫恪爲右參將」（卷一八五，洪武二十年九月丁未，第二七八四頁）。

〔二〕洪武二十年明軍與納哈出談判時，藍玉、常茂皆恃强逼降（本書洪武二十年第一條注一引）。而此時朱元璋倚重藍玉，故常茂獲激變之罪，藍玉有親拘之功。

〔三〕明太祖實録：洪武二十一年三月，「大將軍永昌侯藍玉等率師十五萬，由大寧進至慶州，聞虜主脱古思帖木兒在捕魚兒海，從間道兼程而進」（卷一八九，洪武二十一年三月「是月」，第二八六一頁）。

〔四〕明太祖實録：洪武二十年五月，朱元璋説：「胡主謂我得志無意窮追，必順遂水草，往來黑山、魚海之間。」二十一年五月藍玉戰報稱：「臣等既踰大磧，復度黑山入敵境。」（卷一八二、一九〇，洪武二十年五月辛未、二十一年五月甲午，第二七四二、二八七三頁）鳥居龍藏契丹黑山黑嶺考據夢溪筆談載黑山下爲黑水，西南爲慶州，證遼代以來的黑山即遼慶陵東南、黑河東岸的山嶺（第一六七～一六九、一七一～一七二頁），應即今巴林右旗北境慶州古城以東的罕山（中國文物地圖集内蒙古分册，上册第一四七頁）。可知「踰大磧」即渡大寧與潢河間沙地，「度黑山」即過慶州。

〔五〕明太祖實録：洪武二十一年四月，「大將軍永昌侯藍玉師至百眼井，去捕魚兒海尚四十餘里，哨不見虜……戒諸軍皆穴地而爨，毋令虜望見煙火，師遂進。丙辰黎明，至捕魚兒海南飲馬」（卷一九〇，洪武二十一年四月乙卯，第二八六五頁）。蒙古秘史（校勘本）附録蒙古秘史總譯：「捕魚兒海子、闊連海子，兩個海子中間的河，名兀兒失温。」又：「合合河流入捕魚兒海子處，有帖兒格等翁吉剌。」（卷一總第五三條、卷六總第一七六條，第九二七、九九〇頁。參見元朝秘史（校勘本）卷一第五三條、卷六第一七八條及校勘記卷六葉二〇下第一行，第一六～一七、一九四頁）嘉慶重修一統志：「布雨爾湖，在呼倫布雨爾西界，舊名捕魚兒海，喀爾喀河西北流至此，匯爲大湖，又北流爲烏爾繖河。」（卷七一黑龍江山川，第二九二九頁)即今哈爾哈河與烏爾順河之間的貝爾池(中華人民共和國地圖集(甲種本),第二九~三〇頁)。

〔六〕明太祖實録:「偵知虜主營在海東北八十餘里,玉以弼爲前鋒,直薄其營。虜始謂我軍乏水草,必不能深入,不設備。又大風揚沙晝晦,軍行,虜皆不知。虜主方欲北行,整車馬皆北向。忽大軍至,其太尉蠻子率衆拒戰,敗之,殺蠻子及其軍士數十人,其衆遂降。」(卷一九〇,洪武二十一年四月乙卯,第二八六五~二八六六頁)楊榮武定侯郭公神道碑銘:郭英等將領「乃令諸軍少憩飲馬,啣枚卷甲,倍道而馳,直抵虜營。虜首覺,乃率十餘騎潰圍出,其將蠻子太尉來拒我師,公手刃之。」(楊文敏公集卷一七,第八〇〇頁)

〔七〕雷禮國朝列卿記:「二十年,陞通政使。六月,命勞西平侯沐英。二十一年,命勞永昌侯藍玉。」(卷四六國初兵部尚書茹瑺,第四册第三二六頁)明太祖實録:此時茹瑺剛由左通政陞任通政使,陞職敕文亦作「通政使」(卷一九〇,洪武二十一年四月壬申,第二八六九~二八七〇頁;本書洪武二十一年第二條注九引)。「通政」或係俞本誤録,或係朱元璋筆誤。

〔八〕正德大名府志:「宋麟,訥之子也,洪武乙丑科,主望江簿,擢監察御史,按治有風紀。」(卷八登用志進士滑縣,葉四a)按,宋訥係朱元璋寵臣(參見劉三吾國子祭酒宋先生墓誌銘,載皇明名臣琬琰録前集卷九,第一册第二九八~三〇〇頁),宋麟或因此得充使者。

〔九〕明太祖實録:洪武二十一年五月「甲午,大將軍永昌侯藍玉等遣使至京,上表奏捷……遂遣使賚敕書勞玉等曰:『周、秦禦胡,上策無聞。漢、唐征伐,功多衛、李。及宋遭遼、金之窘,將士疲於鋒鏑,黎庶困於漕運,以致終宋之世,神器弄於夷狄之手,腥膻之風污濁九州,遂使彝倫攸斁,衣冠禮樂日就陵夷。

朕用是奮起布衣，拯生民於水火，驅胡虜於沙漠，與民更始，已有年矣。近胡虜聚衆，復立王庭，意圖不靖。朕當耆年，及今弗翦，恐爲後患，於是命爾等率十餘萬衆北征。去年夏，游騎至金山之左，爾玉親拘納哈出來降。今兹復能躬擐甲胄，驅馳草野，衝冒風露，穿地取飲，禁火潛行，越黑山而徑趨，追蹄蹤而深入，直抵穹廬。胡主棄璽遠遁，諸王駙馬、六宫后妃、部落人民悉皆歸附。雖漢之衛青、唐之李靖，何以過之！今遣通政使茹瑺、前望江縣主簿宋麟齎敕往勞，悉朕至懷。』」（卷一九〇，洪武二十一年五月甲午，第二八七三～二八七五頁）兩相對比，俞本所録缺少「神器弄於夷狄之手，腥膻之風污濁九州，遂使彝倫攸斁，衣冠禮樂日就陵夷。朕用是奮起布衣，拯生民於水火」這類文雅的套話，同時，主要多出「謀臣妄誕，貽笑至今」、「列絳旄而英風陪舉，偃旗幡而妙算神樞，披星於背，戴月於首，跨駿騎以彎弧，馳衰草之連天」、「馬飲北魚之海。爾等撫雕鞍之駿驤，游目遥觀，見帳廬星列，紫駝起伏彌川。會謀諸將武定等左、右副、左、右參，朕聞率騎五千」等内含粗鄙語義或有語病的詩飾文句。李景隆前軍都督府僉都督事謝公神道碑銘：「鳴劍伊吾之山，飲馬捕魚之海。」（載成化中都志卷一〇碑銘，第四四四頁）文辭似有所自。或俞本所録係朱元璋原文，明太祖實録所録較爲工整文雅，係加工修飾之文。

3 十二月，永昌侯藍玉總兵征沙漠，追尋玉寶〔一〕。至洪武二十三年，直抵北魚海，追及。元君遂挾寶北遁，止獲元君太后、皇后、嬪妃。玉信太后之言「寶不許常人見，見則有天下之分」，玉遂不敢驗寶之有無，亦不追元君，惟以馬駝牛羊車輛及元氏家屬以歸，焚鐵城堠於彼，遂班師〔二〕。上陞玉爲梁國公④〔三〕。

張大同曰：近日王損仲著璽史〔四〕，考載頗詳。未知璽没入胡地，元君挾遁，其後世子孫不知珍藏，必委之黄沙百草中。璽之陸沉，洵有數哉。

〔一〕李默孤樹裒談引草木子餘録：「辛亥，蜀川平，上曰：『今天下一家，尚有三事未了。其一，所少者，歷代傳國璽爾，得此我爲天子，可以萬全……汝諸將不得實，莫回。』……死者十八九，餘軍歸降，前後約去四十餘萬人。」（卷一太祖上之下，第五九〇頁）解縉洪武戊辰四月大庖西上皇帝封事：「一統之輿圖已定矣……何必興師以取實爲名？」（皇明文衡卷六奏議，葉五b）

〔二〕明太祖實録：洪武二十一年四月，藍玉大軍突襲成功，「虜主脱古思帖木兒與其太子天保奴、知院捏怯來、丞相失烈門等數十騎遁去。玉率精騎追之，出千餘里，不及而還。獲其次子地保奴、妃子等六十四人及故太子必里秃妃，并公主等五十九人，其詹事院同知脱因帖木兒將逃，失馬竄伏深草間，擒之……追獲吴王朵兒只、代王達里麻、平章八蘭等二千九百九十四人，軍士男女七萬七千三十七口，得寶璽、圖書、牌面一百四十九，宣敕、照會三千三百九十道，金印一，銀印三，馬四萬七千匹，駝四千八百四頭，牛羊一十萬二千四百五十二頭，車三千餘輛。聚虜兵甲焚之，遣人入奏，遂班師」（卷一九〇，洪武二十一年四月乙卯，第二八六六頁）。楊榮武定侯郭公神道碑銘：「獲兩營所積金寶、珍玩、圖書，降其衆五萬餘人，生擒虜將……等四萬餘人，馬駝萬五千匹，牛羊輜重無算。」（楊文敏公集卷一七，第八〇〇頁）按，「降」、「擒」分列，與明太祖實録分載「獲其次子」與「獲吴王」吻合。可知藍玉襲營成功後，又曾揮軍猛追窮搜，惟未得元君而班師，且未獲「太后」等。明太祖實録：洪武二十一年七月，「大將軍永昌侯藍玉遣人送虜主次子地保奴及后妃公主等至京。地保奴及后妃獻金印、金牌，賜鈔二百錠，命有司給第宅、廩餼，俾就居京師。既而有言玉私元主妃事，上怒曰：『玉無禮如此，豈大將軍所爲哉！』元主妃聞之惶懼，因自盡」（卷一九三，洪武二十一年七月戊寅，第二八八六頁）。由地保奴等獻金印得賞賜之薄，可知「金印」中必無明朝盼望的「寶璽」。又，藍玉確有私妃子失安答里之事（逆臣録卷五内官梁丙進等，第二九九～三〇〇頁），則藍玉或如俞本所記，中「太后」之計，未究「寶璽」之實。

〔三〕明太祖實録：洪武二十一年十二月，「進封永昌侯藍玉爲凉國公……擬封玉梁國公，適有發其私元主妃者。上聞之怒，事遂中止。至是念其勞，改封凉國公，仍鐫其過於券」（卷一九四，洪武二十一年十二月壬戌，第二九一八～二九二〇頁）。按，洪武二十三年胡黨案總爆發時，李善長的重要罪狀是：「胡惟庸謀亂，密遣元臣封績使於元主。及惟庸誅，績懼不敢歸。後永昌侯藍玉敗元兵於捕魚兒海，獲績，善長匿不以奏。至是有告之者，捕之下獄，訊得反狀及善長私書。」（卷二〇二，洪武二十三年五月戊戌，第三〇二三頁）疑俞本因此時哄傳北征獲封績之事，誤繫藍玉北征於洪武二十三年。又，梁國公是建國前戰死的趙德勝封爵，「擬封玉梁國公」似不合理。

〔四〕錢謙益列朝詩集：王惟儉字損仲，萬曆進士（丁集第十六王侍郎惟儉，第五九三八頁）。絳雲樓書目：「古事抄，附璽史，王損仲。」（譜録類考，第三〇七頁）黄虞稷千頃堂書目：「王惟儉古事抄五卷，又璽史一卷。」（卷九食貨類，上海古籍本，第二五〇頁）。張大同與王惟儉關係，見本書整理前言。

校勘記

①「北魚之海」，本書又作「北魚海」（洪武二十一年第三條），他書作「捕魚兒海」（本書洪武二十一年第三條注三、五），疑俞本或朱元璋聽音訛「捕魚兒海」爲「北魚海」，朱元璋則漫用修辭，寫「兒海」爲「之海」。

②「茹常」，他書作「茹瑺」（本書洪武二十一年第二條注七引）。

③「江縣」，據明太祖實録（本書洪武二十一年第二條注八引）補爲「望江縣」。

④「梁國公」，他書作「凉國公」（本書洪武二十一年第三條注三引）。

洪武二十二年　己巳（公元一三八九年）

1　都御史詹徽奏：「天下戰馬料豆，多費錢糧。」上允其奏，遂罷支糧豆及馬軍月支鈔一錠。上令馬軍自備料豆喂飼，軍人或馬匹倒死者，止關月糧一石，官給鈔四百貫買馬。其鈔不負，逼令陪添買補，軍貧無措，有自縊者〔一〕。是時，周王在開封府服用奢侈，安置雲南，後宥復國〔二〕。

〔一〕按，洪武二十二年初，河州等邊地衛所積糧豐盈，米價大降，馬軍二石月糧改爲米鈔兼支甚至額外支鈔和養馬料豆，但到年底即無法支撑，遂規定月糧「減半給之」（本書洪武十四年第一條及注一）。俞本記「減半給之」不但由支米二石、鈔一錠鋭減爲支米一石，而且取消了養馬料豆，故大量馬軍陷入絶境。又，詹徽酷刻狠戾，朱元璋御製大誥稱許爲「剛斷嫉惡，不容奸僞」，俞本心目中的「國舅唐鐸」則被視爲「德有餘而才少不足」（朝臣優劣第二十六，第二一八～二一九頁）。疑俞本敵視朱元璋所謂「謗訕滿朝」的詹徽，遂將户部令史蔡鑄提議減支乃至罷中鹽等事，安到詹徽頭上。

〔二〕洪武二十年朱元璋太祖皇帝欽録數落周、齊、潭、魯四王罪狀，周王首當其衝：「無所不爲，説不能盡。」（洪武二十年二月十六日，第八七頁）又御製紀非録：「洪武（一）〔二〕十三年，不聞命，擅率妃嬪人等，棄其本國，來居鳳陽。由是召至，謫遷雲南。」（周王，第七〇五頁）明太祖實録：洪武二十二年十二月，「以周王橚擅棄其國來居鳳陽，謫遷雲南，遣使敕西平侯沐英曰：『周王遷鎮雲南，至日擇第居之。應有軍民之務，爾英自理之。』」二十四年十二月，「周王橚復國，上表謝」（卷一九八、二一四，洪武二十二年十二月甲辰、二十四年十二月庚午，第二九七二、三一六三頁）。王家葵等朱橚事迹考辨據袖珍方周王序言，郭曉航元明時期雲南的出鎮藩王與鎮守中官據御制紀非録載朱元璋斥周王赴雲南無所用心，皆證周王確曾謫居雲南數年（載朱橚著王家葵等校注救荒本草校釋與研究，第三七〇～三七一頁；第九九～一〇〇頁）。又，周王遭黜前兩年，「以開封府所收商税賜周王，青、兖、長沙三府商税賜齊、魯、潭三王。既而有上開封府税課之數，乃停周王之賜」（明太祖實録卷一八八，洪武二十一年正月癸未，第二八一三頁）。可知開封府商税極爲豐厚，周王不滿減賜而擅「居鳳陽」，俞本所記「服用奢侈」或有據。

2 **甘肅巴西回鶻遣使賫表及金珠玩、駃馬紫駝結金珠纓絡，進貢。上受其駝馬而羈其來使〔一〕，尋命遍遊中華〔二〕。**

〔一〕洪武後期，甘肅西邊的撒里畏兀兒與明朝交好，更西的哈梅里即今哈密則與明朝屢生齟齬。明太祖實録：洪武二十三年五月，「哈梅里王兀納失里遣長史阿思蘭、沙馬、黑木沙來貢馬」。九月，「上以哈梅里王兀納失里與別部互相讎殺，遣使諭都督宋晟，訓練涼州、甘肅等處兵馬備之」。二十四年二月，「西域哈梅里王兀納失遣使，請於延安、綏德、平涼、寧夏以馬互市，陝西都指揮使司以聞。上曰：『夷狄黠而多詐，今求互市，安知其不覘我中國乎？利其馬而不虞其害，所喪必多，宜勿聽。自今至者悉送京師。』」朱元璋隨即於八月發動了對哈梅里的戰爭（卷二〇二、二〇四、二〇七、二一一，洪武二十三年五月乙未、九月戊申、二十四年二月戊午、八月乙亥，第三〇二三、三〇五七、三〇八七、三一三八頁）。「悉送京師」或即「羈其來使」。又，明太祖實録：發動對哈梅里戰爭次月，「別失八里王黑的兒火者遣其千户哈馬力丁、百户斡魯撒等來朝，貢馬十一匹、海青一。詔賜其王……先是，大軍征捕魚兒海，得撒馬兒罕賈人數百，命韃靼王子剌剌等送還本國。歸至別失八里之地，黑的兒火者遂遣使剌剌來貢」。洪武三十年，朱元璋諭別失八里王：「遣使寬徹等使爾諸國，通好往來，撫以恩信，豈意拘吾使者不遣。吾于諸國未嘗拘留使者一人，而爾拘留吾使，豈禮也哉？是以近年回回入邊地者，且留中國互市，待寬徹歸，然後遣還。」（卷二一〇、二四九，洪武二十四年七月癸丑、三十年正月丁丑，第三一三一～三一三二、三六一二頁）按，「巴西」應即「別失八里」之訛。疑俞本因後來朱元璋拘留別失八里等地商人，而混淆了前後相近的拘留哈梅里使者與别失八里來朝之事。

〔二〕朱元璋喜歡讓降人、使者、外來僧人到内地游歷，如與魏國公書：「但有權柄之官員，無分星夜發來，布列於南方，觀望城池，使伏其心，然後用之，决無患已。」（載王世貞弇山堂别集卷八六詔令雜考，第一六四〇頁）又諭雲南僧遊方：「爾雲南僧修者，不辭萬里之遥，欲覺因緣十二，若止京師而（師）〔歸〕雲南，又何知天台之景、兩浙之美、高僧之淵藪？　特敕往游，閲諸名山，廓爾方寸，睿爾神靈。」又特地關照禮部：「雲南來的那十個僧人，恁禮部依先的僧人，一般與他文書，著他去浙江地面裏遊玩。　所至寺院，即令隨堂。」（載葛寅亮金陵梵刹志卷一御製集，第六頁；卷二欽録集，洪武十八年乙丑，第五五頁）

洪武二十三年　庚午（公元一三九〇年）

1　□月①，秦王府牧馬數千匹於咸陽、興平、武功、扶風等縣，民被其害。　又於護衛士卒處，給以鈔貫買金。　無籍之徒乘時於省城内外，凡遇往來官軍及士庶婦女，但有金首飾之類，即攘奪之。　陝西所屬各縣里甲散鈔買金，每鈔一貫收金一錢，刻日車載驢馱納之〔一〕。

〔一〕朱元璋御製紀非録：秦王「聽信婦人李僧奴，差人於在城咸寧、長安二縣民人處買金子……將課程鈔散與在城百姓買金子，致令民人一家夫婦二人無處買辦，俱各縊死。又聽信庫官余大使、董副使，差校尉曹總旗等前往涇陽龍橋，强買百姓金子」（秦王，第七〇三～七〇四頁）。又諭祭秦王祝文：秦王「連年著關内軍民人等收買金銀，軍民窘迫，無從措辦，致令將兒女典賣」（太祖皇帝欽録洪武二十八年九月初十日附，第九五頁）。

2 **牧養官羊，肥則賣之，收出庫鈔貫，却换軟（紗）〔鈔〕②復給民間買羊入群**〔一〕。

〔一〕朱元璋御製紀非録：秦王「草場内羊見有十五萬有餘，又聽信庫官人等，將庫内爛鈔於民間强買羊隻，却回街上貨賣。又軍人每五家散羊一隻，要新鈔七貫」（秦王，第七〇三頁）。陳學霖明太祖對皇子的處置統計：買金、買羊之事發生在洪武十一年到洪武二十八年之間，特别是洪武二十年到二十五年之間（第一一一頁）。

3 **時遇三月清明節，秦王令内侍於城之内外鞦韆架下，見美女，訪其姓名，即娶入宫，如意則留之，否則殺之**〔一〕。**及僭造龍衣、龍床**〔二〕。**上知之，宣秦王入京，敕皇太子標親往陝西撫諭軍民。尋宥，令復其國**〔三〕。

〔一〕朱元璋諭祭秦王祝文：秦王「酷害死良家子女若干」，「於軍民之家搜取寡婦入宫，陸續作踐身死」（太祖皇帝欽録洪武二十八年四月初五日、九月初十日附，第九四、九五頁）。

〔二〕朱元璋諭祭秦王祝文：秦王「製造后服與偏妃鄧氏穿著，又做五爪九龍床，如大殿御座之式，

且前代藩王只用四爪龍床，爾乃如此僭分無禮，罪莫大焉！」（太祖皇帝欽録洪武二十八年九月初十日附，第九五頁）

〔三〕明太祖實録：洪武二十四年八月，「召秦王樉還京師」。同月，「命皇太子撫陝西」。二十五年七月，「秦王樉還國」（卷二一一、二一九，洪武二十四年八月己卯朔、乙丑、二十五年七月庚辰朔，第三一三三、三一三四、三二一三頁）。

4 是年，上敕河南、陝西、山東、山西等布政司所屬府州縣里内老人赴京，每一里給鈔一千貫，依時價取糴米麥，設倉貯之，以備凶年〔一〕，名曰「老人糧」〔二〕。

〔一〕明太祖實録：洪武二十三年五月，「上謂户部尚書趙勉曰：『務農重穀，王政所先……故嘗令河南等處郡縣各置倉庾，於豐歲給價糴穀，就擇其地民人年高而篤實者主之。或遇荒歉，即以賑給，庶使民得足食，野無餓夫。其有未備之處，宜皆舉行。』是時，方召天下老人至京隨朝，因命擇其可用者，使齎鈔往各處，同所在老人糴穀爲備……遣老人運鈔七十九萬一千九百餘錠往湖廣糴穀，置倉收貯，以備荒歉」。六月，「遣老人往江西諸郡縣收糴備荒糧儲，凡鈔一百五十五萬三千九百二十四錠……遣老人往青州所屬州縣收糴備荒糧儲，凡鈔二十一萬四千六百八十錠」。七月，「遣老人往山東濟南府所屬州縣收糴備荒糧儲，凡鈔二十萬六千三百九十四錠」。八月，「遣老人往直隸淮安等十二府所屬州縣收糴備荒糧儲，凡鈔三十八萬一百四十九錠」。十月，「遣老人往福建諸郡縣收糴備荒糧儲，凡鈔四十萬八千四百五十五錠……遣老人往蘇州府長（州）〔洲〕等縣收糴備荒糧儲，凡鈔二十四萬五千七百四十七錠……遣老人往徐州及豐、沛等縣收糴備荒糧儲，凡鈔一萬一千三百六十三錠」（卷二〇二、二〇三、二〇四、二〇五，洪武二十三年五月壬子、甲寅、六月丙戌、戊子、七月庚戌、八月乙亥、十月壬戌、壬午、戊子，第三〇二五～三〇二六、三〇三二、三〇四〇、三〇四六～三〇四七、三〇六一、三〇六五、三〇六八頁）。合湖廣、江西、山東、直隸、福建之數，費鈔已近四百萬錠之多。據洪武二十六年諸司職掌所載户數（户部民科户口丁口，第一七八八～一七九〇頁）計算，五直省户數約五百八十萬，每里約得八錠，與「一千貫」相去甚遠。

〔三〕嘉靖仁和縣志：「預備倉，舊名老人倉。洪武初，令天下州縣鄉都各量置倉，擇耆老一人主掌之，故名。其法，凡遇歲豐，縣官勸令當鄉足食之家，義出米穀不等貯蓄，官籍其數；凶年，許當鄉下户貸借，秋成抵斗還官，著爲令，有古義倉之遺意……正統初……以老人倉改名預備。」又：「本縣預備倉，洪武二十四年建。」（卷七恤政預備倉皇明，第五三八頁）明太祖實録第一次記載預備倉，在洪武二十四年八月：「遣使往山東河南郡縣，以預備倉糧貸給貧民。」三天後，「罷耆民糴糧。先是，朝廷出楮幣，俾天下耆民糴糧，儲之鄉村，以備凶年。州縣所儲充積，而糴猶未已。至是，上恐耆民緣此以病民，遂罷之」。此後預備倉之名屢見不鮮（卷二一一，洪武二十四年八月己卯、壬午，第三一三九、三一四〇頁）。按，洪武二十三年老人買糧後，必然建倉儲備，次年因擾亂市場而罷，所建倉庫必即後來頻見的預備倉。這些倉庫最初或普遍稱老人倉，後因改變老人買糧政策而改名預備倉。俞本所記「老人糧」，應來自「老人倉」和「糴糧」。

校勘記

①「□」，張刻本闕，未詳。

②「紗」，他書（本書洪武二十三年第二條注一引）作「鈔」，黄阿明明代貨幣比價變動與套利經濟認爲「紗」係「鈔」之誤（第九五頁），是。

洪武二十四年　辛未（公元一三九一年）

1 〔□〕〔四〕①月，潭州潭王檀②獲罪於上，宥，令復國。後奉再宣，檀懼，以宫殿府庫、妃嬪宦者俱縱火自焚，檀登王座而死〔一〕。

〔一〕朱元璋御製紀非録：「五宣，托故不至，自驚，終於自殺，以其惡之甚也。」（潭王，第七〇六頁）明太祖實録：洪武二十三年四月，「潭王梓訃聞。王，上第八子……至是其妃於氏家坐事，王不自安。上遣使慰諭，且召之。王不諭旨，即與妃自焚死，無子國除。」（卷二〇一，洪武二十三年四月丙申，第三〇〇七頁）按，潭王妃父都督於顯此時遭論胡黨（朱元璋洪武二十三年詔書，載祝允明野記，第五〇四頁；明太祖實録卷一七三，洪武十八年五月甲申，第二六三七頁），即俞本所記「獲罪於上」，故潭王有此慘舉。

2 六月，靖寧侯葉昇妻舅夏姓者，首昇隱藏胡惟庸家火者〔一〕。上令自縊〔二〕，子亦斬之〔三〕，其妻已故，妾、女俱配軍士〔四〕。

〔一〕逆臣録：「白珍……洪武二十五年十一月内，本衛指揮陳麟對説：『靖寧侯他已先在西裏操練時，我也曾得照覷。如今回來了，和你同去探望一遭。』是珍回説：『他有妻舅夏成，見在本衛養馬，叫他每同去也好。』説允。至次日，唤到夏成，引領前去靖寧侯府内拜見。本官就留吃酒間，密與陳指揮説：『有我舊識蒙鎮撫，爲事提下了。我怕他指著我的名字。我這一回好生憂慮，如何是好？』酒畢各散。在後，本官果爲胡黨事發，典刑了當。有妻舅夏成在衛養馬，潛與陳指揮説知。本官回説：『他是外姓，也不妨事。』是珍要行自奏，本官懼怕，先行奏提了當。本年十二月内，本官陞除中府都督去訖。」（卷三府軍右衛指揮袁德等白珍，第一三七頁）夏成其實是案發後牽連入案的遠房親戚，首告葉昇的應該是「舊識蒙鎮撫」。此段供詞結構稍複雜，提及葉昇案發的來由，時人或訛傳肇自妻舅夏成。

〔二〕明太祖實録：洪武二十五年八月，「靖寧侯葉昇坐交通胡惟庸事覺，伏誅」（卷二二〇，洪武二十五年八月丙子，第三二二七～三二二八頁）。逆臣録載，葉昇案發在洪武二十五年十一月、十二月間（本書洪武二十四年第二條注一引）。

〔三〕逆臣録：「有藍玉説：『……我親家靖寧侯，爲胡黨事，一家都廢了。』」（卷三錦衣衛指揮陶幹等，第一五五頁）

〔四〕劉辰國初事迹：没官女婦例給功臣之家（第一〇二頁）。但藍黨案爆發之初，朱元璋太祖皇帝欽録：正在山西的「會寧侯并他的兒子都凌遲了，家人成丁的也廢了，婦女與晉府配軍」。一個月後：「三個侯碎砍了，家人火者成丁男子都砍了，家財頭口交與王府，婦女，王府差内使起解。」兩個月後：「但是男子，著王那裏就都廢了，妻小就那裏配與人。」（洪武二十六年二月十九日、三月二十四日、五月二十四日，第九〇、九一、九二頁）逆臣録：「余德海，原同何都督家人同做買賣。後何都督爲奸黨事敗，家小俱各給配……高貴……充興武衛右所總旗……將女兒蟲兒嫁與江陰衛總旗陳均實爲男婦……已將高指揮、陳均實問决了當，遺下貴女蟲兒，蒙本衛差百户周能等，於錦衣衛領出回衛，給配與前所軍人。」（卷三錦衣衛指揮陶幹等魏讓、四興武衛指揮董翰等高貴，第一七七、二四二頁）俞本多次記罪臣妻女配軍士，殆屬慣例。

3 是年，上甥曹國公李文忠薨，追謚廣信王③，以其長子李景隆襲爲曹國公〔一〕。文忠疾篤，淮安侯華雲龍④〔二〕侍疾進藥。上疑其有毒致薨，貶淮安侯及家屬於建昌衛，應天府⑤醫士全家被誅〔三〕。

〔一〕董倫曹國李公神道碑銘：「洪武十有七年春三月……李公薨……追封岐陽王，謚武靖。」（載皇明名臣琬琰録前集卷二，第一册第四五頁）明太祖實録：洪武十七年三月，「曹國公李文忠薨……追封岐陽王，謚武靖」。十九年四月，「命故岐陽武靖王李文忠子景隆襲封曹國公」（卷一六〇、一七七，洪武十七年三月戊戌朔、十九年四月丁酉，第二四六九～二四八三、二六八五頁）。

〔二〕宋濂淮安侯華君神道碑銘：華雲龍激怒朱元璋，「遂得羸疾，疾寖劇，上召還南京，以洪武七年六月二十八日卒」（宋濂全集翰苑續集卷六，第八八八～八八九頁）。明太祖實録：洪武七年六月，「召淮安侯華雲龍于北平，未至而卒」。九年十月，「命故淮安侯華雲龍子中襲爵」（卷九〇、一一〇，洪武七年六月癸亥、九年十月庚寅，第一五八七、一八二八頁）。俞本誤以此時的淮安侯仍爲華雲龍。

〔三〕李默孤樹裒談引草木子餘録：「曹國公李保保卒。先是……疾篤，令醫視疾，不愈而卒。遂殺侍醫，族誅城内外大小醫家及保保婢妾六十餘人。」（卷二太祖〔下〕，第六〇九頁）又，洪武二十三年朱元璋詔書：「小淮安侯華中已死，不知其反之由。」（載祝允明野記，第五〇二頁）俞本或對華雲龍之子遭論胡黨的罪狀印象深刻，誤以爲其死於胡黨，遂將李文忠之死追述於胡黨案前後。

校勘記

① 「□」，張刻本闕，據他書（本書洪武二十四年第一條注一引）補爲「四」。

② 「檀」，他書作「梓」（本書洪武二十四年第一條注一引）。疑俞本因潭州、潭王而誤以王「梓」名「檀」。

③ 「廣信」，他書作「武靖」（本書洪武二十四年第三條注一引），疑俞本以音訛「廣信」爲「武靖」。

④ 「華雲龍」，辨證錢引本作「華中」（第二一四五頁），應係錢謙益逕改（參見本書洪武二十四年第三條注二引）。

⑤ 「應天府」，辨證錢引本無（第二一四五頁），應係錢謙益逕删（參見本書洪武二十四年第三條注三引）。

洪武二十五年　壬申（公元一三九二年）

1　五月，運巴茶六十九萬斤於河州易馬〔一〕。禁革歷代銅錢，拘收於大軍倉〔二〕内收貯〔三〕。上敕曹國公李景隆賫金牌，頒於河州管屬金佛寺、川藏、撒剌里①〔四〕、黑章咂②〔五〕及西寧、洮州、岷州所屬西番酋長收掌。金牌長八寸，廣二寸五分，厚四分，面文曰「聖旨」，背文曰「符」，下文曰「合當差發，不信者死」〔六〕。給茶馬三萬匹〔七〕。

〔一〕明太祖實録：洪武二十五年五月，「藍玉兵至罕東。玉欲縱兵深入，其將佐多言：『西虜負固已久，卒然聞大軍深入，必鳥獸散去，我衆雖强，力無所施。莫若緩以綏之，遣將招諭，宣上威德，令彼以馬來獻，因撫其部落，全師而歸，揚威示德，在此舉矣。』……尚饍太監而聶等至河州，召必里諸番族以敕諭之，諸族皆感恩意，争出馬以獻，於是得馬萬三百四十餘匹，以茶三十餘萬斤給之」（卷二一七，洪武二十五年五月辛巳朔，甲辰，第三一九六、三二〇〇頁）。按，巴茶産於重慶等地，係河州茶馬貿易的主要來源（明太祖實録卷二五三，洪武三十年六月己酉，第三六五九頁），俞本所記必即配合藍玉出征的大規模撫綏之舉。

〔二〕明太祖實録：洪武四年十一月，「京師大軍倉火」（卷六九，洪武四年十一月癸亥，第一二八八頁）。正德大明會典：京師與在外鎮江府、淮安府等地均有大軍倉，京倉中「大軍倉四衛：永清左衛倉，旗手衛倉，大軍倉，武成中衛倉」（卷三九户部倉庾内外倉廒兩京并直隸府州縣都司衛倉，第一册四三三頁)。則此明代中期四倉之一的大軍倉,可能就是南京大軍倉的孑遺。

〔三〕明太祖實録:洪武二十二年六月,「工部尚書秦逵言:『鼓鑄銅錢本與寶鈔相參行使,不宜停罷。請仍收廢銅鑄造,以便民用。』從之,且詔更定錢樣。主事徐觀言:『往歲鑄錢分兩不一,難爲定則。今定其制,每生銅一斤鑄小錢一百六十,折二錢八十,當三錢五十四,當五錢三十二,當十錢一十六。』制可」。二十三年十月,「上諭户部尚書趙勉曰:『曩造大明寶鈔,與歷代銅錢通使以利民。近聞兩浙市民有以鈔一貫折錢二百五十文者,此甚非便。爾等與工部議,凡兩浙市肆之民,令其納銅送京師鑄錢,相兼行使。且再定錢制,每小錢一,用銅二分,其餘四等錢依小錢制遞增。凡鈔一貫准錢一千文,榜示天下知之。』」二十七年八月,「詔禁用銅錢。時兩浙之民重錢輕鈔,多行折使,至有以錢百六十文折鈔一貫者,福建、兩廣、江西諸處大率皆然,由是物價涌貴,而鈔法益壞不行。上諭户部尚書郁新曰:『國家造鈔,令與銅錢相兼行使,本以便民。比年以來,民心刁詐,乃以錢、鈔任意虧折行使,致令鈔法不行,甚失立法便民之意。宜令有司悉收其錢歸官,依數換鈔,不許更用銅錢行使。限半月内,凡軍民商賈所有銅錢悉送赴官,敢有私自行使及埋藏棄毁者,罪之。』」(卷一九六、二〇五、二三四,洪武二十二年六月癸丑、二十三年十月戊辰、二十七年八月丙戌,第二九四八、三〇六二、三四一七頁)可知明初曾停止鼓鑄本朝銅錢,全憑「歷代銅錢」與寶鈔兼行,後恢復「收廢銅」、「納銅」以鑄新錢,最後仍因鈔不敵錢,乾脆收禁所有銅錢,專用鈔。俞本所記,殆期間以新錢逐步取代歷代銅錢、最後禁用所有新舊銅錢之事。

〔四〕嘉靖河州志:「撒拉川,州西積石關外二百里,夷回五族土官百户督率。」(卷一地理志山川,河州志校刊,第六頁)梁份秦邊紀略:「河州……衛迤西九十里爲老鴉關,又九十里爲起臺堡,又七十里爲上北莊，又九十里爲（撒）〔撒〕剌坡，坡爲三堡之關鍵，其地生番頗衆，今土官韓清見統束之。」（卷一河州衛，第四三～四四頁）應即今黄河南岸的循化撒拉族自治縣城（中華人民共和國分省地圖，第一一頁）。但河州四十五里之中，並無撒剌里（參見本書洪武三年第八條；嘉靖河州志卷一地理志里廓，河州志校刊，第一五～一六頁）。

〔五〕洪武十二年朱元璋諭曹國公李文忠西平侯沐英等敕又又：「阿卜商走在何處？若無處尋他時，他只在黑章咱地面。那裏有他親多，去那裏問要。」（明太祖御製文集卷九，第三〇二頁）明英宗實録：景泰三年，「鎮守西寧内官保受奏：河州衛黑章咂簇下番民，累次侵劫隆卜小簇，搶殺人畜」（卷二一一，景泰三年正月甲寅，第四五六六頁）。楊一清爲修復茶馬舊制以撫馭番夷安靖地方事：「臣始至陝西，行據守備河州署都指揮僉事蔣昂呈稱：『河州衛每年招番易馬，止是臨近川卜陸族、乞台、撒剌并歸德中左所西番達子二十七站，及腹裏老鴉、乩藏等族熟番，調來中馬給茶。其黑章咂、上下哈如、阿劄爾、朵工、遠竹等族番人，遞年累撫老番俱故，後生不知法度，强硬生拗，不肯前來中馬。又被黑章咂、朵工等族番人，糾引番賊，專一伏路搶殺過往官軍糧賞財物。』」（楊一清集關中奏議卷三茶馬類，第七四～七五頁）可知黑章咂在黄河以南的河州地區。萬曆西寧衛志：「申中族……居牧歸德峽，後徙塞内孤山灘牛心堆西也，去衛治四十餘里……隆卜族，居牧塞外，去申中南百餘里……東接占咂，南至黄河……占咂族，一名章咂，洪武十三年招撫，居塞外。」（卷二兵防志番族，第六四～六六頁）梁份秦邊紀略標占咂族在碾伯東南黄河岸邊（卷首總圖，第一四頁），似位於西寧東南黄河北岸，毗鄰河州，約今拉脊山南黄河北岸的化隆回族自治縣東境（中華人民共和國分省地圖，第一一頁），明初黑章咂或在其黄河對岸。

〔六〕黄瑜雙槐歲鈔：「洪武初於陝西洮州、河州、西寧各設茶馬司，製金牌四十一，上曰『皇帝聖旨』，左曰『合當差發』，右曰『不信者斬』。上號藏内府，下號降各番族。」（卷五馬政，第九四頁）楊一清爲修復茶馬舊制以撫馭番夷安靖地方事：「臣受命督理茶馬，親詣西寧、洮州等衛地方……各族番官指揮、千、百户、鎮撫、驛丞，偕其國師、禪師，各賫捧原降金牌信符而至，臣得拜觀焉。其額上篆文曰『皇帝聖旨』，其下左曰『合當差發』，右曰『不信者死』。」（楊一清集關中奏議卷三茶馬類，第七三頁）按，今貴德縣文物所存一面銅製鎏金的金牌，「正面『信符』兩字，背面爲篆文，内容爲『皇帝聖旨，合當差發，不信者斬。』」（載景慶鳳從檔案史料探究明代的茶馬貿易制度，第三一頁）

〔七〕明太祖實録：洪武二十六年二月，「遣使往西凉、永昌、甘肅、山丹、西寧、臨洮、河州、洮州、岷州、鞏昌緣邊諸番，頒給金銅信符，敕諭各族部落曰：『往者朝廷或有所需於爾，必以茶貨酬之，未嘗暴有徵也。近聞邊將無狀，多假朝命擾害爾等，使不獲寧居。今特製金銅信符，族頒一符，遇有使者徵發，比對相合始許承命，否者械至京師罪之。』」二十七年正月，「命曹國公李景隆佩平羌將軍印，往甘肅鎮守，調都督宋晟、劉貞率馬步壯士緝捕盜馬寇邊，仍令陝西都指揮王英領河州、洮州、鞏昌、臨洮軍馬往歸德金佛寺等處追捕叛羌」。三十年三月，「敕兵部曰：『巴茶自國初徵收，累年與西番易馬。近因私茶出境，致茶賤馬貴，不獨國課有虧，殆使戎羌放肆，生侮慢之心。蓋由守邊者不能禦防，或濫交無度，縱放私茶，或假朝廷爲名，横科馬匹，以致番人悖信。朝廷初不知此，但謂西番不順，豈知邊吏有以激之。故嘗命曹國公李景隆齎金牌勘合，直抵西番，以傳朕命令，各番酋領受，俾爲符契，以絶奸欺。尚恐邊衛將士巡防不嚴，私茶出境，爾兵部備傳朕意，諭邊守者知之。』於是兵部具禁約事宜，遣人齎諭川、陝守邊衛所，仍遣僧管著藏卜等往西番申諭之」。三十一年二月，「景隆齎金符往西番以茶易馬，凡用茶五十餘萬斤，得馬一萬三千五百一十八匹」（卷二二五、二三一、二五一、二五六，洪武二十六年二月癸未、二十七年正月辛酉、三十年三月壬午、三十一年二月戊寅朔，第三二九五～三二九六、三三七五、三六三五～三六三六、三六九八頁）。則使者之遣，始於二十六年，二十七年後李景隆以將軍鎮守甘肅，所頒必更受重視。疑俞本因皆屬茶馬事項，誤置於洪武二十五年藍玉出征、河州大規模運巴茶易馬事下。

2 梁國公藍玉領兵征罕東〔一〕，至白水江渡江駐軍，欲往烏思藏。江水洶湧，馬、步軍俱不能渡，遂逃歸。玉擒逃者，斬數百人，餘衆刺面。軍中謡曰：「藍玉有反心。」禍伏於此矣〔二〕。

〔一〕明太祖實録：洪武二十五年四月，「涼國公藍玉率蘭州諸衛將士追逃寇祁者孫，遂征西番罕東之地」（卷二一七，洪武二十五年四月壬子朔，第三一九三頁）。

〔二〕朱元璋御製逆臣録序：「及在外，非奉朝命，擅將官員陞降，黥刺軍士，不聽詔旨，擅自出師。」（逆臣録卷首）明太祖實録：洪武二十五年五月，「藍玉兵至罕東……遣都督宋晟等率兵徇阿真川，土酋哈昝等懼遁去。又襲逃寇初者孫，弗及。既而有詔，命玉討建昌叛酋月魯帖木兒，玉又欲深入番地，取道松、疊以達建昌。會霖雨積旬，河水氾急，玉悉驅將士渡河，麾下知非上意，多相率道亡。玉不得已，乃由隴右抵建昌」（卷二一七，洪武二十五年五月辛巳朔，第三一九六頁）。「深入番地」即「欲往烏思藏」；「取道松、疊以達建昌」即由隴南直接南下，渡嘉陵江上游的白水江；「知非上意」略與「藍玉有反心」對應。疑俞本同情藍玉，認爲藍玉只是想出敵不意兵行險路，部屬由怨生謡。

3 **是年某月，皇太子標薨。葬紫金山之下，追謚曰懿文，以其世子允炆嗣皇太孫位**〔一〕。

〔一〕明太祖實録：洪武二十五年四月，「皇太子薨」。八月，「祔葬皇太子於孝陵之東……謚曰懿文」（卷二一七、二二〇，洪武二十五年四月丙子、八月庚申，第三一九四、三二二二～三二二三頁）。朱元璋太祖皇帝欽録：「嫡孫允炆，以九月十三日册爲皇太孫。」（洪武二十五年九月二十八日，第九〇頁）按，懿文太子墓即明東陵，在今南京市區東鍾山南麓孝陵欞星門東六十米（金陵附郭古迹路綫圖；朱偰金陵古迹圖考，第一八〇頁；中國文物地圖集江蘇分册，下册第一〇頁）。

4 **都御史詹徽伏誅**〔一〕**，以太學生曹誠③爲都御史**〔二〕。

〔一〕雷禮國朝列卿記：「十八年六月，吏部尚書趙瑁伏誅，命徽兼吏部尚書……二十五年，加太子少保，支兼俸。二十六年……二月，凉國公藍玉以謀反下獄……與侍郎傅友文伏誅。」（卷二三國初吏部尚書行實詹徽，第二册第五六四～五六八頁）明太祖實録：洪武二十四年十二月，「以都察院左都御史兼吏部尚書詹徽爲吏部尚書，仍兼左都御史」。至二十六年二月，詹徽死於藍黨案（卷二一四、二二五，洪武二十四年十二月癸丑朔、二十六年二月乙酉，第三一六一、三二九七頁）。

〔二〕雷禮國朝列卿記：「曹銘……洪武乙丑進士，授兵科給事中，才名顯著……二十五年陞大理寺右少卿，上眷遇甚隆。二十六年正月父喪……二十七年還京，特拜左副都御史，尋進左都御史，掌院事。」（卷七一國初都察院左右都御史行實曹銘，第六册第三六九～三七〇頁）明太祖實録：洪武二十六年三月，即藍黨案爆發次月，「以大理寺少卿曹銘爲都察院右僉都御史」。二十七年九月，「陞都察院左副都御史曹銘爲右都御史。銘，鞏昌之會寧人，洪武十九年以進士授兵科給事中」（卷二二六、二三四，洪武二十六年三月癸酉、二十七年九月「是月」，第三三〇九、三四二六～三四二七頁）。按，曹銘係繼詹徽而起的監察高官，故俞本並記兩事，唯曹銘係洪武後期恢復科舉後第一科進士，俞本訛爲太學生。

5 國老太師韓國公李善長爲逆黨事伏誅，妻女、子弟并家人七十餘口，悉斬之。連及延安侯唐勝宗、吉安侯陸仲亨等，俱令自縊〔一〕。

〔一〕明太祖實録：洪武二十三年五月，胡黨案大爆發，「監察御史復請按問太師李善長罪……吉安侯陸亨家奴封帖木等，亦告亨及延安、平涼、南雄侯等，皆與惟庸、善長結爲黨比，嘗謀約日爲變，事皆未發……賜佑及陸亨等死，善長遂自經」（卷二〇二，洪武二十三年五月庚子、乙卯，第三〇二四～三〇二七頁）。按，此年死於胡黨的勛貴還有鄭遇春、黄彬、陸聚和大量老一輩勛貴的子侄（李新峰明初勛貴派系與胡藍黨案，第一五五～一五六頁），係洪武時期規模最大的屠殺勛貴事件，而俞本所記未詳，且誤置於兩年後，而與藍黨案諸事參差。

6 建昌土官月魯卜花④叛，藍玉領兵圍其山寨，不克。遂招之，父子俱降，及家屬解送京師，凌遲〔□〕〔而〕⑤死〔一〕。上以天下澄平，八荒賓服，厭於用兵，以内外衛及沿邊城池軍士以十分爲率，三分守城，七分屯田〔二〕。如臨洮、河州、洮州、岷州、鞏昌、蘭州、西寧、西凉、甘州、莊浪、山丹、沙州〔三〕、肅州，屯於數百里之外者。

俞本曰：兵法云，千里暴兵，一時可至。設有舋動，豈能呼吸而集？其失機也，異日豈無悔乎？

〔一〕明太祖實録：洪武二十五年四月，「建昌衛指揮使月魯帖木兒、繹忽樂等叛，合德昌、會川、迷易、柏興、邛部并西番土軍，殺官軍男女二百餘口」。十一月，「總兵官凉國公藍玉兵次柏興州，玉間遣百户毛海以計誘致月魯帖木兒并其子胖伯，遂降其衆。遣人送月魯帖木兒至京師，伏誅」（卷二一七、二二二，洪武二十五年四月癸丑、十一月甲午，第三一九二、三二四六頁）。

〔二〕明太祖實録：洪武二十一年捕魚兒海之戰後，朱元璋決意息兵向農，「敕五軍都督府臣曰：『養兵而不病於農者，莫若屯田。今海宇寧謐，邊境無虞，若但使兵坐食於農，農必受弊，非長治久安之術。其令天下衛所督兵屯種，庶幾兵農兼務，國用以舒。』……命五軍都督府更定屯田法。凡衛所係衝要都會及王府護衛，軍士以十之五屯田，餘衛所以五之四」。二十五年二月，「户部尚書趙勉言，陝西臨洮、岷州、寧夏、洮州、西寧、蘭州、莊浪、河州、甘肅、山丹、永昌、凉州等衛軍士屯田，每歲所收穀種外餘糧，請以十之二上倉，以給士卒之城守者。上從之，因命天下衛所軍卒，自今以十之七屯種，十之三城守，務盡力開墾，以足軍食」（卷一九三、一九四、二一六，洪武二十一年九月丁丑、十月丁未、二十五年二月庚辰，第二九〇二、二九一〇～二九二二、三一八四頁）。

〔三〕明太祖實録：洪武二十三年，「以指揮僉事藏卜所領故元時部屬苔失里伯帖木兒、阿力從等爲千户、鎮撫，俾居沙州，與漢軍相參屯田」（卷二〇三，洪武二十三年七月甲午，第三〇三六頁）。寰宇通志：「沙州衛……國朝洪武間置沙州衛，以其首領困即來爲都指揮治之……東至肅州界八日程。」（卷一一七外夷沙州衛，第六三一六頁）然沙州地在邊外，與臨洮等地不同，俞本所記或爲「相參屯田」的短暫現象。

校勘記

① 「撒剌」，他書或同，或作「撒拉」（本書洪武二十五年第一條注四引）。
② 「章啞」，他書或同，或作「章咱」（本書洪武二十五年第一條注五引）。
③ 「曹誠」，他書作「曹銘」（本書洪武二十五年第四條注二引）。
④ 「月魯卜花」，他書作「月魯帖木兒」（本書洪武二十五年第六條注一引）。
⑤ 「□」，陳校本補作「而」（第四五七頁），是。

洪武二十六年　癸酉（公元一三九三年）

1 二月，藍玉與葉昇結婚，玉恐昇事被累〔一〕，偕錦川侯曹鎮①謀逆，事泄，玉、鎮俱伏誅〔二〕。玉乃鄭國公常茂之母舅，亦先皇太子標之妃母弟也〔三〕，鎮乃標之乳母夫〔四〕。鎮、玉既誅，其妻俱懸鐵牌，沿門乞食以辱之。其事連及内外衛分指揮、千、百户、鎮撫〔五〕，及府軍左、右二衛總、小旗、軍，皆戮之〔六〕。詔一切人等皆得擒縛黨人赴（□）②上前〔七〕，就以黨人所任職事賞之〔八〕，名曰「忠義」，及忠義録頒示天下武臣〔九〕。不數年，忠義官俱被戮〔一〇〕。

〔一〕逆臣録引藍黨案供詞中，多次提到藍玉擔心被葉昇連累，如有人招藍玉説：「我自從征進回來，見上位好生疑我，必是親家靖寧侯招出我也是胡黨。」（卷一柳觀音保，第七～八頁）

〔二〕明太祖實録：洪武二十六年二月，「玉退，語所親曰：『上疑我矣。』乃謀反。當是時，鶴慶侯張翼、普定侯陳桓、景川侯曹震、〔舳〕艫侯朱壽、東莞伯何榮、都督黄輅、吏部尚書詹徽、侍郎傅友文及諸武臣嘗爲玉部將者，玉乃密遣親信召之，晨夜會私第，謀收集士卒及諸家奴，伏甲爲變……皆伏誅」（卷二二五，洪武二十六年二月乙酉，第三二九七頁）。可知藍玉案初發時即牽連衆多同黨，景川侯曹震似乎只是普通一員。但朱元璋御製逆臣録序列景川侯曹震僅次於藍玉（逆臣録卷首），逆臣録引藍黨案供詞顯示雙方關係親密，如曹震妾招：「洪武二十六年二月初七日，有景川侯去凉國公家吃酒，回家和老夫人言説：『我和凉國公做親家。』老夫人回説：『不要與他，孩兒小哩。』景川侯言説：『好個弟兄。』老夫人罵景川侯：『這老無政事，你弟兄好時，全家兒都抬將他家去。』」（卷一侯張回奴，第一三頁）俞本述曹震爲藍玉首要盟友，似較明太祖實録近實（參見潘檉章國史考異卷三八，第四九頁）。

〔三〕明太祖實録：洪武四年四月，「册開平忠武王常遇春女常氏爲皇太子妃。」又：藍玉「以開平王常遇春妻弟，屢從征伐」（卷六四、二二五，洪武四年四月戊申、二十六年二月乙酉，第一二二一、三二九六頁）。即藍玉的姐姐是常茂的母親，也是皇太子朱標的岳母。

〔四〕逆臣録引曹震妾供詞：「洪武二十六年二月初七日，有景川侯在直房和藍大人同吃酒後回家，對老夫人説：『藍大人請我同吃酒，教我同他起意。我只道好意請我吃酒，原來叫我説這等話。』老夫人言説：『你却不要依著他，那藍家鬍子却不是人，你若依著他，我便尋死去。你快去窑上躲了他便罷，你不躲時，我便皇孫殿下處説去。』」（卷一侯喜奴，第一四頁）按，觀「老夫人」與「皇孫殿下」的關係，可知俞本所記「標之乳母」有據。

〔五〕逆臣録：「王庸……任興武衛千户，洪武二十六年三月初二日，同百户譚福等在六合縣街上遇見舊識府軍衛總旗吴佛保等，在僻静無人處閒話間，言説：『如今京城公侯、都督并各衛指揮、千、百户，都拿得没了。』」（卷四興武衛指揮董瀚等王庸，第二四一頁）

〔六〕朱元璋太祖皇帝欽録：「藍總兵通著府軍前衛指揮、千户、百户、總旗、小旗造反，凌遲了。」（洪武二十六年二月十九日，第九〇頁）逆臣録：「有火者董景住對趙帖木言説：『本官要謀反，就領著府軍前衛參隨他的舊馬軍勝子余等一佰名，都是好漢，一個當五個。』」又引藍黨供詞述藍玉言：「你府軍前衛一了是參隨我的衛分……我計算你一衛裏有五千在上人馬，我和景川侯兩家收拾伴當家人，有二三百帖身好漢，早晚又有幾個頭目來，將帶些伴當，都是能厮殺的人，也有兩三百都通些，這人馬儘勾用了。」（卷一公趙帖木、二府軍前衛指揮武威等，第三、一一五～一一六頁）按，府軍前衛的前身武德衛，是常遇春的首要嫡系部隊，藍玉曾任指揮（參見黃金皇明開國功臣録卷六茅成傳，第一册第四二二～四二三頁；宋濂同知振武衛指揮使司事常公〔墓碑〕，載嘉靖懷遠縣志卷一地理常指揮墓，第五五～六〇頁；逆臣録卷四興武衛指揮董翰等邢顯，第二四三頁）。可知府軍前衛爲藍玉起家班底（參見潘檉章國史考異卷三「八」，第五〇頁），故株連最慘。俞本訛府軍前衛爲府軍左、右衛。

〔七〕洪武十八年朱元璋御製大誥：「今後布政司、府、州、縣在役之吏、在閑之吏、城市鄉村老奸巨猾頑民，專一起滅詞訟，教唆陷人，通同官吏害及州里之間者，許城市鄉村賢良方正、豪傑之士有能爲民除患者，會議城市鄉村，將老奸巨猾及在役之吏、在閑之吏，綁縛赴京，罪除民患，以安良民。敢有邀截阻當者，梟令。拿赴京之時，關津渡口毋得阻當。」（鄉民除患第五十九，第二三九～二四〇頁）逆臣録引藍黨案供詞後面，多有被某某旗軍「首發」的紀録，偶有被「綁縛前來」者，如：「一名，陸旺，揚州府興化縣人，任九江衛指揮僉事……被本衛小旗凌保首發罪犯。一名，劉禎……同指揮、千、百户楊俊等商議，聽候接應。不期黨情敗露，被小旗焦文秀綁縛首發罪犯。四名，施原、察罕帖木兒、袁才、徐宗，俱係九江衛指揮，千、百户、總旗，各招與本衛指揮陸旺、劉禎相同。被千户陶榮、百户尹忠、軍人張添兒等綁縛來首取問罪犯。」（卷五九江衛指揮陸旺等，第二八一～二八二頁）

〔八〕今存洪武三十年吉安府公文欽差人材官余公順吉安府具呈：「胡巽初原係七十七都民……洪武二十年間，爲胡仔奴告黨逆事，蒙都察院差興武衛旗軍孫彦良等，將本户全家人口抄提，赴院去訖。家財、房屋，給與原告胡仔奴收用。」（載王振忠明以前徽州家族史管窺引婺源沱川余氏族譜，第一〇三頁）胡仔奴能够占用被告發平民胡巽初的家財房屋，則告發者得授犯案官員職事，亦不無可能。黃金皇明開國功臣録：張文本爲百户，於「二十五年，征斡難河。上念文年深有功，特令致事，陞其子豫爲府軍左衛千户。明年春，豫奏指揮莊成黨逆，賜銀四錠、鈔四百錠、衣一襲，陞府軍衛指揮僉事。復賜良馬、金帶各一，誥授明威將軍。未幾，陞文爲浙江都指揮僉事，賜鞍馬、衣服遣之任。二十七年，豫亦陞陝西行都司都指揮僉事，賜銀二百兩、鈔三百錠，綵緞表裏各十，羊馬各六，馳驛以往」（卷三一張文傳，第二册第七八七～七八八頁）。逆臣録：「一名莊成，任府軍左衛指揮……見凉國公謀逆敗露，是成心自憂疑，以此於洪武二十六年二月二十日，在家自行於墻上將腦門撞破，推病不行朝參。致被本衛千户張預奏發到官，實招前情，罪犯。」（卷二府軍左衛指揮軒興等，第一二四頁）張豫所陞府軍衛指揮僉事，與莊成原任府軍左衛指揮僉事相當。

〔九〕弘治八閩通志：洪武後期國子監祭酒張顯宗，曾「奉命撰述，有諸司職掌、逆臣録、忠義録等編」（卷六九人物汀州府名臣國朝，第六三五頁）。文淵閣書目：明代前期内廷藏有「忠義録一部一册」共四本（卷一天字號第一橱書目國朝，第九頁）。内閣書目：至成化時，存「忠義録一册」（第四四九頁）。弘治時丘濬訪求遺書疏稱得見此書（載明經世文編卷七六引丘文莊公奏疏，第六五〇～六五一頁）。明代後期焦竑國史經籍志録官方圖書，有「逆臣録五卷；忠義録一卷，記擒逆將士」（卷一制書御製，第二九五頁）。俞本所記忠義録，應即此歷朝相沿之書。

〔一〇〕平溪衛選簿指揮於嶽：小旗於旺「二十六年，首鎮江衛指揮赴京比箭，結交藍玉，商議當逆。欽除留守中衛世襲指揮僉事。」（中國明朝檔案總匯，第五五册第二〇頁）青州左衛選簿左所解銘：府軍衛軍解俊「首本衛所鎮撫李志名黨逆得實，陞金吾前衛右所世襲所鎮撫」（中國明朝檔案總匯，第六四册第五四頁）。可知忠義官確得被首告者官職，唯一般到他衛任職，且後來並未盡遭殺戮。

校勘記

①「曹鎮」，本書又作「曹震」（洪武四年第四五條），他書作「曹震」（本書洪武四年第四五條注一引）。

②「□」，張刻本未刻，陳校本作無字（第四五八頁）。疑衍文或「至」字，未詳。

洪武二十七年　甲戌（公元一三九四年）

1　或奏：「邊城不可積糧。」上允其奏，令邊城士卒往腹裏府州關支〔一〕。往還八百餘里〔二〕，動經半月，在途盤費過半，無人往支者。賤價糶歸，貴糴而食，遂使守城屯軍，一遇凶年皆不足食。此豈謀國之忠，乃奸雄之策，上胡爲而信之？異日未免有悔。

張大同曰：人主一日萬（幾）〔機〕，況創業之君，天造草昧，安能無微不周？本謂「奸雄之策」，甚矣其誣妄也。

〔一〕洪武二十二年，明朝因邊地積糧過多取締中鹽法（本書洪武十四年第一條注一引），邊地必然糧儲大減、糧價騰貴。但明朝政府可能擔心，再開中鹽法會因邊糧易集而損失鹽利，所以寧可降低邊地糧儲，改驅旗軍到内地支取月糧，以減少邊糧支出，試圖讓普通旗軍承擔起向邊城運糧的實際負擔。

〔三〕嘉靖河州志：河州「又百九十里東至臨洮，又四百里東至鞏昌」（卷一地理疆域，河州志校刊，第四頁）。「往還八百餘里」指從河州到鞏昌府支糧。

2　八月，文州土官千户張赭①，因陝西都司差來尚指揮至彼點軍閲城，索馬，逼赭叛〔一〕。十月，上遣右軍左都督甯正，授以平羌將軍印劍，總兵於十一月初十日平之〔二〕。

〔一〕康熙文縣志：洪武「二十七年，千户張嘉獲龍馬於東郊，爲流言逼亂。時洪武命平羌將軍甯政討平之。」（卷二沿革，葉二a～b）康熙鞏昌府志：「先是，嘉得龍馬於古教場，心自負。妖人霍佛奴謂嘉有天命，遂叛。」（卷三總記明，葉一六b）

〔二〕明太祖實録：洪武二十七年八月，「陝西階文千户張者等叛。命右軍都督府左都督甯正爲平羌將軍，會都督僉事徐凱，率陝西、成都衛兵討之。初，秦州衛令者親率本所軍往兩當聽調，者不聽命，衛遣人逮之，者遂與千户趙原吉等率所部八百餘人伐木遮道，據守文縣及打江、牛頭關等處，道梗不通。事聞，遂命正等率兵一萬八千餘人往討之」。二十八年正月，「平羌將軍右軍都督甯正討平階文叛寇張者等」（卷二三四、二三六，洪武二十七年八月丙戌、二十八年正月丙午，第三四一六～三四一七、三四四五頁）。解縉同王以中等祭汪指揮文：「公（証）〔征〕文縣，公不可死……公死文縣，謂之敗軍」（解春雨先生文集卷一〇，葉一a）。此汪指揮爲河州衛指揮汪五十八，曾參與文縣之役。則身隸河州衛的俞本所記日期當有據，「十月」應係甯正自陝西出兵日期，「十一月初十」係戰事實際結束日期。康熙鞏昌府志：「二十七年，千户張嘉據火燒關，斷臨江橋以叛。命平羌將軍甯政討平之……政兵至，連戰，大敗，軍皆降。嘉竄入林，搜得誅之。」（卷三總記明，葉一六a～b）

3 是年，洮州西番叛〔一〕。

〔一〕明太祖實録：洪武二十八年正月，「平羌將軍右軍都督甯正討平階文叛寇張者等。復命正以兵從秦〔王〕樉征洮州等處」（卷二三六，洪武二十八年正月丙午，第三四四五頁）。可知洪武二十七年已有洮州之叛（參見本書洪武二十八年第一條）。

校勘記

①「張赭」，他書作「張者」（本書洪武二十七年第二條注一引）。

洪武二十八年　乙亥（公元一三九五年）

1 正月，洮州屯田被戎（標）〔摽〕①掠，屯寨離城窮遠，數屯旗軍并家屬俱被殺擄。

上命秦王親征，平之〔一〕。是年三月，秦王薨，謚曰「愍」，葬於城南白鹿塬〔二〕上。尋以世子嗣國〔三〕。

〔一〕明太祖實録：甯正於洪武「二十八年正月，率兵從秦王往洮州打魚溝等處，克平番寇。三月，還京。」（卷二四五，洪武二十九年四月「是月」甯正傳，第三五六五～三五六六頁）

〔二〕嘉靖陝西通志：「白鹿原，在滻水東、灞水南，東西六十里……亦謂之灞上。」（卷二土地山川西安府，董校本，第七九頁）即今西安城東南狄寨到藍田縣鹿原鎮一帶的長塬（陝西省地圖集，第七八～七九頁）。按，秦王墓位於今長安縣杜陵鄉東北大府井村（中國文物地圖集陝西分册，上册第一五一、下册第一〇九頁），地處滻水以西的杜陵原（陝西省地圖集，第四二～四三頁）而非白鹿原。

〔三〕明太祖實録：洪武二十八年三月，「秦王樉薨」。六月，「册秦世子尚炳爲秦王。」閏九月，「葬秦愍王」（卷二三七、二三九、二四二，洪武二十八年三月癸丑、六月丙寅、閏九月「是月」，第三四六一、三四七五、三五一九頁）。朱元璋太祖皇帝欽録：秦王謚曰「愍」（洪武二十八年九月初十日，第九五頁）。

2　是年，以宋國公馮勝、潁國公傅友德等爲黨逆事伏誅，而家屬悉令自縊，毁其居室而焚之〔一〕。

〔一〕明太祖實録：洪武二十七年十一月，「潁國公傅友德卒」。二十八年二月，「宋國公馮勝卒」（卷二三五、二三六，洪武二十七年十一月乙丑、二十八年二月丁卯，第三四三五、三四四七頁）。潘檉章國史考異以弘治時有自稱傅友德子孫者，認爲俞本所記「非事實也」（卷三「十六」，第五八頁）。按，明代中後期出現的傅氏子孫，無法證明明初滅族之僞。又，黄金皇明開國功臣録據金陵馮氏家乘：「三十二年（□）〔癸〕卯十月十日卒，朝廷哀悼，遺祭，敕有司治喪，以明年二月五日附先塋葬焉。子男九，皆先（□）〔勝〕卒。」（卷一補遺馮勝傳，第一册第一八二頁）按，家乘所記，若非杜撰，則係建文時的補償措施，與九子先卒等等，益證馮勝死於非命。

3 是年，敕天下武臣更易誥敕〔一〕。舊制，六品以下給敕，用「敕命之寶」，五品以上給誥，用「制誥之寶」。至是，俱以五彩織成文章，譽美於前〔二〕，後以素白錦上，墨書本職、姓名、從軍年月、歷過功勛、所授任職散官，俱爲世襲，並用「制誥之寶」。考、妣、妻封贈，書於年月之後〔三〕。

〔一〕李景隆前軍都督府僉都督事謝公神道碑銘：謝成於「洪武……二十五年壬申，更給新製之誥」（載成化中都志卷一〇，第四四四頁）。明太祖實録：洪武二十六年正月，「頒誥命於雲南都指揮使司及京衛各都司衛所官，凡百四人」（卷二二四，第三二七六頁）。西北等地更换新式誥敕可能更晚。又，明太祖實録：洪武二十三年九月，「魏國公徐輝祖等奏，三代蒙恩，俱已加封王爵，其舊誥宜繳納。上命毁其舊誥，令中書舍人更以新誥給之。於是魏國公徐輝祖、曹國公李景隆……等繳進舊誥凡二百二十八通」（卷二〇四，洪武二十三年九月丙申，第三〇五三頁）。若按新制，追封誥命附於本人誥命後，就無需説「舊誥宜繳納」，可知此時的追封三代誥命尚與本人誥命分列，尚未改制。

〔二〕今存洪武二十四年武官敕命、二十五年武官誥命，首段文字爲織成而非墨書，文曰：「奉天承運皇帝制曰：昔者聖王之治天下也，必資威武以安黔黎，未嘗專修文而不演武。朕特仿古制，設武職以衛治功。受斯任者，必忠以立身、仁以撫衆、智以察微，防奸禦侮，機無暇時。能此則榮及前人，福延後嗣，而身家永昌矣。敬之勿殆。」（載中國國家博物館館藏文物研究叢書明清檔案卷明代，第三、六～七頁）洪武前期朱元璋内外衛指揮司誥（使同知僉事千户衛鎮撫同百户所鎮撫敕亦同）：「軒轅平蚩尤以制兵，列聖相傳而有軍職焉。所以軍職者，禦侮防奸。朕雖薄德，敢不效先聖而安衆庶。爾某職某官，今特授某官。既承朕命，夙夜毋殆，以稱斯職。爾惟懋哉！」明太祖御製文集卷四，第一四九頁）按，洪武二十四、二十五年的誥敕，因係織成，需全用套話，與「爾某職某官，今特授某官」的内容分開，應即俞本所記行用一時的「五彩織成文章，譽美於前」。

〔三〕與舊制（參見本書戊申年第二一條）相比，俞本所記新制規定，誥敕俱用規格較高的制誥之寶而非誥敕有别，只注明世襲官職而無流官名目，考、妣、妻封贈附在同一份誥敕後而非單列。今存洪武二十四年頒給低級官員某百户的敕命，確用「制誥之寶」（載中國國家博物館館藏文物研究叢書明清檔案卷明代，第三頁），而今存永樂四年敕命則用「敕命之寶」（青海省藏族蒙古族社會歷史調查引同仁縣瓜什則寺院藏「聖旨」，第六～七頁）。又，今西北地區存洪武時期武官誥敕，多洪武二十五年者（例見洪武二十五年五月初五日明太祖賜張信誥，載一九九五年岷縣志附録主要文獻輯録文誥敕諭，第八七三頁；洪武二十五年五月十一日奉天誥命，載一九九〇年定西縣志第六編第一章第二節文物古迹，第七三二～七三三頁)。逆臣録也多載外地軍官洪武二十五年十二月「赴京闕諸」(例見卷四成都左護衛指揮劉淵男劉義等,第二五七頁)。疑俞本所記改换語敕,在洪武二十五年。

4 **都御史曹誠獲罪,誅之**〔一〕。

〔一〕明太祖實録:洪武二十八年九月,「都察院左都御史曹銘有罪,誅」(卷二四一,洪武二十八年九月丁酉,第三五〇〇頁)。雷禮國朝列卿記:曹銘「爲人爽直,不持小節繩人。二十八年九月,以罪誅」(卷七一國初都察院左右都御史行實曹銘,第六册第三七〇頁)。

校勘記

① 「標」,陳校本作「摽」(第四五八頁),據改。

洪武二十九年　丙子(公元一三九六年)

1 正月,敕天下僧、道無度牒者,俱令赴京,於禮部講考瑜珈等〔一〕。中者給度牒,不中者發廣西充軍〔二〕。

〔一〕「無度牒者」、「講考瑜珈」，似指與民雜居、不屬寺廟管理的瑜伽僧。明太祖實録：洪武二十四年六月，「命禮部清理釋、道二教，曰：『今之學佛者，曰禪，曰講，曰瑜伽……自今天下僧、道，凡各府州縣寺觀雖多，但存其寬大可容衆者一所，併而居之。毋雜居于外，與民相混，違者治以重罪……民有效瑜伽教稱爲善友……皆治以重罪。』」（卷二〇九，洪武二十四年六月丁巳，第三一〇九～三一一〇頁）則此後或無在外專做法事的瑜伽僧，赴京考試者指所有住寺僧人，内含無度牒者。

〔二〕明太祖實録：洪武二十八年十月，「禮部言，今天下僧道數多皆不務本教，宜令赴京考試，不通經典者黜之。詔從其言，年六十以上者免試」（卷二四二，洪武二十八年十月己未，第三五二四頁）。葛寅亮金陵梵刹志：洪武二十八年，「命僧録司設上、中、下三科，考試天下沙門。賜善世、天禧等寺糧米各三千石，以給其食」。又：洪武二十九年「三月初一日，本部官欽奉聖旨：『……近來僧録司、道録司考試天下僧道，其中多有不通經典者……恁禮部將已前出的榜文編集成書，頒示天下僧道寺觀，申明周知。三年後，再來考試，不中者發邊遠充軍。欽此。』本部今將節次聖旨、榜文、條例刊佈，務要人各一本，永爲鑒戒」（卷二欽録集，第六九～七〇頁）。與明太祖實録「黜之」相比，俞本所記「發廣西充軍」可信。

2 京師犯法文武官員女婦，宥其死罪，拘作一局，令閹宦守其門，宫中有垢衣，即令浣濯其中〔一〕。有一婦（挽）〔娩〕子而棄其中，宦者以事聞。上疑其通外，將婦女五千餘人俱剥皮貯草以示衆，守門宦者如之。

〔一〕王叔英二孝子傳：「其二人妯娌也，其夫兄弟以黨人受戮，家人財産盡没於官，婦人則當給爲官婢。」（皇明文衡卷六十，葉一二a）乾隆吴江縣志：「嘗見當時抄白，原行云：錦衣衛鎮撫司衛鎮撫臣劉珪等謹奏：爲黨逆事，今將三山窑胡、藍黨犯人沈德全等取招在官，洪武三十一年二月十八日早，將一干人犯引到奉天門下，奏奉聖旨……本月二十日早，本司衛鎮撫臣朱鑒於奉天門下，奏奉聖旨：『正黨與户下户丁，都凌遲了；十歲已上的小廝，都發南丹衛充軍；十歲以下的，送牧馬所寄養，母隨住；一歲至三歲的，隨母送浣衣局，待七歲送出來。』欽此。」（卷五六舊事，第一六三三頁）藍黨案前，没官婦女多給功臣之家或配軍士（本書洪武二十四年第二條注三）。疑藍黨案後，没官婦女衆多，多由給功臣、配軍變爲拘役。

洪武三十年　丁丑（公元一三九七年）

1 正月，漢中府地面皂軍山〔一〕中土人田總旗作亂，稱帝，蓋宫殿，□□①駕，以土僧爲彌勒佛，問禍福。四月，令長興侯耿〔□□〕〔炳文〕②平之〔二〕。

〔一〕寰宇通志：「皂軍山，在西鄉縣南十五里，相傳張飛嘗屯軍於此……定軍山，在沔縣治東南十里，兩峰對峙。漢昭烈於此山下作營，斬魏將夏侯淵。」（卷九九漢中府山川，第六一五五頁）皂軍山或即今西鄉縣城南大路坪、雨帽頂一帶山巒，定軍山即今勉縣城西南、老城鎮東南的定軍山（陝西省地圖集，第一四〇～一四一、一三三～一三四頁）。按，皂軍山與此次叛亂所在地沔縣相去甚遠，「皂」應係「定」之誤。

〔二〕明太祖實録：洪武三十年正月，「漢中府沔縣吏高福興及民人田九成、僧李普治謀爲亂，縣教諭王璞告於漢中衛。衛遣兵捕普治，獲之。九成等率餘賊入沔縣後河及土門，聚衆至千餘人，而陜、蜀間番民因之作亂。事聞，詔征西將軍長興侯耿炳文、武定侯郭英發陜西、四川兵討之」。九月，「沔縣賊高福興伏誅……并獲其黨汪伯工、陳妙貴、楊文皋、王師傅、劉普成等。詔悉誅之，宥其脅從者爲軍凡四千餘人，仍留四川都指揮同知趙興領兵八千餘人，追捕餘寇田九成、陳二舍等」（卷二四九、二五五，洪武三十年正月乙丑、九月庚戌朔，第三六〇六～三六〇七、三六七七頁）。「田總旗」應即田九成，「四月」應爲耿炳文出兵之期。「僧李普治」、「劉普成」之名，可略見叛亂者奉元末天完紅軍的「彌勒佛」。

2　二月十三日酉時，赤氣亘天，傍有黄白氣，自西至東闊三尺許〔一〕。

〔一〕俞本所記似爲彗星。明太祖實録載天象觀測甚詳，然此所記與洪武後期記録無可對應者。赤氣一般被視爲兵災之徵，黄白氣爲祥瑞，俞本或僅記天氣異象，與此後皇位更替等呼應。

3　是年□③月，上於後殿燕居，有黑龍自井中出。上以箭射之，其後復入於内。後數日，復見黄龍亦自井中躍出而陞天〔一〕。

張大同曰：黄龍陞天，或謂成祖之兆。天命一定，創④

〔一〕黑龍、黄龍，或與元、明德運有關，俞本繫於明朝創始者朱元璋去世之前。劉浦江五德終始説之終結：自宋代以來，王朝德運之説不再受官方尊奉，但仍在全社會廣泛流行。明初以元爲水德，以明爲與宋相同的火德，至明中後期出現以明爲土德之説，以合元明相克（第一七八～一八一、一八八～一九〇頁）。水德對應黑龍，土德對應黄龍，但火德本該對應「紅龍」之類。明後期的張大同，未提德運，只説「或謂成祖之兆」。則黑龍、黄龍云云，或明初已有以明爲土德之説，或與德運無關。

校勘記

① 「□□」，張刻本漫漶，未詳。
② 「耿□□」，張刻本漫漶，陳校本作「耿炳文」（第四五九頁），是（參見本書洪武二年第二條）。
③ 「□」，張刻本未刻，未詳。
④ 據原書頁碼，知今存張刻本此下缺失一整葉。

〔洪武三十一年　戊寅〕①（公元一三九八年）

1 遂居焉。皇考於元之戊辰年九月十八日生上〔一〕。及長，事皇覺寺〔二〕住持湛然爲師〔三〕。上侍師於里閈建佛寺，時夜半，人窺其有金龍蟠於幡杆下，呼衆視之，乃熟睡於此，咸訝其貴而不敢言〔四〕。後因兵，遂贅於郭元帥之門，授鎮撫之職〔五〕。率衆招討，所到無不款克，十五年間，天下混一，遂踐寶位。有子二十三人〔六〕。欽哉。

〔一〕明太祖實録：朱元璋生於「元天曆元年戊辰九月十八日」（卷一，第一頁）。

〔二〕朱元璋御製龍興寺碑：「寺昔於皇，去此新建，十有五里，奠方坤地，乃於皇舊寺也……舊寺之基，去皇陵甚近。」（載徐乃昌安徽通志金石古物考稿卷六石刻碑誌明，葉三b～四a）天啓鳳書：中都城西南方，明皇陵北有於皇里、二十家營（卷首中都内境山川城池陵寢墳墓第宅形勝總圖，第四〇～四一頁）肇域志：「皇覺寺，在縣東南二十里，又名於皇寺。」（「原第七册」鳳陽府，第四二六頁）按，此縣指鳳陽府治鳳陽縣。王劍英明中都據上引文指出，今皇陵外城北墻外的二十營子村南有「老於皇廟」遺址，即皇覺寺（第九七頁）。其地應在今鳳陽市南五公里的明皇陵遺址北的北墻村西北的二十營（安徽省地圖集，第二二四～二二五頁）。

〔三〕朱元璋御製龍興寺碑：「師徒相繼，傳至住持僧德祝。於元至正十二年，群雄並起，寺爲亂兵焚。瓦礫荆棘三十二年，朕常思之。昔幼時，師高彬者，托身於寺四年……彼時朕年十有七歲，方爲行童五十日，於教茫然。因師弗濟……飄然西游廬、六、光、固、汝、潁，三年後歸。歸方四年，天下亂，從雄倡義旅。」（載徐乃昌安徽通志金石古物考稿卷六石刻碑誌明，葉四a）

〔四〕明本紀：「上自始生，常有神光滿室。每一歲間，家内必數次夜驚以有火，急起視之，惟堂前供神之燈，他無火。」（明本紀校注，第一頁）解縉天潢玉牒：「在寺居室，夜有紅光，近視不見，衆咸異之。」（第二頁）明太祖實録：時朱元璋「還皇覺寺，上所居室夜復數有光，僧皆驚異」（卷一，第四頁）。俞本所記，與此類官方傳説略有差異，無神光、紅光等政治隱喻，而似民間對「真龍天子」的想象。

〔五〕朱元璋紀夢自言早期經歷，强調得授鎮撫（明太祖御製文集卷一六，第四五一頁），此事似被視爲發迹之始而大加宣揚。權衡庚申外史稱朱元璋爲「朱鎮撫」（庚申外史箋證卷下，第一三六頁），若非蔑稱，則係時人對領袖的親昵稱謂。

〔六〕解縉天潢玉牒：朱元璋有子二十四人，自皇后至皇美人所生，太子以下皆封王（第一〇頁；參見朱棣大明孝陵神功聖德碑，載南京博物院明孝陵，附録第二頁）。明史辨朱元璋共二十六子，多出早夭的第九子趙王和幼子楠，而安王與趙王、楠均不知母爲何人（卷一一六諸王太祖諸子傳，第三五五九頁），則其餘共二十三人。

2 其年閏五月十六日，皇太孫允炆即皇帝位，布詔天下〔一〕。

〔一〕明太祖實録：朱元璋於洪武三十一年閏五月乙酉日去世，辛卯日下葬（卷二五六，洪武三十一年閏五月乙酉、辛卯，第三七一七、三七一八頁）。乙酉日爲十日，辛卯日爲十六日。明太宗實録：洪武三十一年閏五月「乙酉，太祖崩，是夜即斂，七日而葬。皇太孫遂矯詔嗣位，改明年爲建文元年」（卷一，洪武三十一年閏五月乙酉，第五頁）。茅大方有詩戊寅閏五月十八日詔告天下大赦改元喜而有作（希董先生集卷下，第九六頁）。則事在「七日而葬」之後，而非十六日。

校勘記

①「〔洪武三十一年戊寅〕」，陳校本將本書洪武三十一年第一、二條附於洪武三十年，後注缺洪武三十一年（第四六〇頁）。按，下文兩條俱爲洪武三十一年内容（參見本書洪武三十一年第二條注一）。原書殘缺一整葉，今據本書體例補。

洪武三十二年（公元一三九九年）

1　正月，改建文元年，至建文四年六月自焚，永樂即位矣〔一〕。

〔一〕明太宗實録：建文帝於四年六月乙丑日「闔宫自焚」，己巳日即四天後明太宗即位（卷九下，四年六月乙丑、己巳，第一三〇、一三五頁）。按，此稱「永樂」而不稱「今上」，或俞本敵視明太宗，或係後人羼入。

2　寶璽：「奉天之寶」，此唐、宋受命傳寶，藏鎮中國，惟祀天用之；「制誥之寶」，一品至五品（□）〔誥〕①命用之；「敕命之寶」，六品至九品敕命用之；「皇帝之寶」，詔、敕、聖旨用之；「皇帝行寶」，册立、建封及賞勞用之；「皇帝信寶」，召親王、大臣及調兵用之；

「天子之寶」，祀鬼神用之；「天子行寶」，封建外國及賜勞用之；「天子信寶」，召外夷及調兵用之；「謹身殿寶」〔一〕。

〔一〕明太祖實録：洪武二年九月，「造御寶六。白玉三，青玉三。文曰『天子行寶』、『天子信寶』、『天子之寶』、『皇帝行寶』、『皇帝信寶』、『皇帝之寶』」（卷四五，洪武二年九月庚子，八七九頁）。明太宗實録：明太宗即位後九天，「製皇帝奉天之寶、制誥之寶、敕命之寶」（卷九下，四年六月丁丑，第一四〇頁）。則所記後六種寶璽爲洪武時製，前三種乃永樂時重製。按，俞本已記明朝未得「玉寶」（本書洪武二十一年第三條），此處又謂「唐、宋受命傳寶」，已記取消誥、敕用寶差别（本書洪武二十八年第三條），此處又記有别。則此段來歷可疑，或刊刻者張大同對「玉寶」之事感興趣（參見本書洪武二十一年第三條張大同評語）而作增補。

予自冠年從事行伍，禦衛大駕，今逾耳順矣。自元之辛卯，至大明之丁丑，四十七年之間〔一〕，歷觀興（□）〔亡〕②成敗，如一夢耳〔二〕。凡將相陞黜、華夷順逆本末，頗記萬〔一〕③。

〔一〕元之辛卯爲至正十一年，即公元一三五一年，大明之丁丑爲洪武三十年，即公元一三九七年，前後共計四十七年。

〔二〕俞本記事始於「元之辛卯」，兩年後「冠年入伍」，至「大明之丁丑」編定四十七年間史事，在朱元璋去世後又增訂少許内容，遂成今稿（參見本書整理前言）。

校勘記

①「□」，張刻本未刻，據文意補爲「誥」。
②「□」，張刻本未刻，據文意補作「亡」。
③張刻本自此殘缺，據文意補作「一」。

〔紀事録卷之下終〕①

校勘記

①張刻本殘缺，據張刻本卷之上末補。

參考文獻

一、徵引文獻分爲普通史料、方志、現代地圖、研究論著共四類，在參考文獻目録中採取各自不同的著録格式。

二、「普通史料」類著録，按首字漢語拼音，以拉丁字母表排序。其中，若責任人爲著者或考古報告作者，按著者姓名漢語拼音排序，整理點校者緊隨著者；若責任人爲編輯者（如北京圖書館藏中國歷代石刻拓本彙編），或書籍常見無需注明著者（如後漢書），或佚名（如佛説大阿彌陀經），則按書名號、書名漢語拼音排序，編輯者緊隨書名。

三、「方志」類，按成書年代排序。歷代總志和明代以前省、府、州、縣方志（如元一統志、吴郡志等），不注年代，量列著者，有整理點校者則列著者名後。書名中習慣帶年代者（如元豐九域志），年代包含在書名號内。洪武京城圖志亦屬慣常用名，且年代靠前，名目不詳，例同明代以前方志。大清一統志歷經修訂，需注明所引版本年代，按慣例作嘉慶重修一統志。明代以後方志，在書名號前注明年代，即使所用版本在書名中帶有年代，亦統一調整爲在書名號前注明年代（如成化重修毗陵志作成化重修毗陵志），不注著者，有整理點校者則列書名後。專門志書（如金陵梵刹志）作「普通史料」處理。

四、「現代地圖」類，按書名漢語拼音排序，有編者則列書名後，若編者爲編委會則不再注明。所引地圖類作品，若係主要研究復原古代地理狀況者，如譚其驤主編中國歷史地圖集，仍列於「研究論著」類，以别於專門標識古迹的現代地圖，如朱偰金陵附郭古迹路綫圖。

五、「研究論著」類，按責任人姓名漢語拼音排序。所引清代以下著作，凡内容屬論證史實者，如錢謙益太祖實録辨證、潘檉章國史考異全書，又如湯斌潛菴先生擬明史稿、陳廷敬午亭文編中某篇，雖全書並非研究著作，又如明史某篇，雖獨特記載未列證據，仍取其辨析史料之意者，皆列於「研究論著」類。凡内容屬提供史實者，如杜選凌阜南人物歷史傳，雖全書並非史料記載，皆列於史料各類。引現代整理古籍者之論證意見，在書前注明整理者，如「王崇武明本紀校注」，以别於引古籍記載時注明原作者或書名，如「明本紀校注」。書列於各史料類，不另列於研究論著類。

六、古籍版本，儘量使用現代整理點校本，其次現代影印本，再次古代刻本。如朱元璋御製中山武寧王神道碑、朱棣大明孝陵神功聖德碑，雖有碑刻照片和當代釋文出版，若相關文字核對無誤，仍徑用影印明代録文和現代較早整理釋文。若現代整理點校本質量不盡如人意，量用影印本以至刻本。若佳本不常見，亦量用其他版本。如國家圖書館藏朱元璋文集洪武三十卷本爲最可靠版本之一，未見影印，亦未爲現代整理本所據，但相關内容文字與後來各本幾乎無差別，故本書徑取比較常見的影印洪武二十卷本，參以全明文整理本等。

七、方志，儘量使用與元末明初時代相近者。方志文字可能歷代相沿，若未注明出處，仍視爲後代方志所記内容（如永樂常州府志引宋、元方志文字，若成化重修毗陵志文字與之相同，但未注明出處，則視爲成化志所記）。總志係綜合各地方志而成，文字多係轉引，且作者不一定熟悉當地狀況，但其時代仍應視爲比總志修成時更早（如景泰時期的寰宇通志多根據永樂各地方志編成，在一定程度上應視爲明初内容）。以方志辨析地名時，儘量只使用時代相近、有明確地點信息的一種文本，直接對應現代地圖。若無適宜文本，則量取時代相近、有明確地點信息的各種文本。

八、現代地圖的取捨，以大比例尺、地形圖爲底圖和地名地物接近古代等三項爲原則，儘量選取常見版本。細則如下：

（一）儘量選擇一比二十萬左右、公開出版、以地形圖爲底圖、展示山川形勢、地貌詳情的地圖。

（二）二十世紀九十年代以後，中國的地名、地物變化迅猛，若在最新的大比例尺地圖上標出具體地點，往往因地圖與史料記載的地理面貌相差懸殊，而無益於讀者。相形之下，二十世紀五十至八十年代，中國地名、地物與元明之際相差則較小，頗可對照古今，故儘量選取這一時期的地圖，且徑稱「今」圖。

（三）二十世紀五十至八十年代以一比二十萬比例尺地圖爲代表的各省地圖集，符合上述三個原則，且較常見，是爲使用重點。若本時期無相應地圖集（如浙江），或此類地圖集極爲罕見（如中華人民共和國湖北省地圖集），則選擇二十世紀八十年代以來的相近比例尺的各省測繪地圖集（如浙江省地圖集和湖北省地圖集），以及本時期以地形圖爲底圖的比例尺較小的分省地圖（如中華人民共和國分省地圖）、比例尺更小的全國分省地圖集（如中華人民共和國地圖集（甲種本）），以至比例尺較大但非以地形圖爲底圖的各省地圖集（如河南省地圖集）。

（四）今南京、蘇州、北京、西安等城市内的特别具體的地名，由於城區地名地物變化尤大，上述地圖不能滿足標示需要。二十世紀上半期，這些城市的地名、地物與古代尚多接近，有的城市擁有了現代測繪技術支持的大比例尺城區地圖，既可反映古代地理狀況，又與當代形勢有所關聯，故今儘量選取這一時期的各城市大比例尺測繪地圖

(如南京城區選用江寧府城圖)。若本時期無適宜的城區測繪地圖,則參用上述各省地圖集中的市區地圖、各地歷史地圖集(如西安城區選用陝西省地圖集西安城區圖、西安歷史地圖集)和考古報告附圖、文物分布地圖集(如南京郊區選用明孝陵,蘇州城區選用中國文物地圖集江蘇分册)等等。

普通史料

北京圖書館藏中國歷代石刻拓本彙編第五一册,北京圖書館金石組編,鄭州:中州古籍出版社,一九九〇年。

長江圖(殘卷),「中央研究院」歷史語言研究所藏明清史料,編號〇三八三一二。

崇禎長編,「中央研究院」歷史語言研究所校印本,臺北,一九六六年。

祠山事要指掌集,周秉秀輯、梅應發續輯,明宣德刻本,國家圖書館藏。

大明會典,影印明萬曆刻本,揚州:江蘇廣陵古籍刻印社,一九八九年。

大雅集,賴良輯,舊慈溪馮氏醉經閣藏抄本,北京大學圖書館藏。

大越史記全書,影印一六九七年刻本,河内,一九九八年。

佛説大阿彌陀經,中華大藏經(漢文部分)第十八册影印明永樂北藏本,北京:中華書局，一九八六年，第六七九～六九九頁。

漢天師世家，正統道藏第五七册影印明萬曆刻本，臺北：藝文印書館，一九七七年，第四六六九六～四六七三八頁。

後漢書，北京：中華書局，一九六五年版，一九七三年印。

皇明恩命世録，正統道藏第五七册影印明萬曆刻本，臺北：藝文印書館，一九七七年，第四六六四九～四六六九六頁。

皇明名臣琬琰録，徐紘編，明代傳記叢刊第四三～四四册影印明嘉靖刻本，臺北：明文書局，一九九一年。

皇明文衡，程敏政編，四部叢刊集部影印明嘉靖刻本，上海：商務印書館，一九一九年。

皇明詔令，傅鳳翔輯，影印明嘉靖刻本，臺北：成文出版社，一九六七年。

絳雲樓書目，中國著名藏書家書目匯刊明清卷第十二册影印清順治抄本，北京：商務印書館，二〇〇五年。

金史，北京：中華書局，一九七五年版，一九九二年印。

晋書，北京：中華書局，一九七四年版，一九九六年印。

列朝詩集，錢謙益輯、許逸民、林淑敏點校，北京：中華書局，二〇〇七年。

蒙古秘史(校勘本),額爾登泰等校勘,呼和浩特:内蒙古人民出版社,一九八〇年。
明本紀校注,王崇武校注,上海:商務印書館,一九四八年。
明經世文編,陳子龍等輯,影印明崇禎刻本,北京:中華書局,一九六二年。
明史,北京:中華書局,一九七四年版,一九九五年印。
明太宗實録,「中央研究院」歷史語言研究所校印本,臺北,一九六六年。
明太祖實録,「中央研究院」歷史語言研究所校印本,臺北,一九六六年。
明英宗實録,「中央研究院」歷史語言研究所校印本,臺北,一九六六年。
南京刑部志,黄彰健明初洪武永樂朝的榜文峻令附録點校本,載氏著明清史研究叢稿,臺北:臺灣商務印書館,一九七七年,第二三七~二八六頁。
内閣書目,錢溥輯,原國立北平圖書館甲庫善本叢書第四五七册影印明抄本,北京:國家圖書館出版社,二〇一三年,第四四五~四八〇頁。
逆臣録,王天有等點校,北京:北京大學出版社,一九九一年。
平江圖,王謇宋平江城坊考附校正墨綫本,末頁。
全明詩第一册,章培恒等主編,上海:上海古籍出版社,一九九〇年。
全明文第一册,錢伯城等主編,上海:上海古籍出版社,一九九二年。

台州金石録，嘉業堂叢書民國刻本。

太平御覽，影印上海涵芬樓影印宋本，北京：中華書局，一九六〇年。

文淵閣書目，楊士奇輯，宋元明清書目題跋叢刊第四册影印讀書齋叢書清嘉慶刻本，北京：中華書局，二〇〇六年，第一～二一六頁。

續栝蒼金石志，李金瀾輯，清道光刻本，北京大學圖書館藏。

儀禮注疏，鄭玄注、賈公彦疏，十三經注疏整理委員會整理，北京：北京大學出版社，一九九九年。

藝文類聚，歐陽詢編、汪紹楹校，上海：上海古籍出版社，一九八二年。

元朝秘史（校勘本），烏蘭校勘，北京：中華書局，二〇一二年。

元代農民戰争史料彙編，楊訥、陳高華等編，北京：中華書局，一九八五年。

元史，北京：中華書局，一九七六年版，一九九二年印。

永樂大典，影印明嘉靖、隆慶抄本，北京：中華書局，一九六〇年。

尉繚子，宋本武經七書影印武經七書宋刻本，上海：中華學藝社，一九三五年。

浙江忠義録，浙江採訪忠義局編，清代傳記叢刊第六一册影印清同治刻本，臺北：明文書局，一九八五年。

正德大明會典，影印明正德刻本，東京：汲古書院，一九八九年。
中國國家博物館館藏文物研究叢書明清檔案卷明代，王宏鈞主編，上海：上海古籍出版社，二〇〇六年。
中國明朝檔案總匯，中國第一歷史檔案館、遼寧省檔案館編，影印明稿本，桂林：廣西師範大學出版社，二〇〇一年。
中西交通史料彙編，張星烺編注、朱傑勤校訂，北京：中華書局，一九七七～一九七九年。
周禮注疏，鄭玄注、賈公彦疏、趙伯雄整理，北京：北京大學出版社，一九九九年。
周易集解纂疏，李道平著、潘雨廷點校，北京：中華書局，一九九四年。
諸司職掌，玄覽堂叢書第三册影印明洪武刻本，揚州：廣陵書社，二〇一〇年，全書第一七四五～一九五九頁。
貝瓊：清江貝先生集，四部叢刊集部影印明初刻本，上海：商務印書館，一九一九年。
畢自嚴：度支奏議，續修四庫全書第四八三～四九〇册影印明崇禎刻本，上海：上海古籍出版社，一九九五年。
陳基：夷白齋稿，四部叢刊三編第七〇册影印商務印書館一九三六年影印明抄本，上海：上海書店，一九八六年。
陳建著、錢茂偉點校：皇明通紀，北京：中華書局，二〇〇八年。
陳璉：琴軒集，影印清康熙刻本，東莞：政協東莞市文史資料委員會，二〇〇〇年。
陳仁錫：陳太史無夢園初集，四庫禁毁書叢刊集部第五九～六〇册影印明崇禎刻本，北京：北京出版社，二〇〇〇年，第五九册第八九頁～第六〇册第四八八頁。
程本立：重刻巽隱先生集，原國立北平圖書館甲庫善本叢書第七〇二册影印明萬曆刻本，北京：國家圖書館出版社，二〇一三年，第五二一～五九五頁。
達倉宗巴班覺桑布著、陳慶英譯：漢藏史集，拉薩：西藏人民出版社，一九八六年版，一九九九年印。
杜選凌：阜南人物歷史傳，北京：中國文聯出版社，二〇一二年。
方孝孺著、徐光大校點：遜志齋集，寧波：寧波出版社，一九九六年。
干寶著、汪紹楹校注：搜神記，北京：中華書局，一九七九年。
高岱著、孫正容等點校：鴻猷録，上海：上海古籍出版社，一九九二年。
高啓著、金檀輯注、徐澄宇等校點：高青丘集，上海：上海古籍出版社，一九八五年。
高望曾：茶夢盦劫後詩稿，清代詩文集彙編第六七七册影印清同治刻光緒補刻本，上海：上海古籍出版社，二〇一〇年，第五七七～六七一頁。
葛寅亮著、何孝榮點校：金陵梵刹志，天津：天津人民出版社，二〇〇七年。
葛寅亮著、何孝榮點校：金陵玄觀志，南京：南京出版社，二〇一一年。
龔景瀚：澹静齋文鈔，續修四庫全書第一四七四册影印清道光刻本，上海：上海古籍出版社，一九九五年，第五二五～六七四頁。
顧祖禹著、賀次君點校：讀史方輿紀要，北京：中華書局，二〇〇五年。
歸有光著、周本淳校點：震川先生集，上海：上海古籍出版社，一九八一年。
郭造卿：海嶽山房存稿，明萬曆刻本，北京大學圖書館藏。
何喬遠著、張德信等點校：名山藏，福州：福建人民出版社，二〇一〇年。
何汝賓：兵録，四庫禁毁書叢刊子部第九册影印明崇禎刻本，北京：北京出版社，二〇〇〇年，第三〇三～七六七頁。
黄金：皇明開國功臣録，明代傳記叢刊第二三～二四册影印明正德刻本，臺北：明文書局，一九九一年。
黄溍：金華黄先生文集，四部叢刊集部影印元刻本，上海：商務印書館，一九一九年。
黄瑜著、魏連科點校：雙槐歲鈔，北京：中華書局，一九九九年。

黄虞稷：千頃堂書目，叢書集成續編第四册影印適園叢書民國刻本，臺北：新文豐出版公司，一九八九年，第一〇五～六七八頁。

黄虞稷：千頃堂書目，原國立北平圖書館甲庫善本叢書第四五八～四五九册影印清抄本，北京：國家圖書館出版社，二〇一三年，第四五八册第三〇七頁～第四五九册。

黄虞稷著、瞿鳳起等整理：千頃堂書目，上海：上海古籍出版社，一九九〇年。

焦竑：國史經籍志，四庫全書存目叢書史部第二七七册影印明萬曆刻本，濟南：齊魯書社，一九九六年，第二九四～五二〇頁。

焦竑：獻徵録，影印明萬曆刻本，上海：上海書店，一九八七年。

金善：金文靖公集，明人文集叢刊第一期第三種影印明成化刻本，臺北：文海出版社，一九七〇年。

孔齊：静齋至正直記，影印清前期抄本，臺北：世界書局，一九七二年。

郎瑛：七修類稿，北京：中華書局，一九五九年。

雷禮：國朝列卿記，明代傳記叢刊第三二～四〇册影印明萬曆刻本，臺北：明文書局，一九九一年。

李繼本：一山文集，北京圖書館古籍珍本叢刊第九四册影印清康熙抄本，北京：書目文獻出版社，一九八八年，第六八九～七七七頁。
李濂著、周寶珠等點校：汴京遺迹志，北京：中華書局，一九九九年。
李默：孤樹裒談，續修四庫全書第一一七〇册影印明刻本，上海：上海古籍出版社，一九九五年，第五七九～七九六頁。
李昭祥著、王亮功校點：龍江船廠志，南京：江蘇古籍出版社，一九九九年。
梁份著、趙盛世等校注：秦邊紀略，西寧：青海人民出版社，一九八七年。
劉辰著、王天有點校：國初事迹，鄧士龍輯國朝典故本，北京：北京大學出版社，一九九三年，第六七～一一四頁。
劉佶：北巡私記，續修四庫全書第四二四册影印雲窗叢刻民國影印清咸豐抄本，上海：上海古籍出版社，一九九五年，第一～三頁。
劉仁本：羽庭集，原國立北平圖書館甲庫善本叢書第六八八册影印清抄本，北京：國家圖書館出版社，二〇一三年，第三七七～四八一頁。
劉三吾：坦齋先生文集，原國立北平圖書館甲庫善本叢書第六九七册影印明成化刻本，北京：國家圖書館出版社，二〇一三年，第一～七四頁。

劉崧：槎翁文集，四庫全書存目叢書集部第二四册影印明嘉靖刻本，濟南：齊魯書社，一九九七年，第三八三～六〇六頁。

劉體仁：七頌堂文集，四庫全書存目叢書補編第五三册影印清康熙刻本，濟南：齊魯書社，二〇〇一年，第五〇五～五五一頁。

劉夏：劉尚賓文集，續修四庫全書第一三二六册影印明永樂刻成化增修本，上海：上海古籍出版社，一九九五年，第六四～九九頁。

劉獻廷著、汪北平等標點：廣陽雜記，北京：中華書局，一九五七年。

劉廌輯：大明功臣誠意伯翊運録，原國立北平圖書館甲庫善本叢書第二三二册影印明永樂刻本，北京：國家圖書館出版社，二〇一三年，第九一三～九三七頁。

劉仲璟：遇恩録，叢書集成初編第三九六〇册影印紀録彙編明萬曆刻本，北京：中華書局，一九九一年。

陸容：菽園雜記，北京：中華書局，一九八五年。

陸深：平胡録，叢書集成初編第三九七七册影印今獻匯言明刻本，長沙：商務印書館，一九三七年，第一～二六頁。

馬祖常著、王媛點校：馬祖常集，長春：吉林文史出版社，二〇一〇年。

茅大方：希董先生集，四庫未收書輯刊第七輯第十六册影印清道光刻本，北京：北京出版社，二〇〇〇年，第六七～一〇四頁。

茅元儀：武備志，續修四庫全書第九六三～九六六册影印明天啓刻本，上海：上海古籍出版社，一九九五年，第九六三册～第九六六册第三三〇頁。

孟元老著、伊永文箋注：東京夢華録箋注，北京：中華書局，二〇〇六年。

錢謙益著、錢仲聯標校：牧齋有學集，上海：上海古籍出版社，一九九六年。

丘濬：大學衍義補，叢書集成三編第十一～十三册影印丘文莊公叢書影印明萬曆刻本，臺北：新文豐出版公司，一九九六年，第一册第三九三頁～第三册第三五七頁。

權衡：庚申外史，四庫全書存目叢書史部第四五册影印明抄本，濟南：齊魯書社，一九九六年，第二一七～二四七頁。

權衡著、任崇岳箋證：庚申外史箋證，鄭州：中州古籍出版社，一九九一年。

權近：陽村先生文集，韓國歷代文集叢書第二七～二九册影印朝鮮前期刻本，景仁文化社，一九九九年。

釋德清：憨山大師夢遊全集，四庫未收書輯刊第三輯第二五册影印清順治刻本，北京：北京出版社，二〇〇〇年。

釋慧皎著、湯用彤校注：高僧傳，北京：中華書局，一九九二年。

釋克新：元釋集，四庫全書存目叢書集部第二四册影印清抄本，濟南：齊魯書社，一九九七年，第八四六～八五六頁。

釋來復：蒲庵集，禪門逸書初編第七册影印明洪武刻本，臺北：明文書局，一九八一年。

釋明河：補續高僧傳，續修四庫全書第一二八三册影印卍字續藏日本一九〇五～一九一二年排印本，上海：上海古籍出版社，一九九五年，第一～三五八頁。

釋志磐：佛祖統紀，續修四庫全書第一二八七册影印北京大學圖書館藏明刻本，上海：上海古籍出版社，一九九五年。

舒頔：貞素齋家藏集，清道光刻本，國家圖書館藏。

舒頔：貞素齋集，清道光十八年刻本，北京大學圖書館藏。

宋濂著、羅月霞主編：宋濂全集，杭州：浙江古籍出版社，一九九九年。

宋訥：西隱文稿，明人文集叢刊第一期第二種影印明萬曆刻本，臺北：文海出版社，一九七〇年。

蘇伯衡：蘇平仲文集，四部叢刊集部影印明正統刻本，上海：商務印書館，一九一九年。

唐桂芳等：唐氏三先生集，北京圖書館古籍珍本叢刊第一一五册影印明正德刻本，北京：書目文獻出版社，一九八八年，第三八三～八四四頁。
陶安：陶學士先生文集，北京圖書館古籍珍本叢刊第九七册影印明弘治刻本，北京：書目文獻出版社，一九八八年，第一～二五四頁。
陶宗儀：南村輟耕録，北京：中華書局，一九五九年。
陶宗儀：書史會要，影印一九二九年武進陶氏逸園影刻明洪武刻本，上海：上海書店，一九八四年。
汪廣洋：鳳池吟稿，明萬曆刻本，北京大學圖書館藏。
汪琬著、李勝華箋校：汪琬全集箋校，北京：人民文學出版社，二〇一〇年。
王逢：梧溪集，北京圖書館古籍珍本叢刊第九五册影印元至正、明洪武間刻明景泰重修本，北京：書目文獻出版社，一九八八年，第四一七～五七四頁。
王紳：繼志齋集，叢書集成續編第一三八册影印續金華叢書民國刻本，臺北：新文豐出版公司，一九八九年，第三〇七～三三五頁。
王世貞著、魏連科點校：弇山堂别集，北京：中華書局，一九八五年。
王叔英：王静學先生文集，嘉業堂叢書民國刻本。
王恕：王端毅公文集，四庫全書存目叢書集部第三六册影印明嘉靖刻本，濟南：齊魯書社，一九九七年，第一六五～二七三頁。

王褘：王忠文公集，北京圖書館古籍珍本叢刊第九八册影印明嘉靖刻本，北京：書目文獻出版社，一九八八年，第一～四三六頁。

王直：西昌王抑菴集，清同治刻本，北京大學圖書館藏。

王直：抑菴文集，原國立北平圖書館甲庫善本叢書第七〇三册影印明景泰刻本，北京：國家圖書館出版社，二〇一三年，第二五九～四五〇頁。

王晫：今世説，續修四庫全書第一一七五册影印清康熙刻本，上海：上海古籍出版社，一九九五年，第四七九～五四六頁。

文天祥：文山先生文集，宋集珍本叢刊第八八册影印明景泰刻本，北京：綫裝書局，二〇〇四年，第九九～四七二頁。

烏斯道：春草齋集，明萬曆刻本，北京大學圖書館藏。

吴兢編著、上海師範大學古籍整理組校點：貞觀政要，上海：上海古籍出版社，一九七八年。

吴樸：龍飛紀略，四庫全書存目叢書史部第九册影印明嘉靖刻本，濟南：齊魯書社，一九九六年，第四一二～六八四頁。

吴沈：瀫川集，北京圖書館古籍珍本叢刊第九八册影印清抄本，北京：書目文獻出版社，一九八八年，第四三七～五一一頁。
吴師道：敬鄉録，叢書集成續編第二五七册影印適園叢書民國刻本，臺北：新文豐出版公司，一九八九年，第一七九～二八九頁。
吴曾：能改齋漫録，上海：上海古籍出版社，一九七九年重印一九六〇年版。
吴志淳：吴主一集，盛明百家詩明隆慶刻本，北京大學圖書館藏。
五世達賴喇嘛著、劉立千譯注：西藏王臣記，北京：民族出版社，二〇〇〇年。
解縉：解春雨先生文集，明嘉靖刻本，北京大學圖書館藏。
解縉著、趙子富點校：天潢玉牒，鄧士龍輯國朝典故本，北京：北京大學出版社，一九九三年，第一～一四頁。
謝應芳：龜巢稿，四部叢刊三編第六八～六九册影印商務印書館一九三六年影印舊抄本，上海：上海書店，一九八六年。
徐勉之：保越録，十萬卷樓叢書二集清光緒刻本，北京大學圖書館藏。
徐乃昌：安徽通志金石古物考稿，安徽通志館民國石印本，北京大學圖書館藏。
徐一夔著、徐永恩校注：始豐稿校注，杭州：浙江古籍出版社，二〇〇八年。

玄奘等原著、季羡林等校注：大唐西域記校注，北京：中華書局，二〇〇〇年。

楊榮：楊文敏公集，明人文集叢刊第一期第四種影印明正德刻本，臺北：文海出版社，一九七〇年。

楊士奇著、劉伯涵等點校：東里文集，北京：中華書局，一九九八年。

楊學可：明氏實録，四庫全書存目叢書史部第一五九册影印學海類編清道光刻本，濟南：齊魯書社，一九九六年，第五～一一頁。

楊維楨著、鄒志方點校：楊維楨詩集，杭州：浙江古籍出版社，二〇一〇年。

楊一清著、唐景紳等點校：楊一清集，北京：中華書局，二〇〇一年。

姚桐壽：樂郊私語，百部叢書集成第十八種影印寶顔堂秘笈明萬曆刻本，臺北：藝文印書館，一九六五年。

葉子奇：草木子，北京：中華書局，一九五九年。

于謙：少保于公奏議，武林往哲遺著清光緒刻本，北京大學圖書館藏。

于謙著、魏德良點校：于謙集，北京：中國文史出版社，二〇〇〇年。

虞集：雍虞先生道園類稿，中華再造善本宋元編集部影印元至正刻本，北京：北京圖書館出版社，二〇〇六年。

俞本：明興野記，明天啓刻本，臺北「國家圖書館」藏。
俞本著、陳學霖點校：俞本明興野記（紀事録），載陳學霖史林漫識，北京：中國友誼出版公司，二〇〇一年，第四〇六～四六〇頁。
查繼佐：罪惟録，杭州：浙江古籍出版社，一九八六年。
張民表：原圃集，四庫未收書輯刊第六輯第二三册影印清順治刻本，北京：北京出版社，二〇〇〇年，第一～四四頁。
張一桂：漱秇堂文集，明萬曆刻本，臺北「國家圖書館」藏。
張以寧：翠屏集，明成化刻本，國家圖書館藏。
張雨：邊政考，中華文史叢書第十四種影印明嘉靖刻本，臺北：臺灣華文書局，一九六九年。
張羽著、王天有點校：敕賜滁陽王廟碑，鄧士龍輯國朝典故欽定滁陽王廟碑歲祀册本，北京：北京大學出版社，一九九三年，第一九五～一九八頁。
鄭德輝：虎牢關三戰吕布雜劇，隋樹森編校元曲選外編本，北京：中華書局，一九五九年，第四六七～四九五頁。
鄭麟趾：高麗史，影印一四五四年刻本，漢城：延世大學校東方學研究所，一九七二年。

鄭夢周：圃隱先生文集，韓國歷代文集叢書第二一册影印一六七七年刻本，景仁文化社，一九九九年。

鄭若曾著、李致忠點校：籌海圖編，北京：中華書局，二〇〇七年。

鄭曉：古言，四庫全書存目叢書子部第八六册影印明嘉靖刻本，濟南：齊魯書社，一九九五年，第四九六～五五三頁。

周是修：芻蕘集，明萬曆刻本，國家圖書館藏。

周霆震著、宋易麟點校：石初集，豫章叢書集部本，南昌：江西教育出版社，第七册第六二七～七五七頁。

朱權：通鑒博論，四庫全書存目叢書史部第二八一册影印明萬曆刻本，濟南：齊魯書社，一九九六年，第五九～一八九頁。

朱善：朱一齋先生文集，四庫全書存目叢書集部第二五册影印明成化刻本，濟南：齊魯書社，一九九七年，第一七四～二六三頁。

朱升著、劉尚恒校注：朱楓林集，合肥：黄山書社，一九九二年。

朱元璋：明太祖御製文集，中國史學叢書第二二種影印明初内府刻二十卷本，臺北：臺灣學生書局，一九六五年。

朱元璋著、劉思祥等點校：明太祖御筆，載中國明史學會等編明太祖與鳳陽，合肥：黄山書社，二〇一一年，第六六五～六七六頁。
朱元璋：太祖皇帝欽録，張德信太祖皇帝欽録及其發現與研究輯録點校本，載朱誠如、王天有主編明清論叢第六輯，北京：紫禁城出版社，二〇〇五年，第八四～一〇四頁。
朱元璋：御製大誥、御製大誥續編、御製大誥三編、大誥武臣，楊一凡明大誥研究附録點校本，南京：江蘇人民出版社，一九八八年，第一九三～四九四頁。
朱元璋著、夏玉潤等點校：御製紀非録，載中國明史學會等編明太祖與鳳陽，合肥：黄山書社，二〇一一年，第七〇一～七一六頁。
祝允明著、趙子富點校：野記，鄧士龍輯國朝典故本，北京：北京大學出版社，一九九三年，第四九二～六〇〇頁。

方志

元和郡縣圖志，李吉甫著，賀次君點校，北京：中華書局，一九八三年。
元豐九域志，王存著，王文楚等點校，北京：中華書局，一九八四年。

吴郡圖經續記，朱長文著，金菊林校點，南京：江蘇古籍出版社，一九八六年。
吴郡志，范成大著，路振岳校點，南京：江蘇古籍出版社，一九八六年。
輿地紀勝，王象之著，影印清道光刻本，北京：中華書局，一九九二年。
景定建康志，中國方志叢書華中地方第四一六號影印清嘉慶刻本，臺北：成文出版社有限公司，一九八三年。
大德昌國州圖志，宋元方志叢刊影印宋元四明六志清咸豐刻本，北京：中華書局，一九九〇年，第六〇六一～六一〇六頁。
元一統志，趙萬里校輯，北京：中華書局，一九六六年。
至順鎮江志，楊積慶等校點，南京：江蘇古籍出版社，一九九九年。
至正金陵新志，張鉉著，田崇校點，南京：南京出版社，一九九一年。
至正無錫志，元至正刻本，北京大學圖書館藏。
析津志輯佚，熊夢祥著、北京圖書館善本組輯，北京：北京古籍出版社，一九八三年。
洪武蘇州府志，中國方志叢書華中地方第四三二號影印明洪武抄本，臺北：成文出版社有限公司，一九八三年。
洪武京城圖志，王俊華著，永樂大典卷七七〇一京南京影印明嘉靖抄本，北京：中華書局，一九六〇年，葉六a～二六b。
洪武京城圖志，王俊華著，北京圖書館古籍珍本叢刊第二四册影印清抄本，北京：書目文獻出版社，一九八八年，第一～三一頁。
永樂常州府志，朱玉林等點校，揚州：廣陵書社，二〇〇六年。
寰宇通衢，楊正泰明代驛站考（增訂本）附録點校本，上海：上海古籍出版社，二〇〇六年，第一三三～一九四頁。
正統和州志，中國方志叢書華中地方第六四〇號影印明正統刻本，臺北：成文出版社有限公司，一九八五年。
寰宇通志，玄覽堂叢書第七～九册影印明景泰刻本，揚州：廣陵書社，二〇一〇年，全書第五一一〇～六三三二頁。
大明一統志，影印明天順刻本，西安：三秦出版社，一九九〇年。
成化重修毗陵志，中國史學叢書三編第四五種影印明成化刻本，臺北：臺灣學生書局，一九八七年。
成化杭州府志，四庫全書存目叢書史部第一七五册影印明成化刻本，濟南：齊魯書社，一九九六年。

成化河南總志，原國立北平圖書館甲庫善本叢書第三四二～三四三册影印明成化刻本，北京：國家圖書館出版社，二〇一三年，第三四二册第二八三頁～第三四三册。

成化湖州府志，日本藏中國罕見地方志叢刊影印明成化刻弘治補刻本，北京：書目文獻出版社，一九九一年，第一～二一四頁。

成化金華府志，上海圖書館藏稀見方志叢刊第一〇八～一〇九册影印明成化刻本，北京：國家圖書館出版社，二〇一一年。

成化寧波府簡要志，四庫全書存目叢書史部第一七四册影印清抄本，濟南：齊魯書社，一九九六年，第七一一～七七九頁。

成化寧波郡志，北京圖書館古籍珍本叢刊第二八册影印明成化刻本，北京：書目文獻出版社，一九八八年，第一～二五四頁。

成化山西通志，四庫全書存目叢書史部第一七四册影印民國影抄明成化刻本，濟南：齊魯書社，一九九六年，第一～七一〇頁。

成化中都志，四庫全書存目叢書史部第一七六册影印民國抄補明弘治刻本，濟南：齊魯書社，一九九六年，第一〇七～四四九頁。

弘治八閩通志，福建省地方志編纂委員會舊志整理組、福建省圖書館特藏部整理，福州：福建人民出版社，一九九一年。

弘治常熟縣志，四庫全書存目叢書史部第一八五册影印清抄本，濟南：齊魯書社，一九九六年，第一～二一四頁。

弘治河南郡志，明弘治刻本，日本東洋文庫藏。

弘治溧陽縣志，原國立北平圖書館甲庫善本叢書第二九五册影印明弘治刻本，北京：國家圖書館出版社，二〇一三年，第三五一～四四〇頁。

弘治寧夏新志，天一閣藏明代方志選刊續編第七二册影印明弘治刻本，上海：上海書店，一九九〇年，第一二七～六九二頁。

弘治上海志，影印明弘治刻本，上海：中華書局，一九四〇年。

弘治太倉州志，日本藏中國罕見地方志叢刊續編第三册影印清宣統匯刻本，北京：北京圖書館出版社，二〇〇三年，第一～三七四頁。

弘治吴江志，中國方志叢書華中地方第四四六號影印明弘治刻本，臺北：成文出版社有限公司，一九八三年。

弘治無錫縣志，南京圖書館孤本善本叢刊明代孤本方志專輯影印明弘治刻本，北京：

綫裝書局，二〇〇三年。

弘治嚴州府志，上海圖書館藏稀見方志叢刊第八一～八三册影印明弘治刻嘉靖增補刻本，北京：國家圖書館出版社，二〇一一年。

弘治永平府志，天一閣藏明代方志選刊續編第三册影印明弘治刻本，上海：上海書店，一九九〇年，第一～五〇五頁。

弘治直隸鳳陽府宿州志，天一閣藏明代方志選刊續編第三五册影印明弘治增補刻本，上海：上海書店，一九九〇年，第二二一～五〇六頁。

正德安慶府志，四庫全書存目叢書史部第一八五册影印舊抄本，濟南：齊魯書社，一九九六年，第三二一～六五七頁。

正德大名府志，天一閣藏明代方志選刊第三册影印明正德刻本，上海：上海古籍書店，中華書局上海編輯所一九六六年版，一九八一年印。

正德丹徒縣志，原國立北平圖書館甲庫善本叢書第三一九册明正德刻本，北京：國家圖書館出版社，二〇一三年，第九四七～一〇一八頁。

正德姑蘇志，北京圖書館古籍珍本叢刊第二六～二七册影印明正德刻本，北京：書目文獻出版社，一九八八年，第一～九五二頁。

正德淮安府志，荀德麟等點校，北京：方志出版社，二〇〇九年。
正德建昌府志，天一閣藏明代方志選刊第三四册影印明正德刻本，上海：上海古籍書店，一九六四年版，一九八二年印。
正德江陰縣志，上海圖書館藏稀見方志叢刊第五七～五八册影印舊影抄明正德刻本，北京：國家圖書館出版社，二〇一一年。
正德南康府志，天一閣藏明代方志選刊第三九册影印明嘉靖刻本，上海：上海古籍書店，一九六四年版，一九八二年印。
正德饒州府志，天一閣藏明代方志選刊續編第四四册影印明正德刻本，上海：上海書店，一九九〇年，第一～六八〇頁。
正德宣府鎮志，南京圖書館孤本善本叢刊明代孤本方志專輯影印明正德刻嘉靖增修本，北京：綫裝書局，二〇〇三年。
正德袁州府志，天一閣藏明代方志選刊第三七册影印明正德刻本，上海：上海古籍書店，一九六三年版，一九八二年印。
嘉靖霸州志，天一閣藏明代方志選刊第六册影印明嘉靖刻本，上海：上海古籍書店，一九六二年版，一九八一年印。

嘉靖池州府志，天一閣藏明代方志選刊第二四册影印明嘉靖刻本，上海：上海古籍書店，一九六二年版，一九八二年印。

嘉靖重修太平府志，稀見中國地方志彙刊第二二册影印明嘉靖刻本，北京：中國書店，一九九二年，第七五九～九六六頁。

嘉靖鄧州志，天一閣藏明代方志選刊第四八册影印明嘉靖刻本，上海：上海古籍書店，一九六三年版，一九八二年印。

嘉靖定遠縣志，四庫全書存目叢書史部第一九六册影印明嘉靖刻萬曆增修本，濟南：齊魯書社，一九九六年，第六一八～七〇三頁。

嘉靖撫州府志，中國方志叢書華中地方第九二五號影印明嘉靖刻本，臺北：成文出版社有限公司，一九八九年。

嘉靖贛州府志，天一閣藏明代方志選刊第三八册影印明嘉靖刻本，上海：上海古籍書店，一九六二年版，一九八二年印。

嘉靖廣德州志，中國方志叢書華中地方第七〇六號影印明嘉靖刻本，臺北：成文出版社有限公司，一九八五年。

嘉靖廣信府志，四庫全書存目叢書史部第一八五～一八六册影印明嘉靖刻本，濟南：

齊魯書社，一九九六年，第一册第六五八～第二册第一九五頁。
嘉靖漢陽府志，天一閣藏明代方志選刊第五四册影印明嘉靖刻本，上海：上海古籍書店，一九六三年版，一九八二年印。
嘉靖河州志，北京師範大學圖書館藏稀見方志叢刊第四册影印明萬曆刻本，北京：北京圖書館出版社，二〇〇七年，第一～四三二頁。
嘉靖河州志校刊，馬志勇校，蘭州：甘肅文化出版社，二〇〇四年。
嘉靖湖廣圖經志書，日本藏中國罕見地方志叢刊影印明嘉靖刻本，北京：書目文獻出版社，一九九一年。
嘉靖懷遠縣志，天一閣藏明代方志選刊續編第三五册影印明嘉靖刻本，上海：上海書店，一九九〇年，第一～一二九頁。
嘉靖建寧縣志，天一閣藏明代方志選刊續編第三八册影印明嘉靖刻本，上海：上海書店，一九九〇年，第三五三～七五七頁。
嘉靖江陰縣志，天一閣藏明代方志選刊第十三册影印明嘉靖刻本，上海：上海古籍書店，一九六三年版，一九八二年印。
嘉靖九江府志，天一閣藏明代方志選刊第三六册影引明嘉靖刻本，上海：上海古籍書店，一九六二年版，一九八二年印。

嘉靖遼東志，續修四庫全書第六四六册影印明嘉靖刻本，上海：上海古籍出版社，一九九五年，第四五一～六九〇頁。

嘉靖臨江府志，中國方志叢書華中地方第九四七號影印明嘉靖刻本，臺北：成文出版社有限公司，一九八九年。

嘉靖南畿志，北京圖書館古籍珍本叢刊第二四册影印明嘉靖刻本，北京：書目文獻出版社，一九八八年，第三三一～六八七頁。

嘉靖寧波府志，中國方志叢書華中地方第四九五號影印明嘉靖刻本，臺北：成文出版社有限公司，一九八三年。

嘉靖寧國府志，天一閣藏明代方志選刊第二三册影印明嘉靖刻本，上海：上海古籍書店，一九六二年版，一九八二年印。

嘉靖蘄州志，天一閣藏明代方志選刊第五五册影印明嘉靖刻本，上海：上海古籍書店，一九六二年版，一九八二年印。

嘉靖仁和縣志，叢書集成續編影印武林掌故叢編清光緒刻本，臺北：新文豐出版公司，一九八九年，第四二九～六八八頁。

嘉靖慶陽府志，稀見中國地方志彙刊第九册影印明嘉靖刻本，北京：中國書店，一九九二年，第三三九～五五八頁。
嘉靖山陰縣志，日本藏中國罕見地方志叢刊續編第三～四册影印明嘉靖刻本，北京：北京圖書館出版社，二〇〇三年，第一册第三七五～第二册第一一三頁。
嘉靖陝西通志，華東師範大學圖書館藏稀見方志叢刊第一～五册影印明嘉靖刻本，北京：北京圖書館出版社，二〇〇五年。
嘉靖陝西通志，董健橋等校注，西安：三秦出版社，二〇〇六年。
嘉靖邵武府志，楊啓德等校注，北京：方志出版社，二〇〇四年。
嘉靖惟揚志，天一閣藏明代方志選刊第十二册影印明嘉靖刻本，上海：上海古籍書店，一九六三年版，一九八二年印。
嘉靖興國州志，原國立北平圖書館甲庫善本叢書第三六一册影印明嘉靖刻本，北京：國家圖書館出版社，二〇一三年，第三二三～四〇四頁。
嘉靖延平府志，天一閣藏明代方志選刊第二九册影印明嘉靖刻本，上海：上海古籍書店，一九六一年版，一九八二年印。
嘉靖彰德府志，天一閣藏明代方志選刊第四五册影印明嘉靖刻本，上海：上海古籍書店，一九六四年版，一九八二年印。
嘉靖浙江通志，中國方志叢書華中地方第五三二號影印明嘉靖刻本，臺北：成文出版社有限公司，一九八三年。
隆慶高郵州志，原國立北平圖書館甲庫善本叢書第三〇四册影印明隆慶刻本，北京：國家圖書館出版社，二〇一三年，第六三～一二八頁。
隆慶臨江府志，天一閣藏明代方志選刊第三五册影印明隆慶刻本，上海：上海古籍書店，一九六二年版，一九八二年印。
隆慶儀真縣志，天一閣藏明代方志選刊第十五册影印明隆慶刻本，上海：上海古籍書店，一九六三年版，一九八二年印。
萬曆常州府志，南京圖書館孤本善本叢刊明代孤本方志專輯影印明萬曆刻本，北京：綫裝書局，二〇〇三年。
萬曆滁陽志，中國方志叢書華中地方第六八七號影印明萬曆刻本，臺北：成文出版社有限公司，一九八五年。
萬曆丹徒縣志，天一閣藏明代方志選刊續編第二三册影印明萬曆刻本，上海：上海書店，一九九〇年，第五四五～八三二頁。

萬曆栝蒼匯記，上海圖書館藏稀見地方志叢刊第一一二～一一三册影印明萬曆刻本，北京：國家圖書館出版社，二〇一一年，第一一二册～第一一三册第四七八頁。
萬曆合肥縣志，原國立北平圖書館甲庫善本叢書第三二〇册影印明萬曆刻本，北京：國家圖書館出版社，二〇一三年，第二六一～三八二頁。
萬曆和州志，中國方志叢書華中地方第六四一號影印明萬曆刻本，臺北：成文出版社有限公司，一九八五年。
萬曆湖廣總志，四庫全書存目叢書史部第一九四～一九六册影印明萬曆刻本，濟南：齊魯書社，一九九六年，第一册第二五三頁～第三册第六一七頁。
萬曆湖州府志，四庫全書存目叢書史部第一九一册影印明萬曆刻本，濟南：齊魯書社，一九九六年，第一～三〇一頁。
萬曆江浦縣志，天一閣藏明代方志選刊續編第七册影印明萬曆刻本，上海：上海書店，一九九〇年，第三四一～七〇八頁。
萬曆金華府志，中國史學叢書第三〇種影印明萬曆刻本，臺北：臺灣學生書局，一九六五年。
萬曆開封府志，四庫全書存目叢書補編第七六册影印明萬曆刻本，濟南：齊魯書社，二一

○○一年，第四五八～八五三頁。

萬曆會稽縣志，中國方志叢書華中地方第五五○號影印明萬曆刻本，臺北：成文出版社有限公司，一九八三年。

萬曆溧水縣志，吴大林等校點，溧水：溧水縣政協，二○○三年。

萬曆臨洮府志，稀見中國地方志彙刊第九册影印明萬曆刻本，北京：中國書店，一九九二年，第一～三三八頁。

萬曆廬州府志，原國立北平圖書館甲庫善本叢書第三二○册影印明萬曆刻本，北京：國家圖書館出版社，二○一三年，第三三～二六○頁。

萬曆紹興府志，四庫全書存目叢書史部第二○○～二○一册影印明萬曆刻本，濟南：齊魯書社，一九九六年，第一册第三二～第二册第三二○頁。

萬曆順天府志，四庫全書存目叢書史部第二○八册影印明萬曆刻本，濟南：齊魯書社，一九九六年，第一～三○五頁。

萬曆通州志，天一閣藏明代方志選刊第十册影印明萬曆刻本，上海：上海古籍書店，一九六三年版，一九八二年印。

萬曆西寧衛志，王繼光輯注西寧衛志西寧志本，西寧：青海人民出版社，一九九三年，第一～八七頁。

萬曆新修安定縣志，原國立北平圖書館甲庫善本叢書第三五四册影印明萬曆刻本，北京：國家圖書館出版社，二〇一三年，第三五一～三九四頁。

萬曆新修南昌府志，日本藏中國罕見地方志叢刊影印明萬曆刻本，北京：書目文獻出版社，一九九〇年。

萬曆宜興縣志，原國立北平圖書館甲庫善本叢書第三一七册影印明萬曆刻本，北京：國家圖書館出版社，二〇一三年，第一六六三～一八九四頁。

萬曆應天府志，四庫全書存目叢書史部第二〇三册影印明萬曆刻本，濟南：齊魯書社，一九九六年，第二五二～七〇二頁。

天啓衢州府志，中國方志叢書華中地方第五八二號影印明天啓刻本，臺北：成文出版社有限公司，一九八三年。

天啓鳳書，中國方志叢書華中地方第六九六號影印明天啓刻本，臺北：成文出版社有限公司，一九八五年。

崇禎閩書，厦門大學古籍整理研究所、歷史系古籍整理研究室閩書校點組校點，福州：福建人民出版社，一九九四年。

崇禎烏程縣志，日本藏中國罕見地方志叢刊影印明崇禎刻本，北京：書目文獻出版社，一九九一年，第二一五～四九一頁。

肇域志，顧炎武著、譚其驤等點校，上海：上海古籍出版社，二〇〇四年。

順治洛陽縣志，清順治刻本，北京大學圖書館藏。

順治西寧志，王昱等校注西寧衛志西寧志本，西寧：青海人民出版社，一九九三年，第八八～三六六頁。

康熙寶慶府志，北京圖書館古籍珍本叢刊第三七册影印清康熙二十三年刻本，北京：書目文獻出版社，一九八八年。

康熙鞏昌府志，清康熙刻本，國家圖書館藏。

康熙縉雲縣志，清康熙二十三年刻本，北京大學圖書館藏。

康熙蘭州府志，清康熙挖改臨洮府志刻本，北京大學圖書館藏。

康熙黎城縣志，清康熙二十二年刻本，北京大學圖書館藏。

康熙岷州衛志，岷州志校注本，甘肅省岷縣志編纂委員會辦公室，一九八八年，第一～四六頁。

康熙岷州志，岷州志校注本，甘肅省岷縣志編纂委員會辦公室，一九八八年，第四七～

三七一頁。
康熙碾伯所志，北京師範大學圖書館藏稀見方志叢刊第三册影印清康熙稿本，北京：北京圖書館出版社，二〇〇七年，第四八六～五三五頁。
康熙文縣志，清康熙刻本，國家圖書館藏。
乾隆吴江縣志，清乾隆刻本，中國方志叢書華中地方第一六三號影印清乾隆刻石印重印本，臺北：成文出版社有限公司，一九七五年。
乾隆西安府志，中國方志叢書華北地方第三一三號影印清乾隆刻本，臺北：成文出版社有限公司，一九七〇年。
乾隆西寧府新志，李文實點校，西寧：青海人民出版社，一九八八年。
乾隆潁州府志，中國方志叢書華中地方第七一二號影印清乾隆刻本，臺北：成文出版社有限公司，一九八五年。
乾隆五十四年永寧縣志，題洛寧縣志民國石印本，北京大學圖書館藏。
嘉慶重修一統志，影印商務印書館一九三四年影印清進呈寫本，北京：中華書局，一九八六年。
嘉慶循化志，西寧：青海人民出版社，一九八一年。

道光阜陽縣志，中國方志叢書華中地方第六三一號影印清道光刻本，臺北：成文出版社有限公司，一九八五年。

同治蘇州府志，中國方志叢書華中地方第五號影印清光緒刻本，臺北：成文出版社有限公司，一九七〇年。

光緒洮州廳志，中國方志叢書華北地方第三四九號影印清光緒抄本，臺北：成文出版社有限公司，一九七〇年。

光緒宜陽縣志，中國方志叢書華北地方第一一七號影印清光緒刻本，臺北：成文出版社有限公司，一九六八年。

民國洛寧縣志，中國方志叢書華北地方第一一八號影印民國鉛印本，臺北：成文出版社有限公司，一九六八年。

一九九〇年定西縣志，蘭州：甘肅人民出版社，一九九〇年。

一九九四年黎城縣志，北京：中華書局，一九九四年。

一九九五年岷縣志，蘭州：甘肅人民出版社，一九九五年。

一九九六年城北區志，西安：陝西人民出版社，一九九六年。

二〇〇一年同仁縣志，西安：三秦出版社，二〇〇一年。

二〇〇六年黄崖洞鎮志，武漢：武漢出版社，二〇〇六年。

現代地圖

安徽省地圖，安徽省革命委員會民政勞動局，一九七二年。
安徽省地圖集，北京：中國地圖出版社，二〇一一年。
北宋東京城復原圖，張馭寰，二〇〇〇年，載孟元老著伊永文箋注東京夢華録箋注上册末附録，實測比例尺一比二萬。
Carte des Environs de Peking：北京（北），Bouillard，G.，Peking（北京周邊地圖北京（北），普意雅繪，北京），一九二三年，載北京歷史輿圖集第三卷，王自强主編，北京：外文出版社，二〇〇五年，第三頁，實測比例尺一比五萬。
北京地圖集，北京市測繪院編製，北京：測繪出版社，一九九四年。
甘肅省地圖集，甘肅省地圖集編纂辦公室，一九七五年。
福建省地圖集，福建省地方志編纂委員會等編製，福州：福建省地圖出版社，一九九九年。
河北省地圖集，河北省測繪局，一九八一年。

河南省地圖集，王群等主編，北京：中國地圖出版社，一九九七年。

湖北省地圖集，張必貴主編，北京：中國地圖出版社，一九九八年。

江寧府城圖（一八九八年），Gaillard，L.，Chang-Hai：Imprimerie de la Mission Catholique，1916（*Plan de Nankin*，蓋拉德繪，上海：天主教會印刷所，一九一六年），實測比例尺一比一萬四千。

江蘇省地圖集，江蘇省地圖集編輯組，一九七八年。

江蘇省地圖集，史照良主編，北京：中國地圖出版社，二〇〇四年。

江西省地圖集，江西省測繪局，一九八八年。

金陵附郭古迹路綫圖，朱偰繪，載朱偰金陵古迹圖考書末附録，實測比例尺一比十萬。

洛寧縣地圖，比例尺一比二十五萬，載一九九一年洛寧縣志，北京：生活·讀書·新知三聯書店，一九九一年，書首。

民國西安城圖（東半部一九三三年），比例尺一比一萬，載史念海主編西安歷史地圖集，西安：西安地圖出版社，一九九六年，第一三六～一三七頁。

明代宮城圖，比例尺一比二萬，朱偰繪，載朱偰金陵古迹圖考書末附録，實測比例尺一比二萬五千。

陝西省地圖集，陝西省革命委員會民政局測繪局編製，一九七六年。

上海市地圖集，上海市地圖集編纂委員會，一九八四年。

蘇州市城區文物圖（二），比例尺一比一萬三千，載中國文物地圖集江蘇分册，第一九八～一九九頁。

蘇州市城區文物圖（三），比例尺一比一萬一千，載中國文物地圖集江蘇分册，第二〇〇～二〇一頁。

西寧市道路名稱圖，比例尺一比二萬五千，載一九九三年西寧市志地名志，西安：三秦出版社，一九九三年，書首。

武昌市街圖，武昌翰香齋印刷紙號，武昌，一九三六年，載武漢歷史地圖集，北京：中國地圖出版社，一九九八年，第八六頁，實測比例尺一比一萬八千。

浙江省地圖集，陳建國主編，北京：中國地圖出版社，二〇〇八年。

中華人民共和國地圖集（甲種本），北京：地圖出版社，一九五八年。

中華人民共和國分省地圖，中華人民共和國測繪總局，北京，一九六九年。

中華人民共和國山西省地圖集，山西省、山西省軍區測繪處，一九七三年。

中國文物地圖集北京分册，國家文物局主編，北京：科學出版社，二〇〇八年。

中國文物地圖集甘肅分册，國家文物局主編，北京：測繪出版社，二〇一一年。

中國文物地圖集河南分册、吉林分册、青海分册、江蘇分册，國家文物局主編，北京：中國地圖出版社，一九九一、一九九三、一九九六、二〇〇八年。

中國文物地圖集陝西分册、湖北分册、内蒙古分册，國家文物局主編，西安：西安地圖出版社，一九九八、二〇〇二、二〇〇三年。

研究論著

阿爾丁夫：關於亦都護高昌王世勛碑所記高昌回鶻方位問題，西域研究二〇〇三年第三期，烏魯木齊，第六五～六九頁。

曹循：朱元璋崛起的軌迹——明朝建立前朱元璋集團的人事與制度，蘭州大學碩士論文，二〇〇八年。

陳廷敬：午亭文編，清康熙刻本，北京大學圖書館藏。

陳文祥：東鄉族族源撒爾塔説商榷——兼論東鄉族的形成，西北第二民族學院學報（哲學社會科學版）二〇〇七年第二期，銀川，第四四～五〇頁。

陳熙遠：長江圖上的綫索：自然地理與人文景觀的歷史變遷，「中央研究院」歷史語言研究所集刊第八十五本第二分，臺北，二〇一四年，第二六九～三五六頁。
陳學霖：關於明太祖皇帝欽録的史料，載中國社會科學院歷史研究所明史研究室編明史研究論叢第六輯，合肥：黄山書社，二〇〇四年，第七六～九八頁。
陳學霖：明初都督甯正父子傳記輯補，載氏著明代人物與傳説，香港：香港中文大學出版社，一九九七年，第三五～五六頁。
陳學霖：明太祖文字獄案考疑，載氏著明代人物與傳説，香港：香港中文大學出版社，一九九七年，第一～三三頁。
陳學霖：明太祖對皇子的處置，載朱鴻林主編明太祖的治國理念及其實踐，香港：香港中文大學出版社，二〇一〇年，第九五～一四〇頁。
陳學霖：俞本紀事録與元末史料，載中國元史研究會編元史論叢第七輯，南昌：江西教育出版社，一九九九年，第一五四～一七二頁。
陳學霖：俞本紀事録與元末史料（修訂稿），載氏著史林漫識，北京：中國友誼出版公司，二〇〇一年，第二〇四～二二八頁。
陳學霖：朱元璋懲貪剥皮實草酷刑重研，載氏著明初的人物史事與傳説，北京：北京大學出版社，二〇一〇年，第三六～五七頁。

陳一石：明代茶馬互市政策研究，中國藏學一九八八年第三期，北京，第三四～四九頁。

重慶市博物館：重慶明玉珍墓（睿陵）發掘報告，載重慶市博物館編明玉珍及其墓葬研究，重慶：重慶地方史資料組，一九八二年，第一一～一三頁。

党寶海：古代蒙古的飲金爲誓，載余太山等主編歐亞學刊第六輯，北京：中華書局，二〇〇七年，第一三〇～一三七頁。

党寶海：擴廓帖木兒的族源本名與漢姓，西北史地一九九七年第一期，蘭州，第五九～六一頁。

Dardess, John W., *Review of An Introduction to the Sources of Ming History* by *Wolfgang Franke*（New York：Oxford University Press, 1969）, *The Journal of Asian Studies*, 29：3(1970), pp. 687～688.（約翰・達第斯：傅吾康明代史籍彙考書評，亞洲研究期刊第二九卷第三期，一九七〇年，第六八八頁）

鄧慶平：尋找通向過去的橋樑——陳學霖教授明代人物與史料讀後，博覽群書二〇〇三年第一期，北京，第七一～七四頁。

鄧鋭齡：明初使藏僧人克新事迹考，中國藏學一九九二年第一期，北京，第一二六～一三三頁。
鄧銳齡等：元以來西藏地方與中央政府關係研究，北京：中國藏學出版社，二〇〇五年。
東鄉族簡史編寫組：東鄉族簡史，蘭州：甘肅人民出版社，一九八四年。
丁國範：關於元大龍翔集慶寺的舊址問題，載南京大學元史研究室編內陸亞洲歷史文化研究，南京：南京大學出版社，一九九六年。
Dreyer, Edward L., *The Chi-shih lu of Yü Pen: A Note on the Sources of the Founding of the Ming Dynasty*, *The Journal of Asian Studies*, 31: 4(1972), pp.901～904.（愛德華·德雷爾：俞本紀事錄：對一份明朝建國史料的注釋，亞洲研究期刊第三一卷第四期，一九七二年，第九〇一～九〇四頁）
杜婉言：讀明代人物與史料，中國史研究動態二〇〇二年第十期，北京，第三〇～三二頁。
方詩銘：中國歷史紀年表，上海：上海辭書出版社，一九八〇年。
封華：河州二十四關圖與河州二十四關，檔案二〇〇八年第一期，蘭州，第三五～三八頁。

高自厚：撒里畏兀兒東遷和裕固族的形成，西北民族研究一九八六年第一期，蘭州，第一〇六～一二〇頁。
顧誠：朱文正事迹稽考，載中國明代研究學會編明人文集與明代研究，臺北：樂學書局，二〇〇一年，第五一～六八頁。
郭鳳霞：明前期對入藏交通的經營與防護，青海社會科學二〇〇七年第四期，西寧，第一一八～一二〇頁。
郭曉航：元豫王阿刺忒納失里考述，社會科學二〇〇七年第九期，上海，第一七六～一八三頁。
郭曉航：元明時期雲南的出鎮藩王與鎮守中官，復旦大學博士論文，二〇〇九年。
和田清：東亞史研究（蒙古篇），東京：東洋文庫，一九五九年。
何威：河州土司何鎖南家族研究，蘭州大學博士論文，二〇一一年。
何孝榮：明代南京寺院研究，北京：中國社會科學出版社，二〇〇〇年。
侯仁之主編：北京歷史地圖集，北京：北京出版社，一九八八年。
胡小鵬：察合台系蒙古諸王集團與明初關西諸衛的成立，蘭州大學學報（社會科學版）二〇〇五年第五期，蘭州，第八五～九一頁。

胡小鵬：蒙古弘吉剌部赤窟駙馬系諸王研究，載氏著西北民族文獻與歷史研究，蘭州：甘肅人民出版社，二〇〇四年，第一二三～一三八頁。
胡小鵬、魏梓秋：明興野記與明初河州史事考論，西北師大學報（社會科學版）二〇一一年第六期，蘭州，第五七～六四頁。
胡小鵬：元代西北歷史與民族研究，蘭州大學博士論文，一九九八年。
胡小鵬：元甘肅行省諸驛道考，西北史地一九九七年第四期，蘭州，第四〇～四六頁。
黄阿明：明代都察院更置時間考論，蘇州科技學院學報（社會科學版）二〇一二年第三期，蘇州，第七六～八〇頁。
黄阿明：明代貨幣比價變動與套利經濟，蘇州科技學院學報（社會科學版）二〇一〇年第三期，蘇州，第九〇～九七頁。
黄阿明：明代貨幣與貨幣流通，華東師範大學博士論文，二〇〇八年。
黄雲眉：明史考證第一册，北京：中華書局，一九七九年。
黄彰健：明太祖實録校勘記，臺北：「中央研究院」歷史語言研究所，一九六六年。
金燕紅、武沐：明代岷州后氏家族補闕，青海師範大學學報（社會科學版）二〇一二年第四期，西寧，第五四～六一頁。

金毓黻：東北文獻零拾，中華文史叢書第九九種影印民國刻本，臺北：華文書局股份有限公司，一九六九年，第九九～一〇〇種之册第一～二一六頁。
景慶鳳：從檔案史料探究明代的茶馬貿易制度，檔案二〇〇五年第六期，蘭州，第三〇～三二頁。
匡裕徹：關於張士誠的出身，河北師大學報（哲學社會科學版）一九七九年第二期，石家莊，第一一、三三頁。
李并成：晉金昌城考，西北師大學報（社會科學版）一九九八年第四期，蘭州，第二七～三一頁。
李方昊：明朝草創時期的文臣統軍，黑龍江教育學院學報二〇〇七年第二期，哈爾濱，第八五～八七頁
李立新：永樂敕書和正德誥書考釋，西藏研究一九八四年第一期，第一一五～一一八頁。
李鳴飛：金元散官制度研究，北京大學博士論文，二〇一一年。
李新峰：明初親軍衛變遷與軍中派系，載朱誠如、王天有主編明清論叢第十輯，北京：紫禁城出版社，二〇一〇年，第一五七～一七一頁。

李新峰：明初撒里畏兀兒設衛考，民族研究二〇一二年第四期，北京，第六八～七六頁。
李新峰：明初勛貴派系與胡藍黨案，中國史研究二〇一一年第四期，北京，第一四五～一五八頁。
李新峰：邵榮事迹鈎沉，載北京大學歷史學系編北大史學第八輯，北京：北京大學出版社，二〇〇一年，第七六～八九頁。
李新峰：弇山堂別集詔令雜考二繫年析疑，載朱誠如、王天有主編明清論叢第八輯，北京：紫禁城出版社，二〇〇八年，第一八五～二〇七頁。
李新峰：元末的應天府與建康，載中國明史學會主辦明史研究第十一輯，合肥：黄山書社，二〇一〇年，第一～二五頁。
李新峰：龍灣之戰與元末南京水道，載北京大學歷史學系編北大史學第十六輯，北京：北京大學出版社，二〇一一年，第七七～九七頁。
李新峰：朱元璋任職考，載朱鴻林主編明太祖的治國理念及其實踐，香港：香港中文大學出版社，二〇一〇年，第一四一～一六七頁。
李逸友：元代後期鈔法制度的敗壞，載内蒙古金融研究錢幣文集第六輯，呼和浩特：内蒙古自治區錢幣學會，二〇〇六年，第八一之一～八頁。
李之勤：元代陝西行省的驛道和驛站，西北史地一九八七年第一期，蘭州，第一～七頁。
劉春迎：北宋東京城研究，北京：科學出版社，二〇〇四年。
劉次沅等編：中國歷史日食典，北京：世界圖書出版公司，二〇〇六年。
劉浦江：契丹人殉制研究——簡論遼金元燒飯之俗，文史二〇一二年第二輯，北京，第一七九～二〇五頁。
劉浦江：五德終始説之終結，中國社會科學二〇〇六年第二期，北京，第一七七～一九〇頁。
劉迎勝：元代曲先塔林考，載馬雍主編中亞學刊第一輯，北京：中華書局，一九八三年，第二四三～二五二頁。
劉仲華：明代寧波府簡要志與寧波郡志之比較，唐都學刊二〇一〇年第六期，西安，第五三～五七頁。
馬順平：洪武五年明蒙戰爭西路戰役研究，載達力札布主編中國邊疆民族研究第三輯，北京：中央民族大學出版社，二〇一〇年，第六～一二頁。

馬順平：明代陝西行都司及其衛所建置考實，中國歷史地理論叢二〇〇八年第二輯，西安，第一〇九～一一七頁。

馬順平：明太祖御筆代筆考，中國國家博物館館刊二〇一二年第六期，北京，第七六～八七頁。

馬志勇：撒爾塔與東鄉族族源，西北民族學院學報（哲學社會科學版）一九八三年第一期，蘭州，第三二～四八頁。

南京博物院編：明孝陵，北京：文物出版社，一九八一年。

南京市博物館編：寶船廠遺址——南京明寶船廠六作塘考古報告，北京：文物出版社，二〇〇六年。

鳥居龍藏：契丹黑山黑嶺考，燕京學報第二八期，北平，一九四〇年，第一六一～一七四頁。

歐朝貴等編著：西藏歷代藏印，拉薩：西藏人民出版社，一九九一年。

潘檉章：國史考異，續修四庫全書第四五二册影印清初刻本，上海：上海古籍出版社，一九九五年，第一～一一四頁。

龐琳：元代入藏驛道考述，西藏研究一九九九年第四期，拉薩，第四八～五三頁。

Pelliot, P., *Notes on Marco Polo*, Vol. 1, Paris, 1959.（伯希和：馬可波羅游記注第一卷，巴黎，一九五九年）

青海省編輯組：青海省藏族蒙古族社會歷史調查，西寧：青海人民出版社，一九八五年。

錢謙益：太祖實録辨證，氏著錢仲聯標校牧齋初學集卷一〇一至一〇五點校本，上海：上海古籍出版社，一九八五年，第二〇九八～二一五二頁。

錢謙益：國初群雄事略，四庫禁毁書叢刊史部第八册影印適園叢書民國刻本，北京：北京出版社，二〇〇〇年，第一～一六〇頁。

錢謙益著、張德信等點校：國初群雄事略，北京：中華書局，一九八二年。

邱樹森：韓山童劉福通首義潁州考，歷史研究一九八〇年第六期，北京，第一五〇～一五二頁

邱樹森：毛貴事迹考略，文史哲一九八〇年第三期，濟南，第三三～三五頁。

邱樹森：元末紅巾軍的政權建設，載中國元史研究會編元史論叢第一輯，北京：中華書局，一九八二年，第九一～一〇八頁。

邱樹森：元末農民政權幾方銅印的初步研究，載南京大學歷史系元史研究室編元史論

集》，北京：人民出版社，一九八四年，第七一一～七二九頁。
仁慶扎西：《西平王府今地考》，載《仁慶扎西藏學研究文集》，天津：天津古籍出版社，一九八九年，第七四～八〇頁。
Serruys, Henry, *The Mongols of Kansu during the Ming*, *Mélanges Chinois et Bouddhiques*, Vol. 10(2), Bruxelles: L'Institut Belge des hautes études Chinoises, 1955, pp. 215～346. （司律思：《明代甘肅的蒙古人》，載《中國佛教文集》第十卷第二分，布魯塞爾：比利時高等漢學院，一九五五年，第二一五～三四六頁）
邵磊：《明初開國功臣墓誌校正》，《四川文物》二〇〇八年第六期，成都，第七三～八一頁。
合力甫：《何鎖南普的族屬與東鄉族族源問題》，《西北民族研究》一九八八年第一期，蘭州，第一七五～一七六頁。
宋伯胤：《明朝中央政權致西藏地方誥敕》，載《藏學研究文集》，北京：民族出版社，一九八五年，第八五～九九頁。
譚其驤主編：《中國歷史地圖集》第三、六、七、八册，上海：地圖出版社，一九八二年。
湯斌：《潛菴先生擬明史稿》，《四庫未收書輯刊》第六輯第五册影印清康熙刻本，北京：北京出版社，二〇〇〇年，第三四九～七九九頁。

妥超群等：畢力术江考——明代曲先衛地望及相關地名新證，民族研究二〇一一年第六期，北京，第六一～七〇頁。

王家葵等：朱橚事迹考辨，載朱橚著王家葵等校注救荒本草校釋與研究，北京：中醫古籍出版社，二〇〇七年，第三六一～三八六頁。

王謇：宋平江城坊考，南京：江蘇古籍出版社，一九八六年。

王劍英：明中都，北京：中華書局，一九九二年。

王濤：洪武時期的近侍官，北京大學碩士論文，二〇〇九年。

王振忠：明以前徽州余氏家族史管窺——哈佛燕京圖書館所藏婺源沱川余氏族譜及其史料價值，安徽大學徽學研究中心編徽學第六卷，合肥：安徽大學出版社，二〇一〇年，第九五～一〇七頁。

韋兵：行星星占與宋代政治——以熒惑入犯太白晝見經天爲例，社會科學研究二〇一二年第六期，成都，第一六六～一七一頁。

吴晗：胡惟庸黨案考，燕京學報第十五期，北平，一九三四年，第一六三～二〇五頁。

吴晗：明教與大明帝國，載氏著讀史劄記，北京：生活·讀書·新知三聯書店，一九五六年，第二三五～二七〇頁。

吴均：安定曲先罕東必里等衛地望及民族瑣議，青海師範大學學報（哲學社會科學版）一九八八年第三期，第一一五～一二八頁。

吴錚强、杜正貞：北宋南郊神位變革與玉皇祀典的構建，歷史研究二〇一一年第五期，北京，第四七～五八頁。

武沐：何鎖南族屬的再探討，中國邊疆史地研究二〇一〇年第四期，北京，第一二四～一三四頁。

武沐：岷州衛：明代西北邊防衛所的縮影，中國邊疆史地研究二〇〇九年第二期，北京，第三一～四三頁。

武沐：明代吐蕃十八族考，西藏研究二〇一〇年第二期，拉薩，第一六～二五頁。

武沐：元代吐蕃等處宣慰司都元帥府的機構設置，青海民族研究二〇一二年第三期，西寧，第一二五～一三〇頁。

夏玉潤：重讀朱升及朱楓林集——兼析疑點重重的高築墻廣積糧緩稱王，中國社會科學院歷史研究所明史研究室編明史研究論叢第八輯，北京：紫禁城出版社，二〇一〇年，第六一～九一頁。

楊國慶、王志高：南京城墻志，南京：鳳凰出版社，二〇〇八年。

楊琳：張大帝信仰的源起與流變，民族藝術二〇〇九年第三期，南寧，第二七～三七頁。
楊訥：劉基事迹考述，北京：北京圖書館出版社，二〇〇四年。
楊訥：於細微處見功夫——讀明代人物與傳説，中國史研究動態一九九九年第一期，北京，第二九～三〇頁。
楊訥：元代白蓮教研究，上海：上海古籍出版社，二〇〇四年。
楊新華主編：南京明故宫，南京：南京出版社，二〇〇九年。
楊永康：朱元璋罷建中都與明太祖實録的隱諱，南京師大學報（社會科學版）二〇〇九年第九期，南京，第六三～六八頁。
尹偉先：明代藏族史研究，北京：民族出版社，二〇〇〇年。
張帆：元代宰相制度研究，北京：北京大學出版社，一九九七年。
張佳：洪武更化：明初禮俗改革研究，復旦大學博士論文，二〇一一年。
張修桂等編著：遼史地理志匯釋，合肥：安徽教育出版社，二〇〇一年。
張兆裕：明初國事與術數，載中國社會科學院歷史研究所明史研究室編明史研究論叢第六輯，合肥：黄山書社，二〇〇四年，第四四四～四五八頁。

趙現海：明初甘肅地緣政治與明朝西北疆界政策——由馮勝棄地事件引發的思考，古代文明二〇一一年第一期，長春，第七七～九〇頁。
周松：明初河套周邊邊政研究，蘭州：甘肅人民出版社，二〇〇八年。
朱鴻林：錢謙益國初群雄事略撰作經過與成書年代推考，載氏著明人著作與生平發微，桂林：廣西師範大學出版社，二〇〇五年，第一～三六頁。
朱偰：金陵古迹圖考，北京：中華書局，二〇〇六年。

後記

一九九六年，初學明史，閲錢謙益牧齋初學集，細讀太祖實録辨證。錢氏引自俞本紀事録的幾條史料，文辭拙樸而記事生動，令人難忘。後讀錢氏國初群雄事略和潘檉章國史考異，更加驚歎紀事録的獨到之處。知錢謙益所藏孤本毁於絳雲樓大火，深以爲憾。二〇〇〇年，我在元史論叢看到陳學霖推介題爲明興野記的紀事録，大喜，致信陳先生，商榷他點校的紀事録上卷部分。陳先生不嫌後學唐突，迅速寄來原書複印本與全文點校本。我瀏覽之後，意識到俞本紀事録既有重要史料價值，又頗難使用，决心全面整理此書，以饗關注元末明初史的同好。本以爲一本四萬字的書，數月即完工，不料多次中斷，直到二〇一〇年列入中華書局古籍整理計劃、二〇一一年申請到古委會項目經費，才加快了整理進度。孰料二〇一一年夏，陳學霖先生遽歸道山。陳先生的慷慨大度，令我十分感佩，我拖拉懈怠，則留下了永久的遺憾。

明初半文半白近乎口語體的史料，除紀事録，另有朱元璋留存在高麗史、遇恩録、皇明詔令、大誥武臣等書的講話，以及劉辰的國初事迹等。它們的行文，體現了明初那肅殺而麻木、闊大而拘謹的風格。對這類作品，我有一分混合了珍視認同與鄙薄嘲弄的親切之感。但是，這類作品，兼融凶殘酷虐之事與拙樸鮮活之態。讀者莞爾捧腹之餘，或有化屠夫殘忍爲一笑的内不自安。

一個王朝究竟是怎樣誕生的？明代以前的史料，往往難以提供足够的信息。明代以後的相關史料，又非個人可以輕易駕馭。記述明朝建國的史料，則數量適中。明史學界對於朱元璋的興趣，以及暢銷書界對於「明朝那些事兒」的興趣，很大程度上來自這種便於參與討論的條件。論國家自身的合法性，論國家對其他社會層面的影響塑造，驅元而起、垂憲作則的明朝是一個最成功的國家。這樣一個國家是如何建立，又是如何高壓到社會頭頂的？俞本紀事録中生動豐富的細節，提供了一個珍貴的機會，從官方之外的視角瞭解、體會這項建國大業。

俞本的獨家記載，揭示了大量官方遮蔽、篡改的史實，令人感歎官方話語之影響深廣，感歎讀者所見所識與歷史原貌的距離可以多麽遥遠。俞本既能秉筆直書、肆無忌憚，又常傾注個人恩怨、横加污蔑，這種組合看似奇怪，實係「無忌」這把雙刃劍的兩面。因學識欠缺而導致的人名地名、雅文俗語的書寫錯誤，行文的拗口與歧義，剪裁史實時的生拼硬凑，作者在體制内底層那珍貴而又狹隘的經歷，對風聞訛傳的胡亂採信與任意加工，晚年記憶的混亂、整合與錯上加錯，隨着箋證工作的深入，一一展示出來，勾畫出一位愚樸而究心著史的明初老軍人形象，令人或身臨其境或會心一笑。或許，本書這些饒有興味的箋證工作，除了揭示明初政治史原貌，也算一種原始的、樸素的、與俞本寫作水平相當的文本分析吧。

記述元、明之際，尤其是「國初」的存世史料之豐富，比明代中期有過之而無不及，其頭緒混亂、矛盾繁多，比明代後期的撰著也未遑多讓。因各種記載常存齟齬，缺乏權威性的大宗主流史料，沒有相關史料，而應該嚴加篩選。研究者没有必要徵引所有的條件從公認的重要史料中方便地擇取證據，又應該對史料深入辨析研讀。在此新史料層出不窮、搜集手段日益進步的時代，我格外希望，對史料的解讀與取捨，採取嚴謹至於苛刻的態度，避免天花亂墜、倚多爲勝的風格。可是，這本紀事録箋證顯然就難免受到這樣的批評。

箋證紀事録，離不開無數友朋襄助。作此後記，主要就爲感謝相關人士。我非常懼怕這項感謝任務，因爲，不怕掛一漏萬，就怕掛萬漏一，更因爲，人士排序是一個難度不亞於大封公侯的棘手問題。在此，先衷心感謝所有我隨時想到的和很不應該地忘記的朋友們，然後開始正題：我的博士生導師王天有老師、碩士生導師韓光輝老師，是我迄今爲止遇到的兩位對我最寬厚、最仁慈的人。他們對我的無邊無際的寬容和無疑無感的信心，是我一生的幸運。二〇一二年冬，王老師不幸與世長辭，我没能在他生前呈上這份作業，留下了永遠的悲痛。對鄙著進行具體指導或提供幫助的師友，按漢語拼音排序有：陳高華、陳爽、陳熙遠、戴燕、党寶海、丁一川、方誠峰、方震華、耿立群、郭潤濤、華喆、黄阿明、黄振萍、姜慶輝、李鳴飛、李樹、劉婷玉、陸揚、羅兮、羅新、毛亦可、彭勇、秦川、邱仲麟、譚信、唐小青、王德毅、王鴻泰、王兢、王棨、王躍樊、吴玉貴、吴真、徐冲、徐俊、徐夢、許卓文、顔瑞均、衣若蘭、俞小明、張帆、張佳、張曜光、鄭小悠。其中，黄阿明、吴真、張帆、張佳糾謬補闕，陳熙遠、黄阿明、吴真、顔瑞均、俞小明搜示善本，党寶海釋讀蒙文，陳爽、戴燕、華喆、黄振萍、吴玉貴、徐俊、鄭小悠指正體例，陳爽、黄振萍、李樹規範行文，王兢、王躍樊、徐夢核對引文，譚信、王棨、許卓文指導排版，用心尤多，提供了超越本人能力的支持。中華書局的李勉、李静與徐俊不棄粗陋，對本書提攜包容，悉心修訂指正，傾注了極大心血，尤應拜謝。最後，感謝我自己，我以自壞心神的五十萬字，釋放了紀事録那壓抑靈魂的黑暗能量。

李新峰

二〇一四年六月四日於北京大學

重印補記

本次重印，改正引文、注釋編號、專名綫、書名綫等訛誤二十餘處。承蒙高虹飛、尹敏志、李思成糾謬，復蒙李勉編輯悉心修訂，謹致謝忱。

朱元璋文集，乃本書徵引重點。二〇一三年底出版原北平國立圖書館甲庫善本叢書，影印朱元璋文集之内府抄本，内容豐富，遠在常見諸本之上。得見此本之時，恰近本書定稿，猝難判斷其成書年代與文字來源，未曾徵引，實屬錯誤。本次重印，未改動箋證内容，仍留遺憾。博雅君子，幸留意焉。

李新峰

二〇一六年十月十日於北京大學